李仲生 著

国家出版基金项目
NATIONAL PUBLICATION FOUNDATION

中国人口经济史

Population Economic History of China

元明清卷

中国出版集团有限公司
世界图书出版公司
北京 广州 上海 西安

图书在版编目（CIP）数据

中国人口经济史. 元明清卷 / 李仲生著. -- 北京：世界图书出版有限公司北京分公司, 2024.11. -- ISBN 978-7-5232-1526-5

Ⅰ. C92-05

中国国家版本馆CIP数据核字第20248MU070号

书　　名	中国人口经济史（元明清卷）
	ZHONGGUO RENKOU JINGJI SHI
著　　者	李仲生
策划编辑	罗明钢
责任编辑	李忠良　赵　茜
装帧设计	崔欣晔
责任校对	尹天怡　张建民　王　鑫
出版发行	世界图书出版有限公司北京分公司
地　　址	北京市东城区朝内大街137号
邮　　编	100010
电　　话	010-64038355（发行）　64033507（总编室）
网　　址	http://www.wpcbj.com.cn
邮　　箱	wpcbjst@vip.163.com
销　　售	新华书店
印　　刷	北京中科印刷有限公司
开　　本	710mm×1000mm　1/16
印　　张	31.25
字　　数	502千字
版　　次	2024年11月第1版
印　　次	2024年11月第1次印刷
国际书号	ISBN 978-7-5232-1526-5
定　　价	258.00元

版权所有　翻印必究
（如发现印装质量问题，请与本公司联系调换）

前言

《中国人口经济史（元明清卷）》是该系列丛书的第3卷，所涉足的科学领域是新兴边缘学科人口经济学的分支人口经济史，大致以元朝的建立到清末640年间的中国经济发展和人口变动的历史脉络为导线，注重人口变动对中国经济发展的影响，以及人口现象与经济现象的相互关系等。这是中国第一部中国古代人口经济史，写法新颖，构思严谨，具有一定的开拓性和创新性，在一定程度上弥补了国内在这一研究领域的空白，这使本书具有较高的学术价值和前瞻性。

全书共分为5章。第1章分析了元朝经济与人口变动。第2章简述了明朝的经济发展与人口停滞问题。第3章简述了清朝前期的经济与人口发展。第4章阐述了清朝后期的经济与人口增长。第5章则论述了清末新政时期的经济与人口状况。

其基本思路是用时期序列分析的方法以元朝、明朝、清朝前期、清朝后期和清朝新政时期的人口与经济发展的历史脉络为主线，分析各个时期比较有代表性的经济发展过程以及人口变化的问题。就方法论而言，本书在阐述中国古代人口经济史上采用了从微观到宏观，从静态到动态的经济分析。

本书的难点之一在于全面地把握研究中国元、明、清各个朝代有关人口和经济方面的资料和各国学者所做的研究成果。本书的创新之处主要是，利用经济发展与人口增长等方面的资料对中国元、明、清各个朝代的人口经济史进行分析，以求透过复杂的人口经济现象去深刻地揭示人口经济发展过程及其规律，在一定程度上发展和完善了中国古代人口经济史和人口经济研究领域。

  本书得到2022年度国家出版基金的出版资助，以及首都经济贸易大学冯喜良教授的大力支持，为此表示深深的感谢。在本书的审稿和出版过程中，世界图书出版有限公司北京分公司大众图书出版中心罗明钢主任及各位责任编辑提供了帮助和支持，在此特致以最诚挚的谢意。

李仲生

2022年4月30日于北京

目 录

第1章 元朝经济与人口变动

    1.1 生态环境 …………………………………………… 001

    1.2 畜牧业与渔业 ……………………………………… 006

    1.3 农业 ………………………………………………… 023

    1.4 赋税制度 …………………………………………… 041

    1.5 土地制度 …………………………………………… 044

    1.6 农业政策 …………………………………………… 051

    1.7 手工业 ……………………………………………… 055

    1.8 商业与商人 ………………………………………… 062

    1.9 对外贸易 …………………………………………… 071

    1.10 交通运输 ………………………………………… 075

    1.11 货币制度 ………………………………………… 077

    1.12 财政 ……………………………………………… 079

    1.13 人口分布 ………………………………………… 086

    1.14 人口变动 ………………………………………… 089

第2章　明朝经济与人口停滞

- 2.1　土地制度与经营 ······ 093
- 2.2　赋税制度 ······ 118
- 2.3　农业 ······ 124
- 2.4　手工业与工匠制度 ······ 128
- 2.5　建筑业 ······ 153
- 2.6　商业 ······ 157
- 2.7　海外贸易 ······ 168
- 2.8　交通运输 ······ 172
- 2.9　货币 ······ 176
- 2.10　人口政策 ······ 181
- 2.11　人口分布与迁移 ······ 186
- 2.12　资本主义萌芽 ······ 196
- 2.13　人口增减与经济发展 ······ 198

第3章　清朝前期的经济与人口发展

- 3.1　土地制度 ······ 205
- 3.2　租佃关系与地租 ······ 211
- 3.3　赋役制度 ······ 217
- 3.4　农业 ······ 222
- 3.5　畜牧业 ······ 229
- 3.6　手工业 ······ 238
- 3.7　建筑业 ······ 251
- 3.8　商业 ······ 267

目录

3.9　货币制度与金融机构 ··· 283
3.10　海外贸易 ·· 292
3.11　人口分布与迁移 ·· 317
3.12　人口的从业结构 ·· 325
3.13　人口政策和人口发展 ··· 328

第4章　清朝后期的经济与人口增长
4.1　农业 ·· 335
4.2　工业 ·· 341
4.3　商业 ·· 356
4.4　对外贸易和外资 ·· 362
4.5　不平等条约与对外开放 ·· 374
4.6　银行业的产生 ·· 378
4.7　财政 ·· 382
4.8　税收制度 ·· 386
4.9　洋务运动与早期资本主义 ··· 392
4.10　人口增长与经济发展 ··· 399

第5章　清末新政时期的经济与人口状况
5.1　经济改革 ·· 403
5.2　对外开放和利用外资 ·· 410
5.3　农业政策与改革 ·· 416

5.4 工业 ··· 427
　　5.5 交通运输业 ·· 435
　　5.6 商业与商会 ·· 439
　　5.7 银行与金融业 ·· 445
　　5.8 人口状况 ··· 453

参考文献 ·· 457

第1章 元朝经济与人口变动

元朝（1271—1368）是中国历史上版图最大的朝代，其疆域北至西伯利亚，东到库页岛、朝鲜，南到缅甸，西至葱岭。元朝在中国多民族国家漫长的历史进程中，是一个十分重要的阶段，它结束了长达五百多年的民族纷争局面，使中国重新归于统一。尽管蒙古贵族的统治，在政治、经济领域存在着若干落后、倒退的因素，人口也呈现减退的趋势，但就整个经济而言，仍在宋、金的基础上继续有所发展，疆域也较前代辽阔。

1.1 生态环境

经济发展与生态环境有密切的关系。元朝疆域内，按主要经济类型可分为农业经济、牧业经济和狩猎渔业经济三种区域。各区域的生态环境不同。农业经济区域的面积约占全国疆土面积的2/3，包括中原、江南、陕川、辽东、云南、吐蕃等地区。牧业经济区域约占全国疆土面积的1/6，主要集中在漠北和漠南，即中书省北部和岭北行省南部地区。狩猎经济林地区，属于狩猎经济区的范围。除了农业、牧业、狩猎业外，还有一部分居民主要从事或兼营渔业。中国大陆东南的海洋和大陆上的江河湖泊，便是渔业活动的场所。[1]

中原农业经济区原有比较发达的农业、手工业和商业，在蒙金、宋元战争中受到严重的破坏。蒙金战争爆发后，"两河山东数千里，人民杀戮几尽，金

---

[1] 陈高华，史为民．中国经济通史：元代经济卷[M]．北京：光明日报出版社，2007．

帛子女、牛马牲畜皆席卷而去，房庐焚毁，城郭丘墟"①；元朝与南宋对峙多年，战后两淮地区人烟断绝，"荒城残堡，蔓草颓垣，狐狸啸聚其间"②。为恢复中原地区经济，元朝统治者采取了鼓励生产、兴办屯田、安置流民等一系列措施，到元朝中期，中原多数地方的农业经济已经呈现欣欣向荣的景象。但也有不少地方生产技术落后，耕作粗放，产量较低。

江南地区的经济在战争中受破坏较少，恢复得很快，加上原来农业生产水平已高于其他地区，所以成为元代主要的粮食产区。长江以北，淮河、汉水以南地区，虽然在战争中农业受到不同程度的破坏，但到了元朝中期经济发展水平已基本与江南地区持平。当然地区差异还是有的，江南地区的三个行省相比较，江浙行省最为发达，其次是江西，湖广更次之。在江南的少数民族居住的区域，农业生产往往十分落后，如畲汉杂居的汀州地区，"山多田少，土瘠民贫""民产薄，啬故用"。③

陕西、四川以及甘肃等地的农业经济也经历了由破坏到恢复的过程。虽然关中等地的农业生产水平较高，恢复也较快，但其他地方多数是"地瘠民贫""地旷而人稀"，农业经济的整体水平大大低于中原地区。

辽东、云南和吐蕃地区，原来农业不发达，元代时期农业都有所发展。尤其是云南，"山清水秀，田地膏腴"，多处可以看到"居民凑集，禾麻蔽野"的景象；④由于经济发展不平衡，依然有不少"山田薄少，刀耕火种"的地方。⑤

牧业经济区域内既有水草茂盛的辽阔草原，也有不毛之地的沙漠和荒无人烟的旷野。多数地区地势平缓，平均海拔1000米以上，"四望平旷，荒芜际天，间有远山，初若崇峻，近前则坡阜而已"⑥；如果由南向北行进，始终给

---

① 两朝纲目备要[M]. 台北：文海出版社，1967.
② 陆文圭. 墙东类稿·故武德将军吴侯墓志铭[M]. 台北：商务印书馆，1986年影印本.
③ 孛兰肹. 元一统志[M]. 北京：中华书局，1966.
④ 郭松年. 大理行纪[M]. 北京：中华书局，1985.
⑤ 李京. 云南志略[M]. 昆明：云南人民出版社，1986.
⑥ 彭大雅，徐霆. 黑鞑事略[M]. 北京：国家图书馆出版社，2009.

人以上坡的感觉。处于岭北行省南部的大漠，是漠北、漠南两地区的天然分界线。大漠的地表主要是粗砂、砾石，"无块石寸壤，远而望之，若冈陵丘阜，然既至则皆积沙也"①。斡儿寒河、土兀剌河流域和航海岭之间的广阔草原，是漠北地区的中心区域，也是天然的牧场。蒙古汗国时期的都城哈剌和林就建在这一区域内。东面的斡难河、怯绿连河、不儿罕山周围，西面的按台山山区和薛良格河中下游，也都有广阔的草原牧场。

滦河上游的平缓草原是漠北地区的中区地域，元代的陪都上都就建在这一地域内。东面的辽河流域和西面的天山南北，都有辽阔的草原。

属于大陆温带气候的牧业经济地区，冬季漫长、寒冷，下雪不多，间或有几天的暴风雪，通常风力较弱。入四月后，风力加强，常刮起寒冷刺骨的大风。由于漫天飞沙，使人难以看清周围的东西。短暂多风的春季之后，到了夏季昼夜温差很大，无霜期甚短。仲夏时分，草地上常有强烈的雷击和闪电，并经常下雨，但降水量往往不大。秋季很短促，大多数地区气候温和，刮风较少，秋高气爽，乃是游牧民外出活动的良好季节。②

草原上的野生动物很多，可被当地居民猎食的动物主要有八种，"曰兔，曰鹿，曰野彘，曰黄鼠，曰顽羊，其脊骨可为杓。曰黄羊，其背黄，尾如扇大。曰野马，如驴之状。曰河源之鱼，地冷可致。牧而庖者，以羊为常，牛次之。非大宴会不刑马"③。除了这些草食动物外，草原上还有狼、熊、狐狸、豹等肉食动物。④在河流和湖泊中，往往有"长可三四尺"的大鱼，水流急处"春、夏、秋捕之皆不能得，至冬可凿冰而捕也"。河流和湖泊也是飞禽的聚集地，天鹅和鹤是人们经常猎取的对象。

漠北、漠南草原，"地丰水草"，人工牧养的牲畜有牛、马、犬和骆驼。

---

① 王恽. 秋涧先生大全集[M]. 上海：商务印书馆，1912.
② 陈高华，史为民. 中国经济通史：元代经济卷[M]. 北京：光明日报出版社，2007.
③ 彭大雅，徐霆. 黑鞑事略[M]. 北京：国家图书馆出版社，2009.
④ [英]道森. 出使蒙古记[M]. 吕浦，译. 北京：中国社会科学出版社，1983.

在草原地区生活的牧民，以"逐水草放牧"为主要的经济活动，"大率遇夏则就高寒之地，至冬则趋阳暖薪木易得之处以避之，过以往则今日行而明日留，逐水草便畜牧而已"①。羊和马是游牧经济的主要标志，也是草原生活必不可缺的生活资源。粗放自由的游牧生活，往往给来自中原、西域的人们留下深刻的印象。

狩猎经济区域内的西起也儿的石河，东至海，是连亘不断的森林地带。多山地、丘陵，气候寒冷多雪，是森林地区的共同特征。东部森林受海洋影响，气候条件相对要好一些。

鹿、鹰、貂鼠、青鼠以及山牛、山绵羊、岩羚等动物是森林居民的主要捕猎对象。"无市井城郭，逐水草而居，以射猎为业"②，是他们的基本生活方式。在深山密林中，"土地旷阔，人民散居"③，多数人坚守旧俗，一直住在森林中，"从不走出森林"④。

对捕猎到的动物，有一些要留下来驯化，为今后生活提供便利。不同地区的不同民族，驯化的动物不同。如住在大泽（今贝加尔湖）两侧和北山（今外兴安岭）的居民以鹿为主要驯化对象；大泽西边的森林兀良哈人，则驯养山牛、山绵羊和岩羚，供他们挤乳、食用和驮载物品；而混同江等地的居民则主要驯养狗。但各地人大都捕捉和驯养海东青⑤。"有俊禽海东青，由海外飞来，至奴儿干，土人罗之，以为土贡"。⑥驯化后的海东青，"善擒天鹅，飞

---

① 李治安.元世祖忽必烈草原领地考[J].史学集刊，2005（4）.
② 宋濂.元史[M].北京：中华书局，1976.
③ 宋濂.元史[M].北京：中华书局，1976.
④ [波斯]拉施特.史集[M].北京：商务印书馆，1986.
⑤ 海东青属隼科，学名矛隼，是一种美丽的中型猛禽，也是体形较大的隼类，所以又有巨隼之称。海东青栖息于岩石海岸、开阔的岩石山地、沿海岛屿、临近海岸的河谷和森林苔原地带，堪称北国世界的空中霸王。海东青主要以野鸭、鸥、雷鸟、松鸡等各种鸟类为食，也吃少量中小型哺乳动物。它在空中飞行发现猎物后，迅速将两翅一收，急速俯冲而下，就像投射出去的一只飞镖，径直冲向猎物。
⑥ 宋濂.元史[M].北京：中华书局，1976.

放时旋风羊角而上,直入云际"[1],为狩猎活动增添色彩。

云南密林中,也有一些居民,"散居岩谷"或"巢居山林","不事农亩,入山林采草木及动物而食"。[2]在湖广行省的播州境内,也有一些人"俗以射猎山伐为业"。[3]但总的来说,南方受农耕文化的影响较大,仍坚持在山林中以狩猎、采集为生的民族已不是很多。

渔业可以分为海洋渔业和淡水渔业两大门类。从事海洋渔业的主要是沿海地区和海上的居民。浙东的庆元"郡居海陬,民趋渔业","土产庶物,惟海错居多"。[4]温州的"濒海之民,以渔为业"。海洋渔业以近海作业居多,但在某些地区已经前往离陆地较远的鱼类集中的地方进行捕捞,昌国州的洋山渔场就是比较著名的一处。马可·波罗在杭州时曾见"每日都有大批的鱼,从离城二十四公里的海边,经过河道运到城中"[5]。海洋渔业的产品,有各种海洋鱼类、虾蟹类和软体类。

大陆上分布许多江河湖泊,盛产各种淡水鱼类、虾蟹类和软体类。在江河湖泊捕捞的,主要是周围的居民。黄河、长江、太湖、洞庭湖等都有相当发达的渔业。黄河流域的渔业市场流通也很繁荣,如《元典章》载:"近有归德、邓州等处客旅,俱系黄河间采捕收买鱼货,止用清沧滨乐盐淹干鱼,搬贩直至江南诸州军等处货卖。"有的记载说:沔阳"以网罟之利甲天下"[6],主要应指沔阳境内洪湖的渔业生产。东北辽阳行省的河流中出产大鱼,有的重达数百斤,也是当地居民捕捞的对象。

---

[1] 叶子奇.草木子[M].北京:中华书局,1983.
[2] 郭松年.云南志略[M].昆明:云南民族出版社,1986.
[3] 孛兰肹.元一统志[M].北京:中华书局,1966.
[4] 王元恭.至正四明续志[M].影印本,1840.
[5] [意]马可·波罗.马可波罗游记[M].陈开俊等译.福州:福建科学技术出版社,1981.
[6] 苏天爵.滋溪文稿[M].北京:中华书局,1997.

1.2 畜牧业与渔业

1.2.1 畜牧业

元代蒙古人主要聚住在中亚地带以戈壁、丘陵为主的广阔草原上。这一地区的地理位置和气候条件，非常适合草原游牧产业的发展。在蒙古建国前后，漠北、漠南牧业经济已经很发达，正如出使草原的南宋使者赵珙称："鞑国地丰水草，宜羊、马。"[1] 彭大雅也在《黑鞑事略》中写道："其畜牛、马、犬、羊、橐驼，胡羊则毛氉而扇尾，汉羊则曰'骨律'，橐驼有双峰者、有孤峰者、有无峰者。"[2] 意大利主教约翰·普兰诺·加宾尼曾出使蒙古，指出蒙古人"拥有牲畜极多，骆驼、牛、绵羊、山羊；他们拥有如此之多的公马和母马，以致我不相信在世界的其余地方能有这样多的马"[3]。

在游牧经济地区，马是主要用于骑乘的交通工具，人们在迁徙、狩猎、放牧时都要骑着它，战争更需要马。蒙古人马上得天下，素有马背民族之称。蒙古人与马相伴一生，无论童叟均以马代步。马不仅是蒙古人的交通工具，同时也是蒙古民族的重要生活资料，所以最受蒙古人的重视，并成为游牧民财富的标志，"有一马者，必有六七羊；谓如有百马者，必有六七百羊群也"[4]。

蒙古人采取粗放式牧马，将马群放归大自然，自由自在地觅食、繁殖。蒙古马处于半野生生存状态，它们既没有舒适的马厩，也没有精美的饲料，在狐狼出没的草原上风餐露宿，夏日忍受酷暑蚊虫，冬季能耐得住零下40℃的严寒。蒙古马体形矮小，既没英国纯种马的高贵气质，又无俄罗斯卡巴金马修长俊美的身条。然而，蒙古马在风霜雪雨的大草原上，没有失去雄悍的马性，它们头大颈短，体魄强健，胸宽鬃长，皮厚毛粗，能抵御西伯利亚暴雪。

---

[1] 赵珙. 蒙鞑备录[M]. 呼和浩特：内蒙古人民出版社，2012.
[2] 彭大雅，徐霆. 黑鞑事略[M]. 北京：国家图书出版社，2009.
[3] [英]道森. 出使蒙古记[M]. 吕浦，译. 北京：中国社会科学出版社，1983.
[4] 赵珙. 蒙鞑备录[M]. 呼和浩特：内蒙古人民出版社，2012.

对马匹的骑乘和护养也很注意。蒙古人的坐骑，同样用粗放式牧马，"日间未尝刍秣，惟至夜方始牧放之，随其草之青枯，野牧之"[1]。役使、骑奔之后的管理更为重要，"凡驰骤，勿饱。凡解鞍必索之，而仰其首，待其气调息平，四蹄冰冷，然后纵其水草"[2]。"凡出战好马，并恣其水草，不令骑动。直至西风将生，则取而控之，系于帐房左右，啖以些少水草，经月后膘落而实，骑之数百里自然无汗，故可以耐远而出战。寻常正行路时，并不许其吃水草，盖辛苦中吃水草不成膘而生病"[3]。为保护马匹，蒙古人远行时都备有"从马"，又称"副马"，"凡出师，人有数马，日轮一骑乘之，故马不困弊"。[4]这些调教马匹的方法，在元朝仍为牧民所奉行。

羊在蒙古人的生活需求中占有重要位置。这是根据当时的生产生活需求状况来判断的，因为绵羊较适合在半干旱地区饲养，并且绵羊的乳肉皮毛等产品，与蒙古族人民的日常生活密切相关。由此，可以断定，当时蒙古地区的畜牧业中，绵羊、山羊等小畜占绝大多数。元朝曾出台禁止屠宰母羊、羔羊的规定，就是为了发展小畜而采取的具体措施。

牛在蒙古人的生活需求中仅次于绵羊，位居第二。当时的蒙民在发展乳肉两用牛的同时，还把牛当作畜力运输中的生产用具。

元代的蒙古人牧放骆驼，主要是用来长途驼运。对以游牧为生的民族而言，长距离的迁徙是不可避免的，耐力好的运输力量就显得不可缺少，骆驼显然具备这样的功能。元朝的历史文献中，诸如"蒙古人饲养骆驼，以骑乘"，"骆驼日行五百里"，"骆驼奔跑速度可超过快马"，"用驼远速搬迁或运货"的记载都能有力地证明当时的蒙古人发展养驼业的真实情况，尤其是连接欧亚大陆交通的丝绸之路上，蒙古人经营的驼运所留下的驼铃声，仿佛至今仍

---

[1] 彭大雅，徐霆. 黑鞑事略[M]. 北京：国家图书馆出版社，2009.
[2] 彭大雅，徐霆. 黑鞑事略[M]. 北京：国家图书馆出版社，2009.
[3] 彭大雅，徐霆. 黑鞑事略[M]. 北京：国家图书馆出版社，2009.
[4] 彭大雅，徐霆. 黑鞑事略[M]. 北京：国家图书馆出版社，2009.

萦绕在人们的耳边。

元朝历代皇帝都十分注重维持蒙古高原自古以来的游牧生产生活环境，从皇帝到各级官吏，都坚持有利于发展草原畜牧业的各项政策。因此，在元代政权中，蒙古族活动主要范围内的畜牧业经济在各类经济活动中仍然占有主导地位。换句话说，元代蒙古人，仍然保持着发展五畜，用来保障生产生活所需的传统经济方式。

元朝历代皇帝虽然都有各自的经济利益，但对发展畜牧业生产十分重视，历来都由国家专管畜牧业生产经营，划出专门草场来集中放牧畜群，重点发展养牛、养羊业。忽必烈在位时，专门设立过掌管蒙古地区畜牧业的国家机构，配备多位官吏从事管理工作。据历史文献记载："1323年设立了蒙古地区畜牧业办事处，1327年改成为畜牧官吏处。"类似这样的记载还有很多。由国家专门设立的这些行政机构的主要职能，可能就是主要掌管隶属于国家的那些畜群事务的。最典型的案例就是元朝在上都附近设立的太仆寺养马场。[1]

据《元史》记载，元代草原畜牧业的草场范围十分广阔。东至朝鲜半岛，北至色楞格河流域，西至甘肃，南至云南的大片土地，都有放牧草场。很显然，这里所提到的放牧草场，主要指的是忽必烈登基初期的放马草场。当时，大漠南北和西南地区的优良牧场，其见于记载的有甘肃、吐蕃、云南、芦州、河西、亦奚卜薛、火里图麻、和林、斡难、怯鲁连、阿剌忽马乞、哈剌木连、伊奇烈思、亦思浑察、成海、阿察脱不罕、哲连亲岱尔以及上都、金山以南、木纳火失温、伊奇布薛、吉利吉思。因为当时的养马业不仅仅限于蒙古地区，那些被占领地区里，都曾有过养殖马群的草牧场。当时的历史记载，主要记录的都是属于时任皇帝的或者公家的畜群情况。比如畜群的称谓就有"祖宗的畜群""大人的畜群""军马群""官员供给群""移外养殖优质群"等。这些都属于公家的畜群，即属于国家畜牧业经营的例证。

---

[1] 哈斯朝鲁. 元代蒙古人所经营的主要产业[J]. 锡林郭勒职业学院学报，2011（1）.

官营牧场是12世纪形成的大畜群所有制的高度发展形态，也是大汗和各级蒙古贵族的财产。大汗和贵族们通过战争掠夺，对所属牧民征收贡赋，收买和没收所谓无主牲畜，被占领区统治阶级的贡献牲畜等种种途径，把成千上万的牲畜和掳掠来的劳动人手集中在自己的牧场上，进行大规模的畜牧业生产。

官营牧场拥有极优越的生产条件，牧场是通过国家权力占有的水草丰美之地，生产设备和牲畜饲料由地方官府无偿供应。大德十一年（1307），元朝廷责成大都路饲马9.4万匹，供应粮食15万石；外路饲马11.9万匹。[1]至顺二年（1331）九月，中书省臣言："今岁当饲马驼十四万八千四百匹，京城饲六万匹，余令外郡分饲，每匹给刍粟价钞四锭。"[2]文宗同意了这一建议。在元世祖在位之前，考虑到"京畿根本地，烦扰之事，必不为之"[3]，所以官牧场的马匹饲于漠北和漠南地区，不饲于中原和南方。大约是在成宗即位时，始有国马牧于南者的做法。如《元史》所载："成宗即位，除河东山西廉访使，太原岁饲诸王驼马一万四千余匹，思廉为请，必饲千匹。"[4]

由于官牧场的牲畜繁多，牧人的分工更为专业化，记载下来的大致有骒马倌、骟马倌、一岁马驹倌、马倌、羯羊倌、山羊倌、羊倌等。《元史》记载："马之群，或千百，或三五十，左股烙以官印，号大印子马。"[5]牧人分工的专业化，大规模的分群放牧，有利于畜牧业的发展，当时牛羊云聚，车帐星移，呈一派畜牧旺盛景象。

当时，私人牧场也很盛行。元朝诸王封地都有王府的私有牧场，世祖第三子安西王忙哥剌，占领大量田地进行牧马，又扩占旁近世业民田30万顷为牧场。云南王的王府畜马繁多，悉纵之郊，败民禾稼，而牧人又在农家宿食，室无宁居。至顺二年（1331）十二月，"以河间路清池、南皮县牧地赐斡罗思

---

[1] 北平隆福寺街文殿阁书社. 大元马政记[M]. 北平：北平文殿阁书庄，1937.
[2] 宋濂. 元史·文宗纪[M]. 北京：中华书局，1976.
[3] 宋濂. 元史·徐世隆传[M]. 北京：中华书局，1976.
[4] 宋濂. 元史·程思廉传[M]. 北京：中华书局，1976.
[5] 宋濂. 元史·兵志[M]. 北京：中华书局，1976.

驻冬"①。元世祖时，东平布衣赵天麟上《太平金镜策》，云"今王公大人之家，或占民田近于千顷，不耕不稼，谓之草场，专放孳畜"②。可见，当时蒙古贵族的私人牧场所占面积之大。

元代牧民很注意选配种畜，并精通骟马技术，"其牡马留十分壮好者，作移剌马种外，余者多骟矣"③。元代蒙古人放牧"自夏及冬，随地之宜，行逐水草，十月各至本地"④，这就是人们通常所说的夏营地和冬营地。冬季时漠北和漠南的气候寒冷，朝廷往往将中原地区赐给诸王、贵族、亲军护卫作为牧养牲畜的冬营地，如河间路清池县、南皮县是朝廷赐给斡罗思的冬营地。牧人还摸索出在南方官牧场牧养马的方法，据记载，"所牧国马，岁给盐，以每月寅日啖之，则马健无病"⑤。

朝廷对官牧场的管理，在忽必烈时代，"朝廷岁以九月、十月遣寺官驰驿阅视，较其多寡，有所产驹，即烙印取勘，收除见在数目，造蒙古、回回、汉字文册以闻，其总数盖不可知也"⑥。如发现牧马病死，要追究牧人的责任，死三匹，牧人赔偿大牝马一匹；死二匹，牧人赔偿两岁马一匹；死一匹，牧人赔偿牝羊一只。凡是没有马可赔的牧人，用羊、骆驼、牛等价换算成马的价格来赔偿。⑦

蒙古族牧民从被征服的游牧民族那里获得了新的牧畜品种，学到了新的生产技术和经验。12世纪与13世纪初，游牧于和林以东、土拉河、克鲁伦河、鄂嫩河一带的蒙古部，主要牧养马、牛和羊，骆驼很少。征服西夏以后，盛产于西夏东境的骆驼，大量输入漠北，蒙古牧民也从西夏人民那里学会了驯养骆驼

---

① 宋濂. 元史·文宗纪[M]. 北京：中华书局，1976.
② 王圻. 续文献通考·田赋考[M]. 北京：中华书局，2010.
③ 彭大雅，徐霆. 黑鞑事略[M]. 北京：国家图书馆出版社，2009.
④ 宋濂. 元史·兵志[M]. 北京：中华书局，1976.
⑤ 宋濂. 元史·文宗纪[M]. 北京：中华书局，1976.
⑥ 宋濂. 元史·兵志[M]. 北京：中华书局，1976.
⑦ 苏天爵. 元朝名臣事略[M]. 北京：中华书局，1996.

的技术。蒙古统治者从掳掠来的钦察人中，挑出一部分人到皇帝的官牧场上充当牧人，叫作"哈剌赤"，其中最能干的还常常被选拔在朝廷中做管理畜牧的官员，如钦察人"其俗善刍牧，俾掌尚方马畜"[1]。就元朝从事牧业的牧人，其民族成分不一定全都是蒙古人，实际上大部分为汉人，其次是土耳其人、波斯人和阿拉伯人。他们有的是被掳掠来做牧奴，有的是朝廷招聘来分配到各牧场，发挥其养畜技术的。

蒙古建国之后，采用"抽分"的办法在牧民中征收马、牛、羊等，"其赋敛谓之差发。赖马而乳，需羊而食，皆视民户畜牧之多寡而征之"[2]。蒙古遍置驿站后，大抵每个千户承当一站之役，提供所需人夫、牛马车仗、毡帐、饮食等，是蒙古牧民极沉重的负担。牧民赋税主要是羊马抽分，元太宗时定制马、牛、羊及百才各取一，牝畜及十头亦取一，元定宗时规定"马、牛、羊群十取其一"，后来又定为及百取一，及三十亦取一，蒙古牧民的羊马抽分由所属各千户委人征集，中央机构宣徽院总管其事。

元朝建立后，"抽分"的做法依然延续下来。到元成宗时，其法稍有变更，"诸王、妃主及诸路有马者，十取一"[3]。这是大德八年（1304）正月的税率。同年三月，又做出补充规定，"诏诸路牧羊及百至三十，官取其一，不及数者勿取"[4]。此乃保持祖宗习惯法的躯壳，实则行三十取一也，少于此者免。此外还有不少"不时需索"，如诸王、那颜赴朝会及婚丧等事，所需人夫、物品无不从各千户百姓中征取。到了元仁宗时，唯探马赤军的畜产税仍实行百取一的税制。据载："敕探马赤军羊马牛，依旧制百税其一。"[5]至于民间马牛羊的畜牧税率则不得而知。

元代畜牧业的发展离不开牲畜的管理和兽疫防治等技术的提高。元朝统

---

[1] 苏天爵. 元朝名臣事略[M]. 北京：中华书局，1996.
[2] 彭大雅，徐霆. 黑鞑事略[M]. 北京：国家图书出版社，2009.
[3] 宋濂. 元史·成宗纪[M]. 北京：中华书局，1976.
[4] 宋濂. 元史·成宗纪[M]. 北京：中华书局，1976.
[5] 宋濂. 元史·仁宗纪[M]. 北京：中华书局，1976.

一全国以后，建立起一整套完善的管理畜牧业的机构。如中统四年，"设群牧所，录太府监。寻升尚牧监，又升太仆院，改卫尉院。院废，立太仆寺，属之宣徽院。后录中书省，典掌御位下、大斡耳朵马"①。元廷为了指导当时畜牧业生产编写了《农桑辑要》。略述了元代对牲畜管理饲养经验，如对马的饲料而言，据《农桑辑要》，记载"食有三刍"，"饮水有三时"，"有汗不得饮饲"，凡是经过役使或远行，必须牵转，等马喘定、汗干乃去鞍，系于避风处，然后饮之饲之。②这些牧养牲畜的技术和知识，丰富多样，切实可行，元代牧民畜牧业实践中积累了现代畜牧业可以借鉴的很多经验。

元朝为了解决人畜的饮水问题，还注重在缺水草原上打井。草原一遇旱灾，牲畜就会因缺饲料而死亡，牧民就无法生存。元朝建立后，忽必烈曾多次派遣专人往漠北打井开渠、浚河，兴修了不少水利，使原来缺水之地变成了有水草的牧地，牧地范围不断扩大和增加。史载："是岁（定宗三年）大旱，河水尽涸，野草自焚，牛马十死八九，人不聊生。"③在牧区解决水源，关系到牧民生活和畜牧业发展，史载：太宗窝阔台时，"筑成和林，建万安宫，又于无水处筑井"④。在缺水的草原上打井，解决了人畜的饮水问题，扩大了牧场的面积，促进了畜牧业的进一步发展。

为保护畜牧业，元朝廷制定保护畜牧业的法令条例，对牲畜的屠杀有严格的规定，并明确规定禁私杀马牛，史载："诸每月朔望二弦，凡有生之物，杀者禁之。诸郡县岁正月五日，各禁宰杀十日，其饥馑去处，自朔日为始，禁杀三日。诸每岁，自十二月至来岁正月，杀母羊者，禁之。"⑤并对禁杀日期有着具体的详细规定，"诸宴会，虽达官，杀马为礼者，禁之。其有老病不

---

① 宋濂. 元史·兵志[M]. 北京：中华书局，1976.
② 大哥农司. 农桑辑要[M]. 上海：上海古籍出版社，2008.
③ 宋濂. 元史·定宗纪[M]. 北京：中华书局，1976.
④ 屠寄. 蒙兀儿史记·哥歹汗记[M]. 北京：中国书店，1984.
⑤ 宋濂. 元史·刑法志[M]. 北京：中华书局，1976.

任鞍勒者，亦笔与众验而后杀之"①。此外，《元典章》中记载着"禁杀羊羔例""禁宰年少马匹""杀羊羔断例""禁休杀母羊"②等保护牲畜的条文，这些条文的规定，要求牧人增强责任感，管理好牧地的工作。这些禁令对牲畜繁殖起到了一定的保护作用，一定程度上限制了宰杀马牛数量，法律上保护了畜牧业的正常进行③。

尽管元朝统治者比较注意畜牧业的发展，但畜牧业发展速度并非想象的那么快，发展趋势也不稳定，其原因是多方面的，其中负面影响最大的是自然灾害，特别是气候条件的影响，使畜牧业容易受到突然打击。

元太宗在位时（1229—1241），"华夏富庶，羊马成群"④。

但是到元定宗三年（1243）遭受大旱灾，"河水尽涸，野草尽焚，牛马十死八九"⑤，牧业受到严重影响。元世祖在位时，漠北遭受过三次大灾，一次是中统二年（1261），"迤起北正三月间，草地自燃，东自和林，西至谦州，其燃极草根而止"⑥。至元二十四年（1287）十二月，漠北"雨土七昼夜，养畜死不可胜计"⑦。至元二十五年三月，"以往岁北边大风雪，拔突古伦所部牛马多死"⑧。元朝中期，游牧地区的自然灾害频繁，元成宗大德五年（1301）七月，"称海至北境十二站大雪，马牛多死"⑨。大德九年，漠北怯绿连河一带，"岁大风雪，畜牧亡损且尽，人乏食"⑩。元仁宗延祐四年

---

① 宋濂. 元史·刑法志[M]. 北京：中华书局，1976.
② 陈高华，张帆，刘晓，党宝海. 元典章[M]. 天津：天津古籍出版社，2011.
③ 包诺敏. 元代畜牧业经济思想的探析[J]. 中国集体经济，2016（27）.
④ 宋濂. 元史·太宗纪[M]. 北京：中华书局，1976.
⑤ 宋濂. 元史·定宗纪[M]. 北京：中华书局，1976.
⑥ 宋濂. 元史[M]. 北京：中华书局，1976.
⑦ 宋濂. 元史·世祖纪[M]. 北京：中华书局，1976.
⑧ 宋濂. 元史·世祖纪[M]. 北京：中华书局，1976.
⑨ 宋濂. 元史·成宗纪[M]. 北京：中华书局，1976.
⑩ 虞集. 道园学古录·需公神道碑[M]. 上海：中华书局，1937.

（1317），"天大雪，深丈余，车庐人畜压没，存者无以自活"[①]。文宗至顺元年（1330）九月，"铁里干、木邻等三十二驿，自夏秋不雨，牲畜多死，民大饥"[②]。铁里干、木邻是连接漠北、漠南的站道，这次旱灾，漠北、漠南显然都被涉及。至顺二年十一月，"兴和路鹰坊及蒙古民万一千一百余户，大雪畜牧冻死，赈米五千石"[③]，不得不对灾民加以赈济。雪灾、风灾、旱灾等不断侵袭游牧地区，造成牲畜的大面积死亡，对牧业生产的破坏是相当严重的，由此暴露出牧业经济的脆弱性。

朝廷对游牧地区的救灾措施是积极的，每次都采取救济措施。朝廷也会从汉地调拨大批物资支援，以确保其作为"龙兴之地"的畜牧业的发展。每次的灾害，朝廷都会出钞币、牲畜和粮食赈灾，济救牧民，以显示朝廷对牧民的爱护。而受灾牧民，也能通过这些赈济，得以度过灾荒，减轻生产上和生活上的困难，较快地恢复生产。除了这些措施外，元朝还用官养马匹及市马、括马等方法来弥补牧业经济的不足。

1.2.2 马政制度

元代除了从游牧地区和农耕地区的畜群中"抽分"牲畜外，还设有专门机构进行管理，逐渐完善了养马的官制，设立了太仆寺和尚乘寺等马政体系。

中统四年（1263），忽必烈开始设置群牧所，隶太府监，掌牧马及尚方鞍勒。至元十六年（1279），改为尚牧监。至元十九年，尚牧监改为太仆院。第二年，太仆院改为卫尉院。一度又改为群牧所。至元二十一年二月，又罢群牧所，立卫尉院。至元二十四年，罢卫尉院，立太仆寺。本寺只管阿塔思马匹（阿塔思是蒙古语，译成汉语为骟马，即去势马），属宣慰院。至元二十五年，太仆寺隶中书省。又别置尚乘寺以管鞍辔。太仆寺典掌御位下，大

---

① 虞集.道园学古录·岭北等处行中书省左右司郎中苏公墓碑[M].上海：中华书局，1937.
② 宋濂.元史·文宗纪[M].北京：中华书局，1976.
③ 宋濂.元史·文宗纪[M].北京：中华书局，1976.

斡尔朵马。太仆寺的官制是置提调官二员，名曰卿、少卿二员。大德十一年（1307），复改太仆寺为太仆院。至大德十四年，罢太仆院，仍为太仆寺。同年，复立群牧监，掌中宫位下孳畜。卿三员，太卿、少卿、监丞各二员。七月，置经正监，掌蒙古军牧地。至治三年（1323），罢群牧监。太庙祀事所用马匹亦有专人饲养。太仆寺统领全国十四道国家牧场。

尚乘寺是掌管皇帝鞍辔舆辇，阿塔思群牧骟马驴骡，管理随路局院鞍辔等造作，收支行省每年制造鞍辔，审理四怯薛（类似禁卫军）阿塔赤（骏马倌）词讼，起取南北远方马匹等事宜。

朝廷直属牧马草地放牧的马匹称为官马。由于官马都烙有专门印记，所以又称为"大印子马匹"。每当新皇帝即位时，掌管牧马的太仆寺官员按规定要到各处清查官马。平时太仆寺也可奉旨派遣官员到草地核实马匹数额，如泰定二年（1325）七月，即因"各处官马数目短少如旧，文册亦不明"，太仆寺即准派怯薛人员赴各处核对马匹实数。第二年七月，虽然"系官头匹已有备细数目"，太仆寺仍要差人前往各处点视，督促各地"加意牧养"。

为弥补马匹的不足，元朝采取了比较便捷的办法，主要通过强行购买和拘括两个途径直接取马于民间。朝廷购买民间马匹，又称"和买马"，是国家按规定的官马价征收马匹。当然价格要比市价低，牧民有义务交售，国家有权力征收。太宗窝阔台时已开始在民间置办马匹，但还没有成为马匹的主要来源之一[①]，到了忽必烈以后，这项制度日趋完善，不但有具体的规定，每次还有定额，且和买的数目也越来越大。和买马有固定的比例与官定的价格。当然这种数量与价格不是一成不变的，要跟随社会物价的变化和国家需要马的数量的要求而变化。中统元年（1260），忽必烈下令"诸路市马万匹，送开平府"[②]。中统二年十一月，"命诸路市马二万五千余匹，授蒙古军之无马者"[③]。中统

[①] 陈高华，史卫民. 中国经济通史：元代经济卷[M]. 北京：经济日报出版社，2007.
[②] 宋濂. 元史·世祖纪[M]. 北京：中华书局，1976.
[③] 宋濂. 元史·世祖纪[M]. 北京：中华书局，1976.

四年，"诏东平、大名、河南宣慰司市马千五百五十匹，给阿术等军"①。至元十七年（1280），"诏王相府于诸奥鲁市马二万六千三百匹"②。延祐七年（1320）三月，"市羊五十万、马十万，赡北边贫乏者"③。元顺帝时达到了顶峰，"凡有马之家，十匹内和买二匹，每匹给钞一十锭"④。由此可以看出和买的数量比例各个时期并不一致。这一趋势表明，元朝官牧场的马至顺帝时数量已越来越少，而朝廷由于时局动荡，需要战马则越来越多，其结果不得不向牧区和买马。而且，和买的方式由自愿出售发展到硬性规定，直到勒令交出马匹为止。通过以上事例，从宏观看，元朝畜牧业的发展水平由忽必烈时的盛况渐渐趋向衰退，尤其是到了元顺帝时期，畜牧业的衰败更为严重。

元朝的和买马，除了朝廷统一购置外，还发放市马钞给军队，用于购买马匹。元贞元年（1295）三月，"遣密剌章以钞五万锭授征西元帅，令市马万匹，分赐二十四城贫乏军校"。同年四月，"给扈从探马赤军市马钞十二万锭"⑤。大德五年（1301）五月，"给月里可里军驻夏山后者市马钞八万八千七百余锭"⑥。延祐五年（1318）七月，"给钦察卫马羊价钞一十四万五千九百九十二锭"⑦。再一种办法是规定某一地区的马匹免去朝廷和买，直接供给附近的驻军。如至元二十六年（1289）十二月，命令京兆等二十四处城池免和买马匹，将该地马匹中的"上马"供给四川也速䚟儿等军。购买马匹和其他牲畜的费用相当大，仅至元三十年，"赐诸臣羊马价，钞四十三万四千五百锭，币五万五千四百一十锭"。

括马也叫刷马、拘刷马，元廷遇有紧急战事用马量大和买不及时，直接

---

① 宋濂. 元史·世祖纪[M]. 北京：中华书局，1976.
② 宋濂. 元史·世祖纪[M]. 北京：中华书局，1976.
③ 宋濂. 元史·英宗纪[M]. 北京：中华书局，1976.
④ 宋濂. 元史·顺帝纪[M]. 北京：中华书局，1976.
⑤ 宋濂. 元史·成宗纪[M]. 北京：中华书局，1976.
⑥ 宋濂. 元史·成宗纪[M]. 北京：中华书局，1976.
⑦ 宋濂. 元史·仁宗纪[M]. 北京：中华书局，1976.

采取从民间征括马匹的制度。如果说和买马朝廷还以很低的价格象征性地予以支付，带有一定的强制性，那么括马则是没有任何代价，完全强制性地征收，实际上是一种公开的、无代价地征收马匹，这种制度在蒙古汗国时期就已实施，并一直延续下来。中统二年（1261）十月，"括西京两路官民，有壮马皆从军"。"两路奥鲁官并在家军人，凡有马者并付新军刘总管统领"[1]。至元十一年（1274）四月，"括诸路马五万匹"[2]。至元三十年（1293）三月，"括天下马十万匹"[3]。大德二年（1298）十二月，"括诸路马，除牝携驹者，齿三岁以上并拘之"[4]。延祐七年（1320）四月，"括马三万匹，给蒙古流民，遣还其部"；七月，"括马于大同、兴和、冀宁三路，以颁卫士"[5]。至顺元年（1330）九月，"冠、恩、高唐等州，出马八万匹，令诸路分牧之"[6]。至正十二年（1352）正月，"拘刷河南、陕西、辽阳三省及上都、大都、腹里等处汉人马"[7]。至元二十三年到泰定帝致和元年（1286—1328）42年中，总计拘刷马匹70万匹。若累计至元二十三年以前以及泰定帝致和元年以后的拘刷数当达百万匹以上[8]。

元朝和买马、括马两种方法交替使用，原则上是在和买马不可能的时候，才使用括马，但实际上括法从未断绝使用。这种做法与蒙古草原上的领主制生产关系息息相关。据记载："其地自鞑主、伪后、太子、公主、亲族而下，各有疆界。其民皆出牛马、车仗、人夫、羊肉、马奶为差发。"[9]这虽是记载窝阔台时代的情况，但以后无大的变化。

---

[1] 宋濂. 元史·世祖纪[M]. 北京：中华书局，1976.
[2] 宋濂. 元史·世祖纪[M]. 北京：中华书局，1976.
[3] 宋濂. 元史·世祖纪[M]. 北京：中华书局，1976.
[4] 宋濂. 元史·成宗纪[M]. 北京：中华书局，1976.
[5] 宋濂. 元史·英宗纪[M]. 北京：中华书局，1976.
[6] 宋濂. 元史·文宗纪[M]. 北京：中华书局，1976.
[7] 宋濂. 元史·顺帝本纪[M]. 北京：中华书局，1976.
[8] 李翰. 元代社会经济史[M]. 武汉：湖北人民出版社，1985.
[9] 彭大雅，徐霆. 黑鞑事略[M]. 北京：国家图书馆出版社，2009.

总的来说，在官府养马、和买马与括马几种马匹供应办法中，括马因为花费代价最低、见效最快，所括马匹多为"四岁以上骟马"，可以直接充为军用或交通等用，所以最为统治者喜好，成为元朝马匹的最主要来源。最初括马是为了给出征军人提供马匹，后来连京城宿卫的怯薛和侍卫亲军需用马匹，也要从民间拘括[①]。

和买马与括马，当时对元朝国力的充实、军队的装备、交通的加强、灾区的赈济、皇室的安抚等都起到了良好的作用。同时也为广大牧民在经济上带来了沉重的负担。而牧养官马、和买马与括马，即所谓的"马政"制度，马匹主要取自民间，虽给民间的养马业带来极大的破坏，可基本做到了马匹不取之于草原蒙古本部而朝廷有马可用，从而保证了草原畜牧业的正常发展。这正是蒙古统治者力保"蒙古本部"昌盛的体现。对制定和推行马政制度的蒙古统治者来说，这也是很正常的事情。

1.2.3 渔业

元朝统治的疆域，东南两面都与太平洋大海为邻，海岸线长、大陆架面积大，海域辽阔，沿岸岛屿星罗棋布，港湾较多，滩涂面积广阔，这些都是发展海洋渔业的有利条件。东南沿海地区和近海海岛上的居民或以捕鱼为业，或在从事农业之余，以捕捞为副业。对于这些地区的居民来说，渔业生产在经济生活中占有重要地位。他们在海洋中捕捞，可以称为海洋渔业。

元代沿海一带，渔业资源丰富。根据当时地方志的记载，可以捕捞食用的海产品不下五六十种，比较重要的有石首鱼、春鱼、鲈鱼、鲑鱼、带鱼、鳗鱼、鲳鯸、鲨鱼、华脐鱼、虹鱼、白鱼、乌贼、螃蟹、虾、蛤等。由于长期生产经验的积累和造船工艺、航海技术的进步，已经形成了固定的季节性渔场。沿海地区民众纷纷出海进行捕捞。如庆元（今浙江宁波）渔民每年三月出海捕

---

① 陈高华，史卫民. 中国经济通史：元代经济卷[M]. 北京：经济日报出版社，2007.

捞"春鱼，似石首面小，每春三月，业海人竞往取之，明曰捉春，不减洋山之盛"。到四五月份"发巨艘入洋山竞取（石首鱼），有潮汛往来，谓之洋山鱼"①。

除了捕捞以外，沿海滩上已经有水产养殖出现。庆元沿海一带，"蛤，每一潮生一晕，壳有纹，海滨人以苗栽泥中，候其长而取之"②。"海滨有蚶田，乃人为之。以海底取蚶种置于田，候潮长。育蚶之患，有班螺，能以尾磨蚶成窍而食其肉。潮退，种蚶者往视，择而剔之"③。"蚶小，亦采苗种之海涂，谓之蚶田"④。这些贝壳类水产养殖在当时的规模是有限的，但它标志着当时的渔业经济已经有所发展。

在内陆的江河湖泊中，也有多种多样的水产品。常见的有鲤鱼、鲢鱼、鲩鱼、鲫鱼、鳢鱼、青鱼、鳜鱼、鲟鱼、鳊鱼、鲻鱼、鳖年、蟹、虾等⑤。辽阳行省出产阿八儿忽鱼和乞里麻鱼，前者有一二丈长，后者"大者有五六尺长"，⑥都应是鲟鱼一类。重者可达千斤⑦。这是元代始见于记载的淡水鱼种。由于全国统一，阿八儿忽鱼和乞里麻鱼作为贡品运来大都。淡水鱼类中有不少可以人工养殖，如鲢鱼、鲫鱼、鲤鱼、鲩鱼等。元朝廷鼓励百姓养鱼作为副业，增加收入。至元七年（1270）颁布的《劝农立社事理条画》中说："近水之家许凿池养鱼并鹅鸭之类，及栽种莲藕、鸡头、菱角、蒲苇等，以助衣食。"⑧

朝廷的提倡，有利于淡水养殖的发展。当时一般人家常购买鱼苗放养，收

---

① 至正四明续志·土产·水族[M].清咸丰四年刊本.
② 至正四明续志·土产·水族[M].清咸丰四年刊本.
③ 孔齐.至正直记·海滨蚶田[M].上海：上海古籍出版社，1987.
④ 至正四明续志·土产·水族[M].清咸丰四年刊本.
⑤ 俞希鲁.至顺镇江志·土产·鱼[M].南京：凤凰出版社，1999.
⑥ 忽思慧.饮膳正要[M].上海：上海古籍出版社，1990.
⑦ 宋濂.元史·刘哈剌八都鲁传[M].北京：中华书局，1976.
⑧ 黄时鉴点校.通制条格[M].杭州：浙江古籍出版社，1986.

集鱼苗出售成为获利颇丰的一个行业。王祯说:"今人但上江贩鱼种,塘内富之,饲以青蔬,岁可及尺,以借食用,亦为便法。"[1]正是由于淡水养殖业的兴起,带动了鱼苗行业的发展。

元代渔业发展的重要表现是蒙古高原地区渔业开发的扩大。蒙古高原部分地区散布着众多湖泊,水质优良,且有五十多种鱼类生活于这一地区[2],有极大的渔业价值。虽然在成吉思汗时代之前,已经有一些牧民将湖中之鱼作为重要的食物补充,但规模有限。元朝建立后,大量军士以及民众进入岭北行省进行屯垦。而蒙古高原的粮食作物是有限的,因此渔业成为这些屯垦军民的重要食物来源之一。如至元十八年(1281)"赐谦州屯田军人钞币、衣裘等物,及给农具、渔具"[3]。至元二十六年"伯颜遣使来言边民乏食,诏赐网罟,使取鱼自给"[4]。

此外,由于蒙古高原复杂多变的气候,岭北行省常成为灾情严重之地。如仁宗延祐三年(1316)"会天大雪,畜尽死。饥人无以自活,走乞食于和林,相枕藉死道"[5]。延祐七年,"和林民阇海瘗殍死者三千余人"[6]。面对如此大量的灾民,仅凭朝廷的救济粮难以达到赈济目的。因此,元朝廷积极鼓励岭北灾民发展渔业来获得食物。如哈剌哈孙在和林"分遣使发廪赈降口,复奏请钱七千三百万缗,帛称是,易牛羊给之,又给网数千,令取渔食"[7]。元武宗至大三年(1310),"和林省言:'贫民自迆北来者,四年之间糜粟六十万石、钞四万余锭、鱼网三千、农具二万。'"[8]而元朝廷也正是由于这种独特而有

---

[1] 王祯农书[M]. 长沙: 湖南科学技术出版社, 2014.
[2] 黄溍. 金华黄先生文集[M]//四部丛刊初编. 上海: 商务印书馆, 1929.
[3] 郭成伟点校. 大元通制条格[M]. 北京: 法律出版社, 2000.
[4] 郭成伟点校. 大元通制条格[M]. 北京: 法律出版社, 2000.
[5] 苏天爵. 元朝名臣事略[M]. 北京: 中华书局, 1996.
[6] 郭成伟点校. 大元通制条格[M]. 北京: 法律出版社, 2000.
[7] 马齐, 朱轼. 圣祖仁皇帝实录[M]. 北京: 中华书局, 1985.
[8] 郭成伟点校. 大元通制条格[M]. 北京: 法律出版社, 2000.

效的赈灾方式，使岭北行省所辖的蒙古高原一带的渔业资源得到了进一步开发，这不得不说是元代渔业发展的突出表现。

元代渔业市场繁荣，主要表现在水产品需求量大、销路广、品种多。马可·波罗在杭州时曾见："湖中也产大量的鱼，使专门捕鱼的人，终年都有鱼可捕。鱼的种类，随季节的不同而有差异。当你看到运来的鱼，数量是这样庞大，或许会以为无法卖光，可是在几小时之内，竟一售而空。因为，这里居民的人数实在太多，就是那些追求口腹之欲、餐餐有鱼有肉的富裕人家的人数也已够多的了。"①

不仅临海的民众对鱼的需求量大，就连内陆的蒙古统治者对鱼也有旺盛的需求，特别是元世祖忽必烈。元大都皇城北部的海子是元代宫廷用鱼的重要产地。马可·波罗载："大都皇宫北部的人造池塘，皇帝吃用的鱼鲜，不论数量多少，全部由这个人工湖供给。"②

此外，关于王宫供给，替忽必烈行猎的两个男爵"从十月一日至三月底，每日必须供给宫廷一千头猎物，鸟类还不计算在内。除此之外，还要尽可能供给大量的鱼。计算方法是，三人下饭的吃鱼量，可以折算等于一头猎物"③。除了皇室之外，普通民众对鱼类产品的需求量也较大，这也促进了元代渔业市场流通的繁荣，尤其是南方临海与近海地区。周密《癸辛杂识》说："江州等处水滨产鱼苗，地主至于夏，皆取之出售，以此为利。贩子辏集，多至建昌，次至福建、衢、婺。"

此外，黄河流域的渔业市场流通也很繁荣，如《元典章》载："近有归德、邓州等处客旅，俱系黄河间采捕收买鱼货，止用清沧滨乐盐淹干鱼，搬贩直至江南诸州军等处货卖。"元代诗歌中对繁荣的鱼市以及贩鱼活动的描写也很多。如鲜于必仁《普天乐·山市晴岚》中有"雾敛晴峰铜钲挂，闹腥风争买

---

① [意]马可·波罗. 马可波罗游记[M]. 陈开俊等译. 福州：福建科学技术出版社，1981.
② [意]马可·波罗. 马可波罗游记[M]. 陈开俊等译. 福州：福建科学技术出版社，1981.
③ [意]马可·波罗. 马可波罗游记[M]. 陈开俊等译. 福州：福建科学技术出版社，1981.

鱼虾",王冕《过武塘》中有"鱼盐市井三吴俗,番岛舟航十丈樯"之句,揭傒斯《杨柳青谣》中有"昨日临清卖苇回,今日贩鱼桃花口"之句,可见元代鱼货贩运与鱼市的兴盛。

沿海渔民捕捞和养殖,除少量供自己消费外,多数为了出售。内陆的百姓养鱼,渔民捕捞,主要也是为了市场的需要。"渔家无别业,衣食惟罟网。"[1]渔民只有用捕捞的水产品,到市场上出售,换取货币,才能维持自己的生活。元代城镇的集市上常有各种水产品出售。

常州路所在地诸多行业中有锦鳞行,显然是经营水产的行会组织。集庆路治所在有市多处,其中蚬市应是水产品交易的场所。元朝的都城大都也有"鱼市,文明门外桥南一里"[2]。

其他城镇有类似的行会和专门的市场,更多的则在综合性的行会或市场中占有一席之地。水产品保鲜期很短,为了适应市场的需要,各种能够长期储存水产品的技术得到普遍的应用。比较常见的加工技术是盐腌或暴晒成干。经过这些方法加工的水产品,便可经久不坏,运往远方出售[3]。

在鱼加工品方面,腌制鱼是受民众欢迎的产品,而且腌制鱼不易腐坏,如福建一带的鲞鱼"夏初曝干,可以致远"[4]。这为鱼货长途远销提供了条件。陈高华与史卫民对元代用于贩卖的腌制鱼进行了统计,认为"两浙经盐腌加工的水产品应在750万—850万斤。两淮沿海地区腌制的水产品应不少于此数。加上其他沿海地区以及内陆江河湖腌制的水产品,无疑每年有数十万斤"[5]。由此可知元代以腌制鱼为代表的鱼货产销量之大以及销售范围之广,进而得知,元代渔业市场之繁荣。

渔业的巨大利润,也得到了各产鱼地官府的注意,它们便以各种形式,纷

---

[1] 杨镰. 全元诗[M]. 北京:中华书局,2013.
[2] 熊梦祥. 析津志辑佚[M]. 北京:北京古籍出版社,1983.
[3] 陈高华,史为民. 中国经济通史:元代经济卷[M]. 北京:光明日报出版社,2007.
[4] 至正四明续志·土产·水族[M]. 清咸丰四年刊本.
[5] 陈高华,史为民. 中国经济通史:元代经济卷[M]. 北京:光明日报出版社,2007.

纷参与到渔业生产中。如《元典章》载："今后交各处官司兼管湖泊，招收打鱼船户，官为应副网索拦闸神福等，外据打算鱼数，十分为率，鱼户收三分，官收七分发卖。"官府"每年于民间抽分鱼货"的现象大量出现，这一方面促进了渔业的发展，另一方面也为贪官污吏压榨渔民提供了条件。

元代渔业有较好的发展条件，主要表现为蒙古族虽然为游牧民族，但其有长久的重渔猎传统，相比于农业，蒙古贵族对渔业更为熟悉。这是因为"原始社会早期，蒙古人首先遇到的地理条件，是森林和大河"[①]。因此，早期蒙古族先民是进行渔猎活动的。故渔业不仅不会受到元代统治者的排斥，反而会得到相应的重视，蒙古高原等地的渔业资源，在元代得到了较大程度的开发。元王朝对渔业实行了较为宽松的政策，既包括对山泽的频繁弛禁，也包括在税收上相应减免与优惠，这使元代渔业取得了进一步的发展，渔业市场持续繁荣，无论在产销量还是在销售流通范围上，均不亚于前代。而且渔业在社会经济观念中地位的提升，也体现出元代渔业的发展，更印证了元代绝非中国渔业发展史上的停滞期[②]。

1.3 农业

元朝的封建制经济大致上以农业为主，粮食作物有稻、麦、荞麦、黍等，经济作物有桑、麻、棉花、茶等。经济作物中桑、麻遍及南北各地，棉花自境外传来，在元代迅速传播。元代的农业技术基本上沿袭前代，其整体生产力水平虽然不如宋朝，但在生产技术、垦田面积、粮食产量、水利兴修以及棉花广泛种植等方面都取得了较大发展。

元代的粮食作物，在南方以稻为主。据记载，稻分为粳、籼，早稻为籼，晚稻为粳。镇江路地方志记载："粳之种又有大、小之分，土人谓大稻粳，小

---

① 王路. 论蒙古族从渔猎经济向畜牧业经济的过渡[J]. 内蒙古社会科学（经济社会版），1987（2）.
② 张博. 不应被忽略的渔业发展期——论元代渔业发展的条件与表现[J]. 农业考古，2017（4）.

稻籼。"[1]王祯在《农书》总结说："南方水稻，其名不一，大概为类有三。早熟而紧细者曰籼，晚熟而香润者曰粳，早晚适中、米白而黏者曰秫"，"稻有粳、秫之别，粳性疏而可炊饭，秫性黏而可酿酒。"由于中、晚熟水稻生长期较长，米粒中营养物质积存较多，因而米质也较佳。种植品质较高的粳稻，对江南来说自然是较为合理的选择。而要发展粳稻生产，培育出更多的粳稻品种当然又至为关键。稻的品种很多，以镇江为例，大稻粳有十六种，小稻籼六种，糯米有九种，"江南稻种甚多，不可枚举，然兹土之所宜者，大率不过此数种也"[2]。由此可知江南其他地区稻米品种尚多。

北方水稻种植相当普遍，这和水利的兴修有密切的联系。在大都郊区，常发生决通惠河堤浇灌稻田之事[3]。大都路属下的蓟州有稻户，显然以种稻为业[4]。元朝末年，江南海运不继，元朝政府在大都周围开垦农田，从"江浙、淮东等处召募能种水田及修筑围堰之人各一千名为农师，教农播种"[5]。种植的是水稻。大都以南的顺德路，下属邢台、南和等县濒漳河乡村，"分引沟渠浇灌稻田"[6]。怀孟路有广济渠，有灌溉之利。益都沂州有沭水"东分一支入芙蓉湖，溉田数千顷，——湖在沂州东南芙蓉山下——香粳钟亩"[7]。

元代的河南行省大体上以长江为界，这是北方最重要的稻产区。元、宋对峙时，忽必烈大力在河南南部屯田，支援前线。其中一年收到"稻谷又马料约四十余万石"[8]。可见当时稻的种植已有相当规模，而且已成为当地的主要农作物。元朝统一以后，"黄河两岸，多有退滩闲地，有塔查大王位下头目人

---

[1] 俞希鲁. 至顺镇江志[M]. 南京：凤凰出版社，1999.
[2] 俞希鲁. 至顺镇江志[M]. 南京：凤凰出版社，1999.
[3] 宋濂. 元史·河渠志一[M]. 北京：中华书局，1976.
[4] 宋濂. 元史·河渠志一[M]. 北京：中华书局，1976.
[5] 宋濂. 元史·顺帝纪[M]. 北京：中华书局，1976.
[6] 王结. 文忠集[M]. 四库馆，1868.
[7] 于钦. 齐乘校释[M]. 北京：中华书局，2012.
[8] 王恽. 秋涧先生大全集·论河南行省屯田子粒不实分收与民事状[M]. 上海：上海书店出版社，1989.

等，冒占作投下稻田"①。可见黄河附近也种稻。至于两淮地区，位于长江和淮河之间，历来都大面积种稻。全国统一后，元朝在两淮大兴屯田，芍陂屯田规模很大，仅至元二十一年（1284），便得"粳、糯二万五千石有奇"②。没有提到其他粮食，说明所种的农作物主要是稻。

长江以南，历来是稻作区，"大抵稻，谷之美种，江、淮以南，直彻海外，皆宜此稼"③。从现存的几种江浙地区的地方志看，稻米是税粮的主要部分。江浙行省所属的浙西地区，以太湖为中心，是稻的主要生产区。浙东、江东也盛产稻米。江浙行省所属的福建，多丘陵山地，稻是当地主要粮食作物，"今闽中有得占城稻种，高仰处皆宜种之，谓之早占，其米粒大且甘，为旱稻种甚佳"④。江浙之外，江西、湖广、四川、云南诸省也以稻为主。

江西北部的鄱阳湖地区历来出产稻米。江西东部的南丰州多山，"山深地寒，止宜晚禾，惟有近郭乡村略种旱稻"，"通计十分之内，旱稻止有三分"⑤。虽有早、晚之分，但都是稻。

江西行省的南部是广东道宣慰司辖地。广州路有"粳、糯"⑥。潮州路亦同⑦。13世纪后期，广州军民于乡村籴米百、千、万石运往海外出售⑧，可见广东沿海产稻米之盛。湖广行省北部洞庭湖周围也是历史上盛产稻米的地方。元成宗大德五年至六年（1301—1302），元军征"西南夷"，"湖北、湖南大起丁夫，运送军粮"，至播州交纳，其正夫与担负自己粮食者，通计二十余万⑨。运的都是米，显然是两湖地区生产的。四川历史上是产米区。蒙

---

① 王恽. 秋涧先生大全集·定夺黄河退滩地[M]. 上海：上海书店出版社，1989.
② 宋濂. 元史·世祖纪[M]. 北京：中华书局，1976.
③ 王祯. 农书[M]. 长沙：湖南科学技术出版社，2014.
④ 王祯. 农书[M]. 长沙：湖南科学技术出版社，2014.
⑤ 刘埙. 水云村泯稿·呈州转申廉访分司救荒状[M]. 北京：中华书局，1989.
⑥ 陈大震. 大德南海志·物产[M]. 广州：广东人民出版社，1991.
⑦ 孛兰肸. 元一统志·江西行省·潮州路[M]. 北京：中华书局，1966.
⑧ 黄时鉴点校. 通制条格[M]. 杭州：浙江古籍出版社，1986.
⑨ 宋濂. 元史·陈天祥传[M]. 北京：中华书局，1976.

哥汗攻四川时，将领汪忠臣建议"舟米数千石"随行，原因是"此处多稻而求粟无有，宜虞以廪病者"[1]。云南也以种稻为主。云南中部的大理、中庆等处是白族聚居地，"白夷有田，皆种稻。其佃作三人，使两牛前牵，中压而后驱之"[2]。云南南部是"金齿百夷"的居住区，他们是傣族的先民，"其土宜稻"[3]。

　　麦的种植也很广泛。麦有小麦、大麦，以小麦为主。江、淮以北粮食作物，以麦为主。王祯所说："夫大、小麦，北方所种极其广。"[4]这里的北方，当是指黄河中下游及其附近地区。关中平原是一个古老的麦产区，历代相因，并未有多少改变。京兆地区出产二麦[5]，其中泾河灌区则是关中平原最重要的麦作基地[6]。关中西部的凤翔府，麦的种植也相当普遍[7]。陕西南部的兴元路也出产大麦和小麦[8]。陕北、陇东、陇西诸地的农业虽比不上关中发达，但大多也有麦类的种植。如延安路解州宜君县就有种麦的记载[9]，巩昌都总帅府辖地的金州、会州、西和州、泾州诸地也是如此[10]。汾河谷地的自然条件与关中平原大致相类，因而也是二麦产区。平阳地区还是优质小麦的出产地，其境内的河东府河东县舜寨所出的小麦相当独特，颗粒如常而无缝，色稍白，每斗可得面十三斤，甚是稀罕，谓之"舜麦"[11]。

　　黄河下游地区平原辽阔，自然条件比之汾、渭流域更优，麦产颇丰。河

---

[1] 姚燧. 姚燧集[M]. 北京：人民文学出版社，2011.
[2] 陶宗仪. 南村辍耕录[M]. 沈阳：辽宁教育出版社，1998.
[3] 王恽. 秋涧先生大全集·中堂事记中[M]. 上海：上海书店出版社，1989.
[4] 王祯. 农书[M]. 长沙：湖南科学技术出版社，2014.
[5] 宋濂. 元史·商挺传[M]. 北京：中华书局，1976.
[6] 宋濂. 元史·李德辉传[M]. 北京：中华书局，1976.
[7] 宋濂. 元史·五行志[M]. 北京：中华书局，1976.
[8] 宋濂. 元史·五行志[M]. 北京：中华书局，1976.
[9] 李兰肹. 元一统志[M]. 北京：中华书局，1966.
[10] 宋濂. 元史·五行志[M]. 北京：中华书局，1976.
[11] 元好问. 续夷坚志[M]. 上海：上海古籍出版社，1996.

北的大都路、永平路、彰德路、保定路、真定路、广平路都是麦类产区。黄河以北，西由怀、孟，东抵曹、单，包括辉州在内，在金朝都是产麦的。元时这个区域的农业依旧发达，作为主要夏粮的小麦，种植当仍是非常普遍。除此以外，山东地区的济南路、般阳路和益都路也都是麦类的主要产地①。

河南行省产麦，行省南部则稻、麦并重，所以麦的生产占据着十分重要的地位。汴梁路的郑州、钧州皆出二麦。河南府及汝南地区都是优质小麦的产地。南阳盆地及淮河流域，虽然是稻产区，但小麦的种植仍占主要地位。南阳盆地邓州新野、顺阳、淅川诸县，淮南地区，以及淮东的海州，也都是出产小麦的。如顺帝至正十五年（1355），淮南行省左垂相太平"命有司给牛具以种麦，自济宁达于海州，民不扰而兵赖以济"②。

除了中原内地而外，北方边远之地也有麦类的种植。在宁夏平原，小麦与粟同等重要。河西走廊的沙州、西凉州都产小麦，瓜州屯田则向元廷时进瑞麦。别失八里以东数百里遍种麦作③，而乞则里八寺海一带也产二麦。哈密地区以及天山南路的和田、且末等地，绿洲农业比较发达，一向是大麦的重要产区④。

江南的粮食作物，以稻米为主，但大、小麦也占有相当的比重。由于实行稻、麦轮作，因此大、小麦分布很广。以江浙行省来说，浙西、浙东、江东、福建各地，都可以看到二麦的存在。镇江西路的地方志中关于麦有清楚的记载："麦有大、小之分。大麦之种有二。曰春，自十月至正月皆可种，然又早熟；曰黄杆，后熟。小麦之种有三，曰赤壳，曰白壳，曰宣州。""麦秋种夏熟，受四时气足，兼有寒温。"⑤

---

① 吴宏岐. 元代北方地区农作物的地域分布[J]. 中国历史地理论丛，1988（4）.
② 宋濂. 元史·太平传[M]. 北京：中华书局，1976.
③ 宋濂. 元史·五行志[M]. 北京：中华书局，1976.
④ [意]马可·波罗. 马可波罗游记[M]. 陈开俊等译. 福州：福建科学技术出版社，1981.
⑤ 俞希鲁. 至顺镇江志·土产[M]. 南京：凤凰出版社，1999.

浙东的庆元路有小麦、大麦。①"君不见四明山下寒无粮,九月种麦五月尝。"②庆元路属下的昌国州是个海岛,也产大麦、小麦。温州路属下的楚门,临近黄岩,当地"半陇石田都种麦"③。福建也是多山地区,到处可以看到麦的种植。

安徽境内的江淮及其以北地区,亳州、宿州、泗州、安丰、庐州、安庆等路、州是当时麦的主要种植区。在亳州境内,大、小麦种植较为普遍。在淮河流域一带,当地百姓还利用淤田进行麦的生产种植:"中土大河之侧,及淮湾水汇之地,与所在陂泽之曲,凡潢汙洄互,壅积泥滓,水退皆成淤滩,亦可种艺。秋后泥干地裂,布撒麦种于上,此所谓淤田之效也"④。安徽沿江江南地区的粮食作物,以水稻为主,但麦的生产种植也占有一定的比重。如据罗愿载:"大麦则有早麦、中期麦、青光麦。又有高丽麦,亦呼高头麦,挼之则粒出,然难为地力。有糯麦,宜为饭。小麦则有长穗麦,麸厚而面少。白麦,面白亦少。赤壳麦,麸薄而面多。"⑤

粟在元代粮食作物中的地位仅次于稻、麦。粟主要适宜在北方地区生产种植,其种植面积和产量仅次于麦,而在稻米之上。腹里⑥的中部和南部、河南、陕西等地,种粟是很普遍的。腹里的北部,上都极其周围地区,因天气寒冷,粟成为主要的粮食作物。上都城外,"卧龙冈外有人家,不识江南早稻花。种出碛中新粟卖,晨饮顿顿饭连沙"⑦。上都附近的察罕脑儿,"此地苦寒,入夏始种粟黍"⑧。鸳鸯泺,也种粟、麦。

---

① 俞希鲁. 至顺镇江志·土产[M]. 南京:凤凰出版社,1999.
② 戴表元. 剡源文集[M]. 四库馆,1868.
③ 李士瞻. 经济文集[M]. 四库馆,1868.
④ 王祯. 农书[M]. 长沙:湖南科学技术出版社,2014.
⑤ 罗愿. 新安志[M]. 合肥:黄山书社,2007.
⑥ 元对中书省直辖地区的通称。元朝把黄河以北,太行山以东及以西的这片地区称作"腹里",就是现在的河北、山西和河南、山东以及内蒙古的一部分。
⑦ 郑福田. 永乐大典[M]. 呼和浩特:远方出版社,2006.
⑧ 宋濂. 元史·拜住传[M]. 北京:中华书局,1976.

粟在南方也有种植，但在江南粮食作物中的地位，应在稻米、麦之后。元代安徽淮河流域一带粟的生产种植较为普遍。至元年间，元朝廷在淮河流域的芍陂、洪泽进行屯田，"岁得粟米数十万斛"[1]。安徽沿江江南一带也有粟的生产种植，如据南宋罗愿《新安志·物产·谷粟》："粟则有早粟、寒粟。寒者，晚也。有毛粟，成亦晚，有姜叶，赤者无芒。又有赤秆、白秆。有望粳青。有糯粟，山中人以为酒则味涩而不清，令人善醒。"

另据几种元代地方志的记载，浙西嘉兴、江东集庆、浙东庆元物产中有粟[2]，但镇江路农作物中却没有，可见江浙行省境内各地情况不一，而以有粟者居多。广东的广州路、潮州路都有粟[3]。

稻米、大小麦、粟是元代粮食作物的三个重要品种，在粮食作物中所占比例极大。在稻、麦、粟之外比较重要的粮食作物还有荞麦、黍、粱等。

荞麦"北方、山后诸郡多种"，"中土、南方农家亦种"[4]。由此可见是相当普遍的。"北方"应指大漠南北的草原地带，"山后"则指今山西、河北两省北部长城内外地区。诗人描述上都及其地区风光有"荞麦花开野韭肥"[5]"荞麦花开草木枯"[6]之句，可知这一带种植荞麦颇多。南方种荞麦也相当普遍。浙西镇江路"又有荞麦，秋花冬实，亦堪作面"[7]。杭州陆昌化县是多山地区，水稻不多，间种荞麦[8]。浙东庆元路也有荞麦[9]。

黍、稷、粱等类作物多产在偏北的地方。京畿一带在辽、金时期就是"稻

---

[1] 宋濂. 元史·昂吉儿传[M]. 北京：中华书局，1976.
[2] 王元恭. 至正四明续志[M]. 清咸丰四年刻本.
[3] 孛兰肸. 元一统志[M]. 北京：中华书局，1966.
[4] 孛兰肸. 元一统志[M]. 北京：中华书局，1966.
[5] 贡师泰. 玩斋集[M]. 长春：吉林出版集团，2005.
[6] 胡助. 纯白斋类稿[M]. 四库馆，1868.
[7] 俞希鲁. 至顺镇江志·土产[M]. 南京：凤凰出版社，1999.
[8] 方回. 桐江续集[M]. 四库馆，1868.
[9] 王元恭. 至正四明续志[M]. 影印本，1840.

梁之类，靡不毕出"[①]。元代大都路境内所产谷物的品种至为繁多。谷有高苗青、八棱诸品种，黍有糯黍、小黍、林黍诸品种[②]。大都路龙庆州还产粱米，元朝在龙庆设有栽种提举司，专管缮山岁输粱米事宜[③]。河北北部的真定路中山府也种植黍、稷。粱米的产地除了大都龙庆州外，还有陇西的兰州[④]。新疆准噶尔盆地由于地气高寒，也宜于种黍。如其北境的乞则里八寺海一带就出产黍与二麦[⑤]。东北边地种植的黍、稷更为广泛。从辽西大宁路来看，稷、黍的种植仍是十分重要的[⑥]。漠南地区也产黍，如察汗脑儿，"地苦寒，入夏始种粟、黍"[⑦]。

在粮食生产提高的同时，棉花、桑、麻等经济作物也大幅扩大种植面积、提高产量，并且各地种植的种类也各不相同，这一点也体现了农业的发展。

棉花自南宋即开始种植，在元代得到大力推广。特别是在太湖流域，元代棉花生产得到显著发展。正如王祯分析说："比之桑蚕，无采养之劳，有必收之效；埒之枲、苎，免绩缉之工，其幅匹之，特为长阔。"[⑧]南宋时已种植木棉，纳夏税。元代时，种植面积进一步扩大。棉花种植在日常生活中发挥的作用，既是生活必需品，又是重要的家庭经济来源。棉花是宋元以来得到普及的经济作物。江淮的淮东、镇江、江东等地区直至元中期都流行起来。正因为如此，元代也形成了整套的种植经验[⑨]。王祯《农书》对此多有记载，比如选种，"留种要留中喷花"[⑩]。再如整地、施肥、播种、合理密植、整枝摘心等

---

① 宇文懋昭. 大金国志·许奉使行程录[M]. 北京：中华书局，1986.
② 熊梦祥. 析津志辑佚[M]. 北京：北京古籍出版社，1983.
③ 宋濂. 元史·百官志[M]. 北京：中华书局，1976.
④ 李兰肹. 元一统志[M]. 北京：中华书局，1966.
⑤ 耶律楚材. 西游录[M]. 北京：中华书局，1981.
⑥ 李兰肹. 元一统志[M]. 北京：中华书局，1966.
⑦ 宋濂. 元史·拜住传[M]. 北京：中华书局，1976.
⑧ 王祯. 农书·木棉序[M]. 长沙：湖南科学技术出版社，2014.
⑨ 潘清. 元代江淮农业发展述论[J]. 徐州师范大学学报（哲学社会科学版），2012（6）.
⑩ 王祯. 农书[M]. 长沙：湖南科学技术出版社，2014.

栽培管理技术方面，元代太湖地区也有很独到的技术。《农桑辑要》就记载："苗长高二尺之上，打去冲天心，旁条长尺半，亦打去心，叶叶不空，开花结实。"①元代中期的诗人马祖常曾有诗说："江东木棉树，移向淮南去。秋生紫萼花，结绵暖如絮。"②正好描写了这一历史情景。

浙西的嘉兴一带是江南地区较早引进棉花加以培植的地方，不论棉花的种植规模还是棉纺织技术，在全国都较为领先。修于至元二十五年（1288）的《至元嘉禾志》便将木棉与丝、绫、罗、纱、绸等丝织品并列，作为嘉兴地方土产③。元代吴兴人沈梦麟作《黄浦水》诗曰："黄浦水，潮来载木棉，潮去催官米。自从丧乱苦征徭，海上人家今有几。黄浦之水不育蚕，什什伍伍种木棉。木棉花开海天白，晴云擘絮秋风颠。男丁采花如采茧，女媪织花如织绢。由来风土赖此物，祛寒庶免妻孥怨。府帖昨夜下县急，官科木棉四万匹。"④该诗虽为揭露官府盘剥百姓而作，但"什什伍伍种木棉""官科木棉四万匹"等诗句却也反映出当时浙西一带已成为江南重要的产棉区⑤。另据《元典章·吏部》记载，在成宗元贞二年（1296），即将木棉列入江南夏税开征的前一年，杭州路便率先折收木棉，与其他物品一道运往大都。大德七年（1303）负责驿传的机构通政院派人前往杭州、泉州等地催办胖袄，胖袄就是用棉花作内絮的棉袄。⑥

至元二十六年（1289）四月，"置浙东、江东、江西、湖广、福建木棉提举司，责民岁输木棉十万匹，以都提举司总之"⑦。木棉提举司的设立，说明在江南上述几个地区，都有木棉的种植。成宗元贞二年"始定征江南夏税

---

① 大司农司. 农桑辑要[M]. 上海：上海古籍出版社，2008.
② 马祖常. 石田文集[M]. 长春：吉林出版集团，2005.
③ 徐硕. 至元嘉禾志[M]. 北京：中华书局，1990.
④ 沈梦麟. 花溪集[M]. 上海：上海书店出版社，1994.
⑤ 何兆泉. 元朝浙江农业发展试探[J]. 湖州师范学院学报，2006（3）.
⑥ 史学通. 元代的植棉与纺织及其历史地位[J]. 文史哲，1983（1）.
⑦ 宋濂. 元史·世祖纪[M]. 北京：中华书局，1976.

之制。于是秋税止命输租，夏税则输以木棉布、绢、丝、棉等物"①。从这时起，木棉布正式作为江南税粮的一种。这种情况，反映了江南种棉的扩大。元贞三年复定江南夏税折征木棉等物，反映出棉花种植的普遍及棉纺织业的发达。②

元代江西的棉花种植是很突出的。元代的江西行省包括今江西省和广东省的大部。广东地区早在宋代已是植棉之地，江西行省北部的棉花种植应是广东传入的。吉州路、临江路、建昌路显然都是产棉较多的地方。刘诜诗："月色夜夜照纺车，木棉纺尽白雪纱。"③可以作为吉州种棉纺棉的证据。农学家王祯曾任吉州路永丰县尹，他重视木棉的推广，对于吉州路一带棉花的栽种，起到了有益的作用④。但江西也有一些地区不种或很少种木棉。

桑的种植自古以来就是中国农村最重要的副业之一。元朝建立后，将大力推广桑树的种植作为朝廷的任务，颁布的指导性文件《农桑辑要》中就有多篇关于蚕桑生产的意见，江南素来就是重要的丝绸产地，桑树的种植自不在话下。昆山诗人袁华就有诗云："商溪溪上日初晴，艳妆彩服踏清明。桑树叶圆蚕出大，布谷夜啼即起耕。"⑤可见，蚕桑的生产还是以一家一户为单位进行，是百姓的手工业生产。《马可波罗游记》中也记载了许多关于江南地区蚕丝业的情况，如南京"当地出产生丝，并织成金银线的织品，数量很大，花色繁多"；镇江"制造丝绸和金线织物"；常州"盛产生丝，并且用它织成花色品种不同的绸缎"，苏州"生产大量的生丝制成的绸缎，不仅供给自己消费，使人人都穿上绸缎，而且还行销其他市场"；吴江州"也同样生产大量的生丝，并有许多商人和手工艺人，这地方出产的绸缎质量最优良，行销全省

---

① 宋濂. 元史·食货志[M]. 北京：中华书局，1976.
② 复旦大学，上海财经大学. 中国古代经济简史[M]. 上海：上海人民出版社，1982.
③ 刘诜. 桂隐诗集[M]. 台北：商务印书馆，1969.
④ 戴表元. 剡源文集·王伯善农书序[M]. 四库馆，1868.
⑤ 袁华. 耕学斋诗集·上巳日晚步商墓西村[M]. 四库全书，1736.

各地"①。

麻作为传统的纺织作物，其种植也非常普遍。元代的麻有大麻和苎麻两种。用苎麻织成的布"柔韧洁白，比之常布（大麻织成的布）又价高一二倍"②。苎麻是喜温喜湿的作物，长江以南的地方种植很多。江淮许多地方大麻和苎麻都有种植，如镇江的火麻"土贡火麻布，见《唐书·地理志》，赋苎布见《元和郡县志》，以苎皮兼丝，缉而成者，谓之丝巾"。淮东也是"潟卤尽桑麻"。昆山也出苎布。与此相适应的是织麻成为家庭的重要副业。

北方也产麻。据《紫山大全集·论司农司》记载："我中原平野沃壤，桑麻万里。"在北方农业区和桑树一样到处栽种的是大麻。大都路的宝坻县产麻。怀孟路的河阳、济源出麻。从现有的记载来看，元代的山西地区产麻颇多。太原路忻州"赋麻布"，保德州、孟州产麻布，坚州"纯俭勤农，治麻布为生"。平阳路辽山、榆社、和顺俱出麻布。河南嵩州出麻布。陕西肤施产麻③。以上是《元一统志》残篇的一些记载，很不完备，但可以看出北方植麻的普遍。

元代农业生产有较大的发展，甚至有某些方面的突破，主要表现在农业生产技术有所提高。从天时地利与农业的关系，到选种、肥料、灌溉、收获等各方面的知识，都已达到新的水平，从元代的农书记载便可得到证明。元代在不到一百年的时间内，出现了十多种农业科学专著。这些农书详细总结和记载了当时农业生产上的成就，特别是农业生产技术和生产工具方面的创造。元代的耕田之法、中耕措施进步较为突出，当时中耕锄草分为浅锄间苗、深锄平垅、向根壅土和再度加工等四个不同措施，并认为不可"一功不至"④，继承和发展了前代精耕细作的优良传统。元代又特别注意因地制宜、因时制宜、适地适

---

① [意]马可·波罗. 马可波罗游记[M]. 陈开俊等译. 福州：福建科学技术出版社，1981.
② 大司农司. 农桑辑要[M]. 上海：上海古籍出版社，2008.
③ 李兰盻. 元一统志·陕西行省·延安路[M]. 北京：中华书局，1966.
④ 大司农司. 农桑辑要[M]. 上海：上海古籍出版社，2008.

种，进行生产。《农桑辑要》指出："苎麻本南方之物，木棉亦西域所产，近岁以来，苎麻艺于河南，木棉植于陕左，滋茂繁盛与本土无异。"① 由于冲破了传统的"风土不宜"的束缚，使苎麻、棉花、蚕桑、甘蔗、瓜果等作物的种植推广开来，甚至连忽必烈有关推广农桑的诏书中也强调"提刑按察司与州，相风土之所宜，讲究可否，别颁行之"②，这种尊重客观规律的科学态度，出自一个最高的封建统治者则尤为可贵。

生产工具的改进和创新是元代农业发展的主要原因之一，元代农书有详细记载，尤以王祯《农书》为最完备。该书绘制的农具和农业机械图就有281幅，有北方旱地使用的，也有适于南方水田的；有前代传统的农具，又有许多新创制的，种类繁多。包括农业机械、灌溉工具和各种生产、加工、运输、贮藏工具与设备③。其中大多数是历代沿袭下来的，但也有一些是元人新制使用的。在新发明使用的农具中，诸如耕作工具铁搭，除草工具耘荡、耘爪等，又大多出现在全国农业最先进的江浙地区。

铁搭是一种翻垦田土的农具，四齿或六齿，王祯谓"始见于江浙"④。他同时还称铁搭的出现是由于南方农家缺乏牛犁，"举此劚地，以代耕垦"。但李伯重指出，铁搭的发明还有一个动因是江浙一带稻田土壤粘重，排水不良，一般牛耕既浅又不均匀，人力垦田效率虽逊于畜力耕作，却可以翻得比后者更深⑤。元代杭嘉湖地区的水田还处在"干田化"过程中，自宋以后，稻麦两熟制盛行，稻田的冬作要求深沟，使用铁搭深耕，可以保证稻田排水良好，既利于浙北平原的农田改良，也便于大小麦、豆、油菜等旱地作物的生长。而且，铁搭可以兼有耙与大锄的功用，除用作翻土外，又能用来碎土、平田，是一

---

① 大司农司. 农桑辑要[M]. 上海：上海古籍出版社, 2008.
② 宋濂. 元史·世祖纪[M]. 北京：中华书局, 1976.
③ 王祯. 农书[M]. 长沙：湖南科学技术出版社, 2014.
④ 王祯. 农书[M]. 长沙：湖南科学技术出版社, 2014.
⑤ 李伯重. 宋末至明初江南农业技术的变化[J]. 中国农史, 1998（1）.

种高效率的农具[①]。王祯曾亲眼看见江南农户使用铁搭,"数家为朋,工力相传,日可劚地数亩",于是他将此器具编入《农书》。可见,在牛耕已经非常普遍的元代,铁搭的发明、使用并不是农耕技术的退步,恰恰相反,它反映了江浙农业生产力的进一步发展。

耘荡,顾名思义,是用来耘田的农具,也是元代时才在浙江等地开始使用的。王祯谓:"江浙之间新制之。"[②]其制为:主体是长一尺多、宽约二寸、形如木屐的木块,底列短钉二十余枚,上面贯以竹柄,长五尺有余。"耘田之际,农人执之,推荡禾垄间草泥,使之溷溺,则田可精熟,既胜耙锄,又代手足。况所耘田数,日复兼倍。"[③]使用耘荡,可以让农民从手耘、足耘中摆脱出来,免于匍匐泥淖、佝偻折腰之苦,而且成倍地提高了耘田的效率。为了较好地防止手耘对农民手指甲的伤害,元代还有一种叫耘爪的农具,它是用竹管或铁做成管状套在手指上的保护性器具。耘爪的继续存在,似也说明了耘荡这一新制农具在元代还没有普及,江浙一带领先使用。此外,元人还发明了一种叫䂎碓的舂米器具,人力与机械相结合,效率数倍于普通碓器。因为"始于浙人,故又名浙碓"[④]。

元代铁犁比前代有了创新,可以根据需要换用各种不同的犁头。还有新创的畜拉耧锄,是一种用于旱地的牛耕农具,"其功胜过锄力三倍,所办之田,日不啻二十亩"[⑤]。这些耕田器的创造与使用,既减轻了劳动强度,又大大提高了工效。下种器方面,对传统的耧车进行改革,"近有创制下粪耧种,于耧斗后,另置筛过细粪,或拌蚕沙,耩时随种而下覆于种上,尤巧便也"[⑥],既省工又方便。收获工具也有创新,如收麦用的麦笼、麦绰等,在北方地区广

---

① 何兆泉.元代浙江农业发展试探[J].湖州师范学院学报,2006(3).
② 王祯.农书[M].长沙:湖南科学技术出版社,2014.
③ 王祯.农书[M].长沙:湖南科学技术出版社,2014.
④ 王祯.农书[M].长沙:湖南科学技术出版社,2014.
⑤ 王祯.农书·农器图谱[M].长沙:湖南科学技术出版社,2014.
⑥ 王祯.农书·农器图谱[M].长沙:湖南科学技术出版社,2014.

为采用，"一人日可收麦数亩"①。元代在水力机械和灌溉器具方面有很大改进，水轮、水砻、水转连磨等更趋完备，牛转翻车、高筒转车等都已广泛应用，高筒转车通过利用水力，一次即可把水提高十丈，若将两车相接，则可提高二十丈，这对解决高地灌溉问题，无疑是个巨大的进步。此外，对发明于东汉，后又失传的水排，加以复原改进②。利用急流为动力的水转连磨，可以带动九盘磨，一盘磨一天磨米可供千户人食用，换上水筒一昼夜能灌田一百多亩。生产工具的改革与推广，大大地促进了农业生产力的提高。

元代的农业生产工具，分工很细，每个生产环节，都有专门的工具。而且因地制宜，同样的工具，南北东西往往有所不同。例如下种的耧车："今燕、赵、齐、鲁之间多用两脚耧，关以西有四脚耧，但添一牛，功又速也。"③北方旱地用曲颈的耧锄，南方则用"直项锄头"，叫镂锄④。中国古代农业生产工具发展到元代，可以说是一个高峰，以后再没有重要的创造⑤。

元代农业生产的发展还表现在大规模的屯田开荒与耕地面积的扩大。元统治者特别是忽必烈，积极推行扩大耕地面积的政策以发展农业生产，或将牧场拨给农民，或听民自垦荒地，并规定免除一切劳役、赋税，鼓励开荒。如中统二年（1261）七月："敕孟怀牧地，听民耕垦。"⑥至元二十五年（1288）："募民能耕江南旷土及公田者，免其差役三年，其输租免三分之一。"⑦于是，大量荒地得到垦辟。至元二十八年："司农司上诸路……垦地千九百八十三有奇。"⑧在元世祖以后，募民垦荒之事开始逐渐减少。

---

① 王祯. 农书·农器图谱[M]. 长沙：湖南科学技术出版社，2014.
② 王祯. 农书·农器图谱[M]. 长沙：湖南科学技术出版社，2014.
③ 王祯. 农书·农器图谱[M]. 长沙：湖南科学技术出版社，2014.
④ 王祯. 农书·农器图谱[M]. 长沙：湖南科学技术出版社，2014.
⑤ 陈高华，史为民. 中国经济通史：元代经济卷[M]. 北京：光明日报出版社，2007.
⑥ 宋濂. 元史·世祖纪[M]. 北京：中华书局，1976.
⑦ 宋濂. 元史·世祖纪[M]. 北京：中华书局，1976.
⑧ 宋濂. 元史·世祖纪[M]. 北京：中华书局，1976.

元代屯田规模超过以前任何一代，边镇腹里皆置屯田处所，"海内既一，于是内而各卫，外而行省，皆立屯田，以资军饷。……由是天下无不可屯之兵，无不可耕之地矣"[1]。

边疆地区的屯田，主要有蒙古地区的怯绿连（今克鲁伦河）、吉利吉思、谦谦州、益兰州（均在今叶尼塞河上游）、杭海（今杭爱山）、五条河、称海、和林、上都等地，东北的金复州（今辽宁金县）、瑞州（今辽宁绥中西南）、咸平（今辽宁开原北老城镇）、茶剌罕（今黑龙江绥化及安庆一带）、剌怜（今黑龙江阿城南）等地，西北的忽炭（今新疆和田）、可失哈耳（今新疆喀什）、别失八里、中兴、甘州、肃州、亦集乃等地，云南的威楚（今云南楚雄）、罗罗斯等十二处。其中刘好礼在益兰州，哈剌哈孙在称海，赛典赤·赡思丁在云南，屯田成绩尤著，他们将中原地区的先进耕种方法和农具、种子，推广到边区，使当地农业生产或从无到有，或改进了耕作技术，大大提高了这些地区的粮食自给率。[2]

大规模的屯田，对扩大耕地面积、兴修水利、发展农业生产都有积极作用，它不仅解决了军饷、军储需要，而且节省了运输费用，减轻了人民负担。同时，还促进了边疆地区的经济发展，巩固了边防。至元二十三年（1286），"立淮南洪泽、芍彼两处屯田，益兵至二万，岁得米数十万斛"[3]。重庆路立屯田，岁得粟万一千七百石。[4]云南地区实行屯田后，耕地面积与产量大增，仅屯田课程一项，即达岁五千两之多[5]。辽阳戍兵原每岁需海道运米十万石供给，实行屯田后，"耕渔自养"，因此可"粮不须给"[6]。新疆地区的斡端和别失八里屯田，成绩更佳，不仅能够自给，还有余粮赈济合迷里饥民和喇禾

---

[1] 宋濂. 元史·兵志[M]. 北京：中华书局，1976.
[2] 复旦大学，上海财经大学. 中国古代经济简史[M]. 上海：上海人民出版社，1982.
[3] 毕沅. 续资治通鉴[M]. 北京：中华书局，1999.
[4] 宋濂. 元史·赵世延传[M]. 北京：中华书局，1976.
[5] 宋濂. 元史·纳速剌丁传[M]. 北京：中华书局，1976.
[6] 宋濂. 元史·世祖纪[M]. 北京：中华书局，1976.

州饥民[1]。特别值得注意的是，由于蒙古统治者重视生产，大兴屯田，也促进了蒙古地区农业生产的发展，岭北行省屯田六万多亩[2]。又从中原调运农业生产工具，耕牛有时多至千头，发展了生产。和林地区已"岁不乏用"[3]。成宗大德十一年（1307）恢复称海屯田，岁得米二十余万斛[4]。武宗至大元年（1308），和林屯田秋收九万余石，大大改变了蒙古地区的落后面貌。蒙古军队乃至一般蒙古人都学会了种田技术，成绩亦相当可观，至元二十三年（1286）枢密院奏称："前遣蒙古军万人屯田，所获除岁费之外，可粜钞三千锭，乞分廪诸翼军士之贫者。"[5]自给之外还有了大量剩余。

大规模的水利建设也是促进元代农业生产发展的重要因素之一。元代的水利建设在中国历史上是比较突出的，范围广大，包括蒙古地区、云南、宁夏等地区均大兴水利，包括凿运河、修水渠、疏故道、治河湖、建筑堤围、造闸堰、掘深井[6]。

元廷对水利事业极为重视，认为农桑之术，以备旱为先。于是"内立都水监，外设各处河渠，以兴举水利、修理河堤为务"[7]。在元廷鼓励赞助下，元代在水利建设方面取得了很大成就。

元世祖时，总管谭澄在怀孟路劝民凿扩造渠，引沁水灌田，于是"地无遗利，民用不饥"[8]。又有提举王允中、大使杨端仁凿沁河渠成，灌田"四百六十余所，甚益于民"[9]。中统二年（1261），郭元长在山西赵城开凿

---

[1] 宋濂. 元史·世祖纪[M]. 北京：中华书局，1976.
[2] 宋濂. 元史·兵志[M]. 北京：中华书局，1976.
[3] 宋濂. 元史·世祖纪[M]. 北京：中华书局，1976.
[4] 苏天爵. 元文类·丞相顺忠献王碑[M]. 上海：上海古籍出版社，1993.
[5] 苏天爵. 元文类·经世大典序录·政典总序·屯田[M]. 上海：上海古籍出版社，1993.
[6] 谢天祯. 论元代农业生产的发展[J]. 内蒙古社会科学，1983（6）.
[7] 宋濂. 元史·河渠志[M]. 北京：中华书局，1976.
[8] 魏源. 元史新编·谭澄传[M]. 北京：国家图书馆出版社，2014.
[9] 宋濂. 元史·河渠志[M]. 北京：中华书局，1976.

善利渠，引汾水溉田，又开通利渠灌溉赵城、洪洞、临汾三县民田四万亩[1]。顺帝至正年间，丞相脱脱等在畿辅开农田、兴水利，颇有成效，史称"岁用大稔"，"京师足食"[2]。世祖、成宗、武宗、仁宗各代皆于渭水平原修复宋代旧渠。顺帝至正二十年（1360），陕西行省右丞相帖里帖木儿又遣杨钦疏治泾渠，灌田四万五千余顷[3]。元文宗天历二年（1328），陕西屯田总管兼河渠司事郭嘉议，在前代基础上自洪口渠引泾水入白渠，自泾阳至临渔五县分流，灌田七万余顷[4]。于是渭河平原"无旱涝之患"，农业生产得到迅速发展。宁夏等地，忽必烈时曾派唆脱颜、郭守敬、张文谦、董文用等先后于宁夏府路调查，主持疏浚那里原有的唐俫、汉延等渠道，灌田九万余顷[5]。

元代在南方地区也遍举水利。如荆南行省廉希宪决江陵城外蓄水，得良田数万亩，给贫民耕种[6]。元成宗大德七年（1303），江南又一次淫雨成灾，"败诸郡禾稼"，饥民达几十万[7]。水利专家任仁发主持整治吴淞江，结果使江南人民得到良田数万顷[8]。元代广东的水利建设也很突出，如乌古孙泽在雷州教民浚故河，得良田数千顷。此外，在江西、湖广、四川、云南等地均有大规模水利建设。南方各省还兴修了许多陂塘、堤围等。

在蒙古地区也进行了疏渠掘井等水利建设，如哈剌哈孙在和林"浚古渠，灌田数千顷，治称海屯田，教部落杂耕其间，岁得米二十余万，北边大治"[9]。至元二十五年（1288）"发兵千五百人诣漠北浚井"[10]；延祐七年

---

[1] 平阳府志编委会. 平阳府志·水利（清康熙版）[M]. 太原：山西古籍出版社，2004.
[2] 魏源. 元史新编·脱脱传[M]. 北京：国家图书馆出版社，2014.
[3] 宋濂. 元史·河渠志[M]. 北京：中华书局，1976.
[4] 王圻. 续文献通考·田赋考[M]. 北京：中华书局，2010.
[5] 魏源. 元史新编[M]. 北京：国家图书馆出版社，2014.
[6] 王圻. 续文献通考·田赋考[M]. 北京：中华书局，2010.
[7] 宋濂. 元史·成宗纪[M]. 北京：中华书局，1976.
[8] 姚燧. 牧庵集·平章政事徐国公神道碑[M]. 四库馆，1868.
[9] 宋濂. 元史·哈剌哈孙传[M]. 北京：中华书局，1976.
[10] 宋濂. 元史·世祖纪[M]. 北京：中华书局，1976.

（1320）"甲申，车驾将北幸，调左右翊军赴北边浚井"[1]，这些水利事业大大促进了蒙古地区农牧业的发展。

总之，元朝廷从世祖忽必烈到以后诸帝均十分重视水利建设，治水范围遍及全国十行省。既增加了灌溉面积，保证农业丰收，促进了元代农业生产的发展，又积累了许多丰富的水利经验，涌现了像郭守敬、贾鲁、任仁发等杰出的水利专家[2]。据不完全统计，元朝共修大型水利工程260多处，使许多土地得到灌溉，从不毛之地变为膏腴之地。无怪乎后人说："元人最善治水。"[3]

元代农业生产的发展还突出表现在产量的提高。随着农业生产技术的进步，农业生产工具的改革与创新，以及水利的兴修，元代农业生产迅速得到恢复和发展。元世祖初期，北方农业很快就得到恢复，"民间垦辟种艺之业，增前数倍"[4]。陕西、山西、河北、河南、山东等地农业生产都有了较大幅度的增长，山西已达到一岁三熟，"其民皆足于衣食，无甚贫乏，家皆安于田里，无外慕之好"[5]。河南则因社会安定，荒田垦辟，水利发达，使荒田变为粮田。江南地区因战争破坏较轻，全国统一后，农业生产发展很快。南粮源源北运，每年达三百五十多万石。"湖广熟、天下足"的情况又有了新的发展。江浙是全国产量最高的地区之一，每年税粮竟占全国税粮总数的1/3强。

由于各地农业生产的恢复和发展，产量都有了较大幅度的增长。宋元北方亩产均为一石，南方亩产二石，但宋制一石比元制为小，大抵宋一石折今0.6石，元一石折今1.2石。可见元代产量比宋代提高。根据余也非的研究，元代与宋代相比，增产幅度达38.9%[6]，另据葛金芳在《宋辽夏金经济研析》一书中估计，宋代粮食亩产，折合今制为197.5市斤。这样，与宋代相比，元代的亩产量

---

[1] 宋濂.元史·英宗纪[M].北京：中华书局，1976.
[2] 谢天祯.论元代农业生产的发展[J].内蒙古社会科学，1983（6）.
[3] 薛尚质.常熟水论[M].上海：商务印书馆，1936.
[4] 大司农司.农桑辑要[M].上海：上海古籍出版社，2008.
[5] 余阙.青阳先生文集·梯云庄记[M].北京：国家图书馆出版社，2010.
[6] 谢天祯.论元代农业生产的发展[J].内蒙古社会科学，1983（6）.

相当宋代的123%，达到历史上前所未有的新高度[1]，这种增长幅度在中国封建社会是不可多见的。

1.4 赋税制度

元代赋税制度早在成吉思汗建国前，蒙古部落统治者已开始向属民征收。元太宗初年（1229），对蒙古本部及华北地区都有赋税征收规定。元世祖即位后，效仿宋朝制度加以完善。据载："元之取民，大率以唐为法，其取于内郡者，曰丁税，曰地税，此仿唐之租庸调也；取于江南者，曰秋税，曰夏税，此仿唐之两税也。"这段话虽然并不确切，但至少说明了南北田赋制度的差异。中原田赋的征收大概始于耶律楚材辅政以后。在这之前蒙古帝国根本没有赋税之制。元朝行于江南的田赋制度基本上沿用了宋代的两税制。元朝还有一项很沉重的财政负担，即科差，是徭役向赋税转化的一种形式[2]。

元朝的赋税制度南北相异，北方地区主要是税粮、科差，南方地区征夏、秋两税。据记载："初，太宗每户科粟二石。后又以兵食不足，增为四石。"[3]元太宗丙申年（1236）定科征法，民户中的成丁，"每丁岁科粟一石，驱丁五升，新户丁驱各半之"[4]，同时规定老、幼免税。征收原则是"丁税少而地税多者纳地税，地税少而丁税多者纳丁税。工匠僧道验地，官吏商贾验丁"[5]。世祖时北方税制逐步完善，史称丙申税制，基本上确立了元代在华北地区的赋税体系。元世祖忽必烈即位后，对赋役数额有所调整，并在申明旧制的基础上，明确规定输纳之期、收受之式、封完之禁、会计之法，使之更趋完善。正税主要是税粮和科差。税粮分丁税和地税两项。地税白地每亩三升、

---

[1] 葛金芳. 宋辽夏金经济研析[M]. 武汉：武汉出版社，1991.
[2] 复旦大学，上海财经大学. 中国古代经济简史[M]. 上海：上海人民出版社，1982.
[3] 宋濂. 元史·食货志[M]. 北京：中华书局，1976.
[4] 宋濂. 元史·食货志[M]. 北京：中华书局，1976.
[5] 宋濂. 元史·食货志[M]. 北京：中华书局，1976.

水地每亩五升。以后又一律改为亩输三升；丁税每丁二石。各色户计分别按照不同的规定输纳丁税、地税之中的一种。官吏、商贾纳丁税。工匠、僧、道、也里可温、答失蛮、儒户等验地交地税，军户、站户占地四顷以内者免税，逾此数者纳地税。一般民户大多数缴纳丁税，13世纪中叶以后，在两淮、河南等地区，也有改征地税的。由于土地买卖、富户漏税等各种原因，在征收税粮时往往出现混乱和纠纷，经常有一户并纳两种税的情况发生。科差内容包括丝料、包银和俸钞三项。丝料户一斤六两四钱。系官民户所纳的丝料全归政府；分拨给诸王、贵戚、勋臣的民户所纳丝料中，有一部分经过政府转交给封主，其数额以每五户二斤为率，所以这一部分民户称为"系官五户丝户"。[①]

包银每十户额当钞四十两，此外还要按缴纳包银的数额，每四两增纳一两，以给诸路官吏俸禄，即俸钞。各色户计，按编入户籍的先后、丁力多少、家业贫富等具体情况，缴纳税粮、科差的标准都有所不同[②]。

灭宋以后，元朝廷没有把在北方实行的税粮、科差制度向南方推行，基本上承袭南宋旧例。元初江南各地，除江东浙西以外，皆只征秋税，不征夏税。自元贞二年（1296）起始令江东各地皆征夏税。两税之中，以秋税为主，所征为粮食，也有一部分折钞征收，江南秋税的税额没有统一的标准，各地差别较大。夏税一般以秋税征粮额为基数，按一定的比率折输实物或钞币。江南也有科差，即户钞（相当于北方的五户丝）和包银，江南征收包银的范围很小，时间也很短[③]。

元朝还有工商税。盐税是诸赋税中最重要的一项。元代盐的生产由政府垄断，管理和监督非常严格。盐的销售有商运商销和官运官销两种形式。在商运商销中，官方的盐税就包含在盐引中；在官运官销中，按照人口强行抑配盐

---

① 宋濂. 元史[M]. 北京：中华书局，1976.
② 宋濂. 元史[M]. 北京：中华书局，1976.
③ 李莎. 元代的赋税体系和减免政策[J]. 湖北第二师范学院学报，2008（5）.

额，收取盐价①。盐税收入，占全国钞币岁入的一半以上。盐的生产由国家垄断。政府将工本钱发给灶户，所生产的盐全部由国家支配。盐场附近一般划为"食盐区"，由官府置局，按户计口发卖食盐。其余大部分地区为"行盐区"，由盐商向官府纳课换取盐引，到盐场支盐，再运到规定的行盐地区贩卖。岁课的对象是山林川泽的特产，如金、银、珠、铜、玉、铁、硝、碱、竹、木之类。或设总管府、提举司等机构经理，分拨一部分民户从事采伐加工，或由民间自行开采生产，官府以抽分等形式收取税金。两种来源的收入都属于岁课收入②。

商税也是元朝国库的一项重要收入，由设在各地的税务机构负责征收。始征于太宗六年（1234）。世祖至元七年（1270）定税率为三十取一，总额45000锭。统一全国后，商税不断提高。此外，商税还有额外课，即岁课以外的赋税收入。

市舶税是对海外贸易所征收的税课，起征于灭南宋之后，由市舶司负责征收市舶税主要是货物抽分，从至元二十年（1283）起，细货十分抽一，粗货十五分抽一，抽分之后，随客商买卖，在贩卖时另征商税。为鼓励土货出口，曾实行双抽、单抽之法，对土货实行单抽，对蕃货实行双抽，即加倍征收；1314年将抽分率提高一倍。至元三十年（1293）起，除抽分以外，又加征三十分之一的市舶税③。

茶税也是元朝征收的税收。元代是茶商先向茶司缴纳茶税，领取公据，然后到产茶地区按照公据载明的数量，向茶户买茶，再回到茶司交回公据，换取茶引，凭茶引发卖茶货。在北方售茶的商人则需另交茶税④。此外，与人民生活关系密切的酒、醋以及金、银、珠、玉、铜、铁、水银、朱砂、铅、

---

① 李莎. 元代的赋税体系和减免政策[J]. 湖北第二师范学院学报，2008（5）.
② 宋濂. 元史[M]. 北京：中华书局，1976.
③ 李莎. 元代的赋税体系和减免政策[J]. 湖北第二师范学院学报，2008（5）.
④ 孙健. 中国经济通史（上卷，远古—1840年）[M]. 北京：中国人民大学出版社，2000.

锡、矾、硝、竹、木等山林川泽之产都有各自的税制和税额。属于额外课的税种又有历日、契本、河泊、山场、窑冶等数十种之多，征收范围和税额也不相同[①]。

元代的役法很复杂，主要包括朝廷为兴役造作、治河、运输等需要而征发的车牛人夫，以及里正、主首（农村基层行政设施的职事人员）、隅正、坊正（城镇基层行政设施的职事人员）、仓官、库子（为官府保管财物的职事人员）等职役。元代前期，民户以外的其他户计一般都不承担杂泛差役，按元廷规定，分配差役时，应根据当役户的丁产，先尽富实，次及下户。成宗大德年间（1297—1307）改革役法，此后关于诸色户计的当役规定，不时变更，当役面有所扩大。

1.5 土地制度

元代土地之划分，根据朝廷法令的规定，大致可分为屯田、官田、寺观田和民田四大类。屯田和官田都是国有土地，统称"系官田"；寺观田和民田为私有土地。"系官田"的显著增多[②]是元代土地制度的一个重要特色。

屯田，实际上就是由封建政府直接组织农业生产，这是中国古代经常实行的一种生产形式。元代屯田十分发达，其规模之大，组织之密，超过了以前任何一个朝代。屯田的垦殖，一般是用军队来担任，也有用罪犯或降卒与奴隶的。早在元太祖时期，屯田已经出现。元太祖九年（1214），令镇海以征金所俘匠、民屯田于兀里羊欢之地。元太祖十六年（1221），木华黎麾下大将石抹孛迭儿镇守固安，"令士兵屯田，且耕且战"[③]。元太宗至元宪宗时期，屯田逐渐推广，例如，元太宗七年（1235），发平阳路等地居民二千户屯田于凤

---

① 李莎. 元代的赋税体系和减免政策[J]. 湖北第二师范学院学报，2008（5）.
② 韩国磐. 试论金元时代官田的增多[J]. 中国史研究，1979（1）.
③ 宋濂. 元史·石抹孛迭儿传[M]. 北京：中华书局，1976.

翔[①]；元宪宗三年（1253），立屯田万户府于邓州，组织屯田[②]。元世祖时期，在全国范围内大兴屯田，"内而各卫，外而行省，皆立屯田，以资军饷"[③]，元代屯田达于极盛。元世祖以后，元代屯田没有什么发展，而且逐渐遭到破坏，元武宗至大元年（1308）中书省臣便曾指出："天下屯田百二十余所，所用多非其人，以致废弛。"[④]

元代的屯田制度到忽必烈世祖朝已确定起来，其后历朝大体上皆仍旧制，并没有重大的改革。世祖朝的屯田事业，得到空前巨大的发展。自世祖至元十六年（1279）以后，屯田的设立渐遍布于全中国。不只是在国防边镇上，而且远及高丽，近在内地各行省都有屯田，尤以今河北、河南两省的屯垦顷数为最多。当时各地的屯田，皆有军屯和民屯两种方式。

军屯是元代最重要的屯田方式，其类型有二。一是镇戍边疆和内地的军队屯种自给。元人记载说："世祖皇帝既定海内，以蒙古军留镇河上，与民杂耕，横亘中原。"[⑤]所谓"与民杂耕"，即屯种自给。二是设置专业的屯田军从事屯种。这是元代军屯不同于以往历代军屯的显著特点。屯田军户，主要来源于汉军和新附军，他们专事屯种以供军食，一般情况下不任征戍。元朝统一之前，专业的屯田军便已出现。元世祖中统二年（1261），"诏凤翔府种田户隶平阳军籍，毋令出征，务耕屯以给军饷"[⑥]。

民屯成为军屯积极的辅助部分，其组织形式带有浓厚军事性质。从事民屯的人户另立户籍，称"屯田户"。内地屯田户，或来源于强制签充，或来源于招募。边疆屯田户，则主要通过迁徙内地无田农民而来。屯田户的生产资料，如土地、牛种、农具等，或由官府供给或自备。民屯的分布范围也很广泛，规

[①] 姚燧. 牧庵集·程介福神道碑[M]. 四库馆，1868.
[②] 宋濂. 元史·世祖纪[M]. 北京：中华书局，1976.
[③] 宋濂. 元史·兵志[M]. 北京：中华书局，1976.
[④] 宋濂. 元史·武宗纪[M]. 北京：中华书局，1976.
[⑤] 虞集. 道园学古录·曹南王世勋碑[M]. 上海：中华书局，1937.
[⑥] 宋濂. 元史·世祖纪[M]. 北京：中华书局，1976.

模亦大，其组织也几乎实行全部军事化。因之，屯田制度在元代整个国家的军事、财政、政治、经济设施上，比前代更为重要。

元代屯田的管理，分属枢密院和中书省两大系统。军屯总隶枢密院，分隶各卫、万户府和宣慰司，各卫和万户府之下设立专门的屯田千户所和百户所以管屯种。但是由于屯田生产带有明显的强制性，加上吏治腐败、经营和管理不善等原因，屯田的经济效果十分有限，甚至入不敷出。这样，元代中期以后，屯田制逐渐衰落。

元代官田，是指屯田以外所有的国有土地。元代官田的数量颇为庞大，种类甚多，面积亦广，主要有一般官田、赐田、职田和学田四大类。

一般官田主要盛行于江南。其来源一部分是接收了南宋的入官田、内府庄田，及宋末贾似道创议所买的公田；另一部分是元廷自己增添的籍没田和买民田。一般的办法是特设专官管理，分给农民佃种，或由官供给牛、工具、种子，或由佃农自备。除农民佃种以外，亦有由贵族、官僚和富豪包揽承佃，然后转佃给农民的；亦有雇人耕种，或用家内奴隶耕种的。官田出租以后，便由佃户向管理机构缴田租，当时名曰"官租"，亦常称作"官田税"。事实上，租、税很难区别，因为上缴官府的租，已含有税的成分在内。

元朝在逐渐扩大官田的同时，不断地将官田赏赐给贵族、功臣和寺院，这就是赐田。赐田的来源，主要是从灭宋后在江南的没官田地项内拨给。赐田的收入，由受封者自委土著、吏胥及催甲、斗级人等直接向佃户征收，其结果是巧立名目，任意多取。又由于赐田的所在地点，往往是在封邑境外，所以又常发生驰驿征租，沿途需索供应的严重扰民现象。因此，在武宗至大二年（1309），及仁宗皇庆二年（1313），先后经皇太子及台臣的奏请，禁止诸王、驸马、寺观、臣僚之受赐田者每年驰驿征租扰民之弊。但事实上毫无效力。所以，至仁宗延祐七年（1320），又下令禁诸王支属径取分地租税扰民。可见不只是赐田的租收是由受田者径取之于民，而且分地的租税也违法地直接向民征取了。

职田是官员俸禄的组成部分。元朝的官员俸禄分货币、实物两部分，按品级支给。货币部分是钞，实物部分分为俸米、职田两种，一般来说，中央机构和行省定江南官员职田；至元十四年（1277）定按察司官职田；至元二十一年（1284）定江南官员职田。北方地方官员最高（上路达鲁花赤，三品）16顷，依次递减。南方因为"水浇好田地有"，"其数减腹里之半"，同是上路达鲁花赤在江南只有8顷职田[①]。朝廷规定的诸官员的职田数，只是一个给付标准，实际上，官员违制多取职田和职田给付不足额，甚至完全未曾给付的情况都是存在的[②]。职田的收入归现任官员所有，官员离任须将职田移交给下任。

学田，即官办各类学校所占有的土地。元代在中央设置国子学、蒙古国子学、回回国子学，在路府州县设置儒学、蒙古字学、医学、阴阳学等。此外，各地还有大量的书院。除国子学没有学田外，上述其他学校都占有数量不等的土地，其中各地儒学是学田的主要占有者。

元代学田主要从继承前代学田而来。南宋时期学田数量相当可观，元初人估计，南宋旧有学田"该钱粮三百余万贯石"[③]。金代的学田也为数不少，金章宗时规定："每名生员给民佃官田六十亩。"[④]元代统一前后，学田为寺观、豪强所侵夺的情况比较严重，尤以江南为甚。元中期以后，随着朝廷对学校的日益重视，各地被侵夺的学田逐渐得到了恢复。除沿袭和恢复旧有学田外，元代学田有所扩大。不少旧有学校通过购置、官府拨给和私人捐赠等途径扩大了土地占有。

上述元代各类官田，基本上采用租佃制的生产形式。大多数情况是出租给贫苦农民耕种，但在江南地区的一般官田和学田中，包佃制也颇为流行。所谓"包佃"，即承佃者充当"二地主"，将租佃来的土地转手出租。元代的包

---

① 宋濂. 元史·食货志[M]. 北京：中华书局，1976.
② 宋濂. 元史·王守诚传[M]. 北京：中华书局，1976.
③ 王颋. 庙学典礼[M]. 杭州：浙江古籍出版社，1992.
④ 王圻. 续文献通考·学田[M]. 北京：中华书局，2010.

佃者多为权贵、官僚和豪户。在一般官田中，朝廷公开允许包佃，所以包佃的规模很大，如两浙转运使瞿霆发一家包佃官田达七十余万亩。学田租额相对较轻，因而官僚、豪户趋之若鹜，或巧取，或豪夺，包佃以渔利，如嘉兴路儒学、镇江路儒学、铅山州儒学等，都有一部分学田落入了包佃者的手中。江南地区的一些学官也加入了包佃学田的行列，元代姚燧曾经指出："又有身为学官而自诡佃民，一庄之田连亘阡陌，每岁入租，学得其一，己取其九。"[①]由于包佃学田的情况广泛存在，影响了学校收入，大德十年（1306）元政府曾下令予以禁止，但并未取得多大效果。包佃制源于宋代，是封建租佃关系高度发展的表现。元代一般官田和学田中包佃制依然兴盛，是这些土地上封建租佃关系继续保持其发展趋势的一种反映。

　　元代寺观土地名义上属于封建国家所有，但除去朝廷拨赐的土地外，寺观从前代继承来的土地及通过各种途径续占的土地，其所有权都在寺观，新增田土还要向朝廷纳税，所以，寺观土地一部分是私有土地。元代尊崇宗教，故佛教和道教鼎盛一时，"自王公戚里百执事之臣下逮黎庶，靡不稽首响风，奔走附集"[②]。随着社会地位的上升，寺观的土地占有也显著扩张，尤其所谓"佛门弟子"更充当了土地兼并的角色。许多寺观，在前代便占有相当数量的土地，进入元朝以后这些土地仍归其所有，并受到官府的保护。元廷还把大量官田拨赐给一部分著名寺观，高达数万甚至数十万顷，急速扩大了寺观的土地占有。寺观地主还采用各种手段大量攫取土地。一是购买，如镇江甘露寺"复增市丹阳吕城膏腴田二十顷"[③]。二是强夺，如元仁宗时白云僧总摄沈明仁强夺民田达二万顷[④]。三是接受施舍，这是元代寺观土地扩增的一个重要方式。有寺观，必有田土，新建寺观的田土便大都靠施舍而来。不少官僚、地主不惜割

---

① 姚燧. 牧庵集·崇阳学记[M]. 四库馆，1868.
② 姚燧. 牧庵集·崇阳学记[M]. 四库馆，1868.
③ 俞希鲁. 至顺镇江志·僧寺[M]. 南京：凤凰出版社，1999.
④ 宋濂. 元史·仁宗纪[M]. 北京：中华书局，1976.

舍巨额庄田兴建寺观以祈冥福，如两浙都转运盐使司副使瞿霆发割田二百余顷建天目山大觉正等禅寺、昆山胥舜举割田十顷有奇创崇福观等。至于旧有寺观接受施舍土地的也很多。除官僚、地主外，也有一部分劳动人民不胜赋役之重将自己的小块土地献给寺观。

寺观土地基本上采用租佃制进行生产，寺观佃户的数量很大，江南地区一度被冒入僧籍的佃户达五十万户有余[1]。一般寺观的田地都分设田庄，派庄主、甲干、监收等管理佃户和收取田租。

民田也称私田，主要包括地主、自耕农以及半自耕农私人占有的土地，必须提供赋役。私田很大一部分来源于国家的赏赐、对官田的侵占，以及对其他民田的掠夺和买卖交易。地主土地所有制在民田中占有绝对支配地位。金和南宋时期，大地主土地所有制已经充分发展，入元以后地主阶级的土地兼并活动并未受到遏止，且有变本加厉之势。

在民田中，汉族地主是元代的主要土地占有者。金元易代之际，北方地区出现了一大批拥兵自重的汉族军阀，他们乘机占有大片土地，"断阡陌占屋宇跨州连郡又各万焉"[2]，这批人是元代北方汉人中最大的地主。蒙元政权曾在北方地区陆续签发汉族富户为军户，大量的汉人军户中有不少中小地主，有些人甚至是"田亩连阡陌，家赀累巨万"[3]的大地主。军户地主构成了北方汉族地主阶级中人数颇多的一个阶层。此外，北方汉族官僚地主与平民地主，也占有相当数量的土地。土地买卖在元代江南地区仍然盛行不衰，购买或强买是江南地主进行土地兼并的主要方式。强夺民田或用高利贷准折民田，也是江南地区官僚、豪强兼并土地的重要方式，这方面的事例在元代史料中屡见不鲜。通过种种兼并活动，江南地主阶级的土地占有日益扩大，到处都有田连阡陌的大

---

[1] 黄时鉴点校. 通制条格[M]. 上海：上海古籍出版社，1986.
[2] 郝经. 陵川集·万卷楼记[M]. 四库馆，1868.
[3] 王恽. 秋涧先生大全集·上世祖皇帝论政事书[M]. 上海：上海书店出版社，1989.

地主。松江瞿霆发"有民田二千七百顷"，又佃官田，将及万顷[1]。兰溪姜思齐"环其居五里所，凡山若田皆克有之"[2]。又如江西吉安贺良权"有田入稻岁万石"[3]。虽比不上浙西富豪，也很惊人。这些大地主，加上为数甚多的中小地主，占有了大部分土地。

由于地主阶级占据了绝大部分土地，元代自耕农、半自耕农的人数甚少，所占土地亦十分有限。大部分农民没有土地，或只占有极少的土地，因而成了封建国家和各类地主的佃户。

元代地主土地上的生产形式，北方与南方有所差别。北方地区，蒙古贵族、汉族军阀和军户地主在战争时期俘掠了大量驱奴，一户占有驱奴甚至多达数百乃至数千。不少驱奴被用来从事农业生产，因此，北方地区有相当数量的地主土地是由驱奴耕种的。金代后期逐渐发展起来的租佃制在金元易代之际遭到了一定程度的破坏，不过，租佃制生产在元代北方地主土地上仍占有一定的地位。在南方地区，租佃关系是占绝对支配地位的生产关系，佃农是南方地主的基本剥削对象。至元三十一年（1294），江浙省臣奏称："然江南与江北异，贫者佃富人之田，岁输其租。"[4]这反映了元代江南地区租佃关系的普遍性。江南大地主占有佃户的数量很大，"动辄百千家，有多至万家者"[5]。地主阶级除对佃户进行残酷的经济剥削外，还对佃户实行严重的人身压迫，主佃之间有着较强的人身依附关系。南方地主土地上的封建租佃关系也有进一步复杂化的趋势，其主要表现就是兑佃制在一些地区，如扬州和江阴等地的流行。

元代由于官田的不断增加和扩大，使得民田相对减少，造成国家财政危机，这是元朝统治者敏锐感觉到的。同时元朝统治者也认识到只有民户与民田才是自己最可靠的抽剥对象。对于如何才能够保证和维持这一份赋税收入，是

---

[1] 杨禹等. 山居新话[M]. 上海：上海古籍出版社，2012.
[2] 宋濂. 宋文宪公全集·姜泽墓志铭[M]. 北京：中华书局，1929.
[3] 陈旅. 安雅堂集·东斋记[M]. 四库馆，1868.
[4] 宋濂. 元史·成宗纪[M]. 北京：中华书局，1976.
[5] 宋濂. 元史·武宗纪[M]. 北京：中华书局，1976.

元朝统治者不得不考虑的事情，它既不能不对有力支持者——如贵族、功臣和僧侣等做出让步，划出一部分劳动力和土地来赏赐他们，也不能放松对民户和民田进行最大限度的剥削。元太宗八年（1236）七月，始定中原地税税率：水田每亩五升；上田三升，中田二升五合，下田二升。至元十七年（1280）又命户部重定全国诸科征例，地税每亩仍为粟三升。因此，旧日史家多说元代田赋特轻。其实，这仅指正赋税率而言。至于附加、杂派以及浮收等项，当然不计算在内。更重要的是，尽管田赋正项定得比较轻，可是户税、丁税都是异常沉重的。

总之，元代官田的比重较之金、宋两代都有所增加，这是因为元代不仅没有触动到前两代官田的基础，还在原有基础上又大大扩充了它的范围，其中值得注意的现象是屯田、寺观田和赐田的盛极一时，以及作为蒙古游牧社会制度残余的代表物，如牧地制、分地制也推广了起来。但在全国范围内，民田的比重仍然占据较高的位置。

1.6 农业政策

元代初期，江淮流域、黄河流域的农业生产逐步恢复并有所发展，南方保持宋代的发展水平，一些边远地区得到开发，农业生产显著发展。这主要与元廷采取的一系列发展农业生产的政策密切相关。

忽必烈统一中国后，确立"农桑立国"方针，将汉族的生产方式作为基本国策，大大加速了以蒙古族为代表的北方各少数民族的封建化。经济方式从游牧经济转化到农耕经济，其主要措施是设立专职农业管理机构。中统元年（1260）置十路宣抚司，命各路宣抚通晓农事者担任各地劝农，以监督和指导农业生产。中统二年正月，忽必烈下旨，要"军民安业务农"。中书省为此发布榜文，其中说："钦奉诏书，农桑衣食之本，勤谨则可致有余，慵惰则必至不足，正赖有司岁时劝课。省府照得即目春首，农作时分，仰宣抚司令已委劝农官员，钦依所奉诏书，于所管地面内，依上劝课勾当。务要田畴开辟，桑麻增盛，毋得慢易，仍于岁终，考校勤懒，明行赏罚，以劝将来。"①同年，朝廷设劝农司，姚枢为大司农，陈邃等八人充劝农使，分路督察各地农业生产情况。并下诏天下："今后有能安集百姓、招诱户口，比之上年增添户口、差发办集，各道宣抚司关部申省，别加迁赏；如不能安集百姓、招诱户口，比之上年户口减损、差发不办，定加罪黜。"②至元八年（1271）改立大司农司时又添设巡行劝农使和副使各四人。司农司改为大司农司，表明其地位有所提高，可以看出忽必烈对农业的重视。

与此同时，国家多次发布农桑令，对农桑种植提出指导意见。至元六年八月，"诏诸路劝课农桑。命中书省采农桑事，列为条目，仍令提刑按察司与州县风土之所宜，讲究可否，别颁行之"③。至元七年，大司农司颁布农桑之制一十四条，规定"立社长官司长以教督农民为事。……种植之制，每丁岁种枣二十株。土性不宜者，听种榆柳等，其数亦如之。种杂果者，每丁十株，皆以生成为数，愿多种者听"④。泰定帝致和元年（1328）正月"颁《农桑旧制》十四条于天下"⑤。元代除推广了棉花种植外，桑蚕业也得到发展，这与国家推广农桑的政策是分不开的。

元朝还积极推行鼓励农民开垦荒地的政策，设置屯田。忽必烈在中统二年（1261）规定：逃亡农民回来继续种田，第一年全免差税，第二年减半，第三年才按规定征税。开荒垦地第一年免税，第二年为纳税率的二分之一，第三年为纳税率的三分之二⑥。后又颁布优惠政策，"凡有开荒作熟地土，限五年依例科差"，栽种桑树放宽到八年，瓜果放宽到十五年，"若有勤务农桑及开到

---

① 王恽.秋涧先生大全集·中堂事记上[M].上海：上海书店出版社，1989.
② 陈高华，张帆，刘晓，党宝海.元典章·户部[M].天津：天津古籍出版社，2011.
③ 宋濂.元史·世祖纪[M].北京：中华书局，1976.
④ 宋濂.元史·食货志[M].北京：中华书局，1976.
⑤ 王圻.续文献通考[M].北京：中华书局，2010.
⑥ 陈高华，张帆，刘晓，党宝海.元典章·圣政·恤流民[M].天津：天津古籍出版社，2011.

荒地之人，本处官吏并不得添加差发"①。各地的屯田为元代开垦荒地、恢复和发展农业生产起了很大作用。特别是边疆的开垦，既开发了边疆又巩固了国防。至元二十八年（1293）七月，元廷招募百姓进一步开垦江南旷土，每户限五顷，官府发放田券，成为开垦者的永业田，三年后征租②。桑麻果树的栽植同样受到鼓励，规定百姓垦辟的熟地，从栽种桑树和杂果等树之日起算，分别在八年和十五年后才"定夺差科"。对于"勤务农桑、增置家业"的农户，则要求本处官司"不得添加差役"③。

为保证农民全力垦作，元廷向江南地区颁布过"永为定例"的减免私租的规定④，并于至元十三年（1278）明文强调，豪强势要不得强占田产、户计，已占者必须归还或转拨无地百姓⑤。忽必烈即位以来，屡屡诏令禁止，大量牧地得到清退。同时，通过下达禁令、颁布《户口条画》和设立阑遗监，限止抑良为奴，将权豪势要非法占有的奴隶理为民籍，散布各处的奴隶也被朝廷收编，通过这些措施，又从权豪势要手中夺回了大批劳动人手。

兴修水利，发展生产水资源的开发利用，是元代推行农业政策的一个重要标志。忽必烈非常重视水利的发展，他认为，水利发展的好坏直接影响着农业的发展。元代建立以后。规定凡是有可以兴建水利的地方，地方官员都要派有水利经验的人去勘察，如果工程比较小，就自己组织民力兴建；如果工程较大，就上报给上级，等到上级审查合格后兴建。"内立都水监，外设各处渠司，以兴举水利，修理河堤为务。"⑥元代兴修水利的工程分为两类：漕运和农田灌溉。在元代，郭守敬在其主持都水监工作时期兴修的水利工程很多，其中最为突出和被人熟知的就是修复宁夏地区的农田水利工程和修凿通惠河。忽

---

① 陈高华，张帆，刘晓，党宝海.元典章·户部[M].天津：天津古籍出版社，2011.
② 宋濂.元史·世祖纪[M].北京：中华书局，1976.
③ 陈高华，张帆，刘晓，党宝海.元典章·户部[M].天津：天津古籍出版社，2011.
④ 宋濂.元史·成宗纪[M].北京：中华书局，1976.
⑤ 陈高华，张帆，刘晓，党宝海.元典章·户部[M].天津：天津古籍出版社，2011.
⑥ 宋濂.元史·河渠志[M].北京：中华书局，1976.

必烈不仅重视水利工程的兴建，同时他也规定了水利设施的维护和用水管理原则。因为元代用水利的机具已经很发达，所以在用水方面常常会发生用水器械和农田灌溉的矛盾现象①。忽必烈规定：河边"安置水碾磨去处，如遇浇田时月，停住碾磨，浇灌田禾，若是水田浇毕，方许碾磨依旧引水用度，务要各得其用"②。明确规定在浇田用水期间，水利的机具的用水要为浇田让路，保证农业正常、稳定地发展。

忽必烈不仅在中央和各地设立了专门负责农业生产的机构，而且专门派出了督促农业生产的官员，责成各级官吏、各有关部门甚至包括提刑按察司都要过问农业，并把农业生产的好坏作为官吏升降的主要标准。这是一种各级官吏督促农业，全国上下大办农业的政策，这种重农政策对元初农业生产的恢复和发展起到了一定促进作用。至元十年（1273），忽必烈颁发《农桑辑要》，推广当时先进的农业技术，推动农业生产的发展。《农桑辑要》是由元朝司农司组织农业专家集体编写的，它是继北魏贾思勰《齐民要术》之后，又一部比较全面地介绍我国北方农业生产技术的专书。其中有20多种作物是《齐民要术》没有记载的，叙述平易翔实，通俗易懂，说理透彻，实用价值很高。书中强调精耕细作，提倡在北方推广棉花的种植和加工技术，详细记载栽桑和养蚕技术，都是当时农业生产各方面先进水平的总结。它在我国农业发展史上占有重要的地位。由封建王朝出面组织编写农书，这在我国历史上还是很少见的。在《农桑辑要》的影响下，元代还出现了《农书》和《农桑衣食撮要》等农学著作。

忽必烈以后的诸朝，大体上沿袭了继续实施发展农业生产的政策，但由于政治腐败及其他一些原因，这些政策推行不力，日益流于形式，社会弊端增多，加上天灾接连发生，使元代中期的农业生产处于徘徊不前的境地，到14世纪中叶，更趋于衰落，出现了全国性农业衰退的局面。这种情况，加剧了社会

---

① 殷振川．试论元代"农商并重"政策及其影响[J]．经济研究导刊，2013（4）．
② 陈高华，张帆，刘晓，党宝海．元典章·劝农立社事理[M]．天津：天津古籍出版社，2011．

矛盾。元朝之所以历时短暂，和农业生产的状况是有很大关系的。

1.7 手工业

元朝时期有官办手工业，官办手工业分属工部、武备寺、大都留守司、地方官府等部门，主要经营丝织业、棉织业、毡纺业、制盐以及兵器业等。私营手工业则经营纺织、陶瓷、酿酒等。丝织业的发展以南方为主，长江下游的绢，在产量上居于首位，超过了黄河流域。元朝的瓷器在宋代的基础上也有所发展。元朝的印刷技术比较发达，活字印刷术不断改进，陆续发明了锡活字和木活字，并用来排印蒙古文和汉文书籍。但是，由于元朝皇帝集中控制了大量的手工业工匠，经营日用工艺品的生产，官营手工业特别发达，规模很大，而对民间手工业则有一定的限制。

元朝丝织业很发达，丝织业局院和作坊规模较大，花色品种也十分丰富，如建康有两处织染局，其中东局管人匠3600户，织机154张[1]。镇江岁额品种有段匹、苎丝、暗花、素丝绸、胸背花与斜纹，每个品种下多少不等，分为枯竹褐、驼褐、秆草褐、橡子竹褐、明绿、鸦青等不同花饰。元代浙江湖州出产的丝织品也极佳。有些织造过程要求严格，甚至连缫丝所用之水也要经过慎重选择。如"归安之水宜茧丝"，练漂出来的丝白如银。在南宋时有名的崇德狭幅丝织物，到元时也增添了绫、罗、水锦、缂丝、绮绣等品种。

元代丝织物加金极为盛行，织金锦大量生产。织金苎丝在官办丝织业中占据相当地位，它是在宋锦的基础上发展而来，并可能受到当时为上层所嗜好的纳石失的启示和影响。元代的织金锦技艺包括两类：一是用片金法，即在织造时把切成长条的金箔夹织在丝线中；二是用圆金法，即将金箔捻成的金线与丝线交织，前者金光夺目，后者牢固耐用，但其金光色彩比较暗淡[2]。在集宁路

---

[1] 嵇璜，刘墉. 续通志[M]. 北京：中华书局，1995.
[2] 复旦大学，上海财经大学. 中国古代经济简史[M]. 上海：上海人民出版社，1982.

遗址窖藏物中发现的几件织金丝织品，显现出了光彩夺目的效果[①]，是元代织金苎丝的代表之作。

缂丝是一种比较特殊的丝织品，是以彩色纬丝显花的工艺美术织物，这是一种经彩纬显现花纹，形成花纹边界，具有犹如雕琢缕刻的效果，且富双面立体感的丝织工艺品，通常织成书画供装饰或作他用。缂丝从唐代开始盛行，到元代缂丝工艺仍保持很高的水平。每年端午节，"中书礼部办进上位御扇，扇面用刻丝作诸般花样，人物、故事、花木、翎毛、山水、界画，极其工致，妙绝古今。若退晕、淡染如生成，比诸画者反不及矣"[②]，即是一例。

元代丝织品的生产规模是很可观的。至元三十一年（1294）的一件文书中说："一万匹交依旧织造，六万匹交做五托半和买，绖丝可增余二万匹段子。"[③]由此可知元朝每年从江南官府局院和民间手工业得到丝织品七万匹。在北方得到的应不低于此数。民间丝织业生产品除了供应官府外，还有大量用来满足市场的需要。因此，元代丝织品的产量是具有一定规模的。

麻织业是古老的纺织行业。元代的麻可以分为大麻、苎麻两种，南北种麻相当普遍。大麻、苎麻均可织布，苎麻织布，"柔韧洁白，比之常布，又价高一二倍"[④]。用苎麻织成的布一般称为苎布，用大麻织成的布则称为大布、麻布等。此外，"以苎皮兼丝缉而成者，谓之丝布"[⑤]。精细的苎麻布称为练。麻布生产遍及全国的多数地区，主要集中在北方。苎布则以南方为主，北方限于河南之地。据《农书》记载，采用不同原料和方法可生产出不同的品种，"比云南布，或有价高数倍者"[⑥]。织麻工具较前代有很大提高。如中原地区用水转大纺车纺织，一昼夜可纺织百斤；山西使用的布机有立机子、罗机子、小布

[①] 内蒙古文物工作队. 元代集宁路遗址清理记[J]. 文物, 1961（9）.
[②] 熊梦祥. 析津志辑佚[M]. 北京：北京古籍出版社, 1983.
[③] 陈高华, 张帆, 刘晓, 党宝海. 元典章·工部一[M]. 天津：天津古籍出版社, 2011.
[④] 陈高华, 张帆, 刘晓, 党宝海. 元典章·工部一[M]. 天津：天津古籍出版社, 2011.
[⑤] 陈高华, 张帆, 刘晓, 党宝海. 元典章·工部一[M]. 天津：天津古籍出版社, 2011.
[⑥] 王祯. 农书·苎麻门[M]. 长沙：湖南科学技术出版社, 2014.

卧机子等；织布方法有毛缉布法、铁勒布法、麻铁黎布法。河南陈州、蔡州一带的麻布柔韧洁白，山西的品种有大布、卷布、板布等。

棉纺织业到宋末元初起了变化，棉花由西北和东南两路迅速传入长江中下游平原和关中平原。加上元朝在五个省区设置了木棉提举司，"责民岁输木棉十万匹"[①]，可见长江流域的棉布产量已相当可观。但当时由于工具简陋，技术低下，成品尚比较粗糙。随着植棉的推广，棉纺业开始成为一项新兴手工业。元贞年间（1294—1297），黄道婆[②]自海南岛返回家乡松江乌泥泾后，推广和改进黎族纺织技术。据王祯《农书》记载，元中期已有搅车、弹弓、卷筳、纺车、拨车、轩床、线架、织机等工具。黄道婆又传授错纱、配色、综线、挈花等方法，产品有棉布织成的被、褥、带、帨，上面有折枝、团凤、棋局、字样等。印染技术也大有发展。元末时松江能染青花布，有人物花草，颜色不退。

毡毯业是适应游牧民族生活需要而发展起来的产业，有蒙车、籍地、铺设、障蔽等用途。蒙古等北方少数民族入主中原后，将他们织造毡毯的技术传布到内地。宫廷、贵族和军队对它的需要量越来越大，因而很多官营局院和投下作坊都从事毡毯的造作。毡毯原料有羊毛、羊绒、驼毛、驼绒等约二十种，生产的毛织品有剪绒花毯、脱罗毯毡、入药白毡、雀白毡、红毡、白袜毡、回回剪绒毡等，品种很多，仅随路诸色人匠总管府所造地毯，就有剪绒花毡、脱罗毡、入药白毡、半入白矾毡、无矾白毡、雀白毡、半青红芽毡、红毡、染青毡、白袜毡、白毡胎、回回剪绒毡等十三种，毡毯业的发展由此可见一斑。大

---

① 李焘.续资治通鉴长编[M].北京：中华书局，1980.
② 黄道婆，又名黄婆或黄母，松江府乌泥泾镇人。宋末元初著名的棉纺织家、技术改革家。由于传授先进的纺织技术以及推广先进的纺织工具，而受到百姓的敬仰。在清代的时候，被尊为布业的始祖。她在元代元贞年间重返故乡，在松江府以东的乌泥泾镇，教人制棉，传授和推广"捍、弹、纺、织之具"和"错纱配色，综线挈花"等织造技术。她所织的被褥巾带，其上"折枝团凤棋局字样，粲然若写"。由于乌泥泾和松江一带人民迅速掌握了先进的织造技术，一时"乌泥泾被不胫而走，广传于大江南北"。当时的太仓、上海等县都加以仿效。棉纺织品色泽繁多，呈现出空前的盛况。

同元墓出土的毡帽、毡靴，质地细致，保存完好，说明了元代的毡毯业不但有大量生产，而且有着较高的工艺水平。

元朝的瓷器在宋代的基础上又有进步，南方的江西景德镇成为全国重要的瓷器生产地。元代瓷器的重大发展，主要反映在青花瓷和釉里红瓷器的烧制成功。青花瓷是运用钴料进行绘画装饰的釉下彩瓷器，它的制作过程是用钴料在瓷胎上绘画，然后上透明釉，在1300℃左右的高温下一次烧成。青花瓷最早产于唐代巩县窑，造型优美，色彩清新，有很高的艺术价值。到了元代，青花颜料的烧制和烧造技术得到很大的提高，出现了成色明快的青花和纯红、纯蓝青花加紫精美作品。除此之外，卵白釉、纯红釉等瓷器也是当时的新成就。以青花的装饰来讲，有数十样之多，都很新颖，丰富多彩，这是宋代所不能比拟的，同时也打破了宋瓷唯一色的单调[①]。元青花造型博大，画法娴熟，色彩鲜艳，是陶瓷技术史上最引人入胜的品种之一。

元朝的印刷技术，又比宋朝更有进步。元代在印刷技术方面的突出成就是王祯发明的木活字印刷术。在北宋毕昇发明泥活字印刷术前后曾经试制过木活字，后来还有人试制过瓦活字和锡活字，但由于木料的纹理有疏密，沾水后高低不平，并且易于与松脂蜡药相粘连，不便清理取用，而瓦字和锡字吸水性差，使用水墨效果不好，所以这些尝试都没有获得成功。王祯在认真研究前人经验的基础上，对木活字印刷方法提出了一系列改进措施，较好地解决了其中一些具体的技术问题。例如选择硬质木板雕字，用小锯锯开制成活字，再用小刀四面修整，使之大小高低整齐划一；排版时不用黏合药料，而是排字作行，用竹片夹持，再用小木楔塞紧，使之坚牢不动，然后即可用墨刷印。为了拣字方便，王祯还发明了转轮排字架，将木质单字按韵贮放在直径七尺的大轮盘上，排字时转动轮盘，以字就人，有效地提高了拣字效率。自1276年以来，已使用小块铜版铸印小型的蒙古文和汉文印刷品，如纸币"至元通行宝钞"。套

---

① 刘莉亚，陈鹏. 元代私营手工业初探[J]. 河北师范大学学报（哲学社会科学版），2003（5）.

色印刷术的发明是元代印刷技术的又一项成就。元朝时期无论是雕版印刷还是活字印刷的书籍，一般都是墨印黑色。套色印刷，通称"套版"，大约是在14世纪中叶发明的。最初的套版仅为朱、墨两色。套色版印刷术应用于刻书，如中兴路刊印的无闻和尚注《金刚经》。1298年王祯用木活字印他纂修的《大德旌德县志》，不到一月百部齐成，其效率很高，后来他总结成《造活字印书法》[1]。

制盐业是元朝中与国计民生密切相关的支柱产业之一，"国之所资，其利最广者莫如盐"[2]，因此元代统治者非常重视盐业生产，元代设盐运司管理盐业，全国有两淮、两浙、山东、福建、河间、河东、四川、广东、广海九个盐运司。两淮、两浙、山东等处盐运司下设若干分司，长期实行食盐专卖制度。在元代，除四川的井盐业有所衰退外，福建、广东、广海、两淮、两浙、大都、河间、山东、辽阳以及河东等地的盐业生产都有所发展，制盐技术也有了显著的进步。据统计，元代全国盐场有160余个，灶户、捞盐户等盐业劳动者50000余户，元朝文宗天历年间（1328—1330），全国盐产量达256万引（每引400斤），远远超过了宋代。从盐的种类来看，主有海盐、井盐、池盐、岩盐、土盐等，其中以海盐的产量最大，是食盐的主要来源。

造船业也是元朝重要的支柱产业之一。由于内河客货运量的增加和沿海新航线的开辟，在宋代造船技术和航海技术全面进步的基础上，元代造船业和航海业获得了高速的发展，形成了中国造船史和航海史上空前繁荣的鼎盛时期。当时元代的造船能力是很高的。如每年仅战船即可建造5000艘。据《马可·波罗游记》记载，当时在武昌每年沿长江上下行的船只不下20万艘，行泉府司管辖的海船达15000艘。除国内贸易和漕运外，中国商船还完全承担了东南亚和西亚一些国家和地区的外贸运输工作，甚至出现了许多外国客商只乘中国海船的局面。元代造船不仅数量大、种类多、性能好，而且具备了建造大型乃至巨

---

[1] 复旦大学，上海财经大学.中国古代经济简史[M].上海：上海人民出版社，1982.
[2] 宋濂.元史·食货志[M].北京：中华书局，1976.

型船舶的能力。马可·波罗在他的游记中谈到元代海船的构造时说，泉州所造的大型海船，船身用枞木或松木制成，甲板上有舱房60间左右，船尾有一舵，船上有4根桅杆，其中二桅可随意竖倒。甲板下的船舱用厚木板隔开，分成13间货舱，隔舱板与船壳牢固地钉合在一起。这种水密隔舱结构既便于货物管理，又可加固船体，尤其是当个别船舱破损进水时，可及时修补或继续航行而不致全船沉没，从而提高了船舶的抗沉性能，使人员和货物的航行安全得到了进一步的保证。

自宋代发明指南针以后，水罗盘很快便成为航海中普遍使用的最主要的导航仪器。根据指南针的针位确定的航线就是"针路"，详细记述针路的专书或记录本，称为"针经""针谱""罗经针簿"。针经一般都记明开船地点、航向、航程和抵达港口等内容，有些还载有浅滩、礁石、暗礁、水草、沙洲等海上各种危险物的情况。现存最早记有罗经针位的著作是元代周达观的《真腊风土记》。元代在航海技术上的另一项进步是通过观测恒星的高度来确定船舶在大海中的方位。这种航海天文学方法叫作牵星术，所用工具是牵星板。牵星板是一副12块大小递减的正方形木板，最小的边长约2厘米，最大的边长约22厘米。另有一个四角刻有缺口的方形小象牙板。二者配合使用，就可以测得所见恒星距离海平面的高度，再算出船舶所在地的地理纬度。意大利旅行家马可·波罗在游记中记载了他搭乘我国海船经南海回国的情况，其中说到航船由马六甲海峡进入印度洋后，便有北极星高度的记载，说明当时中国船工可能已掌握了牵星术。明代的李诩《戒庵老人漫笔》和《郑和航海图》中所收《过洋牵星图》等，比较详细地记述了牵星术、牵星板及其使用方法。

元代的兵器业比较发达。元初中央由统军司，以后由武备寺制兵器；地方由杂造局制造兵器。冷兵器，以弓矢为主。在对外族的战争中，元军不断吸取其他民族兵器的特长，因此，元代冷兵器种类、形制复杂，质地精良。单就蒙古兵而论，蒙古以骑兵为主，恃弓力强、带箭多取胜，长短兵器则有可刺、可掷的标枪和近战用的刀、斧、剑等。蒙古人也很注意发展抛石机，成立了专门的"炮军",攻城时大量集中使用。除常用的刀枪弓箭外,火器发展尤为显著。金末火炮以纸为筒,可能为燃烧性火器。元代所制铜火铳,系利用火药在金属管内爆炸产生气体压力以发射弹丸,为管状发射火器,使中国火炮技术有了重大进步。

火药和火器的发明对于世界文明的进程产生了不可估量的影响。在13世纪上半叶,蒙古军多次抵达西亚、波斯等地,在交战中,阿拉伯人得悉火箭、毒火罐、火炮、震天雷等新型火器,进而掌握了火器的制造与使用。欧洲人则是从和阿拉伯人作战中学会制造火药和火器的。石油天然气在五代至两宋时期开发利用空前繁荣的基础上,元代又有新的进步。但这一时期战事频繁,在一定程度上限制了石油天然气开发利用水平的提高。

元朝的手工业管理制度是"匠籍"制度,当时的手工业者称为"匠户",匠户在户籍上自成一类,必须在官府的手工业局、院中服役,从事营造、纺织、军器、工艺品等各种手工业生产,由各局、院和有关机构直接管理。不允许他们随意脱籍,必须世代相袭,承担指定的工役。如果不肯入局、院服役,就要"痛行断罪"。有些并非工匠的匠户,或虽是工匠但所派工役非本人专长者,往往出钱雇工代为应役。

元代行会组织有应付官府需索、维护同业利益的作用,其组织的内部还更日趋周密。在元代,"和雇"及"和买"名义上是给价的,实际上却给价很少,常成为非法需索。虽然各行会多由豪商把持,对中小户进行剥削,但是由于官府科索繁重,同业需要共同来应付官府的需求,而官府也要利用行会来控制手工业的各个行业[①]。

---

① 复旦大学,上海财经大学. 中国古代经济简史[M]. 上海:上海人民出版社,1982.

1.8 商业与商人

1.8.1 商业

元代的商业比较发达，这与元朝封建政权的经济政策有关。特别是元世祖时期，实行经济改革，一反汉人政权的"抑商"政策为优惠政策，并实行保护商贾安全、减税、负税、救济困难商贾等政策，使元朝的国内商业和对外贸易都获得很大发展，商品经济繁荣，使其成为当时世界上相当富庶的国家。

元朝的首都大都，作为当时最大的商业城市，也成为当时闻名世界的经济商业贸易中心。全国各地以及外国的许多商品货物都集中于此，"东至于海，西逾于昆仑，南极交广，北抵穷发，舟车所通，货宝毕来"[①]。这些促进商品经济发展的有利因素充分带动了城市经济的发展，大都的城市面貌焕然一新。

大都城内商业区主要有三处，最繁华的斜街市位于城市中心的钟楼、鼓楼周围，分布着绸缎市、皮帽市、帽子市、鹅鸭市、珠子市、铁器市、米市和柴炭市等。在南面偏西的顺承门内，有羊市、马市、牛市、骆驼市、驴骡市等。在今东四牌楼西南，称枢密院角市。此外，中书省前还有文籍市、纸札市。钟楼之北与文明、丽正、顺承三门以南还有等待出卖劳力的"穷汉市"。此外还有柴草市、菜市、靴市、车市、猪市、煤市、蒸饼市、胭粉市、果市等。据《大都赋》记载，主要的城门之外还有一些有名的市场，南面偏东的文明门外，是号称汇集南方百货的"舳舻之津"，正南的丽正门外是号称勋贵聚居的"衣冠之海"，南面偏西的顺承门外为"南商之薮"，西面偏南的平则门外为"西贾之派"。这些市场的形成，显然是与大都城不同层次的居民分布状况相关的。从这些分门别类的商业区来看，大都的商品市场尤其是商品供应已经非常成熟，商品市场已经趋于规范和专门[②]。

此外，南宋的故都杭州商业也很发达，其繁荣并不因南宋覆灭而衰退多

---

① 程钜夫. 雪楼集[M]. 文渊阁四库本.
② 汪兴和. 元代大都的商业经济[J]. 江苏商论，2004（2）.

少。由于北方人纷纷南迁，城厢内外人口更加稠密，商业繁荣。杭州是江浙行省的省会，地位重要，水陆交通便利，驿站最多，是南方商业中心，江浙行中书省居各行中书省征收的商税和酒醋课的第一位。杭州的商业繁荣情形又出大都之上。马可·波罗称赞杭州是世界上最繁华、最富有的城市。许多历史悠久的城市，如太原、平阳、济南、扬州、平江等，入元以后继续呈现出繁荣景象，而随着运河的恢复和海运的开通，在其沿线又出现了一批新兴的工商业城市、城镇，其中主要有淮安、临清、济宁、松江、太仓、直沽等。泉州和广州作为对外贸易的主要港口，商业也非常发达[1]。州县以上的城市，商业比较发达的还有长江下游和苏浙闽等地区的建康（南京）、平江（苏州）、扬州、镇江、吴江、吴兴、绍兴、衢州、福州等城市；长江中游地区的荆南、沙市、汉阳、襄阳、黄池、太平州、江州、隆兴等城市；长江上游川蜀地区的成都、叙州、遂宁等城市；沿海对外贸易城市的明州、秀州、温州和江阴等。

元朝的商业主要操纵在官府、贵族、官僚、大商人手中，朝廷对许多商品进行垄断，垄断形式不同，部分金、银、铜、铁、盐由朝廷直接经营。茶、铅、锡和部分铁、盐由朝廷卖给商人经营，他们将南方的粮食运往北方，把盐、铁等重要物资调往全国各地，从异域调来的稀有物品用以满足皇室和富商大贾的奢侈生活。不少人靠经商致富。酒、醋、农具、竹木等则由商人、手工业主经营，政府抽分。贵族、官吏和寺院依靠手中的特权，也从事经商活动。色目商人[2]资金雄厚，善于经营，主要从事扑买课税、斡脱商业和市舶贸易等商业活动，出现了许多大商贾。

当时国内南北物资交流畅通，从南运北的商品有米、麦、绸缎、棉布、陶瓷。从北运南的商品有北方土产和来自西域的商品。由于蒙古族当时统治的地

---

[1] 刘政. 元代商业繁荣及其原因[J]. 南京林业大学学报（人文社会科学版），2010（3）.
[2] 色目商人在元代的商业中更是占据着重要的地位，很多商业都由色目人垄断。元人许有壬云："我元始征西北诸国，而西域最先内附，故其国人柄用尤多，大贾擅水陆利，天下名城区邑，必居其津要，专其膏腴。"色目商人受到统治者的信任，凭借着在政治和经济上的优越地位迅速积累了巨额财富。

域幅员辽阔，也就造成元朝经济的发展尤其是对外贸易的交往，是继唐朝之后又一个比较繁荣的时期，对当时整个亚洲的经济起到了非常重要的作用。

元代在经济尤其是商业方面贡献颇大，它是最重视商业的一个朝代，不像其他封建王朝那样对商业进行限制。元朝廷积极推行重商政策，扩大贸易，发展商业，在律令上特设保护商业的条款，还给予商人减轻商税，救济商贾困难等优待和特权[①]。太宗窝阔台即位之初，为了鼓励商人贸易，他拿出国库的资本交给斡脱，让他们放手经营。当时出现了"要当斡脱，领巴里失去谋利的人"都可以在蒙古汗廷领取经商的资本[②]。《元典章》中有"斡脱户，见奉圣旨、诸王令旨，随路做买卖之人，钦依先帝圣旨，见住处与民一体当差"和"斡脱每货物纳税钱"[③]的记载。可见，商人在元朝是受到统治者重视的，他们的社会地位也较前代有所提高。

元朝实行重商政策，因此朝廷对商业的控制和管理就宽得多。例如，元朝实行"重利诱商贾"的政策，将传统的商业税率三十税一，在上都、大都改为四十税一、六十税一，甚至"置而不税"，市舶进口货仅有1/10或1/15的"抽分例"。对贵族官僚经商，只纳税，不做任何限制。对外贸易开放，无论水陆均"往来互市，各从所欲"；实行"官本船（政府提供海船，货款利轻四分之三）"；对从事海外贸易的"舶商、梢水"及其家小，给予"免除杂役"的优待。元廷督促各级官府为商旅提供方便，保护他们的安全，甚至责令官、民赔偿其"失盗"的物品[④]。

当时，在社会上出现了重商主义的思潮，下至平民百姓，上到中央王朝的官吏，甚至是曾经最鄙视商人的儒士也都对商人另眼相看，重商主义的思想冲击着中国传统的重农思想。正是这种重商的思想促使元代的商业格外繁荣。此

---

① 王来喜. 试论成吉思汗重商思想[J]. 内蒙古师范大学学报（哲学社会科学汉文版），2000（3）.
② 王希玲. 浅谈元朝的斡脱钱[J]. 大庆师范学院学报，2008（1）.
③ 陈高华，张帆，刘晓，党宝海. 元典章·户部[M]. 天津：天津古籍出版社，2011.
④ 梁凌霄，魏楠，李文文. 试论元朝商业繁荣的原因[J]. 陇东学院学报，2014（2）.

外，元朝的统一为商业的发展带来了便利的条件："大一统"加强了南北经济之间的联系和交往以及为商业的发展创造了和平稳定的环境；元廷颁布的政策和法令也都在一定程度上支持和鼓励了商业的发展[1]。

元代统一以后采取了种种有利于恢复社会生产的措施，便利的交通运输、发达的手工业、纸币的推广、西域商人的东来都为商业的繁荣创造了条件。但是，这些积极的因素随着元王朝中后期的政治腐败逐渐消失，纸币的滥发使物价飞涨，造成了通货膨胀，对元朝的封建制经济有一定的负面影响。西域商人从事的斡脱商业多采用高利贷的方式使大量的农民、手工业者、中小商人破产，为社会带来了极不稳定的因素，这些都成为元朝迅速灭亡的重要原因。不过，总体来讲，元代的商业在中国古代商业史上是一个特殊的时期，为中国古代商业发展做出了重要贡献。

1.8.2 商业政策

中国传统的经济思想多属封闭型，历代汉族王朝都实行重农抑商的经济政策，一味强调农业，忽略工商业，从而束缚了工商业和贸易的发展，致使工商业一直处于被动发展之中。而元朝推行的是与汉族传统相悖的"不抑商"政策，实行开明的经济管理，聘任一些商人为大臣。例如回纥商人马合木、桑哥及汉族商人卢世荣先后出任国家财政经济大臣，公开招聘西域的回教徒或犹太商人代为经理资源和经营商业。所以造成了当时举国上下重视商业的氛围，对商人采取保护和鼓励政策。这种保护和鼓励主要表现在保护财产安全、积极鼓励通商等方面。

元朝初期，社会秩序尚未恢复，以致"盗贼充斥，商贾不能行"[2]。为了改变这种状况，朝廷采取种种安全措施，规定：商旅所至，"官给饮食，

---

[1] 刘政. 元代商业繁荣及其原因[J]. 南京林业大学学报（人文社会科学版），2010（3）.
[2] 苏天爵. 元名臣事略·中书耶律文正王[M]. 文渊阁四库本.

遣兵防卫"。"州郡失盗不获者,以官物偿之"[1]。凡商旅往来要道及止宿处所,地方官均设置巡防弓手。"自泉州至杭州立海站十五,站置船五艘、水军二百,专运番夷贡物及商贩奇货,且防御海道"[2]。除此之外,朝廷还对商贾资财明令保护,严禁拘雇商车,"所拘商船,其悉还给"[3]。并且还规定"诸漕运官,辄拘括水路舟车,阻滞商旅者,禁之"[4]。

推行减轻商税政策,积极鼓励通商。元代商税本来就轻,规定"三十取一",在此基础上,为了鼓励商人到边远地区经商,元廷对商税不断减低。如"至元二十年(1283)七月,敕上都商税六十分取一;徙旧城市肆局院税务皆入大都,减税征四十分之一"[5]。

"至元二十二年五月,又减上都税课,于一百两中取七钱半。"[6]比起六十分取一来,又降低了一半多。后来,对过往上都、和林等地经商之人,给予"置而不征"[7]的免税政策,大大刺激了商人经商的积极性。

元廷还积极参与救济商贾困难。蒙古帝国初期就有帮助商贾解决困难,扶持小商贩扩大经营,增加渔利等措施。如在窝阔台时期,就曾动用国库来解决商贾资金不足,并给予朝廷贷款来鼓励经营斡脱买卖。对宫廷买进商人的货物也给予较高的价格,以免其受损失。到元朝,朝廷对因战争阻隔的商旅,或"给资归之"[8],或"视商旅有贫丧其资,滞不能东者,召以其所有畜来,无问几何蹄,畜给一石"[9]。又如在上都,官吏买商旅货物,不付给价款,商

---

[1] 宋濂. 元史·本纪[M]. 北京:中华书局,1976.
[2] 宋濂. 元史·世祖纪[M]. 北京:中华书局,1976.
[3] 宋濂. 元史·世祖纪[M]. 北京:中华书局,1976.
[4] 宋濂. 元史·刑法志[M]. 北京:中华书局,1976.
[5] 马端临. 续文献通考[M]. 文渊阁四库本.
[6] 马端临. 续文献通考[M]. 文渊阁四库本.
[7] 袁桷. 清容居士集·上都华严寺碑[M]. 文渊阁四库本.
[8] 姚燧. 牧庵集·参知政事贾公神道碑[M]. 四库馆,1868.
[9] 姚燧. 牧庵集·宣抚使张公神道碑[M]. 四库馆,1868.

人归家不得，至有饥寒而死者，官府便"出钞四百万贯偿之"[1]。除了救济商贾外，朝廷还对商贾不能收回的高利贷用官款来代偿，不使高利贷者受损失。《元史》载："时政繁赋重，贷钱于西北贾人以代输……民不能给。（史）天泽奏请官为偿一本一息而止。"[2]

除此之外，元廷还给予商贾一些特殊的优待。如给商贾以持玺书、佩虎符、乘驿马的权力。据《元史》载："回回商人持玺书，佩虎符，乘驿马，名求珍异，既而以一豹上献，复邀回赐，似此甚众。"[3]免除西域商贾杂泛差役。据载：中都路"回回人户自壬子年元籍并中统四年续抄，计二千九百五十三户，于内多系富商大贾，势要兼并之家，其兴贩营运，百色侵夺民利，并无分毫差役"[4]。许多官僚贵族经商也有免税特权。如燕铁木耳邸舍商货有免税的明令[5]。元统治者为了借助宗教麻痹人民，特优待僧侣。规定其庄佃、田地、水土、碾磨、解典库、铺席、浴堂、船只、竹苇、醋曲等，土地免租，商贩免税，一切杂泛差役不承担，这种记载屡见于史书[6]。

1.8.3 商人

商业是国民经济中占有重要地位的行业，商人作为这一行业的经营者，必然参与这种经济活动。元代经商之风盛行，习惯上将商人分为坐商和行商。凡是在城市中开铺营业的就是坐商，凡是从事贩运的就是行商。元代商人种类繁多，按不同的标准可将其分为不同的类型。如按商人的资产为标准，可分为上贾、中贾、小贾。他们的财产状况、经营手段、社会地位都有很大的区别。

元代北方著名的大商人有阳丘崔聚，他经营商业，"会江佐平，往来贸

---

[1] 宋濂. 元史·彻里帖木儿传[M]. 北京：中华书局，1976.
[2] 宋濂. 元史·史天泽传[M]. 北京：中华书局，1976.
[3] 宋濂. 元史·武宗纪[M]. 北京：中华书局，1976.
[4] 王恽. 秋涧先生大全集[M]. 上海：上海书店出版社，1989.
[5] 宋濂. 元史·文宗纪[M]. 北京：中华书局，1976.
[6] 杨军琴. 元代商人社会地位的变化[J]. 齐齐哈尔师范高等专科学校学报，2008（1）.

易湖湘间，以是致赀累钜万，言富室无居其右"①。崔聚显然利用江南初平的机会，往来贩运货物，因而致富。常州富商张文盛，在南宋灭亡后，"弃其所学，从计然之术，研得其精。为大区广陵市中，家僮数百指，北出燕齐，南抵闽广，懋迁络绎，资用丰沛"②。他既是坐贾，亦为行商。

河南人姚仲实，"以为京师天下之都会也，东至于海，西踰于昆仑，南极交广，北抵穷发，舟车所通，货宝毕来，可废居以为富"。③在经商十余年间，累赀巨万，于是在村里构堂树亭，每日引朋吟咏啸歌。元廷曾在大都挑选数十名"皆富商"的"耆老"，让他们出入宫廷，参与重大朝典，施予免役等特权，姚仲实就被元廷选为"耆耋"之长，成为统治阶层中的座上宾。扬州人李椿，"国初北渡，客云、朔间，转徙至真定藁城之西管镇，始以陶为业，器不苦窳，有约必信，远近化之。中年以后，买田力穑，不二十年，为里巨族"④。李椿可以说是一个集行商、坐贾于一身的商人。

元代商人中有许多色目商人，他们主要经营珠宝和香料，以宫廷和上层贵族为对象，获取厚利。据《元史》载："回回户计，多富商大贾。"⑤王恽则指出：回回人户，"于内多系富商大贾、势要兼并之家，其兴贩营利，百色侵夺民利"⑥。

元代大商人行列中还有不少贵族、官僚。忽必烈时，"阿合马、张惠，挟宰相权，为商贾，以网罗天下之利"⑦。元朝末年，权臣伯颜之弟马扎儿台历任要职，"于通州置塌坊，开酒馆糟坊，日至万石，又使广贩长芦、淮南

---

① 刘敏中. 中庵集·阳氏崔氏先茔之记[M]. 台北：商务印书馆影印本，1986.
② 李修生主编. 全元文·巽溪翁墓志铭[M]. 南京：江苏古籍出版社，1998.
③ 程钜夫. 雪楼集·姚长者碑[M]. 文渊阁四库全书本.
④ 安熙. 默庵集·寿李翁八十诗三首并序[M]. 文渊阁四库全书本.
⑤ 宋濂. 元史·朵罗台传[M]. 北京：中华书局，1976.
⑥ 王恽. 秋涧先生大全集·为在都回回户不纳差税事状[M]. 上海：上海书店出版社，1989.
⑦ 宋濂. 元史·奸臣·阿合马传[M]. 北京：中华书局，1976.

盐"①。元朝廷对权贵不加禁止，只是要求他们"赴务纳税"②。当然，事实上他们凭借权势，往往不纳商税。不仅如此，他们还"占据行市，豪夺民利，以致商贾不敢往来"③。

僧侣道士从事商贸营运在元代的经商群体中很普遍，这与宗教日益世俗化、经商社会化以及元统治者给予其经商免税的特权有密切的关系。由于商品经济的发展，金钱的魔力越来越大，"不恋经商利万金"④只是少数僧人的想法，多数僧侣向往从商，热衷于经商，身在寺院，心系市场。而元朝统治者笃信宗教，对僧侣阶层给予特殊的优惠，即经商免税。于是僧侣大量经营商业，这可从一些法令、奏折上反映出来。如至元三十年（1293）中书省官人奏："做大买卖的是和尚、也里可温每却不纳税呵。"⑤大德四年（1260）又奏："僧、道、也里可温、答失蛮，将着大钱本，开张店铺做买卖，却不纳税。"⑥尽管有些中书省官员提出了是否纳税的意见，但在实际执行中，朝廷做出了很大让步。因此有元一代，僧侣经商基本享有免税权。元代僧侣经商种类广泛，除经营解典库、邸舍、酒店以及其他各种店铺外，还经营海外贸易，实与一般商人无异，且他们的财产还受到元统治者的保护。

从事商业活动除了少数富商大贾外，更多的属于中小商人，他们中有坐商也有行商。鄱阳刘谦，"善积居之术，以赀雄于乡"⑦。吉水萧雷龙，"家多赀，至宋季而贫，乃折节治货区，不数年间，竟倍加于昔"⑧。山西洪洞商人杨和甫出身农民，原来家境贫寒，他"服贾江淮川蜀，险阻艰难备尝不辞"，

---

① 权衡. 庚申外史[M]. 北京：民族出版社，2005.
② 宋濂. 元史·食货志[M]. 北京：中华书局，1976.
③ 宋濂. 元史·世祖纪[M]. 北京：中华书局，1976.
④ 宏智正觉. 宏智正觉禅师广录·四宾主[M]. 涵芬楼，1929.
⑤ 方龄贵. 通制条格校注·僧道·商税地税[M]. 北京：中华书局，2001.
⑥ 方龄贵. 通制条格校注·僧道·商税地税[M]. 北京：中华书局，2001.
⑦ 宋濂. 宋文宪公全集·刘府君墓志铭[M]. 北京：中华书局，1929.
⑧ 宋濂. 宋文宪公全集·萧府君阡表[M]. 北京：中华书局，1929.

被称为"良贾"[1]。这些人可以认为是中等商人。

中等商人一般拥有相当数量的资本，所经营的商铺或长途贩运在一定地区内有影响。更多的是小商人，他们一般是个体经营，资本微薄，获利亦有限。元杂剧《魔诃罗》中，描写河南府录事司民户李德昌一家三口，"守着个绒线铺"，李德昌挑着担子前往南昌做买卖，其妻刘玉娘便看守绒线铺[2]。这是一户个体经营的坐商，但又从事长途贩运。在杂剧《玎玎珰珰盆儿鬼》中，汴梁人氏杨国用借钱置办杂货，做买卖去。杂剧《朱砂担》的故事与以上两剧基本相同，河南府王文用"将上本钱，到江西南昌地面，作些买卖"[3]。后来又从南昌前往泗州。他们的活动不仅限于城市，而且深入农村，"行商到门问有无，粟麦丝麻相贸易"[4]。

除坐贾、行商外，活跃于街头巷尾、入城下乡、杂贩百货的小商小贩也是商人的重要组成部分。这种商贩在农村有，一般出现在农村定期或不定期的集贸市场上，还有相当一部分是活跃在城市的大街小巷，进行零星叫卖的。"贩夫逐微末，泥巷穿幽深。负戴日呼叫，百种闻异音。"[5]他们相对于坐贾、行商而言，本钱少，规模小，经营方式灵活，他们根据不同的市场需求出售各种时需的物品。

除了从事商品批发、零售业、服务业的坐贾外，还有一种专门从事沟通买卖双方，收取一定佣金的特殊坐贾，即牙人。牙人，也称牙子、牙郎、牙侩，又称经纪，是买卖双方的中间人。至元十年（1273）八月，"中书省断事官呈：'大都等路诸买卖人口头匹房屋一切物货交易，其官私牙人侥幸图利，不令买主、卖主相见，先于物主处扑定价值，却于买主处高抬物价，多有克落，深为未便。今后凡买卖人口头匹房屋一切物货，须要牙保人等与卖主买主明白

---

[1] 许肯岩. 山右石刻丛编·千户杨公墓碑[M]. 续修四库全书本.
[2] 臧晋叔. 元曲选[M]. 北京：中华书局，1979.
[3] 胡祗遹. 紫山大全集·农器叹寄呈左丞公[M]. 文渊阁四库全书本.
[4] 胡祗遹. 紫山大全集·农器叹寄呈左丞公[M]. 文渊阁四库全书本.
[5] 胡助. 纯白斋类稿·京华杂兴诗十五[M]. 文渊阁四库本.

书写籍贯、住坐去处，仍召知识卖主人或正牙保人等保管，画完押字，许令成交，然后赴务投税。仍令所在税务，亦仰验契完备，收税明白，附历出榜，遍行禁治相应。'都省准呈。"① 由此可知，北方城市中货物买卖普遍由牙人从中说合，买卖人口与买卖其他物品一样，须经过双方同意画押，然后到税务机关办理纳税，经过牙人定价成交。牙人在平息买卖纠纷、传递商品信息、促进产品走向市场诸方面发挥了积极的作用。元代的牙人、牙行广泛存在于城市乡村，活动渗透到海外贸易、各类商品交易、土地买卖乃至仆役的介绍等社会交易的所有领域。如商品买卖中，蒋祈《陶纪略》载："一日二夜，窑火既歇，商争取售，而上者择焉，谓之捡窑。交易之际，牙侩主之。"在田土买卖中，由于欺诈昏赖现象的存在，田土买卖过程中争议不断，词讼纷纭。为解决这一矛盾，朝廷便建议由社长集众推举牙人以主持社内田土财产买卖。

1.9 对外贸易

元代是中国历史上通过海路对外贸易最繁荣的朝代之一，它的海外贸易与唐、宋相比，取得了重大的发展。这不仅表现在海外贸易的范围更加扩大，贸易的规模和形式更加多样化，而且还特别表现在官方对海外贸易的管理更加制度化和正规化。

元代的对外贸易很发达，朝廷直接控制对外贸易，至元十四年（1277），在泉州、上海、温州、杭州、广州设立市舶司，外国商船返航，由市舶司发给公验、公凭。出口的物资有生丝、花绢、缎绢、金锦、麻布、棉布、花瓶、漆盘、陶瓷器、金、银、铁器、漆器、药材；进口的商品有珍宝、象牙、犀角、钻石、木材等。总的来看，整个城市商业活动比较繁荣。

元代的对外贸易是通过陆路和海上来进行的。陆路贸易在当时有两条通

---

① 黄时鉴点校. 通制条格·关市[M]. 杭州：浙江古籍出版社，1986.

道：一条是着重于政治和军事的钦察道，它经敦煌、哈密、别失八里、土库曼到克里木半岛；另一条是着重于经济与贸易的波斯道，它是经敦煌、罗希泊、天山南路、大不里士到土耳其。这两条连接中西交通的商道，就是举世闻品的"丝绸之路"。从陆路来中国的亚、非、欧各国商人大多携带珠宝、象牙、犀角、香料、玉器等，去者大多带回丝绸、瓷器、察香、大黄等。这样往来均能获得较丰厚的利润。①

由于元代造船和航海技术的进步，元代的海上贸易也十分发达。海外贸易的发展，进口舶货数量和品种都倍于前代，且呈不断增长趋势。据《大德南海志》卷七"舶货"条开列，元代前期经广州港进口的舶货计有7类70多种②。元代后期，海外贸易全面繁荣，舶货进口量剧增。王元恭《至正四明续志》卷五"市舶物货"条记载，由四明进口的市舶物货高达224种③。比元前期翻了三番。这224种舶货中按其价值高低分为粗、细两档。价值较高的细色货物有珊瑚、玛瑙等134种，价值较低的粗色货物有红豆、牛皮、筋角等90种。值得注意的是，在品种繁多的进口货物中，纯粹奢侈品的数量较前代有明显减少，而用于生产、生活的日用品比例大大增加，如元后期进口货物中，仅布匹一项就有吉贝布、吉贝纱、三幅布罩、香花棋布、毛驼布、鞋布、袜布、丝布、油崖布、焦布、手布、生布等十余种；金属及金属制品有铜青、铜钱、铅、锡、镂金、镂银、丁铁、炉铁、高丽铜器等项。这充分说明海外贸易对国计民生的重要性不断得到体现④。

舶来品输入中国沿海港口以后，通过商贩们的转运，销往全国各地。于是，不但沿海港口，而且内地都市，舶货随处可见。泉州是元代最大的进出口港口，那里"各种货物堆积如山，仅胡椒一项，数量非常可观。但运往亚历山

---

① 于留纪. 元代的对外贸易[J]. 史学月刊, 1987 (6).
② 陈大震, 吕桂孙. 大德南海志[M]. 广州: 广州地方志编纂委员会, 2008.
③ 王元恭. 至正四明续志[M]. 台北: 大化书局, 1980.
④ 喻常森. 元代海外贸易发展的积极作用与局限性[J]. 海交史研究, 1994 (2).

大供应西方世界各地的胡椒,就相形见绌了,恐怕不过它的百分之一"[1]。江南最繁华的都市杭州,是元代最大的舶货聚散地,朝廷在此设有市舶仓库,专门储存从各地转运来的舶货。杭州本身也是最大的舶货消费城市,"仅胡椒一项,每日销量竟达四十三担,每担重九十公斤"[2]。元大都虽远离东南沿海贸易港口,但由于它是元朝的统治中心,达官贵人、三教九流、富商大贾云集于此,拥有大量的舶货消费者。所以,不论是官方,还是民间商贩,都不惜长途,将各国商品转运来此经销。当时的大都"凡是世界上最为稀奇的东西,都能在这座城里找到,特别是来自印度的商品,如宝石、珍珠、药材和香料"[3]。

海外产品的源源输入,大大地满足了人们生产生活的需求。外国进口的药材、各类纺织品及其他手工制品,进入千家万户,受到普遍的欢迎。以皇室为代表的元朝统治阶级则是最大的舶货消费者,海外进口的药物、香料、奇珍异宝,是他们须臾不可缺少的必需品。由于各阶层人们都喜欢使用舶货,逐渐建立了对进口商品很大程度上的依赖性。所以,一个时期内,舶货进口多寡,不但深系市场荣枯,而且直接关联到人们的日常生产生活。如元中期,从至大四年到皇庆二年(1311—1313),元廷曾实行"海禁",导致"番货、药物销量渐少,民用缺乏"[4],不得不重新开禁。元代后期,由于官府全面开放私人海外贸易,舶货进口剧增,于是东南沿海地区出现了供大于求的现象。

当时中国经济发展的总体水平较高,生产的各种农业、手工业品以及文化用品等,早已蜚声海内外,深得各国的喜爱和效仿。元代海外贸易的繁荣和发展,使中国商品的出口不断增加。在当时情况下,国际贸易大多是以物物交换形式进行的,故出口量和进口量基本上是持平的。元代通过海上贸易,向海

---

[1] [意]马可·波罗. 马可波罗游记[M]. 陈开俊等译. 福州:福建科学技术出版社,1981.
[2] [意]马可·波罗. 马可波罗游记[M]. 陈开俊等译. 福州:福建科学技术出版社,1981.
[3] [意]马可·波罗. 马可波罗游记[M]. 陈开俊等译. 福州:福建科学技术出版社,1981.
[4] 方龄贵. 通制条格校注[M]. 北京:中华书局,2001.

外各国出口的物品数量和品种较之前代均有显著增加。特别是元代后期，中国出口货物的品种高达一百五十多个①。这一百多种商品可按其性能分为七大类型：纺织品，又分为丝织品和棉纺织品两种，丝绸及其制品有诸色绫罗匹帛、南北丝、建宁锦、苏杭五色缎，棉布及其制品有小印花布、五彩红布、青布、五色布等；陶瓷器，如粗碗、青白花碗、青白处州瓷器、瓷器盘、青白花瓷器、青器等；金属及其制品，如金、银、铜、铁、铜钱、铁器、铜鼎等；药物，如川芎、朱砂、大黄、良姜等；农副产品，如谷米、酒、茶叶、荔枝、盐、糖之类；日用小商品，如牙箱、伞、针、木梳等；文化用品，如纸札、乐器、书籍等。由于从中国输出的商品，不但是中国工艺的结晶，而且许多都是实用型的，适合不同层次消费者的需要，所以从中国输出的商品很受各国的青睐。

元代在对外贸易方面，还利用和四大汗国②的特殊关系积极地加强和中亚、西亚和欧洲的联系，利用海洋的便利条件和东亚的高丽、日本、东南亚、南亚、西亚以至非洲都保持非常密切的经济往来。例如，通过海上贸易输往高丽的中国产品有沉香、玉香盒、玉器、金带、铁杖、彩缎、彩帛、弓矢、佛玉香炉、屏风、书轴、美酒、孔雀、羊等。元代输往日本的产品更多，而尤以铜钱和瓷器为大宗，如新安沉船遗物中就有铜钱22吨、瓷器16420件③。此外，元代中国输往日本的商品尚有茶叶、茶具、书籍、绘画、文具等商品。元代商路的复杂、商旅的频繁，都达到了空前的规模。特别是元朝商旅借海上丝绸之路将中国的商品远销海外，拉动了海上丝绸之路沿线各国商业贸易的发展，为世

---

① 汪大渊. 岛夷志略[M]. 北京：商务出版社，2003.
② 成吉思汗铁木真建立的大蒙古国在阿里不哥与忽必烈的汗位之争下走向分裂，除了忽必烈建立的元朝外，还有四个相对独立的国家，即四大汗国，分别是钦察汗国（又称金帐汗国）、察合台汗国、窝阔台汗国、伊利汗国。四大汗国在研究蒙古和元代历史上具有特殊的重要地位。它们名义上是一个统一的整体，但实际上又各自具有较强的独立性。四大汗国是蒙古统治者逐次在西征胜利中扩张领土的结果。四大汗国的出现，是蒙古族历史上，也是世界历史上的重大事件。
③ 喻常森. 元代海外贸易发展的积极作用与局限性[J]. 海交史研究，1994（2）.

界经济交流做出了巨大的贡献。

1.10　交通运输

元朝时期，陆路交通运输很发达，在陆路上建立了以大都为中心的四通八达的驿站，全国各地设有驿站1500多处，其中包括少数水站。在驿站服役的叫站户。与驿站相辅而行的有急递铺，每10里、15里或20里设一急递铺，其任务主要是传送朝廷、郡县的文书。驿道北至吉利吉思，东北至奴儿干，西通伊利汗国和钦察汗国，西南至乌思藏、大理，南接安南、缅国[①]。《永乐大典·经世大典》记录元朝的驿站"凡在属国，皆置驿站，星罗棋布，脉络相通"。驿站的广泛设立，有利于国内交通的发展和国内各民族、各地区之间的经济联系，为中西陆路交通的发展奠定了基础。丝绸之路因元朝的统一而重新恢复并且开辟了一些新商路，如有漠北经阿尔泰山西行以及由南西伯利亚西行的道路等。元朝通过钦察汗国与欧洲建立贸易联系，通过伊利汗国则沟通阿拉伯及小亚细亚。中西陆路交通的复杂、商旅的频繁，都达到了空前的规模。

驿站在元朝的经济生活中起着非常重要的作用，它既是传递公文的据点，又是为来往行人提供食宿和安全保障的主要处所。元朝在全国交通线上每站设站赤（驿站管理人），交通枢纽置脱脱禾孙（检察官），检查乘驿人员。元朝廷特设站户维持驿站运行，站户固定在驿站上，担负驿站上除朝廷补给外的一切交通工具和使臣饮食供应[②]。虽然站户的人身自由受到了限制，但却保证了驿路的畅通无阻，为贸易交流和商业的发展做出了重大贡献。元朝四通八达的驿道，以及完善的驿道管理系统，消除了中西交通道路上的此疆彼界，方便了商旅往来，使得"四方往来之使，止则有馆舍，顿则有供帐，饥渴则有饮

[①] 韩儒林. 元朝史（上）[M]. 北京：人民出版社，2008.
[②] 刘政. 元代商业繁荣及其原因[J]. 南京林业大学学报（人文社会科学版），2010（3）.

食"①。规模如此大的驿道，为元朝经济尤其商业的发展注入了活力，使其发展胜过汉唐，进入了中外文化、贸易交流的极盛时代。

在水运方面，元朝在继承前朝的基础上又有所发展，重新疏通了在宋金对峙时期已多处堵塞的京杭大运河。至元二十六年（1289年），在山东开凿会通河，起于须城西南之安山，向西北达于临清，全长125公里，建闸31座。至元二十八年在京郊开凿通惠河，引大都西北诸泉水东至通州，全长82公里。经重新疏凿，运河基本改变了过去迂回曲折的航线，河道大多取直，航程大为缩短，运粮船可以驶入大都积水潭停泊。"江淮、湖广、四川、海外诸番土贡、粮运、商旅懋迁，毕达京师。"②至元三十年，元代大运河全线通航，漕船可由杭州直达大都，主要河段由原来的四条增加为七条，尤其是改善了北京地区的漕运状况，它对沟通南北经济，繁荣大都商业，都有着极大的作用。运河的凿通加强了南北之间的经济联系和交往，方便了商业的发展，应该说元朝的内河航运能力和价值要比隋朝上了一个台阶。

在海运方面，元朝更是在继承前代的基础上有了很大的创新，至元十三年（1276），伯颜下临安，得南宋库藏图籍，由降附海盗朱清、张瑄负责经海路运往大都。从这次尝试海道运粮后，经过十多年的探索，航路终于找到了一个理想的航道。据估计，在当时的南北交通运输线中，河漕比陆运费用节省30%—40%，海运则比陆运费用节省70%—80%。海道航运的开辟和大规模的采用加快了物资的供给，而它廉价的运输费用同样刺激了商业的发展。海运形成制度后，规模不断扩大，元代中期成书的《南海志》（通常称为《大德南海志》）记录的海外通商国家和地区有140余处。元朝末年海商汪大渊编写的《岛夷志略》列举了近百个国家和地区的名称，都是他所"身经游览，耳目所亲见"。元代其他文献中，如《元史》还记录了一些不见于以上两书的海外国家和地区的名字。海运的发达为海外贸易提供了便利，促进了商品经济的发

---

① 宋濂. 元史[M]. 北京：中华书局，1976.
② 苏天爵. 元朝名臣事略[M]. 北京：中华书局，1996.

展，同时也加强了和海外国家的经济、文化交流[①]。

沟通南北大运河的开凿、海运航线的开辟、遍布全国驿站的设置，使元代交通运输业有了新的发展。特别是大运河通航后，岁运米至大都500万石以上，来自江淮、湖广、四川及海外的各种物资、旅客源源不断地运至大都，促进了中国经济流通的进程。而大运河的开凿和海运的开辟，对商业的发展、南北经济交流的进一步扩大、大都的供给和繁荣、南北交通的畅通、海外贸易的复兴、官民造船业的扩大以及航海技术的提高等，都起了不可估量的推动作用。

1.11 货币制度

元代的货币制度很特殊，为了适应商品交换，元朝建立起世界上最早的主要以纸币作为流通货币的制度。元朝纸币制度建立于元世祖中统元年（1260）。在此之前，各地间或有丝钞、银钞等纸币流通。如元太宗八年（1236），曾发行过交钞，十三年（1241）发行楮币[②]。到元宪宗初年（1251），各地已多自行发钞，比较混乱。这时，真定路总管史楫在真定曾实行"银钞相权法"[③]，以白银与纸币并行流通。到元世祖忽必烈时在太保刘秉忠的建议下于中统元年建立统一的纸币制度。

元代统一的纸币首先是中统元年，由元朝中央印行了"中统元宝交钞"和"中统元宝钞"。"中统元宝交钞"[④]是以丝为本钱，以两为单位。丝钞2两值

[①] 刘政. 元代商业繁荣及其原因[J]. 南京林业大学学报（人文社会科学版），2010（3）.
[②] 宋濂. 元史[M]. 北京：中华书局，1976.
[③] 宋濂. 元史[M]. 北京：中华书局，1976.
[④] "中统元宝交钞"是中国现存的最早由官方正式印刷发行的纸币实物（宋代纸币至今无实物）。刻版印制时间为元代中统元年（1260）的忽必烈时代。这种纸币已与现代的钞票别无二致。"中统元宝交钞"为树皮纸印造，钞纸长16.4厘米，宽9.4厘米，正面上下方及背面上方均盖有红色官印。

白银一两。中统元宝钞是以银为本位，以贯、文为单位，有10文、20文、500文、1贯、2贯等。中统钞每两贯可兑换白银一两。这种货币不受区域和时间限制，国家收税、俸饷、商品交易、借贷等使用宝钞，并允许用旧钞换新钞。这种钞票发行之初，以白银为本位，任何人持中统钞都可按银价到官库兑换成白银。至元二十二年（1285）起，全国禁用银钱市货，"中统元宝交钞"成为国内唯一合法的流通货币。除蒙古占领区的伊儿汗国发行纸币以外，印度、朝鲜、日本等国也效仿元朝发行过纸币。

元世祖至元二十四年（1287）又发行"至元通行宝钞"[①]，到元惠宗至正十年（1350）更发"至正元宝交钞"时为止。"至元通行宝钞"发行额共达3618万余锭，成为元代流通的重要纸币。因此元朝纸币流通主要经历了中统钞、至元钞、至正钞三个时期。这三个时期中币值最稳定的是中统钞，流通时间最长的是至元钞，前后超过了36年。而发行量最多、贬值最严重的是元惠宗至正十一年（1351）时开始流通的至正钞。这种新钞一贯权铜钱1000枚，是以前的至元钞的二倍。过去的交钞或以丝为本，或以金银为本，而这种至正交钞是以纸为母（本），铜钱为子，本末倒置，同时发行"至正之宝"铜钱，来配合发行纸钞，让铜钱来代表纸钞。

元朝纸币制度是中国宋朝、金朝以来纸币制度的继续和发展，它继承了中国古代纸币流通的经验，而发展成纯纸币流通制度，这在世界货币史上也是一个伟大创举。元朝版图辽阔，横跨欧亚，中国纸币流通范围很广，一些欧洲人到东方来看到市场流通使用纸币的情况也是十分惊奇。如马可·波罗指出，大汗国中商人所至之处，用此纸币以给赏用，以购商务，以取其货物之售价，竟

[①] 至元通行宝钞钞版是元代发行的纸币。元初中统元宝交钞贬值后，币制需要改革，当时元朝将原在南宋末年献过的钞样，略作变动，改为"至元通行宝钞"，受到元世祖的嘉许，即以铸版印造。"至元通行宝钞"于至元二十四年（1287）起正式发行，俗称"金钞子"，一贯当"中统元宝交钞"五贯。到至正十年（1350）更发"至正元宝交钞"时为止。"至元通行宝钞"发行额共达三千六百一十八万余锭，成为元代流通的重要纸币。当时元朝复置了尚书省，颁行了至元通行宝钞，钞值共分十一等，二贯、一贯、五百文、三百文、二百文、一百文、五十文、三十文、二十文、十文、五文。

与纯金无别①。

元钞是政府发行的流通纸币，一直未用分界办法。元钞很长时期是纸钞单行，到了元朝末年才改为钱钞兼行，并由原来的钞银兑现后来改为不兑现。因此，可以说元钞是在吸收宋金钞法经验基础上，制度比较健全，流通范围更广，在全国主要地区长期单一行使的货币。元钞对前代钞币既有选择性的继承，又有创造性的发展，在货币演进史上具有划时代意义，更接近现代纸币性质特点的一种新型货币。为了稳定币值的需要，元朝廷还一直采取集中金银于国库的政策，禁止民间买卖金银，和金银出口。这种专用纸币、集中金银于国库、禁止金银交易与出口，以及设置纸币发行准备金、买卖金银、平准钞法等一系列的类似近代纸币流通制度的一些措施，的确是比较先进的，说明元代的纸币制度已发展得比较完善。只是由于元朝后期滥发无度，钞币恶性膨胀，才使它随元朝灭亡而走向崩溃。

1.12　财政

从蒙古建国到成吉思汗去世，由于没有在统治区域内重建赋税征收体系，朝廷尚不存在固定的财政收入。元太宗窝阔台即位后任命耶律楚材在中原定额征税，供给国用。按照耶律楚材的建议，"地税、商税、酒、醋、盐、铁、山泽之利，周岁可得银五十万两、绢八万匹、粟四十余万石"②。窝阔台同意耶律楚材在中原各路试行，于元太宗二年（1230）正月"定各路课税"；同年十一月正式设立十路征收课税所。元太宗三年（1231），窝阔台至云中，"诸路所贡课额银币及仓廪米谷，簿籍具陈于前"，与耶律楚材原奏数目完全符合③。

---

① [意]马可·波罗. 马可波罗游记[M]. 陈开俊等译. 福州：福建科学技术出版社，1981.
② 宋濂. 元史·耶律楚材传[M]. 北京：中华书局，1976.
③ 宋濂. 元史·太宗纪[M]. 北京：中华书局，1976.

元朝财政制度的正规化建设始于元世祖忽必烈。史言："元初，取民未有定制。及世祖立法，一本于宽。其用之也，于宗戚则有岁赐，于凶荒则有赈恤，大率以亲亲爱民为重，而尤惓惓于农桑一事，可谓知理财之本者矣。"①税收制度的正规化，集中体现在元朝中央郡县制行政体系税收权力的扩张，以及税收范围的扩大。中统三年（1262）正月，元世祖"命银冶户七百、河南屯田户百四十、赋税输之州县"②。税收范围进一步扩大。中统四年（1263）十二月，世祖诏令："也里可温、答失蛮、僧、道种田入租，贸易输税。"③至元十六（1279）五月，世祖"命畏兀界内计亩输税"④。至元十八年四月，世祖"命太原五户丝就输太原"⑤。至元二十年十一月，世祖诏令："大都田土，并令输税；甘州新括田土，亩输租三升。"至元二十二年五月，世祖"诏甘州每地一顷输税三石"⑥。

　　元世祖忽必烈即位之后，在建立各级行政机构的同时，确定了稳定的税收机制，使朝廷有了稳定的财政收入来源，并为后来扩大财政收入奠定了基础。税粮收入已经制度化，至元六年（1269），王恽指出："国家岁计粮储，必须百有余万，方可足用。"⑦税粮总额已应在100万石以上。灭宋之后，由于江南产粮区被纳入元朝统治区域，税粮有了成倍增长，从江南漕运粮食的大幅度增加，可以得到证明。⑧至元二十一年漕运粮数为290,500石，至元二十六年增至935,000石，至元二十七年和至元二十八年则分别是1,595,000石和1,527,250石，是忽必烈在位期间粮食北运的最高年份⑨。

---

① 宋濂. 元史·食货志[M]. 北京：中华书局，1976.
② 宋濂. 元史·地理志[M]. 北京：中华书局，1976.
③ 宋濂. 元史·世祖纪[M]. 北京：中华书局，1976.
④ 宋濂. 元史·世祖纪[M]. 北京：中华书局，1976.
⑤ 宋濂. 元史·世祖纪[M]. 北京：中华书局，1976.
⑥ 宋濂. 元史·世祖纪[M]. 北京：中华书局，1976.
⑦ 王恽. 秋涧先生大全集·弹漕司失陷官粮食状[M]. 上海：上海书店出版社，1989.
⑧ 陈高华，史为民. 中国经济通史：元代经济卷[M]. 北京：光明日报出版社，2007.
⑨ 宋濂. 元史·食货志[M]. 北京：中华书局，1976.

科差为钱粮之外另一项重要税收，初施行于北方。平南宋后，推广到江南。科差有丝料和包银两种，"其法各验其户之上下而科焉"①，即以富力为标准征收。这与金朝助力钱十分相似。中统二年（1261），科差的收入"周岁包银六万余锭"②。中统四年，丝706,401斤，包银钞49,487锭③。至元二年（1265），丝986,288斤，包银钞57,682锭④。至元三年，丝1,053,226斤，包银钞59,085锭。至元四年，丝1,096,489斤，包银钞78,126锭⑤。其后，科差数额还应略有上升。

各项税收的收入，以钞来计算，盐税收入所占比例最大，到元世祖晚期，每年可收入钞170万锭。茶税收入，至元十三年为1200余锭，其后逐年增加，到至元二十六年已增至4000锭。酒和醋税收入为20万—25万锭，商税收入在至元七年为钞9万锭，至元二十六年增为45万锭⑥。可以看出，朝廷财政收入中的货币部分，在忽必烈在位的中后期有很大的增长。

然而元朝中期，即元成宗至宁宗朝（1295—1332），财政收支严重失衡，收不抵支已经成为各朝皇帝都要面临的重大问题。元成宗铁穆耳即位才两个月，中书省就向他报告："朝令赐与之外，余钞止有二十万锭。凡请钱粮者，乞量给之。"⑦武宗海山即位才及四月，中书省臣就告急说："帑藏空竭，常赋岁钞四百万锭，各省备用之外，入京师者二百八十万锭，常年所支止二百七十余万锭。自陛下即位以来，已支四百二十万锭，又应求而未支者

---

① 宋濂. 元史·食货志[M]. 北京：中华书局，1976.
② 王恽. 秋涧先生大全集·中堂事记中[M]. 上海：上海书店出版社，1989.
③ 宋濂. 元史·世祖纪[M]. 北京：中华书局，1976.《元史·食货志一·科差》记为丝712171斤，钞为56158锭。
④ 宋濂. 元史·世祖纪[M]. 北京：中华书局，1976.《元史·食货志一·科差》记为丝986912斤，钞为56874锭，布95412匹。
⑤ 宋濂. 元史·世祖纪[M]. 北京：中华书局，1976. 宋濂. 元史·食货志一·科差[M]. 北京：中华书局，1976.
⑥ 陈高华，史为民. 中国经济通史：元代经济卷[M]. 北京：光明日报出版社，2007.
⑦ 宋濂. 元史·成宗纪[M]. 北京：中华书局，1976.

一百万锭。臣等虑财用不给，敢以上闻。"①泰定帝及以后的几个大汗统治时期财政危机情况更为严重。元廷连年"廪藏空虚""国用不给"穷于应付，财政危机日甚一日。统治阶级也试图采取措施解决这一棘手的统治难题，但却没有成功。

造成财政收支严重失衡的一个最重要因素是巨额朝会赐赉的频繁。元朝中期的37年中，换了8个皇帝，每换一次皇帝，都要在朝会上大加赐赉，并马上造成国家财政的紧张。至元三十一年（1294）六月，元成宗即位后的"朝会赐与之外，余钞止有二十七万锭"②。十一月，中书省报告"今诸王蕃戚费耗繁重，余钞止一百十六万二千余锭。上都、隆兴、西京、应昌、甘肃等处禀粮钞计用二十余万锭，诸王五户丝造作颜料钞计用十余万锭，而来会诸王尚多，恐无以给"③。为了缓解朝会赐赉带来的财政问题，从元仁宗开始，赐赉额略有下降，尤其是元文宗和元宁宗即位时，下降幅度更为明显，但依然在财政支出中占有很大的比例。

滥赐是元代中期财政危机的又一重要原因。常年对贵族尤其是皇室成员的慷慨赏赐，成为元廷的一项十分沉重的经济负担。元皇帝对亲贵的特别恩赐名目繁多。贵族大臣或朝会、或贡献、或出镇、或还朝、或征戍、或朝觐、或婚丧、或筑宅，靡不有赐。所赐之物除金银币帛外，还有田租、盐课、酒税、粮食、牲畜、车帐以及"奴婢户计""金银铜冶""俘获宝器""玉具鞍勒"等。"1294年，铁穆耳时，皇室成员得到的赏赐比在忽必烈时期得到的岁赐额金多4倍，银多2倍。此外，铁穆耳还为不同原因给予一些皇亲巨额特殊赏赐，如1294年给三个驸马赐银的总数就超过12万两。"④到元贞二年（1296）二月，中书省请求元成宗说："陛下自御极以来，所赐诸王、公主、驸马、勋

---

① 宋濂. 元史·武宗纪[M]. 北京：中华书局，1976.
② 宋濂. 元史·成宗纪[M]. 北京：中华书局，1976.
③ 宋濂. 元史·成宗纪[M]. 北京：中华书局，1976.
④ [德]傅海波，[英]崔瑞德. 剑桥辽西夏金元史[M]. 史卫民，马晓光，刘晓等，译. 北京：中国社会科学出版社，1998.

臣，为数不轻，向之所储，散之殆尽。今继请者尚多，臣等乞甄别贫匮及赴边者赐之，其余宜悉止。"①元成宗的滥赐已达到使国库空虚的地步。为了弥补财政赤字，元成宗不得不借支钞本。根据大德二年（1298）二月右丞相完泽的报告：当时国家"岁入之数，金一万九千两，银六万两，钞三百六十万锭。然犹不足于用，又于至元钞本中借二十万锭矣"。借支钞本不足用外，又滥发交钞。"成宗在位的十三年间（1295—1307），共印行至元钞九百九十余万锭，其总额较忽必烈统治时期犹超出十余万锭。"②元武宗在泰定时的滥赏滥赐甚至超过元成宗。武宗海山即位的八月，中书省臣言："以朝会应赐者，为钞总三百五十万锭，已给者百七十万，未犹百八十万，两都所储已虚。自今特奏乞赏者，宜暂停。"③

元代中期的滥赐还表现为对佛事、僧侣和奉献宝物奇货的色目商人的赏赐。泰定帝时，"佛事上的浪费有增无减，数倍于至元时期。喇嘛僧贵幸豪横也达到无以复加的程度。帝师的'弟子之号司空、司徒、国公、佩金玉印章者，前后相望'"④。"色目商人中宝是成宗朝开始的弊政，这些色目商人勾结朝中权贵，以呈献宝货的形式，而从皇帝那里取得数倍甚至数十倍的赏值，而暗中分用。"⑤武宗时商议中书省事的大臣刘敏中在《都堂提说事目》中说："一顷年，宝货之人有以铢两之石，得宝钞十四五万锭，曩尝禁止，今犹未已……以铢两之石，得宝钞十四五万锭之酬哉！一石之价，以民赋纳之，百五十万户一年之赋也。每户门摊五两，内包银四两，俸一两，且此价例何从而来？亏损国用，莫斯为甚！宜依前奏，请停罢。"⑥正是由于元武宗毫无顾忌地滥赐，使海山朝面临的财政问题已达到危机程度。元武宗于至大二年

---

① 宋濂. 元史·成宗纪[M]. 北京：中华书局，1976.
② 周良霄，顾菊英. 元代史[M]. 上海：上海人民出版社，1993.
③ 宋濂. 元史·武宗纪[M]. 北京：中华书局，1976.
④ 周良霄，顾菊英. 元代史[M]. 上海：上海人民出版社，1993.
⑤ 周良霄，顾菊英. 元代史[M]. 上海：上海人民出版社，1993.
⑥ 周良霄，顾菊英. 元代史[M]. 上海：上海人民出版社，1993.

（1309）九月重建尚书省之目的就是希望借重建尚书省来推动财政改革，解决"国用严重不足"问题。泰定时，"西僧鬻宝，动以数十万锭'，倒剌沙等还奏请对累朝未酬者慷慨地予以偿还，其数高达四十余万锭，'较其元值，利已数倍。有事经年远者三十余万锭，复令给以市舶番货。'当时全国包银差发，总入只十一万锭。"[1]为了弥补财政亏空，泰定帝公开卖官："募富民入粟拜官，二千石从七品，千石正八品，五百石从八品，三百石正九品，不愿仕者旌其门。"[2]图贴睦尔朝为增加财政收入而采取的唯一措施是继续实行泰定帝的卖官政策。这样导致官员冗滥的情况可想而知，反过来又加剧了财政危机和社会的不稳定。

冗官冗员的大量存在也是造成元代中期日益严重的财政危机的原因之一。元代冗官冗员普遍存在，尤其到元代中期变本加厉，而官员的增多，必然加重政府的财政负担。成宗朝时，"虽然朝廷和京城官员合计定额是2600人，御史台于至元三十一年（1294）上报官员在京城食禄者超过1万人，在各行省则更多。实际形势变得如此严重，以至于在大德七年（1303）下令中书省淘汰所有冗员"[3]。这么多的政府食禄者靠政府供养，政府的财政负担可想而知，以至于元廷不得不下令裁汰所有冗员。武宗朝时冗官增加尤为迅速。武宗即位的八月甲午"中书省臣言：内降旨与官者八百八十余人，已除三百，未议者犹五百余。请自今越奏者勿与"[4]。官僚机构的迅速扩大在高层已经明显地暴露出来。为节省迅速膨胀的官员队伍开支，元武宗于大德十一年（1307）颁诏，按照元成宗于前一年确定的官员员数裁减官员。但是，这一诏令显然没有收到实际效果，两年后元武宗本人也承认"员冗如故"[5]。元顺帝时期，"冗官"问题偶尔提到朝廷上来，但由于政治原因，尽管财政拮据，元朝统治集团从未裁

---

[1] 修生. 全元文·刘敏中一·都堂提说事目[M]. 南京：江苏古籍出版社，1999.
[2] 宋濂. 元史·泰定帝纪一[M]. 北京：中华书局，1976.
[3] 周良霄, 顾菊英. 元代史[M]. 上海：上海人民出版社，1993.
[4] 宋濂. 元史·武宗纪[M]. 北京：中华书局，1976.
[5] 宋濂. 元史·武宗纪[M]. 北京：中华书局，1976.

减过多的职位。所以，冗官冗员的存在一直贯穿元代统治的中期，是其财政危机一直得不到解决的一个重要原因[1]。

其他支出的不断上扬，也是造成财政支出严重失衡的重要因素。大德二年（1298）二月，成宗命中书省官员："每岁天下金银钞币所入几何，诸王、驸马赐与及一切营建所出几何，其会计以闻。"[2]中书省官员上报岁入情况后，指明由于不足于用，已于至元钞本中借支20万锭[3]。次年，中书省官员又指出："比年公帑所费，动辄巨万，岁入之数，不支半岁，自余皆借及钞本。"[4]当时朝廷的货币收入已达360万锭。如中书省官员所说属实，则朝廷的年度财政支出总额已在700万锭以上。至大元年（1308）二月，中书省预算年度支出，包括赏赐、养军、边备、赈济、建造等项，"合用钞八百二十余万锭"，而当年的实际支出是"钞至千万锭，粮三百万石"[5]。至大四年（1311）元仁宗即位，李孟德指出："今每岁支钞六百余万锭，又土木营缮百余处，计用数百万锭，内降旨赏赐复用三百余万锭，北边军需又六七百万锭，今帑藏见贮止十一万馀锭，若此安能周给。"[6]按照李孟德计算，则一年的支出要有1600万锭左右。其中朝廷的日常开支占1/3，军费占1/3多，赏赐和建造合占不到1/3。元文宗至顺二年（1331）二月，中书省官员指出："国家钱谷，岁入有额，而所费浩繁，是以不足。"[7]"所费浩繁"，确实是元中期财政的严重问题。

无论皇帝还是大臣，都已经意识到财政问题的严重性，如英宗即位后，

---

[1] 杨继红.浅析元代中期财政危机的原因[J].兰州教育学院学报，2009（2）.
[2] 宋濂.元史·成宗纪[M].北京：中华书局，1976.
[3] 宋濂.元史·成宗纪[M].北京：中华书局，1976.
[4] 宋濂.元史·成宗纪[M].北京：中华书局，1976.
[5] 宋濂.元史·武宗纪[M].北京：中华书局，1976.
[6] 宋濂.元史·仁宗纪[M].北京：中华书局，1976.
[7] 宋濂.元史·文宗纪[M].北京：中华书局，1976.

"思所出倍于所入"[1]；泰定帝在位时，因国用不足，中书省官员请求罢不急之费和约束滥承恩赏[2]，但都只是做出量入为出和谨慎出纳的表示，没有拿出切实可行的方案。

元朝后期，即元顺帝朝，收支的尖锐矛盾依然存在，但是在财政状况紧张的情况下，还是支出钱钞184万锭，完成了黄河的治理。至正十一年（1351）以后，随着农民战争规模的扩大，元廷的财政收入逐渐枯竭。在收入急剧下降的状态下，元朝的统治还能支撑十几年，显然财政支出总额也在大幅度下降，已不能与元朝中期同日而语[3]。

1.13 人口分布

元代的人口分布从《元史·地理志》登录的户口数字来看，尽管与实际人口有较大的出入，但还是能够反映出当时的基本状况（见表1-1）。

《元史·地理志》没有登录岭北行省、云南行省和吐蕃的人口数字。岭北行省的人口情况应该与辽阳行省大致相当，大约有几十万人。云南行省"见户百二十八万七千七百五十三"[4]，与中书省辖地的人口相差不多。吐蕃地区在1252年清查户口后，又于至元五年（1268）和至元二十四年（1287）在该地核查户口，所得户口数字"共计三万六千四百五十三户"[5]。

---

[1] 宋濂.元史·英宗纪[M].北京：中华书局，1976.
[2] 宋濂.元史·泰定帝纪[M].北京：中华书局，1976.
[3] 陈高华，史为民.中国经济通史：元代经济卷[M].北京：光明日报出版社，2007.
[4] 程钜夫.雪楼集·平云南碑[M].台北：商务印书馆，1986.
[5] 达桑宗巴·班觉桑布.汉藏史集[M].陈庆英汉译，拉萨：西藏人民出版社，1986.

表1-1 元代各地区的人口分布

地区	户数/户	人口数/人	地区	户数/户	人口数/人
江浙行省	5882112	28736947	陕西行省	87690	750220
江西行省	2332811	11664542	四川行省	98538	615772
湖广行省	2770451	9421625	辽阳行省	49714	481424
河南行省	800410	4065673	甘肃行省	4691	52044
中书省	1355354	3691516			

资料来源：宋濂. 元史·地理志[M]. 北京：中华书局, 1976.

从这些数字可以看出，全国83.7%以上的人口集中在江南的江浙、江西、湖广三省；余下的16.3%人口的一半以上居住在中原地区，陕西、四川、辽阳和土蕃等地的人口稀少，这就是元代人口分布的基本格局。根据《元史·地理志》所记载的资料，可以看出长江中下游当时已经是人口最稠密的地区。自唐朝中叶经济重心从中原移向江南后，江南人口持续增长，尤其是宋朝南迁后，长江中下游已经成为全国人口最稠密的地区，元朝建立和统一全国后，由于蒙古军官多掠人为奴，动辄千万计；蒙古贵族、僧侣等又任意圈地为牧场，动辄千顷，导致北方百姓大量南迁。这种南稠、北稀、东南密、西北疏的人口分布格局已经形成。

城市及其周围地区，是人口相对集中的地方。城镇人口在全国人口中所占的比例由于资料的缺乏，已经无法统计，但可以列出一些与重要城市相关的人口数字，从中可以看出南稠、北稀的城市人口分布状态。

据《元史·地理志》的资料，至元七年（1270）北方地区城市人口最多的是大都所在地的大都路（北京），户口统计数字为147,590户401,350人[1]，人们通常用"都城十万家"来描述首都居民[2]。陪都上都（内蒙古自治区正蓝旗境

---

[1] 宋濂. 元史·食货志[M]. 北京：中华书局, 1976.
[2] 王恽. 秋涧先生大全集·日蚀诗[M]. 上海：上海书店, 1989.

内）所在地上都路的人口统计数字为118,191人，其中应有一半人住在城区内，其他人则住在上都路属下的州、县中。

北方、西北乃至四川，重要城市所在路人口超过20万人的只有大宁（44.8万）、巩昌（今陇西36万）、奉元（今西安27.1万）、晋宁（今临汾27.0万）、真定（24.1万）、成都（21.6万）、益都（21.3万）七路。人口在10万—19万的路有汴梁（今开封18.4万）、怀庆（17.1万）、河间（16.9万）、济南（16.5万）、太原（15.6万）、冀宁（15.5万）、保定（13.1万）、大同（12.8万）、东昌（12.5万）、顺德（今邢台12.4万）等，人口将近10万人的有夔路（9.9万）、广元（9.6万）以及重庆（9.4万）等。

江南地区人口密集，城市人口相对集中，人口在100万以上的城市有饶州（403.6万）、福州（387.5万）、平江（243.7万）、嘉兴（224.6万）、吉安（222.0万）、杭州（183.5万）、龙兴（148.6万）、扬州（147.1万）、桂林（135.2万）、澧州（111.1万）、宁国（116.3万）、抚州（109.2万）、天临（108.1万）、婺州（107.8万）、集庆（107.3万）、常德（102.6万）、静江（102.1万）、常州（102.0万）、台州（100.4万）等。

人口在50万—99万的路有袁州（99.3万）、徽州（82.4万）、临江（79.1万）、岳州（78.8万）、瑞州（72.2万）、镇江（62.4万）、武昌（61.7万）、建昌（55.3万）、淮安（54.7万）、衢州（54.4万）、绍兴（52.1万）、庆元（51.1万）、建宁（50.7万）、江州（50.4万）以及建德（50.4万）等。人口在30万—49万的路有处州（49.4万）、温州（49.8万）、南康（47.8万）、泉州（45.6万）、太平（44.6万）、潮州（44.6万）、兴国（40.8万）、池州（36.7万）、兴化（35.3万）、广德（33.9万）以及南安（30.4万）等。

北方能够容纳20万以上的城市就算是大路了，南方则要在100万以上的城市才能算大路。10万以上的北方路，可视为中等路，而南方则50万人才能算作中等路。人口分布的不平衡性也造成了南北城市规模的不平衡①。

值得注意的是,元朝在统一全国的过程中,由于战乱频繁,加上蒙古贵族夺耕为牧以及对广大人民的残酷剥削和压迫,造成了频繁的人口迁徙和流动;而出于经济、军事、政治等方面的需要,朝廷也有意识地组织了一定的人口迁移,在将内地之民不断向南迁徙的同时,对于那些战争中俘掠来的以及新招来的所谓的"新附民",元朝廷将他们向北迁徙。元朝统一全国以后,元代全国的经济重心是在南方,尤以东南的长江中下游地区最为富庶,这是吸引北方流民的最主要条件②,不仅北方百姓大量向江南流动,草原上的游牧民也加入了流民的行列,从而形成了中国人口南密北疏的基本格局。

1.14 人口变动

元朝是一个大帝国,元世祖至元十三年(1276)全国基本统一时,共有956.7261万户,约4800万人口③。由于在扩张的过程中,蒙古人不断屠城,使中国人口损失惨重,这个数字比1200年左右金和南宋的户口合计数2071.6037万户、8137.7236万人口要少得多,到元世祖至元三十年(1293)时,全国已有1400.28万户5365.43万人,如表1-2所示。

---

① 陈高华,史为民. 中国经济通史:元代经济卷[M]. 北京:光明日报出版社,2007.
② 耿占军. 元代人口迁徙和流动浅议[J]. 唐都学刊,1994(2).
③ 胡乔木. 中国大百科全书——中国历史[M]. 中国大百科全书出版社,2003.

表1-2 元代人口变化

纪年	年份	户数/万户	人口数/万人	每户人口/人
元太宗八年	1236	1100.00	—	—
元宪宗二年	1252	1300.00	—	—
元世祖中统元年	1260	1418.85	—	—
元世祖至元元年	1264	1588.20	—	—
元世祖至元十三年	1276	956.73	4800.00	5.02
元世祖至元十八年	1281	1320.00	5883.00	4.46
元世祖至元二十七年	1290	1319.62	5883.47	4.46
元世祖至元二十八年	1291	1343.03	5984.90	4.46
元世祖至元三十年	1293	1400.28	5365.43	3.83
元文宗至顺元年	1330	1340.07	—	—
元惠宗至正十一年	1351	1800.00	8758.70	4.87
明太祖洪武二年	1369	—	6000.00	—

注：本表官方统计数据仅包含汉地（不含吐蕃、云南、岭北及辽阳行省）的居民，未包含特殊居民如贱民、佃农、奴婢、僧道等人群，蒙古贵族军将们又有大量的驱口，此外还有军户、匠户等均不计入户口统计，故实际人口远多于在籍人口，本表估算数据出自吴松弟的《中国人口史》第三卷《辽宋金元时期》及葛剑雄的《中国人口发展史》。

这一时期，对于经济发展来说，蒙古族的入主中原却是一场灾难。蒙古民族的游牧生活方式，生产方式适合于草原，而对平原的生态条件而言，就是一种落后的生产方式。蒙古民族进入中原农耕地区，并不是很快地转变生产方式，而是把北方所占有的土地抛荒为草地，供畜牧使用，大大地破坏了农业生产。与此同时，蒙古族在长期的军事征服中，采用的是民族歧视的政策，大肆掠夺平民为农奴，农民人身安全没有保障，传统人口发展的基础受到损害，进入一个停滞的阶段。后来，元世祖忽必烈实行招流移、劝农桑、兴水利、均赋役等附会汉法，有利于社会经济恢复和人口发展，至元晚期，人口年均增长率保持在1.7%—2.0%的水平上。元世祖死于至元三十一年（1294）初，《元史·食货志》称："终世祖之世，家给人足。"[1]但所记户数却仅及至元十年的83.1%，显然记载失误。

至元以后，历朝均未留下户口记录，仅见的元文宗至顺元年（1330）户部钱粮户，尚低于至元的水平，但由于部分地区统计缺漏，诸王、贵族隐占人口，军户、站户人等也不计在民户数之内，所以元代实际户口数字当不止于此。元代人口最高数估计在元惠宗，可能达到8700万左右。

由于对元代户口调查统计制度和史料中人口数据的认识不同，选取的推算方法和人口年代不同，中国学者们就此得出了各自的研究结论。目前学术界对元代人口峰点基本一致认为是在元惠宗至正初或前期，峰值人口主要有8000万、8500万、9000万、1亿左右几种不同观点。韩儒林和张呈琼都估计最多约8000万[2]。葛剑雄认为元代峰值人口有8500万人[3]。赵文林、谢淑君估算1290年实际人口有7530万，1291年约有7649.6万，1293年约有7981.6万，1330年约有8478.3万，而元代人口峰点在1351年，峰值人口8750.7万[4]。邱树森和王颋推断元代实际人口的最高年份在大德末或至正初，全国户数和人口最高数字估计有1980万户近9000万人口（征东行省及宣政院辖地除外），吴松弟的结论与此接近[5]。路遇和滕泽之认为元朝极盛人口（含在籍、不在籍）达9830万[6]。王育民分别探讨了蒙元不同时期人口数量的发展变化情况，推断元代人口峰值高达2335万户10438万口。[7]

---

[1] 宋濂. 元史·食货[M]. 北京：中华书局，1976.
[2] 韩儒林. 元朝史（上册）[M]. 北京：人民出版社，1986；张呈琼. 中国人口发展史[M]. 北京：中国人口出版社，1998.
[3] 葛剑雄. 中国人口发展史[M]. 福州：福建人民出版社，1991.
[4] 赵文林，谢淑君. 中国人口史[M]. 北京：人民出版社，1998.
[5] 邱树森，王颋. 元代户口问题刍议[C]//元史研究会. 元史论丛（第二辑）. 北京：中华书局，1983；吴松弟. 中国人口史[M]. 上海：复旦大学出版社，2000.
[6] 路遇，滕泽之. 中国人口通史[M]. 济南：山东人民出版社，2000.
[7] 王育民. 中国人口史[M]. 南京：江苏人民出版社，1995；王育民. 元代人口考实[J]. 历史研究，1992（5）.

显然，从元代的统计来看，元代盛时并没有经历一个人口的上升期，而是一直陷于迟滞不前的徘徊局面。元朝时期，最高统治集团内部争夺帝位的斗争虽连绵不断，但成宗、仁宗以至于泰定帝各朝，均能恪守世祖成宪，天下无事号称治平①。元惠宗前期，右丞相脱脱实行"更化"新政，政治也较清明，在近半个世纪的时间里，仍享有较持久的和平。王仲安上仁宗书曾云："自宋、金亡，治平日久，编户益滋。"②叶子奇也说："元朝自世祖混一之后，天下治平者六七十年，轻刑薄赋，兵革罕用，生者有养，死者有葬，行旅万里，宿泊如家，诚所谓盛世矣。"③虽不无溢美之处，但叶氏去元未久，其说并非无据，只是户口之盛史籍失载而已。唯一具体记载元代户口的《元史·地理志》，本身存在极大缺陷。其对户口统计的范围既不完整，在全国十一个行省中，仅记有八个行省的户口数字，其中辽阳、陕西、甘肃及四川四行省，以及中书省并多残阙，不足以反映全貌④。

元朝末年，由于连年的战争，人口又大幅度下降，到1368年元朝灭亡时，跌至6000多万人，官方数字可能更少，这主要是由于唐中期以后，中国税制发生变化，按财产收税，不再按照人头收税，后来有摊丁入亩，导致中国官方很少统计人口，因为不收人头税，计算人口没有意义。到了元末，再加上农民起义，人口可能又有所下降。这些数字显示出来的人口增减总趋势很可能是反映现实的。因此，可以设想，1271—1368年元朝统治时期中国人口曾发生灾难性的锐减，出现了中国历史上的极端情况。

---

① 宋濂. 元史[M]. 北京：中华书局，1976.
② 苏天爵. 滋溪文稿[M]. 北京：中华书局，1976.
③ 叶子奇. 草木子[M]. 上海：上海古籍出版社，2012.
④ 王育民. 元代人口考实[J]. 历史研究，1992（5）.

第2章　明朝经济与人口停滞

明代（1368—1644）在元代的基础上有所发展，是中国封建制经济发展的一个重要时期。明代经济发展的突出特点是由于商品经济的发展，工商业城镇不断增多；手工业和商业比较发达，在手工业中更出现了资本主义生产的萌芽；在农业中，农业的经营方式和农村的经济结构也有所变化。但在封建经济的发展过程中，人口却发展缓慢，长期处于停滞的状态。

2.1　土地制度与经营

2.1.1　土地占有形式

明朝承元朝之后，处于中国封建社会晚期，土地制度和其他各项典章制度一样，多因前代旧制。当然也有一些创造，显示时代风貌与特征。据载："土田之制，凡二等：曰官田，曰民田。初，官田皆宋、元时入官田地。厥后有还官田，没官田，断入官田，学田，皇庄，牧马草场，城壖苜蓿地，牲地，园陵坟地，公占隙地，诸王、公主、勋戚、大臣、内监、寺观赐乞庄田，百官职田，边臣养廉田，军、民、商屯田，通谓之官田。其余为民田。"[①]大体概括了明朝土地的种类及其归属和官田的内涵。

明朝新籍的官田，称为"抄没官田"，或"近额官田"，主要是没收豪强地主的。这种官田大多分布于江南苏、松诸府。还官田，有两种情况。一种

---

① 张廷玉等. 明史·食货志[M]. 北京：中华书局，1974.

是明初赐给公侯，以其租入充俸禄。洪武二十五年（1392）八月，"给公侯岁禄，归赐田于官"①。另一种是赐给官员或百姓承种，后因事故还田于官。洪武十二年（1379）以前，苏州一府即有功臣还官田2万余亩。没官田，籍没之田，即由官府没收入官。这种做法，早已有之。明代凡官民犯法，被抄没家产者，土地概归入于官。明初在苏州府抄没的田土最多，达380多万亩，占全府田土的1/3以上。抄没的对象，主要是张士诚"大周国"的成员，以及被明太祖视为不法的"富民"。没官田有"一没""再没""三四没者"，科则亦随之加重。

明代的屯田，包括军屯、民屯和商屯。其中，最主要的是民屯和军屯。从历史渊源说，民屯和军屯都是沿袭前代旧制，都是以开发荒地为主要任务。但差异之处很多，授田亩数、税粮科则、产品分配，俱不相同。经营管理体制也不一样。移民的主体是无地或少地的贫困农民，罪犯是少数。民屯"领之有司"，即由户部及地方司府州县负责具体实施。这是民屯有别于军屯的一个重要特点。

军屯就是军队屯田，兵不出农，犹可以兼农，而省坐食之费。由于它寓兵于农，耕战结合，是军队生产自给的一种好方式，世称"其法最善"。而明代规模超越前代，效益更为可观。这也是明太祖朱元璋的一大功劳。明太祖崛起田间，深知四民之中为农者最苦。因此起兵以后，一直留意军屯。尝曰："吾京师养兵百万，要令不废百姓一粒米。"②元朝至正十八年（1358），他沿元代旧制建立民兵万户府，专管军屯等事务，令军士在南京龙江诸处屯田。到至正二十三年（1363），仅康茂才所部就得谷15,000余石，除给军饷，尚剩余7,000余石。建文帝即位以后，继续大力命军兴屯，开垦土地，发展生产。建文四年（1402）九月，令五军都督府移文各都司，命令各卫所遵洪武旧制，卫由指挥一人，所由千户一人，专职提调，由都指挥负责督察，年终奏报屯田所

---

① "中央研究院"历史语言研究所. 明太祖实录[M]. 北京：中华书局，1962.
② "中央研究院"历史语言研究所. 明太祖实录[M]. 北京：中华书局，1962.

入之数，以稽勤怠。军屯之制在永乐朝又得以坚持。由此可见，明初洪、永二朝，国力强盛，边饷恒足，军屯之功不可没。

明代军屯，集中于边区，尤其是辽东、蓟州、宣府、大同、榆林、宁夏、甘肃、太原、固原等九个边陲要地。这九个军事重镇，"皆分统卫所关堡，环列兵戎"，既是重兵固守的要地，也是军屯的重点地区。内地相对少些。确定屯、守的兵力比例，实质上是如何正确处理国家安全与军队生产自给两者之间的关系。在这方面，主要是权衡地理险易、田土肥瘠、卫所军与王府护卫军的不同任务。一般是边地三分守城，七分屯种；内地二分守城，八分屯种。洪武十三年（1380）九月，诏陕西诸卫军士留三分之一守御城池，余皆屯田给食，以省转输[①]。二十一年（1388）十月，命五军都督府更定屯田之法：凡卫所系冲要都会及王府护卫军士，以十之五屯田，其余卫所以五之四屯田[②]。此外，还有一九开、四六开的，各因地而异。迄永乐二年（1404）四月，又更定屯、戍之数：凡临边险要者，守多于屯[③]；也有个别是全卫屯种的[④]。自正统十四年（1449）"土木之变"以后，由于边境多事，景泰帝令兵分为两番，六日操守，六日耕种。但就整个明代而言，最主要的仍是三七或二八开。

制定军士屯田顷亩，旨在人尽其力，而地无遗利。授田亩数，各地不一，一般是每军给田五十亩，叫作一分。也有少者三十亩、二十亩的。军屯科则，是体现国家对这类田土的地租占有，同时鼓励调动将士屯田的积极性，将奖勤罚懒的措施融入其中。屯田所缴纳的租税，叫作"子粒"。而"征收则例，或增或减殊数，本折互收，皆因时因地而异"[⑤]。

民屯由地方官管理，劳动者由无户籍的流民和罪犯充任，在指定的地点屯耕。洪武年间（1368—1398），朝廷就曾多次组织这些人从狭乡迁往宽乡屯

---

① 张廷玉等. 明史·兵二[M]. 北京：中华书局，1974.
② "中央研究院"历史语言研究所. 明太祖实录[M]. 北京：中华书局，1962.
③ "中央研究院"历史语言研究所. 明太祖实录[M]. 北京：中华书局，1962.
④ "中央研究院"历史语言研究所. 明太祖实录[M]. 北京：中华书局，1962.
⑤ 李东阳. 万历大明会典·户部五·屯田[M]. 扬州：广陵书社，2007.

垦。如洪武三年（1370），迁苏、松、湖、杭无地农民4,000余户往临濠屯种；洪武四年又徙今内蒙古和山西北部一带的32,000余户往北平屯种。民人耕种屯田，必须缴纳地租。洪武四年"中书省言：'河南、山东、北平、陕西、山西及直隶淮安诸府屯田，凡官给牛种者十税五，自备者十税三。'诏且勿征，三年后亩收租一斗。"①

与民屯、军屯同时进行的，还有商屯。从总体上说，它们都是为了满足军国之需，但出发点各有不同。推行民屯，主要是为了解决民食；推行军屯，主要是为了解决边区及内地军队的粮饷；而推行商屯，目标则比较单一，就是为了资助边境军粮。另外，商屯的作用也远远不如民屯和军屯，操作方法也不一样。

明代商屯，最初始于洪武三年（1370）。山西行省奏曰："大同粮储，自陵县运至太和岭，路远费烦，请令商人于大同仓入米一石、太原仓入米一石三斗，给淮盐一小引。商人鬻毕，即以原给引目赴所在官司缴之。如此则转运费省而边储充。"②明太祖准从所请。其后各行省边境，多召商中盐以为军储。盐法边计，相辅而行③。商屯价值的实现形式是：通过商人以米、官府以盐，官商互相进行米、盐交换而产生的。也就是说，商人运往边境的粮食，不是由他们直接经营土地生产出来的，而是以盐为媒介，通过商业流通渠道实现的，这种制度叫"开中法"。这种商屯后来被废止了。

明代的庄田有皇庄、诸王庄田、公主庄田、勋戚（功臣与贵戚）庄田、大臣庄田、中官（太监）庄田、寺观庄田等。其中，于国计民生影响最大的是皇庄、诸王庄田、勋戚庄田和中官庄田。皇庄，即由皇室直接命人（太监）经营，并以其租入归皇室所有的田地，它是皇家的私产，是皇帝制度的产物。皇庄，在中国已有长久的历史。汉代称"苑"，唐代称"宫庄"。明代起初亦称

---

① 张廷玉等. 明史·食货志[M]. 北京：中华书局，1974.
② "中央研究院"历史语言研究所. 明太祖实录[M]. 北京：中华书局，1962.
③ "中央研究院"历史语言研究所. 明太祖实录[M]. 北京：中华书局，1962.

"宫庄"，最早建于永乐末年，地点在顺天府丰润县境内，名为仁寿宫庄。据明世宗时勘查，共有地914顷、水泊地980顷、芦苇地1322顷。建立宫庄的目的，是满足宫中的费用所需。

除皇庄外，还有藩王庄田，即王府庄田。它的产生缘起于明代的分封制度。藩王所占土地不少。洪武五年（1372）四月，明太祖第一次赐诸王庄田。是月，赐第二子秦王朱樉、第三子晋王朱棡、第四子燕王朱棣苏州府吴江县田各一百顷。又赐给江西湖池渔课岁米，秦王九千二百石，晋王、燕王各三千石①。洪武五年六月，赐第五子周王朱橚、②从孙靖江王朱守谦苏州府吴江县田各一百顷，岁计米各七千八百石。同月，赐第六子楚王朱桢、第八子潭王朱梓苏州府吴江县田各一百顷，岁计米各七千八百石③。其他各王也皆依例有赐。不过，这时所赐的田土，多是官田，其性质也只是以其租入充禄。与后来由王府直接经营管理的王府庄田不同。

勋戚庄田和中官庄田也是明代土田之制的有机组成部分，其性质与王府庄田无异，都是为了侵夺国家税粮。从地理分布情况看，与皇庄基本相似，主要集中于北直隶地区。勋戚，即勋臣和皇亲国戚。明太祖朱元璋能够夺得天下，建立新王朝，与一帮文武能人的帮助是分不开的。朱明王朝诞生以后，这些人都成了开国功臣、新兴贵族。其中一些人还与朱家联姻。洪武四年（1371）三月，赐李善长等六国公、汤和等二十五侯，以及丞相、左右丞、参政等临濠山地六百五十八多顷④。不仅是山地，而且每人不过十数顷。同年八月，赐大都督府佥事沐英（西平侯）苏州府吴江县田十二顷，岁计租一千石⑤。后又赐给铜陵县田十二顷有余，岁计租五百四十八石⑥。四年十二月，赐中山侯汤和田

---

① "中央研究院"历史语言研究所.明太祖实录[M].北京：中华书局，1962.
② 洪武三年封为吴王，洪武十一年改封为周王。
③ "中央研究院"历史语言研究所.明太祖实录[M].北京：中华书局，1962.
④ "中央研究院"历史语言研究所.明太祖实录[M].北京：中华书局，1962.
⑤ "中央研究院"历史语言研究所.明太祖实录[M].北京：中华书局，1962.
⑥ "中央研究院"历史语言研究所.明太祖实录[M].北京：中华书局，1962.

一百顷。并以千石田所收之租，赐巩昌侯郭子兴[1]。洪武二十五年（1392）二月，赐江夏侯周德兴田二十七余顷[2]。由此可见，所赐庄田少者只有十余顷，"多者百顷"。

这些庄田的来源，一部分是官荒无主及被籍没的土地。明初荒地很多，明太祖洪武十四年（1381），全国垦地仅为366.77万顷，这些官荒地自然成为钦赐土地，或由诸王、勋戚向皇帝"奏乞"的土地。这是庄田的来源之一。另外，前述的被籍没的土地，也是构成庄田的来源。不过，明代庄田更多的则是侵夺民业而来。如史载："草场颇多，占夺民业。而为民厉者，莫如皇庄及诸王、勋戚、中官庄田为甚。"[3]

所有这些名目繁多的庄田，都是中国皇帝制度的副产品。皇帝准许建立这些庄田的本意，原是为了通过运用君主专制主义的政治特权，干预经济，插手土地，分割地租，以巩固皇权的物质基础，维持皇统"万世不易"。但结果却适得其反，不仅破坏了皇权的尊严，而且加剧了皇朝的财政困难。这可以说是明代各类庄田的一个共同点。而各类庄田的数量多而来源同一，都是以掠夺官民田地为基础建立起来的。大部分都是已经纳税的开垦田、成熟地，真正属于荒地者为数不多，而且庄田数量巨大。

明代土地除了庄田外，其余为民田。明初实行奖励垦荒政策，洪武元年（1368），"令州郡人民，先因兵灾遗下田土，他人垦成熟者，以为己业。业主已还，有司于附近荒田，如数给与，其余荒田，亦许民垦，辟为己业，免徭役三年"[4]。小农经济普遍发展起来，大量的小块土地属于农民所有，即自耕农和半自耕农所拥有的小块土地，亦即直接生产者的小额土地。这些农民所有的小块土地，多系从他们的前代继承的祖产，或者是他们自己开荒占有的土

---

[1]　"中央研究院"历史语言研究所. 明太祖实录[M]. 北京：中华书局，1962.
[2]　"中央研究院"历史语言研究所. 明太祖实录[M]. 北京：中华书局，1962.
[3]　张廷玉等. 明史·食货志[M]. 北京：中华书局，1974.
[4]　"中央研究院"历史语言研究所. 明太祖实录[M]. 北京：中华书局，1962.

地。这是有地者或无地者的中间阶层，从全国范围来看他们人数众多，他们拥有的土地数量也相当可观，在封建社会经济结构中处于举足轻重的地位。这些小土地所有者，他们的经济地位是很不稳固的。他们时常因为赋役、债务、地租以及天灾等原因破产，出卖土地，失去生活依靠。明中叶后，土地兼并越来越高度集中，因而又出现了许多私人大地主。这些大地主，"田之多者千余顷，即少者亦不下五七百顷"[1]。农民失去土地，还要承担赋役，因而纷纷逃亡，或投充到权势大家，作为"隐户"。这样权贵之家，占有土地数量更多，权势更大。

明代除官田和民田之外，还有以"共有"面目出现的田土，即这里所要说的族田、学田和寺田。

族田，顾名思义，乃家族的田土。除勋贵之家有赐田者外，其余族田均来自民田，它包括祭田、义田、学田几类。细考其来源，则又有不同。有的来自俸银购买，有的是经商致富置田献给宗族。习惯上前者称作"义田"，言其租入用于赡族；后者称作"祭田"，言其租入用于祭祀祖先。正因为族田的收入，支付着家族中的各项费用，举办族内各种公益事业，救济贫困族人，所以从经济上把族众有力地吸引过来，而不致离散[2]。此外，还有通过"禁约"或"保产合同"将族下户的田土归入族产，如正德十五年祁门程旺等立《青真坞禁约》规定："将前山各人栽垄大小苗木并管业空山及山脚地，尽数归众。"[3]其收入既用于赡族，又用于祭祀。

随着家族的繁衍，有的分居，有的外迁。一般以始迁祖为共祖组成一个宗族，宗族下又分门、派、支，宗族有统宗祠，门、派、支又各有祠，各个祠均有族田，所以一个宗族有不同层次和不同分支的族产。如明清徽州府祁门县善

---

[1] 郑廉. 豫变纪略[M]. 杭州：浙江古籍出版社，1984.
[2] 曹风详. 论明代族田[J]. 社会科学战线，1997（2）.
[3] 程昌. 窦山公家议校注·山场议[M]. 北京：全国图书馆文献缩微中心，2001.

和里程氏的族田即如此①。族田在明代时被视作根本，非倾家荡产不卖族田，有的辞高官而不就，却不能不为族田奔走官府。所以，族田具有相对稳定的特点，是地主土地所有制的一个重要组成部分。

学田为府县学所有之田地。学田之设，是学校教育日益发达的产物。明朝始兴，太祖朱元璋即以兴学为要务。洪武二年（1369）十月，谕中书省臣曰："朕惟治国以教化为先，教化以学校为本。京师虽有太学，而天下学校未兴，宜令郡县皆立学校，延师儒，授生徒，讲论圣道，使人日渐月化，以复先王之旧。"②其后，又诏令地方建学，"府设教授，州设学正，县设教谕，各一"③。洪武十五年（1382）四月，朱元璋"诏天下通祀孔子，赐学粮，增师生廪膳"，令"天下郡县庙、学并建"，"凡府州县学武田租人官者，悉归于学，俾供祭祀及师生俸廪"，规定"府学一千石，州学八百石，县学六百石，应天府学一千六百石"④。在此诏书之后，各府州县均置学田。学田之收入，亦供祭祀孔子之用，故有的地方又把学田称作"供田"。

学田的来源，多承前代之旧。如徽州府学学田主要来自宋元时郡守"增置田地山共一十八顷八十八亩有奇，岁之入八百余石"，到明初，这些田土"令皆入官而给其师生廪禄"。而所属各县的县学学田，有的是前朝助田养士之田，有的是"籍绝户田"，有的是官拨田土，不管系何种田土，到"明初田皆入官"⑤，故将学田归入官田之列⑥。也有当时人捐赠的。如休宁县学田，有万历二十三年邑人吴继良所捐助田67亩、地5亩⑦，这些田土，就其来源言之，均为私田。或是自家田地捐赠的，或是出资买产捐赠的。一经捐赠田地就归于学

---

① 程昌. 窦山公家议校注·山场议[M]. 北京：全国图书馆文献缩微中心，2001.
② 张廷玉等. 明史·选举志[M]. 北京：中华书局，1974.
③ 张廷玉等. 明史·选举志[M]. 北京：中华书局，1974.
④ "中央研究院"历史语言研究所. 明太祖实录[M]. 北京：中华书局，1962.
⑤ 赵吉士. 徽州府志·菅建志上·学校[M]. 合肥：黄山书社，2010.
⑥ 顾炎武. 日知录[M]. 兰州：甘肃民族出版社，1997.
⑦ 廖腾煃. 休宁县志[M]. 康熙三十二年刊本.

校所有，成为学校之"公产"。

寺田为寺院之田产，明代统治者对佛、道二氏，虽因各个皇帝喜厌之异，其势力升降不定，然而，总的说，采取的是扶植的政策。故明代之寺、观，特别是其中著名者均有赐田。如明代北京寺院"列圣相承，赐额、赐敕、赐金、赐田，时且及之"[1]。此外，奏讨、纳献、典买、接受施舍，甚至径直占夺，都是寺田聚集之途径。这些田土中，有的是官田，如《金陵梵刹志》所记天界寺有溧阳县没官田三千九百九十亩。更多的则是民田，故《古今治平略》说："民所自占，得买卖之田，有新开、沙塞与寺观田，皆谓民田。"[2]

寺田又分钦赐田地和常住田地。钦赐田地包括赐田和奏讨田土。常住田地指以其他方式所占之田地，为寺院之公产。洪武二十八年朱元璋敕令："钦赐田地，税粮全免；常住田地，虽有税粮，仍免杂派人差役。"[3]由于寺田免杂泛差役，投献、施舍日众，寺田积累愈多。

上述族田、学田、寺田，虽都有共有田土即所谓"公产"的名义，实则为其管理者所控制。这正是宗族地主和寺院地主的特点。

2.1.2 编造田籍与土地清丈

洪武元年（1368）明太祖朱元璋一统天下。可是，无情的战争也同时把事关国家大计的户籍、田籍，或者化为灰烬，或者残缺不全。"版籍多亡，田赋无准"[4]，这种情况使得朱元璋深感忧虑。为了尽快改变"田赋无准"的局面，使税粮征收有所依据，赋役均平，减少矛盾，唯有立即制定田籍。同年正月十三日，即派遣国子监生周铸等164人前往苏、松各地核田亩，定赋税。明太祖谕中书省臣曰："兵火之后，郡县版籍多亡。而田赋之制，不能没有增

---

[1] 沈榜. 宛署杂记·僧道[M]. 北京：北京出版社，2012.
[2] 朱建. 古今治平略·国朝田赋[M]. 明崇祯十一年（1638）刻本.
[3] 郭朋. 明清佛教[M]. 福州：福建人民出版社，1982.
[4] 张廷玉等. 明史·食货志[M]. 北京：中华书局，1974.

损。征敛失中，百姓必然生怨。今欲经理，以清其源，不能超过限度损害百姓。养政在于养民，养民在于宽赋。今派周铸等人前去各地核实田亩、定其赋税。"①又告诉周铸等人说：你们经理田亩，必须据实奏报，不要重复以往的弊病，妄自增损，曲徇私情，以害吾民。否则，国法难容。

洪武十三年（1380），令户部核实天下土田。于时，江、浙等地豪民富户极力与封建朝廷争夺人口与土地，为了逃避赋役，往往将自己的田产隐瞒起来，诡寄于亲邻、佃仆之家，谓之"铁脚诡寄"。久之，相沿成风，乡里欺骗州县，州县欺骗府，奸弊百出，称为"通天诡寄"②。结果是平民百姓赋役负担越来越重，富者愈富，贫者益贫，社会矛盾更为尖锐，拖欠税粮的现象日为严重，皇权的物质基础受到威胁。明太祖及时采取果断措施，以赋役不均，命令户部编造"赋役黄册"。

洪武十四年（1381）正月，赋役黄册造成。二月，命户部复核天下官田。赋役黄册对于加强户口管制，健全基层政权组织，维护社会秩序，完成赋役任务等都起了不小作用。但它也存在许多问题，如"丁粮之数，类多错误"，尤其是因偏重于户口，那些田产多者便经常从中钻空子，搞名堂，减轻自己的赋役负担。由于当时赋役是按照人丁、事产佥派，丁、田都必须负担。所以，单有赋役黄册仍然有缺陷。欲验"丁粮多寡，产业厚薄，以均其力"③，使民无怨，就必须同时弄清户口和田地，既要在普查人口的基础上建立户籍，又要在清丈土地的基础上建立田籍，并使之互相发挥作用，相辅相成。

于是，从洪武十九年（1386）开始，明太祖便先后派遣国子监生武淳等人，分行江、浙等处府县乡里"丈地、画册"，经理"田赋图籍"④，即在核定田亩的基础上，制定田籍。其具体内容为：第一，随税粮多寡定区，设立

---

① "中央研究院"历史语言研究所. 明太祖实录[M]. 北京：中华书局，1962.
② 沈度. 圣君初政记[M]. 北京：中华书局，1991.
③ "中央研究院"历史语言研究所. 明太祖实录[M]. 北京：中华书局，1962.
④ 张廷玉等. 明史·古朴传[M]. 北京：中华书局，1974.

粮长。以税粮一万石为一区，每区设粮长四人，"以田多者为之，督其乡赋税"。这一点，与大造赋役黄册时编民为里实行里甲之制，设立里长、甲首完全一样，也是先抓组织落实，责任到人。于此亦可见，明太祖是何等注意把全国的纳税户组织起来，实行专人管理。这样朝廷就可以少为征纳税粮之事操心。第二，核定田亩，对田土逐丘进行丈量，方圆、坐落，俱令绘成图册，各按字号次序排列。图册上写明田主姓名、田土丈尺、四至，编类为册。凡是典卖田土，备书税粮科则，由官府记录在籍，有案可稽。田土纠纷因此减少。隐瞒田土、转嫁税粮、产去税存的现象也有所改变。

在编制田籍的过程中，明太祖还根据各地的不同情况，从实际出发，在土地分配与开发上实行不同政策，既有原则又灵活多样。针对中原地区田地荒芜数多的特点，命中书省臣议定土地分配办法，计民授田。并于洪武三年（1370）五月设立司农司，专门经管河南各处垦田事务。

制定田籍，打击了豪强，清理出一些漏脱、欺隐的土地，有利于局部调整生产关系，缓解社会矛盾，促进农村安定，生产发展。而因地制宜，不搞一刀切，在不同的地区实行不同的土地政策和税收政策，又有利于加速土地开发。当时明确规定：凡由官府资给耕牛、农具者，收其租税；凡额外垦荒者，"永不起科"，各地农民生产的积极性得到比较充分的调动，耕地面积迅速增加就是一个有力的例证。据明朝官府提供的资料，洪武初年全国垦田数逐年上升，有些年份增幅甚大，少者以万计，多者至近百万顷。

洪武元年（1368）全国州县垦田770余顷，洪武二年全国郡县垦田890顷。洪武三年山东、河南、江西府州县垦田数达2135顷。洪武四年全国郡县垦田十106,622顷。洪武六年全国郡县垦田353,980余顷。洪武七年全国郡县垦田921,124顷。洪武八年南直隶宁国诸府、山西、陕西、江西、浙江等省垦田62,308顷。洪武九年全国垦田275,664顷。洪武十年全国垦田1513顷。洪武十二年全国垦田273,104顷。洪武十三年开垦荒闲田53,931顷。洪武十六年开垦荒田1265顷。

以上十六年内共计垦田2,053,314顷[1]。另据《诸司职掌》等书记载，洪武二十六年（1393）全国田土总计8,577,623顷[2]。元末明初以来田多荒芜的现象为之大变，农村经济面貌焕然一新。田野辟，户口增，是明初经济恢复的主要标志，也是明太祖巩固皇权的重要基础。这个目标的实现，与土地制度的建立、推行有着密切的关系。然而，封建制度的剥削本质，又决定了当时各项法律不可能贯彻始终。"赋役黄册"，到了后来已是"十之八九"变了样，"誊旧塞责，遂成故套"，"鱼鳞图册"的命运也差不多。

明代"鱼鳞图册"，在洪、永二朝以后很快就受到冲击。税粮与田亩相分离，"有田者无粮""有粮者无田"，田产已去而税粮犹存，无田者纳无穷之税的怪现象，比比皆是。

在北方广大农村，由于大亩、小亩之制引发的土地不均现象日益加剧，并为地方在赋税上大做手脚、欺骗上级，提供了便利条件。当时，北方凡田以近城为上地，远者为中地、下地。计亩的方法，以五尺为一步，以二百四十步为一亩，百亩为一顷。而河北诸州县的地亩，却有大亩、小亩之分，两者的步尺完全不同。起初，明太祖沿用元代里社制[3]，原来居住在当地的居民以社分里甲，称为"社民"。后来移民屯田，新迁入者叫"屯民"。屯民分屯之地，以屯分里甲。社民原占有的亩大，屯民新占有的亩小，故又称社地为大亩，屯地为小亩。至宣德朝，土地政策开始改变。国初规定"永不起科"的一些垦荒田地，以及低洼、盐碱之地而无粮者，一概量出作数，列入赋额。是以原额地少，而丈出之地反多，大大超过旧额。上有政策，下有对策。地方官府恐怕亩数增多，引起朝廷不满，为使符合原额之数，乃以大亩当小亩，至有数亩当一亩者。自是每次编制册籍，往往采取双重标准：以大亩上报朝廷，用小亩向小民派粮。

---

[1] 张廷玉等. 明史·食货志[M]. 北京：中华书局，1974.
[2] 一般以为此数偏大，实际为650万顷左右。
[3] "中央研究院"历史语言研究所. 明太祖实录[M]. 北京：中华书局，1962.

北方地区大、小亩之异对田籍的破坏，终归还只是局部性的问题。尤为严重的是全国各地田制发生混乱。当初，明太祖治乱世，用重典，执法严猛，人们多数不敢以身试法，如实申报、登记，欺隐田土的现象尚不十分普遍。明中叶以后，由于法制日趋松废，土地兼并之风盛行，鱼鳞图册已是名存实亡，田土多被欺隐，见籍纳税者日为减少。嘉靖八年（1529）六月，詹事霍韬等奏曰：臣等奉命修《大明会典》，各该衙门未见送到册籍。未及编纂，臣等先于私家将旧典各书翻阅。窃见洪武初年，天下田土八百四十九万六千顷有奇。弘治十五年，存额四百二十二万八千顷有奇，失额四百二十六万八千顷有奇。是宇内额田，存者半，失者半也。则赋税何从出，国计何从足耶[①]？

霍韬这份奏疏列举了明朝中叶以后田土失额的严重情况，分析了失额的原因和危害，田土大量减额，田赋无从所出，国家财政日益困难。于是嘉靖以后，统治阶级中的某些有识之士怀抱忧患意识，纷纷上书请求核实田亩，丈地之议由此兴起。江南、江西、河南等处的地方官，首先身体力行，履亩丈量，均平赋役。但是，由于"法未详具，人多疑惮"，一些豪民大户亦乘势而起，攻击他们是变乱祖宗成法，结果不少是"虽有均田之名，殊无平赋之实"，不了了之。稍后，福建各州县又掀起一股丈地浪潮，同时编造经、纬二册，登记土地和户口。其法虽详，而"率以地为主，田多者犹得上下其手"，大搞名堂，丈地工作遂告失败。自是全国各地欺隐田土的现象有增无减。隆庆元年（1567），巡按御史董尧封奏言：查出苏、松、常、镇四府投献、诡寄田土共计1,995,470亩、花分田3,315,600亩。这一事实再次说明田土确实非清丈不可了。

万历改元，明神宗朱翊钧用大学士张居正为内阁首辅。张居正熟悉朝纲典故，头脑清楚，正视现实，且深谋远虑。他亦"慨然以天下为己任"。当时，豪强地主大量欺隐田地，致使国家"无田""无赋""公室日穷""私室

[①] 陈子龙等. 明经世文编[M]. 北京：中华书局，1962.

日富"。国家田赋收入岌岌可危。张居正进行改革的动机，是为了增加国家的赋税收入，巩固皇权统治。改革的中心内容，就是针对豪强欺隐田地，坚决进行清丈田粮。这项工作，首先在福建进行试点。试点成功以后，进一步在全国推广。万历八年（1580）十一月初十日，户部下令全国田亩通行丈量，并具体规定八条丈量细则，说明丈量的方针政策、方法和计划步骤，以及丈量经费和其他有关事宜，时限三年完成。这八项细则是：明清丈之例，谓失额者丈，全者免；议应委之官，以各右布政使总领之，分守兵备分领之，府州县官则专管本境；复坐派之额，谓田有官、民、屯数等，粮有上、中、下数则，宜逐一查勘，使不得诡混；复本征之粮，如民种屯地者即纳屯粮，军种民地者即纳民粮；严欺隐之律，有自首历年诡占及开垦未报者免罪，自报不实者连坐，豪右隐占者发遣重处；定清丈之期；行丈量磨算之法；处纸札供应之费。对此八条，明神宗一一允准，"令各抚按官悉心查核，着实举行，毋得苟且了事，及滋劳扰"。[①]

张居正办事讲求实效，执法严厉，凡事"令以大小缓急为限，误者抵罪"。各级官吏不敢文过饰非，怠慢消极，"虽万里外，朝下而夕奉行"，认真贯彻，全国绝大部分省直都在三年内按期完成清丈任务[②]。

这次清丈，成绩显著，基本上达到预期目的。"豪猾不得欺隐，里甲免赔累，而小民无虚粮"，赋役也相对得到均平。万历六年（1578）全国土田计7,013,976顷。进行丈量以后，仅山东、江西、北直隶保定府、山西、浙江、贵州、南直隶江南11府州和江北凤阳、淮安、扬州、徐州、河南、湖广、四川、广东、陕西等12个省直，丈后即新增田土1,440,098余顷，约占万历六年全国田土总数的1/5[③]。经过清丈，勋贵、宦官、豪绅地主欺隐田土的不法行为受到一些限制，民间虚粮赔纳之弊有所减少。

---

① "中央研究院"历史语言研究所. 明神宗万历实录[M]. 北京：中华书局，1962.
② 张廷玉等. 明史·张居正传[M]. 北京：中华书局，1974.
③ 林金树. 万历帝[M]. 长春：吉林文史出版社，1996.

如北直隶沧州地区，"清丈以后，田有定数，赋有定额，有粮无地之民得以脱虎口矣"[①]。山东，"清丈事极其妥当，粮不增加，而轻重适均，将来国赋，既易办纳，小民如获更生"[②]。随着国家所能控制的纳税田土的增加，税粮收入亦大为增加。如按明初制定的民田最低租额每亩3升5合5勺计算，丈后新增的144万余顷，即可增加税粮收入500余万石左右，相当于当时全国税粮总数的1/5。这对于国计民生无疑是大有帮助的。史称其时"帑藏充盈，国最完富"[③]，经过清丈以后田籍制度比较健全当是一个重要原因。特别值得指出的是，各地还在丈量田土的基础上，编制了新的"鱼鳞图册"，这次所编的"鱼鳞图册"，"盖一准国初鱼鳞之旧而益核之"[④]。即在格式上循洪武之旧制，在内容上加以覆核，力求更加精确，切合实际。与明初鱼鳞图册相比，万历初年新造的鱼鳞图册，项目编排更为整齐明白。例如，字号置于顶端，标明土名，又增加分庄一项，凡是地段属两人以上共同占有者，于分庄项下详细记载各人所占之分数，而且登记丈量的实亩面积和税亩面积以及地块四边的边长等，都较旧制精细、科学。

这次清丈田土，是在张居正的直接主持下进行的。由于张居正好大喜功，因此也产生了严重弊病，主要表现在丈量的方法上。各地为了讨好张居正，在清丈中多采用小弓丈量，"以求田多，或掊克见田以充虚额"[⑤]。不少地方，先后按用小弓新丈出的溢额加征田赋。田有"虚额"，民必有"虚粮"，当然也就谈不上田籍有准的问题。而田籍无准，最终受害包赔的还是广大无辜的农民。所以，张居正死后不久，攻击万历清丈者，都据此极力诋毁清丈，说："丈田均粮，原系惠民，乃虚文塞责。"加之"豪猾率怨居正"，早就用各种形式反抗、阻挠清丈田土，蓄意破坏田籍，土地制度终于随着朝政是非而日益

---

① 李梦熊修，顾震宇纂. 万历沧州志·田赋志[M]. 明万历三十八年（1610年）刻本.
② 张居正. 张文忠公全集·答山东巡抚何来山言均田粮核吏治[M]. 上海：商务印书馆，1935.
③ 夏燮. 明通鉴[M]. 北京：中华书局，2013.
④ 胡震亨. （天启）海盐县图经·食货·土田[M]. 杭州：浙江古籍出版社，2009.
⑤ 张廷玉等. 明史·食货志[M]. 北京：中华书局，1974.

松废。

从明初到明后期，不断丈地，核实田亩，编造田籍。而田籍始终混乱，田亩始终无准，图册遂成故事，赋役难以均平。这些并不是某个人的行为失误，而是封建土地制度所造成的严重恶果[①]。

2.1.3 地租形态

明代的地租形态复杂，有实物租和货币租。实物租又有分成租、定额租和附加租；实物租和货币租之间又有货币预租和押租、折租等中间环节；地租形态既与时代有关，亦与租佃田土类别及佃人的身份地位相关。

实物租是明代地租形态的普遍形式。实物租主要有分成租和定额租两种，这两种租制往往纠缠在一起，有时因租种田土类别而采用不同租制，有时一种租制是另一种租制的变通形式[②]。

明代两百多年间，民田之中，实物分成租与实物定额租制两者并行。关于分成租制，据洪武六年（1373）国家所赐公侯及武官公田，"仍依主佃分数收之"[③]。嘉靖十年（1531）林希元说：富者田连阡陌，"耕其田乃输半租"[④]。显而易见，实物分成租在明代地租中占有一定比例，从大量地方志中都可以看到它的踪影。如浙江太平"豪民率募浮客耕种，亩税十五"[⑤]。河北景州"主田者为庄家，招佃者为客户。客户具牛四头，谓之陪牛。春种，若谷黍之类，出之庄家；秋粮，若豆麦之类，主、客各出一半，秋则均分"[⑥]。现存徽州租山契约中全部为分成租，既有对分，又有四六分、三七分等不同分法。

实物定额租也是明代地租的主要租制之一，文献记载很多。如直隶天津

---

① "中央研究院"历史语言研究所. 明太祖实录[M]. 北京：中华书局，1962.
② 王毓铨. 中国经济通史：明代经济卷[M]. 北京：经济日报出版社，2007.
③ "中央研究院"历史语言研究所. 明太祖实录[M]. 北京：中华书局，1962.
④ 林希元. 林次崖先生文集[M]. 厦门：厦门大学出版社，2015.
⑤ 曹梦鹤. 嘉靖太平县志[M]. 合肥：黄山书社，2008.
⑥ 罗许休，徐大佑. 万历景州志[M]. 隆庆六年（1572）刻万历崇祯间补版印本.

"每亩收租稻米五斗"①；吴中"私租之重者至一石二三斗，少亦八九斗"②；吴江、昆山"小民佃种富民田，亩输私租一石"③；徽州水田亦行实物定额租，根据徽州土地买卖契纸中既有亩步又有租额的三百多张契纸资料统计，明代从洪武到崇祯约略亩租额九秤左右，约一石多一点④。

实物定额租是由实物分成租演化来的，其定额亦依据中等偏上年景收获物分成量确定，所以，一般来说，定额租较之分成租，租额略高些。在有的地方，分成租又成为定额租的变通形式。即定额租在遇灾害年份，改由分成租制征收田租。明代后期，实物定额租制，也逐渐普遍化，据保存下来的正统（1436—1449）和万历（1573—1619）租佃契约格式，或规定租额数量，"实供白米若干"，或写明"递年约纳乾圆租谷若干"，此外还有不少关于实物定额租的具体事例。至于这时定额租制与分成租制所占比重如何，限于文献资料，无法做出确切估计，可能因地区而不同。就全国而言，两者大概不相上下，改变了过去宋元时代分成租占统治地位的状况。

实物租除分成租和定额租之外，还有名目不同的附加租，如"冬牲""信鸡"等，偶尔也发现单纯劳役形态地租。明清之际，浙江桐乡县张履祥发表过这样一段议论："一夫一妇授田三亩，地二亩，以给衣食。"即由农民在这五亩土地上实现他的必要劳动，以维持全家生存。又由该农"代主人耕田二亩，地一亩"。即在这三亩土地上为地主提供剩余劳动⑤。张履祥又说："特就吾乡之产而斟酌其数如此，若乡土不同，未可以例论。"⑥看来，这时纯粹劳役形态地租在其他地区也存在过。

明代广泛存在的是劳役附加租，即在交纳正租之外还须给地主做各种服

---

① 徐光启. 农政全书[M]. 上海：上海古籍出版社，2011.
② 张采. 崇祯太仓州志[M]. 清康熙十七年（1678年）补刻本.
③ 顾炎武. 日知录[M]. 兰州：甘肃民族出版社，1997.
④ 张廷玉等. 明史·食货志[M]. 北京：中华书局，1974.
⑤ 张履祥. 杨园先生全集[M]. 北京：中华书局，2002.
⑥ 张履祥. 杨园先生全集[M]. 北京：中华书局，2002.

役性劳役。如万历二十年吕坤论述山西地主役使佃农情况时说："夜警资其救护，兴修赖其筋力，杂忙赖其使命。"①不只是山西，其他各省也有类似情形。据《大明律例集解附例》："若富豪之人，役使佃客抬轿，虽势有相关，而分非所宜。"②这条规定，就是地主任意役使佃农暴行广泛存在的有力证据。

实物定额租向货币租制过渡，首先是在学田、书院田等地方官田开始的，接着发展到民田中的族田尝产。明代中叶以后，伴随着经济作物的发展，货币地租在一般民田中已经稍有发展。广东惠来县的园田，江苏松江府和太仓州属的棉田，明代都出现货币租。③天启年间，福建莆田县一般水稻田也有改收货币地租的。④这种变化在明人小说中也有所反映，如明代后期人所写《海公案》描述杭州某富户下乡收苗租银百余两。⑤这一时期，随着商品经济的发展，城居地主的增加，特别是一条鞭法的施行，赋役均以货币支付，促进了实物租向货币租的转化。作为这种转化中间环节的是货币预租、押租和折租。如《新刻天下四民便览三台万用正宗》卷一七所录之"攉田文书式"，就是货币预租的租约式，它写道："某乡某都某图立攉田书人某人，今将自己座落某处民田若干亩，情愿出攉与某人耕种，一年二熟为满。当日凭中三面议定每亩时值攉田价白银若干，立文书之日一并收足无欠。"此租约的租期以"一年二熟为满"，而收攉田银，并在立文书之日收足，显系预租。押租的例子可举顾炎武《天下郡国利病书》卷九三所载"缘得田之家，见目前小利，得受粪土银若干，名曰佃头银"，而使"田入佃手"。⑥这种事例很多，故有的学者将其称作"押租制"。折租契约也很多，如嘉靖九年祁门胡三乞等所立租贴写道：

---

① 吕坤. 呻吟语[M]. 北京：华夏出版社，2007.
② 高攀. 大明律例集解附例[M]. 台北：学生书局，1986.
③ 张采. 崇祯太仓州志[M]. 清康熙十七年（1678年）补刻本.
④ 祁彪佳. 莆阳谳牍[M]. 北京：中国社会科学出版社，2005.
⑤ 李春芳. 海公案[M]. 哈尔滨：北方文艺出版社，2013.
⑥ 顾炎武. 天下郡国利病书[M]. 上海：上海古籍出版社，2012.

"二十一都现住五都住人胡三乞、尚得等,今租到五都洪名下田一备,计一丘。……其田每年议还硬租早谷五秤,若交银每年交纹银二(钱)五分,其银每年收租之时送上门交还,不致少欠。"①有的契约中写明每秤租谷所折价银数目,如崇祯四年胡社龙等所立租约中就写明:"今众主会议,其早晚租不论时年旱熟,价目贵贱,额定早租每秤价银柒分,晚租价银捌分。"②既然租谷是定数,早租和晚租每秤折银比例也确定了,那么就很容易转为货币地租了。

货币地租较早地出现在官田和公田中,如沈榜所说:"国初,民屯田地一例征银当差。"③后来王府庄田亦征租银,长沙之吉府庄田"自成化十七年起至正德元年止","每亩征银四分"④。各地学田多有征收租银者,如休宁学田,"万历二十三年吴继良、俊助唐舟干壹拾柒亩捌厘肆毫,每年征租银玖两壹钱壹分肆厘"⑤。在一般地主的田地中,园地和种植经济作物的山地较早征租银,如《窦山公家议》所载:"一号,汪可住基并高塝园地壹块,计租银","一号,观音堂边地,计叁分,连前号地,嘉靖四十二年重立租约,王祖交银叁钱陆分,王富交银贰钱陆分","一号,仁山公朝山脚凤凰坦外边地贰块,嘉靖三十六年王银保重立租约,每年交租银贰钱肆分"⑥。《广东新语》载,珠江三角洲的新会种植可制扇、帽等蒲葵树的"葵田","岁之租,每亩十四五两"⑦。水田之征租银大约在万历年间在江南商品经济发达的地区逐渐增多。

总之,明代地租形态的变化,处于由实物分成租向实物定额租、又由实物定额租向货币租的过渡时期,实物租中的附加租亦渐减少,分成租渐向定额租

---

① 《洪氏眷契簿》,原件藏安徽省博物馆。
② 《洪氏眷契簿》,原件藏安徽省博物馆。
③ 沈榜. 宛署杂记·官庄子粒[M]. 北京:北京出版社,2012.
④ 王毓铨. 莱芜集[M]. 北京:中华书局,1983.
⑤ 廖腾煃. 休宁县志[M]. 康熙三十二年刊本.
⑥ 程昌. 窦山公家议校注·田地议[M]. 北京:全国图书馆文献缩微中心,2001.
⑦ 屈大均. 广东新语[M]. 北京:中华书局,1985.

转化，而货币预租、押租、折租和货币地租有不断增加的趋势。它是伴随农业生产发展而发展的，是符合历史发展规律的。只是由于受地主经济的制约，这一发展过程比较缓慢。

2.1.4 经营地主的土地经营

从土地的经营形式来说，采取租佃方式，即将土地出租给佃户而坐收地租，仍是明代地主土地经营的主要形式，而役使奴仆或雇倩佣工直接管理经营，亦是明代地主土地经营的形式之一，这类地主一般称之为经营地主。

明代地主的土地经营有使用奴仆者[1]，多流行于江南地区。顾炎武说："太祖数凉国公蓝玉之罪，亦曰家奴至于数百。今日江南士大夫多有此风。一登仕籍，此辈竞来门下，谓之投靠，多者亦至千人。"[2]然官绅及富家之奴仆，役职多种多样，身份亦不尽相同。少数所谓"豪奴""纪纲之仆"，乃是地主家务及生产的实际管理者。大多数地位低下的奴仆，充当主家各种役使的劳动力，其中多有从事农业与手工业生产的。例如，（周庄祖）"处士平居，善理生业，率子姓，役僮隶，出入阡陌，勤力树艺而地无遗利。其配率子妇议酒食，治麻枲丝茧以为布帛，而机杼无虚日，内外早夜，不倦于勤，赀产以裕"[3]。"时中郁氏，讳蒙亨，时中字也。……以苏州府医学正科而累使西域。兄弟竞爽，效用于时。时中躬任家产，有田二百顷，僮奴几二千指，能率以澹泊致饶富。"[4]

这些记载表明，役使奴仆进行的土地经营，地主一般多直接参与策划，亲自指挥，甚至亲率奴仆，躬耕田亩；奴仆既从事农业生产，也进行各种手工业生产，其生产规模也相当可观。

---

[1] 傅衣凌. 明清封建土地所有制论纲[M]. 上海：上海人民出版社，1992.
[2] 顾炎武. 日知录集释[M]. 上海：上海古籍出版社，2006.
[3] 谢肃. 密庵稿[M]. 明洪武三十一年（1398年）刘翼南刻本.
[4] 《泛东小稿》，转引自王毓铨. 中国经济通史：明代经济卷[M]. 北京：经济日报出版社，2007.

明代地主从事土地经营的另一种类型是雇工经营。明末清初张履祥所辑著《补农书》[1]之中，即记载了当时地主雇工经营土地的许多情况。他总结了明末清初太湖地区农业生产技术方面的宝贵经验，同时也披露了当时的地主，主要是雇工经营地主，在农业经营思想、经营方式以及生产关系等方面的许多珍贵史料[2]。

从《补农书》等有关记载可知，沈氏和张氏本人都是雇工经营土地的地主。沈氏既雇工经营土地，也出租土地，又兼营颇多的家庭手工业，经营规模较大。《沈氏农书》中多处载有雇工方面的文字，如"雇忙月人工"，"须预唤月工，多唤短工"，"田不得不唤长年"，等等[3]。而张氏雇工经营的规模较小，仅有田地几十亩。通过《补农书》等记载可以看出，与一般役使奴仆经营土地的地主以及出租土地的地主有所不同，作为雇工经营土地的地主，在经营理念、管理方法以及掌握和运用农业技术等方面都有自己的一些特点。

第一，亲自参与经营管理。如上所述，使用奴仆经营土地的地主，亦有亲率奴仆躬耕田亩者；而在出租土地的地主之中，也有亲督佃户或亲收租谷的；但这些毕竟不是普遍现象。作为役使奴仆经营土地的地主以及出租土地的地主，一般多是脱离农业生产，并不参与土地的经营管理。而雇工经营地主一般多熟习农业生产技术，亲自参加经营管理，其中不少经营地主甚至躬耕垄亩，亲临田间指挥生产，十分强调在经营管理上下功夫。张履祥在评价《沈氏农书》及沈氏时说："按此书，大约出于涟川沈氏，而成于崇祯之末年，正与吾乡土宜不远。其艺谷、栽桑、育蚕、畜牧诸事，俱有法度，甚或老农蚕妇之所未谙者。"[4]张氏所作《补农书》亦是如此。"农书之补，为何而作也？昔吴

---

[1] 张履祥. 补农书[M]. 北京：农业出版社，1983.
[2] 陈恒力. 补农书研究[M]. 北京：中华书局，1958.
[3] 张履祥. 补农书[M]. 北京：农业出版社，1983.
[4] 张履祥. 补农书[M]. 北京：农业出版社，1983.

康斋先生讲濂、洛、关、闽之学,而隐于农,率弟子以躬耕。先生慕而效之,读书馆课之余,凡田家纤悉之务,无不习其事,而能言其理。"①"先生岁耕田十余亩,地数亩。种获两时,在馆必归,躬亲督课,草履箬笠,提筐佐馌。其修桑枝,则老农不逮也。种蔬苘药,畜鸡、鹅、羊、豕,无不备。"②

第二,主张集约化经营。在《沈氏农书》中,集约化经营的思想十分明显。他说:"只要生活做好,监督如法,宁可少而精密,不可多而草率也。"又说:"作家第一要勤耕多壅,少种多收;第二要宽恤租户,不致退佃。不幸遇水旱之年,度力量不能遍及者,只须弃半救半,不可眷恋两废也。记之!"③所谓"宁可少而精密,不可多而草率",即是主张耕作的集约化,反对粗放式经营。他认为集约经营,精耕细作,能提高单位面积产量,节约成本,虽然耕种的土地面积少,但收益反而高,比起粗放经营,可取得事半功倍的效果。

第三,精打细算,注意作物配置和生产安排的合理化。《沈氏农书》开篇即载"逐月事宜",按农历节令,应干什么农活儿,使用什么工具,晴天干什么活儿,雨天干什么活儿,都预先一一安排好,周详缜密④。《沈氏农书》又强调多做准备,以防不足。"凡农器不可不完好,不可不多备,以防忙时意外之需。"⑤而《补农书》所载农事的各个方面,都体现了对人力、物力的有计划合理支配,突出了精打细算精神。人们不应放弃利用每一寸土地,"尝论贱役重困,基址、坟墓,各宜思粮之所出";购买肥料,要到最好的地方、在最便宜的时候去买,"要觅壅,则平望一路是其出产,磨路、猪灰,最宜田壅。在四月、十月农忙之时,粪多价贱,并工多买,其人粪,必往杭州"⑥,还要

---

① 张履祥. 补农书[M]. 北京:农业出版社,1983.
② 张履祥. 杨园先生全集[M]. 北京:中华书局,2002.
③ 张履祥. 补农书[M]. 北京:农业出版社,1983.
④ 张履祥. 补农书[M]. 北京:农业出版社,1983.
⑤ 张履祥. 补农书·运田地法[M]. 北京:农业出版社,1983.
⑥ 张履祥. 补农书·运田地法[M]. 北京:农业出版社,1983.

注意农副业的有机配合。明中叶，苏州谭晓、谭照兄弟的经营方式可谓是当时农业综合经营的典型。

嘉靖年间，江苏常熟有谭晓、谭照弟兄二人，"俱有智算"，"俱精心计"，"累赀数十万"，"居乡，湖田多洼芜，乡之民皆逃而渔，于是田之弃弗耕者万计。晓与照薄其值买，佣乡民百余人，给之食，凿其最洼者为池，余则围以高塍，辟而耕，岁入视平壤三倍。池以百计，皆畜鱼。池之上架以梁为笼舍，畜鸡豕其中，鱼食其粪又易肥。塍之上植梅、桃诸果属。其污泽则种菰、茈、菱、芡，可畦者以艺四时诸蔬，皆以千计，凡鸟凫、昆虫之属，悉罗列而售之。室中置数十瓯，日以其入分投之，若某瓯鱼，某瓯果，入盈乃发之。月发者数焉，视田之入又三倍"①。谭氏弟兄既是地主，又是经营者，从事多种复合经营，集农渔果副为一体，佣人为工，这应当说是经营地主的经营形式，是封建经济结构变异的产物，这种经营方式是有别于传统封建经营方式的崭新的经营方式②。

第四，经营地主在土地经营过程中，一般都十分讲究农业生产技术。一些经营地主，由于拥有较雄厚的物力、财力，并在经营管理上下功夫，讲求精审，加之又有文化，注意总结历史经验和学习有关知识，因而在掌握与运用农业生产技术方面达到了很高水平。《补农书》的作者沈氏和张氏即是如此。该书所载深耕通晒、施足基肥、多备稻秧、合理密植等技术方法，水平甚高；所提出的干田灌水、看苗施肥等，颇有创意；而其在桑树的培育、造型、剪伐等方面所取得的技术成就，更是不凡。张氏在治水方面还提出了"分区疏浚"的设想。尤其值得注意的是，张氏指出："农桑之务，用天之道，资人之力，兴地之利，最是至诚无伪。百谷草木，用一分心力，辄有一分成效，失一时栽培，即见一时荒落。我不能欺彼，彼亦不欺我；却不似末世，人情作伪，难处

---

① 郑钟祥，张瀛. 常昭合志稿[M]. 南京：江苏古籍出版社，1991.
② 吴量恺. 明代中后期"农民非农化"的倾向与社会结构的变异[J]. 中国农史，1994（1）.

也。"[1]不难看出，其所提倡的，是必须以科学的态度来对待农桑之务。由于经营地主重视经营管理，讲究农业生产技术，精耕细作，所以其生产收益相当可观，单位面积产量达到很高水平。

第五，注意善待雇工。为了提高雇工的劳动效率，经营地主强调要善待雇工。沈氏、张氏在农业经营中，把善待雇工、宽恤佃户放在了十分重要的位置。沈、张二氏还十分重视地主与雇工及佃户的关系，在《补农书》中用相当多的文字，反复阐述善待雇工、宽恤佃户的重要性，指出："劳苦不知恤，疾痛不相关，最是失人心之大处"，"至于工银、酒食，似乎细故，而人心得失，恒必因之"[2]。而主张对雇工的"供给之法，亦宜优厚。炎天日长，午后必饥；冬日严寒，空腹难早出；夏必加下点心，冬必与以早粥；若冬月雨天，箭泥必早与热酒，饱其饮食，然后责其工程；彼既无词谢我，我亦有颜诘之"[3]。地主对待雇工态度的改善，一方面是由于随着社会发展，雇佣关系中的人身依附日趋削弱，另一方面是由于随着商品性农业的发展，地主们越来越关心经济效益，越来越注意调动雇工的劳动积极性，以提高经济效益。

以上几个方面，主要是通过《补农书》的记载而看到的有关明代雇工经营地主的一些特点。当然，就每个具体的雇工经营土地的地主而言，其所表现出的特点不尽相同。明代地主雇工经营土地，亦多同时兼出租土地，即经营地主多兼租佃地主。经营地主的发家途径，也是多种多样的，或垦荒起家，或兴修水利致富，也有农民或佃户，经过长期积累，而发展成为经营地主的。总之，雇工经营与雇用劳动，在明代很多地主的土地经营中已相当普遍，并且从总体来说，它与役使奴仆经营土地的衰微趋势相反，而是呈发展之势的。

关于明代经营地主的土地经营，特别是雇工经营方面，给明代后期社会经济形态带来诸多新的变化。

---

[1] 张履祥. 补农书·总论[M]. 北京：农业出版社，1983.
[2] 张履祥. 补农书·总论[M]. 北京：农业出版社，1983.
[3] 张履祥. 补农书·运田地法[M]. 北京：农业出版社，1983.

首先，在明代经营地主的土地经营中，商品生产的倾向明显加强。封建性的传统农业，一向强调以农为本，以粮食生产为主，男耕女织，自给自足。在明代经营地主的土地经营中，多种经济作物的栽培十分普遍，同时还实行粮食生产与家庭副业、畜牧养殖等相结合，经营多样化，商品生产的倾向明显增强。明代后期至少在江南一些农业生产发达地区，某些经营地主的土地经营，已由传统的种植水稻为主，转向以植桑养蚕为主。它反映了当地传统的以粮食生产为主的经营模式已被打破，而开始转向以商品生产为主了。虽然在这种商品生产之中仍包括相当大的自给性生产，即家计性生产在内，但随着经营地主生产规模的扩大，其中纯商品性生产部分无疑也大大增强了[①]。

其次，农业经营方式与农村经济结构的变革。这种新变化很容易看到，经营地主采取集约式经营，与以前粗放式的农业大不相同，他们带来一种全新的生产理念，也让人们看到这种生产模式的好处，农业的经营方式和农村的经济结构就在潜移默化中发生改观。

再次，农村生活结构的变化。经营地主是将土地所有权和经营权合在一起，资金多，财力充足。往往有出租地主不愿兴办、贫苦农民无力兴办而又有利于农业生产的事业，经营地主能使其实现。而且，农民看到商品经济带来的高利润，就会投身到经营地主的土地上耕作。渐渐地，农村出现一批以靠给别人耕作来维持生存的人，农村的生活结构自然发生相应的变化[②]。

经营地主与雇工之间的关系也出现了新的变化。从雇工方面来说，随着商品经济的发展和社会风气的变化，他们已开始觉醒，大约从明中叶起，其反抗意识普遍增强。尤其在明末，官府法律方面在地主与雇工关系上出现新变化，短工与雇主之间的关系在法律上取得了平等地位。这一变化虽然只是将部分雇工的法律地位从以前奴婢的地位中解放出来，但仍然具有重要意义。当时的法律方面，即上层建筑之中所发生的这种变化，它只能是现实社会经济生活中雇

---

① 王毓铨. 中国经济通史：明代经济卷[M]. 北京：经济日报出版社，2007.
② 鲍海燕. 经营地主对明代后期社会经济形态的影响[J]. 内蒙古大学学报，2011（3）.

工地位有所上升，雇工与地主之间关系发生变化的一种反映，而且应该说，这种变化在此之前相当长的时期内早已发生了。所以，明末法律方面关于雇工地位的这一变动，可视为明代中后期雇工与地主之间关系发生变化的一个重要标志。就雇工与地主之间的雇用关系而言，大致从明代中后期开始，已处于从封建雇用向自由雇用转变的过程之中了[①]。

2.2 赋税制度

明太祖朱元璋建立明朝后，意识到混乱的田赋制度可能带来的灾难性财政后果，于是在赋税徭役制度方面以唐宋两税制为基础进行创新，形成了一整套系统的赋税徭役制度。他派出近二百人的税官到全国粮食生产比较集中的地方重新核实田亩，再据此重新订立赋税制度。后来，朱元璋又下令户部，要其重新核实全国的田亩。明代重新订立赋税制度时，很多富农认为这是一个很好的逃税机会。他们纷纷将名下的田产过继给他人，好在税官来登记田亩时能少报田亩数。由于采用这种逃税方式的富农众多，很快引起了朝廷的注意。为了彻底消除逃税的可能性，明代在新订立的赋税制度中加入了黄册与鱼鳞册的编制。其后随着经济的发展，明朝历代君主对赋税徭役制度都有不同程度的创新，直至张居正在全国全面推行一条鞭，使明朝的赋税徭役制度走上一个新台阶。

确定田赋的前提是确定纳税人。明代编制黄册的目的就在于使纳税人的身份更加明确。所谓黄册，实际就是户口登记簿册，不过比一般户口簿要详细得多，主要是朝廷征派赋役用的户口簿册。黄册以里为单位，每户应在政府发下的"清册供单上"登载上本户的姓名、籍贯、丁口、年龄、田宅、资产等项目。明代的户口分为匠户、军户和民户三个等级。其中民户是负担赋税最基本

---

① 李文治，魏金玉，经君健. 明清时代的农业资本主义萌芽问题[M]. 北京：中国社会科学出版社，1983.

也是最重要的群体。洪武十四年（1381）朱元璋"诏天下编造黄册"，在全国实行黄册制度，据记载："册有丁、有田。丁有役，田有租。"①全国人民都要被编入黄册这样的户籍之中，这是皇帝征收赋税和科派徭役的基础和依据，在所有入户籍的人口中，除了少数皇亲、国戚、勋臣和按规定应该减免的人员以外，其他人都要依照黄册缴纳赋税和承担徭役。黄册十年一修，一式四份，从县到中央各保留一份。黄册的编制对于实行两税法的明朝具有很大的影响。据记载，明初的田赋达到3211万石，其中麦471万石，米2740万石②。朱元璋以此为据，确定了明朝一个朝代的田赋征收定额。

如果说黄册偏重于对全国人口的控制，那么鱼鳞图册就偏重于对全国土地的控制。洪武二十年（1387），朱元璋又命人创设了鱼鳞图册，也就是将全国州县按照粮食总产量的多寡分区，每区的税官要先度量田亩的方圆，再对每一方田亩进行详细记载、编号，最后将该区所有田亩记载与编号编类成册。由于这种册子外观上看起来像鱼鳞，所以被称为鱼鳞册。与黄册主要记载人口信息不同，鱼鳞图册记载的都是田亩信息，包括地理方位、田地四至、沃瘠情况、税粮多少等信息，使征收者对田赋的数量一目了然，是一种便于征收者、被征收者都能看懂的直观式简便图册。这是明朝在田赋征收上的一种创新，改变过去历代王朝暗箱操作的田赋征收方法，使田赋征收公开化、透明化、依据化。朱元璋用时近二十年建立起了以黄册为纬、鱼鳞图册为经的新赋税制度基础，基本明确了国家赋税的主要依据③。

在赋税征收的方式上，明代初年也有自己的时代特点。按征收时间分，赋税分为夏税和秋粮。夏税征收时间不超过八月，秋粮征收截止为次年二月。夏税缴纳的可以是麦子、钱银、绢匹等，秋粮缴纳的可以是稻米、钱银、绢匹

---

① 张廷玉等. 明史·食货志[M]. 北京：中华书局，1974.
② 张廷玉等. 明史·食货志[M]. 北京：中华书局，1974.
③ 张彦韬. 承上启下的明代赋税制度改革得失[J]. 兰台世界，2015（24）；高翔. 明朝赋税徭役制度变迁及张居正推行一条鞭的历史背景和影响[J]. 江苏商论，2012（12）.

等。田赋的数量，官田和民田不同。民田田赋每亩3升3合5勺，官田赋每亩5升3合5勺。官田田租较民田为重，实则民田多为豪民富户所占有，而官田则多为贫民耕种，所以沉重的官田地租主要由贫苦农民承担[1]。

除了缴纳田赋，徭役也是赋税征收的另一重要方式。明代规定，凡16岁以上、60岁以下的男丁都有履行徭役的义务。在国家发展过程中，封建政府需要在全国征发一定的人力，称为徭役。为了解决在徭役征发中贫富负担、人丁多寡的平均化、合理化问题，朱元璋在明初实施了均工夫，其后又稍加改革，史称均徭："役法定于洪武元年（1368），田一顷出丁夫一人，不及顷者以他田足之，名曰均工夫。寻编应天十八府州，江西九江、饶州、南康三府均工夫图册。每岁农隙赴京，供役三十日遣归。田多丁少者，以佃人充夫，而田主出米一石资其用。非佃人而计亩出夫者，亩资米二升五合。迨造黄册成，以一百十户为一里，里分十甲曰里甲。以上、中、下为三等，五岁均役，十岁一更造。一岁中诸色杂目应役者，编第均之，银、力从所便，曰均徭。"[2]因此，从均工夫到编黄册，其基本指导思想就是以平均为主导进行徭役的征发，故称为均徭。与田赋的征收依据比较明确相比，徭役征发则比较混乱。明代既有十年一次以户为单位的徭役，也有名目繁多的临时性徭役。徭役是中国封建社会老百姓承担的为国家从事无偿劳动的义务，历朝历代对此都没有系统的征收规定，但却都明确了逃脱徭役的法律处罚。明代规定：凡离开居住地以期逃脱徭役者，杖责一百，遣送回原籍继续服役[3]。

在解决了中央徭役的平均征发以后，朱元璋考虑解决粮赋的平均征收问题。明洪武四年（1371），朱元璋下令实施粮长制度，在全国比较富庶的浙江、南直隶苏松等地推行，"洪武四年九月丁丑，上以郡县吏每遇征收赋税，辄侵渔于民，乃命户部令有司料民土田，以万石为率，其中田土多者为粮长，

---

[1] 孙健.中国经济通史（上卷，远古—1840年）[M].北京：中国人民大学出版社，2000.
[2] 张廷玉等.明史·食货志[M].北京：中华书局，1974.
[3] 张彦韬.承上启下的明代赋税制度改革得失[J].兰台世界，2015（24）.

督其乡之赋税"①。粮长的责职是在一万石粮税的粮区内保证代官府征收到相应的一万石粮赋，并运送到京师。如果征收不足数，则由粮长负责补足。对于征收运送及时的粮长，朱元璋还会予以提拔重用。他实施粮长制的目的，是迫使地方豪强归顺朝廷，减少地方官吏对税户的盘剥，降低一般税户的负担，取缔当时包揽粮税的包税人。从朱元璋的初衷出发，粮长制度未必不是一个好的税收制度。

明代江南地区由于人口密集、地广田肥，不仅是朝廷最重要的粮仓，也是明代赋税制度实施的重点地区。明代初年的苏州、杭州、嘉兴等地的田赋与其他地方相比一直很重。除了人口、土地因素之外，一个重要的原因是，朱元璋一直对当地百姓当年为张士诚卖命耿耿于怀。因此，当这些地方归顺大明后，朱元璋下令将当地乡绅、豪族、富农的田地收为官田。明代官田的一大特点就是租税合一，且皇帝可以随意加征，故而这一带的赋税常年高于其他地区。一直到明英宗统治时，朝廷才允许苏州、杭州、嘉兴等地的官田恢复成民田。同属江南一带的安徽凤阳、浙江青田因是朱元璋和刘基的故乡，所以赋税都特别轻。明代初年有官田、民田的赋税差异，还有统治者个人意志所造成的赋税差异，这在封建社会赋税制度史上是不多见的②。

明代中期自明英宗后，土地兼并与与日俱增的赋税同时出现，造成了明代中期户籍人口与田亩数双双减少。弘治年间全国只有900万户，比朱元璋在位时的洪武年间（1368—1398）少了近一半人口；而可征收赋税的田亩只有400万顷，是洪武年间的50%。在此情况下，不仅粮食产量急剧降低，大明王朝的国库也是入不敷出。尽管朱元璋创设了鱼鳞册和黄册，在很大程度上让明代赋税表现得井然有序，然而后来在执行过程中，逐渐出现了税官收受贿赂、豪强逃避赋税、册籍被蓄意破坏、征收杂乱无章的情况，而且这些情况愈演愈

---

① "中央研究院"历史语言研究所. 明太祖实录[M]. 北京：中华书局，1962.
② 张彦韬. 承上启下的明代赋税制度改革得失[J]. 兰台世界，2015（24）.

烈，鱼鳞册和黄册很难再发挥作用[①]。从永乐年间（1403—1424）到万历年间（1573—1619），改革完善赋税制度的措施不断出台，但根本没有触及腐朽的官僚体制和封建统治者大肆敛财的本质。直到万历年间中后期，内阁首辅大臣张居正推行一条鞭法，明代赋税制度再一次经历了重大变革。此次变革收效明显，张居正在位十年，户部库银增收了300多万两。

一条鞭法是明朝中后期为适应社会经济的发展实行的新赋税徭役制度。这一制度先是在基层出现，御史庞尚鹏"巡按浙江，奏请行'一条鞭法'"[②]，权臣桂萼也曾在嘉靖、隆庆年间的江南一带施行。在施行过程中，遭到了大地主、大官僚的强烈反对，尤其是田亩数、户口数没有核实清楚的现实，导致这一制度屡行屡止。由于意见不统一，这些试点经验没有在全国得到推广。万历九年（1581），内阁首辅张居正将一条鞭法上升为国家法令，使之成为大明王朝疆域内通行的赋税制度，正式在全国推行。它的实施，是中国封建社会赋役制度史上的一大变革。

《明史·食货志》中对"一条鞭法"的内容有一个概括："一条鞭者，总括一州县之赋役，量地计丁，丁粮毕输于官。一岁之役，官为佥募。力差，则计其工食之费，量为增减；银差，则计其交纳之费，加以增耗。凡额办、派办、京库岁需、与存留供亿诸费，以及土贡方物，悉并为一条，皆计亩征银，折办于官，故谓之一条鞭。立法颇为简便。嘉靖间，数行数止，至万历九年乃尽行之。"[③]按照张居正的解释是"总括一县之赋役，量地计丁，一概征银，官为分解，雇役应付"。也就是说，将全国各州县的田赋、徭役以及所有苛捐杂税都合并为一条，以银两的方式征收和缴纳，极大简化了赋税制度，也使各级官员很难从中作梗或作弊。过去按户征收的徭役，在一条鞭法制度下可以"摊丁入地"，将徭役转成田赋。具体可以转化多少，全国并无统一标准。有

---

① 廉敏. 明代历史理论研究[M]. 北京：中国社会科学出版社，2012.
② 孙承泽. 春明梦余录[M]. 北京：北京古籍出版社，1992.
③ 张廷玉等. 明史·食货志[M]. 北京：中华书局，1974.

些地方采取的是丁粮各半的方式，有的采取的是以丁为主、以田为辅的"丁六粮四"的方式。无论比例多寡，一条鞭法允许以粮代役，已经大大减轻了老百姓的负担。而且张居正还下令征收徭役的官府不能再像过去那样免费使用人丁，而是必须用钱银雇用徭役。如此一来，全国各地逃避徭役的情况极少出现，老百姓反而愿意承担徭役[1]。

张居正大张旗鼓推行一条鞭法的根本目的在于整顿国家财政、真正实现富国强民。明神宗万历六年（1578），张居正下令：全国要在三年时间内完成对各类型土地的清丈，如有不从、不服、不为者一律严处。张居正以法令强行推动清丈工作，措施具体、执行得当，从而取得了良好效果。绝大多数官僚豪强、军事将领此前隐没的田亩都被一一清查、重新登记，因而大大触犯了勋戚、官宦、豪绅的利益，他们纷纷起来反对。张居正不畏权势，并以身作则坚决推行清查运动，在明神宗的支持下，取得了胜利。据《明神宗实录》载，南直隶15府州和北直隶保定府以及山东等10省，清丈出隐田144.7万顷，约占万历六年全国土地总额的1/5[2]。这些人的田亩被清查，缴纳的赋税也就明显增多，不仅增加了国家财政收入，相应降低了百姓的赋税负担，而且基本解决了官民赋税不均的问题。此外，张居正还在桂萼的基础上统一亩制与科税，为一条鞭法在全国推行准备了有利条件。到万历二十年（1592），一条鞭法已在全国普遍展开。

张居正推行一条鞭法在全国取得了较大成果，是一种简便易行、公开透明的赋税徭役征收和征派方法，因此流传深远。他推行的一条鞭法统一简化了赋税制度，同时又扩大了赋税负担面。它上承两税法，下启清代"地丁合一制"，开启了租税制和货币征收制的赋税时代，使赋役负担比较均衡合理，从此劳役从赋税领域消失，中国古代赋税史发生了一次重大转折。另外，一条鞭法实行赋折银征收，这项规定从法律上明确了货币是赋役征收的主要目标，促

---

[1] 张彦韬. 承上启下的明代赋税制度改革得失[J]. 兰台世界，2015（24）.
[2] "中央研究院"历史语言研究所. 明神宗实录[M]. 北京：中华书局，1962.

进了实物税向货币税的转化，促进了白银的流通和使用，在一定程度上也促进了地租的货币化和农产品的商品化，推动了商品经济的发展。这既是商品货币关系发展的结果，同时反过来又会促进商品经济的发展，从而为资本主义萌芽的产生打下了基础。

2.3 农业

明代的农业比较发达，无论是粮食产量还是农具、耕作技术、灌溉技术、粮食产量比元代都有所进步，特别是农作物品种的增加、农民多种经营方式的推广等方面取得比较突出的成就。自明朝中期起，高产作物玉米、番薯、马铃薯自海外传入中国，它们不仅单位亩产量大，而且适应性强，不与五谷争地，旱地、山地等处皆可种植，因此得到广泛传播，在一定程度上缓解了人口增长对土地造成的压力。烟草、花生等新的经济作物的引进，丰富了农产品结构。

明代人在注意选育良种的同时，也注重它的推广。如宋代传入的占城稻，其米粒大而味甘，耐旱而且生长期短，只需要百日左右的时间，为旱稻中的佳品。引种以后再经过不断挑选，生长期有进一步缩短之势，在中国北方广大地区也能种植，还起到缓解"地少人多"的矛盾。鉴于此，到明代，占城稻得到广泛种植。徐光启在《农政全书》中指出："初止散于两浙，今北方高仰处类有之，种者甚多，畿内推平峪，山东推沂州，不啻新城粳稻。"[①]李时珍在《本草纲目》记载："始自闽人得种子占城国，宋真宗遣使就闽取三万斛，分给诸省为种，故今各处皆有之。"[②]占城稻能够在明代得以推广，关键在于它的耐寒性及生长期短，使原来无法栽种的高仰贫瘠干旱之地得以种植，由此水稻种植的北界也得以向已变得干旱的黄河流域推进，掀起华北水稻种植的第二波高潮。

---

① 徐光启. 农政全书[M]. 上海：上海古籍出版社，2011.
② 李时珍. 本草纲目[M]. 北京：人民卫生出版社，2005.

小麦在中国栽种时间相当长，但在明代以前一直次于粟的种植面积，并且主要播种在土壤肥沃的平原地带。到了明代中后期，小麦也在北方的低洼苦涝之地引种。因为"涝必状于秋间，弗及麦也。涝后能疏水，及秋而涸则艺秋麦；不能疏水，及冬而涸则艺春麦，此法可令十岁九稔"[1]。为进一步提高产量，在自然条件适宜的地方还将春麦改种秋麦，产量也随之提高。小麦种植在明代不断南延北扩，已超过粟的种植面积，成为仅次于水稻的粮食作物。

明朝中后期引进了高产作物玉米、甘薯等粮食新品种和经济作物烟草、花生，这对丰富和改善人们的生活及增加农民收入都起到了重要作用。

番薯原产地是美洲，西班牙人把它传入菲律宾，而在万历二十年（1592），又传入中国，初始入福建、广东，后因适应性强，抗旱、抗蝗、抗风，种植简单，高产稳产，且价廉味甘，比较耐饥等特点，很快得到福建、广东人的重视。后经陈振龙之子孙以及徐光启的大力推广，把薯种传入浙江、山东、河南等省，并介绍种植经验。薯种引种以后，在当时就发挥了重要作用。万历二十二年（1594），正好碰上福建的大荒年，巡抚金学曾下令全省各地栽培番薯，得以救荒。大体说来，从16世纪末闽广引种，经过约两百年的时间，到18世纪末，番薯已广布全国，凡是气候温度许可的地区均已有种植，成为北方农民的主要粮食作物[2]。

玉米大约在嘉靖初年由中亚传入中国西北，再由西北传入内地至沿海。万历初年（1573），田艺衡记载其家乡浙江杭州一带种植玉米已颇为普遍，田艺衡在《留青日札》中载其传入途径与形状时说："御麦出于西番，旧名番麦，以其曾经进御，故曰御麦。干叶类稷，花类稻穗，其苞如拳而长，其须如红绒，其粒如芡实，大而莹白，花开于顶，实结于节，真异谷也。""吾乡得此种，多有种植者。"[3]玉米传入后，种植逐渐推广。嘉靖年间（1522—

---

[1] 徐光启. 农政全书[M]. 上海：上海古籍出版社，2011.
[2] 田冰. 论明代农业生产发展的特色[J]. 郑州航空工业管理学院学报（社会科学版），2004（6）.
[3] 田艺衡. 留青日札[M]. 上海：上海古籍出版社，1992.

1566），福建、广西、江苏、甘肃等都有苞谷种植记载，而到天启年间（1621—1627），山东、河北、河南、浙江、云南等省都已经种植。玉米之所以能得到普遍种植，是因为玉米耐瘠旱，适于利用其他谷物无法生长之地，并且在山区也能种植，这给明朝中后期因土地兼并造成大批流亡山区的农民提供了赖以生存的粮食作物，尤其是在湖北、江西、安徽等省的山地丘陵地带，玉米得到广泛种植。

花生和烟草都是在明朝中后期自海外引进的经济作物，据说从东南沿海的广东，福建、浙江等省开始引种后，向内地传播。花生作为一种油料作物，质佳味美，产量比其他油料作物高，对土壤条件要求也不高，成为农民喜爱种植的农作物。烟草是一种纯粹的经济作物，其利倍于谷物，当时福建是种烟大省，其次是浙江、江西。北方省份亦多种烟，陕西汉中的活土肥田尽种之，盛夏之时，弥望绿野[①]。

明代农业进步最突出的表现，是商品性农业在明代中后期获得大规模发展，以生产粮食为主、家庭纺织原料为辅的自给自足性质的单一经营格局被逐渐突破，农民越来越深地卷入市场网络之中。种植较广的经济作物，首推棉花和桑树，江南和华北都形成了大面积植棉区，蚕桑业则集中在长江三角洲地区。

棉花种植在宋以前一直限于边陲地区，经过宋元两代的传播，到明代中叶，呈现出全国普遍种植的局面。明宪宗成化（1465—1487）末年，丘浚曾明确指出：棉花"至我朝，其种乃遍布天下，地无南北皆宜之，人无贫富皆赖之。其利视丝枲盖百倍焉。臣故表出之，使天下后世知卉服之利，始盛于今代"[②]。但是，这一时期棉花的分布地域虽然很广，在各地农产品中的比重不高，所产原棉除缴纳赋税外，主要是作为家庭纺织业原料供自家使用，植棉业成为自给自足的自然经济的重要支柱。到了明代后期，植棉业的性质开始发生

[①] 田冰. 论明代农业生产发展的特色[J]. 郑州航空工业管理学院学报（社会科学版），2004（6）.
[②] 丘浚. 大学衍义补[M]. 北京：京华出版社，1999.

变化，棉花种植不仅在地域上继续扩展，更重要的是，在一些地区，棉花在农产品中的比重不断增加，产品主要面向市场。全国棉花因种植区域不同，形成三大著名品种，即有产湖广一带的江花，有产自余姚、三吴地区的浙花，有产自北直隶、山东一带的北花，并且形成了三大植棉区——以北直隶和山东为中心北方植棉区，以南直隶和苏、松为中心的中部植棉区，以福建、广东、广西、云南和四川为中心的南部植棉区。

明代的另一种重要经济作物是植桑业。时至明代，桑业的发展渐趋集中。棉花在北方取代桑而居于统治地位，出现了棉盛桑衰的状况。虽然明廷也三令五申要求农民植桑，但是仍然改变不了桑衰的局面。正当植桑在北方走向衰败之时，在南方，尤其以杭州、嘉兴、湖州一带却得到长足发展。沿湖州县，遍植桑，屋前宅后的尽寸之地，必树之以桑，富者田连阡陌，桑麻万顷。嘉兴府在弘治年间（1488—1505）已是桑林稼陇，四望无际。桑树的种植在不少地方还排挤了传统的水稻种植，出现了桑争稻田的现象。[①]

棉桑的种植刺激了棉织业和丝织业的发展，带动了染料作物蓝靛和红花的种植。福建的蓝靛号称甲天下，所谓"靛出山谷中，种马兰草为之"，"利布四方，谓之福建靛"。[②]浙江绍兴一带有些人以种蓝靛为业。江西赣县城南人种蓝作靛，西北大贾年来收购，这里的人颇食其利。江西的万羊山，地跨湖广、福建、广东，旧称盗薮，而各省商民常聚期间，皆以种蓝为业。在黄河中下游地区，蓝靛、红花也得到普遍种植。山东在嘉靖六年（1527），红花遍及六府，以青州、莱州府为最多，产量很高。河南在成化以前记载鄢陵县是红花的主要产区，嘉靖以后，扶沟县也成为主要产区。其他省份也有种植，但相对较少。[③]此外，其他经济作物如甘蔗、果树、茶叶、药材、花草、蔬菜等的种植，在明朝中后期也得到了不同程度的发展。

---

① 田冰. 论明代农业生产发展的特色[J]. 郑州航空工业管理学院学报（社会科学版），2004（6）.
② 黄仲昭. 八闽通志[M]. 福州：福建人民出版社，2006.
③ 田冰. 论明代农业生产发展的特色[J]. 郑州航空工业管理学院学报（社会科学版），2004（6）.

2.4 手工业与工匠制度

2.4.1 官手工业的管理体制

明代的官手工业，可以说规模庞大，组织分散，按管理机构可分为工部管理的官手工业机构、内府各监局管理的官手工业机构、户部管理的官手工业机构、都司卫所管理的官手工业机构、地方官府管理的官手工业机构以及保证官手工业生产的监察组织。

工部管理的官手工业机构是掌管官手工业的最主要部门。史书说，明工部尚书，"掌天下工役农田山川泽薮河渠之政令"，"经制规画，以赞于天子"[1]。这说明工部在明廷中所占的地位是十分重要的。洪武初工部下设四个属部，称为总部、屯部、虞部和水部，洪武二十九年（1396），相应改称为营缮清吏司、虞衡清吏司、都水清吏司和屯田清吏司。各司直接管理官手工业的行政事务。属下的分支机构有两种：一是"分司"，即工部各司的分司，通常以员外郎、主事官员出任，地位较高，职权较大，可与各司相比，所以称为分司；另一是"所属衙门"，主管官员是大使。

营缮清吏司简称营缮司，明代始置，职掌范围，非常广泛，掌管一切土木宫室营造之事。据记载：修建宫殿、城郭、坛场、祠庙、廨宇、营房、王府和邸第的兴造维修；木材、陶瓦器等建筑材料的制作与保管等[2]。下设与手工艺相关的分支机构有：琉璃厂，专门烧造琉璃瓦；黑窑厂，专门烧造砖瓦及内府器用；神木厂，储存外地运抵京城的直径在3米以上的木材，设在崇文门外；大木厂，储存外地运抵京城的直径在3米以内的木材，设在朝阳门外；台基厂，既为存储木材之所，又为设计场所。

从以上情况看，营缮司职掌所及，大部分是有关城墙、宫殿、京仓等的建筑工程和维修工作，还有一部分建筑材料的制作及保管工作。但真正涉及手工

---

[1] 申时行等. 明会典·职官志[M]. 北京：中华书局，1989.
[2] 申时行等. 明会典·职官志[M]. 北京：中华书局，1989.

业范围的制作项目，只是少部分，仅从现有的材料来观察，唯有仪仗物件中的清道御杖、交椅坯、脚踏坯、马杌、头管、戏竹、龙笛、笛、板等，为营缮所制作[①]。

虞衡清吏司，按规定是掌山泽、采捕、陶冶之事，但与手工业是有关的，负责采集、收购制造礼器、军器、军装所需的鸟兽皮张、骨角、翎毛等物料；经管及统核陶器、铸器、铸钱、冶课等；经管颜料和纸札。其下又设皮作局、军器局以及试验厅等。皮作局，设有大使、副使各一员。各处解进的生皮均交皮作局熟制。军器局，专司制造军器，京营所用的军器和军装均由该局制造。下辖有盔甲厂和王恭厂。二厂原额各色人匠9200余名，分两班定四季制造。这是规模较大的军器生产工场。试验厅专管验收物料和某些成品，是明廷检查进库物资质量的主要机构。

都水清吏司，掌管舟车修造以及缎匹、制帛、冠服织染。下设器皿厂，专门制造各帝陵及婚丧典礼、各衙门所需器物，设有木作、竹作、蒸笼作、桶作、镟作、卷胎作、油漆作、戗作、金作、贴金作、铁索作、绦作、铜作、锡作、铁作、彩画作、裁缝作、祭器作共18种匠作及织染所[②]。

屯田清吏司的职责在明初本是主管屯田的，后来屯田事务划归地方管理，它的任务就变得简单了，但仍承担着一些重要的工程建设，如"山陵营建之事，俱本司掌行"。这类工程包括皇帝陵寝、王府坟茔、职官坟茔等。帝王陵墓是最大的工程。如定陵的修建，从万历十二年起到万历十八年（1584—1590）止，用了六年的时间。每天役使军匠、工匠达三万余人，在房山大石窝采石的军匠每天有万余人。屯田司另一个主要职掌，就是供应京师皇宫及各衙门冬天取暖用的柴炭，具体说即是主管台基柴炭厂与易州山厂，台基柴炭厂，专掌柴炭的保管供应。每到冬天，京师各机构均来此领取柴炭。

内府监局管理系统，在皇城之内设立了许多工场，从事生产皇族特殊需求

[①] 申时行等. 明会典·营造[M]. 北京：中华书局，1989.
[②] 赵屹. 浅析明代官营手工业管理机制[J]. 南京艺术学院学报，2010（3）.

的手工业品，这种生产叫作"内府制作"。它也是官手工业中一个极重要的组成部分，名义上受工部制约，实际上的管理权完全操纵在宦官手中。

皇宫里面有大批的宦官，从各个方面对皇帝和皇族进行服务。按照不同工种把宦官们分属于24个衙门——24监局。其中有不少的衙门都承担着官手工业的生产任务，其中与手工艺生产相关的有司礼监、内官监、御用监、尚衣监等。司礼监，系24衙门中的首席衙门，下设御前作，负责龙床、龙桌、箱柜之类的制作。内官监，下设木作、瓦作、石作、搭材作、土作、东作、西作、油漆作、婚礼作、火药作等10作，负责婚娶嫁妆、冠、伞、扇、褥、帐、幔、首饰等制造。御用监，主要造办御前所用围屏、硬木桌柜、雕漆盘匣、梳子、扇柄等。下设绦作，即洗帛厂，织造各色御用锦缎绒袍。尚衣监，下设西直房，专管缝制御用袍服。此外，内府还设有宝钞司、兵仗局、巾帽局、针工局、内织染局等。

明代的内府官手工业，主要是为皇族服务的。使用的军民工匠约22,000人以上，其中北京内府有15,000人左右。当时内府官手工业对于工匠的要求，首先需要选择年轻力壮、技术熟练精湛的人，更要工匠在产品上精益求精，保证质量，这样工匠投入在产品上的劳动量就非常大。劳动强度大，消耗体力多。其次，工作地址在皇城内，门禁严密，工匠出入的自由受到限制，许多合理的权利，都被剥夺。而因官手工业是由皇帝的家奴宦官管理，这种人既不懂生产技术，又不善于管理，只是凭借手中的权势，使工匠在精神方面必然要遭到凌辱[1]。因此，在内府官手工业中劳动的工匠劳动强度是最大的。

明代的户部是仅次于工部和内府各监局的官手工业管理机构。户部经管的官手工业主要的是盐的生产和物料的征收、稽核及验收。它控制的劳动力是生产盐斤的灶户和生产金属物料的坑冶户。

明代的地方官府手工业，分散外地，如洪武年间（1368—1398）的四川、

---

[1] 王毓铨.中国经济通史：明代经济卷[M].北京：经济日报出版社，2007.

山西诸行省及浙江绍兴织染局、南京后湖织造局；永乐年间（1403—1424）的歙县织染局，陕西驼褐毛织造局；正统年间（1436—1449）的泉州织造局。万历年间（1573—1619）又增设浙江、福建及常州、镇江、徽州、宁国、扬州、广德诸府州织造局，陕西羊绒局，南直浙江纻丝纱罗绫绸绢帛局，山西潞绸局。其次是烧造，如临清、苏州的砖厂，饶州景德镇的御用瓷器厂。地方官府所管理的官营手工艺，主要以具有地方资源优势的织造、铸造、烧瓷、冶炼业为主。例如，属于地方系统的官营织造业，明代初期有浙江、南直隶等八省所属的22处织染局。而地方官府手工业只是作为中央官手工业的补充和附属机构，其重要性远不能和上述机构相比。

明朝廷为了保证官手工业生产的正常进行，防止官吏舞弊，明统治者吸收了历朝的经验制定了一套完整的监察制度，对官手工业生产实行监督。

明统治者非常重视监察体制，把监察组织分为两个系统，一个是总领全国监察事务的都察院，另一个是以掌封驳和监察中央各衙门为重点的六科。明朝都察院的设置，除坐院官而外，主要设十三个道监察御史110人，正七品，分监各道事务，其中浙江、江西、河南、山东四道各10人，福建、广东、广西、四川、贵州五道各7人，陕西、湖广、山西三道各8人，云南道11人。各道监察御史除办理本道监察事务外，还要兼理内府监局、在京各衙门、直隶府州卫所的监察事务[①]。

明代都察院和六科监察官对手工业的监察，一方面是防止官手工业中管理官吏的舞弊行为；另一方面就是要严防官手工业中劳动者的不法破坏，凡工匠、灶户脱漏户口、逃避差役、造作违禁、破冒物料、私煎货卖盐斤，一律按法严处。

明代官营手工业的行政管理组织较前代更加系统与完备。工部是明代官营手工业最主要的领导机关，直接领导手工艺生产的许多骨干机构，在官营手

---

① 王毓铨. 中国经济通史：明代经济卷[M]. 北京：经济日报出版社，2007.

工艺生产中起重要的组织和协调作用。比较特殊的是，明永乐之后，明王朝迁都北京，但南京仍保留了一套与中央一样的统治机构，其中就包括南京工部，成为明代在南方地区的官营手工业管理中心，及中央工部的辅助机构，在官营手工业管理与组织协调方面发挥了重要作用。内府手工业直接为皇室特殊的生活需求服务，因而保密且对技艺要求较高，往往在皇城内设立许多庞大的工场组织生产。内府手工业受工部指挥，但实际由宦官掌控。明永乐之后，南京内府也依然保留。户部是明代主管国家财政的最高机构，也是仅次于工部和内府各监局的官营手工业管理机构，它在掌管制钞业、制盐业、铸钱业之余，主要负责管理手工业生产的物料及产品。明代官营手工业绝大部分集中在北京和南京，但也因特殊需要，如地方资源优势等，在地方官府设立一些官营手工业机构，以织造、印染业为主。地方官府的官营手工业只是朝廷官营手工业的生产场地，没有太多的产品支配权，除一部分满足地方各类官用，绝大部分都需上缴朝廷[①]。

综上所述，可知明代官手工业的机构非常庞大而杂乱。但从控制角度来看，明统治者采取分割管辖，双层监督，不论管理的官员还是服役的工匠，只要违禁犯法，一定要绳之以法，遭受严刑惩处。明朝廷采用这种强制而严密的办法来保证官手工业生产的顺利进行，在明朝前期还是起到了一定的作用，至明中期后，由于社会经济的急剧发展，规模日渐庞大的官营手工业形成了垄断态势。在官营手工艺的影响下，手工艺市场受到限制，严重阻碍了手工业生产经营形态的正常发展。但是不能否认的是官营手工业的规模生产为简单的协作和分工提供了条件，有利于生产力的提高，同时，管理机构对产品质量的较高要求也推动了生产技术水平的提升。官营手工业还为来自全国各地技艺精湛的工匠"进行技术试验、革新乃至创新提供了环境和条件"[②]。而且，官营手工

---

① 田培栋. 明代社会经济史研究[M]. 北京：北京燕山出版社，2008.
② 郑美珍，易显飞. 论官营手工业作坊对我国古代技术创新的特殊作用[J]. 今日科苑，2008（18）.

艺的产品一旦出现在市场上，又必然会带动民间手工艺人的学习、效仿与创新。总体看来，官营手工艺对推动当时全国手工业的发展曾起到一定的积极作用。

2.4.2 手工业生产

明代的手工业较前代有明显的发展，明代宋应星在《天工开物》中叙述了当时手工业中许多部门，如谷物加工、纺织染色、制盐、陶器、车船、锻造、冶炼、采矿、兵器制造等方面的工艺过程和技术成就。明代手工业部门很多，其中规模较大、进步较快的有矿冶、纺织、陶瓷、造船、造纸等。

明代矿产品的种类比宋元时代有所增加，包括金、银、铜、铁、铅、汞、朱砂、锡、煤、矾等，其中铁冶的规模最大，朝廷在江西、湖广、山东、广东、陕西、山西、河南、四川、辽东等地陆续设立了铁冶所。洪武二十八年（1395）工部奏报，"各处续开炉冶今已三年，而内库现贮铁凡三千七百四十三万余斤"[1]。可见各冶铁所冶铁额是很高的。明朝的铁产量是宋朝的两倍，万历年间（1573—1619）达9000万吨，冶金工业极其发达，《天工开物》对这方面有详尽记载，后来的两百多年，世界上都没有国家能破这个纪录。明代矿冶业的发展，不仅表现在产量和规模上，在采矿技术上也有明显的进步，其重大突破是发明了"烧爆"采矿法，"旧取矿携尖铁及铁锤，竭力击之，凡数十下，仅得一片。今不用锤锤击打，惟烧爆得矿"[2]。明代发明的这种"烧爆"采矿法，比先前用尖铁、铁锤击打，显然既节省人力又提高功效。

明代的炼铁炉形体巨大，如明初官营的遵化铁炉，"深一丈二尺，广前二尺五寸，后二尺七寸，左右各一尺六寸。前辟数丈为出铁之所，俱石砌"。冶

---

[1] 宋应星. 天工开物[M]. 上海：上海人民出版社，1976.
[2] 陆容. 菽园杂记[M]. 北京：中华书局，1985.

炼时"用炭火置二鞴扇之，得铁日可四次"①。不仅可以冶炼生铁，而且还能够炼熟铁和钢铁。这是一种长方形炼铁高炉，可以连续使用90天，已具有相当高的生产能力。明末清初，在广东地区出现了更加先进的炼铁高炉。这种炼铁炉不仅较遵化铁炉的炉体更高，容积更大，而且其瓶状炉体，较之方形炉体更符合燃烧原理，这是一项重大的技术革新。此外，在火口镶以耐火的水石，也可以延长炉体的寿命；以机车"飞掷"装料，更可以极大地减轻劳动强度，提高生产效率。②

明代的鼓风装置也有了很大的改进。在早用皮囊，明代仍在使用。宋代炼铁高炉用门扇转动鼓风以加大风量。明代佛山瓶炉增为双扇门鼓风。尤为可观者，是明代活塞式风箱的发明和普及。据《天工开物》所绘图式，它和一直沿用到现在的民间风箱毫无二致。这种风箱是利用空气压力，以自动启塞活门，使之产生压缩空气，从而极大地提高了风压和风量，提高了炼炉生产能力。

"灌钢"冶炼技术，在明代也有进一步发展。灌钢是一种"杂炼生鍒"的炼钢方法。"生"即生铁，"鍒"即熟铁。"杂炼生鍒"就是将生铁和熟铁混杂在一起冶炼，待含碳量较高的生铁熔化后，渗淋入熟铁中，使生铁中的碳与熟铁中的铁氧化物发生氧化作用，然后取出，反复锻炼，除去杂质，即成为优质钢。这种冶炼方法最早见于东魏、北齐间，推广于北宋。宋代的具体做法是，"用柔铁屈盘之，乃以生铁陷其间，泥封炼之，锻令相入，谓之团钢，亦谓之灌钢"③。明代的灌钢冶炼方法，在此基础上又有所改进。其做法是，"用熟铁打成薄片，如指头阔，长寸半许，以铁片束包尖紧；生铁安置其上，又用破草覆盖其上，泥涂其底下，洪炉鼓鞴，火力到时，生钢（铁）先化，渗淋熟铁之中，两情投合，取出加锤，再炼再锤，不一而足，俗名团钢，

---

① 朱国桢. 涌幢小品[M]. 上海：上海古籍出版社，2012.
② 王毓铨. 中国经济通史：明代经济卷[M]. 北京：经济日报出版社，2007.
③ 沈括. 梦溪笔谈[M]. 刘尚荣校点. 沈阳：辽宁教育出版社，1997.

亦曰灌钢者是也"①。这种做法，可以加速氧化，提高效率。明代还将"灌钢"的冶炼原理，直接运用到工具、兵器锋刃的制造上，这是灌钢技术的进一步发展。

明代采矿与冶炼技术及规模比宋元时有了长足发展，民营铁矿采冶较早取得了合法经营的地位。洪武二十八年（1395）令民自行采炼，民营铁冶得到官方认可。洪武末期部分解除了对民间从事矿冶业的限制，到明英宗即位以后，弛民间用银之禁，听民自由采矿，民营矿冶业进入大发展时期。矿冶业以广东的冶铁业规模较大。"凡一炉场，环而居者三百家。司炉者二百人，掘矿者三百余，汲者、烧炭者二百有余，驮者牛二百头，载者舟五十余艘。"②从开矿、烧炭、冶炼到运输，形成了完整的生产线，并且带有综合经营的特点。这些工场中的劳动者与雇主之间不存在依附关系，基本上是"利其雇募"而来的自由劳动者。

明代的铜铸业也很发达，大型、特大型铸件代表着封建社会后期金属冶铸业的生产规模与技术水平。北京大钟寺保存的永乐大钟，推断大概是永乐十八年（1420）左右铸造，一直放置在汉经厂，万历五年（1577）建万寿寺，移此钟于寺，清雍正年间又将此钟移至北京的大钟寺。这口钟高6.75米，钟口直径3.3米，重达4.6万多公斤。大钟上铸有御制佛经和其他重要的佛经七部，汉文咒语一百多项，全由楷书写成，至今清晰可辨。该钟共铸有汉文佛教铭文225,939字，梵文佛教铭文4245字，总共230,184字，是世界上铭文最多的大钟。大钟合金成分为铜80.54%、锡16.4%、铅1.12%，钟体铸型由七段铸范和泥蕊组成，蒲牢先铸，于浇铸钟体时铸接成一件，浇注用槽注法③。该钟又具有良好的声学特性，钟声可达数十里之遥，所以号称为世界"钟王"。

北京钟楼上悬挂的大钟，也是明代的一大杰作。该钟于永乐十八年

---

① 宋应星. 天工开物[M]. 上海：上海人民出版社，1976.
② 屈大均. 广东新语[M]. 北京：中华书局，1985.
③ 高凯军，夏明明. 发现永乐大钟[M]. 北京：中华书局，2006.

（1420）铸于北京铸钟厂，材料为锡青铜合金，所以撞击时声音洪亮、绵长，且高踞47.9米高的钟楼之上，一经敲击，"都城内外十有余里莫不耸听"。测量结果表明，该钟总高5.55米，钟体高4.50米，悬挂部件1.47米，大钟下沿直径3.40米，顶部直径2.52米，总重量为63吨。这样，它的钟口直径比永乐大钟超出10厘米，重量超出16.5吨[1]。它是中国体量最大、最重的古代铜钟之王。它的钟声悠远绵长，圆润洪亮，敲钟之时，数十里外耳听清晰明亮。

明前期，工部监制的宣德炉最为驰名，这时大量用锌配制黄铜，用以铸造鼎彝等物。从吕震等撰《宣德鼎彝谱》等书的记载来看，宣德炉的制造与永乐时期明朝实行扩大的朝贡贸易政策以及郑和下西洋有密切的关系。当时各国贡使来中国与郑和七次下西洋，从各地带回了大量的稀有金属及各种矿砂，直接促进了铸铜业的发展。

据说铸铜工匠在铸造中不断添加稀有金属和各种矿砂，经过无数次的实验，直到宣德时在铸造工艺上才取得了新的成就。如宣德炉所用料多达三十余种，除国内辰州朱砂、云南黑白棋子、玉田砂等原料外，大部分材料多来自国外。铸造工艺，每铜一斤炼十二次，仅存精铜四两，再添加其他矿料，然后再进行加热铸造，铸件初成后，又以赤金、水银等物涂而熏之，故所成铜器，光色焕发，与寻常铜器迥然不同。所以，人们称赞宣德炉的成色是"玉石俱焚金亦变，浑然莫分金与铜"。最奇特之处在光彩，"宣德炉最妙在色。假色外炫，真色内融，从黯淡中发奇光。爇火久，灿烂善变。久不著火，即纳之淤泥中，拭去如故"[2]。因此，它可与商彝周鼎媲美，成为中国铜器中的珍品，也可以说宣德炉是明前期对外实行开放政策的产物。

纺织业主要有丝织业和棉织业，明代前期官营丝织业力量雄厚，朝廷在北京、南直隶、浙江、福建、四川、山东分设多处织染局，江南地区是官营丝织业的中心，朝廷在南京、苏州、杭州都派有宦官督管织造事宜。民间机户明初

---

[1] "钟王"称号易主[N]. 北京晚报，1989-09-10.
[2] 王棠. 知新录，转引自王毓铨. 中国经济通史：明代经济卷[M]. 北京：经济日报出版社，2007.

即已存在，明中叶以后数量大增，不仅存在于城市，也存在于乡村，并促使一批丝织业市镇的形成，不少城镇的丝绸生产方式也有了新的变化。丝绸种类有缎、锦、纱、罗、绸、绢、绉、绫等，品种多达数十种。一般说来，江南丝绸生产可以分为高级绸缎和低级丝绸两大类。高级绸缎指先染丝后织造的绸缎，即"熟货"；低级丝绸指先织后染色的丝织品，即"生货"。熟货主要在织造染色技术水平高超的苏杭宁镇等大中城市织造，生货主要在织染水平一般的湖州、嘉兴府城及广大丝织专业市镇生产。具体来说，苏州产的花缎最有名，南京产的素缎最著名，缎类之一云锦也有名，杭州产的宁绸、线绉最著名，镇江以出江绸、元青线缎闻名，湖州产花、素绉和绸，盛泽、濮院、双林、临平、震泽等丝织市镇多产绸类，双林还以纱类著称[①]。

当时，丝织业的发展在中国历史上是空前的，无论在织作工艺还是产品的精度上都达到了很高的水平。其中以苏州、杭州、湖州三地区最为发达。苏州集中了数量很大的丝织工人，丝织品有绫、罗、纱、绢、锦等。弘治时，苏州所织海马、云鹤、宝相花、方胜等类图案的锦，王鏊说其"五色炫耀，工巧殊过，犹胜于古"[②]。同时期苏州生产的纻丝，有金缕彩妆，其制不一，皆极精巧，上品称"清水"，较次的称"帽料"，再次的称"倒挽"，"四方公私集办于此"。罗有刀罗、河西罗之别，有花素两类。纱，素的称银条纱，花的称夹织，花素都有金缕彩妆数种，还有"轻狭而縠文者"称绉纱。绢，无论生熟，"四方皆尚之"[③]。

杭州丝织品品种繁多，在具体工艺中有不少创新之处。据成化《杭州府志》载，有缎、罗、锦、剪绒、纻丝、绫、绸、绢、纱、纺和縠等。官营织造大多根据朝廷指定的纹样，十年一换，变化较少。而民间所用的织物，在

---

① 范金民. 明清江南商业的发展[M]. 南京：南京大学出版社，1998.
② 王鏊. 姑苏志[M]. 北京：商务印书馆，2013.
③ 王鏊等. 正德姑苏志[M]. 上海：上海书店出版社影印，1990.

图案上可以任意发挥，花样日新[1]。其中杭产的秋罗、绮罗均为当时名产。杭州世产吴绫，嘉靖时有一种俗称油缎子，质厚紧密，光泽鲜艳，在暗室中以手抚摩可以放光[2]。纱是宜于南方所用的轻薄织物，明崇祯时杭州织的皓纱，由蒋昆丑创制，故又称蒋纱。创作者迎合浮华的时尚，注意到质色厚重并不受人欢迎，"乃易以团花疏朵，轻薄如纸，携售五都，市廛一哄，甚至名重京师"[3]。

湖州府以桑蚕缫丝闻名，很多村落具有精湛缫丝工艺，故而出现许多以丝织业生产与销售为专能的市镇，如乌青镇、菱湖镇、新市镇皆负盛名。湖州尤其以生丝的生产见长，张瀚称誉道："湖地宜蚕，新丝妙天下。"[4]乌青镇在明嘉靖时已是"地僻人稠，商贾四集，财富所出甲于一郡"[5]的繁华市镇。它是丝的集散重地，又是桑叶经销的大市场。菱湖，在南宋为市，元末毁于兵火，明初得到恢复，正、嘉以后臻于繁荣。菱湖丝以质地优良闻名，"丝有合罗丝、串伍丝、经纬丝，属县俱有，惟出于菱湖洛舍者第一"[6]。它与乌青不同，缫丝之外，又作织绸。"绸有水绸，有纺丝绸，出菱湖者最佳"[7]。纺绸又称捻绵，是明代新推出的品种。早在正德间，该地产品即已闻名，正德《新市镇志》称："绵绸则捻绵成绒而织者"，"惟菱湖镇织者为上"[8]。新市镇属德清县，在明代正德以后"街衢市巷之整，人物屋居之繁，琳宫梵宇之壮，茧丝粟米货物之盛，视塘栖较盛，为全县第一大镇"[9]。

苏州是丝织名城，绸共有绞线织的线绸，捻绵而成的绵绸，数根线攒成

---

[1] 刘伯缙，陈善．杭州府志[M]．北京：中华书局，2005．
[2] 田汝成．西湖游览志余[M]．杭州：浙江人民出版社，1980．
[3] 黄士珣．北隅掌录[M]．台北：广文书局，1970．
[4] 张瀚．松窗梦语[M]．上海：上海古籍出版社，1986．
[5] 张园真．乌青文献·建置[M]．清康熙二十七年（1688）版本．
[6] 张廷玉等．明史·李敏传[M]．北京：中华书局，1974．
[7] 高锡龄．湖州府志·物产[M]．台北：成文出版有限公司，1983．
[8] 陈霆．正德新市镇志[M]．上海：上海书店出版社，1992．
[9] 陈霆．正德新市镇志[M]．上海：上海书店出版社，1992．

的丝绸，俗称杜织的粗绸、绫机绸、瑞麟绸、绉绵绸等；绢类增了裱绢、榨袋绢、秋绢，锦有遍地锦和制作帐、褥、被的紫白、缕金、五彩等种类；绒有线绒、捻绒、纹绒等[①]。其机户和织匠集中，生产规模大，品质好，花样多，新品、上品大都处于此地。当时的织机构造精巧，分为花机和腰机。花机用来织作高级的绫、缎、锦等提花织物，有特殊的花楼及配套装置。腰机用来织作普通织品，其工艺较前也有很大提高，花色品种更是层出不穷。

随着棉花种植在全国的普及，棉织业也得到迅速发展。棉织业的总体产量极高，但生产比较分散，自然经济的属性较重，但在松江、苏州等地，棉织业在明代后期也已发展成为专业性的商品生产。明代将元代黄道婆传入的棉纺织机做了改进，搅车碾轴由木质改为铁质，由两人操作改为一人操作，功率提高了三倍。另外，弹弓的弓背也由木质改为竹质，弓弦以蜡丝代替麻绳，弹性强，操作灵便。还出现了脚踏纺车，使一只手从摇车中解放出来，事半而功倍。松江是明代的棉纺中心，此地生产的棉布质量好，数量多，其"三梭布、漆布、剪绒毯皆天下第一"。"如绫、布二物，衣被天下，虽苏、杭不及也"[②]。特别是三梭布，由于它的质地轻软，皇帝都选用作内衣布料。剪绒毯更为精美名贵，它以棉线为经，彩色毛线为纬，织成而剪之，"花样巧异，应手而出，能为广数丈者"[③]。松江还出产一种飞花布，为丁娘子所首创，又称丁娘子布，光细洁白，色泽如银，远近仿效。清人钱肇然亦说："飞花布，向惟太仓为之，今镇中亦织，土人名曰小布，纱必匀细，工必精良，价逾常布。""外冈之布，名曰冈尖，以染浅色，鲜妍可爱，他处不及，故苏郡布商多在镇开庄收买。"[④]"轻薄细软"的尤墩布，成为做暑袜的优质布料，穿尤墩暑袜成为一种时尚。松江府的上海县产有一种"上阔尖细"称为"标布"的

---

① 杨循吉. 嘉靖吴邑志[M]. 古籍网整理本.
② 陈威，喻时修，顾清. 正德松江府志[M]. 上海：上海书店出版社，1990.
③ 郭廷弼，宋徵舆. 康熙松江府志[M]. 上海：上海古籍出版社，2011.
④ 钱肇然. 续外冈志[M]. 上海：上海古籍出版社影印本，1990.

棉布，极为盛行，销路甚好，"富商巨贾操重赀而来市者，白银动以数万计，多或数十万两，少亦以万计"①。

苏州的木棉布也很有名，诸县皆有而"嘉定、常熟为盛"②，昆山县的三区，"田土高仰，物产瘠薄，不宜五谷，多种木棉，土人专事纺绩"③。嘉定"民业首藉棉布，纺织之勤比户相属。家之租庸、服食、器用、交际、养生、送死之费，胥由此出"④。其棉布之优良堪与松江相颉颃。三梭布、飞花布不让于松江，其斜纹布"叙纹兼织，为水浪胜子。精者每匹值至一两，匀细坚洁，望之如绒"⑤，独领风骚。还有一种药斑布，在纺织、印染上很有特色，用"以药涂布染青，干即拂去，青白成文，作楼台、花鸟、山水、人物之像"⑥。嘉定紫花布也特别讲究，纱既细又匀，"成机待市，价倍寻常"⑦。

浙江、福建、山东、陕西、四川等地都有棉布生产，其中较发达的有浙江、福建、湖广、山东、北直隶等地。如浙江嘉兴、湖州间的乌青镇，所产棉布"轻软而暖"⑧，深得闽广客商的青睐。温州府永嘉的双线布，乐清的斜纹布，当地"女红不事剪绣，勤于纺绩，虽六七十岁老妪亦然。贫家无棉花、苎麻者，或为人分纺分绩，日不肯暇。其女红巧拙，视布之粗细为差"⑨。纺织的普及和以技艺竞巧拙，正是双线、斜纹精品层出的前提。福建是植棉和棉纺织的发轫之地。有不少地区，织妇巧慧夺人，像兴化府莆田，即有妇女"日织一匹，丈夫持至仙游易粟一石"⑩，这已经可以与松江等地的快手比肩而立。

---

① 叶梦珠. 阅世篇[M]. 北京：中华书局，2007.
② 归有光. 震川集[M]. 清康熙二十一年（1682）版本.
③ 吕坤. 实证录，转引自王毓铨. 中国经济通史：明代经济卷[M]. 北京：经济日报出版社，2007.
④ 郭廷弼，宋徵舆. 康熙松江府志[M]. 上海：上海古籍出版社，2011.
⑤ 韩浚. 万历嘉定县志[M]. 济南：齐鲁书社，1997年影印本.
⑥ 杨旦修. 嘉靖嘉定县志[M]. 明嘉靖二十六年（1547）刻本.
⑦ 赵昕修，苏渊. 康熙嘉定县志[M]. 清康熙十二年刻本.
⑧ 张园真. 乌青文献·物产[M]. 清康熙二十七年（1688）刻本.
⑨ 王光蕴. 万历温州府志[M]. 济南：齐鲁书社，1996.
⑩ 王瓒. 弘治温州府志[M]. 上海：上海社会科学院出版社，2006.

建宁府"木棉八县俱出，而崇安者可及三梭"[①]。能同闻名遐迩的三梭布相匹敌，自然算得本地一绝。泉州府的安溪县，"桑柘少植，唯种木棉"，"女工织纤，冬棉夏葛"[②]，亦以棉纺织为能事。棉纺织业在明代已从南方推向北方。明代中、后期，棉织纺技术不断提高，工具日益进步，范围更加广泛。

明代的陶瓷业很发达，南京一地有众多的陶瓷厂，每年可生产100万件瓷器。景德镇成为世界瓷都。明代前期以单色釉瓷的制作为主，但比起宋元制品要艳丽得多，明代单色釉瓷色彩趋向鲜艳，有夺目的鲜红、宝石红，明快柔嫩的黄釉、翠青釉，鲜艳的孔雀蓝、孔雀绿釉等。明永乐年间（1403—1424）创造的半脱胎甜白瓷器，土质细腻，胎骨薄如蛋壳，釉色纯白，晶莹光亮，能映出手纹，是一种极其精巧的产品，显示了白瓷制作技术的进步[③]。

明代瓷器品种按其制作工艺可分为釉下彩、釉上彩、斗彩、五彩及单色釉、杂色釉。

釉下彩，主要指青花，釉里红，青花釉里红，蓝地白花等。明代景德镇青花瓷是釉下彩发展的最高阶段。青花瓷在永乐和宣德时期达到了顶峰，这时的青花瓷器，胎质和釉料都很精细。釉层晶莹肥厚，青花色泽浓艳，造型和纹饰丰富多彩，创造了青花生产的黄金时代，青花瓷自此成为中国瓷业发展的主流，形成了青花瓷器异彩纷呈的局面。

釉上彩，可分为釉上单彩，有白地红彩，白地绿彩，白地黄彩，金彩，黄地红彩，黄地青花，青花红彩等。釉上多彩，主要是指斗彩和五彩。斗彩，其意是指釉下彩和釉上彩拼合而成的彩色画面。斗彩工艺发明于宣德时期，成化时的斗彩极负盛名。斗彩是釉下青花和釉上彩色相结合的一种彩瓷工艺，使釉下的青花与二次填画的彩图交相辉映，生动逼真而富于变幻[④]，是明代中期以

---

① 陈效.弘治兴化府志[M].清同治十年（1871）刻本.
② 黄仲昭.弘治八闽通志[M].明弘治四年（1492）刻本.
③ 王毓铨.中国经济通史：明代经济卷[M].北京：经济日报出版社，2007.
④ 齐涛主编.中国古代经济史[M].济南：山东大学出版社，2011.

后出现的新成就。如成化斗彩器的釉上彩，彩色品种多且能据画面内容需要自如配色，其鸡冠的红色几乎与真鸡冠一致，葡萄紫色则几乎是紫葡萄的再现。所以，彩瓷器一般都十分精巧名贵，如举世闻名的成化斗彩鸡缸杯等。

万历前后出现的五彩，成为陶瓷技术的又一发展。五彩是有别于斗彩的另一种彩绘瓷器。可分为两大类，即"釉上五彩"和"青花五彩"。它是在斗彩的基础上创造出五彩，纹饰更加富丽而浓艳。釉上五彩的彩色纹饰均在釉上，在已经烧成的白釉瓷器上施彩绘画，一般以红、黄、绿、紫、蓝五种色彩描绘。但每件器物根据纹饰设色的要求，不一定五彩皆备，有的只用红、绿、黄三色，也有用五种以上颜色的，只要色彩搭配得当，亦同样精美。釉上五彩与斗彩相比，有着明显的区别，釉上五彩器没有青花轮廓线及青花纹饰[1]。

青花五彩一般以红、黄、绿、紫及青花为五种主要颜色，其装饰方法与斗彩相同，都是由釉下青花与釉上彩相结合而形成的瓷画，但斗彩运用青花勾绘全部纹饰的轮廓线，而青花五彩的纹饰没有青花轮廓线，只是根据纹饰设色的需要将需用青花表现的部位先画出来。且斗彩是在淡描青花瓷器上根据纹饰设色的安排进行彩绘，彩绘时可以使用多种不同的施彩方法，而青花五彩是在纹饰不完整的青花瓷器上面的空白处进行彩绘，把画面补齐，正如《南窑笔记》中所谓"青料画花鸟半体，复入彩料，凑其全体"[2]。

单色釉和杂色釉，品种繁多，绚丽灿烂，在中国陶瓷史上大放异彩，与青花彩瓷并重。单色釉主要有：铜红釉，以铜为着色剂的一种高温釉。永乐，宣德时烧制得极为成功，故被世人称为"宝石红""霁红"等。蓝釉，以钴料为着色剂，入窑一次高温烧成。永乐蓝釉，蓝色纯正，釉面滋润。宣德蓝釉，犹如蓝宝石，故有"宝石蓝""霁蓝"等之称。甜白釉，是永乐时景德镇御窑厂烧制的一种半脱胎的白釉瓷，因其具有甜润的白糖色泽，故而得名。永乐，宣德时达到高潮。以上红、蓝、白单色釉为明代单色釉最名贵的品种。此外，还

---

[1] 寒枫. 明代瓷器：瑰丽文化之奇葩[J]. 神州，2012（4）.
[2] 寒枫. 明代瓷器：瑰丽文化之奇葩[J]. 神州，2012（4）.

有仿哥釉、仿龙泉釉、铁红釉、黄釉、洒蓝釉等。杂色釉，是指以多种色釉施于一器的瓷器，兴盛于明嘉靖时期，传世品极少。

明代早期，制瓷使用旋坯车，不但提高生产效率，还使旋出的瓷坯更为精细和规格化。施釉方式以吹釉法代替刷釉法，使施釉更加均匀光泽。并且发展出彩色瓷器。明代宣德（1426—1435）和成化年间（1465—1487）的产品则是这一时期的代表。所谓宣德青花瓷即一种脱胎瓷，其胎薄如纸，精巧异常。其着彩釉分釉下彩和釉上彩两种，即在瓷胎上先彩绘后上釉入窑，或上釉入窑而后彩绘图案花纹再入窑烘烤，宣德青花瓷就是釉下彩中的精品[1]。成化、弘治、正德是明朝的中期阶段，此期的青花瓷器以成化青花为代表进入了一个创新阶段。成化时期青花瓷器以青色淡雅著称，后世的仿作被称为"仿成化淡描青花器"。成化官窑以玲珑、精巧的小型器物为特色，故有"成化无大器"之说。弘治皇帝尚节俭，多次下旨减少官窑烧制数量，因此弘治朝数量较少，并且在风格上与成化年完全一样，因此经常成、弘并提。正德一朝只有十余年，且江西宁王叛乱给官窑烧瓷带来了很大影响，因此数量不多，风格多仿前朝。青料采用江西上高县的石子青料，色泽蓝灰，与亮青釉相衬，洁净素雅[2]。

嘉靖、隆庆、万历三朝，历时近百年，处于明朝的中晚期阶段。此期以嘉靖、万历为代表，其工艺水平达到了一个新的高度。与历代名瓷相比，此期青花瓷器完全取代一色釉瓷器，成为无论是官窑还是民窑瓷器生产的主流品种，且生产数量巨大，流传较多。此期青花瓷大量出口，名扬天下，且产生了官民竞制的局面，官窑与民窑水平相差无几。青花花纹样式繁多，构图繁密饱满，风格热烈奔放，大型器物也大量出现了[3]。明代前中期官窑占主导地位，后期则由民窑唱主角，制瓷技术已达到非常高的水平，所制青花、祭红等品类的瓷器闻名遐迩。

---

[1] 寒枫.明代瓷器：瑰丽文化之奇葩[J].神州，2012（4）.
[2] 寒枫.明代瓷器：瑰丽文化之奇葩[J].神州，2012（4）.
[3] 寒枫.明代瓷器：瑰丽文化之奇葩[J].神州，2012（4）.

在造船业方面，明代有官府经营和民间经营。官营造船业在明代前期极发达，沿海设有许多造船基地。郑和下西洋所用宝船就集中体现了明代高超的造船技术。中期以后，随着民间海外贸易的兴盛，民间造船业迅速勃兴，东南沿海出现了不少规模较大的民营造船厂。明代的造船同前代一样，也是主要分为内河船与航海船两大类。除了每年造数千艘漕船外，其造船技术主要反映在远洋船的制造上。在明初郑和下西洋的时候，明朝最大的宝船长150米，宽30多米，是当时世界上最大的船。除了宝船外，郑和的船队还有200多艘平均长度达70—80米的大帆船。而郑和每次远航，一般由63艘大、中号宝船组成船队，加上战船、坐船、马船、粮船等共百余艘。郑和船队不仅庞大，而且航行甚远，南到东南亚，西到非洲东海岸，航程上万里，因而制造这种远洋航船要有相当高的技术，明初的造船业达到了中国古代造船业的顶峰。明中期以后，随着帝国的衰落和海禁政策的持续，中国的造船业也就开始了滑坡。

明代的造纸印刷业在继承前代的基础上有了进一步发展。造纸业在明代达到了手工造纸的高峰，浙江、福建、江西等地都有大量造纸作坊，称为槽房，有的槽房规模很大。纸张品种有"竹纸""火纸""糙纸""柬纸""吉纸""皮纸""棉纸"。其中竹纸产地广，产量大，遍布南方各省，而以福建邵武、建宁等府尤其盛，是一般的书写印刷用纸。江西、福建、浙江、安徽是明代纸张的四大产地，在纸张生产集中的地方，朝廷还设有专门机构，来管理当地的造纸业，有些上等纸又由官府收购，供宫廷使用。

在造纸业发展的基础上，明代印刷业的发展速度也十分惊人，印刷书籍之多是以前各代无法相比的。这时的印刷业已经发展为一个独立的经济部门，除了活字印刷大量应用外，彩色木板印刷也有了较大的发展，可以印出精美的彩图，这也促进了一大批图板雕刻能工巧匠的涌现。在竞相发展、不断提高的基础上，逐渐形成了各地区的不同派别和雕刻艺术上的不同风格。如南京派、建阳派以古朴豪放、线条粗劲著称；而徽派则以精致婉丽、神韵生动、刀法纤细而引人入胜。到了明代后期，图板雕刻更加工整细致，画面极富雅丽生趣，南京、杭州、徽州的刻板名手,都趋向一个共同点,以精取胜,从而为美术绘画的印刷流行提供了条件[1]。印刷的创新是铜、铅活字印刷,彩色套印和拱花等工艺。印刷与造纸业的兴盛使印刷成本大为下降,故而使明代的刻书成为一种风气。

2.4.3 工匠制度

明朝以皇族为首的统治集团,在他们的豪华生活上和行政统治上所需的手工业制造品以及各种建筑工程,完全依赖被束缚于匠籍的工匠来完成。

明代官手工业使用的劳动力,主要有三种:一是工部和内府各监局控制下的民匠及都司卫所控制下的军匠,这是具有专业造作技术的劳动者,也是官手工业中的骨干力量;二是户部控制下的灶丁,这是生产盐的劳动者,是统治阶级盐课剥削的对象;三是散处各地的坑冶户、窑户,则不占重要地位。民匠和军匠都从事于手工业生产,所以属于工匠的范围。但一般却把民匠称为工匠,军匠则仍其名。

明代工匠因所属系统、服役时间、服役地点和待遇不同,可分为轮班匠、住坐匠和军匠三大类。根据记载,明王朝早在其帝国建立之前就已经有了官用工匠的设置[2]。洪武时属于匠籍的手工业者约23万余人,除元代遗留下来的匠户外,还从各地调充,或因罪籍充。匠户虽和元代一样,"役皆永充",子孙不得改籍,但人身依附关系有所削弱。洪武十一年(1378),太祖"命工部凡在京工匠赴工者,月给薪米盐蔬,休工者停给,听其营生勿拘,时在京工匠凡五千余人,皆便之"[3]。废除元代匠户长年服役的制度,工匠可以部分自由支配自己的时间,准许休工工匠自由经营生产。洪武十九年(1386),又制定工

---

[1] 王毓铨. 中国经济通史:明代经济卷[M]. 北京:经济日报出版社, 2007.
[2] 《洪武实录》卷一七《吴元年》条载有"省局匠告省臣"之语;《明会典》卷三二《职官》条记载洪武元年凤阳宫殿营建时使用了大量的工匠,可见元年以前已经有了工匠的设置。
[3] "中央研究院"历史语言研究所. 明太祖实录[M]. 北京:中华书局, 1962.

匠轮班制度，命工部"籍诸工匠，验其丁力，定以三年为班，更番赴京轮作三月，如期交代，名曰轮班匠"①。根据这一规定，把全国各地划入匠籍的工匠编制为若干班，轮流到京服役，每次服役三月。实际上每一工匠平均每年服役一月，三年赴京一次，这样比较以前没有制度规定的混乱情况改善了很多，"于是诸工匠便之"②。

根据这种三年轮班的办法，工匠们"岁率轮班至京受役"。可是到京之后，"至有无工可役者，亦不敢失期不至"。因此，许多工匠们不免徒劳远涉，往返消耗路费。明王朝遂着手于洪武二十六年（1393）进行第二次改革，这即所谓"先分各色匠所业，而验在京诸司役作之繁简，更定其班次"③。这一办法的特点，就是打破三年一班的硬性规定，而按各部门实际需要定为五年一班、四年一班、三年一班、二年一班、一年一班等五种轮班法。

洪武二十六年规定五种轮班新编制，全国各行业的班次如下：五年一班的有木匠、裁缝匠；四年一班的是锯匠、瓦匠、油漆匠、竹匠、五墨匠、妆奁匠、铁匠、双线匠；三年一班的是土工匠、熟铜匠、穿甲匠、搭材匠、笔匠、织匠、络丝匠、挽花匠、染匠；二年一班的是石匠、艌匠、船木匠、箬篷匠、橹匠、芦蓬匠、戗金匠、绦匠、刊字匠、熟皮匠、扇匠、鱿灯匠、毡匠、毯匠、卷胎匠、鼓匠、削藤匠、木桶匠、鞍匠、银匠、销金匠、索匠、穿珠匠；一年一班的是表背匠、黑窑匠、铸匠、绣匠、蒸笼匠、箭匠、银朱匠、刀匠、琉璃匠、锉磨匠、弩匠、黄丹匠、藤枕匠、刷印匠、弓匠、镟匠、缸窑匠、洗白匠、罗帛花匠④。

按新规定，洪武二十六年（1393）发给全国府、州、县勘合的轮班匠共有62个行当，232,089人，又规定工匠"上工以一季为满"⑤，轮流服役时，免其

---

① 陈梦雷. 古今图书集成·考工典[M]. 扬州：广陵书社有限公司，2012.
② 申时行等. 明会典·工匠[M]. 北京：中华书局，1989.
③ 申时行等. 明会典·工匠[M]. 北京：中华书局，1989.
④ 申时行等. 明会典·工匠[M]. 北京：中华书局，1989.
⑤ 申时行等. 明会典·工匠[M]. 北京：中华书局，1989.

家中的其他徭役，"役若单丁重役及一年一轮者，开除一名，年老残疾户无丁者，相视揭籍明白疏放"①，"如是轮班各匠，无工可造，听令自行趁作"②，制品可以自售。这些措施逐步放松了对轮班工匠的控制，"使赴工者各就其役而无费日，罢工者得安家居而无费业"③。

在这五种轮班新制度下，工匠在路程上耽误时间长，盘费又浩大，"轮班诸匠，正班虽止三月，然路程弯远者，往返动经三四余月，则是每应一班，须六七月方得宁家。其三年一班者常得二年休息，二年一班者，亦得一年休息，惟一年一班者，奔走道路，盘费磬竭"④。到了明朝中期以后，封建官僚政治已经腐败了，统治松弛，各地班匠就纷纷以逃亡方式进行反抗斗争，这就使统治阶级不能不重新考虑改变轮班办法。景泰五年（1454）定为凡"轮班工作二年、三年者，俱令四年一班，重编勘合给付"⑤。自此以后，一年班和五年班都废止了，全国班匠统一规定为四年一班⑥。这种四年轮班办法，终明朝之世基本上没有改变，只有清江、卫河两船厂，因四年轮班，"班稀匠少，造船不敷"，所以仍旧维持二年一班的制度⑦。

全国轮班匠的人数，明初至嘉靖时，其间没有大的变化，大约保持在23万—28万。洪武二十六年（1393），发给勘合的班匠共有232,089人，到景泰五年（1454），"通计二十八万九千有余，除事故外，南京五千八百，北京十八万二千"⑧，合计实数为24万人。经百余年之后，到嘉靖四十一年（1562），计浙江、河南、应天府、广德州等31个地区合计为142,486人⑨，这

---

① 申时行等. 明会典·工匠[M]. 北京：中华书局，1989.
② 申时行等. 明会典·工匠[M]. 北京：中华书局，1989.
③ 申时行等. 明会典·工匠[M]. 北京：中华书局，1989.
④ "中央研究院"历史语言研究所. 明实录[M]. 北京：中华书局，2016.
⑤ 申时行等. 明会典·工匠[M]. 北京：中华书局，1989.
⑥ "中央研究院"历史语言研究所. 明宪宗实录[M]. 北京：中华书局，1962.
⑦ 席书. 漕船志·法例[M]. 明弘治十四年（1501年）刻本.
⑧ "中央研究院"历史语言研究所. 明实录[M]. 北京：中华书局，2016.
⑨ 申时行等. 明会典·工匠[M]. 北京：中华书局，1989.

是集聚北京的工匠人数，至于隶属南京工部的工匠，据记载："凡本部各色班匠，江西布政司起送三万九千五百五十五名，湖广一万三千二百四十四名，福建六千八百九十六名。"[1]这三省合计59,695人。估计四川、两广、云、贵各地起送工匠，也不会少于两三万人。

班匠服役地点多在京师，在洪武时代（1368—1398），因为帝都设在南京，所以都集中于南京。洪武二十六年（1393），"以营建集天下工匠于京师，凡二十余万户，户役一人"[2]。成祖营建北京时，有部分班匠也随之转移到北京。永乐十九年（1421）迁都北京后，班匠服役地点就以北京为重点了。正统时工匠分配"南京五万八千，北京十八万二千"[3]。在北京服役的班匠，分为四班，"岁得匠四万五千，季得匠一万一千，亦未乏用"[4]。这些班匠都是到北京工部附设的工场和临时工程中去服役。南京的工匠也是集中在南京工部属下的工场中去服役。

班匠的主管机关是工部。他们绝大多数是服役于工部附设的工场和临时工程，只有极小部分是拨给内府监局和地方工场使用的，这和住坐工匠之隶属于内府是不同的。所以《明会典》指出："若供役工匠，则有轮班、住坐之分。轮班者隶工部，住坐者隶内府内官监。"[5]

班匠除轮班赴京上工者外，还有因特殊制作的需要而存留于地方的，叫存留工匠。顾炎武说："凡工役皆隶于工部，役于京师。有住坐者，有轮班者，又有存留本府而执役于织染局者。"[6]既曰"存留本府"，就不必到京师去服役。各地是否需要存留工匠，完全按照各地作业的特点来决定。至于制造军器的工匠，也存留于地方，所以宣德六年（1431）差官查理浙江、南直隶、

---

[1] 申时行等. 明会典·南京工部营缮清吏司[M]. 北京：中华书局，1989.
[2] 申时行等. 明会典·职官[M]. 北京：中华书局，1989.
[3] "中央研究院"历史语言研究所. 明实录[M]. 北京：中华书局，2016.
[4] "中央研究院"历史语言研究所. 明实录[M]. 北京：中华书局，2016.
[5] 申时行等. 明会典·工匠[M]. 北京：中华书局，1989.
[6] 顾炎武. 天下郡国利病书·孟县志[M]. 上海：上海古籍出版社，2012.

苏、松等府州失班工匠，特别说明"惟造军器及织造者存留"①。明代江西景德镇也是个例外，这里也有大量的存留匠。景德镇以产瓷著名，那里设立御器厂，所以制瓷工匠存留御器厂工作，御器厂"颛管御器。有陶工、官匠，凡三百余"②。这是正嘉时的情况，至隆庆（1567—1572）时，"大小工匠，约有五百"③。松江工匠存留本府织染局上工的110人④。史书记载：苏、松、嘉、湖等府"织造工匠不下千余人"⑤。这部分人都是存留本府织染局上工之用的。此外，如益都也有定期命匠制纸的规定。存留本地的工匠，据上举宣德六年的法令，系属轮班工匠，严格说，并不是独立于轮班、住坐工匠之外的。

班匠提供的劳动，是无偿劳动。不但上工之日没有代价，连往返京师的盘费，也要自筹。统治阶级最初还特许"免其家他役"，但到洪武二十六年（1393）则规定"本户差役定例与免二丁，余丁一体当差。设若单丁重役及一年一轮者，开除一名"⑥。班匠世代服役，只得到这一点点的优惠而已。轮班服役的办法，是封建时代劳役制在官手工业中的体现。工匠们必须从自己的劳动时间中，抽出部分时间，在指定的地点为明王朝做无偿的劳动，这是手工业上的劳役制。

明代官手工业中另一部分主要的劳动者就是住坐工匠。这类工匠是附籍于京师或京师附近的大兴、宛平县，一般说就是让他们就地服役。住坐名称，元时已有。至元二十九年（1292）江东道宣慰司八儿思不花呈称："若将应有铁匠，全家起移，各路住坐，似为便当。"⑦这是企图集中铁匠于一定地方，

---

① 陈梦雷. 古今图书集成·考工典[M]. 扬州：广陵书社有限公司，2012.
② 吴允嘉. 浮梁陶政记，转引自彭则益. 中国近代手工业史资料[M]. 北京：生活·读书·新知三联书店，1957.
③ 贺熙龄. 道光浮梁县志[M]. 南京：江苏古籍出版社，1996.
④ 陈威，顾清. 松江府志·户口[M]. 古籍网整理本.
⑤ 张廷玉等. 明史·周经传[M]. 北京：中华书局，1974.
⑥ 申时行等. 明会典·工匠[M]. 北京：中华书局，1989.
⑦ 陈高华，张帆，刘晓，党宝海. 元典章·八儿思不花体察铁匠等事呈[M]. 北京：中华书局，天津：天津古籍出版社，2011.

以便监督，防止私自打造军器，所以有"起移住坐"的计划。元朝建立后，实行野蛮而落后的工役制，在居民中专门划出"官匠户"，征调工匠集中生产，"国家初定中夏，制作有程。凡鸠天下之工，聚之京师，分类置局，以考其程度，而给之食，复其户，使得以专于其艺"[1]。元代的"系官匠户"，大都集中于京师或官手工业工场所在地，以便随时征调和监督。

朱元璋立明之后，也沿袭了元朝的老办法，集工匠于南京。洪武十三年（1380）起，"取苏浙等处上户四万五千余家，填实京师，壮丁发给各监局充匠，余为编户，置都城之内外，爰有坊厢"[2]。同时，朱元璋还从各地征调来许多造船手工业者，到南京龙江船厂从事制造。至永乐时，开始"设有军民住坐匠役"[3]。住坐匠隶属匠籍，归工部管理。明朝住坐工匠的服役时间比轮班匠长，大约多五倍左右。但住坐匠享有月粮、直米的待遇。洪武十一年（1378），明廷规定"在京工匠上工者，日给柴、米、盐、菜、歇工停给"[4]。到洪武二十四年，新规定，凡在内府工作的工匠，"量其劳力，日给钞贯"[5]。到永乐十九年，改为按月支粮，"令内府尚衣、司礼、司设等监，织染、针工、银作等局南京带来人匠，每月支粮二斗，无工停支"，月粮由工部支付。正统二年配给月盐。成化十三年，"令见今营造军民人匠，每名月给食盐一斤"[6]。此外，住坐匠还可以得到皇帝的赏赐，如遇到皇帝登基、册立东宫等大典，都赐工匠银一二两或绢等。

住坐工匠编入匠籍的编制很严密，其编制最具典型的是南京龙江船厂的造船工匠。南京龙江船厂的工匠，按其系统是属于工部的，但就其性质看，则系住坐工匠。龙江船厂的工匠本来有四百余户，一律隶籍于工部龙江提举司，

---

[1] 苏天爵．元文类·经世大典序录[M]．上海：上海古籍出版社，1993．
[2] 顾炎武．天下郡国利病书·江南应天府[M]．上海：上海古籍出版社，2012．
[3] 申时行等．明会典·工匠[M]．北京：中华书局，1989．
[4] "中央研究院"历史语言研究所．明太祖实录[M]．北京：中华书局，1962．
[5] "中央研究院"历史语言研究所．明太祖实录[M]．北京：中华书局，1962．
[6] "中央研究院"历史语言研究所．明太祖实录[M]．北京：中华书局，1962．

住居于南京城内。明制,城市人民是以坊厢为基层组织,和乡村之以里甲为基层组织相同。船厂的工匠被编为四个厢,程序井然,分工明确。一厢出船木梭橹索匠,二厢出船木铁缆匠,三厢出舱匠,四厢出棕篷匠。"厢分十甲,甲有长,择其丁力之优者充之。长统十户,每厢轮长一人,在厂给役,季一更之"[1]。遵化铁厂可能也按行业分类编制,那里有烧炭工匠70户,淘沙工匠63户,铸铁等匠60户[2]。至于被充局匠的富户壮丁,也被编组起来。大兴、宛平都设有管匠官,管理住坐工匠。但其编制详情,不得而知。大概按厢甲之编制,当无可疑。住坐工匠经过严密编制,一则可以互相监督,不致逃亡;二则递补时可以不致混乱[3]。

明代住坐工匠的人数也经常发生变化。永乐年间(1403—1424)由南京迁到北京的民匠户,共有2.7万户,后来这些工匠纷纷逃亡。到成化年间(1465—1487)只"额存六千名"[4]。后来又再招收,同时通过国家权力强制工匠的家丁和一些"通晓艺业"的手工业者充匠[5],因此,住坐工匠又"过倍原额"。住坐工匠的数目以正德时候为最多。据记载,正德时,只乾清宫一处就"役工匠三千余人"[6]。刘健针对此种浪费现象说:"内府工匠之饩廪,岁增月积,无有穷期。"[7]嘉靖十年(1531),为紧缩开支,对于住坐工匠曾举行一次清查。结果,查出工匠25,167名,淘汰一部分,存留12,255名。这一数目就定为法定额数,以后不准擅自增加。嘉靖四十年(1561),又一次清查,发现支俸食粮"匠官、匠人"共18,443名,超过了十年的定额,又裁革1265名,留17,178名。到隆庆元年(1567)仍保持原额;但其中有些是老弱不堪役使的,

---

[1] 李昭祥. 龙江船厂志[M]. 南京:江苏古籍出版社,1999.
[2] 申时行等. 明会典·遵化铁冶事例[M]. 北京:中华书局,1989.
[3] 陈诗启. 明代的工匠制度[J]. 历史研究,1955(6).
[4] 张廷玉等. 明史·食货志[M]. 北京:中华书局,1974.
[5] "中央研究院"历史语言研究所. 明太祖实录[M]. 北京:中华书局,1962.
[6] 张廷玉等. 明史·食货志[M]. 北京:中华书局,1974.
[7] 张廷玉等. 明史·食货志[M]. 北京:中华书局,1974.

于是又裁了一部分，存留15,884员名①。按嘉靖四十年后的数目，系以员名计算。"员"指支俸的匠官，"名"指食粮的工匠。匠官是脱离生产的官员，其身份已不属于工匠，因此住坐工匠的实数更少，到万历四十三年（1615），只有15,139员名的虚数了②。南京的住坐工匠，据嘉靖九年（1530）南京兵科给事中何祉称："南京内府各监局人匠约七千六百余人。"③明朝中期以后住坐工匠有所减少，其主要原因是由于住坐工匠的消极怠工，制品不合格，质量低劣，明王朝采取了向市场购买物品的办法来供应统治者，因而逐渐减少了住坐工匠的人数。

明王朝统一全国之后，为了巩固国内的统治秩序和北方的边防以及沿海的海防，建立了一支庞大的武装部队，拥有一百数十万的军士，这些军士分属于全国各都司卫所。明代的军，属于军籍，犹如工匠之属于匠籍一样。人民一经为军，便得世代当军，不得转业。这支庞大部队需要的装备是非常可观的。为减少人民的负担，明太祖于洪武四年（1371）曾命令"以脚蹬弩给各边将士，仍令天下军卫如式制造"④。由此可见，在洪武四年前后，军卫已有生产军器的任务了。到了洪武二十年（1387），王朝才把都司卫所生产军器的制度确定下来。是年，"令天下都司卫所各置局，军士不堪征差者，习弓箭、穿甲等匠，免致劳民"⑤。此令一下，全国各都司卫所都设立了军器局，凡是不能负担战斗任务的军士，一律学习制造军器。这样一来，在明代的官手工业中，民匠之外，又有"军匠"了。嘉靖三年（1524），"命陕西四镇，各设总局，团造军器。八府四十七卫所，各以附近分隶之局列为四所，摄以二官，令都司守巡及兵备受粮官就便提督"⑥。

---

① 申时行等. 明会典·工匠[M]. 北京：中华书局，1989.
② 何士晋. 工部厂库须知[M]. 明万历间刻本.
③ 申时行等. 明会典[M]. 北京：中华书局，1989.
④ 申时行等. 明会典·军器[M]. 北京：中华书局，1989.
⑤ 申时行等. 明会典·军器[M]. 北京：中华书局，1989.
⑥ 《嘉靖实录》，转引自陈诗启. 明代的工匠制度[J]. 历史研究，1955（6）.

明代的军匠，一部分属于内府和工部部分官手工业部门，绝大部分属于245个军卫所。属于卫所的军匠，在宣德时（1426—1435），共有2.6万户[①]。每户正匠做工，免除杂役，仍免家内一丁以帮贴应役。假定以户役一丁的原则计算，则正匠当有2.6万人了；若加上帮贴一丁，则已超过五万之数了。余丁每名每年要出办工食银三钱，以备各衙门因公务取役雇觅之用。军匠和军士一样，都是住在被指定的卫所里面，不得随意移动，所以这是属于住坐性质的。

明代官手工业部门中，还有一种规定，即在某些工种的工匠之下设配有夫役，为工匠的助手。据《工部厂库须知》卷二记载："夫役旧例，一匠五夫。"遵化铁厂，"永乐间，起蓟州、遵化等州县民夫一千三百六十名，匠二百名；遵化等卫夫四百名，匠七十名"。按该厂分配比例，则一匠平均有六名以上的夫。可能因工种不同，有些部门配备夫就少些，如琉璃厂是一匠五夫，黑窑厂则一匠三夫，大石窝用夫的数字"多不出一匠三夫"。总之，明代的官手工业规模是庞大的，其中的劳动者，除轮班工匠和住坐工匠及军匠之外，还有一大部分的夫役，其人数虽无精确的统计，但数量肯定是不小的。

2.5 建筑业

明朝的建筑业也很发达，进一步发展了木构架艺术、技术，官式建筑形象较为严谨稳重，其装修、彩画、装饰日趋定型化。

明朝开国之初的53年（1368—1420）建都在长江下游的南京。永乐十八年（1420）迁都北京后，南京成为明朝的留都。南京地理条件优越，北倚长江，水源充沛，运输便利，南有秦淮河绕城而过，是水运集散地。这里自古就有"龙蟠虎踞"的美誉，钟山龙蟠于东，石城虎踞于西，北有玄武湖一片大水面。从3世纪至6世纪曾有六个王朝建都于此，前后达三百余年。1366年朱元璋

---

① 张廷玉等. 明史·张本传[M]. 北京：中华书局，1974.

就开始扩建旧城，并建造宫殿。1368年朱元璋登皇帝位，南京成为明朝都城。经过二十多年的建设，终于完成了南京作为明帝国首都的格局，全城人口达到百万。南京是在元代集庆路旧城的基础上扩建的。城市由三大部分组成，即旧城区、皇宫区、驻军区，后二者是明初的扩展。环绕这三区修筑了长达33.68公里的砖石城墙，所用之砖由沿长江各州府的125个县烧制后运抵南京使用，每块砖上都印有监制官员、窑匠和夫役的姓名，其质量责任制之严格可以想见。城墙沿线共辟13座城门，门上建有城楼，重要的城门设有瓮城，其中聚宝门、通济门、三山门是水陆交通要道，每门都设有三道瓮城以加强防卫。

现存中国古代最大的建筑群北京宫殿的营建始于永乐十五年（1417），完成于永乐十八年（1420），共建房8350间。其后宫中建筑物屡有重建、增建，但宫殿的总体规模与布局框架在永乐时代已经奠定，以后的变化只是局部性的。北京宫殿中的"外朝内廷"、"东西六宫"、"三朝五门"、"左文华右武英"、"左祖右社"、人工堆作万岁山等做法，是仿照明初南京宫殿的模式，连殿宇门阙的名称都与南京相同。黄琉璃瓦、汉白玉台基与栏杆、红墙、青绿色调的彩画，这是北京宫殿色彩的基调，在蓝色天幕笼罩下，格外绚丽璀璨，显示了皇宫的豪华高贵、与众不同的氛围。按照"五行"说，青、白、红、黑、黄五方位色中的黄色代表中央，是皇帝所在。因此，琉璃瓦以黄色为最高等级。北京宫殿主要建筑用黄琉璃瓦以显皇威，即源于此。

明代继续大力修筑宏伟的防御建筑——长城，长城许多重要段落的墙体和城关堡寨都用砖砌，建筑水平达到最高。明长城东起鸭绿江边，西至甘肃嘉峪关，长达5660公里。山海关、嘉峪关等著名关城，是中国建筑艺术中独具风格的杰作；北京八达岭段长城、司马台段长城等还有较高的艺术价值。在中国古代，明代的建筑业是一个无法逾越的高峰，明长城如此雄伟完整地保留至今就是最好的例证。当然，这同样得益于明代在建筑技术上的进步。明代，人们开始普遍用砖和石灰浆砌筑建筑，砖和石灰浆砌筑与拼合梁柱构件技术一起成为明代建筑技术上的两大技术进步亮点。而武当山金殿与北京天坛则体现出建筑业与金属铸造技术,建筑业与声学技术的完美结合。明代在建筑方面取得的这些成就是无法估量的。

天坛位于正阳门与永定门段中轴线的东侧,是明代皇帝祭天和祈祷丰年的地方。天坛始建于永乐十八年(1420),原称天地坛,主体是合祭天地的大祀殿,前有门和两庑。嘉靖九年(1530)为分祀天地,在大祀殿南面建造专为祭天的圆坛,即现在的圜丘坛。嘉靖十三年改称天坛,嘉靖十九年又将大祀殿改建为行祈谷礼的大享殿,即现在的祈年殿。天坛是封建王朝祭祀建筑中遗存下来最完整、最重要的一组建筑,也是艺术水平最高、最具民族特色的优秀古建筑之一。

金殿是明代的创举,武当山金殿便是其中的典型代表。武当山金殿坐落在湖北省丹江口市著名道教圣地武当山主峰天柱峰的顶端,建于明永乐十四年(1416)。金殿筑有花岗岩台基,四周围绕精美的汉白玉栏杆。此殿通体用铜冶铸,表面镏金,因此得名。金殿面阔3间,进深3间,长为5.8米,宽为4.2米,面积为24.36平方米。内有柱12根,立于宝装莲花的柱基之上。托起重檐庑殿顶,总高5.5米。金殿上下檐均有规整的斗拱和檐椽,飞檐内部有藻井。各构件采取榫接或焊接的方法,互相搭连成为整体。其结构形制、细部构件、装饰纹样都严格地模仿木构建筑。在柱头、枋额和天花等部位,镌刻的花纹图案均模仿木构建筑中的彩绘和雕饰而不失线条流畅。殿顶的正吻、垂兽、戗兽、小走兽以及勾头、滴水等雕饰部件的工艺水平,比木构建筑中的琉璃制品更为精细生动。殿内有一组神像和供桌也为铜铸镏金,主像为真武大帝,两侧侍立金童玉女以及天罡、太乙护法神,其衣着、纹饰都是明代形制。如此精湛的工艺,反映出明代冶铸建筑的高度水平。

明十三陵[①]坐落于北京市昌平区天寿山麓,总面积120余平方公里,始建

[①] 在京城西北约44公里的天寿山麓,坐落着明成祖的长陵、仁宗的献陵、宣宗的景陵、英宗的裕陵、宪宗的茂陵、孝宗的泰陵、武宗的康陵、世宗的永陵、穆宗的昭陵、神宗的定陵、光宗的庆陵、熹宗的德陵、思宗的思陵共13位帝王的陵墓,统称为明十三陵。

于明永乐七年（1409），到清顺治元年（1644）止，形成了一个规划完整、布局独特的广大陵墓群落。明十三陵集中在一个山谷之内，长陵居中为主，他陵沿山麓环形布置，成为中国古代陵园建筑中最富整体性的帝陵建筑群。明十三陵整体布局的独特，是明代陵墓设计者创造性地利用地形的结果。此地群山环抱，中心开阔，陵区的南面东西各有一座山岭，恰似虎踞龙盘，称为龙山和虎山。长陵坐落在天寿山前，为三进矩形院落，外门为三开门洞的砖石门，门内第一进院落正中为面阔5间单檐歇山顶的棱恩门，门内正面即是棱恩殿，面阔9间，重檐庑殿顶，环以3层白石栏杆。殿后经内红门进入最后院落，北端的明楼建在高约10米的方形墩台上，楼为重檐歇山顶碑亭。楼下前方建有牌坊和石五供。明楼背后是宝城，直径约31米的宝顶坐落在宝城正中的坟山上，下面即是玄宫。这是整个陵园的主陵，其他十二陵各倚一座小峰，沿东南、西南两侧延伸，并以神道为主干形成环抱之势，使主陵更显高大峻伟，鲜明突出，成为中国古代帝陵建筑史上的特殊一例。

这一时期，建筑方面进一步发展了木构架艺术、技术，官式建筑形象较为严谨稳重，其装修、彩画、装饰日趋定型化；装修陈设上也留下许多砖石、琉璃、硬木等不同材质的作品，砖已普遍用于民居砌墙。明代，中国建筑群的布置更为成熟。南京明孝陵和北京十三陵是善于利用地形和环境形成陵墓肃穆气氛的杰出实例。

明代的地方建筑也空前繁荣，各地的住宅、园林、祠堂、村镇建筑普遍兴盛，其中江南经济发达地区的江苏、浙江、安徽、江西、福建诸省最为突出，直到今天，这些地区还留有众多的明代建筑。明代中晚期，各地的造园活动出现一个新高潮。江南富裕地区的村镇多进行了有计划的建设，出现了许多环境优美、设施良好的优秀村镇实例。它们一般都有高质量的道路、桥梁、标榜本村杰出人士的牌坊、作为宗族联系纽带的祠堂、教育子弟用的书院，以及公共使用的风雨桥、路亭、戏台、庙宇等建筑。

大规模宫殿、坛庙、陵墓和寺观的建成，如南京宫殿、北京紫禁城、十三陵、天坛、南京大报恩寺、武当山道教宫观等，都是明朝有代表性的建筑群。曲阜孔庙也在明朝中期进行了大规模的扩建。这一时期的建筑样式，以规模宏大、气象雄伟为主要特点。在建筑方面，明朝到达了中国传统建筑的一个高峰，呈现出形体简练、细节烦琐的形象。官式建筑由于斗拱比例缩小，出檐深度减少，柱比例细长，生起、侧脚、卷杀不再采用，梁坊比例沉重，屋顶柔和的线条消失，因而呈现出拘束但稳重严谨的风格，建筑形式精练化，符号性增强。明初的建筑风格，与宋代、元代相近，古朴雄浑，明代中期的建筑风格严谨，而晚明的建筑风格趋向繁琐。

2.6 商业

2.6.1 商业政策

明代初期，政府推行了一系列不利商品经济发展的政策，主要是严格限制商人的活动，规定行商须领取官府印制的路引，才可外出经营。洪武年间（1368—1398）制定的《大明律》里规定："凡无引文私渡关津者，杖八十。"[①]嘉靖时（1522—1566）丘濬说："凡商贾欲赍货于四方者，必先赴所司起关券。"[②]没有路引而进行商业活动者，视为非法经营，按游民处理，"重则杀身，轻则黥窜化外"[③]。对于在城镇开店经营的坐商，则要求在所在城镇办理入户登记手续，名叫占籍。"非占商籍不许坐市廛"[④]。否则即被驱逐，拒不自首的隐、脱、漏、逃市籍的商贾则充军。兵马司设立于永乐二年（1404），隶属兵部，负责"指挥巡捕盗贼，疏理街道、沟渠及囚犯、火禁之事，凡京城内外，各划境而分领之"[⑤]。又监管全国市场，"有舍匿游民与无

---

① 刘惟谦等. 大明律·兵律三[M]. 明洪武三十年（1397年）刻本.
② 丘濬. 大学衍义补·征榷之课[M]. 台北：商务印书馆，2008.
③ 御制大诰续编[M]. 上海：上海古籍出版社，1995.
④ 秦镛. 崇祯清江县志[M]. 明崇祯十五年（1642年）刊本.
⑤ 张廷玉等. 明史·职官志三[M]. 北京：中华书局，1974.

籍军匠、罪囚者各听首实送户兵工三部收役,其中有无籍贯者,送五城兵马司拘候处画"①。又设保状制度,商贾向官府递交一份表明遵纪守法的保证书,以规范某些商贾欺行霸市、以非法手段牟取暴利等行为。然而,占籍、保状、路引等管控措施在规范商业秩序的同时,也限制了自由市场调节功能的发挥。

以商税来抑制商业发展,是明代商业政策的基本点。针对商税的征收,朝廷设置了税收管理机构。在京称税课司,州县称税课局,隶属户部,"凡一应收税衙门,有都税、有宣课、有司、有局、有分司;其收税有本色、有折钞;其起解收贮,有入内府、有留各处,亦有添设除免。其差官有巡视监收,例各不一,具列于后"②。为防止商人偷逃税款,实行严格的分税政策。先由各级税务管理机关制定纳税细则收取商税,所得税款逐级解赴上司,再由各布政司来年解到京都户部。物品收税数额由兵马司负责市场管理的机构统一张榜公布,严禁私自易价。偷税漏税者,经查出没收货物一半。拥有固定商肆和集市性摊位的"坐贾"是主要纳税人,称"居鬻",还有称作"行赍"的行商。"行赍居鬻,所过所止各有税"③。"居鬻"缴纳商税和市肆门摊税,商税按营业额比例上缴,"命中书省,凡商税三十税一,过取者以违令论"④,且征收额度逐年加重。宣德四年(1429),"户部以钞法不通,皆由客商积货不税与市肆鬻卖者阻挠所致,奏请依洪武中增税事例"⑤。在全国"三十三府州县市镇店肆门摊税课加五倍,候钞法通止"⑥。正统七年(1442)定京都税、宣课二司税钞则例,"每季缎子铺纳钞一百二十贯,油、磨糖、机粉、茶食、木植、剪截、绣作等铺三十六贯,余悉量货物取息,及工艺受值多寡取税从

---

① "中央研究院"历史语言研究所. 明宪宗实录[M]. 北京:中华书局,1962.
② 李东阳. 万历大明会典·商税[M]. 扬州:广陵书社,2007.
③ 张廷玉等. 明史·食货志[M]. 北京:中华书局,1974.
④ "中央研究院"历史语言研究所. 明太祖实录[M]. 北京:中华书局,1962.
⑤ "中央研究院"历史语言研究所. 明宪宗实录[M]. 北京:中华书局,1962.
⑥ 李东阳. 万历大明会典·库藏·钞法[M]. 扬州:广陵书社,2007.

之"①。不久，又颁布了塌房、店舍收税条例；进而在运河沿线设立钞关，对过往客商载货船只征收税钞。商税征收由轻到重。据弘治年间（1488—1505）礼部尚书倪岳述称：户部官员出理商税，"往往以增课为能事，以严刻为风烈，筹算至骨，不遗锱铢。常法之外，又行巧立名色，肆意苛求，客商船只，号哭水次，见者兴怜"②。万历二十八年（1600）正式改定商税税率为1/10，较明初税率提高了3倍。隆庆（1567—1572）以后，商税征取之令，密如牛毛，一切鄙微，无不税及。

实行海禁，禁止商人同海外各国和地区进行对外贸易。明初，令民间"禁海外互市"。在陆地也禁止商人与周边各族进行互市。洪武九年（1376）五月，"禁秦蜀军民入西番互市"③，永乐时，禁棉布出境，"严边关茶禁"④。正统时，"禁外夷市铜铁器"⑤，"禁瓷器与外夷交易"⑥，至于硝黄、武器及铁质农具等都在禁止交易之列。这种封闭政策对国内工商业的发展起到了极为不利的作用。

进入明中期以后，随着商品经济的发展，社会经济结构起了某种程度的变化，商人及其从事的商业活动的重要性开始为人们所认识、重视。在各级官员和士子间出现了"通商""惠商""恤商"的呼声，这对当时社会的各个方面也产生了一定的影响，客观上促进了商业的发展，适应了时代的要求。

嘉靖初年，国子监祭酒陆深在言及开中制下的种种弊端时说："祖宗时，设立各处转运、提举等司，佥灶以办税，置仓以收盐，建官以莅政，设法以开中，其要在于通商而已。大抵商益通，则利益厚，此立法之本意也。"⑦隆庆

---

① "中央研究院"历史语言研究所．明英宗实录[M]．北京：中华书局，1962．
② 张廷玉等．明史·食货志[M]．北京：中华书局，1974．
③ 朱国祯．皇明大政记[M]．明崇祯刻本．
④ 朱国祯．皇明大政记[M]．明崇祯刻本．
⑤ 朱国祯．皇明大政记[M]．明崇祯刻本．
⑥ 朱国祯．皇明大政记[M]．明崇祯刻本．
⑦ 陈子龙等．明经世文编[M]．北京：中华书局，1962．

年间（1567—1572），王崇古则提出"贻美利于商贾，方可鼓泉货之云集"①的通商利国主张。而庞尚鹏建议对商人多加存恤，他说："今议于商人报纳粮草，曲加存恤。减斤两宽斗头，计时估若干，乃量洞数目若干，以补其各色私费。至于科罚劝借，通行禁革；仓钞勘合，给不逾时。凡能宽一分，使商人受一分之赐，莫不极力为之。"②万历年间，湖广巡抚郭惟贤亦认为"足国莫先于惠商"，惠商的办法就是"去其所以害商者，而其所以利商者自在也"③。从官员们的这些言论可以看出，统治阶层对商人的态度有了一定的变化。这种变化是明中叶商品经济发展的结果，对商人地位的提高也产生促进作用。

明中期以后商人的地位得到较大的改善，这是因为农业生产水平有所提高，朝廷开始重视贸易流通对经济的带动。尤其是北方边境的粮草供给缺口甚大，如果交给普通商人做这笔生意的话，朝廷也会省去路程上的人力、物力消耗。粮草生意风险大，利益小，于是明朝统治者就给往北方边境输送粮草的商人发放"盐引"。食盐生意一本万利，一直处于王朝垄断的状态，如果有"盐引"，商人们就可以合法地从事食盐生意。这样朝廷给商人提供优惠政策，商人给朝廷带来经济效益，实现了双赢④。《明经世文编》中所说的"古人立法，厚本而抑末；今日之法，重末而抑本"⑤，这就在一定程度上说明了政策和法律已经出现了向商人倾斜的趋势。

商人地位的提高还突出地表现在他们政治地位的上升。过去商贾期望改变自己地位的途径就是花重金为子弟延师讲学，以求登进。到成化年间（1465—1487）则可通过多纳钱粮进入国子监，名曰"俊秀子弟"，不久，又开"纳货"得官之例，"是时四方白丁、钱房、商贩、技艺、革职之流以及士夫子弟，率夤缘近侍内臣，进献珍玩，辄得赐太常少卿、通政、寺丞、郎署、中

---

① 陈子龙等. 明经世文编[M]. 北京：中华书局，1962.
② 陈子龙等. 明经世文编[M]. 北京：中华书局，1962.
③ 陈子龙等. 明经世文编[M]. 北京：中华书局，1962.
④ 张铭伟. 明朝商人社会地位的变化[J]. 华章，2012（28）.
⑤ 陈子龙等. 明经世文编[M]. 北京：中华书局，1962.

书、司务、序班，不复由吏部，谓之'传奉官'"①。这样，富有的商贾们即可以凭借钱财走上仕途。这些入仕的商人及商人子弟在施政和建言中，极力保护商人的利益，充当政治的代言人。著名的东林党政治集团，其领袖和骨干成员有很多的商人和商人子弟，他们反对矿监税使对工商业的压榨和掠夺，对保护工商业的发展起到一定的积极作用。这说明了商人在政治方面的势力以及商人向封建统治阶级转化的程度②，这些现象的出现固然有当时特殊的背景，但不可否认的是，通过这一途径商人的政治地位得到提高。

官商融合，士商渗透也改变了千百年来人们鄙商观念。由于明朝初期抑商政策的影响，士子们虽清贫，却得到人们的钦羡；商人虽富有，却遭到人们的鄙夷，商人的社会地位很低。到明中后期，富商大贾财力雄厚，他们以自己的财富炫耀于人，令世人羡慕不已，这反映到社会意识上，已有人认为应当重视经商之道而不屑于据守本业："农事之获利倍而劳最，愚懦之民为之；工之获利二而劳多，雕巧之民为之；商贾之获利三而劳轻，心计之民为之。"③三者相比较，无论从经济利益还是从人身价值判断，商人都要高出一筹，致使人们对商人的看法有了质的变化，认为商人是"智者""豪杰"之流。商人的社会价值和地位得到士子们的重新评价。理学巨子王阳明论道："古者四民异业而同道，其尽心焉，一也。"④换言之，在"道"面前，士农工商完全处于平等的地位，不存在地位的高低、职业的优劣，从根本上对商人的社会地位给予明确肯定。

明中期出现的另一社会现象是权贵经商，这种现象明初即有，但为数不多。到明中期，在商业巨大的赢利效应的示范作用下，官员、宗室，甚至皇室也纷纷加入进来。他们"行商中盐"、开张店铺、下海"通番"，凭借权势牟

---

① 郑晓. 今言[M]. 北京：中华书局，1984.
② 田冰. 试论明代商人社会地位的变化[J]. 河南商业高等专科学校学报，2000(6).
③ 顾炎武. 天下郡国利病书[M]. 上海：上海古籍出版社，2012.
④ 王阳明. 阳明全书[M]. 四部丛刊影印明隆庆本.

取暴利。弘治时（1488—1505），"庆云侯周寿家人周洪奏买两淮残盐八十万引；寿宁侯张鹤龄家人杜成、朱达等，奏买长芦、两淮残引九十六万引"[1]。江西宁王天顺时"占沿江地方，起竖仓廪，停商取利"。就连天下之主的皇帝也不甘寂寞，正德十三年（1518），明武宗夺都指挥关山、指挥杨俊所置店二所，"改为酒肆"[2]。勋戚权贵势要之家经营工商业，由于其经营多依仗其特权，因此，其直接效应是使一般工商业者遇到越来越多的困难，甚至许多商人遭到直接掠夺。但这毕竟也反映出最高统治者对工商业的观念有了一些变化。再者，由于他们热衷于工商业的经营，对农商并重观念的出笼颇有环境上的帮助，也使得朝廷的抑商政策出现某种松动，突出表现在隆庆朝海禁政策的一紧一弛，海禁大员朱纨被逼自杀就是一个极好的注脚。因此，其间接效应也是不可忽视的。

从明朝总的情况看，抑商的倾向还是明显的，特别是明初的表现最为清晰。中国历代王朝实行的抑商举措对朱元璋的影响很大，在自觉不自觉中他继承了传统。这种无意识的传承使得抑商政策得以不断延续。对朱元璋而言，现实的考虑对他制定政策有更大的刺激作用，明初，既要保持强大的军事力量对付北元和其他的反政府势力，又要尽快地安定国内的局势。粮食问题对经历了长期战乱的国度来说，无疑是最紧要的。而天下初定，如何使整个国家尽快纳入其统治轨道以维持王朝长治久安是他必须考虑的另一重要课题。而在政治资源缺失的条件下，延续旧的主流的思维方式就成为他的必然选择。这也是采取抑商政策的基础，也是以后历代皇帝执行这一政策的依据。然而，明朝中期以后商业在国家中的作用日益显现，商业运作过程中产生的财富效应为社会所认同，这就使得统治者的抑商政策在一定范围有所缓和，明朝对待商业的政策是复杂的，既有浓厚的抑商倾向，也有对此的修正。只有从多角度去审视它，才能全面、完整地体味其中的奥妙，而希望以某个简单的概念对它进行诠释无疑

---

[1] 陈子龙等. 明经世文编[M]. 北京：中华书局，1962.
[2] 钱伯城等. 全明文·敕问文学之士[M]. 上海：上海古籍出版社，1992.

有违历史的真实①。

2.6.2 商业的发展

明朝初期,商品的市场十分狭窄,因为关系到国计民生的重要商品,如盐、茶等实行专卖制度。洪武三年(1370),朝廷采取了"招商输粮而与之盐"的办法,就是让商人到朝廷指定的军仓缴纳粮食,换取盐引,每引200斤,然后凭引到盐场领取盐,再运至指定的销售区贩卖。洪武四年,户部制定淮、浙、山东中盐之例,让商人输米临濠府仓、开封府及陈桥仓、襄阳府仓、安陆府仓、永州及峡州仓、荆州府仓、归州仓、大同府仓、太原府仓、孟津县仓、北平府仓、河南府仓、西安府仓、陈州仓、北通州仓等②。经过七年的实践,效果不佳,原因是盐价贵,商人无利可图。因而,朱元璋于洪武十一年二月以原先所定盐价过重,以致商人利薄,商屯效益不佳,命令中书省议减盐价。诏曰:"朕初以边戍馈饷劳民,命商人纳粟,以淮、浙盐偿之,盖欲足军食而省民力也。今既数年,所输甚薄,军饷不供,岂盐价太重,商人无所利而然欤?尔中书议减盐价,俾输粟于西河、梅川,庶粮饷可供,而内地之民省挽运之劳。"③于是,中书省臣奉诏定拟,凡输粮于凉州卫者,每盐一引,米二斗五升;梅川,三斗五升;临兆府七斗;河州四斗④。从此之后,开中制度就正式在全国推行。这是民制、官收、商贩的一种制度,使明廷获得了大量的军粮,一方面大大缓解了朝廷的财政支出,另一方面也造就了一大批盐商。明朝前期,朝廷垄断了盐、茶和部分铁的专卖权,必然缩小了商品市场,限制了民间商业的发展。

据文献记载,明代前期的商业状况是不景气的,全国各地仍是自然经济

---

① 于少海.明代重农抑商政策的演变[J].东华理工学院学报(社会科学版),2004(1).
② "中央研究院"历史语言研究所.明太祖实录[M].北京:中华书局,1962.
③ "中央研究院"历史语言研究所.明太祖实录[M].北京:中华书局,1962.
④ "中央研究院"历史语言研究所.明太祖实录[M].北京:中华书局,1962.

占主导地位,农村中从事商业的人很少,商业利润极低,贸易大多数都是短途贩运。以宣德时北京昌平地区来说,商人"奔走负贩二三百里外,远或一月,近或十日而返,其获利厚者十二三,薄者十一,亦有尽丧其利者","计其终岁家居日不一二焉"①。这反映了北方商业落后的情况。在江西一些交通不便地区的农民,很少购买东西,完全生活在市场之外。这种现象反映了从事商业的人是很少的。即使是农村偶然生产出大宗的商品,运到城市出售也是利润低,货物滞销,困难重重。当时全国各地的经济发展水平也是不平衡的,南方一些省份的商业贸易较好,如广东开建县,"县境多良田,富粳稌,而又多大山,产竹木,至于新炭茶纸之类,盖往往而有商贾之贸易迁取赢者,相蹑而往返。其民足于衣食,又有以通货财,既克遂其私,故不以事累官府"②。该县工商业发达,所以民丰衣足食。明朝前期,沿海的福建、广东地区,商业也是较为繁荣的,尤其是海外贸易发达的广东,因"地产白金、丹砂、水银、珠玑、玳瑁、钟乳诸物,可包可筐,又贾舶一至,则奇货交集,光耀眩人"③。此地物产丰富,又有海外的珍异之物,商人来此贸易,容易致富,所以这里商业繁盛,商人云集。明初广东、福建的货物经常有商人运往京师,如洪武八年(1375)三月"南雄商人以货入京,至长淮关,吏留而税之,既阅月而货不售。商人讼于官,刑部议吏罪当纪过"④。朱元璋"命杖其吏,追其俸以偿商人"⑤。由此可见,明统治者对于沿海地区与京师的商业贸易还是比较重视的。

明代中期以后,随着商品经济繁荣发展,商业十分活跃,全国各省区都有不少人脱离农业生产,转而从事工商业,大小商人的数目迅速增长。这些商业经营者的足迹遍布全国各地及海外,江南地区、东南沿海地区和运河沿岸地

---

① "中央研究院"历史语言研究所. 明宣宗实录[M]. 北京:中华书局,1962.
② 王直. 抑庵文后集·送刘知县赴任序[M]. 上海:上海古籍出版社,1991.
③ 吴俨. 吴文肃摘稿·送广东参议徐君之任序[M]. 文渊阁四库全书.
④ "中央研究院"历史语言研究所. 明太祖实录[M]. 北京:中华书局,1962.
⑤ "中央研究院"历史语言研究所. 明太祖实录[M]. 北京:中华书局,1962.

区尤为商贾聚集之处。明代中叶以后，还崛起了一些地区性的商帮，如徽州商帮、山陕商帮、广东商帮、福建商帮、江西商帮、洞庭商帮、龙游商帮等，这些商帮以地域为中心，以血缘、乡谊为纽带，以会馆为联系场所，互相支持，纵横驰骋于商界，操纵着某些地区和某些行业的商业贸易，越做越大。他们经营对象品类繁多，有盐、粮食、木材、棉布、丝绸、茶叶、陶瓷、纺织品、文房四宝以及金融典当等。

明代商业发展的另一个引人注目的现象，是工商业市镇的崛起，在全国已形成庞大的商业网络。当时的南京、北京是全国最大的商业城市；苏州是南部商业重镇，西安是西北重镇，南北大运河沿岸，出现了清江浦、济宁州、临清州、天津卫、河西务等一大批新兴商业城市。大量的工商业市镇也在不断兴起，并具有很强的专业性。如松江府的朱泾镇、枫泾镇、七宝镇，苏州府的璜泾镇、南翔镇、娄塘镇等都是著名的棉织业市镇，而苏州府的盛泽镇、震泽镇，湖州府的南浔镇、乌青镇、菱湖镇，嘉兴府的濮院镇、王店镇、王江泾镇等则都是著名的丝织业市镇。显而易见，明代中叶以后江南市镇的勃兴所表现出来的乡村都市化过程，是商品经济发展的必然产物。这些市镇充分发挥了商品集散中心的作用，大大促进了地区间的经济分工与合作，加强了地方市场与全国市场的联系，推动了经济一体化的进程。

由于运输条件的改善，一些大宗商品的流通范围也越来越广泛，逐渐形成了统一市场格局。大运河一直是南北运输的主渠道，东西运输以长江为主渠道。明朝时期长江已成为黄金水道，长江中上游的商品粮、木材、药材、生铁、豆类等亦顺流而下；江南的丝绵织品及日用杂货，淮南的盐等，则大量逆流而上。当时的长距离商品运销，已与宋代以前以珍奇宝货等奢侈品贸易以及土贡式的土特产贸易为主不同，已经以普通生产资料和大众消费品贸易为主，越来越多的农产品和手工业品进入商品流通范围，如粮食、棉花、棉布、蚕茧、绸缎、铁器、瓷器、食盐以及烟、茶、糖等行销全国各地。这种全国范围的商品流通，直接影响到大众消费①，也刺激了商品流通经济的发展。

明代的集市也比较发达，它是各地进行商品交易的主要场所。各地对市集的称呼不一，广东称之为"虚"，川西称之为"亥"，北方一些地方也称之为"店"。市集还分城集与乡集。市集的大小、多少，本来是地方商品经济发展程度的体现，而非统治者随心所欲意志的结果，然而，具有权威的地方官府，为掌握和控制这种自由交换的集市贸易，对市集采取了人为和严格的管理制度。城乡集市，都由地方官府"各立限期"，即由官府确定开市日期及周期。集期长短、疏密，视各地经济发展水平而异。在古老城市之间及周围，陆续出现了一批新兴的中小城市。民间贸易活动定期进行。州县一级的集市，每月有五六个；乡镇一级，每月有二三个；府城则每日一集；有的地方有药王庙会；淮河以北秦晋以东，各方商贾运送物品，入城为市。

明中叶以后，在经济发达地区，特别是长江三角洲一带，固定的市集逐渐向市镇化转型。如松江、吴江等地原有的集市，由于居民日盛，商贾辐辏，纷纷自成市井，使城镇数目激增。其时，官府将它们纳入了城市的管理之中。商人、商店自定的经营管理制度在长期的经营实践和激烈的市场竞争中，商人们为了求生存、求发展，往往在总结经营经验的基础上，为自己立下了许多训诫、条规，久而久之，有些则走向制度化。

明代行商中有"客商规略""为客十要"②等，坐贾铺店中有行规、店规，其具体包括质量管理制度、商业礼仪制度、商品分级分类销售制度、商业广告制度、商业道德规范制度等。苏州孙春阳南货铺的经营管理制度，是当时最突出、最典型的一例。史载，该铺"天下闻名，铺中之物，亦贡上用。其为铺也，如州县署，亦有六房：曰南北货房、海货房、腌腊房、酱货房、蜜饯房、蜡烛房。售者由柜上给钱取一票，自往各房发货，而管总者掌其纲。一日

---

① 高德步.中国经济简史[M].北京：首都经济贸易大学出版社，2013.
② 钱泳.履园丛话[M].北京：中华书局，1979.

一小结,一年一大结"①。这里首先反映了该店采用的是一种衙门式的管理制度,分门别类,明细完备。

伙计制度在大商人中较为普遍,艾衲居士在《豆棚闲话》中记述了这种情况,一个拥有20万资金的徽商,"大小伙计,就有百余人"②。显然其中多是雇主剥削伙计,但雇主、伙计的职责和义务都各有规定。有些商铺建立掌事制度,即大店家专雇一出纳财货之人,谓之掌事。有掌事制度,必有账目制度。明商普遍认为"收支随手入账,不致失记差讹"③,"人家掌事,必记账目,盖惧其有更变,人有死亡,则笔记分明,虽百年犹可考也。"记账格式,一般分"旧管""新收""开除""见在"四项,而且"虽微物钱数,亦必日月具报明白"④。可见当时有些店家的记账制度已相当完备。这些新的经营管理模式,体现了明代商业经营文化的新水平,反过来,它们又推动了民间商贸的发展。

明朝的商业制度主要由朝廷制定颁立,同时在长期商业活动中自然形成的一些行业守则、条规,也属于制度范畴内。明初期,朝廷推行重农抑商政策,因此当时商品交易十分有限,市场普遍弱小。经过几十年的休养生息,到宣德年间,社会经济得到恢复发展,大量富余的农产品,尤其是经济作物产品和手工业产品进入流通领域,刺激了市场的迅速发展。明中叶以后,商业活动更加频繁,各地市场繁荣,并日臻成熟。其表现为不仅市场规模大、交易品种多,而且其结构也向多层次、多方位、行业化方向发展。明朝统治者在不同时期先后制定了一系列政策措施,以强化国家对市场贸易的控制与管理。与此同时,市场本身也在实践中形成了贸易参与者务必遵守的一些条规、守则,由此形成了一套比较齐备的市场管理制度。在当时的形势下,一些商制在保障

---

① 钱泳. 履园丛话[M]. 北京:中华书局,1979.
② 艾衲居士. 豆棚闲话[M]. 上海:上海古籍出版社,1983.
③ 杨正泰. 明代驿站考[M]. 上海:上海古籍出版社,2006.
④ 孔齐. 至正直记[M]. 上海:上海古籍出版社,2014.

商务活动的有序进行、保证商品的公平交易以及促进贸易在更大范围以更大规模开展等方面，还是起了积极作用的。明代的商业制度具有鲜明的时代特点。

2.7 海外贸易

海外贸易的发展，在明代进入了一个新阶段。明代前期，朝廷严禁私人从事海外贸易，朝贡贸易成为对外贸易的唯一合法途径。朝贡贸易，又叫贡舶贸易，由市舶提举司掌管。市舶司地点的选择主要是据其地理位置，交通条件和经济条件而定。从海外来明朝贡的国家，获准携带他们的土特产来，再由明朝官方牙行主持与民贸易，这就是所谓"互市"。明朝对它做了种种限制。

贸易的前提是"入贡"，"非入贡即不许其互市"[1]。在明统治者看来，准许互市是对外番的施惠，根本就没想到通过平等的贸易来增加财政收入乃至带动国家经济发展。因此洪武、永乐两朝对番舶货物均予免税[2]。如永乐初年（1402），西洋剌泥国回回哈只马、哈没奇等来朝，附载胡椒与民互市，有司请征其税，明成祖朱棣说："商税者，国家抑逐末之民，岂以为利？今夷人慕义远来，乃侵其利，所得几何，而亏辱大体多矣"，结果没征税[3]。

不仅如此，还实行"厚往薄来"方针，贡品予以优惠计值，回赐优厚。史载："倭人贪利，贡物外所携私物增十倍，例当给直。礼官言：'宣德间所贡硫黄、苏木、刀扇、漆器之属，估时值给钱钞，或折支布帛，为数无多，然已大获利。今若仍旧制，当给钱二十一万七千，银价如之，宜大减其值，给银三万四千七百有奇。'从之。使臣不悦，请如旧制。诏增钱万，犹以为少，求

---

[1] 王圻. 续文献通考[M]. 济南：齐鲁书社，1997.
[2] 王圻. 续文献通考[M]. 济南：齐鲁书社，1997.
[3] "中央研究院"历史语言研究所. 明成祖实录[M]. 北京：中华书局，1962.

增赐物，诏增布帛千五百，终怏怏去。"①此种朝贡贸易，实际上是假借进贡之名，向皇帝高价售卖货物，何况尚须礼遇其使臣，所以不仅不能增加财政收入，反为国库增加负担，以致随着朝贡贸易的发展，朝贡国家的增多，明廷感到有些力不从心。在《明史·外国传》里常可看到明对不在规定贡期入贡的国家采取拖延甚至拒绝的态度②。这种贸易形式在永乐至宣德年间臻于鼎盛。

对前来朝贡的国家，要举行朝贡仪式，要办理相当烦琐的手续，同时明确规定其朝贡日期、路径和来船数目。据《续文献通考》所载："夫贡者夷王之所遣，有定期，有金叶勘合表文为验。"所谓"勘合"，就是明王朝给予朝贡国家的朝贡凭证。凡来贡舶必须携带勘合、表文、号簿，市舶司与之对号簿，并验视表文方物，皆无诈伪，才准入贡。他们运来物品，除贡品外，其余货物，运到京师的，由礼部派员监督，在会同馆开市；运到市舶司所在地的，也可以互市。对贡品实行"给价收买"的办法。除各国王贡品以"赏赐"名义给予报酬外，番使人等附搭的商品，由官府给价收购，其他番货也允许在限期内于指定地点与民间交易。

朝贡贸易使日本、安南、高丽等国竞相派贡船来华，以致出现贡舶不绝，市舶疲于应付的情况。因而朝廷只得实行贸易勘合制度，即定期定额制度，如限定安南、占城、高丽三年一贡，日本贡舶最多，限定十年一贡，可以说这是一种古典的进口许可证制度。明廷对官私商舶采取不同的政策，官船实行勘合制度，定期定额进行贸易，私舶则抽税后允其互市③。

永乐年间，明成祖派遣著名的航海家郑和，率远洋船队七下西洋，共历时28年，满载瓷器、茶叶、铁器、农具、丝绸、金银等各类商品，同爪哇、苏门答腊、苏禄、彭亨、真腊、古里、暹罗、阿丹、天方、左法尔、忽鲁谟斯、木骨都束等30多个亚洲、非洲国家进行商品交易，最远到达非洲东海岸。每到

---

① 张廷玉等. 明史·日本传[M]. 北京：中华书局，1974.
② 魏华仙. 试析明朝对外贸易的特点[J]. 内蒙古教育学院学报，2000（1）.
③ 孙健. 中国经济通史（上卷，远古—1840年）[M]. 北京：中国人民大学出版社，2000.

一国，都受到当地国王的接见，明朝使团首先开读敕文，赍赐礼品，然后再与商人进行交易。贸易方式随俗而定，主要有以货易货以及金钱交易等方式。在郑和下西洋的影响下，海外各国纷纷与明廷建立朝贡关系。郑和舰队带回的商品，罕见的珍宝进贡皇室，其他一般的珠宝、香料、药材等外国产品，则由官府开"库市"，许商人"博买"，缴纳商税，领取执照，转卖于民间。官府与商人均可由此获得厚利①。

从明武宗正德年间（1506—1521）开始，朝臣们已公然承认非贡舶的货物应予课税，把原来招徕远人的贸易政策改变成了增加财政收入的贸易政策，对贡舶附来的番货由免税而改为课税。课税的内容起初是抽分即抽解货物，早在孝宗弘治时就已明确规定，凡番国进贡，国王、王妃及使臣等附来货物，十分之五抽分入官，五分给还价值，以钱钞相兼支付。如系国王、王妃的货物，给钱六分，钞四分；使臣人等的货物，给钱四分，钞六分；但奉旨特免抽分者不在此例。实际上至武宗正德四年（1509），始提议暹罗、满剌加等国船货，俱按十分抽三，贵细货物均行解送京师，粗重货物变卖后留备当地军饷，其后正德十二年（1517）至世宗嘉靖五年（1526）改为十分抽二②。抽解货物的"抽分"制在行政处理上有许多困难，甚至有失公平。明穆宗隆庆年间（1567—1572），夷商狡诈报货不实以及负责"抽分"的官吏贪赃枉法，遂改"抽分"制为"丈抽"，以银两计算，以船舶广狭为准，分等课税。万历三年（1575）以后颁为定例。明朝对贡舶附来番货的进口，由免税而改为课税，是贸易政策的重大转变；而课税由"抽分"货物到"丈抽"银两则是其贸易政策的另一重大转变③。

随着海外贸易的需求日益强烈，明朝中期，有关禁海、开海的斗争由地方达到中央，私人海外贸易与倭寇合流，成为影响沿海社会稳定的重大问题，这

---

① 严从简. 殊域周咨录[M]. 北京：中华书局，1993.
② 顾炎武. 天下郡国利病书[M]. 上海：上海古籍出版社，2012.
③ 魏华仙. 试析明朝对外贸易的特点[J]. 内蒙古教育学院学报，2000（1）.

种情况为前所未有。隆庆元年（1567）部分解除海禁，一直被视为走私的私人海外贸易取得了合法地位，进入了一个新的发展时期。从中国输出的商品，有生丝、丝绸、瓷器、铜器、铁器、食品、各种日常用具以及牲畜等，其中尤以生丝、丝织品、瓷器为大宗。输入中国的商品，则以海外各地的特产和香料为主，也有暹罗红纱、番被、嘉文席、西洋布等少量手工业品。

15世纪后期，民间贸易兴起。弘治、正德年间，明廷对民间贸易进口货物实行"抽分"制度，抽取一定比例的货物作为进口税。至迟到万历初年（1573），各通商口岸已先后对入口番货改征货币。尽管走私猖獗，入口货物"其报官纳税者，不过十之一二"，但官府舶税收入仍然相当可观，仅福建漳州府海澄县一个港口，万历二十二年（1594）舶税收入就达2.9万余两[1]。在某些对外贸易发达的地区，对外贸易市舶收入甚至成为当地财政的支柱。

隆庆年间开放海禁之后，大批中国商品以东南亚为跳板流入欧洲和美洲。自明正德十二年（1517）葡萄牙国王曼努埃尔一世（Manuel I, 1469—1521）遣使臣托梅·皮雷斯（Tomé Pires）抵达广州以后，欧洲商人相继扬帆东来，欧洲、美洲与中国的直接贸易从无到有，逐渐发展到了可观的规模。中国对外贸易由于获得广阔的新市场而急剧扩张，其内容也在相当程度上发生了质的变化。在这个过程中，巨额海外白银流入中国，对中国银本位和货币财政制度的确立，产生了深远的影响。与海外贸易的发展相联系，白银货币化成为明朝后期引人瞩目的现象。明初以铜钱、纸钞为法定货币，白银在禁止流通之列。但纸钞因朝廷未能控制投放量而导致信用下降，渐至名存实亡，铜钱则因币材缺乏，铸币量难以满足流通的需要。明朝中期，朝廷被迫弛用银之禁，而通过海外贸易大量流入中国的白银恰好弥补了国内银矿不足的缺陷。白银作为货币，又进一步推动了对外贸易经济的发展。

---

[1] 梁方仲. 梁方仲经济史论文集[C]. 北京：中华书局，1989.

2.8 交通运输

明代因其社会政治与军事的需要,以及城市工商业呈现的繁荣景象,其道路交通运输秩序获取显著的发展。当时,分布在全国各地的水陆通道,多得难以数计。其中一些工程较大、用费浩繁与明王朝政治、军事、财政密切相关的线路,主要由明朝官府承担修建。

在陆路方面,早在洪武十三年(1380),明太祖出于军事、财政战略的考虑,"督兵略地",即命都督濮英"开哈梅里之路"[①];洪武十四年(1381)命东莞伯何真及其子何贵同往云南"规划粮饷,开拓道路"[②]。洪武十七年(1384)六月,"命天下府州县修治桥梁道路"[③],对全国道路进行了一次大规模修建,其中以北京至陕西行都司路线最为重要。该路可以直接联系兰州以西的河西各卫所,沿途有庄浪卫、古浪所、凉州卫、永昌卫、镇番卫、山丹卫、甘州五卫。西边可联系高台所、镇彝所、肃州卫。明初,洪武、永乐时期,在嘉峪关之西设置安定、阿瑞、曲先、罕东、赤斤蒙古、哈密等卫,但朝廷与这些卫的联系也完全是依赖这一路线。明廷又用朝贡、赏赐及马市等方式,和他们进行物资交换。实际上这条路线也成为与内地交流的一条商业大道和中亚及新疆地区各族向明王朝进贡的大贡道[④]。

明政府由于政治、经济的需要,还不时开辟一些新路,如四川是控制西南地区的战略要地,洪武二十四年(1391)景川侯曹震在这里主持军务,他深感四川交通不便,遂着手解决"蜀道难"的问题,修建成都经大渡河至建昌的驿道,曹震即刻重修峨眉至建昌的古驿道,又从茂州修至松潘,沿途"作驿舍邮亭,架桥立栈",结果取得成效,"至是运道既通",松潘遂为重镇[⑤]。随

---

① "中央研究院"历史语言研究所. 明太祖实录[M]. 北京:中华书局,1962.
② "中央研究院"历史语言研究所. 明太祖实录[M]. 北京:中华书局,1962.
③ "中央研究院"历史语言研究所. 明太祖实录[M]. 北京:中华书局,1962.
④ "中央研究院"历史语言研究所. 明太祖实录[M]. 北京:中华书局,1962.
⑤ 张廷玉等. 明史·兰玉传附曹震传[M]. 北京:中华书局,1974.

后又从松潘修至贵州，直达保宁的陆路。曹震对道路的修建，使四川的交通条件大为改善，正如方孝孺所说，过去人们都说蜀道难，"相戒而不敢"；而现在"商贾骈集，如赴乡间"，"操舟秣马，夕往而朝还"，"蜀道易，于斯为至矣"①。

道路的开辟，在多山的福建省尤为重要，如汀、漳二府，虽然距离较近，但其间"介于万山，鸟道盘行，毒草蒙密"，造成交通不便②。当时仅存东路与西路，东路经龙岩，沿途险远不如西路之便，"而驿传铺舍，俱从东偏，故东为孔道，行部者率由之。而舆马之费，跋涉之劳，盖有年矣"。针对这一状况，至成化（1465—1487）时，两府官员协商决定经过永定县开辟西路，"刊芟草木，堕高堙庳，而两山之阻，夷为大途"。西路的修通，"比之东路，减其三之一，又少险阻，既近且易，行者安之"③。不仅方便了汀、漳二府的交通，又沟通了漳州与赣南的交往。

明王朝还十分重视桥梁道路的整治与维护。在中央设有工部，掌"天下百官、山泽之政令"④，即负责水利、交通、宫殿等有关事务的管理。洪武二十九年（1396），工部下设营缮、虞衡、都水、屯田四清吏司，其中，都水司具体管理"川泽、陂池、桥道、舟车、织造、券契、量衡之事"⑤。在地方，桥梁道路由各府、县委派专人进行具体管理。据载，洪武二十六年（1393）规定："凡各处河津合置桥梁者，由所在官司起造。"⑥责令各地有关部门在适宜建造桥梁的地方建起桥梁。另据《明史·职官志》"都水"条下

---

① 谢开来等.广元县志稿[M].南京：江苏古籍出版社，上海：上海书店出版社，成都：巴蜀书社，1990.
② 付新河.明代道路交通运输钩沉[J].兰台世界，2013（6）.
③ 田汝成.田叔禾小集[M].济南：齐鲁书社，1997.
④ 张廷玉等.明史·职官一[M].北京：中华书局，2000.
⑤ 张廷玉等.明史·职官一[M].北京：中华书局，2000.
⑥ 申时行等.明会典[M].北京：中华书局，1989.

记载:"凡道路津梁,时其葺治。有巡幸及大丧大礼,则修除而较比之。"① 维修的时间大概为一年补修,三年拆修,或五年小修,十年大修。新建改建桥梁,用十至十五年加以保固。改旧修治桥梁,则用三至八年加以保固。

在水路方面,修建的重点是贯通南北的大运河。这条运河自元末明初已淤塞而废置不用。为供应北征与辽东军饷,洪武时曾一度实行过海运。明成祖朱棣即位后,为平定蒙古贵族的骚乱与营建北京,需要大量的粮食与物料。这些单靠北方赋税与屯田的收入是远远不能解决的,而是必须更多地仰赖东南地区。为此,他在采取"海陆兼运"的同时,于永乐九年二月,命工部尚书宋礼、侍郎金纯等疏浚会通河。经数省三十万军民的辛苦劳动,历时十旬,置闸十五,使工程完成。在永乐十三年五月,命平江伯陈谊等开凿淮安附近之清江浦,引管家湖湖水入淮以通漕,四闸以时启闭,大大节省了挽运之劳②。

这两项工程的完成,使废置日久的运河重新畅通,而且它与元代相比,有了显著的进步与发展。元之会通河,"岸狭水浅,不能负重载,容大舟"。明代重修之会通河,深一丈三尺,广三丈二尺,可以负重载,容大船。在运输量上,元代最盛时,岁运大都之粮不足百万石。在明代,当永乐十三年,运河畅通后,岁运粮最高额为五六百万石,在一般情况下,也达四百万石以上。这一明显的进步与发展,正如《天下郡国利病书》所说:"盖会通之业,自我朝收其全功,而十倍于胜国矣。"③

为了保证大运河的畅通,明王朝对与运河有关的水道尤其是黄河,不时进行了修治。

潘季驯从嘉靖末到万历中的27年里,先后4次督治过黄河,在长期的治河实践中,他吸取前人成果,全面总结了中国历史上治河实践中的丰富经验,发明"束水冲沙法",这对保证运河畅通与对黄河的利用起了重要的作用。

---

① 张廷玉等.明史·职官一[M].北京:中华书局,2000.
② 韩大成.明代交通运输散论[J].中国人民大学学报,1988(2).
③ 顾炎武.天下郡国利病书[M].上海:上海古籍出版社,2012.

明王朝对道路交通运输管理是十分重视的，设立了专门从事货物运输的组织"递运所"。递运所设于全国较大的水陆码头或交通枢纽，承担运输国家军需物资及贡物的任务。配备的运输工具主要是车、船及牛、骡等畜力。服务的劳动力除部分军卒外，主要由当地百姓的车船马户承担。递运所始设于洪武九年，有大使、副大使各一人，并根据人夫多寡增设百夫长，后来裁减了副使、百夫长。明廷所设的递运所在前后期有所变化，据《弘治会典》和《万历会典》记载，明前期全国递运所总共有333处，分布在京师（36）、南京（32）、浙江（6）、山东（16）、湖广（15）、福建（9）、山东（28）、山西（32）、河南（45）、陕西（72）、贵州（2）、四川（12）、广西（12）、广东（16）诸地，到明朝中后期，递运所减至140处，分布在京师（24）、南京（1）、浙江（2）、江西（4）、湖广（13）、福建（1）、山西（6）、河南（37）、陕西（35）、四川（13）、广东（1）、广西（3）诸地，这些递运所承担着不同地区的货运任务[①]。

　　明代中期，随着城市工商业的不断发展与市场的日益扩大，许多富民商人为了适应商品流通、运输方便，于是大量兴修道路桥梁，全国到处可见。如福建邵武府光泽县北之平济桥，"其道北于江浙，居民赋役之供，商贾货贿之贸迁，宾旅朝贡之往来，率由于此"。但该桥于元末已毁，因工大费广，经百余年没有修复。弘治时，邑之富民李文通父子捐资兴建，工程浩大，桥高十丈，长百丈，桥上复为联屋，所费将近万两[②]。徽州商人更是大力出资修建道路、桥梁，如商人刘正宾，为"修龙门桥，费万金"[③]；又祁门县巨商汪琼，见阊门"流激善覆舟"，遂捐金四千，别凿道由丁家湾而西，再折南，迤五六里至路公溪，与故水道合，舟安行，民利之。田充水道者计百余亩，琼悉买之，浚

---

① 付新河. 明代道路交通运输钩沉[J]. 兰台世界，2013（6）.
② 邢址，陈让. 嘉靖邵武府志·水利[M]. 明嘉靖二十二年（1500）刻本.
③ 金镇. 康熙扬州府志·笃行[M]. 清康熙十四年（1675）刻本.

为河；琼任办，积累数十年①。在北方如陕西富平县北门外大河有永兴桥，是输运边储的大道，因岁月倾斜，至万历时，有本县李子充，以农商起家，热心公益事业，曾以两万金助边，重建此桥。

明代的交通，正是在各级官府与广大商民的共同努力下获得了较大的发展。这些交通干线或以北京、南京为中心，或以徽州等地为中心。据《天下水陆路程》《士商类要》等书的记载，两京至十三布政司、各布政司至各府，以及各省的水陆交通干线近二百条之多。而且这些交通干线，除原有的水马驿路外，还有许多新开辟的新路，如北京、南京之间其路就有三条，两京至江西南昌其路有四，南京至四川成都其路有四，南京至山东济南其路有三，等等②。这些交通干线与各地难以计数的一般交通线路，纵横交错，深入到全国各个角落，联系着大小的城市和市场，形成了一个庞大而又细密的交通网③。这些交通线路的畅通，对明代政权的巩固，对地区物资的交换，对商品经济的发展，对保证城乡经济的繁荣等方面都起到重要的作用。

2.9 货币

明代在货币流通方面出现许多特点。明初，由于元朝纸币制度的崩溃，各地相继恢复了铜钱流通。朱元璋在应天即已发行自己的货币，"太祖初置宝源局于应天，铸大中通宝，与历代钱兼行"，"即位，颁洪武通宝钱"④。洪武八年（1375）以前，明朝的官方货币是铜钱，但由于受铜矿开采资源稀少，货币铸造严重不足的影响，商业的发展和国家的开支仅靠铜钱已无法满足需要，仍不敷使用，而商人不但认为使用铜钱有诸多不便，而且铜钱数量不足严重影

---

① 余士奇，谢存仁. 万历祁门县志·民行[M]. 明万历二十八年（1600）钞本.
② 黄汴. 天下水陆路程[M]. 太原：山西人民出版社，1992.
③ 付新河. 明代道路交通运输钩沉[J]. 兰台世界，2013（6）.
④ 李洵. 明史·食货志校注[M]. 北京：中华书局，1982.

响了他们的交易，不得不继续使用元朝的纸币进行交易，迫使朱元璋改弦易辙，决定发行大明王朝自己的纸币。

洪武七年（1374），明王朝设立宝钞提举司。次年三月，立钞法，发行"大明通行宝钞"。"大明通行宝钞"大体沿袭元钞的形制，分为六等，即一贯、五百文、四百文、三百文、二百文、一百文。每钞一贯，折钱一千文、银一两，宝钞四贯合黄金一两。因此，在明朝初期实际上是"钱钞兼行"，即铜钱与纸币同时流通，民间禁用金银。纸币大明宝钞以桑皮纸为原料，长方形，高34厘米，宽22厘米，是世界上幅面最大的纸币。明钞呈淡青色，外圈是龙纹花栏，横写有"大明通行宝钞"六个大字；上部两侧写有"大明宝钞，天下通行"八个篆字；中间画有铜钱，十串为一贯，如果是五百文的就画五串，其余依次类推；宝钞的下部写着："中书省（后改为户部）奏准印造大明宝钞，与铜钱通行使用，伪造者斩，告捕者赏钱二百五十两，仍给犯人财产。"[1]大明宝钞的发行权始终掌握在朝廷手中，其在促进明初经济恢复，稳定政局方面发挥了巨大作用。

大明宝钞始发行于洪武八年（1375），终明一代宝钞始终存在，且只有一个版本。但大明宝钞的命运却非一帆风顺，明廷虽效仿前代发行了纸币——大明宝钞，并依靠朝廷的强制力保证实施，但它与前代的纸币有本质的不同，即大明宝钞是无本之钞，如果硬要说有钞本的话，它是以发行的新钞作为钞本，这与前代的纸钞以白银和丝绸作为钞本有本质的区别[2]。

明朝的宝钞虽是无本之钞，但在发行上却是不限量的。单就朝廷把宝钞作为赏赐这一方面，有人统计仅在洪武二十三年（1390）一年的时间里朱元璋就有69次赏赐宝钞，在这69个事例中，有53个事例指定了赏赐的准确数额，总计有8000万贯，余下的16次虽然没有确切数字，大概也有500万贯。那么仅这一年赏赐的宝钞就将近8500万贯。按照当时的物价水平，每石米的价格为一贯，

---

[1] 李洵. 明史·食货志校注[M]. 北京：中华书局，1982.
[2] 何宇. 浅析明朝货币制度的发展演变[J]. 黑龙江史志，2014（23）.

那么这8500万贯的宝钞就相当于两年的田赋总额[①]。不难想象，在明朝初创的几十年间，短时期内发行如此大量的货币来攫取民间的财富，这对于刚经历战乱，一切还需要恢复的明王朝来说是不明智的。

同时，宝钞发行后，"禁民间不得以金银物货交易，违者罪之；以金银易钞者听"[②]。金银作为货币的职能被剥夺，而只能作为一般的商品存在，这样就使得宝钞成为一种不可兑换货币，加之无钞本的存在，使得宝钞无法通过自身的价值调节纸币的市场流通量。同时，在实际的商业活动中，铜钱的角色却是无可替代的。因为宝钞的面值都很大，虽然后来也发行了一些面值小的纸钞，但受到成本的影响，未能实现。铜钱在洪武朝被多次停废，但屡废屡开，在商品的交换中缺少不了这种小额货币。同时，又因为百姓对宝钞的不信任导致其被排斥，也就更增加了铜钱在商品交易的使用量。

尽管大明通行宝钞的发行与流通使用得到朝廷的法律保障，但由于朝廷滥发纸币，引发了严重的通货膨胀，最终不得不退出流通。在明钞刚开始流通的20年内还比较稳定，然而，后来为了缓解财政危机不得不滥发纸币。洪武十八年（1385），明朝的各钞局就发行了3000万贯新钞；到了洪武二十三年，印钞的数量就达到了7500万贯。超越经济发展需要的过大发行量，导致纸币兑铜钱和白银大幅贬值。明初时一贯宝钞折1000文铜钱或1两白银。随着纸钞的大量印发，到了洪武二十六年前后，一些地方的宝钞开始贬值。特别是南方的两浙、江西、闽、广一带，民间重钱轻钞，明钞1贯，只能换铜钱160文，若按铜钱购买力不变计，用纸币计算的物价已经上涨了6倍之多。民间开始私用金银交易。朝廷虽然一再重申不准使用金银交易，但宝钞仍在继续贬值。至成化年间（1465—1487），明钞1贯只值铜钱1文，通货膨胀达到1000倍以上。明朝初期，银1两合钞1贯，到15世纪初的永乐年间合80贯，而到15世纪中期的景泰年间（1450—1457）已超过1000贯。由于纸币大规模超发，明钞不仅兑铜钱和白

---

① 梁言. 试论明代货币发行和通货膨胀的关系[J]. 社会与法制，2008（10）.
② 李洵. 明史·食货志校注[M]. 北京：中华书局，1982.

银大幅贬值，其实际购买力也迅速下跌。初行宝钞时，米1石值钞1贯，到永乐二年（1404），已上涨到米1石值钞30贯。到宣德初年（1426），米价1石已达宝钞50贯，民间不愿用钞，不得不用实物交易。正统九年（1444），米价涨到宝钞100贯，城乡居民不愿用明钞而改用白银、铜钱交易，在罚不责众的形势下，朝廷只能放弃不准使用白银的禁令。到弘治、正德年间，明初的钞法已名存实亡[①]。

宝钞政策的失误，铜钱铸造的时断时续，都已严重侵害了民间百姓的利益，百姓为维护自己的利益，必然会选择一些能够保值的东西，而非宝钞和铜币，因此白银就成了一种选择。据史书记载，洪武朝就出现江浙人弃宝钞而不用的情况，朝廷虽一再严申禁用金银交易，却未能稳定宝钞的币值，白银的使用也未能禁绝。随着朝廷在白银政策上的松弛，白银虽不被朝廷承认，但它却成为民间公认的货币了。以至于到了嘉靖四年，民间有"益专用银"的现象。

正在明代纸币进退维谷的艰难时刻，处于大航海时代的西方人带着白银来到中国购买丝绸、瓷器、茶叶、香料等，成就了大明王朝货币的历史性转折。葡萄牙人绕过非洲好望角，横跨印度洋，穿过马六甲海峡，来到大明帝国的东南沿海；而西班牙人则由于哥伦布与麦哲伦的贡献，横渡大西洋，穿越南美洲进入太平洋，到达菲律宾群岛及大明帝国的沿海。相对于陆上的"丝绸之路"，这就形成了"海上丝绸之路"。"海上丝绸之路"的贸易是以中国的丝绸与西方的白银为主。在这个过程中，中国出口了大量的丝绸等商品，而数额众多的白银则进入中国，使陷入货币困境的大明王朝获得了以白银为主要货币的新出路。"海上丝绸之路"有多条航线，其中导致巨额白银流入中国的航线主要有三条：一是从广州经过澳门、果阿到里斯本，全程11,890海里。从广州经澳门出口到印度果阿和欧洲的商品有生丝、各种颜色的细丝、绸缎、瓷器、

[①] 翁礼华. 外贸顺差：明代货币从纸币变为银本位制[J]. 经济研究参考，2012（4）.

砂糖、中药等，其中以生丝为最大宗。由里斯本经澳门输入广州的商品有胡椒、苏木、象牙、檀香和白银，其中以白银为最大宗，仅1585—1591年，经澳门运入广州的白银约20万两。二是从广州经澳门到长崎，葡萄牙人到广州购买中国的生丝、绸缎、砂糖、铅、棉线、中药等商品运往长崎，其中以生丝为最大宗，1578—1638年，运往长崎的生丝共11,540担、丝织物21,000多担。从长崎经澳门进入广州的商品主要是白银，1585—1640年，从长崎经澳门输入广州的白银达到1489.9万两。三是由福建经过澳门到马尼拉然后到美洲，这是西班牙入侵菲律宾后开辟的新航线，把明朝商品从福建月港经澳门至马尼拉中转，运往美洲墨西哥、秘鲁、巴拿马、智利等地，甚至转运到欧洲。这条航道东起墨西哥西岸的阿卡普尔科，西至菲律宾的马尼拉。运往美洲的中国商品有生丝、丝织品、瓷器、棉布、中药等数十种，其中以生丝、丝织品为大宗。从美洲经马尼拉运回澳门进入广州的商品有白银、苏木、蜂蜡、墨西哥洋红等，其中以白银最多。①

一方面是不断增发的纸钞，纸币信用丧失；另一方面是在对外贸易中不断收入白银，相对于滥发无度的纸钞，白银币值更加稳定，受到广泛的欢迎。白银从官方严厉禁止使用的非货币贵金属，逐步占领了原本由纸钞流通的领域，最初仅限于民间的交易，后来逐步被官方认可、接受。到宣德年间（1426—1435），由于国内商业发达和海外市场开拓，对货币需要量大增，因而客观上要求价值较高的金属充当货币，而这一贵金属就是白银。因此，到明英宗正统元年（1436）及嘉靖初（1522），流通中的支付，便是大数目用银，小数目用铜钱，无论缴纳赋税、财富积累及社会上商品流通时，都使用白银计价支付，白银遂取代纸币和铜钱成为流通中的主要货币，铜钱成为辅币，形成白银、铜钱并行的货币流通制度。

而白银最终完全取代纸币成为国家货币则是一条鞭法的颁布。万历九年

---

① 翁礼华. 外贸顺差：明代货币从纸币变为银本位制[J]. 经济研究参考，2012（4）.

（1581），首辅大学士张居正在全国范围内推行一条鞭法的财税改革。一条鞭法规定，大部分田赋、徭役和其他杂税必须折成银两缴纳。在此之前，田赋是实物税，主要征收粮食等农产品。一条鞭法则从中央政府层面以法令的形式确立了白银的本位货币地位，自此中国进入事实上的银本位制时代。一条鞭法的实施，是白银在明朝完成货币化的标志，也代表以中央信用为基础的纸币制度完败于银本位制，对中国乃至整个世界之后数百年的历史产生了极其深远的影响。

2.10 人口政策

在传统的农业发展中，人口作为一种资源受到高度重视，"版籍渐增，生齿日繁"代表着人口的兴旺昌盛，对经济发展是有利的，这也成为明代统治者追求的目标。而且明代在人口政策上具有独特的特色，从社会分工的固定化到适应人口流动的政策调整，贯穿了明代大部分时间。可以说，明代经济的逐步繁荣，与其人口政策能够顺应时代发展要求是有很大关系的。

明朝初期虽然已经进入封建社会的晚期，但从经济形态来看，仍然是自给自足的自然经济，生产方式依旧以农业为主体，耕作技术尚无大的改进，生产工具没有出现质的变化，手工劳动居于主导地位。因此，人口兴衰也成为促进或制约农业生产的重要因素之一。当务之急就是尽快使百姓得到休养生息，尽快使社会得以恢复元气。洪武元年（1368）正月，面对各地前来陛辞的府州县官们，朱元璋指出："天下初定，百姓财力俱困，譬犹初飞之鸟，不可拔其羽；新植之木，不可摇其根，要在安养生息之。"[①]明太祖朱元璋在位期间对各地采取的一系列蠲免税粮措施，就充分说明了这一点。通过实行蠲免赋税使百姓负担得到减轻，这样才有可能安居乐业，只有安居乐业，才能保证人口持续大规模地增长。所以，在当时的社会背景下，他所制定的具有奠基性作用的

---

① "中央研究院"历史语言研究所. 明太祖实录[M]. 北京：中华书局，1962.

人口政策，处处体现出"农为国本"和"休养生息"的时代特色，成为明代人口思想的核心内容，也是明初最基本的人口政策。

"核民数"也是明初实施的最基本的人口政策之一。朱元璋在洪武三年（1370）进行全国户口调查，推行户帖制度，这是明代施行最早的人口管理制度。在随后的洪武十四年（1381），朱元璋又在全国建立了一个新的制度，即黄册制度，不仅登记了每户人口的具体情况，还登记了各户的财产，如田地、房屋等。此外，黄册上还有一项必不可少的内容，就是登录各户的"籍"，如民籍、军籍等。明代黄册每十年重新攒造一次，其中有些内容可能会有变动，但"籍"是不变的，这是明代人口管理最基本的制度。黄册建立后，此前的户帖，以及部分地区实行过的"小黄册"，就都被取代了。

除了皇帝家及宗室外，明朝的所有百姓都有属籍，"凡军、民、医、匠、阴阳诸色人户，许以原报抄籍为定，不得妄行变乱"①。所谓"原报抄籍"，就是洪武初年（1368）在登记户帖时，百姓自己填报的属籍，这个"籍"基本是从元代承袭而来的。明代的户籍主要有军、民、匠等几种，一些地方则区分更加细致。户籍确定后往往不能改变，不论社会地位多高，皆是如此，否则就是"变乱版籍"。而不能变籍，也就意味着要世代承袭。《大明律》明确规定："若诈冒脱免，避重就轻者，杖八十。其官司妄准脱免，及变乱版籍者，罪同。"②其目的就是保证户籍的严肃性。

明初的人口管理政策不仅在分工和职业上进行了限制和固化，也在活动空间上给予限制。明初编制黄册的同时建立了里甲制度，以110户为一里，设置里长、甲首等。当时规定，充当里长的"务不出本都"，即必须是本乡的人，而其他成员自然也是本乡人。这样一来，他们的生产、生活都只能在一定范围内进行。可以想见，在这样的制度下，人们被束缚在固定和狭窄的空间里，其活动的自由度非常有限。尽管这是管理者所乐见的，但却不能持久。明永乐以

---

① "中央研究院"历史语言研究所. 明太祖实录[M]. 北京：中华书局，1962.
② 大明律[M]. 明洪武三十年（1397）刻本.

后，流民开始出现，他们不仅打破了空间的束缚，也对户籍形成了冲击。面对规模日益庞大的流动人口，明代的人口管理政策经历了从限制到放开的过程，也就是从强调复业到允许在流入地附籍[1]。

明代初期还实行了鼓励多生育的助养政策。洪武二十六年（1393），河南卫军王狗儿之妻周氏一产三男，朱元璋得知以后，"遣行人给赐钞十锭，米五石。且命分其子二俾无子之家养之，月给米五斗，过二岁罢给"，并明确"著于例"。此后，朝廷对于"一产三男"的助养成为制度。

释放奴婢，禁止人口买卖也是明初实施的人口政策之一。明朝初年在很多地方蓄奴之风和人口买卖现象仍然很多。为此，明朝统治者多次颁布法令加以禁止。洪武五年（1372）五月下诏，"诏曰：天下大定，礼仪风俗不可不正。诸遭乱为人奴隶者复为民"[2]。后又规定，禁止庶民之家蓄养奴婢，"违者，依律论罪，仍没其家人口"[3]。明廷一方面对买卖人口现象进行严厉打击，以期扼制不良社会风气；另一方面对因战乱或灾荒而被典卖的人口，采取了官为赎回的措施。洪武十九年四月，"诏赎河南饥民所鬻子女"[4]，计274口。永乐八年正月，下诏免除扬州、淮安、凤阳、陈州去年因水灾所欠田租，并"赎军民所鬻子女"[5]。释放奴婢和禁止买卖人口，不仅增加了劳动力，有利于发展经济，还使许多下层人民的社会地位有所提高。但是，明朝并未从根本上消除奴婢现象，虽然有不少法令禁止蓄奴或限制蓄奴，但功臣勋戚、官宦之家和地主豪绅等仍通过各种方式拥有并役使奴婢，甚至得到朝廷赏赐，或将罪臣妻女发配功臣之家为奴等。所以，在明代人口中，奴婢还占有一定数量。

为了掌握更多的劳动力人口，保证农业生产的发展需求，明初统治者对百

---

[1] 张兆裕. 明代人口政策如何因时而变[J]. 人民论坛，2017（15）.
[2] 张廷玉等. 明史·太祖本纪二[M]. 北京：中华书局，2000.
[3] 刘海年. 皇明诏令[M]. 北京：科学出版社，1994.
[4] 张廷玉等. 明史·太祖本纪二[M]. 北京：中华书局，2000.
[5] 张廷玉等. 明史·成祖本纪二[M]. 北京：中华书局，2000.

姓出家为僧采取了限制政策。洪武六年（1373）十二月，朱元璋下令：全国各府州县，每处只保存大寺观一所，"非有戒行通经典者不得请给度牒"①。以后又规定："民年二十以上，不许为僧。"②朱元璋认为，僧道人数过多，耗费国家资财，占用劳动人手，于国于民都无益处，因此要严加限制。至成祖时继续了这一政策，禁止民人私自削发为僧。永乐四年，直隶和浙江诸郡一批军民子弟私自剃度为僧，并赴京申请度牒。成祖朱棣对此严加斥责："命悉付兵部编军籍发戍辽东甘肃。"③僧道一般不从事生产，是一个纯粹的消费群体，不少寺院却拥有大量土地和劳动力，他们不向国家纳租服役，饱食终日，诵经念佛，成为寄生阶层。明廷对僧道数量进行限制，是其人口政策的一个组成部分，体现了注重生产、发展经济的时代特征。

明代还根据不同的老年群体，制定不同的优抚政策。明太祖朱元璋尤其注重对老人的关照，他在位期间颁布了一系列诏令优待老人。洪武元年（1368）八月，诏令"民年七十以上者，许令一子侍养，免其差役。凡民年八十以上止有一子，若系有田产应当差役者，许出丁钱雇令人代，无田产者，许存侍。"④洪武五年（1372）又颁诏于天下，指出：凡"孤寡残疾不能生理，官为养赡，勿致失所"⑤。不仅如此，对年长高寿者还要由官府赐给各种物品。此外，明初还采取了各种相关措施优恤老人和贫弱者：如洪武八年（1375）正月设立养济院，将贫民无以为生者收养其内，"给屋舍衣食"。又设漏泽园安葬贫民，并在全国各府州县建立义冢⑥。对各级官员孝敬老人、赡养父母者，提供便利条件⑦。以上所举表明，明初实行的养老助残和赡养政策，主

---

① 夏燮. 明通鉴[M]. 北京：中华书局，1959.
② 谈迁. 国榷[M]. 北京：中华书局，1958.
③ "中央研究院"历史语言研究所. 明太祖实录[M]. 北京：中华书局，1962.
④ 王圻. 续文献通考[M]. 济南：齐鲁书社，1997.
⑤ "中央研究院"历史语言研究所. 明太祖实录[M]. 北京：中华书局，1962.
⑥ 王圻. 续文献通考[M]. 济南：齐鲁书社，1997.
⑦ 张廷玉等. 明史·太祖本纪三[M]. 北京：中华书局，2000.

要体现在对有老人家庭的徭役减免、对老人提供物资供应、给予荣誉称号、收养困难人户和鳏寡孤独、倡导尊敬老人等方面。这既是对中国优良传统文化观念和伦理道德的继承，又是推行新的社会风尚、树立忠君孝父思想的现实需要。这部分人户在明代总人口中占有一定比例，而且分布面广。妥善解决好他们的生计问题，对国家的稳定、经济的发展和人心的安抚都有积极的作用。

明初的人口政策，还表现在同姓不婚方面。如洪武二十六年（1393）规定："凡民间男女嫁娶，不许同姓及尊卑亲属相为婚姻，违者律有常宪。"[1]又规定："凡同姓为婚者，各杖六十，离异。"[2]在明代的刑律中，对哪些亲族不得结婚规定得更加具体：凡"姨之子、舅之子、姑之子皆缌麻，是曰表兄弟，不得相为婚姻"[3]。这些规定实际体现了人们的一种优生观念，确保了人口质量，也是人类社会在漫长的发展繁衍过程中总结出来的宝贵经验。

总的来看，明代人口政策具有历史继承性、体系相对完备和政策执行不力的特征。从积极的方面看，使经济得以恢复和发展，如人口的增加、人地相称使农业生产力得到发展；耕地面积扩大，国家收入增加，赋役相对均平；保障了百姓的生产和生活，弘扬了中华民族扶危济困、敬老尊贤的优秀传统。从消极的方面看，明初移民垦荒开启了田地和赋役不均之端；人口管理的僵化性和封闭性限制了百姓的自主活动和商业发展；黄册制度实施之弊造成赋役严重不均，百姓流亡；而大量的人口逃流对社会稳定构成了巨大威胁，国家实际控制力下降。移民及流民于聚集处粗放式地垦辟荒地，带来严重的生态问题。纵观明代人口政策，可以发现，明代人口政策的调整是各种因素综合作用的结果，使人口的自由流动有了政策依据。明代中期以后，从社会分工的固定化到适应人口流动的政策调整，其人口政策从理想化到面对现实，经历了从限制到放开

---

[1] 申时行等．明会典[M]．北京：中华书局，1989．
[2] 申时行等．明会典[M]．北京：中华书局，1989．
[3] 申时行等．明会典[M]．北京：中华书局，1989．

的过程。明代能够顺应时代发展要求，因时制宜地调整人口政策，为明代中期以后的经济发展提供了重要条件。

2.11 人口分布与迁移

2.11.1 人口分布

人口分布是指人口在某一特定时间内于一定地理空间的集散状态、疏密结构，或称之为人口的空间形式。明代在中国人口发展史上占有十分重要的地位，人口数量的多寡是一个地区人口分布最直观的表现。明代前期，明政府通过大规模移民、奖励垦荒、兴修水利、稳定社会等政策，使人口在元末战乱损耗的基础上迅速得到恢复。洪武二十六年（1393），全国的总人口达到69,875,513人（见表2-1），人口密度是12.2人/平方公里。可以看出，这一时期，南直隶是人口最密集的省份，其次是浙江和江西，这三个地区占全国8.85%的土地面积，聚集了全国45.45%的人口，平均人口密度超过70人/平方公里，远远高于其他地区。湖广、山东和山西三个地区是人口次密集区，这三个地区的面积占全国总面积的10.09%，人口占全国的20.9%。广东、河南和福建地区属于人口稀疏区，这三个地区的面积占全国总面积的14.70%，人口占全国的16.05%。从人口密度看，明代早期中国人口分布的格局是包括南直隶、浙江、江西和福建在内的东南沿海一带是中国人口的最密集区，自此向西、向南延伸，人口密度呈逐渐下降的趋势，如表2-2所示。

第2章 明朝经济与人口停滞

表2-1 明代各地区人口分布

排名	洪武二十六年（1393）地区	人口/人	人口比重/%	弘治四年（1491）地区	人口/人	人口比重/%	万历六年（1578）地区	人口/人	人口比重/%
1	南直隶	11918938	17.06	南直隶	17696001	16.99	南直隶	25144434	16.88
2	浙江	10784567	15.43	浙江	15091704	14.49	浙江	20345051	13.66
3	江西	9062482	12.96	江西	12934563	12.42	江西	17745539	11.91
4	山东	5959876	8.53	山东	8535431	8.20	山东	13238503	8.89
5	湖广	5803660	8.31	湖广	8836684	8.48	湖广	13233924	8.89
6	山西	4453127	6.37	山西	6611540	6.35	山西	9394407	6.31
7	福建	4189806	6.00	福建	5921261	5.69	福建	8052734	5.41
8	广东	3242932	4.64	陕西	4890642	4.70	河南	7757408	5.21
9	北平	3098595	4.43	京师	4730664	4.54	京师	7337287	4.93
10	陕西	2869569	4.11	河南	4582414	4.40	陕西	7260402	4.87
11	河南	2165542	3.10	广东	4362447	4.19	四川	5888905	3.95
12	四川	1991478	2.85	四川	3634226	3.49	广东	5678221	3.81
13	广西	1585671	2.27	广西	2351777	2.26	广西	3061105	2.06
14	西藏	1000000	1.43	贵州	1217451	1.17	贵州	1729889	1.16
15	贵州	940000	1.35	西藏	1000000	0.96	云南	1241898	0.83
16	云南	709270	1.02	云南	954122	0.92	西藏	1000000	0.67
17	台湾	100000	0.14	奴儿干	609361	0.58	奴儿干	726498	0.49
18				台湾	100000	0.10	台湾	100000	0.07
19				西北诸卫	75310	0.07			
	全国	69875513	100.00	全国	104145598	100.00	全国	148936205	100.00

注：各地区占全国人口的比重由笔者根据资料计算得出。
资料来源：张民服，路大成.试析明代的人口分布[J].中州学刊，2017（3）.

明代中期，在安定的社会环境和经济发展的作用下，人口有了较大幅度的增长，弘治四年（1491）全国人口总数达到104,145,598人，比前期（洪武二十六年）增长49.04%。随着人口总量的增加，人口的地域分布也发生了一定的变动，与总人口的增长一样，各省的人口规模亦有明显增长；从人口增长量来看，以人口规模较大的省份人口增长较多，而人口规模处于中间位次的京师、河南、陕西、四川等省人口增长率较大。这一时期，南直隶仍然是全国人口第一大省，浙江和江西则紧随其后，分列第二、第三位。与前期相比，江西人口首次超过1000万，达到12,934,563人，全国人口超过1000万的地区增加到3个。南直隶、浙江和江西三个地区的人口占全国总人口的比例仍然高达43.90%。而人口在500万—900万的地区有4个，合计起来，人口规模超过500万的地区增加到7个，占全国总人口的比重为72.62%，表明人口分布更趋向集中化的态势。从人口密度来看，明代中期的人口分布格局大致与前期相同，东南地区仍然是全国人口最稠密的地区，北方地区由于人口的快速增长，人口密度增加的速度超过东南沿海，许多地区此时已变为人口密集区。

明代后期，经过近两百年的人口发展，到万历六年（1578）人口达到148,936,205人。这一时期，2000万人以上的地区有2个，为南直隶和浙江；1000万人以上的地区有3个，为江西、山东和湖广；500万—1000万人之间的地区则达到7个，分别是山西、福建、河南、京师、陕西、四川和广东。有明一代，各个地区的人口数量虽然处在不断的变化之中，但东南一带始终是全国人口最多的地区，西南数省则始终是全国人口最少的地区。从人口密度看，这一时期人口最密集的省份仍然是浙江，人口密度达到201.6人/平方公里，首次突破200人/平方公里高点。南直隶的人口密度更接近江西，几乎持平[①]。山东、福建、山西依然位居其次。浙江、江西、南直隶和福建这4个位于东南部的地区，在明代后期占全国土地面积的比例为8.58%，人口占全国的比例为

---

① 张民服，路大成. 试析明代的人口分布[J]. 中州学刊，2017（3）.

48.04%，平均人口密度超过120人/平方公里，人口集中于东南地区的趋势更加明显。山东、山西、京师和河南四地区的平均人口密度达到59人/平方公里，成为仅次于东南地区的人口密集地带。湖广、广东地区人口密度均有较大提高，属于中度密集区。相对而言，陕西、贵州、四川和广西地区的人口密度都比较低，仍然属于人口稀疏区。云南、台湾、西藏和奴儿干地区依然是全国人口最稀疏区。简而言之，明代后期的人口分布格局是东南地区仍然是全国人口最稠密区，北方部分地区由于人口的快速增长，成为人口分布的又一密集区。由东南向西南、西北延伸，人口密度逐渐降低。

表2-2 明代各地区人口密度

排序	洪武二十六年（1393）地区	人口密度	弘治四年（1491）地区	人口密度	万历六年（1578）地区	人口密度	崇祯三年（1630）地区	人口密度
1	浙江	106.9	浙江	150.0	浙江	201.6	浙江	246.3
2	江西	54.8	江西	78.2	江西	107.3	南直隶	131.5
3	南直隶	50.6	南直隶	75.2	南直隶	107.0	江西	122.4
4	福建	34.8	山东	53.1	山东	82.4	福建	90.3
5	山东	27.5	福建	49.1	福建	66.8	京师	72.5
6	山西	19.0	山西	40.7	山西	57.8	山东	71.6
7	广东	14.6	京师	31.6	京师	49.3	山西	61.5
8	河南	13.1	河南	27.8	河南	47.0	河南	57.9
9	湖广	13.0	湖广	20.1	湖广	30.1	湖广	38.4
10	北平	9.9	广东	19.6	广东	25.5	广东	29.8
11	广西	7.1	陕西	11.8	陕西	17.5	陕西	20.3
12	贵州	7.0	贵州	11.6	贵州	16.5	贵州	20.2

续表

排序	洪武二十六年（1393） 地区	人口密度	弘治四年（1491） 地区	人口密度	万历六年（1578） 地区	人口密度	崇祯三年（1630） 地区	人口密度
13	陕西	6.9	广西	10.3	四川	13.8	广西	15.7
14	四川	5.0	四川	8.5	广西	13.4	四川	12.5
15	台湾	2.8	台湾	2.8	云南	3.4	云南	4.0
16	云南	2.0	云南	2.6	台湾	2.8	西藏	0.5
17	西藏	0.5	西藏	0.5	西藏	0.5		
18			奴儿干	0.3	奴儿干	0.4		
19			西北诸卫	0.2				

资料来源：张民服，路大成．试析明代的人口分布[J]．中州学刊，2017（3）．

明代人口分布格局的形成，是自然环境、经济以及历史等多种因素长期综合作用的结果。综观整个明代的人口历史，自然条件和历史延续决定了人口分布的大势，而社会条件、经济条件的变化在一定程度上共同影响着人口的再分布，其中自然地理环境是影响明代人口分布格局的最重要因素。东南地区是我国自然资源最丰富的地区之一，这里气候温和，雨量充沛，土地肥沃，河湖密布，交通便利。这种优越的自然地理条件，不仅适于人类的生存繁衍，而且对于农业、手工业和商业的发展都是相当有利的，因而这些地区的单位面积人口承载能力很高，容纳了大量人口。相比之下，西北、西南地区大多为高原、荒漠，自然环境恶劣，土地可垦殖率低，单位面积的人口承载能力较低，所以人口稀少。不同地区地理环境的差异、自然资源的多寡，深刻影响着各地区的经济发展和生产布局，影响着人口的生殖与增长速度，从而造成人口分布的不平衡[①]。

经济因素也影响着明代人口分布格局。从历史角度看，人口密度总的趋势是随着经济的发展而不断增长的，明朝统治者把人口的增加看作是社会安定、百业兴旺、经济发展和王朝强盛的一个重要指标，制定种种政策鼓励增殖人口。另外，人们还往往以人口多寡和人口密度的大小来近似地划分经济发展的阶段和分期。隋唐以后，中国的经济重心加速从北方向南方转移，这一过程"至北宋后期已经接近完成，至南宋则全面实现了"[②]。江南地区成为全国粮食生产和输出基地。入明以后，江南地区农业经营更趋精细，经济作物广泛种植，手工业发达，商品经济活跃，经营行业越来越多，劳动分工更加细致，从业渠道更加广阔，社会生产力不断发展，所创造的财富亦更加雄厚。因此在明代，江南在全国经济重心的地位更加突出。区域发展的一般规律表明，一个区域若在自然环境、社会经济方面具有比较优势，则必然具有较大的人口包容量。由于江南地区发达的社会经济的作用，又基于经济利益的吸引，人口必然在这一地区大量集中，这也是明代人口集中于东南地区的一个最重要原因。除东南地区外，全国各地区中凡经济发达的地点，人口都较为密集。反之，经济欠发达、不发达或极不发达地区，人口密度则呈现递减趋势[③]。

2.11.2 人口迁移

元末战乱之后，历经二十余年，朱元璋统一了天下，但是，此时由于受战争创伤的影响经济萧条，山东、河南、河北一带多是无人之地。为了恢复农业生产、发展经济，使人口均衡、天下太平，巩固明王朝的统治，洪武年间（1368—1398），朱元璋采取了移民政策，按"四家之口留一、六家之口留二、八家之口留三"的比例迁移。明朝前期朱元璋为了恢复生产，制定了

---

① 张民服，路大成. 试析明代的人口分布[J]. 中州学刊，2017（3）.
② 中国社会科学院历史研究所. 宋辽金史论丛（第2辑）[M]. 北京：中华书局，1991.
③ 张民服，路大成. 试析明代的人口分布[J]. 中州学刊，2017（3）.

移民垦荒为中心的振兴农业的措施，决计把农民从狭乡移到宽乡，从人多田少的地方移到地广人稀的地方，至此开始了中国历史上延续半个世纪的迁移活动。

当时，明朝人口迁移的主要形式是统治者基于某些需要而主动安排或经官方允许的移民，这是官府组织的有计划的定向流动。洪武年间，官方强制性组织"移民就宽乡"，多次从泽、潞二州，太原，平阳及辽、沁、汾州向河南、河北、山东等地移民。永乐年间（1403—1424），山西成为移民重点，洪武、永乐的50多年间，"大槐树移民共18次，每次至少有七八十万多则百万"①，太祖时"迁山西泽、潞民于河北。后屡徙浙西及山西民于滁、和、北平、山东、河南"②。"成祖核太原、平阳、泽、潞、辽、沁、汾丁多田少及无田之家，分其丁口以实北平"③。此外，山西出现走西口的流民潮，康基田说："太原以南，多服贾远方，或数年不归，非自有余而逐什一也，盖其土之所有不能给半岁之食，不得不贸迁有无，取给他乡。"④

明初时期，河南地区战乱频繁、天灾不断、民不聊生，许多地方成为水乡泽国、禾稼不收，百姓逃亡，朱元璋注意到此状况，也意识到，中原地区地多人少，若不及时补充人口，会使河南经济难以恢复元气，明朝统治也会受到影响。而此时的山西相对较稳定，于是，朱元璋采取建议，"宜令分丁徙居宽闲之地，开种田亩，如此则国赋增而民生遂矣"⑤。并下诏"迁山西泽、潞二州民之无田者，往彰德、真定、临清、太康诸处闲旷之地，令自便置屯耕种，免其赋役三年"⑥。优厚的移民政策吸引了许多山西百姓，直到永乐元年（1403）还有山西百姓迁往河南。

---

① 降大任. 山西史纲[M]. 太原：山西人民出版社，2004.
② 张廷玉等. 明史·食货志[M]. 北京：中华书局，1974.
③ 张廷玉等. 明史·食货志[M]. 北京：中华书局，1974.
④ 张正明，张舒. 晋商兴衰史[M]. 太原：山西经济出版社，2010.
⑤ "中央研究院"历史语言研究所. 明太祖实录[M]. 北京：中华书局，1962.
⑥ "中央研究院"历史语言研究所. 明太祖实录[M]. 北京：中华书局，1962.

明代进入中原的流民也很多，水旱灾荒是导致流民的主要原因。明宣宗宣德四年（1429），许多山西百姓迁往河南，"山西饥民逃往南阳达十多万人"[①]。景泰（1450—1456）、天顺（1457—1464）年间，因山东、河北等地发生饥馑，拥入河南的流民迅速增多[②]。明宪宗成化元年（1465），进入南阳、荆襄等处的流民不下10余万人。成化四年，"四方流民，聚荆襄者已二三十万"[③]，又"荆、襄、安、沔之间，流民亦不下百万"[④]。成化六年，李胡子与小王洪、王彪等聚众起义，流民归附者至百万。项忠镇压起义后，被驱遣出山的流民仅有数可稽者即有160万人以上。成化十二年，都御史原杰受命招抚荆襄流民附籍，此次清查出的流民计113,317户438,644口，其中附籍者96,654户，占85%。成化十二年，原杰受命招抚荆襄流民附籍，此次清查出的流民计113,317户，438,644口，其中附籍者96,654户，占85.3%，附籍人口为392,752，占89.5%，分布在当时的湖广西北境内20,187户，82,060口；陕西境内16,083户，65,377口；河南西南境内60,384户，245,461口。弘治十八年（1505），刑部尚书何鉴抚治荆襄流民，清查出荆襄、南阳、汉中等处流民计235,000户，739,000余口。正德元年（1506）十月，郧阳都御史孙需奏："续清出荆、襄、郧阳、南阳、汉中、西安、商、洛等府州县流民十一万八千九百七十一户。"荆襄地区流民聚集之多由此可见一斑。其实，由于多种原因，实际人数还要高出上述统计。

荆襄流民来自山东、山西、陕西、江西、四川、河南、湖广及南北直隶府、卫军民等籍，人户较多。如从郧阳一府来看，"陕西之民五，江西之民四，德黄、吴蜀、山东、河南北之民二，土著之民二"[⑤]。可见流民多来自生产力水平比较高的地区，他们在此繁衍生息，使山区地旷人稀、山深林密、与

[①] 张呈琮. 中国人口发展史[M]. 北京：中国人口出版社．1998.
[②] "中央研究院"历史语言研究所. 明太祖实录[M]. 北京：中华书局，1962.
[③] "中央研究院"历史语言研究所. 明太祖实录[M]. 北京：中华书局，1962.
[④] "中央研究院"历史语言研究所. 明太祖实录[M]. 北京：中华书局，1962.
[⑤] 周绍稷. 万历郧阳府志[M]. 明万历六年刻本.

世隔绝的状态有所改变，促进了荆襄地区的经济开发和发展。

明初为巩固边防，在长城一线设九镇，在国内其他战略要地也设了许多驻兵设防的卫，仅洪武朝31年的时间设卫就达136处。为解决边防军的粮饷问题，明初组织大规模移民屯垦戍边，前往云南屯田的移民达四五十万，其中以屯田迁入的方式为主。明廷在云南屯田主要有两种方式，一是军屯，即建立卫、所，这些卫、所既执行镇守任务，同时又实施开垦荒地。洪武年间，有许多开屯戍守的军士进入云南，洪武十九年（1386），沐英受命在云南实施军屯，"从永宁到大理，每60里设一堡，迁入军队屯田开垦"①。二是民屯，"其制，移民就宽乡，或招募或罪徙者为民屯"②。

明朝人口迁移的另一种主要形式是迫于某些社会问题的压力而自发出现的流民，这种人口自发迁移，与空前发展的商品货币经济有关。一方面，工商业的发展，商品经济的活跃，为一部分人另谋生业提供了舞台和条件。他们可以售其技巧，或开张店铺，或买卖办课，或屠沽贩卖，或为人做工，往来南北，从事各种各样的工商业活动。另一方面，工商业的发展，商品经济的活跃，反过来更促进了人口流动，"见流寓者之胜于土著，故相煽成风，接踵而去，不复再怀乡土"③。多种因素综合作用使明代人口的自发流移超过了历朝，范围涉及南北二直隶和十三布政司。洪武年间，浙江金华府户口256,000余口，到正统六年（1441）只存3/5。福建福宁州，"自嘉靖以视洪武，户减三之二，口减五之三"④。正统十二年四月，巡按山东监察御史史濡等奏：山东青州府"诸城一县，逃移者一万三百余户"⑤。

明代人口迁移中最值得注意的是海外移民。据张锡纶估计，"明代迁居海

---

① 赵怀仁等. 大理上下四千年[M]. 北京：民族出版社，2006.
② 张廷玉等. 明史·食货志[M]. 北京：中华书局，1974.
③ 转引自谢湜. 明末清初江南的"异乡甲"——嘉定、常熟垦荒碑研究[C/OL].（2015-11-13）[2020-4-6]http://crlhd.xmu.edu.cn/92/fc/c11763a234236/page.psp.
④ 顾炎武. 天下郡国利病书·福宁州志[M]. 上海：上海古籍出版社，2012.
⑤ "中央研究院"历史语言研究所. 明英宗实录[M]. 北京：中华书局，1962.

外的人口有五十万之多,比以前任何一个时代都多的多"①。明前期,中国沿海居民移居南洋群岛和印支半岛。爪哇岛的杜板、新村、苏鲁巴益和满都伯夷,苏门答腊岛的旧港、三佛齐都有不少闽粤沿海的商民在此聚居,许多地方如万丹、泗水、锦石同是华商集结的贸易中心。婆罗洲在明初即有华番杂居现象,郑和下西洋经此地区,随之移居到此者日众。南婆罗洲的文郎马神与明朝贸易关系甚密,华夷通婚,华商不思回归,不少定居于彼。菲律宾群岛与闽粤相距甚近,"闽人以其地近且饶富,商贩者至数万人,往往久居不返,至长子孙"。印支的真腊、暹罗、安南及马来半岛也已有许多华人长期定居。明中叶以后,移居东南亚的,主要分布在菲律宾的马尼拉,印度尼西亚的巴达维亚、万丹,马来西亚的北大年,暹罗的大城等地。移居到日本的,主要分布在长崎、平户。

总的来看,人口迁移贯穿于明代始终,早期的洪武、永乐两朝组织了多次大规模的人口迁移,这是当时最主要的人口迁徙形式,明初经洪洞县大槐树处迁往全国各地的移民曾达百万人之多,其时间之长、规模之大、影响之深,不仅在中国历史上是空前的,而且在世界移民史上也是罕见的。这对于当时的明王朝以及后来的社会发展,都产生了广泛而深远的影响。自发的人口迁移和流动,在明中叶形成高潮,从此有组织的大移民则再未出现过。明代的人口迁移是多种因素促成的结果,而最根本的是制度对普通民众造成的贫困和压力。同时,明代的人口迁移也是其社会发展到一定阶段的产物。人口的迁移对调整明代人力资源的分布、农业生产率的提高,对区域的发展以及经济的繁荣都起到了积极作用。但人口的迁移也对固有的管理制度、社会秩序造成冲击,明代在流民管理上进行了多种尝试,最终提出了顺应现实的附籍政策,化解了矛盾,使迁移人口的价值得到发挥。

---

① 吴申元. 中国人口思想史稿[M]. 北京:中国社会科学出版社,1986.

2.12 资本主义萌芽

资本主义萌芽的出现，除了要有一定的生产力基础外，最重要的是商品经济发展，如果没有发达的商品生产和商品流通，资本主义萌芽的产生是不可能的。中国的资本主义萌芽，发生于明中叶的嘉靖、万历年间。在商品经济发展的影响下，封建政府对工匠制度和赋税制度进行了改革，使人身自由增大，有了出卖劳动力的可能。这样，在商品经济发展、小商品生产者规模扩大和不断分化的条件下，在江南某些地区和某些行业中出现了资本主义萌芽。

最早的资本主义萌芽，出现在江南一些手工业城镇。这些城镇的手工业都十分专业和集中，如苏州、南京、杭州、嘉兴、湖州等地的丝织业，以及松江的棉纺织业、芜湖的浆染业、宜兴的制陶业、无锡的砖瓦业、江西景德镇的陶瓷业、广东和四川的制糖业，福建瓯宁、武夷山和云南普洱的制茶业，江西瑞金、玉山，湖南衡阳的制烟业，佛山的冶铁业、铅山的造纸业等，通过商品生产，小商品生产者逐渐发生变化。一些人上升为作坊主，而另一些人破产成为一无所有的劳动者，只有靠出卖劳动力为生。这种小生产者的分化，是资本主义萌芽产生的重要条件[①]。

明代棉纺织业中，出现过"以棉换布"的情况，那时商人还没有垄断市场，商人与农民织户之间没有固定关系。不过在明代晚期的丝织业中，出现支配生产的"包买商"。它不仅支配机户，而且支配染坊、掉经娘、络纬工、牵经掉头工等，并大多采取计件工资形式。

据《云间据目抄》记载："松江旧无暑袜店，暑月间穿毡袜者甚众。万历以来，用尤墩布为单暑袜，极轻美，远方争来购之。故郡治西郊，广开暑袜店百余家。合郡男妇皆以做袜为生，从店中给筹取值，亦便民新务。"[②]从中可以看到，这些缝袜的劳动者不是用自己的材料独立进行生产，而是用商人的原

---

① 高德步.世界经济通史（上卷）[M].北京：高等教育出版社，2005.
② 范濂.云间据目抄[M]：上海：申报馆，1928.

料为之缝纫，取得一定的报酬，商人和劳动者的关系已经是资本主义的生产关系了。此外，佛山的冶铁业、景德镇和广东的红炉业（釉上彩）中也出现过一些包买商。

在整个资本主义萌芽中，起重要作用的仍是工场手工业。明中叶以后，苏松杭嘉湖地区出现了较大的纺织业作坊，工场手工业已具有较大规模。据《明神宗实录》载："机户出资，机工出力，相依为命久矣。""染房罢而染工散者数千人，机房罢而织工散者又数千人，此皆自食其力之良民也。"[1]这些记载表明了纺主与机工大都为雇佣关系。由此可见，苏州已有大批雇佣劳动者出现。另外，江西景德镇的陶瓷业，在嘉靖、万历年间，民窑中出现使用大批雇工的手工工场。

矿工的工场，在铁矿、铜矿、煤矿、锡矿、铅矿等部门都有出现。安徽徽州"采铁矿必须先勘矿脉，然后租赁山地，开矿工程很大"，"工人各有任务，有煽者、看者、上矿者、取矿砂者、炼生者"[2]。昼夜轮换，多达40—50人。湖南耒阳锡矿，"四方之贾群萃其中，采其奇盈，役使大众，开坑三十余场，坑夫数十万"[3]。而在广东佛山镇更出现了雇工达千百计的采矿作坊。

在苏州，明末已出现劳动力市场。苏州城内，丝织"工匠各有所能，匠有常主，计日受值，有他故，则唤无主之匠代之，曰唤代。无主者黎明立桥以待"[4]。在这里反映了明代丝织业中产生了雇佣劳动关系。

工场手工业的特点是劳动分工。在中国，许多行业是无所谓分工的，即使号称"过手七十二"的造纸业，实际分工也很简单，一人可兼任不同工种。另外，还有一种情况是场外分工发达，场内分工反而简化。例如，景德镇的陶器业，由于基本上集中于一地，窑、作、行店林立，互为加工、协作关系，其工

---

[1] 张煟.明实录[M].北京：北京燕山出版社，2008.
[2] 赵吉士.徽州府志[M].合肥：黄山书社，2010.
[3] 顾炎武.肇域志[M].上海：上海古籍出版社，2012.
[4] 转引自罗杰义.试论明代商业与资本主义萌芽[J].云南财经学院学报，1995（10）.

场内的分工不发达，工场规模也很小。

总的来看，明中叶以后中国在某些地区和部门出现了资本主义萌芽。但这种资本主义萌芽发展缓慢，还很不均衡，明王朝从政策上抑制手工业的发展，特别是抑制矿业的发展，甚至对已开矿场强行驱散。同时在商品经济发展的过程中，商业利润高于手工业利润。这些自然影响商业资本转向手工业，手工业发展受到阻碍，对商业又有直接影响，这使商业利润转向土地，对资本主义萌芽的产生和发展起到了消极作用。但它毕竟是新生的事物，代表着中国封建经济发展的方向。

2.13 人口增减与经济发展

明代是中国历史上人口发展的一个重要时期。明朝初期，明太祖于洪武十四年（1381）在全国进行人口普查，第一次公布全国有户1065.44万余，人口5987.33万余（见表2-3）。这是在经过元末连年不断的天灾和大规模战乱之后明朝初期的人口数字。随后，明朝廷实行休养生息政策，全国的农业生产在元朝时代长期大规模战争而遭受极大破坏的背景下得到了恢复，加上洪武年间大规模向淮河以北和四川的荒芜之地，垦荒填充移民，使人口得以稳定增长。到明太祖洪武二十六年，全国人口达到6054.58万人。根据这个统计数字，洪武十四年至二十六年的12年间，全国总人口才增加67.25万人，每年平均只增加5.6万人，这样低的增长率，值得怀疑。一些地方志的人口记载，都超过了黄册记载的数字，如《河南总志》记载洪武二十四年河南布政司户为37.44万户，人口为257.08万人。又如《山西通志》记载洪武二十四年山西布政司户为65.24万户，人口为487.39万。这证明洪武二十六年的人口数字也不完全符合实际情况。

表2-3 明代人口变化

纪年	年份	户数/万户	人口数/万人	每户人口/人
明太祖洪武十四年	1381	1065.44	5987.33	5.62
明太祖洪武二十四年	1391	1068.44	5677.46	5.31
明太祖洪武二十六年	1393	1065.87	6054.58	5.67
明成祖永乐元年	1403	1141.58	6659.83	5.83
明成祖永乐二十二年	1424	1006.61	5246.82	5.21
明宣宗宣德十年	1435	970.25	5062.76	5.22
明代宗景泰七年	1456	944.72	5317.11	5.63
明英宗天顺八年	1464	910.73	6049.93	6.64
明宪宗成化十五年	1479	921.07	7185.01	7.80
明孝宗弘治十五年	1502	1040.98	5090.87	4.89
明孝宗弘治十七年	1504	1050.89	6010.58	5.72
明武宗正德元年	1506	915.18	4680.21	5.11
明武宗正德十五年	1520	934.00	6060.62	6.49
明世宗嘉靖十一年	1532	944.32	6171.30	6.53
明世宗嘉靖三十一年	1552	1060.93	6334.41	5.97
明世宗嘉靖四十一年	1562	963.48	6365.42	6.60
明神宗万历六年	1578	1063.15	6069.29	5.71
明神宗万历三十年	1602	1003.02	5635.51	5.62
明光宗泰昌元年	1620	983.54	5165.55	5.25

注：平均每户人口的大部分数据来自笔者根据统计资料计算得出。
资料来源："中央研究院"历史语言研究所. 明太祖实录[M]. 北京：中华书局，1962；"中央研究院"历史语言研究所. 明孝宗实录[M]. 北京：中华书局，1962；中华书局修订. 大明王朝实录[M]. 北京：中华书局，2013；张廷玉等. 明史[M]. 北京：中华书局，1974.

明初人口的漏失，从制度方面考察，黄册之外的人口，应当是研究的重点。首先，驻守军卫的现役军人，军卫户口由兵部管辖，据《太祖实录》记载，洪武二十六年（1393）以后的军数，按卫所添设的数量（内外卫329，守御千户所65）①推算，应是191.52万人。按明朝制度规定，每名在卫军士应有余丁1—3人，在军营料理生活，保证供应，家中还有妻子及儿女，这样每户若以5人计算，那么全国在卫人口应为950万余人，当中除去单身军人之外，在卫人口至少应有700万—800万人。其次，为宫廷、皇族服役的专业人户，人数也相当多，如明初在凤阳设置的皇陵祠祭署，属下有许多陵户，分布于各地，如凤阳太平乡的皇陵有陵户3342，凤阳白塔湾的诸王坟，置陵户293，在凤阳盱眙县津里镇的杨王坟，置陵户210，在凤阳宿州新丰里的徐王坟，置陵户93，还有在滁州的滁王坟也有陵户19，以上各陵共有陵户3957②。但州县地方官却不能掌握陵户的具体人口数字。其他专户，还有庙户、园户、坛户、藕户、窑户等。其中有的专户人数还相当多，如上林苑蕃育署管辖下的畜养户就有2357家，良牧署的牧户也有2476家。而随朱元璋起义的许多将领，在明朝建立之后都受封列爵，"殆逾百数"，据《明史·功臣世表》统计，公36人、侯80人、伯11人、子12人、男10人，共149人。这些新贵族具有许多特权，享有厚禄，占有大量土地，更蓄养大批奴僮。尽管明廷颁布法令，却限制不了勋贵地主的养奴，如郭英"私养家奴至一百五十余人"③，李文忠之次子李增枝"多立庄田，蓄僮无虑千百"④。这些奴仆的来源，大部分是朝廷调拨来的，"明制，军中俘获子女及犯罪抄没人口，多分给功臣家为奴婢"⑤。洪武十七年（1384）"令各处抄扎人口家财，解本处卫所，成丁男子同妻小，收充军役，其余人口给与官军为奴"⑥。这说明功臣之家及卫所军官之家，是明初蓄奴最多的地方，而且这种类型的家庭都不列入黄册，因为卫所直属兵部。由此可

---

① "中央研究院"历史语言研究所.明太祖实录[M].北京：中华书局，1962.
② 申时行等.明会典[M].北京：中华书局，1989.
③ 张廷玉等.明史[M].北京：中华书局，1974.
④ 张廷玉等.明史[M].北京：中华书局，1974.
⑤ 龙文彬.明会要[M].北京：中华书局，1956.
⑥ 谈迁.枣林杂俎[M].北京：中华书局，2006.

见，明初军官及勋爵之家所收纳的大批奴仆，皆不列数于全国总人口之中。

根据以上的分析，可知明初有皇族、勋爵者，专为宫廷及皇族服役的人户，还有贵族、官僚及军官家中占有大量的奴仆，这些人不入民籍，也不在黄册上登记，更有驻守卫所的700余万现役军户及大量的农村流民，如果把以上这些人口与黄册人口加在一起，估计明初的全国实际人口当在7000万以上[①]。

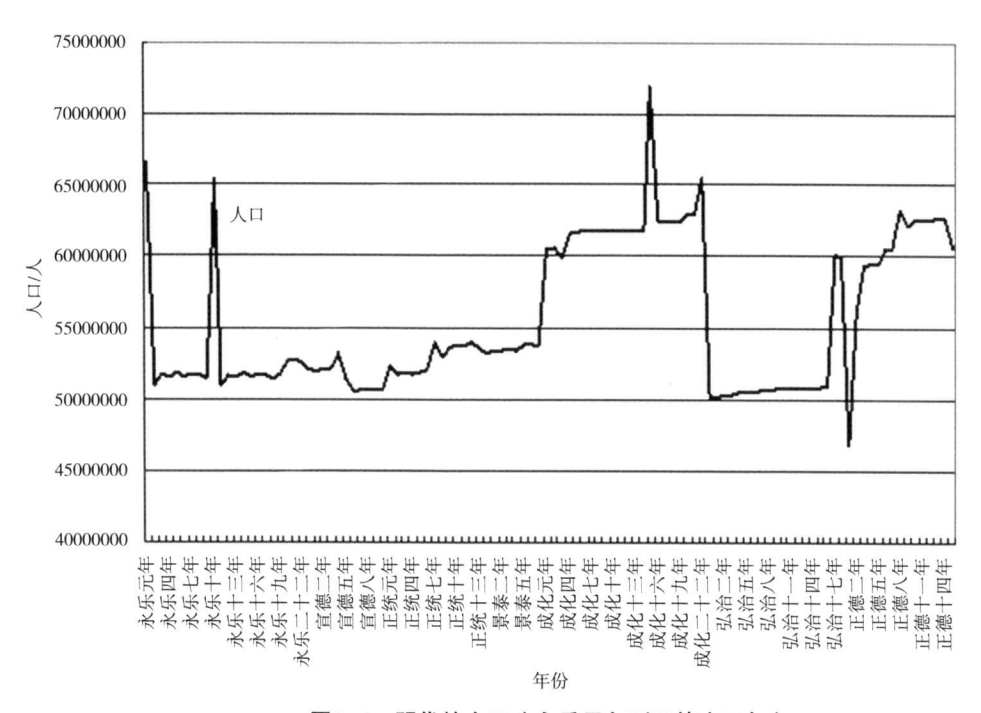

图2-1 明代的人口（永乐元年到正德十五年）

注：根据明太祖实录的资料作图。
资料来源："中央研究院"历史语言研究所. 明太祖实录[M]. 北京：中华书局，1962.

从明永乐（1403—1424）至嘉靖（1522—1566）期间，人口变化很大，但从黄册的人口统计数字来看，人口数量始终处于徘徊状态，并没有增加多少。嘉靖四十一年（1562）全国人口为6365.4万人，仅比洪武二十六年的人口增加

---

① 田培栋. 明代人口变动的考察[J]. 首都师范大学学报（社会科学版），1996（5）.

310.82万人，这个数字与实际人口差距较大，造成这一事实的原因，主要是明中期政治逐渐腐败，统治阶级不重视人口的统计，因之典册的编制失实，人丁隐瞒。虽然黄册记载人口，但每次编造黄册，舞弊多端，往往是对旧册的抄袭，仅依赖户部的复查，是无法得到精确数据的。所以王世贞说："国家户口登耗有绝不可信者"，何也？"然则有司之造册与户科、户部之稽查，皆仅儿戏耳"①。黄册失实就造成了许多不登册的人口。谈迁曾对明中期户口减少于国初的现象指出："户口繁于国初减于今日，何也？国初给户帖，子女若干、岁减获若干、指田若干亩、屋若干楹、牛若干头，丝毫毋隐，否者立死戍，故版籍为盛。彻是以降，法令寝弛，势得以容其奸，凡登于版籍俱男不妇，主而不仆。虽详明之吏，不能家阅而户悉也……户口之不可问也，所由来渐矣。林林总总薮为私橐，安得严御如国初，顿洗其弊哉。"②据此可知，明中期不登户籍人数最多的是奴仆和妇女。

在明朝中期人口的消长过程中，最为突出的一个问题，就是北增南减的现象。据《明会典》记载：万历六年（1578）北方五省（直隶、山东、山西、河南、陕西）的人口较明初增加了1100余万，而南方各地的人口却减少了960余万。尤其是经济较发达的地区人口减少更多，如浙江减少500余万，江西减少300余万，松江府与湖州府的人口都几乎减少了一半③。至于所减少的大量人口的去向，从明初的历史来看，江南的苏州、松江两府官田比例大，赋税沉重，科索繁杂，早在明宣宗宣德时就出现了大批流民外逃的现象。这些逃民有的充当官绅的人丁，有的投靠地主作为僮仆从事耕作，有的隐藏于军卫和寺观，作为军官役使军丁和僧道的执役，人数最多的还是走向新兴的市镇，弃农从商，或从事手工业生产。随着货币、商品经济的发展以及资本主义萌芽的出现，江南市镇经济蓬勃发展，需要大量劳动力，这就促使农村人口大批脱离农业生

---

① 王世贞.弇山堂别集[M].北京：中华书局，1985.
② 谈迁.海昌外志[M].北京：方志出版社，2009.
③ 申时行等.明会典[M].北京：中华书局，1989.

产，投入到市镇从事工商业。明中期出现的江南市镇，市的规模较小，居民大多在百户至千户左右，镇的规模较大，一般居民约为千户至万户。如苏州、松江、湖州等人口较多的市镇都是吸收大量的破产农民从事工商业。当时，这些逃民畏惧地方官追捕，"往往匿姓名，托佣"于各种作坊之中。市镇人口大增，隆庆时期的何良俊曾感叹说："昔日逐末之人尚少，今去农而改业为工商业者，三倍于前矣。昔日原无游手之人，今去农而游手趁食者，又十之二三矣。大抵以十分百姓言之，已六七分去农矣。"[1]这些人麇集市镇，隐瞒户口，使农村失掉了大量人口，这就出现了江南地区人口大减的现象。

明朝人口的峰值出现在明朝后期，但对于具体时间与人口数，不同学者有不同说法。王育民认为万历年间（1573—1619）明朝人口达到峰值，实际人口为1.3亿—1.5亿人[2]；何炳棣认为1600年实际人口达1.5亿[3]；葛剑雄认为1600年明朝约有1.97亿人，并推测1655年明清之际人口谷底约为1.2亿人[4]；曹树基认为1630年明朝达到人口峰值，实际人口大约有1.9251亿人，1644年实际人口约有1.5247亿人[5]；而英国经济学家安格斯·麦迪森（Angus Maddison）则认为1600年明朝实际人口大约有1.6亿人[6]。

通过明代人口的研究，可知人口的增长与经济的发展几乎是同步进行的。明初已有人口6000万人左右，由于明王朝推行了许多有利于生产发展的政策，使耕地面积逐渐扩大，由明初的400万顷增加到16世纪的700余万顷，水稻种植面积的扩大以及甘薯的传入，大大增加了粮食产量，再加上将近200年的长期稳定的社会条件，促使人口迅速增长，至嘉靖、隆庆时，人口已达1.2亿人，到万历二十八年（1600）进一步上升到1.5亿人左右。这样雄厚的人力资源，对经

---

[1] 何良俊. 四友斋丛说[M]. 北京：中华书局，1997.
[2] 王育民. 中国历史地理概论[M]. 北京：人民教育出版社，1988.
[3] 何炳棣. 1368—1953年中国人口研究[M]. 葛剑雄译. 上海：上海古籍出版社，1989.
[4] 葛剑雄. 宋代人口新证[J]. 历史研究，1993（6）.
[5] 曹树基. 中国人口史（第四卷）[M]. 上海：复旦大学出版社，2000.
[6] [英]安格斯·麦迪森. 世界经济千年史[M]. 伍晓鹰等，译. 北京：北京大学出版社，2003.

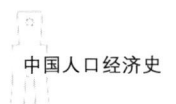

济的发展起到极其重要的推动作用。

明朝中期，农业的发展、手工业的发达、商品经济的发展、江南市镇经济的兴起以及资本主义萌芽的出现，都与人口的增长有直接的关系[①]。随后由于农民战争、饥荒等原因，明朝人口逐渐呈现下降的趋势。据估计，明光宗泰昌元年（1620），人口降至1.4亿左右，到明思宗崇祯十七年（1644），又降至1.2亿左右，人口的减退导致劳动力不足，在一定程度上抑制了明朝后期的经济发展。值得注意的是，在封建制经济发展的过程中，人口呈现了先增后减的趋势。

---

① 田培栋. 明代人口变动的考察[J]. 首都师范大学学报（社会科学版），1996（5）.

第3章 清朝前期的经济与人口发展

中国近代的封建制经济是从清朝（1644—1911）开始的，到19世纪中叶已经形成了成熟的封建经济形态。清朝前期人口增长很快，到乾隆时期已达3亿，相对需要粮食作物的产量更加提升。在这种人口压力下，清朝廷大力鼓励开垦荒地、移民边区及推广新作物以提高生产量。随着耕地面积的扩大，农业生产得到恢复和发展。与此同时，人口增长也促进了经济的发展。

3.1 土地制度

清代的土地制度是私有制占主导地位。土地所有者有自由支配土地的权利。在土地占有方面打破了严格的等级制度，不按官职的大小决定占有土地的多少，以致形成土地所有权的不稳定。因此凡是货币所有者都有可能成为土地所有者。清代处在封建社会的晚期，当时土地兼并已经是全国的普遍现象。田地名目繁杂，其中最有代表性的是民田、庄田、屯田三种形式，所属范畴是私有的或公有的。

所谓的民田，是掌握在地主和自耕农手里升科纳税的田地。清代这类土地约占全国耕地面积的70%—80%。这类民田在法律上是可以买卖的。田地来去无常，家业兴亡不定，有钱则买，无钱则卖，这是当时的社会状况。据《清河县志》载，康熙年间，徽州商和苏州商在江北清河"招贩鱼盐获利甚厚，多置田宅"①。同时期，据《东华录》载，大官僚徐乾学在无锡县买田一万顷②。地方豪商大量兼并土地，使得土地占有关系发生了显著的变化，无功名爵位的庶民地主、商人地主大大增多，民田大多被他们所垄断，大批农民由于无经济实力而失地破产，且又无其他生活出路不得不租种地主的田地。地主对农民采取土地出租的形式进行地租剥削。民田地租有正租、附加租、押租与预租之分。正租是佃农将佃耕土地的收入按租约规定向地主缴纳的地租。附加租是地主依仗自己政治上的权势强加给佃农的额外剥削，一般是口头约定，要求佃农必须遵从。押租和预租都是佃农未收获前预先支出的款项。押租是农民须向地主缴纳一定货币才能承佃。押租一方面加重了农民的负担，另一方面使佃农获得一定的保障，地主不退还押金就不能撤佃。清代的押租制推广主要是在乾隆、嘉庆年间，据史料记载全国26个省中有18个省的90多个州县有押租事例。预租即地主订立租约时佃农须预先交纳一年的租金，地主可以不管收成好坏就先将地租拿到手，佃农为了获得租佃权不得不将一点生产资金转作预租交给地主。预租制主要发展在清代，它实际上是加重地租剥削的一种手段，预租不仅对发展生产不利，甚至使农民往往由此陷入高利贷的深渊。押租和预租制的发展，主要是由于佃农人身依附关系松弛，地主为了控制农民而采取的一些经济强制手段③。

清初国家徭役摊派贫富不均，再加上天灾人祸，民不聊生，阶级矛盾更加激化，农民的反抗彼落此起。为躲避沉重的丁役银负担，农民相率逃亡，隐匿户口的现象不断发生，这就使得国家赋税的催征发生了困难，直接影响了国家的财政收入。清王朝为了保证国家财政收入，不得不采取一系列减轻农民赋役负担，改革赋役制度的措施，其中最重要的一项改革"摊丁入亩"④。它的

---

① 河北省清河县地方志编纂委员会.清河县志[M].北京：中国城市出版社，1993.
② 蒋良骐.东华录[M].北京：中华书局，1980.
③ 林京榕，陈真.浅谈清朝的土地制度[J].福建论坛（文史哲版），1995（3）.
④ 摊丁入亩，又称作摊丁入地、地丁合一，中国封建社会后期赋役制度的一次重要改革，是清王朝将历代相沿的丁银并入田赋征收的一种赋税制度，标志着中国实行了两千多年的人头税（丁税）的废除。

根本内容是将丁银并入田赋一并征收。这项措施曾具有一定的积极作用,封建国家机构不再直接向农民征收丁银,而向地主征收,这样可以使无地的农民不再负担丁银,不必为负不起丁银而承担徭役,也不必因缴纳不起丁银而逃离流亡。"摊丁入亩"的实行,实际上是完全取消了人头税从而进一步使封建社会后期的人身依附关系趋于松弛,有助于社会生产力的发展。民田地主因占有土地而获得榨取农民剩余劳动产品的权利,与这种权利相伴随的是地主对农民不同程度的经济外强制关系,因此民田的土地是属于私有制范畴。

民田除了地主占有部分之外,还有自耕农占有的部分,自耕农有着自己土地的所有权,他们不必像佃农那样要向私人地主缴纳地租。自耕农的土地大都来源于开垦无主荒地或用货币购买有主产地,他们的劳动所得除了扣除全家生活费、农业生产费、缴纳田赋以外,如有盈余,归己所有。自耕农是清王朝赋役的来源,所以清王朝总是力求把自耕农固定在小块土地上,而采取一些轻徭薄赋、有利于自耕农发展的政策。在顺治元年(1644)首先颁布取消扰民最严重的明代"三饷"加派的命令(三饷即辽饷、剿饷和练饷),接着于顺治三年(1646),清廷又连发二令:第一条,令各省将"前朝宗禄田钱粮与民一体起科",并命令"其宗室各色概行革除,犯法与小民一体治罪"[①]。第二条,命令将未经清朝录用的文武官僚及"乡宦监生尽行革去,一应地丁钱粮杂泛差役与民一体当差,蒙混冒免者治以重罪"[②]。这种薄赋政策,随着封建国家机器的发展而财政需要的扩大是很难长久实施的,再则随着经济的发展,土地兼并日益严重,大量的自耕农又由失地破产而转化为佃农。因此自耕农的发展与减少在很大程度上取决于土地兼并之风的削弱与盛行。自耕农是自己占有自己的剩余劳动,他们就不必像佃农那样要和地主发生不同程度的人身依赖关系,所以也就无须任何形式的经济外强制。由此可见,自耕农这种以个体劳动为基础的小土地所有制是属于私有制范畴。

---

① 清实录[M]. 北京:中华书局,1986.
② 清实录[M]. 北京:中华书局,1986.

庄田的获得是通过皇帝的赏赐。清初，清朝统治者进行大规模圈地，将所圈土地作为国有土地赐予亲王、勋臣贵族阶层，后来随着经济发展，其性质发生变化，逐渐变成亲王、勋臣贵族阶层的私有土地。庄田的来源主要是通过"跑马圈地"暴力掠夺来的民田。这类田地共约20万顷，朝廷将所圈之地分配给皇宗贵族，采行子孙承袭制，由国家一次分给不再收回，但"不准典卖"。可是典地现象在康熙年间就已经出现，而且愈演愈烈，终于在光绪二十三年（1897）开禁。庄田的剥削形式与民田一样也是采用地租剥削，所不同的是庄田没有田赋负担，它的所有权是掌握在皇帝和各级贵族手里，地租有皇庄地租与贵族庄田地租之别。皇庄地租归皇帝私人占有，专供皇室开支。各级贵族庄田地租分别归各级贵族占有，专供其家族挥霍。地租形式与民田相同。正租主要采用实物和货币两种形式。庄田的租额有逐渐增加的趋势。据《八旗通志》载：顺治年间（1644—1661）开始圈地时，每亩租银三五分至一二钱不等，到了乾隆（1736—1795）后期，每亩租银有的增加到五六钱乃至七八钱。当庄田主亲自管业之时，地租额远较由地方官府代收为高，再则管庄官校（庄田主的代理人）也从中额外勒索以饱私囊[1]。庄田地租形式与民田地租形式还存在不同之处即按庄设置庄头，配置"壮丁"耕种，又有汉人"投充户"耕种纳租，其所谓"庄头""壮丁"和"投充户"如《大清律例增修统纂集成》载："庄头系王府之家奴种地者"，"壮丁系雇与庄头种地者"，投充户系"汉人投充旗下为奴仆种地纳租者"[2]。庄田主对他们有着强烈的人身支配权。清朝廷对钦拨佃户、壮丁和投充户的社会地位有严格规定，使庄田主人对农民的人身占有合法化。庄田地主对农民剩余劳动的榨取也获得国家法令的承认和保障，有的还由国家规定固定的租额，使庄田地主的地租掠夺合法化。因此，庄田土地所有制的性质是各级封建主随着他们等级的差别而占有多少不等的庄田。他们都通过经济外强制手段榨取生产者的全部剩余劳动，庄田制是在封建地主土地

---

[1] 李洵，赵德贵，周毓方.八旗通志[M].长春：吉林文史出版社，2002.
[2] 章钺，沈嘉樹.大清律例增修统纂集成[M].清光绪元年（1875）刻本.

所有制占统治形式的基础上出现的领主制,它是披上土地国有制外衣的一种土地私有制形式。

清代的屯田基本形式有军屯与民屯。军屯在边疆,民屯在内地。清代屯田有人估计有48.7万余顷,民屯所占的比例不大,主要是军屯。军屯是在军事编制下的农业生产体制,它从土地的管理、农业生产的进行以及收地租的全过程都采用严格的军事管制。清王朝一方面通过军籍制强迫士兵承担国家军事徭役,另一方面通过屯田制以维系军籍制,把士兵与家属牢牢地束缚在土地上,成了土地的附属物,其目的就是要在士兵身上榨取剩余劳动产品以解决驻防军的粮饷问题。军屯如果从其生产组织和参加生产的劳动者来考察,可分为以现役军人为生产单位的屯田和以军人家属户为生产单位的屯田。如果从屯军所承担的封建徭役来考察,又可分为驻防军的军事屯田和运粮军的漕运屯田。它属于国有土地,依法禁止买卖。清王朝对屯田的控制是以对土地的主权者和所有者的双重身份出现的,目的是保障地租剥削。屯田租的形式,即不按耕田面积征租,不按产量分成,而是把劳动力作为掠夺单位。据史料载,一个壮劳力的常年劳动率在生产力最高的江浙,以米计约为20石,而国家给屯军规定的生产定额每兵每年交粮24石,显然超过了当时一般的生产水平,从而大大地提高了地租剥削率。除此之外,屯军还须向国家缴纳工农业劳役地租。据史料载,山东济南,平山三卫,行屯军轮流承运制,"什军一体领地,一军驾运,九军津贴"。江南新安宣州一带,其屯田"不论军屯管佃执业每亩征津银八分"。这种"津贴"或"津银"对屯丁来说是因种屯田而缴纳的地组,对运丁来说是为国家运粮而得到的报酬。对国家来说是榨取屯军剩余劳动的经济实现。屯军除了领种屯田向国家缴纳实物及货币地租和承担国家的军事徭役、运粮徭役和经皇帝批准的私人的兴建徭役之外,不再负担田赋和承担一般封建徭役,如里甲、均徭和杂泛之差等[①]。屯田是国有土地,所谓土地"国有"的实质,归

[①] 林京榕,陈真.浅谈清朝的土地制度[J].福建论坛(文史哲版),1995(3).

根结底也就是地主阶级集体所有，它与私有制的区别在于国家全部占有剩余劳动。

从以上所述的三种土地形式来看，清代的土地制度是私有制与国有制并存，而且私有制占有统治地位。地主压迫剥削农民的社会基础，农民丧失人身自由和贫穷困苦的根源归根结底是封建土地所有制。清代的民田地主和庄田地主有着土地所有权，所以所占有土地属私有范畴，他们通过土地出租的形式对农民进行剥削。农民由于没有土地耕种，又没有其他生活出路，迫于生计不得不租种地主的田地，对所属的地主表现了不同程度的人身依赖，地主则通过这种人身依赖对所属农民实行不同程度的经济外强制。再则由这种土地所有制决定了劳动产品的分配形式即民田地主和庄田地主除了缴纳田赋外，则以地租的形式榨取农民的全部剩余劳动[1]。

清代的自耕农由于拥有土地所有权，所以他们所占有的民田，也属于私有范畴。正因为自耕农拥有土地所有权，才摆脱因土地关系而遭受的人身压迫，才得以私有其绝大部分劳动产品，包括部分剩余劳动产品在内，除向清王朝缴纳田赋外，而这田赋按规定占产量一半不到。

屯田主是封建统治者，主要是通过军籍制和屯田制相结合的形式把屯军牢牢地束缚在土地上，并榨取屯军的全部剩余劳动归国家所有。屯田租的实现不再是通过私人地主的暴力强制，而是依靠国家法令的规定和国家对屯军的直接强制。清后期，由于屯政败坏，有的屯军将田地转嫁给别人耕种以收取地租，有的屯军逃亡，官府卫所则将屯田招民承佃，还有的屯田被盗卖等，使得屯田逐渐转化为民田，国有土地制趋于崩溃。所以说清代的土地制度私有制占统治地位[2]。

---

[1] 林京榕，陈真. 浅谈清朝的土地制度[J]. 福建论坛（文史哲版），1995（3）.
[2] 林京榕，陈真. 浅谈清朝的土地制度[J]. 福建论坛（文史哲版），1995（3）.

3.2 租佃关系与地租

清代租佃制度的发展，主要表现为定额租制、押租制和永佃制的发展。它们是一种具有内在联系、相互补充的制度安排。对这种制度安排，清廷并没有详明的法律规定，而是由地主与佃农之间，经过协商以至于斗争，最终达成共识和妥协，约定俗成地通过各种切合实际和明确具体的乡规、俗例表现出来。其中许多重要的乡规、俗例，并得到国家承认，成为具有法律效力的习惯法，成为地主和佃农都必须遵守的行为规范。一种重要的经济制度，竟主要是经过民间立法而得到形成和发展，这在中国历史上是罕见的。

定额租制是由分成租制发展而来的。在分成租制下，农业生产力发展水平低，佃农自有生产资料和生活资料一般都不完备，或多或少地需要地主提供，如耕牛、种子、农具乃至住屋、食粮等。而地租量则与土地收获量直接关联，产量多，地租就多。因之地主要干预和指挥生产，并且临田监分。土地所有权与经营权实际上处于一种半分离状态，佃农并没有成为自主经营、自负盈亏的经营主体。特别是地主参与分配增产成果，不利于充分发挥佃农的生产积极性，经济激励机制具有严重缺陷[1]。

清代定额租租额一般约占产量的50%，但也有高过60%至80%的。顾炎武在谈到明末清初苏松地区租额情况时说："一亩之收不过三石，少者不过一石有余，而私租之重者一石二三斗，少者八九斗。"[2]叶梦珠在《阅世编》中指出，江苏松江华亭，安邑青浦，亩产米一石五升至二石，租米一石至一石六斗，地租率高达60%—80%[3]。

分成租制向定额租制转变，是农业生产力发展的结果，康熙以后定额租已成为主要形式，租额固定，农民多生产可以多得，高产稳产的田地增多，佃农

---

[1] 方行. 清代租佃制度述略[J]. 中国经济史研究, 2006（4）.
[2] 顾炎武. 日知录[M]. 合肥: 安徽大学出版社, 2007.
[3] 叶梦珠. 阅世编[M]. 北京: 中华书局, 2007.

具有全部生产资料，并且能够支付包括押租金在内的全部经营成本，为实行定额租制准备了物质条件。按照当时人的记述，实行定额租制，"田中事，田主一切不问，皆佃农任之"。地主与佃农，"交租之外，两不相问"。"农勤则倍收，产户不得过而问焉"[1]。这说明在定额租制下，土地所有权与土地经营权已完全地分离，佃农真正成为自主经营、自负盈亏的经营主体。他们可以排除地主参与分配增产成果，以谋求自身利益的最大化。租佃制度的激励机制从此趋于完善。这正是定额租制经济意义的本质所在。

夺佃与增租，历来是地主对付佃农的两大撒手锏。为了保障佃农的经营权，限制地主的随意干扰，二者自然成为乡规、俗例关注的重点。

首先，在传统租佃制度下，"起耕另赁，权由业主，此主佃之通例也"[2]。防止地主利用土地产权，随意退佃，实为保障佃农经营权的首要环节。各地的乡规、俗例，对此做出了许多规定：佃户不欠地租，地主不能退佃；租佃契约中规定的耕种年限未满，地主不能中途退佃；地主不能借买卖田地的机会，撤换佃户；地主不退还押租银，不能退佃；在备耕和耕种季节，地主不能退佃；各地乡例，在临春备耕季节和春夏农忙季节，地主都不能退佃。

其次，限制地主随意增租。经营权与所有权完全分离的经济价值，就在于它能为佃农创造收益，占有收益。佃农只有在缴纳地租之后，能够占有土地营运所带来的全部收益，才能充分体现经营权的经济存在。防止地主随意干扰佃农的经济收益，具有两个层次。第一个层次是，在定额租制下，租佃契约一般都注明土地面积和地租数量，地主随意增租是不容易的。问题是不论年成丰歉，是否都要按原议定额收租？否则就等于地主变相增加地租。对此，各地普遍形成了看收成定分数的俗例。在南方，两江总督那苏图说："江南民例，凡十成收成之年，则照额完租。九分收成者，只完九分八分之租，其余以次递减。"如江苏崇明县，"崇明田土，向无一定租额，总在八月内，田主验明丰

---

[1] 中国人民大学清史研究所. 康雍乾时期城乡人民反抗斗争资料[M]. 北京：中华书局，1979.
[2] 凌焘. 西江视臬纪事[M]. 乾隆八年剑山书屋刻本.

歉，酌议应收租额，此是历来旧规"。浙江乌程县，佃农是"按收成分数还租"。浙江省吴兴县，佃农交租是"视丰歉为盈缩"。广东保昌县，佃农是"按照收成丰歉折算交收"。福建晋江县，佃农以该年"得雨迟了，收成欠好，只肯完纳五分"[①]。第二个层次是由于生产投入增加，佃农的经济收益随之增多。限制地主觊觎这种增产成果，就成为乡规俗例关注的又一重点。清代佃农经济收入增多，主要来自两个方面，一个是复种制度的推广。在北方，许多地方实现了二年三熟，少数地方实现了一年两熟。在南方，大部分地区实现了一年两熟，少数地方实现了一年三熟。如在江南，到清代中叶，田地"亩常收米三石，麦一石二斗。以中岁计之，亩米二石，麦七斗，抵米五斗"。对这些增产的"春熟，无论二麦菜子，例不还租"[②]。其他地区也是这样。如广东清远县，"粤东田租甚轻，佃户交业主不过田中十分之三。而一切新垦田畔荒埔出产，皆佃入己，田主不得过问"[③]。

这些乡规都限制了地主染指多熟复种增加的收入。

这些乡规、俗例对土地经营权所形成的保护机制，既巩固和发展了定额租制，促进了农业生产的发展，也为土地经营权进入市场开辟了道路。

押租制是定额租制流行以后出现的一种租佃制度。地主具有土地所有权，这是一种原始产权。他把土地经营权交付给佃农，不论是采取契约形式，还是采取口头形式，就使佃农具有了委托产权。在押租制产生以前，佃农的土地经营权始终是一种纯粹的单纯的委托产权。

押租制是佃农付给地主的一笔货币，作为抵押金，以换取地主的土地经营权。它的出现使土地经营权开始货币化商品化。押租则使地主对佃农委托产权的授予，对佃农剩余劳动的占有，也开始带有以交换为媒介的性质。

押租对地主来说，既使他获得了一笔出租土地的押金，也使他获得了一笔

---

① 中国人民大学清史研究所.康雍乾时期城乡人民反抗斗争资料[M].北京：中华书局，1979.
② 包世臣.安吴四种[M].清同治十一年（1872年）包诚刻本．
③ 李文烜，罗伟修，朱润芳，麦瑞芳.光绪清远县志[M].清光绪六年刻本．

"防短租"的保证金。福建长泰县，"乡间俗例，凡佃户租种田亩，先给田主保租银子，若有欠租，便可扣抵"。如欠租数与押组数相当，即可构成地主中止佃约的条件。广东揭阳县，雍正间，温尚和佃种监生林时觉粮田40亩，"因欠租难偿，将批耕银两抵租，田亩退回"。封建官府也支持这种做法[①]。

市场交换是配置资源的有效方式。押租制最本质的经济意义，是使土地经营权进入市场，促进了土地资源在所有者与经营者之间、经营者与经营者之间的合理流动，从而优化了土地资源的配置。

从土地资源在经营者之间的流动来看，在押租制出现以前，土地的租赁权在地主，佃农不经过地主，不能将佃权（佃农的土地经营权）转让与人。明代的租佃契约上通常都写明不许将田地"转佃他人"，不许"私相授受"。在押租制出现之后，佃农的佃权既然是有偿获得，当然也可以有偿转让。押租就成了土地经营权在佃农之间自由转让的经济根据。从清代乾隆朝刑部档案诉讼案件中涉案人员的供词来看，佃农转佃田地，主要有两方面的原因，一是劳动力少或生病体弱，另一个原因是缺少工本。如说，"缺乏耕本"，"因牲口缺乏""因家贫将田转顶""欠债无偿"，"因穷苦转佃""欠租耕不起""因贫乏用""没有工本"，"因牲口倒了两头，不能照数佃种"等。

从土地资源在所有者和经营者之间的流动来看，在土地产权的交易中，地价高，而押租金少，农民可以出卖少量自有土地，而佃入较大面积的土地，以解决自己耕地不足的问题。如湖南安仁县李元武，因"没田耕种"，只得把自有的"三亩下田卖了"，以支付押租，佃入较大面积的田地耕种。有些工本充裕的农民还可通过低交易成本的办法，形成规模经济。乾隆间，河北永清县葛士廉，"家故温饱，好艺植，鬻田得价，辄赁他人田种之。鬻值多，赁值寡，计鬻十亩资，可五十亩赁值也"[②]。文献中虽没说明他的耕地规模，但超过当地农民的平均水平则是可以肯定的。

---

① 方行. 清代租佃制度述略[J]. 中国经济史研究，2006（4）.
② 清高宗实录[M]. 北京：华文书局，1949.

土地经营权以押租形式进入市场，是土地经营权独立运动的深化。它所推动的土地产权的市场交易，为农民解决耕地问题开拓了广阔空间。土地资源在经营者之间的合理流动，也自然会提高经济运行效率。

永佃制在清初垦荒中有很大发展。其发展情况是，如乾隆间江西按察使凌焘所说，"因国初鼎定，当兵灾之后，地亩荒芜，贫民无力垦复，率系召人佃垦。垦户开荒成熟，未免需费工本，遂世代守耕"。甘肃巡抚黄廷桂说得更为明白："我朝定鼎以来，流亡渐集，然开垦之始，小民畏惧差徭，必借绅衿出名报垦承种，自居佃户，比岁交租。又恐地亩开熟，日后无凭，一朝见夺，复立永远承耕、不许夺佃团约为据。"[1]他认为这种原生态的永佃制，是佃农可以永久耕种地主土地的世袭式永佃制。土地的所有权由地主的子孙继承，而土地的经营权则由佃农的子孙继承。如直隶怀安县，庞正喜之祖庞太始将刘珠之祖河滩荒地一顷，开垦成熟，佃种多年，庞太始物故后，"庞氏子孙相继分种"[2]。但地主的土地所有权并没有向佃农分割，地主子孙至少可以自种为由，收回土地。

清代已有货币地租。顺治年间有农民以交实物折租的，不过，历年折租逐渐固定化，实际上已逐渐变成了货币地租[3]。康熙年间，广东新会县有地主征收租银的记载[4]。雍正前，江苏常熟县，农民将稻田改种棉花，地租由实物改为货币折租，货币折租是向地租过渡的形式。

有人辑录了乾隆朝60年间各省区的档案租佃资料，其中货币租案件253件，占全部案件的28.72%[5]。也有人辑录嘉庆朝25年间322件档案租佃资料，其中货币租案件96件，占全部案件的29.81%。二者货币租的比重相近。不过，应该看到嘉庆朝案件中货币租中有关田祀产案件较多，直隶旗租案件中货币租尤

---

[1] 中国第一历史档案馆. 清代地租剥削形态[M]. 北京：中华书局，1982.
[2] 周震荣. 乾隆永清县志[M]. 乾隆四十四年（1779）刻本.
[3] 仙游县志[M]. 清乾隆三十六年（1771）刻本.
[4] 屈大均. 广东新语[M]. 北京：中华书局，1985.
[5] 中国社会科学院历史研究所清研究室. 清史论丛[M]. 北京：中华书局，2011.

多，这可能是此时族田旗地一般都是征收货币租的缘故[①]。

清代土地租佃关系中永佃制曾得到一定的发展。永佃制也就是永佃权，是土地的租用权和耕作权，此权属于佃户，所有权属于地主。永佃制最重要的发展，土地经营权以田面权形式进入市场，真正成为可以自由买卖的商品。现代产权理论认为，产权是可以买卖的，不但整体产权可以成为商品，可以买卖；部分产权也可以成为商品，可以买卖。田面权的买卖，即是这种部分产权的买卖。

在押租制下，用货币去抵押土地经营权，只是土地经营权货币化、商品化的一个开端，在中止租佃关系的时候，地主要将押租金退还给佃户，因此在押租制下，土地经营权还不是真正的商品。在永佃制下，地主将自己的土地所有权进行分割，分割成田底与田面，并将土地经营权以田面权形式转让给佃农。从此，地主对于田底，佃农对于田面，分别享有占有、收益和处置的权利。它们可以分别转让，可以分别出佃，并可以分别收取地租。在这种条件下，这才是具有完全意义的永佃制。

中国农民特别是佃农，都有一种获得"恒产"的心理，追求耕种属于自己的土地。佃农以比购买土地较低的交易成本购买田面权，实际上就是认为"其田面为恒产所在"[②]。佃农耕种具有田面权的土地，没有夺佃的后顾之忧，就会乐意连续追加投资，通过施肥、平整土地、修建塘堰和排灌渠道，以改良土地，就可以提高土地产量，获得更多收益。江西安远县蔡友职于康熙五十六年，"将顶耕之田"，卖与蔡相叔，文契中有"共载老租十角正"，可见是一宗田面权买卖。蔡相叔买得田面权后，耕种二十多年，由于连续投入工本，将"田垦熟，成了肥地"。蔡相叔自诩是"顶耕年久，田成膏腴"[③]。就是那种原生态永佃制土地，也会具有同样功效。

由于改良土地，收益增加，一些地主富室也参与炒买具有田面权的土地，

[①] 孙健. 中国经济通史（上卷，远古—1840年）[M]. 北京：中国人民大学出版社，2000.
[②] 陶煦. 租核[M]. 清光绪二十一年活字本.
[③] 中国第一历史档案馆. 清代地租剥削形态[M]. 北京：中华书局，1982.

乾隆《福建省例》说，该省汀州府一带，"总缘根有数倍之收，虽价贵于买面，生监富室乐于买根，甘为佃户"[①]。

田面权的商品化，使占有田面权的佃农增多，这更是一种土地所有权向生产者转移的进步经济现象。它的优越性就在于能充分发掘土地的增产潜力，使土地经营效果进一步强化。

随着农业生产力和商品经济的发展，土地所有权和土地经营权必然趋向完全分离。清代定额租制、押租制和永佃制的相继发展，土地经营权以押租形式和田面权形式相继进入市场，标志着土地经营权独立运动的深入发展，它使土地所有者和土地经营者的责任、权利和利益得到比较合理的组合，特别是定额租制解决了经济激励机制问题，土地经营权以押租形式进入市场，有利于使土地经常保持在劳动力较强和生产资金也较充裕的佃农手中；土地经营权以田面权形式进入市场，有利于土地生产潜力得到比较充分的发挥。三者相辅相成，便可能产生乘数效应，使农业生产得到更好的发展。清代租佃制度的发展，应当说是一种适合经济发展要求的制度安排[②]。

3.3 赋役制度

清代赋役制度仍沿袭明制。清初因战乱，明代户部赋役册籍大多散失，只能以仅存的明代万历年间的《赋役全书》旧例办理。顺治十四年（1657），清廷首次正式颁发了《赋役全书》，以使课办赋役有所依据。《赋役全书》详列地丁原额、逃亡丁数、田亩开垦数、赋役的实征数及存留等内容，分别按旧管、新收、开除、实在四栏汇编，以明万历年间的赋役额为标准，征收地丁钱粮，使各地在征收赋税时有章可循。为了使各地赋役的征收完全落到实处，像明代一样，清代还同时编立鱼鳞册和黄册。鱼鳞册即土地丈量册，详载田地的

[①] 福建省例[M]. 乾隆五十九年（1794）刻本.
[②] 方行. 清代租佃制度述略[J]. 中国经济史研究，2006（4）.

形状、大小，以及上、中、下田等内容。黄册也是清廷斟酌明制而定，顺治三年（1646）规定三年一编审，后改为五年一编审。黄册不仅详载人丁数，而且详列各项赋税应征数。"黄册以户为主而田系焉，鱼鳞册以田为主而户系焉。一经一纬，互相为用"①，它们与《赋役全书》相互配套，互为表里，保证了国家的田赋收入。

里甲制度作为一种地方基层组织，主要任务是"防丁口之脱漏，保赋役之平均"，也就是说，清代里甲组织的职能在于赋役方面的编审户口、催征田赋丁徭。正如张哲郎所说："清代里甲制的功能与明代一样，最初也是为了编审黄册而设立，但是清代的里甲制并未像明代那样发展成具有征收赋税、维持治安及宣导教化等不同功能的制度；清代的里甲制始终只负责一种功能，那就是负责地方赋役的征收。"②赋役制度是封建王朝统治的基础，而里甲户籍制度，又是这一基础的基础。无论是田赋的征收，还是差役的佥派，都是通过里甲系统来进行的，都以编制在里甲户籍中的人户为对象，以里甲户为供纳赋役的基本单位。

里甲制度建立后，由于战乱和土地买卖等原因，有些州县"一甲而寥数亩，一甲而积数千"③，"虽有里甲之名，其实多寡不一。多者每里或五六百顷，或三四百顷，少者每里止一二百顷，甚至或数十顷以至寥寥数顷者"④。而杂差杂役与里甲正役按里甲摊派，里甲组织中的这种田产广狭不等，人户多寡不齐，必然造成赋役不均。当时由于势豪富人在赋役上隐漏、诡寄，官府又予庇护，造成赋役尤其是徭役严重不均，导致人户大量逃亡。这反映出里甲并未能将田亩与人户完全置于自身控制之下，已失去了正常运转的条件，而只有均田均役，才能扭转这一状况，保证赋役征收，完善里甲的组织与

---

① 王庆云. 石渠余纪[M]. 杭州：浙江古籍出版社，1985.
② 张哲郎. 乡遂遗规——村社的结构[A]//吾土与吾民[C]. 北京：生活·读书·新知三联书店，1992.
③ 李渔. 李渔全集[M]. 杭州：浙江古籍出版社，1991.
④ 贺长龄，魏源等. 清经世文编[M]. 北京：中华书局，1992.

职能[①]。

为了维护里甲组织的正常运转,康熙初年推行均田均役法。均田就是将一里一甲所属田亩数额大体均平,以解决里甲大小不等的问题。均役即是使里甲正役与杂役按里甲组织均摊。均役必先做至均田,划齐里甲规模,使里甲组织更好地发挥作用,为朝廷赋役征收服务;同时,通过均田均役也可以清查隐漏、诡寄的田亩与户丁,将土地与人户置于里甲组织控制之下。

清初的赋役制度仍然是丁、地分征。丁银"亦国家惟正之供,与田赋并列"[②],是封建国家最重要的赋税收入之一。因此,人丁编审制度是清代前期的一项重要的经济制度,是维护里甲体系的重要手段,也是赋役制度中首要的和中心的一环,编审的主要目的是确定和掌握丁徭的征派对象,及纳税人丁的数额。

顺治五年(1648)首次编审人丁,规定三年编审一次。顺治十三年(1656),针对编审年限的混乱,又将此前规定的三年编审一次统一规定为五年编审一次。由于人丁编审与赋役结合在一起,"编审则丁赋之所由出也"[③]。增丁意味着增赋,所以在人丁编审中存在着丁口虚报隐漏假冒的普遍现象。康熙初年直隶地区,"每遇编审,有司务博户口加增之名,不顾民之疾痛,必求溢于前额,故应删者不删,不应增者而增,甚则人已亡而不肯开除,子初生而责其登籍,沟中之瘠犹是册上之丁,黄口之儿已是追呼之檄,始而包赔,既而逃亡,势所必然"[④]。这种情况在其他地区也大量存在。在籍人丁不堪重负,只有逃亡,而朝廷的税额却不能短少,于是逃亡人的丁银又加到留下来的人身上,导致"户绝则累甲,甲绝则累里"的局面。为了逃避编丁,地方上的一些豪强绅衿往往与官员吏胥勾结起来利用优免权作弊。按顺治

---

① 刘彦波.论清代前期赋役制度的变革与里甲制度的衰落[J].长江大学学报(社会科学版),2005(5).
② 张廷玉等.清朝文献通考[M].上海:商务印书馆,1936.
③ 赵尔巽等.清史稿[M].北京:中华书局,1998.
④ 陆陇其.三鱼堂外集[M].台北:商务印书馆,1986.

十四年（1657）规定："一品官至生员、吏承止免本身丁徭，其余丁粮仍征充饷。"①但实际上，他们总是设法"非分"多免滥免。比如丁役偏重的北方各省，贫苦农民为逃避丁役多投奔于缙绅门下，于是"其本户之丁，即系绅衿供丁"。通常每个"乡绅供丁，多至数十名，青衿亦又十数丁者"，造成"每有差徭，里递不敢派及；每遇编审，供丁名下即有应增新丁，户长总书亦不敢开报"②，诡避和侵吞丁银。而且随着社会经济的恢复与发展，豪强绅衿依仗特权或勾结官府，大肆兼并土地，逃避赋役而转嫁到农民身上，造成"田归不役之家，役累无田之户"的局面，农民丧失土地、被迫逃亡的现象日益增多。

康熙二十六年（1687），规定一切杂项俱合一起称为地丁银，扣除兵饷外，其余解送户部，再由户部支给。这样除去繁杂项目，催报统一，限制官吏的贪污克扣。康熙二十八年（1689）改变截票法，即将顺治时开始使用的二联票改为三联。因为实行二联票时，地方官将纳户票强留不给从中贪污。三联票就是"一存州县，一付差役应比，一付花户执照"③，这就有利于防止官吏作弊。康熙三十九年（1700）又实行滚单法，即五户或十户合制成一单，列上姓名，名下注清田地、银米情况，春秋应完若干，将单发给甲首，由甲首依次轮催，自封投柜。滚单比截票严密，更能防止官吏营私。

康熙于五十一年（1712）二月宣布滋生人丁永不加赋的重大决定："将现今钱粮册内有名丁数，勿增勿减，永为定额。其自后所生人丁，不必征收钱粮，编审时止将增出实数查明，另造清册题报。"④康熙于五十二年（1713）又规定："其征收办粮，但据五十年丁册定为常额，续生人丁永不加赋。"⑤滋生人丁永不加赋的政策是对里甲编审的重大改革，由于丁数有了定额，编审也就失去了实际意义。清王朝为了保证其财政收入，消除因人丁变动带来的弊

① 伊桑阿等．大清会典[M]．清康熙二十九年（1690）内府刻本．
② 台湾银行经济研究室．清圣祖实录选辑[M]．台北：台湾银行经济研究室，1963．
③ 刘墉等．皇朝通志[M]．光绪二十八年（1902）刻本．
④ 贺长龄，魏源等．清经世文编[M]．北京：中华书局，1992．
⑤ 清会典事例[M]．北京：中华书局，2003．

端，对农民的人身控制进一步松弛，也为各地摊丁入地的改革铺平了道路。

康熙五十五年（1716）御史董之燧建议："行文直隶各省地方官，确查各县地亩若干，统计地丁、人丁之银数若干，按亩均派。"[①]朝廷虽然没有允准他在全国按亩均派丁银的建议，却于同年议准"广东所属丁银，就各州县地亩分摊"[②]。朝廷首次正式承认一省范围内摊丁入地的合法性。雍正即位后，摊丁入地被正式提上议事日程，从雍正二年（1724）直隶实施摊丁入地始，这一措施便相继在全国各直省推行开来，成为一项全国范围的重大赋役改革。直到乾隆四十二年（1777）最后完成。摊丁入地税制的实施，赋役合二为一，从宏观上看，也废除了几千年来的人头税，使农民对地主阶级的封建人身依附关系得到进一步解脱。

不过，应该看到，朝廷实行摊丁入地政策，并不表明农民所受剥削程度的降低。摊丁入地虽然规定地税由有田的人出，丁税并入地税，但实际上往往还会转嫁到农民身上，因为真正拥有大量田地的地主豪绅，一方面会用增租的办法使这部分赋税转嫁到农民身上，另一方面会用隐匿田亩数目的办法来逃避田税负担。所以，真正负担这种田赋的人，仍然是无地或少地的农民[③]。

此外，实施摊丁入地政策并没有消除各种附加税、加派和额外勒索等。附加税的名目很多，主要有所谓的"雀鼠耗""火耗""羡余""养廉银"等。"雀鼠耗"系指政府借口田赋在仓储和运输中常被麻雀和老鼠糟践，为弥补损失而增加的田赋附加税，"火耗"则是各州县为便于上缴国库而按照规定成色将所征之散碎赋役银两熔铸成块时的损耗租运解费用。这些也统统强加在了赋役负担者的头上。实际上这种耗费最多不过1%—2%，但所征"火耗"则至少为20%—30%[④]，成为清朝统治者对农民最苛重的勒索。

---

① 尹继善. 江南通志[M]. 台北：商务印书馆，1986.
② 尹继善. 江南通志[M]. 台北：商务印书馆，1986.
③ 孙健. 中国经济通史（上卷，远古—1840年）[M]. 北京：中国人民大学出版社，2000.
④ 彭云鹤. "摊丁入亩"前的赋役制度[J]. 首都师范大学学报，1986（4）.

尽管如此，摊丁入地政策的实施，一方面确实收到了一些效果，反映了清代商品货币关系发展和农民依附关系的削弱，另一方面这种税制改革实际上只是从保证财政收入的角度来调整当时的赋税制度，它制止了赋役的混乱，适当改变了赋役负担的严重不均，并相对减轻了农民的负担。综观清前期近百年的赋役制度的逐渐变化，经过清初的杂乱状态，康熙时期局部的尝试性改革，直到雍正时期果断地推行摊丁入亩制度，最后至乾隆时期赋役制度才得到彻底完善和发展，使得清朝政局不断稳定，经济由最初的萧条发展转为极为繁荣，因而为中国历史上著名的"康乾盛世"奠定了经济基础[①]。

3.4 农业

自近代以来，清朝廷为了发展农业，大力推行鼓励开垦荒地、移民边区及推广新作物以提高生产量。随着耕地面积的扩大，农业生产得到恢复和发展。随着清朝人口增长超过可耕地发展速度，维持庞大的人口规模有赖于占城稻与一些新的粮食作物。占城稻在清朝时期发展成30日至50日即可收获的品种，使得每年两次收获，甚至三次收获变成可能。此外，早熟稻耐旱，可在高原或山坡地种植。在清朝道光年间（1821—1850），稻米产量以及耕种面积都增加一倍。一些从美洲引进的粮食作物也开发许多原先不擅种植的地形，以扩大粮食生产面积。如比较干旱的高原可种植玉米与甘薯，更加崎岖的山地则种植马铃薯。到嘉庆年间（1796—1820），这些高原都种植玉米、甘薯以及马铃薯等新一代的粮食作物。

清朝的经济作物种植面积也逐渐扩大，促进了商品经济的活跃。棉花在清朝已是十分重要的经济作物，其产地遍及全国，其中江苏、浙江、河北、河南、湖北、山东等地都是著名的产棉区，甚至连农业发展较晚的奉天，也成了

---

① 阎立新. 略论清前期赋役制度的逐步完善[J]. 黑龙江民族丛刊（季刊），1998（2）.

外输地区之一。在长江三角洲，棉花种植面积超过了水稻。产棉量以河北保定一带，长江中下游的松江、太仓与通州一带，以及上海等地最大。烟草在明代中期由吕宋传入中国，并得以迅速推广。在乾隆之前，已形成福建、广东、江西、湖南、浙江、山东、奉天等几大著名产区，成为继棉花之后的第二大经济作物。种烟草获利很高，重要产地以陕南汉中、城固，山东兖州，湖南衡阳等地为主。蚕桑业以江苏和浙江的苏州、湖州、嘉兴、杭州和广东的广州最为发达，养蚕已成为当地农民的重要生产活动。此外，茶、甘蔗、油菜、大豆、芝麻、花生、蓝靛等经济作物也在平原或丘陵山区得以广泛推广。

清代农业的发展与土地利用率的提高及耕作制度的发展有密切关系，具体表现：一是从清以前的一年一熟制发展成二年三熟制，一年二熟制，一年三熟制；二是耕作制度的发展遍及黄河中下游、长江中下游和闽广地区。这种全国范围出现高复种指数的大变化，在中国历史上从未有过。

清代人多地少矛盾的加剧，农作物种类和品种的增加，以及栽培技术的发展，都促成了耕作制度的大发展。耕作制度主要有黄河中下游的二年三熟制、长江流域的一年二熟制、闽广地区的二熟制和三熟制[①]。

黄河中下游，指今天的山东、河北、河南、山西、陕西、北京、天津等省市，这一地区的北部如山西寿阳，因气候偏寒，所以主要还是一年一熟制[②]，其他地区则是二年三熟制，其基本特点是禾谷类作物和豆类作物轮作，把用地和养地巧妙地结合起来，如山东沂水的麦—豆—高粱轮作[③]，山西凤台的黍—麦—豆轮作[④]等，都是当地典型的二年三熟制形式。

长江流域的一年二熟制有两种形式，一是水稻同旱作物一年二熟，二是种植双季稻。稻与旱作物一年二熟制，形式多种多样，其中又以稻麦复种为主，

---

① 闵宗殿. 试论清代农业的成就[J]. 中国农史，2005（1）.
② 祁隽藻. 马首农言[M]. 寿阳：寿阳县志编纂委员会翻印，1981.
③ 吴树声. 沂水桑麻话[J]. 山东史志丛刊，1991（4）.
④ 李兆洛. 凤台县志·食货[M]. 嘉庆十六年（1811）刻本.

这是利用稻田秋后空闲的时机，种植冬作物，以提高土地利用率的一种办法。清代这种耕作制度在长江流域分布极广，浙江、江苏、安徽、江西、湖南、湖北、四川等省都有，成为这些省份利用冬闲田的一种主要方式①。

双季稻是长江流域又一种重要的耕作制度。双季稻在历史上主要分布于闽广地区，到清代才在长江中下游大规模发展起来。李彦章在《江南催耕课稻编》中说："以余所知，浙东、闽南、广东、广西，及江西、安徽，岁种再熟田居其大半，近闻两湖、四川在在亦渐艺此。"表明到19世纪中叶，双季稻已发展到长江流域各省。闵宗殿又考察了长江流域的方志，查到有51个县有双季稻种植的记载，其中只有两个县是明代开始种双季稻的，其他49个州县都是清代才具有双季稻的记载，说明长江中下游地区的双季稻绝大多数是在清代发展起来的②。

闽广地区的耕作制度主要有二熟制和三熟制。闽广地区的双季稻，种植形式多样，有连作、间作、混作等多种，其中以连作为多。由于气候炎热、雨量充沛、生长期长，早在汉代闽广地区已种植双季稻③，但长期没有推广，直到清代才成为一种普遍推行的耕作制度。据方志记载，在福建第一次记载双季稻的35个县的方志中，明代12个，清代23个；广东61个县有双季稻记载，其中明代1个，清代60个；广西19个县有双季稻记载，其中明代1个，清代18个④。闽广地区115部方志中，记载清代才有双季稻的有101部，约占总数的87.8%。可见清代双季稻在闽广地区推广规模之大。

至于珠江流域（包括福建）的三熟制则完全是清代发展起来的一种耕作制度，它包括三季稻、稻—稻—麦、稻—稻—菜、稻—稻—烟、烟—稻—瓜、稻—豆—麦等多种三熟制的种植方式。分布的地区包括福建的福州、台湾、临

---

① 闵宗殿. 试论清代农业的成就[J]. 中国农史，2005（1）.
② 闵宗殿. 中国农业通史（明清卷）[M]. 北京：中国农业出版社，2016.
③ 杨孚. 异物志[M]. 广州：广东省出版集团，广东科技出版社，2009.
④ 闵宗殿. 中国农业通史（明清卷）[M]. 北京：中国农业出版社，2016.

汀，广东的广州、嘉应、新会等地[①]。清代多熟制的发展和推广，带来了巨大的社会经济效益。

清代提高了土地利用率，相对扩大了耕种面积。在北方二年三熟制地区土地利用率提高了50%；南方一年二熟制地区土地利用率提高了100%；华南三熟制地区土地利用率提高了200%，这对人多地少的清代来说，对缓解耕地不足具有重要意义，这是对不同多熟制可提高土地利用率而言的。从一些零星的资料看，复种的面积是不少的。

表3-1 清代多熟制亩产量

熟制	地区	时期	产量	一年一熟产量	比一年一熟增产量/%
二年三熟	山东鲁西南	嘉庆（1796—1820）	5.71~6.67斗	5.09斗	12~32
	直隶无极	乾隆（1736—1795）	14斗	11斗	27
	河南南阳	清末	12斗	10斗	20
	浙江桐乡	清初	3~4石米	2.5~3石米	20~30
	苏湖地区	雍正（1723—1735）	3石米	2.5石米	25
	江苏苏州	嘉庆（1796—1820）	2.5~3.85石米	2~3石米	25~28
稻麦两熟	陕南	乾隆（1736—1795）	2.3石	1.2~1.4石米	64~91
	陕南	嘉庆（1796—1820）	3.7~4.3石	3石	41~43
双季稻	江西抚郡	清末	5~6石谷	4石谷	25~50

资料来源：中华书局. 孔府档案[M]. 北京：中华书局，1982；黄可润. 无极县志[M]. 清乾隆二十二年（1757）刻本；潘守廉. 南阳府南阳县户口·地土·物产·畜牧表[M]. 台北：成文出版社，1904；张履祥. 补农书[M]. 北京：中华书局，1983；贺长龄. 皇朝经世文编[M]. 清道光年间（1821—1850）刻本；包世臣. 郡县农政[M]. 北京：农业出版社，1962；萧正洪. 清代陕南种植业的盛衰及其原因[J]. 中国农史，1989（1）；何刚德. 抚郡农产考略[M]. 学识斋，1868.

两湖地区，乾隆时稻麦二熟制已经普及，据记载，"种麦之田十居七八"[②]。江西赣州是个双季稻地区，康熙时"田种翻稻者十之二"[③]。山东是

[①] 闵宗殿. 中国农业通史（明清卷）[M]. 北京：中国农业出版社，2016.
[②] 贺长龄. 皇朝经世文编[M]. 清道光年间（1821—1850）刻本.
[③] 黄可润. 无极县志[M]. 清乾隆二十二年（1757）刻本.

一个二年三熟制地区，据郭松义的研究，复种率达25%，土地利用率在不同地区分别提高了20%—80%，扩大复种面积是相当可观的[①]。

多熟制的推广，不同程度上提高了粮食的亩产量，在二年三熟制地区提高12%—30%，在稻麦一年二熟制地区提高20%—91%，在双季稻地区提高25%—50%，在一定程度上缓和了粮食不足的矛盾。由此可见清代多熟制的推广取得的经济效益是十分可观的。

这种增长方式的首要表现是土壤耕作技术进一步的精细化。在旱田、水田耕作方面耕作愈为精细，进一步强调深耕，出现了套耕、转耕[②]等方法。18世纪中国的西北地区出现砂田耕作技术，并得到一定程度的推广。西北地区地处黄土高原西北部，水利资源有限，降雨量少，地下水碱质大。由于西北旱风的影响，这里昼夜温差大，无霜期短，土壤水分蒸发量大，这种环境对发展种植业十分不利。针对这种不利的自然条件，西北人民创造出了砂田耕作技术。这一技术措施是先把地耕一遍，然后施肥、浇水，再运来砂、石，先铺一层细砂粒，再加上小碎石块。经过这样处理，砂石下面的土壤昼夜温差就小得多，地面及砂石之间的温度比较高，适于农作物的生长。同时有一层砂石的覆盖，也大大减少了土壤水分的蒸发，雨水也不易流失。水分不易蒸发，地里的盐分也不易上升，又有减轻盐碱化的效果。因此，砂田具有保墒、蓄水、压碱、保温、免耕等作用，其产量超过一般的田[③]。

这种增长方式的技术还表现在传统农业在深度、广度上的扩张，土地利用率的提高。经过几个世纪的不断开拓，内蒙古、东北、新疆、西南边疆，东南沿海岛屿和内地山区大部分地区已成为农业区。精耕细作的农业技术也推广到这些区域。不过需要注意的是，传统农业区的可耕之地远没有

---

① 郭松义.清代北方旱作区的粮食生产[J].中国经济史研究,1995(2).
② 套耕是指先后两次用不同的方式耕作,转耕是指由浅入深再入浅的多次耕作,这都有利于提高单位面积的产量.
③ 朱玉婷,徐峰.18世纪中国农业生产的发展[J].农业考古,2013(4).

开垦殆尽。清末农学家包世臣说："论者常曰：'生齿日益而地不加多，是以民必穷困。'非定论也。冷尺，里长三百六十步，当官尺百八十丈，亩积二百四十步，开方得七丈七尺四寸，则方里为田五百三十亩，方十里为田五万三千亩，方百里为田五百三十万亩，方千里为田五万三千亩。今者幅员至广，锦州以东，敦煌以西，隶版图者各万余里，其内地徭赋之区，北尽边墙，西距嘉峪，东并海迄岭而西南界交缅。以天测里冷尺二百里当一度，南北相距二十三度半，东西如之，俱径四千七百里，截长补短，约方三千六百里，为田六十八万六千八百八十万亩。山水邑里五分去二，为田四十一万二千一百二十八万亩。"[1]这虽然是包世臣的推论，但是却有史实的基础，即使在清末中国可垦之地也并没有开垦完。例如东北，仅开垦到地势上与河北、山东相连的辽河下游与辽东半岛地区，较北的地方，亦即松辽平原之嫩江、松花江及辽河上游之大部分，以前为东北少数民族所居，以游牧渔猎为生，却未经多少开垦。而且这里是东北有名的黑土地，以黑土、灰土为主，富于植物养料，不需施肥料植物自然长势良好[2]。民国时期，有人估计中国现已耕土地占可耕土地面积的2/5，其他3/5的可耕之地，有待水利及交通的发展后才能得到开垦。在现有已耕耕地有限的情况下，18世纪中国的农业通过提高单位面积产量，转向集约经营、多熟种植。多熟制的推广如前所述不同程度上提高了粮食的亩产量，缓和了清朝人多地少、粮食不足的矛盾，标志着18世纪中国的农业生产正从以往的通过扩大耕地面积来提高产量转到以提高单位面积产量来发展生产的道路。

  这一时期，粮食作物结构发生巨大变化。清初，南北两方水稻都大面积种植，就全国说水稻在粮食总产量中已占压倒性优势，在粮食作物中占首要地位。清代种稻有早播和北移的趋势。清康乾时期，水稻种植完成了北移的过程。至迟在康熙三十二年北方地区已经出现了水稻的种植。"朕又曾见舟中

---

[1] 包世臣. 说储上篇后序[M]//包世臣全集. 合肥：黄山书社，1993.
[2] 翁文灏. 中国人口分布与土地利用[J]. 独立评论（第六号），1932-06-26.

满载猪毛鸡毛。问其故,则曰福建稻田,以山泉灌之,泉水寒凉,用此则禾苗茂盛,亦得早熟。朕记此言,将玉泉山泉水所灌稻田亦照此法,果早熟丰收。"①雍正五年(1727),水稻已在北方得到大面积的种植。据总理水利营田事大臣疏报:"现值秋成,所营京东滦州、丰润、蓟州、平谷、宝坻、玉田等六州县稻田三百三十五顷,京西庆都、唐县、新安、涞水、房山、涿州、安州、安肃等八州县稻田七百六十顷七十二亩,天津、静海、武清等三州县稻田六百二十三顷八十七亩,京南正定、平山、定州、邢台、沙河、南和、平乡、任县、永年、磁州等十州县稻田一千五百六十七顷七十八亩,其民间自营己田,如文安一县三千余顷,安州、新安、任丘等三州县二千余顷。"②当时清朝廷也意识到了稻田这种高产作物对地利的要求,而北方的地理环境决定了不可能大面积种植。"盖物土宜者,南北燥湿,不能不从其性。即如附近昆明湖一带地方试种稻田,水泉最为便利,而蓄泄旺减,不时灌溉,已难遍及,倘将洼地尽令改作秧田,当雨水过多,即可藉以储用,而雨泽一歉,又将何以救旱?从前近京议修水利营田,未尝不再三经画,始终未收实济,可见地利不能强同,亦其明验。"③这样对地利没有较多要求而高产的甘薯、玉米等物得到了普及性推广。玉米除了口感不好外,其优点不仅仅在于产量高,更重要的是它对土壤和水利的条件要求不高,耐旱抗涝,几乎无处不可以种植。甘薯也是一种高产作物,其单位面积产量甚至比玉米还要大,而且比玉米更易种植④。玉米、甘薯单位面积产量很高,而且适应能力很强,能耐旱、耐腐、耐风雨,病虫害也少,收成比较有把握,适宜在山地、坡地和新垦地栽培,不与稻麦争地,在饥馑之年是充饥度日的救荒粮。

---

① 陈振汉等. 清实录经济史资料·农业编(第二分册)[Z]. 北京:北京大学出版社,1989.
② 陈振汉等. 清实录经济史资料·农业编(第二分册)[Z]. 北京:北京大学出版社,1989.
③ 陈振汉等. 清实录经济史资料·农业编(第二分册)[Z]. 北京:北京大学出版社,1989.
④ 中国科学院地理科学与资源研究所,中国第一历史档案馆. 清代奏折汇编——农业·环境[Z]. 北京:商务印书馆,2005.

3.5 畜牧业

清代是中国畜牧业发展的一个重要时期,清廷非常重视畜牧业,尤其是官营畜牧。在官营畜牧业中以马为重,因此马匹的大规模饲养都是官府在管理。清代在马匹管理机构的设置上更加齐全。清宫内设有御马监,随后又改名上驷院,负责宫内用马。上驷院有直属御马驼厂多处,在京郊者叫内厂,在长城以外者叫外厂。御马均选自内厂,内厂的马来自外厂。内厂马又分内、外两厩,内厩在紫禁城内,有御马厩、副马厩、仗马厩、祭祀马厩、备差驽马厩、花马厩,另在皇城附近还有五厩,分别是东华门外的羸马厩、西华门外的羸马厩、西华门外的小马厩、东华门外的公马厩、西华门外的公马厩。内厂外厩亦分两处,一处在南苑有六厩,一处在西郊安河村。[①]

外厂养马分三处,据《清史稿》记载:"(顺治)是时,大凌河设牧场一,边墙设厂二,曰上都达布逊诺尔,曰达里冈爱,隶上驷院。"[②]这三个牧马场是清朝设置的重要牧场,是上驷院掌管的重要牧场。各处牧厂均设总管、副总管、牧长、牧副等管理,为朝廷提供用马需求。另外还有一个重要的机构就是太仆寺,太仆寺为清朝管理马匹的机构,清顺治元年设立太仆寺,初隶于兵部武库司,主要掌管直隶、山东、河南、江南额征马价之储库、考核、奏销及预备巡幸沿途需用马驼等事。其下掌管两翼牧场。《清朝通典》记载,太仆寺左翼四旗牧场是在张家口外的哈喇尼敦井处,东西约一百五十里,南北约一百三十里,右翼四旗牧场是在张家口外的齐齐尔汉河处,东西约一百五十里,南北约三十二里[③]。这些都是清朝牧区,占地面积大,由此可见清廷对于牧马的重视。而且无论是在牧课还是在牧场方面,都可以体现清廷对于牧马的重视。例如,清王朝规定:"每翼简用副都统二人,于立夏后四月率领官兵陆

---

① 李群. 清代畜牧管理机构考[J]. 中国农史,1998(3).
② 赵尔巽等. 清史稿[M]. 北京:中华书局,1977.
③ 嵇璜,刘墉. 清朝通典[M]. 上海:商务印书馆,1925.

续赶赴口外牧场，择水草丰茂处加意牧放，若照管不周以致马匹阙少者，着落副都统以下各官赔补。其实系残废倒毙者，马扣存三月钱粮，驼扣存四月钱粮买补。"[1]除此之外，还有很多惩罚放牧人员照看不周的措施以及奖励马匹繁殖数量多的措施。

清代在马匹的饲养方式上更加多样化。为保持马匹健硕，在饲养官马的方式上有几次变更。乾隆年间（1736—1796），八旗牧马在城外牧养，"圈马之设，始乾隆二十八年（1764），从都统舒赫德请也"[2]；"洎五十九年撤圈，分给各兵拴养"[3]；"谕成亲王永瑆议复圈马，大学士戴衢亨等会议，立章程十条，圈马仍旧"[4]。圈马跟拴马之间不停地变换，主要是为了寻找更好的牧放方式，以便于给马匹创造更好的生长环境。

由于战争的需要，朝廷也更加注重对马匹的饲养管理。清代对马匹的饲养注重科学喂养。在牧区，马匹的饲养管理虽然因为战争的需要而有所重视，但是总归还是自由放任，以水源为中心自由放牧，马群中有公马作为领头，放牧者凭借手中的长鞭可以控制整个马群。因此不如农业区的饲养精细。另外，对战马的饲养要更加细心，"凡战马，次日欲出阵，则先日禁草料，吊之栅下，良马有可吊十日者。战后，唯饲以草节，日许乃下料，则马不伤。凡马远来牵转，喘定汗息，乃去鞍，系于迎风所，移时乃饮喂之"[5]。无论在战前还是在战后，马匹的喂养都要重视。

在农业区，喂养马匹有很多细致的规定和方法。此时人们更加注重对马匹的精心、科学饲养。例如，《新刻注释牛马驼经大全集》记载有"三饮三喂刍水法"，即："一曰：少饮、半刍；二曰：忌饮、净刍；三曰：戒饮、禁

---

[1] 嵇璜，刘墉. 清朝通典[M]. 上海：商务印书馆，1925.
[2] 赵尔巽等. 清史稿[M]. 北京：中华书局，1977.
[3] 赵尔巽等. 清史稿[M]. 北京：中华书局，1977.
[4] 赵尔巽等. 清史稿[M]. 北京：中华书局，1977.
[5] 包世臣. 齐民四术[M]//包世臣全集. 合肥：黄山书社，1997.

刍。"[1]也就是说，马在饥渴、尪羸、妊娠时要少喝水，在饥肠、出门、远来时不要喂饱；浊水、恶水、污水不要让马喝，马吃的各料要用当季的，灰料要干净，毛发要择干净；骑马、喂料后，有汗时不能饮水，膁大、马不常骑、炎暑天气不能加料。这样，马匹才能保持健康，不影响骑射。《活兽慈舟》上也有同样的记载，这些都是继承了《齐民要术》中的养马的方法。并且，养马要"冬暖屋，夏凉棚，头平系，行相离稀，槽道洁净，拣择新草，筛簸粟米、豆料"[2]。在骑马时，也要善待马，规定："凡乘习，一日行，二日驱，三日骤，四日驰，五日奔，终而复始，千里无病。"[3]

在马厩方面就更是要注意。马厩不仅要敞亮干燥，《三农纪》中提到过"马乃乾畜，性喜高洁……作坊者须得亮燥爽畅"[4]；"物唯马为贵，其性恶湿，利居高燥，须惕其好恶，顺其寒湿，量其劳逸，慎其饥渴"[5]。同时还要注意根据时节及时修理马圈，"（白露节）此后驴马常归棚，六畜房圈及时修理，不使受寒致疾"[6]。特别是要让马厩保持干净，"晨早将厩内粪除打扫，离槽出厩，系清洁幽暗处"[7]。

庆丰司是清代官营牧养牛羊的机构，隶属于内务府，一直延续到清末。庆丰司养牛的主要用途为祭祀、礼仪和食用。

清代的坛庙祭祀用黝牛，大内四季敬神供全牛。太庙祭祀是最有代表性的。祭祀所用的牲畜由神库门送入太庙，祭祀的前三天礼部尚书要来"视牛"，牲畜在屠宰前要洗刷干净，在皇帝、皇后和有功之王前贡太牢，太牢放在牲匣里，牛放中间。"七月朔，秋祭太庙、四祖庙，中元祭陵，并用牛、

---

[1] 张宗法. 三农纪校释[M]. 北京：农业出版社，1987.
[2] 张宗法. 三农纪校释[M]. 北京：农业出版社，1987.
[3] 郭怀西. 新刻注释马牛驼经大全集[M]. 北京：农业出版社，1985.
[4] 郭怀西. 新刻注释马牛驼经大全集[M]. 北京：农业出版社，1985.
[5] 郭怀西. 新刻注释马牛驼经大全集[M]. 北京：农业出版社，1985.
[6] 丁宜曾. 农圃便览[M]. 北京：中华书局，1957.
[7] 四川省畜牧兽医研究所. 活兽慈舟校注[M]. 成都：四川人民出版社，1980.

羊。"①皇陵的祭祀同样是清代重大的活动。每月初一和十五用一头牛，配上香烛和酒果，守陵官员致祭。顺治八年（1651）封陵山之后，定祀仪，冬至用一牛、一羊、一豕祭祀。康熙三年（1664），陵寝的太牢改为一牛二羊。康熙四年（1665），寿康太妃博尔济吉特氏去世，初祭的贡品中包括一头牛和十八只羊。祭祀火神庙原来用少牢，雍正年间（1723—1735）改为太牢。尽管每次祭祀只用一头牛，但由于祭祀在封建社会意义非凡，祭祀礼节是繁重的，对祭祀用牛要求较高，极为重视。

礼仪也是庆丰司所养牛的用途的一方面。清帝每年亲耕丰泽园所用的犁牛，皇子公主婚嫁所用的礼牛均由庆丰司提供。亲耕用牛选自南苑三圈，可第二年再用，不堪用时顺天府再到别处采买。公主、郡主、县主、县君生育均会得到一定数量的牛作为赏赐，嫁到蒙古部落的公主、郡主、县主、县君及陪嫁户也会得到若干头牛。皇子受封分府后，府中第一次敬神，要用全耳犏牛。皇帝出巡，庆丰司要准备一定数量的牛随行。喇嘛在宫内诵经，需要一定数量的牛，也由庆丰司提供。此外，牛皮还要交给武仪院②。

食用御膳房每年做事物的备料，只用羊肉，不用牛肉，却需要大量的牛乳。供乳饼圈每年要上交尚膳房80斤乳汁和150斤乳浆。乳牛的供应，宫廷成员皆有定制。"太皇太后、皇太后用乳牛各二十四，皇帝、皇后共用乳牛一百，皇贵妃用乳牛七，贵妃用乳牛六，妃用乳牛五，嫔用乳牛四，贵人用乳牛二，皇子福晋用乳牛十。"③雍正元年规定，每年春秋季节，清茶房制作乳饼每日消耗50斤牛乳，外三圈选15头乳牛送入内三圈，造乳饼时仍归原圈。

清代重视牧牛技术。牛是农家重要的经济来源，"牛为农之本。腴田百顷，非牛莫治，其兴地利，不止代七人之力，故禁宰有律，非泥果报之说也。

---

① 赵尔巽等.清史稿[M].北京：中华书局，1977.
② 张扬.庆丰司与清代官营牧牛业述论[C]//中国《活兽慈舟》学术研讨会论文集.[出版者不详]，2013.
③ 昆冈，李鸿章等.钦定大清会典事例[M].光绪二十五年八月石印本.

喂养不可失时。吾邑向无喂料者。今牛价数倍，若不加心喂养，一经倒毙，无力置买，佃户不免流离，主地亦必荒芜矣"①。因此，对于牛的饲养更要谨慎。在牛的饲养上，清代许多书籍都有记载，不同品种的牛，饲养方式也是不同的，要做到因畜制宜。"旱牛放牧于高岗，务知山陵之情性，须识草木之枯荣，故多能任重而不喜水浴。水牛蓄养于平地，当晓地势之高下，宜明水性之温凉，故能耕田而喜水浴，盖常浴之，则其体舒畅无灾矣。"②另外，《活兽慈舟》中有专门的"牧养惜牛篇"，记载一年四季应该如何饲养牛。四季的饲养方法也不同，要懂得因时制宜。春季，虽然已经长了草，但并不茂盛，要"草料均匀，水浆合时"③才可以役使；夏季天气炎热，白天要避开炎热的天气，不要因为农忙时节，让牛过多劳累，晚上点些驱赶蚊子的香，牛才能安眠；秋天正是收割的季节，这时要给牛喂饱，驱使时不要太急；冬天天气转冷，牛厩要避风，避免牛感染风寒。尤其是在役使时，更要注意了，"（牛）至临用，不可极饱，饱即役力伤损也"④。牛作为重要的劳力，可代替多人劳作，方便耕作，但是在驱使耕牛时，也应该注意爱惜耕牛，"农者蓄养，须知宝爱，当惕其性情，调其气血，慎寒暑，体劳逸，度饥渴，节作息，安暖凉，能若此，则牛之精神爽快，筋骨舒畅，皮毛泽润，至老不衰，可以延年"⑤。

羊的饲养环境很重要，因羊喜欢高处，羊圈要修得高一些，这样可以防止被狼或者狗咬伤，羊圈与猪圈不同，羊圈内要积存羊粪，撒些干土。同样，牧羊也很有讲究。《豳风广义》对牧羊有具体的要求，指出："羊必须由老人及心性婉顺者放之，方得起居以时，调其宜适。"⑥以防止放牧者打伤羊，同时，要缓慢驱使羊群，不要不断停下来休息。春夏两季要早放牧，冬季时要晚

---

① 丁宜曾. 农圃便览[M]. 北京：中华书局，1957.
② 四川省畜牧兽医研究所. 活兽慈舟校注[M]. 成都：四川人民出版社，1980.
③ 四川省畜牧兽医研究所. 活兽慈舟校注[M]. 成都：四川人民出版社，1980.
④ 高恩广，胡辅华. 马首农言注释[M]. 北京：农业出版社，1991.
⑤ 张宗法. 三农纪校释[M]. 北京：农业出版社，1987.
⑥ 杨屾. 豳风广义[M]. 北京：农业出版社，1962.

出早归，羊群中要选一只领头羊，方便放牧。若是想要养出肥羊，就必须先骟过之后，再配以用水浸泡过的干草和豆类，不用再加水就可以养肥。这就是所谓的栈羊法，用来催肥商品羊。

在猪的饲养管理上，养猪要修圈，以便管理，但是也有人说："豕不可放于街衢，亦不可常在牢中。"①猪圈也要勤于打扫，猪吃的饲料要极细，并且要定时。《三农纪》上记载有饲养猪的方法："一人持糟于圈外，每一槽着糟一杓，轮而复始，令极饱。若剩糟，复加麸糠，散于糟上，令食极净方止。善豢者六十日而肥。"②这是一种非常巧妙的方法，不仅可以节约饲料，同时也能让猪增肥。《豳风广义》上也提出"养猪七宜八忌"③。

清代在家禽的饲养上也有一套细致的规定。《三农纪》记载，有雏鸡不能喂熟饭，否则"脐内生脓死"④，并且用"冷水洗爪，可以耐寒，以烟熏身，耐寒"⑤。还要给鸡做笼，防止鹰或狐狸伤害。鹅同样也要提防老鹰。《豳风广义》中也提到过"园放之法"，这是鸡的散养之法。养鸡要将散养与圈养结合起来。同时，若有的鸡能飞，那么就要剪去翅膀，鸭也如此。如果鸭的尾巴尖下有硬毛，就必须拔去，不然会伤了自己。这些饲养方法都是劳动人民在实践中不断探索总结出来的。

清代畜种的改良技术也有很大进步，牲畜的品种较以前增加了很多，清政府也积极寻求更好繁殖品种，设立专门的种马厂，配出良马。史书有记载："顺治初，大库口外设种马厂，隶兵部。康熙九年，改牧厂属太仆寺。"⑥在给牲畜配种时，要求双亲都是优良品种，这样才可以繁殖出更好的后代。例

---

① 高恩广，胡辅华. 马首农言注释[M]. 北京：农业出版社，1991.
② 张宗法. 三农纪校释[M]. 北京：农业出版社，1987.
③ 杨屾. 豳风广义[M]. 北京：农业出版社，1962.
④ 张宗法. 三农纪校释[M]. 北京：农业出版社，1987.
⑤ 张宗法. 三农纪校释[M]. 北京：农业出版社，1987.
⑥ 赵尔巽等. 清史稿[M]. 北京：中华书局，1977.

如，"母猪唯取身长、皮松、耳大、嘴短、无柔毛者良"[①]；"取做牡者，务取身大高长、尾根长者及肾经阳物长者乃佳"[②]，这样的猪才能生出更好的小猪。清代的牲畜繁殖技术较之前代也有很大的进步，对家畜的繁殖时间有细致的规定，如"猪忌五月配圈，恐九月生子，少脑难成"[③]。

清代家禽的人工孵化技术更是有所创新，有照蛋法、火萒法等先进的方法。《三农纪》指出："卵无雄者，以卵停水盆中，晌午日少照伏之，可生雏。或告灶，以釜煤画十字于卵，伏之亦生雏。"[④]《豳风广义》上还记载当时比较先进的火萒法，鸡鸭皆可用此法孵化幼雏。《三农纪》中还提到"（鸭）有炒糠麸伏者，有炒麦伏者，又有马屎伏者"[⑤]。这些方法可以使孵化不受自然条件和季节的限制。这些方法都是劳动人民经过多年的实践探索出来的，只有精确掌握了家禽孵化的温度、湿度等信息，人工孵化技术才会更进一步。

清代的相畜术也很发达。相马术是按照马的各个部位来相马的，从头、眼、耳、鼻、口、形骨到蹄，都有详细描写。《新刻注释马牛驼经大全集》附有"相马宝金篇"，提出相马的总原则就是要眼睛大、面长、耳小、鼻子大。此外，也有根据马的内在气质来相马，通过马的神韵、走路的姿势都可以看出是否为良马。但是这些相法只是相对于大多数而言，不是每匹马都可以适用，要具体问题具体分析。

相牛术分为相黄牛和水牛，也是从牛的各个部位来观察。《养耕集》上记载的相牛口诀是作者经过实践观察，按照江西当地的习俗，补充了明代《相牛经》所没有的。相牛法大多是继承了《相牛经》，但也只是黄牛而已，水牛的相法以《相牛心境要览》最好，水牛要求"好牛头小腹大，角立眼圆身短，脊

---

① 杨屾. 豳风广义[M]. 北京：农业出版社，1962.
② 四川省畜牧兽医研究所. 活兽慈舟校注[M]. 成都：四川人民出版社，1980.
③ 杨屾. 豳风广义[M]. 北京：农业出版社，1962.
④ 张宗法. 三农纪校释[M]. 北京：农业出版社，1987.
⑤ 张宗法. 三农纪校释[M]. 北京：农业出版社，1987.

高背低，杂毛不生，尾长过膝。肥要见骨，瘦要见肉"[1]。《大武经》中专门有"相牛篇"，也是根据牛的各个部位来相牛。好牛要求"三宽""四紧"，三宽指鼻子、屁股、角门要宽，四紧指骨骼、四蹄、口、腰要紧[2]。

相猪术所描述的良猪要求"喙短扁，鼻孔大，耳根急，额平正，腰背长，臁堂小，尾直垂，四蹄齐，后乳宽，毛稀者易养。喙长则牙多不善食；气腔大，食多难饱，生柔毛者难长。耳根软，不易肥；鼻孔小，翻食。首皱蹄曲，不易壮"[3]。同样，《农圃便览》中也有类似的提法，"母猪取短喙无柔毛者良。圈不厌小，处不厌秽，饲喂及时则易肥"[4]。这样喙短无柔毛的猪才更加容易饲养。

相禽术也有所发展。例如，在相鸡上，挑选品种好的鸡，可以改良鸡的品种。"目如鹞，喙若鸽，首小靥正，毛浅足细者佳。雄宜头昂、冠竖、九锯，翅束尾长，啼声悠长者堪作种。雌宜头小、眼大、颈细、趾长、足矮者为种上佳。"[5]这种脸盘小、毛色浅、脚细小的鸡为良鸡。对鹅则要求"首方目圆，胸宽身长，翅束羽整，喙齐声远者良"[6]。而鸭则是"口中五龄者生蛋多，三龄者次之。俗云：黑生千，麻生万，惟有白鸭不生蛋。形有大小、高矮；色有黑白黄苍褐花。有冠首，红嘴赤足者。雄者头毛光绿，尾有卷羽，鸣突声哑。雌者头小色暗，尾羽伸长，声高明亮"[7]。

清代的兽医技术有很大进步，涌现出一批优秀的兽医著作，总结出大量先进的兽医病方，在兽医理论上更是有所突破，尝试新的医用手段。清代的兽医著作非常多，如郭怀西的《新刻注释牛马驼经大全集》是对《元亨疗马集附牛

---

[1] 邹介正.相牛心境要览今释[M].北京：农业出版社，1981.
[2] 杨宏道.大武经校注[M].北京：农业出版社，1984.
[3] 张宗法.三农纪校释[M].北京：农业出版社，1987.
[4] 丁宜曾.农圃便览[M].北京：中华书局，1957.
[5] 张宗法.三农纪校释[M].北京：农业出版社，1987.
[6] 张宗法.三农纪校释[M].北京：农业出版社，1987.
[7] 张宗法.三农纪校释[M].北京：农业出版社，1987.

驼经》的注释本。这本书的可贵之处就在于郭怀西在注释的过程中不断吸收当时兽医学上的先进技术，在疗法用药上颇有创新，并且附有图片和歌谣，方便易懂。再如傅述凤的《养耕集》是关于牛的医学著作，在这本书中有许多关于牛的先进医学理论，将针灸与牛病相结合，全书贯穿着整体辨证施治的观点，在诊断学上有很大进步[1]。

在针灸学上，兽医将针与药相结合，可以提高疗效。《养耕集》中提到了很多针治病方，还有牛穴针法的图，每个穴位都有详细介绍，强调针灸的准确性和熟练性，"清楚认真穴道，看在某处下针，是治某处病，或该用一、二寸之深，或该用三、五分浅，临得症多，参得理透，自有得心应手之妙"[2]。《活兽慈舟》有"论造药针法"，即"用马嚼口铁炼刀针无毒。或炼成刀针入土中藏七七。又炼成刀针，常用药养针，无不效。凡铜炼针，炼成入猪肉中养七七，取出用之应效。凡银炼针已成，用硝水煮浸，随用皂角水浸三日，用之应效"[3]。这些都是其他的兽医书籍中所没有的技术经验。这种方法至今仍有兽医采用。

在预防学上，清代兽医也有很大的发展。《养耕集》中的"治牛瘟疫法"就提到，在一部分牛感染后，剩下的就要及时预防，具体做法就是转移或消毒。《活兽慈舟》中提到"又或天气酷热，阳光炎暑，或陡致凉寒，必当将息，免惹风寒疫疠等症"[4]，或者给牲畜喂四季药，做到"预防为先"。总之，在预防疾病上，就要做到善养牲畜，管理得当，加上平时吃点预防生病的药即可。

清代畜牧业的发达和畜牧技术的进步与朝廷的支持密不可分。清廷制定饲养牛马严格的法律和有效的措施，设置掌管中央到地方的马政官员和各大牧

---

[1] 程新晓. 简论清代的畜牧技术[J]. 河南师范大学学报（哲学社会科学版），2015（6）．
[2] 杨宏道. 养耕集校注[M]. 北京：农业出版社，1960．
[3] 四川省畜牧兽医研究所. 活兽慈舟校注[M]. 成都：四川人民出版社，1980．
[4] 四川省畜牧兽医研究所. 活兽慈舟校注[M]. 成都：四川人民出版社，1980．

场，不仅反映出畜牧业分布地区之广，也表明当时朝廷对畜牧管理的重视。清皇宫内畜牧管理机构有上驷院、庆丰司等，清中央国家机关中的畜牧管理机构有太仆寺，地方上的畜牧管理机构采用军政合一的形式管理[1]。清代已经开始种植从国外引进的玉米、花生、甘薯等，为实现饲料多样化提供了条件。清代多发的自然灾害引起农业经济的连锁反应，朝廷努力采取一系列措施将带来的危害降到最低[2]。清王朝对畜牧业的重视客观上鼓舞了人们对畜牧技术的改进。

3.6 手工业

3.6.1 手工业与生产力

清朝的手工业在康熙中期以后逐步得到恢复和发展。至乾隆年间，江宁、苏州等地的棉纺织业都很发达，主要集中在江南和华北地区。江南棉纺织区主要在松江、太仓、常州、苏州、江宁、通州、嘉兴等府州。松江、太仓两府的棉纺织业最为发达，技术最好，有"衣被天下"的美誉，而染色、踹布业则以芜湖、苏州最为先进。当时江南的棉织业达到历史高峰。华北棉纺织区以河南、山东、直隶为最盛，是仅次于江南的棉纺织集中区。江宁、苏州、杭州、佛山、广州等地的丝织业也很发达。丝织技巧也有了新的提高，出产的重要提花品种有妆花纱、妆花缎、妆花绢等。

棉纺织工具主要是纺车和织机，棉纺工具是继承传统的麻纺工具而来。元明时期曾出现三锭脚踏棉纺车，但以后这种棉纺车并没有得到推广普及，清前期只有上海一带有使用这种棉纺车的记载。研究者认为，是小农家庭经济结构限制了这种纺车的推行。因此从清前期直到近代，普遍常见的是单锭手摇纺车，单锭手摇纺车的生产效率，综合各种记载，有每日纺纱四五两、五六两、

---

[1] 李群.清代畜牧管理机构考[J].中国农史,1998(3).
[2] 闵宗殿.关于清代农业自然灾害的一些统计[J].古今农业,2001(1).

七八两的，最多的通宵达旦可纺纱十二两。

清代的棉织业在江南一些地区也日益发达。棉纺织工具有显著改进。如上海的纺纱脚车，可"一手三纱，以足运轮，人劳而工敏"。织布机也有一些改进和革新。当时的棉布生产，无论数量或质量都比以前有很大提高。上海的"梭布，衣被天下，良贾多以此起家"。苏州的"益美字号"，因大家誉其"布美，用者竞市"，"一年消布，约以百万匹"，结果"十年富甲诸商，而布更遍行天下"，"二百年间，滇南漠北，无地不以益美为美也"。苏布"名称四方"，可见信誉之广。无锡也盛产棉布，乾隆时，"坐贾收之，捆载而贸于淮、扬、高、宝等处，一岁所交易，不下数十百万"，有"布码头"之称。

棉织机具也是继承了传统的丝、麻织机而来。清前时期的棉织机具在样式、原理等方面都承袭了传统的布机，改进不大。棉织的效率，据研究，因一匹布的规格、长短不同，织布效率差异较大，一般以一个工作日织布一匹，一个家庭从棉到布，一匹布需要5—7个工作日[1]。

棉纺织业存在普遍，但也并非史籍所说家家织布。有研究估计，清代从事棉纺织业的家庭约占全部农户的50%，也就是说，至少有半数的农户拥有纺车和织机。还有一些纺户，只拥有纺车。棉布产量据估计为年产布6亿匹左右，其中商品布3.1亿匹[2]。这些数字与明代相比都是大为增加了。

丝织业在清代手工业中占有重要地位。当时江宁、苏州、杭州、佛山、广州等地的丝织业都很发达。虽然清朝统治者在江宁、苏、杭设有织造衙门，在一定程度上阻碍了江南丝织业的正常发展，但清代民间丝织业还是发展很快。如江宁的织机在乾、嘉时达到三万余张，而且比过去有许多改进，"织缎之机，名目百余"，所产丝织品畅销全国。即使在偏远的贵州，丝织业也得到很大发展。道光时，贵州遵义绸"竟与吴绫、蜀锦争价于中州"，招致了秦、晋、闽、粤各省客商竞来购买贩运。

---

[1] 吴承明.中国资本主义与国内市场[M].北京：中国社会科学出版社，1985.
[2] 许涤新，吴承明.中国资本主义的萌芽[M].北京：人民出版社，1985.

丝织机具中重要的是织机，此外还有辅助工序的工具，如纺经、络纬、打线等都有专门工具。丝织业存在历史悠久，这些工具在长期的实践中不断改进。现在知道的最直观具体的是明代《天工开物》中描绘的提花机的样式。提花机结构在明代已基本定型，清代在形制上没有什么改进。此外还有腰机，一人操作，织作罗绢绸纱等织物都用腰机。织机而外，丝织过程工序较多，调丝的机架叫作络笃，纺纬有纬络，牵经有溜眼、经耙、印架。其他工具有篁、筘等。明末苏州的织机中还有绫机、绢机、罗机、纱机、绸机[1]，不同织物有不同的织机，表明丝织机具的日益改进和专门化。清代的丝织机具种类较多，但基本承袭明代。织机数量，据研究估计，清前期江南地区约有织机80000台。[2]山西潞绸织机明末有13000余台，清初只有1800余台[3]。四川地区的丝织业据称咸丰时期最高年产量达到700000余匹[4]，以每机每年织绸300匹计，约有织机2000余台。

丝织技术的进步比较明显地表现在传统丝织技艺水平的不断提高。到清朝前期时，丝织品品种丰富多彩，锦、缎、纱、罗、绫、绸、绢、绒等，织造技艺精熟，纹彩富丽豪华。民间丝织品主要是作为商品来生产的。有研究者对明清时期的丝织品商品量做了估计，认为明代苏、杭、嘉、湖地区每年进入长距离运销的丝织品达30万匹左右，价值在30万两左右。清前期江南地区丝织品商品量为4.9万担，商品值为1455万两[5]。又有研究估计为，明代后期江南地区投入流通的丝织品商品价值约为38万两，按时价折算，约为绢54万匹，或绸38万匹。清代乾嘉时期，江南地区的丝绸商品量约为绸类一千数百万匹，价值1500万两。总之，清前期的丝织生产量比明代扩大是确定无疑的。

清代，江西景德镇仍是全国制瓷业的中心，代表了国内乃至世界制瓷的最高水平。随着国内外及宫廷对景德镇瓷器的需求量的激增，使康熙、雍正、

---

[1] 王焕如. 吴县志[M]. 明崇祯十五年（1642）刻本.
[2] 范金民, 金文. 江南丝绸史研究[M]. 北京: 农业出版社, 1993.
[3] 龙汝霖. 高平县志[M]. 清同治六年（1867）刻本.
[4] 《蜀锦史话》编写组. 蜀锦史话[M]. 成都: 四川人民出版社, 1979.
[5] 许涤新, 吴承明. 中国资本主义的萌芽[M]. 北京: 人民出版社, 1985.

乾隆三代的景德镇瓷业进入了制瓷历史高峰。康熙的青花、五彩、三彩、郎窑红、豇豆红等装饰品种，风格别开生面；雍正的粉彩、斗彩、青花和高低温颜色釉等，粉润柔和，朴素清逸。乾隆的制瓷工艺，精妙绝伦、鬼斧神工，前无古人。青花玲珑瓷、象生瓷雕、仿古铜、竹木、漆器等特种工艺瓷，惟妙惟肖，巧夺天工。瓷业兴，百业兴。到乾隆、嘉庆时，不说官窑，单"民窑二三百区，终岁烟火相望，工匠人夫不下数十余万"。除景德镇外，其他各地的制瓷业也都发展起来。瓷器制作技术改进，产量也大幅提升。例如中国瓷都——江西景德镇瓷窑所烧造的御瓷产量在雍正六年（1728），一年之中生产10多万件御器。据统计，乾隆时全国著名陶瓷品产地共有40余处，遍布各地。如直隶武清、山东临清、江苏宜兴、福建德化、广东潮州等地的窑场，都有很大的规模，所产瓷器色彩鲜艳，精美异常。雍正乾隆时粉彩的成就最为突出，其色调温润，鲜艳而不妖冶，立体感强烈，常常让人叹为观止。此外，这一时期仿宋代汝、官、哥、定、均五大名窑的作品也很成功，有的几可乱真，洒蓝、天蓝、祭蓝、冬青、茶叶末等单色釉亦是佳作多多。

清代瓷器的装饰艺术纹饰、内容、手法最为多样，且因各朝背景、崇尚不同而各有特点。康熙朝以山水花鸟、人物故事、长篇铭文等最具特色，其中刀、马、人、鱼、龙变化及冰梅纹、亭台楼阁纹为其代表纹饰。青花画法多采用单线、平涂，前期粗犷，有明末遗风，后期流畅，勾染皴擦并用，达到了阴阳向背、层次分明的效果。雍正朝的纹饰多偏重图案化，比较刻板，除仿明云龙、云凤、云鹤、缠枝花卉外，还盛行以过枝技法绘桃果、牡丹、玉兰、云龙等；画人物渔耕樵读以男为多，琴棋书画以女为多，纹饰线条纤细柔和。乾隆朝纹饰内容最为繁杂，但均以吉祥如意为主题，纹饰必有寓意，如百鹿、百福、百子、福寿、瓜瓞连绵、官爵荣升、三星八仙等。

清代的造船与航海技术已达到了较高的水平。最能代表造船技术的传统的四大海船船型，即沙船、鸟船、福船、广船到这时已经定型，船舶的性能、动力、结构、建造等方面的技术已基本成熟。清代的船型达到2000余种，形制变化不大。造船技术有所改进，航行速度加快，以往从江浙到天津每年其能往返二回，到嘉、道时可以达到四回，速度提高一倍。利用船坞造船宋明时都有记载，当时多是官船厂利用来造大船，清代民间利用船坞造船并不普遍，但到清代中叶以后沿海一带也多有利用。估计清代的船只数量除无法计数的农船、渔船、无帆小船外，约有大小远洋、近海、内河帆船20万只，每年投入修造船的资金量约1亿两[1]。

矿冶业在清代也有进一步发展，尤其是铁、煤各矿的开采。铜矿开采历史很久，清以前在矿硐结构、开采技术等方面已经达到相当水平。清代铜矿井称为硇硐，有的硐开采时间长，硐路深远，云南有的矿硐深远达10—20余里，硐内分路开采，叫作尖子，以"把"计数，一硐有多至数十把的。这种矿硐的开采技术比以往有所提高，如通风采用风柜，排水制水车推送。道光年间（1821—1850），吴其濬绘制的云南铜矿采冶图中，矿硐口用多根圆木堆垒支撑，看起来相当坚固。采矿工具历来是锤凿，清代的采铜工具有槌、尖、凿等，图中绘有各式工具20余种。以这种工具采掘，每个工丁每天可挖矿砂数十斤[2]。云南的铜矿开采的规模比较大，至乾、嘉极盛时，全省开办的铜厂有300多处。其中有官督商办的大厂，也有私营的小厂。"从前大厂（砂丁）率七八万人，小厂亦万余人，合计通省厂丁，无虑数百十万，皆各省穷民来厂谋食。"乾隆五年（1740）至嘉庆十六年（1811），云南铜矿的最高年产量达到1467万余斤。

铁矿开采历史很久，但有关采矿技术方面的记载却不多。明代《天工开物》记载，铁矿矿层通常较浅，应有露天开采的。明末清初广东的铁矿有深掘至数十丈的，湖南铁矿有的深一二里至三四里。也有露天刨挖的。明代记载中出现了烧爆法采矿，清代不见采用。广东、山西、河南、山东的铁矿，开采的规模都比较大。广东的铁冶规模也很大。广东佛山镇的铁器制造业也很发达。

---

[1] 徐建青. 清前期手工业的发展水平与特点[J]. 中国经济史研究，1998（1）.
[2] 徐建青. 清前期手工业的发展水平与特点[J]. 中国经济史研究，1998（1）.

那里有铸锅业、炒铁业、制铁线业、制钉业和制针业等行业,而尤以铸锅业最为有名。所铸铁锅不仅行销国内各地,而且也大量输出国外。

煤炭在汉代已用来冶铁,明以前煤井开采已有一套比较完整的技术,深度通常在十余丈。

《天工开物》中记载用竹筒排毒气的方法,清前期的煤井开采已普遍可达到深数十丈,记载中说浙江长兴的煤窑有深至100余丈的。煤窑中一般可以容纳数十人至百余人。井下运输采用人力拖拉背运,山东有的地方采用绞车提煤运出。运行绞车采用畜力或人力。清后期四川的煤矿中开始有采用机械力运煤的。采煤工具有锹、凿、镐、钎、绳、筐等。采煤的工作效率每个工人每天挖煤数百斤[①]。

总之,铜、铁、煤矿的开采技术历经长期的生产实践,到清代,在矿井结构建设方面已趋于成熟,采掘工具变化不大。但矿井深度增加,同时随着矿井加深,矿井的修建、维护技术有所提高,井下运输工具有所改进。从事采矿业的人数不少,清前期铜、铁、煤厂遍及各地,各处矿厂大者聚集数万人,小者也有数百上千人。云南铜矿厂乾隆中期"矿厂日开,各处大小厂聚集砂丁人等,不下数十万人"。广东冶铁业雍正末年有铁炉五六十座,从事冶铁、挖煤、烧炭的"佣工者不下数万人"。湖南产铁地方不少,仅辰溪地方道光时每年靠铁矿厂生活者,"不下万余人"。陕西南部山区的铁矿厂嘉、道时聚集工丁数万人。各地采煤业中从事挖煤及煤炭运输的同样吸纳了大量人口。具体人数少有记载。四川犍为县煎盐日需煤数十万斤。附近产煤地方从事采煤、运煤的"日活数万人"[②]。合各地记载,加上金、银、铅、锡各矿,清前期从事采矿业的人口当有百万。

造纸业也比较发达。清代的手工造纸在原料、工具等方面比明朝略有改进,但变化不大。原料有用废旧纸重新造纸,扩大了原料来源,不过并不广

---

① 徐建青.清前期手工业的发展水平与特点[J].中国经济史研究,1998(1).
② 祈守华等.中国地方志煤炭史料选辑[M].北京:煤炭工业出版社,1990.

泛。在有水源的地方已利用水力为动力，多用水碓舂捣。有的地方捞纸用的是帘床，为了加快纸张干燥，除了日光晾晒，还有用竹墙、砖墙焙干的方法。工艺方面的改进较为明显，尤其是特种工艺纸，花色、印染、纸质都达到很高水平。清代造纸的生产分工进一步细致，制纸穰、造纸、染色印花都有专业，这是前代所少见的。关于劳动效率的记载较少，江西石塘镇的纸槽抄纸时需用8人，每日出纸8把。清代纸张从生活到生产应用广泛，同时清代人口增加，纸张需求扩大，纸张的产量比起前代应是大为增加的[①]。

制糖业在台湾、福建、广东、四川等地都很发达。康熙至乾、嘉之际，台湾的种蔗制糖极盛，每岁产蔗糖"六十余万篓"，"篓一百七八十斤"，内销京津及江浙各省，外运南及吕宋，东至日本等国。广东的蔗糖也贩运四方。此外，浙江、江西、江苏等省的甘蔗种植和制糖行业，也日益发展起来。

玻璃制造有较大的进步，并有着不同于前代的特点。清代初期，集中了颜神镇、广州两地的工匠，组成了皇家玻璃厂，在这里南北两地工匠互相交流，共同切磋，提高了传统的玻璃制造工艺水平，创制出一些新的品种，比较突出的是"套"或"兼套"玻璃的出现。内廷玻璃厂吸收了传教士用以指导玻璃生产，从而得以吸收西欧玻璃生产技术，制造了不少新型器物和创制了一些新的玻璃品种。如金星玻璃就是由西方传教士或在他们参与指导下制造成功的[②]。清宫玻璃厂能生产透明玻璃和多达15种以上的单色不透明玻璃，造型也丰腴美观。这一时期，玻璃制造有较大的进步。

清代玻璃生产的另一个特点是得到皇帝、王公、大臣等上层人物的积极扶持，从康熙帝传谕开展玻璃生产以来，生产活动没有间断过，这在历史上是空前的。在两百余年中，清宫玻璃厂制造了大量玻璃器皿，包括典章用品、室内陈设、文房用具、装饰品和鼻烟壶等，用以赏赐皇亲贵族、王公大臣以及馈赠外国帝王和使臣。康熙时期以宝石名称作为玻璃色的代名，还用黑玻璃圆片镶

---

① 徐建青. 清前期手工业的发展水平与特点[J]. 中国经济史研究，1998（1）.
② 杨伯达. 清代玻璃概述[J]. 故宫博物院院刊，1983（4）.

在朝袍上作为金龙的眼珠。到了雍正时期,以几种玻璃代替宝石,并正式列入典章制度。如用于官员所戴的帽顶,三品官以蓝色明玻璃相当蓝宝石作帽顶,四品官以蓝色涅玻璃相当青金石帽顶,五品官以白色明玻璃相当水晶帽顶,六品官以白色涅玻璃相当砗磲帽顶①。到了晚清,在宫廷内以各种玻璃作为珍珠宝石代用品的现象有增无减,越来越多。有清一代皇宫内大量收藏各种玻璃器物,王公大臣也是如此。据说和珅被抄家时,发现在一所库房中收藏有八百余件玻璃器②。由此可见,清代统治者收藏玻璃器具的数量之多。

制茶技术也在不断改进提高。明代以前都是绿茶,明代又有了花茶、红茶制法。所以,清以前几种主要茶类的制作技术都已具备。历代都有一些名茶,清代的名茶种类增加,有的是在前代基础上经过改进而形成的新品种,有的是清代新的创制发明。清代的茶叶产量,据研究估计,鸦片战争前,按毛茶计年产量250万担以上,其中出口量在60万担③。每年有大量人口从事采茶、制茶及茶叶运输。在福建、湖南、安徽等茶叶的集中产地,茶季时茶场、茶园中制茶者数以万计。嘉庆时福建瓯宁山中有茶厂不下千个,制茶者不下万人。一些以制茶为中心形成的市镇上,茶庄、茶行林立,制茶者众多。陕西泾阳县是安徽、湖南官茶西运的转运地,道光时,茶店中"检茶之人,亦万有余"④。福建崇安、江西河口、安徽屯溪都是茶叶的加工与集散地。咸丰初年,河口约有人口30万,屯溪有人口15万,其中大量人口是以制茶及茶叶包装、运输为业⑤。清前期制茶业是一重要行业,估计每年季节性及常年性从事制茶的应有数十万人。

属于中国古老手工业的还有酿酒业。这种行业在长期的发展过程中,技术水平有所提高。造酒原料日益开发,清代用来造酒的有麦、稻、谷、玉米、高

---

① 鄂尔泰,张廷玉等. 大清世宗宪皇帝实录[M]. 清乾隆间内府刻本.
② [日]杉村勇造. 乾隆帝[M]. 东京:二玄社,1961.
③ 许涤新,吴承明. 中国资本主义的萌芽[M]. 北京:人民出版社,1985.
④ 卢坤. 秦疆治略[M]. 清木活字印本.
⑤ 姚贤镐. 中国近代对外贸易史资料(第3册)[M]. 北京:中华书局,1962.

梁、甘薯等多种，还有果酒。利用酒曲造酒是中国特有的方法，制曲技术在不断发展出新，酒的种类也由此增多。清代的酿酒技术继续改进提高，出现了不少新的名酒。酿酒的生产能力增大，估计每年造酒数量如以1亿人口计，全年至少消耗烧酒30多亿斤，用粮7000多万石。乾隆以后人口续增，道光时达4亿多，造酒数量当会倍增[①]。传统造酒的工具比较简单，如缸、瓮、锅等，清代仍旧。这一时期，榨油业、铁器制造业等手工业也有所发展。

3.6.2 手工业的社会分工

清前期手工工场内的分工以官营工场内的分工最为发达。官营丝织、铸钱、陶瓷、造船工场中都有非常细致的分工，工匠各司其职，技术熟练高超，官营工场中的产品常常代表了当时手工业技术技艺的最高水平。虽然一般来说，官营工场中的分工表示了生产分工的必然，也就是说，手工工场达到一定规模后必然会产生内部分工，但官营工场生产不计成本，不讲效率，因此，这种分工并不代表一般生产力的提高[②]。

清前期民间手工业中规模较大的工场以矿业为多，但采矿业工具、工序简单，常常是众多工人共同劳动，至多是简单协作。此外，清前期冶铁业中有一些较大的铁炉。清中叶以后井盐业中的一些大盐场，上海的一些造船厂，生产过程中工序较多，各工序分别有专人从事，出现了简单的内部分工。其中井盐业盐场中的分工明确，并固定化，可以称得上是工场手工业了。在其他行业中，多数生产单位规模细小，谈不上内部分工。

清前期手工业行业内的社会分工越来越细，生产专业化程度提高。在一些行业中，如丝织、陶瓷、井盐、铁器、造纸、造船等，在那些生产发达地区，生产过程的各工序或某种产品的生产分别独立，从业者分别构成独立的生产单位，形成社会化专业性生产，生产者面向市场，为市场提供各自的产品或

---

① 徐建青．清代前期的酿酒业[J]．清史研究，1994（3）．
② 徐建青．清前期手工业的发展水平与特点[J]．中国经济史研究，1998（1）．

专门的劳动。如丝织业，丝织生产过程自缫丝到织作分为许多工序，在发达的江南丝织业中，许多工序都独立为社会分工的一个行业，缫丝、捻丝、打线、牵经、刷边、挽花、织作等，各成专业，工匠"各有专能"，为市场提供丝、线等产品或劳动，如牵经、挽花。在景德镇陶瓷业中，生产分工日益精细，瓷土、制坯、绘彩、烧窑形成几大行业，每一行中又分为一系列专门工作。原料生产中，采石炼泥、烧炼釉灰、掏挖青料各成行业，制坯以产品不同分为不同的专业作坊，《陶录》中列出的坯作坊有18种，制坯过程中的乳料、修模、拉坯、绘画、挖足等都有专门行业；窑户烧窑过程中的制匣钵、满窑、烧窑、开窑等工序也都细分为专业。这些专业有提供半成品的，如白土、釉灰、各种坯胎、釉料、匣钵、模具，有提供劳动的，如修模、绘画、上釉、装窑、开窑，各工序相互衔接，生产者相互独立。此外还有为制瓷业产后服务的包装、运输等行业[1]。广东石湾的陶瓷业乾隆年间已分为23行[2]。井盐业的主要工序有凿井、汲卤、置笕、煎盐，自清中叶起，在一些大盐场，这些过程都各自独立，有井户、汲户、笕户、灶户。此外还有牛户，专为使用者提供牛力[3]。铁器产品种类繁多，分工多为不同产品的生产分工，各作坊分别制造不同的铁器。佛山铁器业中分为土针、铁镬、铁砖、铁线、铁钉等行业。上海铁器业发达较晚，最初各铺户之间并没有细致的分工，什么铁器都打，清中叶以后逐渐分为乡作、匠作、船作三大类，乡作专制农具、家用刀具，匠作专制泥水木匠所用刀具、工具，船作专制船上用的各种铁器、钉、锚等[4]。

造船业中一些地方专门制造某种船型，如宁波等地，形成了一定的地域分工，也是一种生产分工。在另一些造船发达的地方，造船的生产工序或某些

---

[1] 彭泽益. 中国近代手工业史资料（第一卷）[M]. 北京：中华书局，1962.
[2] 广东省社会经济研究会. 明清广东社会经济研究[M]. 广州：广东人民出版社，1987.
[3] 自贡市档案馆，北京经济学院，四川大学. 自贡盐业契约档案选辑[Z]. 北京：中国社会科学出版社，1985.
[4] 上海市工商行政管理局，上海市第一机电工业局机器工业史料组. 上海民族机器工业[M]. 北京：中华书局，1979.

船上部件的制造独立为专门行业。山东海庙乡有一种专门粘塞船缝的"粘匠业"。船上需用大量绳索,鸦片战争前上海分离出一种"索绚业",为专门打制绳索的行业。乌青镇船厂造船,船上摇橹另有专工制造,全镇只有两家。广州的河南地方是船厂集中地,除了船厂外,还另有制造缆桨橹、葵篷茭蕈的工厂,形成了船上部件的配套生产[1]。造纸业的两个主要生产过程,即造纸浆和抄纸,通常是在一个生产单位中连续进行的,清代陕西、河北有的地方专产纸穰、纸坯出售,以供纸坊造纸。手工业生产的社会分工是生产发展的结果,专业化生产使工匠技术更加熟练,分工也使生产规范化,有的产品生产有了一定的技术要求和检验手段,产品质量与劳动效率都有提高[2]。

手工业与农业、商业的分离是手工业生产社会分工的又一方面。在传统的小农经济结构中,手工业与农业结合具有普遍性,手工业始终是农业的一个补充。清前期,手工业仍与农业紧密结合,可以说,没有一个行业是完全脱离农业的。手工业与农业结合有多种形式。农民家庭经营纺织、编织等手工业以补充农业收入的不足。那些以植茶制茶、种竹造纸、植蔗榨糖为主要生业的家庭,其生产过程实际上也是农业与手工业的结合。地主家庭也经营手工业,如开油坊、磨坊、粉坊、糟坊,其经营不完全是为了油、酒等,很大程度上是为了获得肥料,即为了农业,这里手工业与农业结合,并从属于农业。手工业与农业的密切联系,也不单单是指在一个家庭内,还包括一个生产单位,如一些乡村作坊、油坊、纸槽、碾坊、磨坊等,摆脱了家庭形式,但没有完全脱离农业,与农业在劳动时间、劳动力利用等方面都密切配合,交叉进行,并以农业生产为转移[3]。

---

[1] 徐建青. 清前期的民间造船业[J]. 中国经济史研究, 1992(4).
[2] 在对景德镇陶瓷业社会分工的研究中,有研究认为,这种社会分工的细化使生产单位规模缩小,妨碍了资本主义萌芽的发展,见前引《中国资本主义的萌芽》。
[3] 例如新江的一些乡村纸槽,民国时,槽户雇工经营纸槽,工人为来自外省、外县及本地的贫苦农民。纸槽生产与农业生产是交叉进行的,有时甚至上午务农,下午造纸。就生产本身来说,这时与清代相比应变化不大。

不过，清前期，在一些手工业发达的集中产区，在一些行业中也出现了与农业分离的趋向在丝织、酿酒、榨油、造纸、制茶、制盐、陶瓷、冶铁、铜矿、采煤、铁器制造、造船、砖瓦等重要行业中，都同农业有不同程度的分离。有一部分从业人员开始脱离农业，专门从事手工业，以手工业为生的一些人虽有土地但不自耕，而租给他人耕种。有的甚至以经营手工业而致富。有的虽与农业还有一定联系，但从收入来源、劳动时间等方面看，农业已处于从属地位，而以手工业为主了[①]。

随着手工业与农业的分离，以及手工业商品生产的发展，一部分手工业者开始向那些水陆交通便利、原料资源丰富的地方集中。这些地方人口密集，手工业、商业发达，逐渐形成手工业、商业市镇。特别在农业、手工业发达的江南地区，明后期一些以手工业为主的专业市镇已开始形成。清前期大部分原有市镇继续发展，新的市镇形成在各行各业所形成的市镇群体中，有商业性市镇，也有一部分以手工业为主的市镇，如丝织业市镇、砖瓦业市镇、茶业市镇、造纸业市镇、陶瓷业市镇、碾米业市镇、酿酒业市镇、铁器业市镇、榨油业市镇等。这些市镇的生产性质明显，市镇上集中了相当一批手工业者。这些人已基本脱离了农业，成为专门的手工业人口。

手工业与商业的关系原本也是较为密切的。手工业者直接销售自己的产品，商人经营加工业，都是手工业与商业的结合。所以，工商业与手工业者中的"工商"一直不容易分清楚。工商业的分离也是一个长期的过程。清前期手工业与商业的结合也是非常广泛的，那些前店后厂形式的铺户作坊存在于各行各业各地城乡。又如自造船只从事航运、商业的商人，商人雇工经营的季节性的加工工厂。在有些情况下，如商人经营的茶厂、纸厂、糖厂，是从植茶、种竹、种蔗直到制茶、造纸、榨糖。这是商业、农业和手工业三者的结合。在这些情况下，手工业只是从属于商业，受商人资本的支配。清代，手工业与商业

[①] 徐建青. 清前期手工业的发展水平与特点[J]. 中国经济史研究，1998（1）.

分离的趋势虽不明显，但也出现了一些迹象，如盐业生产中运商和场商的分离，场商脱离了运销，直接经营盐场。同样情况的还有矿业，商人投资经营矿山，而将产品销售给运销商。清中叶以后，湖南、四川、上海一些船厂从零星订货和维修走向批量生产。这些原与商业结合在一起的资本脱离流通，走上自有生产资金自我循环的道路，是商业资本向产业资本的转化，也是手工业与商业的分离[1]。

手工业与农业、商业分离需要具备一定的条件。最基本的一条，经营手工业的收入要足以养活从业人员的一家老小，并维持再生产。棉纺织业长期不能从农业中分离，是因为棉纺织的生产率过低，仅靠棉纺织无法维生[2]。手工业与农业的分离还需要手工业品的价格要保证在一定水平之上。一些稀缺商品即使是以较低的劳动生产率生产仍能以垄断价格使生产者受益。清前期市场繁荣，商品充裕，是生产发展的表现，反过来又对手工业的独立发展造成影响。一方面，商人可以直接从市场上购买到廉价商品，无须进入生产领域；另一方面，商品多而市场有限，价格上不去。价格越低，为了生存，就要多生产。多生产可有两条途径，即提高劳动生产率和增加劳动投入量，在当时的条件下，靠前一条途径有限，主要靠投入劳动量，延长劳动时间，即通常所说昼夜辛劳，其结果反而加强了农业与手工业的结合。手工业的商品生产是自然经济解体的突破口，但其实现需要注入新的因素。清前期商人资本支配小生产者的主要方式是预买，少数手工行业中出现了商人包买商，商人资本没有在更深广的程度上进入小生产者的生产领域[3]。

生产分工发展的程度表明了生产力发展的水平，代表了生产力发展的趋势。清前期手工业中的社会分工得到发展，是生产力水平提高的标志，对此应予以充分肯定。但总体上看，清前期手工业社会分工的发展尚不充分，除少数

---

[1] 徐建青. 清前期手工业的发展水平与特点[J]. 中国经济史研究，1998（1）.
[2] 吴承明. 中国资本主义与国内市场[M]. 北京：中国社会科学出版社，1985.
[3] 徐建青. 清前期手工业的发展水平与特点[J]. 中国经济史研究，1998（1）.

行业外，手工业行业内的社会分工发展有限，手工业与农业、商业的结合密切。在手工业与农业结合的场合，手工业是附属于农业、服从于农业。在手工业与商业结合的场合，手工业是附属于商业，服从于商业。尽管手工业生产显示出繁荣兴旺的气象，但作为一个部门来说，很难走上独立发展的道路。一些发达地区手工业的发展表现出两个相反方向的趋势，一是少数手工业者脱离农业向城镇集中，二是农村家庭手工业与乡村作坊工业普遍发展，在更宽广的范围内与农业结合。究其原因，恐怕还要从生产力发展水平、小农经济结构以及商人资本的支配程度等方面加以考察[①]。

3.7 建筑业

清代建筑艺术，宫殿建筑和陵墓建筑基本上承袭明代的规制，园林建筑和宗教建筑则有大的发展，坛庙建筑和民居建筑亦显出特色。清代皇帝沿用明代的宫殿，做了局部的修筑和增建，主要有乾隆皇帝为准备当太上皇而在紫禁城东侧所建一组自成体系的宫殿建筑群，包括皇极殿、宁寿宫、养性殿和乐寿堂等；康熙、雍正、乾隆三代皇帝对明代西苑大加拓建，有中南海的勤政殿、瀛台、丰泽园，北海的阅古楼、濠濮间、静心斋等，固然都具有皇家气派，但比起紫禁城的主要宫殿建筑群，毕竟是局部的、小规模的。清代的东陵和西陵，陵墓建筑规制都依照明陵，而乾隆裕陵之地宫布满佛教题材的石雕，慈禧定东陵三大殿六十四根盘龙金柱，其精巧豪华远过前者。清代的皇家园林与私家园林规模之壮伟，艺术水平之超卓，为宋代以来所未有。宗教建筑如拉萨的布达拉宫、甘肃的拉卜楞寺、吐鲁番的苏公塔礼拜寺、云南的景真八角亭，显示了各少数民族非凡的建筑技巧和独特的民族风格。坛庙建筑，如五岳的岳庙，祀圣的孔庙、孟庙等，多在前代规模的基础上加以重修或扩建；而毁后重建的像

---

① 徐建青. 清前期手工业的发展水平与特点[J]. 中国经济史研究，1998（1）.

汨罗县屈子祠、留霸县张良庙、成都武侯祠，亦很令人赞赏；那些意在夸耀一姓一族的丰厚财富与优越社会地位的宗祠，建筑工艺与装饰亦非常华丽讲究。北京、吉林、安徽、桂北和江、浙、闽、粤等地的民居在康乾盛世和清末对外通商，都曾有过显著的发展，具有时代性和区域性的特色。

清代皇家的陵墓建筑，集中在清东陵和清西陵，其规制基本上沿袭明代，每座帝陵由三个主要部分组成：第一部分为碑亭、神厨、神库等；第二部分为享殿和配殿；第三部分为明楼、宝城等建筑，清代在明楼后面增设了月牙城，明十三陵仅长陵设神功圣德碑，清东、西陵则有多座，整个陵园布局也更为周至、成熟，每座帝陵附近一般都附有皇后和妃嫔的园寝。

清东陵位于河北省遵化市西北30公里处，西距北京市区125公里，占地80平方公里，是中国现存规模最宏大、体系最完整、布局最得体的帝王陵墓建筑群。清东陵始建于顺治十八年（1661），共有帝、后、妃陵寝14座，其中有顺治的孝陵、康熙的景陵、乾隆的裕陵、咸丰的定陵、同治的惠陵，此外还有孝庄、孝惠、孝贞（慈安）、孝钦（慈禧）4座皇后陵和景妃、裕妃等5座妃嫔陵园。

清世祖顺治皇帝的孝陵，是清东陵的主体建筑；位于昌瑞山的主峰下，是清世祖顺治皇帝、孝献皇后董鄂氏（董鄂妃）、孝康章皇后佟佳氏的陵墓，是清东陵的中心，其规模最大、体系最完整，最有代表性。由南向北，陵区的第一个建筑物是一个巨大的石牌坊，宽31米多，高12米多，全部由汉白玉制成。上面浮雕着云龙戏珠、双狮滚球和各种旋子大点金彩绘饰纹，刀法精湛，气势雄伟，成为清代石雕艺术最有代表性的作品。紧靠石牌坊是大红门。大红门是孝陵也是整个清东陵的门户，红墙迤逦，肃穆典雅，门前有"官员人等到此下马"的石碑。

沿神路往前，耸立着雄伟的神功圣德碑楼，高达30米；碑楼外四角约30米处，各立一根石雕盘龙的华表，这一区域的建筑，巍峨秀丽，兼而有之，烘托出皇帝生前功德之显赫。过了碑楼，神路伸展，两旁齐整地排列着18对石兽和石人，有狮子、大象、麒麟、骏马、武将、文臣等，皆用整块青白石雕成，石象高2.48米，石人高2.65米，都很壮伟，它们比例得宜，形体生动。再往北穿过龙凤门，越过七孔桥等几座桥梁，神道正中有一座重檐歇山式的神道碑亭，亭内石碑刻着顺治皇帝的谥号。碑亭后方之侧有神厨库和宰牲亭。沿神道再前行到达隆恩门，这是陵寝大门，单檐歇山式黄琉璃瓦顶，面阔5间，再上去就是享殿隆恩殿，重檐歇山式黄琉璃瓦顶，面阔5间，进深3间，整座大殿建在用汉白玉石砌成的宏巨须弥座上，是陵寝祭祀的主要场所。它两厢有东西配殿，前面有月台，月台上陈设两个鼎式铜香炉，两侧列着两对铜鹿和铜鹤。

大殿正中设金漆盘龙宝座，殿内有3间暖阁，几上供着顺治皇帝的金漆神牌，暖阁里还有他的遗像、陵图、金玉器皿。隆恩殿后面是琉璃花门、二柱门，过二柱门神道正中，建有一座长方形的石雕祭台，台上陈设巨大的石雕五供，是皇族女眷祭奠的地方。祭台北面有一条水沟，越过水沟上的平桥，就是整个陵寝中地势最高的明楼，额题孝陵二字，楼内碑刻世祖章皇帝之陵。明楼下面是方城，方城连着月牙城和宝城，宝城之内有宝顶和地宫。从地宫宝顶至大红门，神道中轴线长达5500米，规模宏远，规制严整，充分显示出皇帝为天子的尊贵和富有四海的雄丽。

清高宗乾隆皇帝的裕陵，规模略小于孝陵，而建筑之华美、工艺之精湛则居清陵之冠。裕陵明堂开阔，建筑崇宏，工精料美，气势非凡，自南向北依次为圣德神功碑亭、五孔桥、石像生、牌楼门、一孔桥、下马牌、井亭、神厨库、东西朝房、三路三孔桥及东西平桥、东西班房、隆恩殿、三路一孔桥、琉璃花门、二柱门、祭台五供、方城、明楼、宝城、宝顶和地宫，其规制既承袭了前朝又有所展拓。它的地宫很有特色，由一条墓道、四道石门和三个主要堂券组成一个主字形，全是无梁无柱的拱券结构。地宫进深54米，总面积300多平方米，所有券顶和四周石壁，布满经文、图案和佛教题材的雕刻，那四道八扇的石门，用高浮雕的手法刻着文殊、大势至、观音、地藏王等八尊菩萨，立像身高约1.5米，肌体丰满，神情安详，身佩璎珞，肩飘长巾，姿态优美；门洞券里,则刻有四大天王的坐像,披甲戴胄,立眉张目,威风凛凛,整个地宫,犹如一座地下佛教艺术石雕馆。

慈禧太后的定东陵,在咸丰定陵之东,其隆恩殿与东西配殿建成之后,慈禧又令全部拆除重建,务求精美华丽。它的梁枋架木、门窗楣扇,全用名贵的黄花梨木,坚硬华美,在原木上沥粉贴金,色彩牢固。三殿64根金柱,用铜制成半立体镂刻的盘龙,铜上鎏金,光华四射,其豪华不仅超过清代所有帝后的隆恩殿,而且超过了紫禁城的太和殿(太和殿也只有6根明柱贴金,隆恩殿一般只有4根明柱贴金)。封护墙干摆到顶,拔檐上雕"万福流云"图案。大殿及月台周围的石栏杆,无论栏板、望柱还是抱鼓石上,均浮雕各式龙凤呈祥、海水江崖图案,尤其是殿前的丹陛石,以高浮雕加透雕的技法,把丹凤凌空、蛟龙出水的神态刻画得惟妙惟肖,是一件难得的石雕艺术珍品。这扫金的墙壁、贴金的彩画、镀金的盘龙以及精美的石雕艺术杰作,把三殿装点得金碧辉煌、精美绝伦。这组豪华的装修不仅在明、清两代陵墓中绝无仅有,就连紫禁城内都难以见到。

清西陵坐落在河北省易县永宁山下,距离北京130公里,陵区占地800平方公里,建造了14座陵寝,安息着雍正、嘉庆、道光、光绪4个皇帝9个皇后57个妃嫔,还有公主、王爷等。整个陵区杨柳成荫,松柏成林。其建筑形式体现着封建的典章制度,帝陵和后陵均用黄色琉璃瓦盖顶;妃嫔、公主、王爷园寝则以绿琉璃瓦或灰布瓦盖顶。陵区内有千余间宫殿建筑和百余座古建筑、古雕刻。

清世宗雍正的泰陵,是清西陵中建筑最早、规模最大、体系最完整的一座帝陵,也是西陵陵园的核心部分,它有一条宽达10多米、长5000米的神道,通贯陵区南北。神道两侧的石像生有石兽三对、文臣一对、武臣一对。泰陵石像生采用写意的手法,以浓重粗大的线条,勾画出人物和动物的形象,再用细如绣花的线刻,表现细节、花纹,体现了清代石雕艺术独到的雕刻技法。建制与顺治孝陵大体相同,其特色是过了火焰牌楼,在大红门前有三座石牌坊,一座向南，另两座分列东西，与北面的大红门，构成一个宽阔的广场。石牌坊高12.57米，宽31.85米，为五间六柱十一楼的形式，牌楼各部分雕刻着不同的图案；每块夹杆石顶上雕有一只形似辟邪的立体卧兽，仰首翘尾，造型生动；夹杆石正面是高浮雕的龙、凤、狮子、麒麟，也都很有生气。泰陵的隆恩殿为重檐歇山式，殿内的明柱为全沥粉贴金包裹，梁枋上画着江山一统和普照乾坤等优美图案，色彩和谐，金碧辉煌。

道光的慕陵，裁撤了神功圣德碑楼、华表、石像生、方城、明楼等项建筑，规模变小。其隆恩殿和东西配殿木结构全用珍贵的金丝楠木，造价惊人，不饰彩绘，以楠木本色为基调，其天花、群板、绦环板、雀替等处一改传统的金莲水草案，而是用高浮雕和透雕手法雕刻上千条云龙、游龙和蟠龙，三殿共有木雕龙1318条，龙身突出画面半尺多，张口鼓鳃，似在吞云吐雾，楠木的香气仿佛就由龙口吐出，成为清代帝王陵寝中独具风格的艺术珍品。慕陵的松树也很有特色，经树户多年修整剪枝，龙凤门前有弯腰颔首的迎客松，神道两旁有直干披枝的侍女松，宝顶两侧有曲干舒枝的卧龙松。

光绪的崇陵，始建于1909年，完工于1915年。建筑物数量与规模，完全依照同治的惠陵。虽不如雍正、嘉庆的陵墓那样庞大，没有大碑亭、石像生等建筑，但它除继承清代建陵规制，参照咸丰帝定陵、同治帝惠陵的风格外，又吸收了古代建筑艺术的某些精华，仍具有它的特色。整个陵寝根据守卫和祭祀的需要，建筑了五孔桥、巡房、牌楼门、神厨库、三路三孔桥、朝房、班房、隆恩门、燎炉、配殿、隆恩殿、三座门、石五供、方城、明楼、宝顶、地宫。隆恩殿木料均为异常珍贵的铜藻、铁藻，质地坚硬无比，用这种木料制作一把普通太师椅，重量竟高达百余斤，所以隆恩殿被誉为"铜梁铁柱"，且梁架之间增加了隔架料，既能托顶，又使殿内更加美观。隆恩殿内的4根明柱，底部有海水江崖图案，柱身为一条金龙盘绕向上，较其他帝陵的宝相花更加富丽堂皇。殿内彩绘鲜丽，殿前的龙凤石，雕刻精巧，有立体感。崇陵地宫是清西陵唯一开放的皇陵地宫，地宫内凿有14个水眼与龙须沟相通。

清代的园林建筑，皇家园林和私家园林都非常繁盛。清代皇帝从关外入京，坐朝主政、祭天拜祖沿用明代的皇宫、坛庙，对它们只作局部小规模的修筑和增建，而把主要的兴趣和财力用在建造离宫别苑，康熙、雍正、乾隆三代皇帝对此都非常热衷，先后营造了静明园、畅春园、承德避暑山庄、圆明园、静宜园、清漪园等，其规模为宋代以来所未有，它们荟萃了中国风景或园林的全部形式，是中国封建社会后期皇家造园艺术的精华。后来慈禧太后在清漪园旧址上重建的颐和园，也是成功之作。私家园林以北京地区、江南地区、岭南地区形成三大地方风格。北京是全国的政治中心，江南是全国经济中心，这两个地区的私家园林无论在数量上还是质量上都居于全国首位。北京城内有很多王府及王府花园，如郑王府园、礼王府园、恭王府园等，它们的规模比一般宅园宏大堂皇。高官显贵和著名文士则建有私人宅园，如纪晓岚的阅微草堂、贾胶侯的半亩园、王渔洋园、汪由敦园等。因北京气候寒冷，园林建筑形式比较封闭、厚重，具刚健之美。江南地区私家园林主要集中在苏州和扬州，当时它们都是繁华的消费城市，苏州名宦多，文风盛，其园林基本上保持着正统的士流园林格调，著名的有拙政园、留园（此二园清代做了改建）、怡园、耦园、网师园、环秀山庄等；扬州富商多，士流园林与市民园林并存，有些还是二者的混合体，著名的有卞园、员园、小盘谷、个园等，还有瘦西湖一带以景命名的私园，如卷石洞天、虹桥揽胜等。

江南园林叠山精巧，能仿真山的脉络气势，形成峰峦丘壑，建筑物的个体玲珑轻盈，室内外空间通透，以适应长江流域温湿的气候。江南古典园林中，以江南"四大名园"为代表，即南京瞻园，苏州留园、拙政园，无锡寄畅园。岭南地区在清代中叶以后，经济发展和文化水准提高加快，营建私家园林日渐兴盛，著名的有顺德的清晖园、东莞的可园、番禺的余荫山房、佛山的梁园，号称粤中四大名园。由于气候炎热，需要自然通风，建筑物的通透开敞更胜于江南，后来且吸收了一些西洋建筑技法，显有新意。园内多栽观赏植物，一年四季花团锦簇，特饶佳趣。

皇家园林一般建在京城里面，与皇宫相毗连，相当于私家的宅园，称为大内御苑；大多数则建在郊外风景优美、环境幽静的地方，一般与离宫或行宫相结合，分别称为离宫御苑、行宫御苑。行宫御苑供皇帝偶一游憩或短期驻跸之用，离宫御苑则作为皇帝长期居住并处理朝政的地方，相当于一处与大内相联系着的政治中心。此外，这些郊外的园林面积广大，土地肥沃，在农业生产及都城水利中也发挥着重要作用。

皇家园林主要有避暑山庄、圆明园、颐和园。避暑山庄位于河北承德的狮子沟南，武烈河西，占地约560公顷，是中国现存规模最大的古典园林。山庄里头有幽深的峡谷，旷阔的平原，如茵的草地，开敞的湖沼，迂曲的溪流，还有奇妙的热河泉，此处具备了山、水、林、泉各种自然景观，极富天趣。康熙皇帝营建了三十六景，亲自署题避暑山庄。乾隆皇帝增建三十六景，合成七十二景。总体布局是随山依水，划分出四个各具特色的风景区域。一是庄严幽静、古朴典雅的宫殿区，有用楠木建成的正宫主殿澹泊敬诚殿、烟波致爽斋、清音阁戏楼等，是皇帝处理朝政、庆贺宴飨和日常寝居的地方。二是洲岛错落、亭榭掩映的湖泊区，大小水面约26公顷，造园时顺应各处水面，精心设置景观，主要有水沁榭、狮子林、如意洲、烟雨楼等，艺术构图富于节奏变化，景色丰富多彩，是全园风景的主体。

山庄整体布局巧用地形，因山就势，分区明确，景色丰富，与其他园林相比，有其独特的风格。山庄宫殿区布局严谨，建筑朴素，苑景区自然野趣，宫殿与天然景观和谐地融为一体，达到了回归自然的境界。山庄融南北建筑艺术精华，园内建筑规模不大，殿宇和围墙多采用青砖灰瓦、原木本色，淡雅庄重，简朴适度，与京城的故宫黄瓦红墙，描金彩绘，堂皇耀目呈明显对照。山庄的建筑既具有南方园林的风格、结构和工程做法，又多沿袭北方常用的手法，成为南北建筑艺术完美结合的典范。避暑山庄不同于其他的皇家园林，按照地形地貌特征进行选址和总体设计，完全借助于自然地势，因山就水，顺其自然，同时融南北造园艺术的精华于一身。它是中国园林史上一个辉煌的里程碑，享有"中国古典园林之最高范例"的盛誉。

圆明园位于北京西北郊。它原是康熙四十八年（1709）赐给皇四子胤禛的一座赐园，胤禛即位后，于雍正三年（1725）将它改为离宫御苑，大加扩建。南面新建的宫廷区，包括皇帝上朝的正殿正大光明殿、东侧作日常政务的勤政亲贤殿，还有供帝后妃嫔居住的九洲清晏等大建筑群。复沿北面、东面、西面三个方向往外拓展，利用原来多泉的沼泽地改造为河渠水网，构成许多水流萦回、岛堤穿插、堆山障隔、以建筑群组为中心的局部园林空间。扩建后的圆明园面积达3000多亩，由雍正皇帝亲自题署的有镂月开云、茹古涵今、澹泊宁静、鱼跃鸢飞等二十八景。乾隆皇帝即位后，对圆明园第二次扩建，在原范围内新增园景，有曲院风荷、水木明瑟、月地云居、方壶胜境等十二处，连同原先的共成四十景。稍后在圆明园之东建成长春园，园内建西洋楼一区，由西洋传教士郎世宁、王致诚等人设计监造，作为局部的点缀。其后又在圆明园东南建成绮春园。一般通称的圆明园包括长春、绮春二园在内，总面积5200多亩。圆明三园都是水景园，水面大中小相结合，总计占全园面积一半以上，回环萦曲的河道把这些大小水面串联成一个完整的河湖水系，构成全园的脉络和纽带。人工的假山、土阜、小岛、长堤散布于园内，约占全园面积的1/3，与水系配合，构成山复水转、层层叠叠的上百处的自然空间，每个空间都经过精心的艺术加工，宛如把天然的奇观美景缩小尺度移置于此，体现着江南水乡烟雾迷离的妙趣，是平地造园的杰作。建筑物的个体形象小巧玲珑，除少数殿堂必须保持端方华贵的皇家气派外，出现了许多外间罕见的新巧形式，像平面图为眉月形、卍字形、书卷形、田字形，乃至套环形、方胜形的楼台馆阁，千姿百态，且少施绘彩，朴素雅致，与园林的自然环境相和谐。

圆明园的主要建筑类型包括殿、堂、亭、台、楼、阁、榭、廊、轩、斋、房、舫、馆、厅、桥、闸、墙、塔，以及寺庙、道观、村居、街市等，应有尽有。其盛时的建筑样式，也几乎囊括了中国古代建筑可能出现的一切平面布局和造型式样：既有常见的单檐卷棚灰筒瓦屋面，朴素淡雅，又有宫殿式重檐琉璃彩瓦覆顶，金碧辉煌；既有一进两厢、二进四厢的规整院落，又有灵活多变的建筑组群。建筑平面布局共有38种之多，除常见的矩形、方形、圆形、工字、凹凸字、六角、八角外，还有很多独特新颖的平面形式，如眉月形、卍字形、书卷形、十字形、田字形、曲尺形、梅花形、三角形、扇面形等，可谓丰富无比。建筑的群体组合更极尽变化，它们以院落型的格局作基调，分别与所处的自然空间、局部山水地貌、花木栽植相结合，创造出150多个丰富多彩、性格各异的园林景观，有的模拟江南名胜，有的仿效江南私家园林，有的采用古人诗意画境，有的构想神廷仙居，真是人间天上，诸景咸备。圆明园实为清代最杰出的大型园林，当时传教士对它的描述传到欧洲，引起了强烈反响，对欧洲的园林变革起了促进作用。可惜的是，这样一个珍奇杰作，在咸丰十年（1860）被英法侵略军焚毁。

颐和园，中国清朝时期的皇家园林，坐落在北京西北郊，距城区15公里，占地约290公顷，与圆明园毗邻。它是以昆明湖、万寿山为基址，以杭州西湖为蓝本，汲取江南园林的设计手法而建成的一座大型山水园林，也是保存最完整的一座皇家行宫御苑，被誉为"皇家园林博物馆"。乾隆十五年（1750）为祝皇太后六旬大寿，在明代瓮山圆静寺的原址建造大报恩延寿寺，改瓮山名为万寿山，又改造原始地貌，建成清漪园。清漪园在咸丰十年（1860）被英法侵略军几近焚毁，光绪十四年（1888）慈禧太后挪用海军经费重修，改称颐和园。全园占地290公顷，水面约占80%。在万寿山东南靠近东宫门的一块平地上，建立正殿仁寿殿，还有玉澜堂、景福阁等，是为宫廷区，作为太后和皇帝朝会、寝居、看戏、游憩的地方。这组建筑群构成了一个规整而有节奏的空间序列，显示出封建皇权的威严，但比紫禁城的宫殿较为素雅，且缀以山石花树，与园林风格统一起来。宫廷区往西就是以万寿山和昆明湖为主体的苑林区。万寿山最高处约60米，东西横展约1000米，南坡全部濒临辽阔的昆明湖，这一风景区约占全园面积的9/10，湖面之南的虚景延至天边，湖面之西的虚景则把园界数里之外的玉泉山和山顶的玉峰塔以及更远的西山群峰全部借来作衬景，使园内本已非常辽阔的空间更显得渺远无尽。

万寿山南坡中央筑起举行朝会盛典的排云殿和佛寺佛香阁，前有湖岸的云辉玉宇牌楼，后有众香界和高踞山顶的智慧海，华丽的殿堂台阁密密层层，构成一条中轴线，东西两侧又配置对称的建筑群形成两翼，其重心又在高达40米、顶部超出山脊的佛香阁，它是全园注视的焦点，也是总揽全局的构图中心。沿山麓自东向西逶迤曲折的长廊，是南坡横向联络的纽带，其他体量较小的建筑，在山脚、山坡、山脊随意布置，自由疏朗，更有力地烘托出中央建筑群的密集、凝重、雄强、辉丽。统览全区，宾主分明，脉络清晰，既有皇家苑囿的磅礴气势，又有仙山琼阁的秀逸风致，是园林创作的大手笔。南湖岛在昆明湖内，与万寿山隔湖呼应，岛北端的涵虚堂是绝佳的观景场所。万寿山北坡山水地貌比较幽闭，着重创造出一个幽静、富于山林野趣的环境。谐趣园是自成一体的小园林，模仿无锡惠山园，使用北方的自然条件、建筑形式而吸收江南造园的手法，表现出江南园林的情调。总的来说，颐和园称得上是中国园林艺术中极为珍贵的瑰宝。

北京园林的半亩园在北京内城弓弦胡同，占地约6亩。半亩园始建于康熙年间，为贾胶侯的宅园，由著名的文人造园家李渔参与规划，道光年间归麟庆所有，重加修葺改建，以后又有所增损，至清末成定格。它在邸宅的西侧，分为南、北两区。主景区南区以一个狭长形的水池为中心，池中央叠石为岛屿，岛上建置十字形平面的玲珑池馆，东西两侧平桥接岸，把水池分隔为两个水域。

水池南岸靠南墙叠为小型假山，与玲珑池馆隔水相对，山上建六方小亭，坐亭中可俯瞰全园之景；水池西北面亦叠石为假山，假山与书斋退思斋的部分外墙合一，保证斋内冬暖夏凉；退思斋的平屋顶作成台的形式，名蓬莱台，循假山的磴道登上此台，能远眺紫禁城宫阙、北海白塔、景山诸景，这处理方式显出北方园林的特色。水池北面为正厅云荫堂，与池中的玲珑池馆亦隔水呼应，构成南北中轴线。池东岸为曲折的随墙游廊，廊间建曝画阁，阁与池西岸的方形小亭留客亭隔水相对成景。园内叠山均出自李渔之手，多为土石山，用京郊西山所产片块状的青石横向叠砌，犹如绘画的斧劈皴，其形态空洞与实体交替，高与矮错落，其横向石纹与大树的纵向枝干亦形成强烈对比，显有幽燕沉雄的气韵。此园的筑山理水都称得上是北京园林的上品。

恭王府萃锦园，位于北京什刹海以西，占地大约40亩。园主人是咸丰皇帝之弟恭亲王奕䜣。王府园林与一般私家园林气势又自不同。它坐落王府北面，分东、中、西三路，以中路为主轴。入口在园之正南，东有垂青樾，西有翠云岭，都是用云片石叠成的假山，进内迎面矗立着飞来石挡住视线，绕过它来到园内主景区，前面是大水池蝠河，水清荷翠，明爽悦目，池北是主建筑安善堂，堂阔5间，两侧出廊通连两厢，形成一个三合院，是宴请宾客的好地方。安善堂后的二进院落是一座四合院，院心有水池，上叠湖石假山，奇姿异态，山上建有盝顶敞厅绿天小隐，两侧修爬山廊通向东西两厢，并备设一门，分别通向东路的大戏台和西路的湖池区。山石后是三进院落，内有一座五间正厅，名为蝠厅，落在中轴线终端。中路这一系列布置，层层深入，节奏分明，给人稳定安详之感，与位高权重的亲王身份相称。东路一进去是个垂花门小院，翠竹成林，小院之东为吟香醉月之馆，北面是精美华丽的大戏台。西路有城墙一段，取名榆关，与翠云岭相接，榆关之北是湖池区，水面开阔，湖心建有敞厅观鱼台，是避暑消夏、钓鱼嬉水的上佳处所。东西两路是游乐区，和中路的端方庄重不同，显得潇洒自在；东路以陆为主，西路以水为主，风韵亦有差别。与江南私家园林相比，萃锦园强调轴线而不使用控制线；它采取院落组合，将水区偏置于西侧，而不是以池湖作为构图中心，在其周围布置建筑；它雄浑宽广而不是小巧灵活；色彩和装饰鲜艳华丽而不是清淡素雅。这些都显示出浓厚的北方风味，并具有王府气派，呈现它自己的特色。全园以福字贯穿，表明主题明显。山势围合有新意，榆关雄峙也有新意，但东部建筑较多，中部曲廊的围合也不够有机，特别是理水较差。从堆石、建筑、植物、格局上看仍有北方园林的特点。

苏州园林的留园在苏州阊门外，占地约30亩，是苏州大型古典园林之一。它原是明嘉靖年间太仆寺徐泰时的东园，清乾隆年间刘恕加以修葺，嘉庆三年（1798）落成，名寒碧山庄，光绪初年（1875）被盛康购得，进行改建、扩大，改称留园。留园以其独创一格、收放自然的精湛建筑艺术而享有盛名。层层相属的建筑群组，变化无穷的建筑空间，藏露互引，疏密有致，虚实相间，旷奥自如，令人叹为观止。占地30余亩的留园，建筑占总面积的1/3。全园分成主题不同、景观各异的东、中、西、北四个景区，景区之间以墙相隔，以廊贯通，又以空窗、漏窗、洞门使两边景色相互渗透，隔而不绝。园以建筑艺术精湛著称，厅堂宏敞华丽，庭院富有变化，太湖石以冠云峰为最，有"不出城郭而获山林之趣"。其建筑空间处理精湛，造园家运用各种艺术手法，构成了有节奏有韵律的园林空间体系，成为世界闻名的建筑空间艺术处理的范例。西区以山景为主，中区以山、水兼长，东区以建筑取胜。中区东南大部开凿水池，西北堆筑假山，形成以水池为中心，西、北两面为山体，东、南两面为建筑的布局。临池的假山是用太湖石间以黄石堆筑成的土石山，假山上桂树丛生，古木参天，山径随势蜿蜒起伏，人行其中恍如置身山野，山上正北建六角形小亭可亭，到此可以俯瞰全园。山内一条溪涧穿破山腹流出，仿佛活水的源头，水池南岸建筑群的主体是明瑟楼和涵碧山房，与可亭隔水相应，是为江南宅园中最常见的南厅北山、隔水相望的模式。涵碧山房之前临池为宽敞的月台，后为小庭院，种牡丹、绣球等花木。水池东岸有清风池馆、西楼和曲溪楼，形成一组高低错落、虚实相间的建筑群，造型优美，比例匀称，色彩素雅明快，再配以欹奇斜出的古树枝柯和嵯峨山石，构成一幅生动的图画，与池中倒影上下辉映，更显精致。清风池馆以东即是留园东区，以主厅五峰仙馆为中心，四周环绕着书房还我读书处及揖峰轩、汲古得绠处等辅助用房。五峰仙馆梁柱用楠木，十分文雅高贵，前院内叠湖石假山，是苏州各园厅中规模最大的一处。自揖峰轩往东，有巨大的湖石冠云峰，高5米多，是苏州各园湖石峰尺度最高的一座，它旁边立着瑞云、岫云两峰作为陪衬。为了观赏它，南边建有林泉耆硕之馆，复在它北面建冠云楼作屏障。总的看来，留园既有以花木为主的自然山水空间，也有各式各样以建筑为主的大小空间，如庭园、院落、天井等，其丰富性为苏州诸园之冠。它把建筑物尽可能地相对集中，以密托疏，保证了自然生态的山水环境居于主要地位，而建筑群体之间亦有多样空间以疏导其气，不觉壅塞，设计规划的水平很高。

扬州园林作为优秀的古典园林，其中历史最悠久、保存最完整、最具艺术价值的，要算坐落在古城北隅的个园了。个园在扬州关东街，占地约9亩。清嘉庆二十三年大盐商黄应泰利用废园寿芝圃的旧址建成，它紧邻于邸宅的北面，园虽不大，但处处体现出造园者的独具匠心。值得一提的是，个园的叠石艺术，采用分峰用石的手法，运用不同石料堆叠而成春、夏、秋、冬四景。四季假山各具特色。春景：园门之前左右两旁的花坛满种修竹，竹间散置参差的石笋，象征着雨后春笋，进园门绕过小型假山，即达园的正厅桂花厅，厅之南丛植桂花，厅之北为水池，水池北面沿界墙建园内主楼七间，两端各以游廊连接楼之两侧的大假山，登楼可俯瞰全园景色。夏景：楼之西侧为太湖石砌成的大假山，高约6米，山上秀木繁茂，有松如盖，假山的正面向阳，皴皱繁密，呈灰白色的太湖石表层在日光照射下阴影变化特多，宛如大自然中缩小了的夏天山岳，称为夏山。秋景：楼之东侧为黄石堆叠的大假山，高约7米，主峰居中，两侧峰成朝揖之势。山体有峰、岭、峦、崖、岫、峪、涧、洞等的形象，主次分明，其构图经营全依画理，据说是仿石涛画黄山的技法为之。山的正面朝西，黄石纹理刚健，色泽微黄，每当夕阳西下，霞光映照，山体便呈现醒目的金秋色彩。冬景：个园的东南角建透风漏月厅，厅前为半封闭的小庭院，院内沿南墙之阴堆叠雪石假山，雪石上的白色晶粒肖似积雪未消，冬山南墙上开一系列小圆孔，每当微风掠过便发声响，使人联想到北风呼啸，渲染出冬天的气氛。个园旨趣新颖，结构严密，是中国园林的孤例，也是扬州最负盛名的园景之一。

清代的宗教建筑成就很高，少数民族的创造尤其卓越。由于清代疆土幅员辽阔，各民族逐渐走向和睦亲善，西藏的五世达赖入京朝觐顺治皇帝，六世班禅前来为乾隆皇帝祝寿，新疆吐鲁番郡王参与清军平定大、小和卓的叛乱，使民族间团结气氛加浓，文化的发展和交流加快。从清初到中期，兴盛的国势、充足的人力和财力，使多个少数民族地区有条件建造了很多奇妙辉煌的宗教建筑，最著名的有西藏的布达拉宫，甘肃的拉卜楞寺，北京的雍和宫，承德的外八庙，内蒙古的席力图召、五当召，新疆的阿巴伙加玛扎、苏公塔礼拜寺，等等。其中有的是政教合一的宫廷，有的是培训僧官的学院，有的是宗教活动的场所，有的是纪念性的墓冢，有的更兼而有之。它们或以宏伟壮丽令人惊叹，或以工巧精妙获得赞赏，而都表现出本民族非凡的智慧，显示出独特的风格。

布达拉宫坐落于西藏自治区的首府拉萨市区西北玛布日山上，是世界上海拔最高，集宫殿、城堡和寺院于一体的宏伟建筑，也是西藏最庞大、最完整的古代宫堡建筑群。最早为吐蕃王朝赞普松赞干布为迎娶尺尊公主和文成公主而兴建，后毁于雷击和兵燹，仅剩两处佛堂。清初，五世达赖受顺治皇帝册封，主持修建了白宫，五世达赖圆寂后，由总管第巴·桑结嘉措建立红宫，此后历代达赖又进行扩建，遂成今日规模。布达拉宫海拔3700米，占地总面积36万平方米，建筑总面积13万平方米，主楼高117米，共13层，其中宫殿、灵塔殿、佛殿、经堂、僧舍、庭院等一应俱全。它是宫堡式建筑群，依山叠砌，蜿蜒至山顶，占地10万多平方米。宫体主楼外观13层，内部9层，高117米，东西长360米，石木结构，宫墙厚达2—5米，墙身全用花岗岩砌筑。红宫居中，主要是历世达赖的灵塔和各类佛堂；白宫横贯两翼，有达赖的宫殿、喇嘛诵经的殿堂、居室和僧官学校等。群楼高耸，崇阁巍峨，五座宫顶，覆盖金瓦，十分雄伟壮观。宫内长廊交错，雕花梁柱林立，各殿堂与廊间绘有题材丰富、绚丽多彩的壁画，如白宫的走廊和东大殿上，藏族画师精致地绘制了唐代文成公主、金城公主进藏的故事；西大殿绘有五世达赖在北京觐见顺治皇帝的场面，表现出西藏与清廷的密切关系。山后为花园龙王潭，宁静幽雅。整座建筑布局自由，构图匀称，屋顶部分采取汉族形式，其余门窗、脊饰等用藏族手法，其风格体现了汉藏文化的融合，也是藏族建筑艺术的精华。

拉卜楞寺位于甘肃省夏河县大夏河北岸，由活佛嘉木样一世始建于康熙四十八年（1709），是我国著名的藏传佛教格鲁派六大寺院之一，占地86万多平方米，建筑面积40多万平方米，主要殿宇90多座，包括六大学院、16处佛殿、18处昂欠（大活佛宫邸）、僧舍及讲经坛、法苑、印经院、佛塔等，形成了一组具有藏族特色的宏伟建筑群，房屋不下万间。六大学院中最主要的闻思学院位于北缘中心，为全寺的建筑中枢，它的前殿为面阔7间的楼房，内部满挂旌幡、宝盖，四壁彩绘诸佛菩萨；楼上供奉松赞干布像；后部的大经堂，可容4000僧人举行法会。闻思学院前有大广场，是举行全寺性活动的场所，其他学院散布在闻思学院周围。寺内有多座巍峨高耸的佛殿，其中弥勒佛殿又称大金瓦殿，位于闻思学院西北，殿高26米，共6层，殿顶铺铜质鎏金筒瓦，屋脊上饰有鎏金铜狮、铜龙、铜宝瓶、铜法轮等，金碧辉煌，宏伟壮观。殿内供奉高达8米的铜质鎏金的弥勒佛像，两侧供奉着高5米的铜质鎏金的八大菩萨像。释迦牟尼殿又称小金瓦殿，位于弥勒佛殿西侧，高3层，殿顶也铺着铜质鎏金筒瓦，与大金瓦殿交相辉映。宗喀巴佛殿正中供奉高达6.2米的铜质鎏金的宗喀巴像，两侧供奉观世音和大势至等菩萨像。活佛府邸亦雕梁画栋，庄严豪华；僧舍则一律为木构平顶小屋组成的小院，洁净幽雅。总的看来，拉卜楞寺主体突出，重点集中，比起汉族建筑来，处理不那么细腻，施工也不十分精致，但它所创造的丰富的内部空间，追求大起大落对比强烈的形体和体量，以及鲜丽浓重的色彩和装饰，都显出一种粗犷豪放的美和外向的性格。

普宁寺位于河北承德，是避暑山庄的外八庙之一，建于乾隆二十年（1755），是一座汉藏混合式布局的藏传佛教寺院。寺庙前半部为汉式，具有汉族传统佛教寺庙的特征；后半部为藏式，仿西藏桑鸢寺而建，两种不同风格的建筑融为一体。整座寺院雄伟壮观，占地面积约2.3万平方米。普宁寺的主尊佛像千手千眼观世音菩萨，金漆木雕通高27.21米。寺分前后两部分，大雄宝殿之前有山门、幢竿、钟鼓楼、碑亭、天王殿等建筑。天王殿内主供弥勒佛，两侧是四大天王。天王殿后是大雄宝殿，中央置三世佛，两边是十八罗汉。这前部与一般汉族佛寺相同。过了大雄宝殿便进入寺的后部，其建筑按照佛教宇宙观设计，表现完整的佛国世界的形象。它们建在一个高达9米、满布雕刻纹饰的石砌金刚宝座上，主体建筑是大乘之阁，高达36.75米，面阔七间，进深五间，六层重檐，最上面有五个攒尖屋顶，四隅的屋顶簇拥着中央的五个铜质鎏金宝顶，分层涌起，金光闪闪，壮丽异常，这代表佛所居住的世界中心须弥山。大乘之阁内部分三层，全部是木梁柱结构，柱子列成内外两圈，中间构成一个贯通上下的空井，中间放置一尊大佛，大佛全高24.12米，腰围15米，形体巨大，充满了楼阁的内部空间，是我国也是世界上最高大的木质造像，造型比例匀称，衣纹流畅。此为密宗之神，名大悲金刚菩萨，有三只眼睛，能察知过去、现在、未来；有四十二只手，拿着刀、枪、轮、铃等法器。大佛两侧有高达12米的善财、龙女的立像。大乘之阁四周有颜色各为白、绿、红、黑四座喇嘛塔，代表风、火、水、土四大元素；塔身上端作十三层环状圆锥形，代表佛教十三天；在大乘阁的前后左右，各有不同形状的台殿，象征四大部洲；四台殿两侧各有白色平台，象征八小部洲；在整座建筑群之北面有波浪形的围墙环绕，象征世界的边缘铁围山，这全套布局在藏传佛教中名为曼荼罗。普宁寺大量采用汉族传统的木构架、琉璃瓦屋顶、门窗装修，又使用了西藏的平顶碉房、喇嘛塔、藏窗、红白外墙粉刷等手法，是汉藏建筑艺术融合的范例。

清代的坛庙建筑，也用了很大气力。虽然祭祀山川的山东的东岳庙（岱庙）、陕西的西岳庙、湖南的南岳庙、河北的北岳庙、河南的中岳庙，祭祀圣人的曲阜孔庙、邹县孟庙等，是由前代建立，但清代都做了重修或扩建，方成如今所见的模样。名人祠庙清代重新建造了湖南汨罗县的屈子祠、陕西留坝县的张良庙、四川成都市的武侯祠、四川眉山县的三苏祠、安徽合肥市的包公祠等，人们以此表达对先贤的崇敬之情，它们的建筑规模和艺术水平都很可观。祭祀祖宗的家庙，建于清代而著名的有浙江诸暨县的边氏祠堂、江西婺源县的俞氏宗祠、广东广州市的陈家祠堂等。这些家庙用来进行宗族活动，但也为显示本家族的财力和社会地位，故往往不惜多花工本，倾力而为，使之成为精巧的建筑艺术作品。

从1840年前的清朝来看，建筑大体上是因袭明代的传统，供统治者享乐的园林达到了极盛期；藏传佛教建筑兴盛，这些佛寺造型多样，打破了中国佛寺传统的单一的程式化处理，创造了丰富多彩的建筑形式，是清代建筑中难得的上品。在清代建筑群实例中，群体布置已达到相当成熟的地步，尤其是园囿建筑，在结合地形、空间处理、造型变化等方面都达到很高的水平。

3.8 商业

清朝时期，商业也很发达，商品货币经济空前活跃。由于农业中商品性生产扩大，农产品越来越多地变为商品，出现许多专门化的经济作物地区，为手工业生产提供原料，或者直接供应消费者。例如一些经济作物如蔗糖行销国内外，茶叶于18世纪输出激增。粮食作物除大量供给城市居民食用外，还有不小的部分用于酿酒、制油和豆制品加工等。这些产品自然都是为供应市场而生产的。此外，各地自然条件的不同，物产的差别，为商品交换创造了条件，一些地区性的市场由此形成。与此同时，金融业与贸易业发达，商人分成十大商帮。其中晋商、徽商支配清朝的金融业，闽商、潮商掌握海外贸易。广州的行商与扬州的盐商都是最阔气的商人，而山西商人则掌控全国的银号。

由于清廷改变了限织、禁矿和禁海的政策，并且施行"摊丁入亩"的措施，从而调动了农民和手工业者的生产积极性，使商品经济开始活跃，资本主义萌芽又得到缓慢发展。到清中期，从城市到农村，从内地到边疆，商业到处呈现出繁荣景象，商业资本有了新的发展。就整个社会而言，商业资本和与之相联系的高利贷资本，仍然占据优势。无论在数量上或在活动范围上，商业、高利贷资本都远远超过工矿各业资本。从单个商人看，这时某些行业的商人，积累了相当雄厚的资本。其中经纪对外贸易的广东行商，垄断盐业的两淮盐商，以及经营沿海贸易的江、浙、闽、粤船商，最引人注目。在这些商人手中，有的积累了几乎难以置信的巨额资本。广东行商伍秉鉴的财产，据1834年估计，总额为2600万元（银元）以上。广州民间流传的两笔巨额遗产，均出自行商，数额都在2000万元以上。一个是潘振承的第三代潘正炜所继承的遗产，另一个就是伍秉鉴的遗留。两淮盐商中，有二三十名所谓"纲总"的大盐商，包揽了168万多引的两淮盐运。这些居于散商之上的总商，多"富以千万计"，至于"百万以下者，皆谓之小商，彼纲总者，得嬉笑而呼叱之"[①]。在沿海船商中，康熙时就已传说有拥船百艘的大商人。嘉庆时期，上海、崇明、通州、海门一带，已不乏拥有沙船四五十只的船商。当时造船一只，须银七八千两。这些大船商的资本，单是投在造船之上，至少在三四十万两之间。这些大商人积累的巨额资本，不是一般手工工场主所能望其项背的。

从投资活动看，这时投资的范围已经相当广泛。资本的流动，已经在一定程度上突破了地域和行业的限制。广州的行商，是一个地域性比较浓厚的行业，但是不少著名行商的资本，就有来自福建、浙江乃至遥远的长江流域的。在两淮盐业中，主要的投资者，来自安徽的歙县，淮盐总商，歙县恒居其半。四川井盐中，从事制盐的企业主，大多是湖南、湖北、陕西和广东的客籍商人，而租引行盐的行商，则主要为"陕西大贾"。在矿业中，云南铜矿在它的兴盛时期，厚积资本进行开采的，多为"三江、两湖、川、广富商大贾"，本省之人，反"不过零星伙办"。四川马边铜矿，地处偏远，而开矿之初，各处商人"挟重资而谋利者，不可胜数"。在福建产茶的山区，无论制造或运销，都有大批的外来商人参加。瓯宁茶厂，经营者多外来大贾；武夷茶区，列肆皆他方客商。汀州及兴泉的大商人，运闽茶于广东、江苏；拥资巨万的山西客商，则贩运河南转销关外。在散处农村的造纸业中，地处险僻的江西广纸

---

① 《清朝野史大观》卷十一，《清代述异》。

厂，业者"率少土著"，挟资而来的富商大贾，多为安徽、福建的客商，甚至有的来自遥远的西北。位于山涧的广西容县纸篷，在康熙年间，就有"闽、潮来客"开始创建。乾隆时期发展到两百余槽的福纸，就是由福建商人的教作而得名。在采木业中，四川的木材产区雷波，在18世纪三四十年代，就有江西、湖广商人来此设厂，雇工采伐。在陕西终南山区，到18世纪末期，川、楚等省商人之就地设厂采木者，遍及四府七厅县，形成一个"五方杂处"的地区。

城市商业的发展，是以农业和手工业的恢复和发展为前提的。农业与家庭手工业相结合是我国古老封建社会中最主要的生产形式。市场需要的手工业产品，大部分来自农村家庭副业，小部分来自手工业作坊或手工工场。当时，全国大中城市和市镇之中，已普遍存在着手工业作坊，如磨坊、油坊、酒坊、机坊、纺坊、织坊、弹棉花坊、糖坊，还有木作、铜作、铁作等。其产品多种多样，吃、穿、用三大类商品无所不有。

各地都有一些享有较高声誉的名优产品，如北京的景泰蓝和雕刻，南京的包头绢、药材和库缎，苏州的刺绣、织金缎、细木器和小铜器，杭州的扇子、剪刀、杭粉和杭线，广东的漆、纱、缎、烟和锡，福建的茶，安徽的宣纸和墨，江西的瓷器，四川的锦缎，贵阳的皮制品，昆明的铜制品，大理的大理石制品，新疆的玉石制品等，都是清中期城市商业经营的土特产品。当时，一些大城市的商业十分繁荣，其中北京是辽、金、元、明、清五代的都城，不仅是全国政治、经济、文化中心，而且是北方商业贸易的著名城市。

北京在辽国时称燕京。它地处中原的北端，"西有太行，东临渤海，南襟河济，北据居庸"，交通运输四通八达，是汉族人民和北方少数民族贸易往来的商品集散地，不仅历史悠久，商业繁盛，而且乾隆时正阳门外的大栅栏一带已经是一个繁华的商业区。坐商摊贩，酒楼茶肆，鳞次栉比，经营的商品花色品种齐全。据清人朱彝尊的《日下旧闻》记载，都城市肆店铺初次开业，必须张灯结彩隆重庆贺,祝贺者"持果核堆盘,围以屏风祀神"[①]。正阳门东西大街的商店招牌,"有高三丈余者",泥金涂粉,"或以斑竹镶之","又或镂刻金牛、白羊、黑驴诸形象,以为标识"。这说明清代商业已经重视装饰门面,以招揽顾客。北京的商业,除了平时开业的店铺、货摊之外,还有庙会。据《燕京岁时记》记载:逢三是土地庙,四、五是白塔寺,七、八是护国寺,九、十是隆福寺,称为"四大庙市",这实际是定期集市贸易,也是城镇商业扩大经营的一种重要形式[②]。

南京是吴、晋、宋、齐、梁、陈六朝名都,明初也在此建都,古称江宁或金陵。它地居长江下游,是个"五方辐辏""南北商贾争赴"的重要市场。南京城有内有四个大市场,秦淮河北岸还有小市十多处,包括谷市、牛马市、纱市、盐市、花市、草市等。至18世纪中叶,单是丝织一项,就有织缎和与其相关行业如丝行、纸房、机店、梭店、篦店、范子行、挑花行、拽花行等兴起。各处市场除了经售一般生活必需品外,还有专供豪门大户使用的从海外运来的奢侈品,如珍珠、玛瑙、珊瑚、象牙、犀角、香料和皮货等。这里的纺织品种类繁多,有绸、缎、纱、绢、罗等品种,质地优良,不仅供奉朝廷,而且畅销国内外市场,因此享有"江绸贡缎用天下"的声誉。

扬州,自隋唐以来,就"地当冲要,多富商大贾,珠翠珍怪之产",又以食盐集散地而著称,是一座繁华的城市。正如《容斋随笔》中所写,扬州城不仅白天市场繁荣,即使是晚上,也是"夜市千灯照碧云,高楼红袖客纷纷"[③]。可是,清初扬州由于进行坚决的抗清斗争,被"屠城十日",大批平民惨遭屠杀,使繁华的城市几乎变成了一座废城,商业设施也毁于一旦。一直到乾隆年间,由于两淮一带"煮盐之场较多,食盐之口较重,销盐之地较广",商业利润也较优厚,所以,四方豪商大贾,才又逐渐鳞集麇至于扬州,

---

① 朱彝尊. 日下旧闻[M]. 北京:国家图书馆出版社,2017.
② 富察敦崇. 燕京岁时记[M]. 北京:北京出版社,1961.
③ 洪迈. 容斋随笔[M]. 沈阳:辽宁古籍出版社,1996.

"侨寄户居者，不下数十万"[1]。

苏州是清前期全国经济文化最为发达的城市。康熙时人沈寓说："东南财赋，姑苏最重；东南水利，姑苏最要；东南人士，姑苏最盛。"又说苏州"山海所产之珍奇，外国所通之货贝，四方往来，千万里之商贾，骈肩辐辏"。同时人刘献廷也说苏州是负有盛名的天下"四聚"之一。而"四聚"之中，清人又一致认为市肆繁华以苏州为最。康熙时，人称"吴阊至枫桥，列市二十里"[2]。乾隆时，当地人自诩："四方万里，海外异域珍奇怪伟、希世难得之宝，罔不毕集，诚宇宙间一大都会也。"乾隆二十七年（1763），也即徐扬的《盛世滋生图》诞生后三年，外地人赞叹："苏州为东南一大都会，商贾辐辏，百货骈阗。"

上海商业发展的速度，大大超过苏州。当时上海是南北沿海贸易的枢纽，聚集于上海的沙船，经常有三千五六百号。豆、米、南货等行业，都有很大的发展。由于款项进出浩大，金融调度频繁，上海钱庄在18世纪初开始出现，至18世纪末，已达百家以上。

广州是海外贸易的重要通商港口，从长江下游输入棉花、蚕丝和土特产品，从这里输往海外。到鸦片战争前，广州出口的土布仅次于丝、茶，还有著名的荔枝酒。荔枝、龙眼等佳果，也运往国内外市场。

佛山原是广州附近一个小市镇，地处珠江三角洲腹地，水路踞广州上游而处西江、北江下游，是水路通达省城的必经之路。地理位置上毗邻港澳，水陆交通四通八达。《佛山忠义乡志》记载："诸宝货南北互输，以佛山为枢纽，商务益盛。"[3]繁荣的商贸带动了以手工业为主的制造业的迅速发展。到宋代，已发展为我国著名四大镇之一。清代中期，佛山是"岭南一大都会"，工商业发展十分繁盛。这里最著名的手工业是冶铁业，特别是铁锅产品，驰名

---

[1] 江苏省地方志编纂委员会. 江苏省志·政府志[M]. 南京：江苏人民出版社，2005.
[2] 郭廷弼，周建鼎，包尔赓. 松江府志[M]. 康熙二年（1663）刻本.
[3] 汪宗准. 佛山忠义乡志[M]. 1926年刻本.

中外。铁锅有"牛锅、鼎锅、三口、五口"等各种型号,"贩于吴、越、荆、楚"等南方各省及国外。据雍正年间统计,外国船只大量贩运佛山铁锅,每只船少者运二千、六千斤,多者达万斤、两万斤,一年"出洋之铁,为数甚多",以致清廷下令禁止铁锅出口。另外,佛山的铁线行和铁钉行,也很出名,工人多达数千人。佛山的市场繁荣,据雍正年间广东巡抚杨永斌奏:佛山市场"绵延十余里,烟户十余万","皆贾贩弥市"。乾、嘉年间,当地店铺作坊如林,大街小巷共有622条。清朝时期,佛山与湖北汉口镇、江西景德镇、河南朱仙镇合为"中国四大名镇",逐步发展成为岭南地区商品集散地和冶铸、陶瓷、纺织、中成药等制造业的中心。繁华的商贸活动和兴旺的手工制造业孕育了中医中药行业的迅速发展。

汉口是我国国内最大的水陆码头之一,有"九省通衢"之称,不但扼长江、汉水两大水道咽喉,而且云、贵、川、湘、秦、豫等省货物"皆于此焉转输",明清时便是天下商贾聚集之地。彼时,汉口商业繁盛,既聚集各路商帮,又中转各色货物,汉口不但成为长江中游最大的市镇,为全国四大名镇之一。"楚北汉口一镇,尤通省市价之所视为消长,而人心之所因为动静者也。户口二十余万,五方杂处,百艺俱全,人类不一,日销米谷不下数千。所幸地当孔道,云贵川陕粤西湖南,处处相通,本省湖河,帆樯相属。……查该镇盐、当、米、木、花布、药材六行最大,各省会馆亦多,商有商总,客有客长,皆能经理各行各省之事。"乾隆初年(1736),这里已有户口20余万,每天消费米谷不下千石。乾隆末年(1795)一次失火,烧掉运粮船100余艘,商客船3000多艘,大火燃烧两日不息。嘉庆十五年(1810)四月,又一次大火,烧了三天三夜,烧毁"商民店户八万余家"。由此可见,汉口当时商业的繁盛情况。"汉口"几乎成为武汉的代名词。但汉口真正成为商业巨镇,与清代社会经济的恢复和发展相联系,是在康乾时期。

开封是中原古都和历史名城。直到明代,开封经济都相当发达。清代时,开封交通便利,人口稠密,市镇经济发达,仍是重要的商品集散地,是中原商业发展的带动城市，有很强的辐射功能。"从数据齐全的清中期的情况来看，密度最高（城镇化）的是开封府。"[1]在粮食运输方面，从开封至颍州、淮安的水路和从开封至北京、太原、西安的陆路是河南粮食外运的两大通道。清代中原地区交通便利，依据清代憺漪子《天下路程图引》的记载，开封作为中原水陆交通网的中心，能够通往本省及邻省的各个重要都市。

洛阳，居天下之中，立河洛之间，曾经是我国政治、经济、文化的中心，亦是交通便利的通衢要道。清代时期，洛阳完全不具备政治方面的地理优势，只是中原地区的普通城市，商业的兴起繁盛与整个清朝经济的发展同起同落。洛阳经济在清中期达到鼎盛，不仅发展成为河南的一大商业中心，而且成为沟通西北与中原及南方各省商品贸易的重要纽带。嘉庆年间（1796—1820），洛阳商业繁盛、街市林立，行商坐贾已达千家。

此外，江苏的镇江，在康熙年间"四方商贾，群萃而镇处，转移百物以通有无"，江西的景德镇，在嘉庆年间，列肆受廛，延袤十数里，烟火近十万家，客户与铺户当十之七，土著十之二三。河北的宣化，是汉蒙互相贸易中心城市之一，市中商店鳞比，各有名称。如云南京罗缎铺、苏杭罗缎铺、潞州绸铺、泽州帕铺、临清布帛铺、绒线铺、杂货铺。各行交易铺，沿河长四五里许，贾皆争居之。

在城市之下，河南各地形成了商业繁盛的城镇。据地方文献资料显示，在清朝，河南地区有以下四个比较有名的城镇。

周家口，豫东地区的重要城镇。据考察，大约于清代康熙年间，周家口开始取得突破性发展，创建于康熙中期的两座山陕会馆见证了当时城镇的兴盛。到乾隆时期，周家口已成为人口众多、贸易发达、周围发展数十里的大型市镇。清代周家口商业的繁盛，主要得益于其优越的自然地理条件。周家口镇有颍河、沙河与贾鲁河交汇在此。东南流入淮河，由此与江南相通，成为清朝时

---

[1] 邓玉娜. 清代河南的城镇化发展[J]. 中国经济史研究，2005（3）.

期南下商品物资的重要交通要道。在周家口集散转运的主要商品是粮食。周家口也是河南地区麻油、丝布、烟草、山货、毛皮等杂货的重要集散地。除此之外，还是糖、纸、瓷器、鱼、肉、果等生活用品的重要商品交易和转运地。周家口商业经济在清朝乾嘉年间发展到鼎盛[①]。

据许檀考察，乾隆至道光年间是周家口镇商业的鼎盛时期，这从诸多商人会馆频繁而大规模的重修与扩建可明显地反映出来。道光年间，全镇商号数量估计达1500—2000家，镇上街道116条，全镇人口达20万。全镇除沙河北岸的山陕会馆之外，南岸还有一座山陕会馆，此外还有安徽、江西、福建、湖广、覃怀、陆陈、油业会馆等共计10余座[②]。

朱仙镇，地处开封市向南大约20公里处，在相当长的历史时期内就是交通便利、商业繁盛的重要城镇。明朝时期，朱仙镇已与湖北汉口镇、江西景德镇、广东佛山镇，并列成为全国四大名镇。朱仙镇商业以贾鲁河的修浚为契机，在明代嘉靖、万历年间开始兴起；清康熙、雍正年间该镇商业发展迅速，汇聚的商号已达数百家。到乾隆年间，朱仙镇商业进入鼎盛时期，不仅商号数量超过千家，而且经营规模也明显扩大。其原因是，清代主要的水陆商路大都经过朱仙镇，南来北往的客商多云集于此从事商贸活动，使朱仙镇逐渐成为中原地区一个大型的南北货物中转地。据明清史专家许檀考察，朱仙镇云集的各省商人，以山陕商人为多，且以从事杂货、粮食、烟草、服饰业等为主。这些商品除相当一部分供应省城开封之外，其流通范围包括开封府属各州县以及河南北部的彰德、卫辉、怀庆、河南等府的一部分，也涉及山西南部的部分地区[③]。

北舞渡镇，地处漯河市西35公里，一度作为河南中部重要的商品集散地。北舞渡镇在明代借沙河四季通航的便利得以兴起，在清代更是成为水陆交通要

---

① 李华欧.试论清代中原地区的商业发展[J].商业经济研究，2015（12）.
② 许檀.清代河南朱仙镇的商业——以山陕会馆碑刻资料为中心的考察[J].史学月刊，2005（6）.
③ 许檀.清代河南朱仙镇的商业——以山陕会馆碑刻资料为中心的考察[J].史学月刊，2005（6）.

道，商业繁荣。清代中叶，北舞渡商号林立，多达500余家，至今流传着"拉不完的赊旗店，填不满的北舞渡"的民谣。其所以成为清代中原地区商业发展的重要城镇，也与其金融业的兴起有关系。清代北舞渡镇的传统金融业也很发达，主要包括两种形式：当铺和票号。票号多由山西商人所开，著名的有蔚盛长票号，也有一些小规模的本地票号。

赊旗镇，又名赊店、赊旗店，康熙年间方才兴起，雍正年间已初具规模。修建于乾隆四十七年的春秋楼，见证了当年赊旗镇的繁华程度。赊旗商业以山陕商人为主，从乾隆四十七年《创建春秋楼碑记》可以看出，在赊旗经商的商号除了个别几家规模较大，其他绝大多数商家规模较小，商号经营范围种类繁多，粮食、花行、织染、油坊、酱醋、席铺、铁铺、瓷器、木铺、杂货铺、皮袄铺等关乎民生的商品多有涉及。其中粮食、茶叶是赊旗商人经营的重要行业，粮食销售到外省，而茶叶一般运往俄国、蒙古等地。商业的兴盛离不开交通运输业的相辅相成，赊旗作为连接水路交通的转运码头，运输业也是其经济的重要组成部分[①]。

赊旗，在明代史志中未见其名字记载，而康熙《南阳府志》、《南阳县志》卷2《集镇》中都记有"赊旗店"。它位于河南省西南部的南阳盆地。赵河、潘河在该镇交汇后入唐河，由唐河南下至樊城转汉水可直抵汉口；由赊旗北上，陆路经裕州有驿道通洛阳、开封以及山陕；东北行由舞阳县北舞渡入沙河抵周家口，转贾鲁河北上可达开封，顺沙河东下则进入安徽。故光绪《南阳县志》卷3《建置》有言：赊旗"地濒赭水，北走汴洛，南船北马，总集百货"。赊旗的山陕会馆《创建春秋楼碑记》亦称"镇居荆襄上游，为中原咽喉"。由此可以看出赊旗镇的地理位置十分重要，水路、陆路都很发达，这就为清代赊旗镇的商业发展打下了良好的基础。到乾隆年间，赊旗镇发展成长3里、宽4里的繁华巨镇。至嘉庆、道光、咸丰、同治年间为鼎盛时期。在赊旗

---

① 李华欧.试论清代中原地区的商业发展[J].商业经济研究，2015（12）.

镇商业的兴盛时期，水路车船商贾往来，码头热闹非凡。河道停船一次可达500余只，首尾相接，北至方城，南到上郭，桅杆林立，排列70余里。四方陆路，大车小车，骡子骆驼，络绎不绝。镇上人口达14万。镇内各业门类齐全，72道街分行业相距经营。街曰山货街、木场街、骡店街、铜器街、瓷器街、豆腐街等，铺面相连，商号众多。商品成交数额巨大。花布行50多家，每天成交棉花10万余斤，布7000余匹，日成交木材千余立方米，竹竿五万余斤[①]。由此可见当年的赊旗镇可谓繁华之极。

在城市和城镇之下，中原各地形成了众多的庙会和集市，二者是清代农村商业市场的两种主要形式。庙会是汉族风俗，也是我国古代的贸易形式之一，特别是对于广大的农村地区，庙会不仅聚集了烧香拜佛的香客，更是到处能见小商小贩的身影和广大的农民顾客。在庙会上，农产品是贸易的主要商品，其中包括叉、锨、犁、架车、扁担、镰刀、铡刀、锄头等生产工具，以及锅、碗、碟、盆、瓮、箱、凳、椅等生活用具，同时还有牛、马、驴、骡、犬、猪、羊、鸡等家畜家禽。庙会还是重要的饮食、娱乐市场，庙会期间会临时搭建各类饭馆、小吃铺、酒茶馆，行销各地食品，还会售卖各种糖人、陀螺、风筝等儿童喜欢的娱乐产品。集市贸易，初步形成于秦汉时期，是我国广大农村地区商品贸易的重要组织形式。在清代，河南人口众多，集市贸易比较发达，是农村地区普遍的一种贸易形式。清代河南农村商业发展"首先表现在农村集市的数量有较大的增长"[②]。清代中叶，河南各地形成了较为密集的农村集市网。资料显示，清代中原腹地平均每集相隔10—20公里。各地集市根据人口数量、耕地资源以及商业发展水平形成较为固定和规律的开集日期。农村集市是我国传统商业市场的重要组织形式，是城乡间商品贸易交换的重要场所。

城市商业的复兴和繁荣，反映了商品经济的发展和商品交换关系的扩大。

---

① 王丽杰. 论明清时期的河南市镇[J]. 和田师范专科学报（汉文综合版），2005（6）.
② 陈连营. 清代河南农村商业交流状况[J]. 史学月刊，1993（6）.

城市商业的繁荣,是以农业的发展为基础的,反过来,城市商业的繁荣,又必然促进农产品商品化的发展。

商业的持续繁荣是商人阶层日趋稳定的表现。最活跃的是徽商。徽州人外出贸易的传统根深蒂固,"其俗,男子受室后,尊者即督令行贾,无赢折皆不得速归,久者数十年,近亦逾纪"[1]。"起家至陶猗者不可指屈"[2]。其经营的种类很多,以盐、典当、茶木为最著,其次为米、谷、棉布、丝绸、纸、墨、瓷器等。其中婺源人多茶、木商,歙县人多盐商,绩溪人多菜馆业,休宁人多典当商,祁门、黟县人以经营布匹、杂货为多。

徽商除了从事多种商业和贩运行业外,还直接办产业。休宁商人朱云沾在福建开采铁矿,歙县商人阮弼在芜湖开设染纸厂,他们边生产边贩卖,合工商于一身。徽商经营多取批发和长途贩运。休宁人汪福光在江淮之间从事贩盐,拥有船只千艘。一些富商巨贾,还委有代理人和副手。徽商还使用奴仆营商,休宁人程廷灏曾驱僮奴数十人,行贾四方。徽商在经营中注重人才,做到知人善任,注重市场行情,实行灵活经营。有一业为主兼营他业的,也有根据不同行情、季节变换经营项目的。

其次是晋商。康熙二十八年(1689),康熙南巡途中的上谕指出:"夙闻东南巨商大贾,号称辐辏,今朕行历吴越州郡,察其市肆,贸迁多系晋省之人。"[3]然而晋商的活动地区也并不限于吴越,在青海,山西商人以西宁为根据地活动于各州县。在北京,粮食米面行多是祁县人经营;油盐酒店多是襄陵人经营;纸张商店多是临汾和襄陵人经营;布行多为翼城人经营,鲜鱼口以西有布巷,全为翼城人;北京至今留有招牌的大商号"都一处""六必居""乐仁堂"等都是浮山、临汾等山西商人首创和经营。此外,山西商人还到四川、云南、贵州、湖北、湖南、江西、安徽、广东等地贸易和经商。广州的濠畔

---

[1] 龚自珍,王佩诤选编.龚自珍全集[M].上海:上海古籍出版社,1999.
[2] 全祖望.鲒埼亭集外编[M].清乾隆四十一年(1776)刻本.
[3] 台湾银行经济研究室.清圣祖实录[M].台北:台湾银行经济研究室,1963.

街，多数房子是山西商人修建的，"广生远""广懋兴""广益义"等实际都是山西人在广州开设的企业。由海上出口茶叶，比如运往印尼的茶，都是由山西商人在产地收购运往广州，由潮帮商人从山西商人手中购进再转运南洋的。至于长江中下游一带，扬州的盐商、江西和福建的茶商以及由长江口出海与日本的贸易，也数山西人最为活跃。

再次是秦商。"陕地繁华，以三原、泾阳为第一，其人多服贾吴中"[1]。秦商在江浙地区经营棉布业，历史悠久，规模并不亚于晋商。此外，陕西邻近四川，当时蜀中移民，首推湖广，陕西次之，因而秦商在四川颇有势力。清代前期，四川井盐发展较快，但"川省各厂井灶，秦人十居七八，蜀人十居二三"[2]。自流井的钱庄业肇始于雍乾之际，大半为秦商操纵，著名的西秦会馆（今自贡盐业历史博物馆），亦为陕商集资修建，捐银商号多达152家。他们既投资盐井钻凿，又从事井盐贩运，二者皆获利甚丰。陕西商人敢于冒险，他们曾为追逐商利，走遍了大半个中国，开银号、当铺，放高利贷，贩运川丝、夏布、药材，以敢作敢为著称。他们往往敢于孤注一掷。

江苏的洞庭商人别具一格。乾隆初年（1736），有记载称，西洞庭三十余湾，居民万余户，东洞庭二十余湾，约三万余户，"乡里之间，衢巷曲折"[3]。翁氏、席氏，均为洞庭望族，不仅广占田园，而且累世货殖。清人文献，或称"山中大姓，类似商旅纤啬起家"[4]，或称其地"人多饶于财，四民之业，商居强半"[5]。

浙江的宁波商人很有特色。一方面，宁波地理位置优越，水陆交通方便，民物殷阜，本身就是一个繁华的商业区。"鄞之商贾，聚于甬江。嘉、道以

---

[1] 屈大均. 屈大均全集[M]. 北京：人民文学出版社，1996.
[2] 刘锦藻. 清朝续文献通考[M]. 杭州：浙江古籍出版社，2000.
[3] 罗振玉，张小也，苏亦工等. 皇清奏议[M]. 南京：凤凰出版社，2018.
[4] 汪琬. 尧峰文钞[M]. 北京：国家图书馆出版社，2014.
[5] 归庄. 归庄集[M]. 上海：上海古籍出版社，2010.

来，云集辐辏，闽人最多，粤人、吴人次之。旧称鱼盐粮食马头。"[1]另一方面，"巨艘帆樯高插天，危楼簇簇见朝烟。江干昔日荒凉地，半亩如今值十千"[2]。说明经济发达，吸引了大量客商，同时也刺激了土地价格的上升。这些因素又促使宁波商人把目光转向外地，利用积聚的货币财富去开辟新的市场。福建、广东、江苏、山东各省，都有宁波商人的足迹。乾嘉时期，北京著名钱庄恒兴、恒利、恒和、恒源，统称"四恒"号，"均系甬商经纪……信用最著，流通亦最广"[3]。京中洋货庄、粮食铺、典当铺以及九城富户、政界显贵，都和"四恒"保持金融来往，因其"资本雄厚，市面繁荣萧索与有关系"[4]。

商人多是从农村中分化出来的。例如徽商，"徽州富甲江南，然人众地狭，故服贾四方者半土著"[5]。江苏吴江，"人浮于田，计一家所耕，不能五亩，以是仰贸易工作为生"[6]。至于地主弃农经商，往往兼有商人和地主双重身份。洞庭严舜工，"严氏之先，则士商相杂，舜工又一人而兼之者也"[7]。

国内市场包括农村市场和城市市场两大类型。农村市场是以集镇为活动场所的基层市场。至于城市市场，康熙时，刘献廷指出："天下有四聚，北则京师，南则佛山，东则苏州，西则汉口。然东海之滨，苏州而外，更有芜湖、扬州、江宁、杭州以分其势，西则唯汉口耳。"[8]大城市是区域市场的中心。中小城市的水平参差不齐，有的接近大城市，有的和集镇相去不远，但它们作为

---

[1] 戴枚，董沛. 鄞县志[M]. 清光绪三年（1877）刻本.
[2] 戴枚，董沛. 鄞县志[M]. 清光绪三年（1877）刻本.
[3] 陈夔龙. 梦蕉亭杂记[M]. 北京：中华书局，2007.
[4] 崇彝. 道咸以来朝野杂记[M]. 北京：北京古籍出版社，1982.
[5] 魏禧. 魏叔子文集[M]. 北京：中华书局，2003.
[6] 贺长龄. 皇朝经世文编[M]. 台北：文海出版社有限公司，1972.
[7] 归庄. 归庄集[M]. 上海：上海古籍出版社，2010.
[8] 刘献廷. 广阳杂记[M]. 北京：中华书局，1957.

地方市场的中心，介于农村基层市场和城市区域市场之间，是双方不可缺少的纽带。因此，从城乡差别方面看，清代的国内市场包括两大类型，而从市场的结构方面看，又可区分为三个不同的层次。

第一，以农村集镇为活动中心的基层市场。集镇有固定市期，为了给购销双方提供更多的接触机会，邻近集镇的市期又彼此错开。在这里，分散的农村集镇由于市场功能的一致而互相联络，就好像一个分布均匀的流通网络。

集镇作为农村市场的实体，它的交易内容必然要受到所在地区农业商品化程度的制约，因而农民根据各自的经营状况投入市场的商品也必然表现为几种不同的类别。首先是小农经济的剩余产品。它主要指农民全部生产品中自给有余的部分。其次是农村多种经营直接向市场提供的农、副业产品。清代的商品性农业广泛采用多种经营，主要指农民因地制宜，发展经济作物和家庭副业。这种方式改变了农业生产的单一性，在不同程度上带有商品生产的性质。川、陕、楚毗连各县的山区农村，有田地数十亩之家，必栽烟草数亩，田则栽姜或药材数亩。另外有一种专业性集镇，它们主要是在商品转运过程中形成的。例如河北地区棉花与棉布业发展迅速，大宗产品远销山西境内，而山西"高县镇，镇为曲沃县所辖，直隶省栾城、获鹿所出棉花布匹，贩运者皆集于此，商旅甚多"[1]。这一类集镇和所在地区的生产结构不发生直接关联，但是大宗产品的外销必须依靠流通路线的延长。

在清代前期，江、浙两省商品经济的发展速度仍然居于全国的领先地位，农村多种经营和专业化水平很高。粗略言之，苏州、松江两府是棉花、棉布的集中产地，太仓、嘉定、上海三县，"俱三分宜稻，七分宜木棉。凡植木棉者，俱称花以别于稻，有花田、花租之名"[2]。杭、嘉、湖三府是蚕茧丝绸的集中产地，而"吴兴桑田之多，与稻相半"[3]。上述地区，由于生产结构的大

---

[1] 祁韵士. 万里行程记[M]. 北京：中央民族学院图书馆油印版，1983.
[2] 严如熤. 三省边防备览[M] 西安：西安交通大学出版社，2018.
[3] 王钦. 分宜县志[M]. 清道光二年（1822）刻本.

幅度调整，不仅加快了农业商品化的进程，而且出现了一批专业性很强的手工业生产基地，集镇的市场功能和专业分工的特点显示得非常突出。华亭、嘉定两县，四乡农民恃花布为生计，著名的棉布业市镇有朱泾、枫泾、南翔、罗店、安亭、娄塘等处。显而易见，农村市场是在农业商品化的进程中出现的，商品的不同类别，反映了农村商品经济发展的不平衡，个体小农的剩余产品只能满足初级市场的需要，多种经营则为多数商业集镇创造了繁荣的条件，江浙地区的情况更充分表明，生产专业化的程度愈高，集镇的市场规模就愈大。

第二，以中小城市为活动中心的地方市场。中小城市介于农村集镇和大城市之间，但一般讲来，它和集镇的关系更紧密。山西介休，嘉庆时共有集镇7处：西关，每月四、八日为集期，每年二月初六至十五日、七月十六至二十五日为会期；张兰镇，每月单日为集期，每年三月一日至十日、九月二十一日至三十日为会期。另外5个集镇有会期而无市期，但会期均彼此错开。其中，张兰镇"城堞完整，商贾丛集"，是"山右第一富庶之区"[①]。县境之内，"北乡芦苇，西南煤炭，辛武盐场，义棠铁器，洪山磁器，一邑之利溥焉"[②]。从这里可以看出，地方市场的流通网络是由中小城市和农村集镇两个部分结合而成的。

此外，中小城市和大城市的距离远近不等，当地生产水平有高有低，所以商业状况很不一律。无锡、芜湖、济宁等地，手工业发达，交通便利，商品集散功能显著，在国内市场占有重要位置。另一些中小城市，因其分布在商品转运路线上，成为长途贩运不可缺少的桥梁和纽带。如湖北云梦："城中宽闲屋宇，多赁山西布商作寓。闻之故老云，凡西客来楚贩布，必经云城捆载出疆，历运布不变色，若不由云城改捆，一至河南，渡黄河，布多候黑。故西

---

① 张大纯. 姑苏采风类记[M]. 清康熙四十九年深柳读书堂刻.
② 阮元. 揅经室四集[M]. 北京：中华书局，1993.

商于云店号十数处，本地贸易布店亦借以有无相通。"[1]还有一些中小城市，主要依靠输出本地产品进入区域市场。这种情形，在东南沿海一带相当普遍。在北方，河北涿州盛产桃、梨，献县广植枣树，产品皆运销北京[2]。在西南，四川綦江的枳壳和桐油，首先集中于重庆，然后沿江而下，销售于汉口[3]。在乾隆初，山东蚕种传入遵义，发展甚快，"遵绸之名竟与吴绫蜀锦争价于中州"[4]。另如河南巩县，地处黄河与洛水之间，可种棉花，"巩民资生之策，强半以棉花为主，多则贸易他乡，少则自行纺织"。土产柿饼，亦"贩鬻通江淮"[5]。湖南宁远，"县在山乡，土宜粟米苎麻之外，惟产茶桐松杉，日用百需，皆资外来，境虽褊小，商贾颇多"[6]。它们和区域市场的中心城市距离较远，但是为了满足自身的需要，仍然在有限的范围内同其他地区保持着一定的交往。

第三，以大城市为活动中心的区域市场，主要有北京、广州、汉口和洛阳等大城市，如前所述。

总的说来，区域市场是国内市场的主体，它有如下两个基本特征，一是大宗商品的贸易跨越了省区界限，二是形成了多层次和多渠道的供求联系。后者主要指城乡市场的结合。因为，在中国，如果没有农村市场，传统的郡县城市很难单独发展持久而稳定的商品经济，所以农村市场的出现显示了非常特殊的意义。简单地讲，农村市场是城市市场最坚实的物质基础，而国内市场则是在城乡互为市场的过程中确立和完善起来的。

---

[1] 张春华.沪城岁事衢歌[M].上海：上海古籍出版社，1989.
[2] 程恩泽.程侍郎遗集初编[M].上海：商务印书馆，1935.
[3] 杨铭绪，伍睿祥.綦江县志[M].清同治二年（1863）刻本.
[4] 郑珍.樗茧谱[M].贵阳：贵州人民出版社，1994.
[5] 李述武.巩县志[M].清乾隆五十四年（1789）刻本.
[6] 汪辉祖.病榻梦痕录[M].清道光三十年（1850）龚裕刻本.

3.9 货币制度与金融机构

3.9.1 货币制度

清朝的货币制度仍沿袭明制，大体上采白银与铜钱并用的银铜双本位制，大数用银，小数用钱，银的地位更见重要。因海外贸易发达，白银大量从国外输入，康雍乾盛世流通的外国银元除西班牙银元外，还有葡萄牙银元、威尼斯银元、荷兰银元等。鸦片战争前，由于英国将大量鸦片销入中国，导致中国白银大量外流，需要更多的铜钱才能换取白银。由于白银是百姓纳税的固定货币，这带动了通货膨胀，经济严重恶化。为此，1843年咸丰帝又发行大清宝钞与户部官票等纸币，以稳定经济。随着金融业的发展，钱庄等金融事业也发展起来。如北京，自康熙至道光十年（1830）前，开设的钱铺有389家。上海在乾隆四十年至嘉庆十年（1776—1796）共有钱庄106家。这些钱庄等金融组织已成为商业金融枢纽，对促进物资交流，扩大国内市场起了一定作用。

清朝的货币制度与明朝的币制非常相像，一些名称、机构和具体措施略有改动，没有产生实质性的变化。相对于现代中国的货币制度，清朝的币制显得很复杂，其币材以银、铜为主，流通中的货币有银两、铜钱、外国银元，且形制、名称各异，清后期洋务运动时曾有机制制钱，发行过铜元、银元，直到民国时仍在使用。铸钱通常以合金铸成，如铜、铅、锡，银两有重量和成色之分，金可以使用，但不常见，市场上广泛存在着银钱比价和银两的成色换算关系，也有金银的比价。银的单位主要是两，后来铸造的银元以元为主；铜钱的单位为文、串、卯，通常1串为1000文，1卯为12280串，各地还有些不同换算方式，实际流通中白银和铜钱大体分别承担了主币和辅币的作用[1]。

后金时期，效仿明代，也采用银钱复本位制，由于后金统治区满汉杂居，

---

[1] 王革平. 清朝货币制度的弊端及其与现代货币制度的不同[J]. 黑龙江史志，2012（19）.

为适应经济贸易，统治者铸造了满文钱和汉文钱。

史记载："太祖初铸'天命通宝'钱，别以满、汉文为二品。满文一品钱质较汉文一品为大，天聪因之。"[①]满文天命汗钱素背，正面铸有老满文，读序左右上下，直译天命汗钱。大概出于政治的考量，满文钱铸造得比汉文钱大。初造天命钱时，后金经济并不发达，未设钱局，生产技术水平低下，也没有学会汉人母钱翻砂的铸法，而是采用小炉铸造，以致造出的钱外形粗糙、大小和厚薄不一、版别多样。此时的天命钱，铸造和流通数量很少。满人相信它能防身，因而在得到时，只是将其佩戴在身上以防身。天命六年（1621），努尔哈赤迁都辽阳，开始大规模铸造，并广泛流通。

天命十一年（1626），努尔哈赤去世，皇太极即位，翌年改天聪元年，开铸满、汉天聪钱。满文天聪汗钱是当十大钱，正面铸老满文，读法是从左至上，从下至右，直译天聪汗钱。背面左右各铸一老满文，穿左为"十"纪值，穿右为"一两"纪重，完全仿照明朝"天启通宝"大钱形制，是后金纪值兼纪重的满文大钱。汉文天聪通宝是小平钱，形制与天命通宝相似，也是仿明钱铸造。满文天聪汗当十大钱，以一当满、汗平钱十枚使用，其铸造主要是为八旗军筹备军饷，以对抗明朝，具有财政性发行的性质，是一种战争货币。天聪钱铸于今辽阳和沈阳二地。

天聪十年（1636），皇太极在盛京称帝，改国号"大清"，年号"崇德"，族名改女真为"满洲"。大清建立后，仿明朝"崇祯通宝"开铸"崇德通宝"。由于鼓铸很少，现存几乎不见。不难看出，满人入关前，虽已开始铸造货币，但仅仅是仿照明制，自己却没有一套完整的货币制度，这似乎同他们的政治地位和经济基础也相匹配，从这个角度看来，清代的确是继承了明代的货币制度。然而满人不满足于做汉人的文化附属，于是他们努力地创造自己的货币制度。

---

① 赵尔巽等.清史稿·食货志[M].北京：中华书局，1998.

清时期货币种类较多，满人"入关后，实行银钱并用的政策，大数用银，小数用钱"①，即大额交易用银，小额交易用铜钱（制钱），顺治时曾规定银1两值铜钱1000文，但实际流通中比价常有波动。

银两以其重量和成色在市面流通，一定程度上行使了主币的作用，但银两的种类很多，清初时也没有转换成法定铸币，表3-2是清代宝银的重量和成色，通常使用的纹银成色为935.374‰，与之不同的需由短少方按标准补足不足之数。银锭有元宝形、方形、圆形、长方形、砝码形、束腰形、牌坊形等，元宝一般为50两一锭，小型的金银锭称为"锞"。②

表3-2 清朝宝银的重量和成色

宝银名称	每锭重量/两	银炉所定成色/‰	分析化验的成色/‰
纹银	—	932.00	935.374
二四宝	52.40	980.00	980.272
二五宝	52.50	982.00	982.000
二六宝	52.60	984.00	984.010
二七宝	52.70	986.00	985.880
二八宝	52.80	988.00	987.750
二九宝	52.90	990.00	989.600
足银	53.00	992.00	991.500
纯银	—	—	1000.000

资料来源：戴建兵. 中国货币文化史[M]. 济南：山东画报出版社，2011.

白银是对外贸易中经常使用的货币，清朝廷曾铸银钱，"乾隆五十八年（1793年）开铸新银币，分一钱五分、一钱和五分三种"③，银币的名称有

---

① 王革平. 清朝货币制度的弊端及其与现代货币制度的不同[J]. 黑龙江史志，2012（19）.
② 叶世昌，潘连贵. 中国古近代金融史[M]. 上海：复旦大学出版社，2001.
③ 叶世昌，潘连贵. 中国古近代金融史[M]. 上海：复旦大学出版社，2001.

"乾隆宝藏""漳州军饷""军饷"等。清初时对外贸易顺差使大量白银流入中国，中国人称外国的银元为"洋钱"，沿海地区流通的洋钱有马钱、花边钱、十字钱，同时十进制的钱币单位圆、角、分也传入中国。18世纪后，英国向中国大量销售鸦片，致使中国白银大量外流，"鸦片战争前10年间，中国对印度的白银出超达3000余万两"[①]，直到清后期白银外流加之战争赔款，使清廷财力大为损耗，出现"银贵钱贱"的局面，货币制度更加混乱。

顺治元年（1644），清兵入关，迁都北京，开铸顺治通宝，并逐步建立了一套完整的钱币铸造和流通制度。顺治通宝成分为红铜七成、白铅（锌）三成，1000文为一串，铸钱一期为一卯。钱的重量在元年规定为每文重1钱，二年改为1.2钱，八年改为1.25钱，十四年改为1.4钱。银钱比价起初效仿明朝每7文准银一分，顺治四年（1647），因制钱对银比价偏高致"小民交易不便"，改为每10文准银一分。顺治通宝的形式有仿古钱、汉文纪局钱、权银钱、满文纪局钱和满汉文纪局钱5种。

仿古钱在顺治元年至四年（1644—1647）铸造，仿明制，素背。汉文纪局钱在顺治二年至九年（1645—1653）铸造，钱背铸一汉文，为铸钱局名，有户、工、陕、临、宣、蓟、延、原、西、云、同、荆、武、河、昌、宁、江、浙、东、福、阳、襄、鄂、云，共计24局。乃仿唐会昌、开元、大中和明洪武时钱制。权银钱在顺治十年（1653）铸造，钱背穿左铸汉文"一厘"纪值，穿右铸局名，有户、工、陕、临、宣、蓟、原、同、河、昌、宁、江、浙、东、福、阳、云，共计17局。所谓一厘，指折银一厘，千文合银一两，是一种权银钱，俨然是作为银的辅币，可见白银作为货币的重要地位。这种权银钱，当时的其他政权也有铸造，如南明永历通宝有二厘、五厘和一分三种，孙可望在云南铸造的兴朝通宝也有五厘和一分的，吴三桂铸造的利用通宝和昭武通宝，以及耿精忠在福建铸造的裕民通宝，都有对白银作价的。顺治一厘钱于顺治十七

---

① 叶世昌，潘连贵．中国古近代金融史[M]．上海：复旦大学出版社，2001．

年(1660)停铸,次年曾核准行使两年,至康熙二年(1662)收毁。满文纪局钱在顺治十七年停铸一厘钱后铸造,背面穿左至穿右满文纪"宝泉"或"宝源",只限于宝源和宝泉两局铸造。满汉文纪局钱在顺治十七年铸造,钱背穿左满文,穿右汉文,均纪局,有陕、临、宣、蓟、原、同、河、昌、宁、江、浙、东12局[①]。

清朝大量铸造的货币是铜钱,其铸钱机构分为中央和地方,中央的铸钱机构有户部宝泉局和工部宝源局,地方铸钱机构是在各省会、镇或府设立铸局。除了中央级的宝源局和宝泉局以外,各地方铸局存在与否与经济发展情况有关,很少有铸局一直存在而不停歇。铸局铸造的铜钱通常不是纯铜制作,而是铜、铅或加锡合铸,由于金属成分不同、重量不同而形成有大钱、小钱;清朝不同时期所铸铜钱质量也不同,有的每文重量为1钱,有的每文重1.2钱,还有1.4钱;质地不尽相同,如顺治通宝用红铜七成、白铜三成铸成,康熙二十三年以铜六铅四的比例铸钱,雍正五年改为铜、铅各半铸钱,这样市场上银与铜钱的比价会发生变化[②]。

康熙时期一般为银一两换钱千文以内,但在一些铸钱质量差的地方,银一两所换钱在千文以上,如一些质量差的私钱只能以1:5000甚至更低比价换银。有些省份在自铸钱过程中形成不同的制钱,如云南产铜,铸钱比较方便,道光年间许多省份停止铸钱时,云南、广东、四川三省仍在铸钱。

清朝时曾发行过纸币,顺治八年(1651),由于南明诸王及各地民众的反抗,为了稳定入关后的政治局面,巩固清王朝的政权,振兴百废待兴的各行各业,特别是支付庞大的军费开支,清廷决定印发纸币以解燃眉之急。清廷规定每年发放顺治钞贯,为128172贯470文余[③],这之后十年,每年均照此限额发行。钞贯仿明钞形制,面额自10文至一贯,一贯值铜元1000文。顺治十八年

---

① 孙春跃. 清代货币制度演变及演变中若干问题的研究[D]. 山西财经大学硕士学位论文,2014.
② 王革平. 清朝货币制度的弊端及其与现代货币制度的不同[J]. 黑龙江史志,2012(19).
③ 叶世昌,潘连贵. 中国古近代金融史[M]. 上海:复旦大学出版社,2001.

（1661），南明永历帝被杀，战事平息，朝廷下令停发钞贯。

这时纸币在中国的流通数量少且范围也小，有一些金融机构使用会票、钱票、银票，具有纸币性质，直到清朝后期人们才认识到使用纸币的便利之处，但真正全面、系统地发行、使用、管理纸币，仍要经过长时间的实践和经验积累。

清朝的主要货币明显是实物货币，使用中以货币自身价值为衡量标准，如果有制币材料，私人铸造货币完全可行，若私钱是足值货币，其功用相当于官方铸局发行的货币；若铸造的是不足值货币，私铸者可以获得暴利，清时期出现过私钱，"贵州私钱有'二黄'、'三毛'等名目，每文不到4分重"，官局也铸私钱，称为"新钱"，铅多铜少，明显是不足值货币，这直接导致银钱兑换中铜钱贬值，到鸦片战争前银1两能换钱1600余文。银两的铸造分为官炉和私炉，对私炉的管理没有定例，各处不同，流通中常要有专业人士的成色鉴定[①]。

从各种货币的形成及流通看，银的使用相对稳定，币值在国内外均较为稳定，而铜钱的使用虽广泛，其币值却随着数量、质量而产生变化。从流通的角度考察官铸的足值货币更有信用，私铸及官局私制钱的流通和使用相对困难。清廷虽设立专门机构管理货币发行，但其权力有限，货币的铸造缺少制度性规定，随意性比较大，对货币种类的控制力较弱，国内不仅流通外国货币，银钱间的兑换比价也随行就市，并不统一。对于不同钱币的偿付能力，朝廷没有确切的说明和管理，铸币机构与现代中央银行相比较，在职能上仍有很大距离。

货币种类较多且不规范。清时期有各种货币流通，币材较笨重，货币来源有中央铸造，有省府局制，有从国外流入，也有些前朝旧币，绝大部分是实物货币。由于各种货币的成色、重量不同，货币间必然存在兑换关系，其中铜钱铸造大部分由朝廷管理，较为规范，而银两形制不同，属较原始的称量货币，

---

① 王革平. 清朝货币制度的弊端及其与现代货币制度的不同[J]. 黑龙江史志，2012（19）.

其发行、使用不规范。虽然清时期的金融机构能识别、鉴定银两成色，这种货币流通仍是不经济的，交易成本很高；货币比价不稳定对商品流通不利，货币形制不统一也不利于各地间物资流通，异地结算比较困难。

清朝很长时间内实际实行的是以白银为主币、铜钱为辅币的复本位制度，但没有明确的记录和说明，因此这种货币制度表现出原始、简单、随意的特点，如白银流通时需鉴定重量、成色，清统治者和官府大臣都可以干预货币发行数量、形式等，形成由人为因素主导货币发行、流通，而不是以制度控制的局面。与现代使用统一的不兑现纸币不同，清时不同货币间的兑换关系会发生变化，这一方面推动了金融业的发展，钱铺、钱庄、银号等金融机构熟练掌握了货币兑换业务，另一方面也导致交易费用增加，交易风险上升。总体上看，货币间比价经常变动不利于经济和金融业发展，清廷虽注意到钱币贬值、流通困难的问题，却没有提出切实可行的解决办法，各类金融机构也处于分散状态，金融业的规模经济效应体现得不充分[1]。

清朝前期的货币制度是在以前各朝代货币制度的基础上形成的，有其先进性，清统治者也不断采纳官员意见，注意改进币制。但铸钱质量不同，对货币的发行，仅仅注重铸钱质量及根据经济金融形势调整货币发行规模和质量，没有系统的理论指导，在币材紧张或发行费用较高时，政府铸币质量难以保证，对一些基础性问题，如货币数量、货币种类没有形成有效的制度。由于缺少先进理论的指导，清朝货币制度与现代货币制度有许多不同点，由于没有中央银行，对货币的发行管理相对薄弱，货币政策不系统，中央调控货币的政策灵活性较强，随意性也比较大。

3.9.2 金融机构

金融机构是商品经济发展的产物，当其形成以后，就成为商品经济的必

---

[1] 王革平. 清朝货币制度的弊端及其与现代货币制度的不同[J]. 黑龙江史志，2012（19）.

要条件。清朝是中国封建金融机构产生与迅速发展的时代。从钱庄、银号到账局,再到票号的进化过程,金融业务经历了从简单的银钱兑换到存款放款,再到汇款、信贷的发展过程。金融业的支持,保证了商品流通的顺利进行并不断发展,从而对清代经济发展起到良好的作用[1]。

清朝前期的金融业中主要有钱庄、银号以及账局、票号等种类。清代的货币制度是以银两、制钱为平行本位,在日常生活中,大数用银,小数用钱,因此产生了专门从事兑换,从中收取佣金的钱庄,也称钱铺、钱店。钱庄放款以商号为主要对象,利息也比典当业低得多。钱庄揽存以私款居多,但也收存公款,这样信誉更高,可招揽更多存款。北方各省的钱庄通常只有兑换业务,银锭元宝的熔铸由银号承担。南方的钱庄则进行银钱兑换,其中规模大者兼业熔银铸造。康熙以后商品经济有较大的发展。在商业比较发达的城市,钱庄也比较多。以京师为例,自康熙年间(1661—1722)到道光十年间(1830),钱铺竟有384家之多[2]。

乾隆中叶开始,钱庄业务比较明显地出现变化,乾隆后期,钱庄业务已经突破了单纯兑换银钱的范围,体现信贷活动的存款、放款已经成为钱庄的业务项目了。与商品货币经济进一步发展相适应,钱庄逐渐成为从银钱兑换业的基础上发展成信贷活动的机构。

清代的银号,其业务同钱庄极为相似,所以人们对它们二者并不刻意区分。银号或许是由打造器饰的银铺发展而来,存款业务十分发达,已有力量对钱价波动起伏施加影响。此外,朝廷还设置了官钱局和官银号,以平抑钱价[3]。

钱票也称庄票,是由钱庄、银号等信用机构发行的信用凭证。钱票的使用和流通是清代信贷发展的一个重要标志。纹银和铜钱都是金属货币,在其使用过程中,成色的鉴别、数量的称量、清点、储藏的空间的安排等都很费时费

---

[1] 张国辉. 晚清钱庄和票号研究[M]. 北京:中华书局,1989.
[2] 咸丰九年九月十六日工部尚书监管顺天府尹事物张祥河等奏折,见钞票档.
[3] 杨其广. 从先秦到晚清——金融机构篇[J]. 中国金融家,2016(4).

事，特别是大笔交易和远程运送时很不方便。钱票这种票据在一定范围内流通，起着代替金属货币职能的作用。乾隆年间（1736—1796），钱票已经在京师流行，并向京外流行。如江苏常熟地区，乾隆四十年（1776）已经"广用钱票"[①]。山西地区，于嘉庆八、九年时，"钱票流行已久"[②]。可见，大体上到乾隆中期，钱庄业务已经越出简单货币兑换的范围，向兼营信贷业务发展了。

在钱庄业务发展的历程中，钱票的使用和流通是非常值得重视的现象。尽管这种票据还只是在当时货币制度所允许的条件下，配合纹银和铜钱发挥流通手段和支付手段的作用，它并不曾在商品生产者之间的关系上带来新的东西。但是，它的出现和发展，毕竟是反映了金融信贷发展的结果。

雍正末乾隆初期之际，另一种与钱庄并存的金融组织出现，这就是账局。账局也称作账庄、账行，是为工商铺户服务，兼向官吏放账的金融组织。它通过办理存款和放款业务，集中和分配资本，在借贷与贷者之间起着信用中介的作用。

账局的业务以对工商铺户开展存放资金为主。借贷的原则，是到期本利见面。账局必须每年见到本金，续借时另立新券。尽管可以连年续借，严格说来，这只是年度贷款。这种贷款，对于长期经营的大项是没有实际意义的，但对短期周转不灵的商业铺户而言，能起到很好的融资作用。这种经营方式反映出账局的经营水平较低，也反映了当时的经济水平。无论如何，在票号从兼营汇兑商业组织中分离出来之前，账局这种金融组织与商家发生融资借贷关系中，为商品交换和流通的发展做出了积极的贡献，它的业务行为对其票号的产生可能起着某种启发或示范的作用[③]。

票号是清代重要的信用机构。关于票号的产生有多种说法，较通行的说法是山西平遥人雷履泰（1770—1849）是票号的创始人。乾隆、嘉庆年间，雷履

---

① 郑光祖. 醒世一斑录[M]. 上海：上海古籍出版社，1996.
② 贺长龄. 皇朝经世文编[M]. 台北：文海出版社有限公司，1972.
③ 转引自方行，经君健，魏金玉. 中国经济通史——清（中）[M]. 北京：经济日报出版社，2007.

泰在天津开设日升昌颜料铺，但购买四川的颜料运到天津，货款用现银支付极不方便又不安全。于是，他便在四川设立分号，就地吸收现款，以抵购买颜料的货款，两地间用汇票清算。道光初年，日升昌颜料铺改为日升昌票号，专营汇兑业务，这就产生了第一家票号。

日升昌票号业务发展迅速，又在各地开设分号，互相调剂金融，获得利润都很丰厚。于是，汇兑业务由此展开，相继出现了山西平遥蔚字五联号、祁县合盛元、太谷志成信等票号。由于票号为山西人首创，故又有山西票号等称谓。在票号产生以前，清代异地商业结算，多靠镖局运送白银和制钱兑现，长途跋涉费用高、风险大。这样，一些商号由当初兼营汇兑改为专营汇兑，商号也改为票号。由此来看，票号实际上是由一般商号演变而来，它的产生同地区间的商品流通和货币汇兑紧密相连[①]。

票号的主要活动地区在黄河流域和华北各省，而以京师为中心。不过，这是仅就其侧重点而言的。事实上，当它的汇兑业务进入初期发展阶段后，上海、福州等地都成为在东南各省的活动重点；同时，其业务也从专业汇兑发展为全面经营存放、汇兑等活动，从而成为完整形态的金融组织。

3.10 海外贸易

3.10.1 海外贸易

清朝的海外贸易在清初期规模较小。当时对于民间海外贸易实行海禁政策，对于外国来华贸易，仍沿袭明代的朝贡制度加以控制。最初与清朝发生朝贡关系的，主要是南洋即东南亚诸国，但有许多限制，如对于西方殖民国家来华商船的限制很严，只许它们停泊澳门，与澳门商人进行贸易，到1685年才允许外商到前述口岸通商。清廷放宽海禁后，准许外商在指定口岸通商，逐步建

[①] 孙春跃. 清代货币制度演变及演变中若干问题的研究[D]. 山西财经大学硕士学位论文, 2014.

立管理外商来华贸易的制度。浙江、福建与广东地区盛行海外贸易，这些地区的商人时常与日本、琉球、东南亚各国及葡萄牙、西班牙与荷兰等西欧各国展开贸易。到18世纪还有英国、法国与美国等国家，其中英国几乎独占对华贸易。西欧各国与日俱增的需求是中国丝绸、茶叶与甘蔗，而中国对西欧产品的需求不大，使得中国对外贸易呈现大幅出超的情形。大量银元流入中国，增加货币流通量，刺激物价上涨，促进了商业经济的繁荣。在此期间，中国沿海的泉州、漳州、厦门、福州与广州先后崛起，成为贸易发达的地区。总之，清朝在对外贸易方面实行解禁后还是有所发展的。

　　清朝的对外贸易有陆路边境贸易和海上贸易。顺治十三年（1656）六月实行海禁，"严禁商民船只私自出海"。凡将粮食、货物等与"逆贼"郑成功贸易的，都要奏闻正法，地方官不盘诘擒缉的革职，保甲通同容隐的也论死[①]。但对于外国商船来中国贸易，则不在禁止之列。尽管如此，这种落后的海禁政策既严重阻碍海外贸易的发展和影响国家的财政收入，也给沿海人民的生产和生活带来巨大的痛苦和灾难。因此，朝廷的官僚大臣和地方督抚们，对海禁进行过激烈的争论。以武英殿大学士明珠、直隶巡抚李光地等为代表的守旧大臣，坚决拥护和主张禁海。他们认为，宁可少要一些钱，也不能和外国贸易，以免引起不虞。其他一些大臣，特别是闽、粤、浙、苏各省的地方官吏，却竭力反对禁海，主张开海贸易。

　　康熙十九年（1680）首先开放山东海禁。康熙二十二年统一台湾后，三藩之乱又已平息，为废除海禁创造了条件。鉴于主张开海贸易的人越来越多，康熙皇帝顺乎时势，支持了慕天颜等人开海贸易的主张，于次年开放江苏至广东的海禁。允许民间用500石以下的船只出海贸易或捕鱼，并在泉州、广州、松江、宁波设立海关，管理对外贸易和征收关税。出海船只由地方官登记人数，在船头烙上号码，发给印票，验票放行，不准夹带违禁品。违禁品有硝、硫

---

① 台湾银行经济研究室. 清世祖实录[M]. 台北：台湾银行经济研究室，1963.

黄、铜、铁、粮食、油麻等。"食米计人定数，油麻足备船用而止"；兵器限于自卫所需，要在执照上注明，回国时依数查验①。至此，清初的禁海宣告结束，中国的海外贸易进入了一个开海设关管理的时期，一直延续到道光二十年（1840）。

在此期间，虽然有十年的南洋海禁，但这与前次海禁不大相同。这时"内地商船，东洋日本行走犹可……至于外国商船，听其自来"②，说明只是部分禁海而已。即使如此，也同样受到开明官员和反禁派的强烈反对。广东、福建的地方官员纷纷"以弛禁奏请"③，认为"沿海居民萧索岑寂，穷困不聊之，皆因海禁"。"开南洋有利而无害，外通货财，内消奸宄，百万生灵仰事俯畜之有资，各处钞关，且可以多征税课，以足民者裕国，其利甚为不小。"④雍正五年（1727），宣布废除南洋禁海令。从此以后再没有实行过海禁，海外贸易进入了一个新的发展时期。

不过，由于"掠夺、谋害及经常诉诸武力，为欧洲国家与中国开始贸易的特色"⑤，乾隆二年（1737）发生了英国侵略分子洪任辉驾船闯入宁波、定海和天津的事件，清廷才于乾隆二十二年（1757）十一月十日宣布撤销宁波、泉州、松江三海关的贸易，"夷船将来只许在广东收泊贸易"⑥。从此，中国的海外贸易主要集中在广州口岸进行。这就是以往人们认为"标志着全面实行闭关锁国政策时代的开始"和"闭关政策的最后形成"，而且认为广州成为独一无二的进出口贸易港口。但是确切地说，广州并不是唯一的通商口岸，清廷也不是完全实行闭关锁国政策。因为清廷规定海外贸易在当时中国最大的港口广州进行，本身就是一种开放，只不过是没有全面开放全国的港口而已。但作为

---

① 伊桑阿等.大清会典[M].康熙二十九年（1690年）内府刻本.
② 中国第一历史档案馆.康熙起居注[M].北京：中华书局，1984.
③ 王之春.国朝柔远记[M].清光绪十七年（1891）刻本.
④ 台湾银行经济研究室.清世祖实录[M].台北：台湾银行经济研究室，1963.
⑤ 姚贤镐.中国近代对外贸易史资料（第1册）[M].北京：中华书局，1962.
⑥ 王先谦，朱寿朋.东华续录[M].上海：上海古籍出版社，2007.

一个主权国家的统治者，从国家、民族和他们自身的利益出发，根据海外贸易发展的趋势，决定开放多少个港口和开放哪些港口，完全是一种正常现象。

当时所谓的"只许在广东收泊贸易"，主要是对欧美各国而言，特别是英国和荷兰等国。至于南洋地区的欧洲殖民地国家，仍许到闽、浙、江三海关贸易。乾隆二十三年（1758）上谕："如系向来到厦番船，自可照例准其贸易。"[①]故东南亚地区各国的商船，仍然不断到福建厦门等地进行贸易。例如乾隆四十六年（1781）、四十八年（1783）、五十一年（1786）、嘉庆十二年（1807）、十四年（1809），西班牙的商人万利落、郎吗叮、郎安敦、郎万雷、郎棉一等，就从吕宋（菲律宾）运载大批燕窝、苏木、番银、槟榔、乌木、呀兰、米、海参、鹿脯、牛皮、袄帽、火艾棉等到厦门贸易，然后从厦门运回大量的中国棉布、瓷器、桂皮、石条、白纸、花砖、方砖、雨伞、纸墨、石磨、麻线、土茶、冰糖、药材等到吕宋[②]，使厦门对外贸易进入极盛时期。

厦门作为沿海地区，是闽南地区非常重要的海运和陆运交通枢纽。厦门港地处福建省东南的厦门市和漳州市，位于九龙江入海口，东侧靠近太平洋；港口向北可以到达宁波、上海，之后还可以通往日本和朝鲜；北面靠着泉州和福州口岸；东边与台湾遥遥相望；向南延海岸线可到达新加坡、马来西亚、菲律宾等东南亚国家，以及印度、斯里兰卡等南亚地区和非洲、地中海沿岸。由于厦门位于沿海丘陵地区，耕地较少，而且部分土壤不适宜耕种，这样的地理环境便造就了当地"以船为车，以楫为马，以海为田"的生活特性，奠基了亦农、亦渔、亦商的经济模式，同时也为发展陶瓷海外贸易打下坚实的基础。清朝各时期以景德镇为中心生产了大量瓷器。闽南地区生产的瓷器与渭南地区生产的瓷器相比，更像是一种中低档日常生活品。尽管如此，闽南的瓷器在国际市场上仍占有一席之地。从考古发掘报告中以及出土和传世的器物中，可以发

---

① 台湾银行经济研究室. 清高宗实录[M]. 台北：台湾银行经济研究室，1963.
② 周凯. 道光厦门志[M]. 清道光十九年（1839）刊本.

现德化窑出土的精品青花双狮球盘、青花缠枝纹碟曾销往日本，而且这类陶瓷器物在日本发现的数量很多[1]。此外，在印度尼西亚也发现了德化窑的瓷器，如青花盘、碗、碟和盖盒等。青花盘的图案装饰一般以凤穿牡丹、缠枝花为主，也有比较特别的，如5条小鱼、5只小虾、5只小蟹等装饰图案。其中，鱼的图案象征了印尼的水和水下世界，而虾和蟹蕴含着脱壳复活、重生的含义。除此之外，还有罕见的鹰纹。这些瓷盘无疑是根据当地印尼爪哇人的风俗习惯的需要而特意定制的[2]。

广州是最重要的对外通商口岸，乾隆二十二年（1757）后更集中于广州一处。广州由官府特许经营的对外贸易商行为十三行。十三行是沿用明朝的名称，清朝各时期的实际家数不等。十三行又称"洋货行"，乾隆十六年（1751）改为"外洋行"，简称"洋行"，洋行商人称为"行商"或"洋商"。行商通过垄断对海外的贸易而成为巨富，广州竹枝词即有"银钱堆满十三行"之句。鸦片战争前的洋商，"若潘氏，若卢氏，若叶氏，皆富至巨万，而伍氏则富至四千万"[3]。伍氏洋商原为伍敦元，后由其孙伍绍荣接替。所开洋行名"怡和行"，在各洋行中最为殷实。

中国商人不受所谓"只许在广东收泊贸易"之限，可从四海关出海贸易。乾隆二十二年后，从福建、浙江、江苏沿海港口出海贸易的商船仍是不少。如乾隆二十九年准"浙、闽各商携带土丝及二蚕湖丝往柔佛诸国贸易"[4]。道光九年（1829）到新加坡贸易的中国商船共9艘，其中从广州去的1艘，潮州去的2艘，上海去的2艘，厦门去的4艘，共载货47000担[5]。道光十年从广东的潮州、南康、惠州、徐闻、江门、海南，福建的厦门、青城，浙江的宁波，上海，江苏的苏州等地，驶往日本、菲律宾群岛、苏禄群岛、西里伯群岛、马六

---

[1] 刘雪婷. 清朝对外贸易的重要港口——厦门港[J]. 文物鉴定与鉴赏，2019（2）.
[2] 刘雪婷. 清朝对外贸易的重要港口——厦门港[J]. 文物鉴定与鉴赏，2019（2）.
[3] 郑大华. 新政真诠——何启胡礼垣集[M]. 沈阳：辽宁人民出版社，1994.
[4] 席裕福. 皇朝政典类纂[M]. 台北：文海出版社有限公司，1982.
[5] 清圣祖实录[M]. 北京：中华书局，1985

甲群岛、婆罗洲、爪哇、苏门答腊、新加坡、果阿、马来亚半岛、暹罗、安南、柬埔寨等地贸易的中国船只达到222艘①。可见，把乾隆二十二年以后主要集中广州贸易视为实行闭关锁国政策是值得商榷的。

清廷不仅开海设关，还实行低税制优待外商贸易。当时对进口商品所征的货税是很轻的，大约是货物价值的1%—2%②。例如，乾隆十六年（1751）英国的一艘船运来毛哔叽100匹，只收税银206两，平均每匹收税银二分六厘。乾隆三十三年（1768）的一出口船，有二等蚕丝1240斤，税银15.9两，平均每斤收税银二分；上等茶叶5560斤，收税银33.36两，平均每斤六厘；白糖11800斤，税银11.8两，平均每斤一厘③。与此同时，清廷还不断实行减税制度，优待外商，招徕贸易。

正是因为清代前期主要是实行开海设关、严格管理海外贸易的政策，所以整个海外贸易获得不断的发展，呈现出一派繁荣的景象，主要表现为贸易港口的扩大和贸易国的增多。自康熙二十三年（1684）开海贸易后，"粤东之海，东起潮州，西尽廉，南尽琼崖，凡分三路，在在均有出海门户"④；福建、浙江、江苏沿海也是"江海风清，梯航云集，从未有如斯之盛者也"⑤；山东、河北、辽宁的港口"轻舟"贩运也十分活跃。根据史料记载，当时开放给中外商人进行贸易的大大小小的港口计有一百多处，主要有广东的佛山口、黄埔口、虎门口、澳门口等五大总口和六十四处小口⑥；福建的厦门口、福州口、汀州口、台湾口等二十余处⑦；浙江的大关口、古窑口、镇海口、平阳口等

---

① 转引自黄启臣．清代前期海外贸易的发展[J]．历史研究，1986（4）．
② 中国第一历史档案馆档案．道光二十六年十月十五日两广总督耆英、广东巡抚黄恩彤奏．
③ 韦庆远．档房论史文编[M]．福州：福建人民出版社，1984．
④ 梁廷楠．粤海关志·口岸一[M]．台北：成文出版社，1968．
⑤ 嵇曾筠，李卫等修；沈翼机，傅王露等纂．浙江通志[M]．上海：上海古籍出版社，1991．
⑥ 梁廷楠．粤海关志·档案[M]．台北：成文出版社，1968．
⑦ 户部史书//康熙二十四年四月七日户部尚书科尔坤题．

十五处①；江苏的常州口、扬州口、镇江口、当沙头等二十二处。②

北方以天津口为盛，其次是山东的登州、辽东的牛庄等港口。由此可知，当时虽然朝廷规定广州、泉州、宁波、松江四口通商，但实际上中国整个沿海的大小港口都是开放贸易的。乾隆二十二年朝廷撤销了泉州、宁波和松江三海关，开放港口有所减少，但广东沿海各大小港口以及宁波、厦门等港口也仍然准许往南洋贸易，而且就其贸易量而言，还超过了以前。

如此之多的港口进行海外贸易，世界各个国家和地区的商人纷至沓来。东洋有日本、朝鲜，南洋有吕宋（菲律宾）群岛、苏禄群岛、西里伯群岛、马六甲群岛、新加坡、婆罗洲、爪哇、苏门答腊、马来亚、暹罗、琉球、安南、柬埔寨、缅甸等国，欧洲有葡萄牙、西班牙、荷兰、英国、法国、丹麦、瑞典、普鲁士、意大利、俄国等国，美洲有美国、秘鲁、墨西哥等国，印度洋有印度等国。所有亚洲、欧洲、美洲的主要国家都与中国发生了直接贸易的关系。特别是美国，它与中国发生直接贸易关系是从乾隆四十九年（1784）"中国皇后"号首航广州开始的③。

随着海外贸易的发展，穿梭往来的中外商船数量逐渐增多。康熙五年（1666）中国驶往日本的商船有35艘，康熙九年（1670年）增至36艘④。特别是开海贸易后，中国与日本的通商进入了正式缔约贸易时期，到日本贸易的商船大增。康熙二十四年（1685）有85艘，二十五年有102艘，二十六年有115艘，二十七年更增至193艘，随船到日本贸易的中国商人达9128人次⑤。据统计，从康熙二十三年（1684）到乾隆二十二年（1757）的74年间，中国开往日本贸易的商船总数达到3017艘⑥，平均每年41艘。商船的吨位也很可观，

---

① 嵇曾筠，李卫等修；沈翼机，傅王露等纂．浙江通志[M]．上海：上海古籍出版社，1991．
② 赵宏恩．江南通志[M]．乾隆元年（1736年）刻本．
③ 黄启臣．清代前期海外贸易的发展[J]．历史研究，1986（4）．
④ [日]大庭脩．日清贸易概观[J]．李秀石，译．社会科学辑刊，1980（1）．
⑤ [日]大庭脩．日清贸易概观[J]．李秀石，译．社会科学辑刊，1980（1）．
⑥ [日]木宫泰彦．中日交通史（下册）[M]．陈捷，译．上海：商务印书馆，1935．

一般的小船能载重100吨，中船可载重150吨，大船可载重250吨到300吨，最大的可载重600吨到1000吨，而宋代船的载重量为110吨左右①。中国的商船还从事东南亚各国与日本的转口贸易，如康熙五十四年（1715）至雍正十一年（1733），从广州、南京、宁波、厦门、台湾开往长崎的商船就有六艘是转运咬留吧（巴达维亚）等地商品的②。乾隆二十二年（1757）以后，日本江户政权进一步实行锁国政策，对中国贸易有所限制，商船数量有所下降，但由于船的吨位增加，贸易吨位总额并没有减少。

中国与南洋诸国商船来往贸易，在海禁期间，清廷准其在一定时期内来中国进行朝贡贸易。开海贸易后，来往商船更多。就是在南洋海禁的10年，来往互市的商船也没有绝迹。康熙二十四年（1685），从福州、厦门等地开往雅加达的商船有10余艘。康熙四十二年增加到50多艘。③康熙五十六年（1717）"多至千余"。④乾隆以后，到南洋去贸易的商船更多。嘉庆二十五年（1820）前后驶往东南亚的帆船共295艘，总吨位达85200吨。道光十一年（1831）中国到南洋各国贸易的商船达到275艘，吨位一般为120—900吨，平均为300吨⑤。

欧美各国来中国贸易的商船数量也不断增加。根据有关资料统计，从康熙二十四年（1685）到乾隆二十二年（1757）的73年中，到中国贸易的欧美各国商船有312艘⑥，而且船的吨位也不小。例如，康熙三十八年（1699）至六十一年（1722）到广州的英国货船，最小者为140吨，最大者达到480吨，一般也达到300吨，多数为410吨。清廷撤销了闽、浙、江三关后，欧美各国来中国贸易的商船仍然不断增加。据统计，乾隆二十三年（1758）至道光十八年

---

① 郑学檬等. 简明中国经济通史[M]. 哈尔滨：黑龙江人民出版社，1984.
② 转引自黄启臣. 清代前期海外贸易的发展[J]. 历史研究，1986（4）.
③ 杨余练. 试论康熙从"开禁"到"海禁"的政策演变[N]. 光明日报，1981-01-13.
④ 台湾银行经济研究室. 清圣祖实录[M]. 台北：台湾银行经济研究室，1963.
⑤ 姚贤镐. 中国近代对外贸易史资料（第1册）[M]. 北京：中华书局，1962.
⑥ 梁廷楠. 粤海关志[M]. 台北：成文出版社，1968.

（1838）到粤海关贸易的商船共5107艘[1]，平均每年为64艘。其中，以英国的商船最多，乾隆五十四年（1789）为58艘，占外商船只总数的67%；道光六年（1826）为107艘，占外商船只总数的82%；道光十三年（1833）为107艘，占外商船只总数的80%[2]。

清代前期，中国海外贸易的进出口货物品种之多、数量之大是空前的。从当时出口的商品状况来看，整个生产水平较高。在海外贸易中，中国货物纷纷出口。当时输往日本的主要商品有书籍、绢、锦、金缎、绢绸、棉布、丝绵、皮棉、瓷器、铸器、锡器、漆器、药材等。这些商品输入日本"逐年增加，不但供上流社会，且为一般民众广泛使用和爱好。因此，对于日本人民的生活直接间接起了颇大的影响"[3]。大量商品输往日本贸易，对中国十分有利，因为这些货物"大抵内地价一，至倭（日本）可得五，及回货，则又一得二"[4]。

输往东南亚各国的商品主要是丝、茶、糖、药材、瓷器和中国的土特产。如道光九年（1829）由厦门输往新加坡的货物有陶器、砖瓦、花岗岩石板、纸伞、粉条、干果、线香、纸钱、烟草以及一些土布、生丝之类，值"三万元至六万元"。当时与南洋贸易，"利可十倍"[5]。

输往欧美各国的商品主要是生丝、丝织品、茶叶、瓷器、土布、麝香、朱砂、明矾、铜、水银、甘草、生锌、大黄、桂子、糖、冰糖、茸黄、樟脑、绸缎、丝绒等。其中以生丝、丝织品、茶叶、南京土布为大宗。特别是康熙二十三年（1684）开海贸易后，数量大幅度增加。例如生丝，康熙三十七年至六十一年（1698—1722）为1,833担，到乾隆五年至四十四年（1740—1779）为19,200担，增加10倍多；到乾隆四十五年至五十五年（1780—1790）增至

---

[1] 吕坚. 谈康熙时期与西欧的贸易[J]. 历史档案，1981（4）.
[2] 张天护. 清代法国对华贸易问题之研究[J]. 外交月报，1938（6）.
[3] [日]木官泰彦. 中日交通史（下册）[M]. 陈捷，译. 北京：商务印书馆，1935.
[4] 转引自黄启臣. 清代前期海外贸易的发展[J]. 历史研究，1986（4）.
[5] 陈锳等. 乾隆海澄县志[M]. 清乾隆二十七年刊本.

27,128担，又增加29%；到嘉庆二十五年至道光九年（1820—1829）增至51,662担，再增长90%。茶叶，康熙六十一年至乾隆四年（1722—1739）为102,795担，到乾隆五年至四十四年（1740—1779）增至807,193担，增加7倍多；乾隆四十五年至五十四年（1780—1789）增至1,885,443担，又增长1倍多；嘉庆十五年至道光九年（1810—182年）增至324,2874担，再增长近1倍。土布，乾隆五十五年至嘉庆四年（1790—1799）为7,627,300匹，嘉庆二十五年至道光九年（1820—1829）为12,209,534匹，增长51%[1]。

从当时进口商品的状况来看，在与外国的贸易中，中国从日本进口的商品有黄铜、"表物"（即海参、鲍鱼、鱼翅、海带）及白银等，其中以黄铜为最重要。根据有关资料统计，自康熙二十三年（1684）至道光十九年（1839），从日本进口的黄铜达到32,070万斤，平均每年进口195.1万斤。其中康熙二十三年（1684）至康熙五十五年（1716）为12,000万斤，康熙五十五至乾隆十九年（1716—1754）为10,000万斤，乾隆二十年至道光十九年（1755—1839）为10,000万斤[2]。此外，金、银输入亦不少，从顺治五年至康熙四十七年（1648—1708）的61年间，从日本输入金2,387,600余两，银374,220贯目[3]。

南洋各国输入中国的商品的种类和数量也相当多。例如康熙六十一年至道光二十年（1722—1840），由暹罗、越南、菲律宾、缅甸、新加坡等国家运到福建、浙江、广州各港口贸易的有米、石、象牙、沉香、麝香、布、槟榔、砂仁、苏木、铅、锡、琅、玉、棉花、牙鱼、盐、角、燕窝、砒霜、沙藤、打火石、水牛皮、鱼翅、海参、欧洲羽缎、毛织品、粗哔叽、印花布、竹布、海菜、胡椒、槟榔膏、鹿茸、鱼肚、鸦片等三十多种[4]。其中以米为最

---

[1] 转引自黄启臣. 清代前期海外贸易的发展[J]. 历史研究, 1986（4）.
[2] 转引自黄启臣. 清代前期海外贸易的发展[J]. 历史研究, 1986（4）.
[3] [日]木宫泰彦. 中日交通史（下册）[M]. 陈捷, 译. 北京：商务印书馆, 1935.
[4] 姚贤镐. 中国近代对外贸易史资料（第1册）[M]. 北京：中华书局, 1962.

大宗，"于福建、广东、宁波三处，各运米十万石来此贸易"①。乾隆十一年（1746）九月，"有暹罗商人方永利一船，载米六千五百石余。又蔡文浩一船，自报载米七千石"②，来华贸易。

欧美各国输入中国的商品种类、数量也很多。其中西欧各国的商品有香料、药材、鱼翅、紫檀、黑铅、棉花、沙藤、檀香、苏合香、乳香、没药、西谷米、丁香、降香、胡椒、藤子、白藤、黄蜡、哔叽缎、哆哆呢、羽毛布、自鸣钟、小玻璃器皿、玻璃镜、哆呷绒哔叽、银元、珊瑚、玛瑙、洋参等数十种③，美国输入的商品有皮货、粗棉、铅、人参、水银、檀香水、银元等。在19世纪前，欧美各国输入中国的货物以银元为最多，其次是毛织品和棉花。因为当时欧美各国的货物很难在中国找到市场，所以"夷船"来时"所载货物无几，大半均属番银"④。"在1830年以前，当中国人在对外贸易上经常是出超的时候。白银是不断地从印度、不列颠和美国向中国输出的"⑤。例如，英国"从1708年到1712年，对华直接出口贸易每年的平均数字，在商品方面不到五千英镑，在金银方面超过五万英镑。……1762年到1768年的数字是商品五万八千英镑，金银七万三千英镑"⑥。在18世纪的100年中，英国因购买中国货物而输入中国的银元达到20,890万元⑦。又据统计，从康熙三十九年至乾隆十六年（1700—1757）的57年间，西欧各国输入中国的白银达到68,073,182元，平均每年为1,308,401元⑧。18世纪中期后每年输入中国的白银一般均在450,000两，最高达到1,500,000两⑨。但是从18世纪末以后，由于英国工业革命

---

① 昆冈. 光绪大清会典事例[M]. 光绪二十五年重修本.
② 转引自黄启臣. 清代前期海外贸易的发展[J]. 历史研究，1986（4）.
③ [英]格林堡. 鸦片战争前中英通商史[M]. 康成，译. 北京：商务印书馆，1964.
④ 故官博物院. 文献丛编[M]. 北京：北京图书馆出版社，2008.
⑤ [德]马克思，恩格斯. 马克思恩格斯选集（第2卷）[M]. 北京：人民出版社，1974.
⑥ 姚贤镐. 中国近代对外贸易史资料（第1册）[M]. 北京：中华书局，1962.
⑦ 千家驹. 东印度公司的解散与鸦片战争[J]. 清华学报（第37卷，9-10）.
⑧ 余捷琼. 1700—1937年中国银货输出入的一个估计[M]. 上海：商务印书馆，1940.
⑨ 严中平等. 中国近代经济史统计资料选辑[M]. 北京：科学出版社，1955.

的结果，英国纺织工业生产力空前提高，棉布、棉纱生产突增，于是英国"没有向中国直接输出金银"了[①]，而棉布、棉纱输入中国骤然增加。至鸦片战争前夕，西欧国家输入中国的商品棉花占首位，每年平均输入棉花达50万担，价值500万元[②]。其次是棉布、呢绒和棉纱棉线。

值得注意的是，这个时期，欧美各国把鸦片输入中国，进行走私贸易。自雍正七年（1729）开始，葡萄牙人从印度的果阿和达曼贩运鸦片到澳门，大约每年为200箱。以后，英、美等国为了扭转其对华贸易的逆差，把鸦片作为扩大中国市场的敲门砖。据统计，从雍正七年至道光十九年（1729—1839）输入中国鸦片数量达648,246箱[③]。这就改变了中国在国际贸易中的地位，由出超变为入超，严重破坏了中国政府国库的收支平衡和市场的货币流通，从嘉庆五年（1800）开始，中国白银由内流变为外流。据统计，嘉庆五年至道光十四年（1800—1834）外流白银6亿两[④]。海外贸易的这种变化，明显地反映出西方资本主义国家对中国的经济侵略性质，使中国与西欧国家的正常贸易遭到严重的破坏。

最能说明清代前期海外贸易获得长足发展的，莫过于当时整个海外贸易的商品流通量值的不断增加。可以从开海设关贸易后的主要的粤海关看出这一时期海外贸易的发展趋势。乾隆二十二年（1757）以后，欧美各国的商船主要是到粤海关贸易，海外贸易总值还是大幅度地增长了。可以从粤海关在乾隆二十二年（1757）以后的关税收入，推算其变化情况（见表3–3）。

[①] 姚贤镐.中国近代对外贸易史资料（第1册）[M].北京：中华书局，1962.
[②] 姚贤镐.中国近代对外贸易史资料（第1册）[M].北京：中华书局，1962.
[③] 姚薇元.鸦片战争史实考——魏源《道光洋艘征抚记》考订[M].北京：人民出版社，1984.
[④] 刘鉴唐.鸦片战争前四十年间鸦片输入与白银外流数字的考察[J].南开史学，1984（1）.

表3-3　粤海关贸易总值

纪年期间	公元期间	关税/两	指数	贸易总值/两	指数
乾隆二十三年至三十二年	1758—1767	4,560,913	100	288,045,650	100
乾隆三十四年至四十二年	1769—1777	4,655,717	102	232,785,850	81
乾隆四十三年至五十二年	1778—1787	7,118,031	156	355,901,050	124
乾隆五十三年至嘉庆二年	1788—1797	10,258,066	225	512,903,300	178
嘉庆三年至十二年	1798—1807	14,510,196	318	725,509,800	252
嘉庆十三年至二十二年	1808—1817	13,322,172	292	666,108,600	231
嘉庆二十三年至道光七年	1818—1827	14,421,003	316	721,050,150	259
道光八年至十七年	1828—1837	15,697,281	344	784,864,050	272
总计		84,543,379	—	4,227,168,950	—

资料来源：梁廷楠. 粤海关志·档案[M]. 台北：成文出版社，1968.

从表3-3可以看出，粤海关在80年间贸易总额是不断增长的，总值估计为4,227,168,950两，比乾隆二十二年（1757）以前四海关贸易的总值408,215,787两增长10倍以上。如果把厦门、宁波等港口的贸易额也统计在内，增长的还要多。

以上的事实说明，康熙二十三年（1684）清廷实行开海设关、严格管理海外贸易的政策之后，虽有10年的"南洋海禁"和乾隆二十二年（1757）撤销闽、浙、江三海关贸易的阻碍和影响，中国的海外贸易并未因此停顿或萎缩，而是以不可抗拒的势头向前发展，其规模和贸易总值远远超越前代，达到了新的高度。明代隆庆年间以后，海禁松弛，对外贸易获得较快发展。万历二十二年（1594）是全国海外贸易税饷收入最高的年份，共29,000余两，按当时的税率为一两征税二分推算[①]，这一年海外贸易商品总值约为1,000,000两。而乾隆十年（1745）四港贸易总值达到36,571,777两，比明代的最高年份增加35.5

[①] 张燮. 东西洋考[M]. 北京：中华书局，2000.

倍。就粤海关一处的贸易而言，雍正七年（1729）贸易值为11,105,800两，比明代的最高年份也增长10.1倍。显而易见，清代前期海外贸易的发展是比较迅速的。

3.10.2 海外贸易商的构成

中国海外贸易源远流长，西汉时期就有海商活动的明确记载，但由于各朝代的政策不一，海外贸易的发展状况亦迥然相异。到了清代前期，海外贸易获利丰厚，同时随着经济的发展和人口的迅速增长，海外贸易成为沿海地区人民赖以生存的重要手段。因此，包括官僚、富户、农民、手工业者、知识分子和国内贸易商等社会各阶层，都积极投入到海外贸易中来。清代前期，由于封建统治者在不同时期实行的海外贸易政策不一样，因此，海外贸易也各具特色，其构成显得更有时代性。归纳起来，清代前期的海外贸易有官商、民间海外贸易商和华侨商等几种类型。

清代前期，沿海在职官员也积极从事海外贸易活动，尤其是从事对日贸易。康熙二十三年（1684）开放海禁后，在职的地方官员，尤其是福建地方官，就直接参与对日贸易。康熙二十三年，身为福建水师提督的施琅，以向郑氏残余势力招降的名义，首先派船出洋，如赴日第8号的厦门船以及第12号的广南船[1]。次年，福建共派13艘船去日本，由"福州武官：奉令督理兴贩洋船左都督江君开"和"厦门文官：奉令台湾府督捕海防厅梁尔寿"总押运[2]，据称目的是把东宁（台湾）的鹿皮和砂糖运出口，收入则用作台湾的军饷。参与派船的有施琅及其部下、福建陆路提督万正色等。受福建官员影响，浙江宁波总兵也派船到日本贸易[3]。虽然当时13艘名为"商卖官船"，但它们实为各地官员直接派出。此外，也有官员自己派出的船只，特别是施琅将军自己的

---

[1] [日]林春胜，林信笃. 华夷变态（上卷）[M]. 东京：东洋文库，1958.
[2] [日]林春胜，林信笃. 华夷变态（上卷）[M]. 东京：东洋文库，1958.
[3] [日]林春胜，林信笃. 华夷变态（上卷）[M]. 东京：东洋文库，1958.

船货[①]。

清代前期另一种著名官商是乾隆年间以后的洋铜商，洋铜商的主要任务是按照清廷的办铜指标购买铜，尤其是到日本购买。清廷利用官商从海外购买铜，是有其深刻的历史背景的。

清廷的钱币主要是用铜铸造的。铜的储备之多寡，直接影响着社会上货币流通的状况，从而影响着国家的经济生活。清代中国的产铜基地在云南，但滇铜产量远远满足不了铸币的需要。无奈之下，清廷从顺治八年（1651）起，暂行"钞贯之制"，直到顺治十八年（1661）以前，每年造钞128,172贯，与铸银并行，以补后者之不足。此外，清廷还不得不借助于前代旧钱及外国货币流通。

为了解决铜的问题，清廷想尽了种种方法。顺治二年（1645），在东南沿海反抗势力还很活跃的情况下，清廷就宣布："凡商贾有挟重资愿航海市铜者，官给符为信，听其出洋，往市于东南、日本诸夷。舟回，司关者按时值收之，以供官用。"[②]康熙三十八年（1699）清廷明确指令芜湖（安徽）、浒墅（江苏）、湖口（江西）、淮安（江苏）、北新（浙江）、扬州（江苏）等六关监督，按本关承担办铜额数，支银于内务府商人，专门赴日办铜，按期缴纳。康熙五十五年（1716）清廷又改六关为江苏、浙江、安徽、江西、福建、湖南、湖北、广东八省督抚"遴选贤能官承办"，即由各省督抚选派得力干员招商采办。他们不但领有督抚签发的出洋执照，而且领有办铜额数及置办易铜货物的资本。回棹时按官方预付资本上缴额铜，有余者亦可自行出售。后来由于应招出洋的多是江浙商人，船回亦尽在江浙二港收口，江浙成了洋铜聚集地。因此，到乾隆初年，清廷指令由江浙二省专办洋铜，江浙商人垄断了赴日办铜，福建商人对日贸易的优势遂让位给江浙商人[③]。

---

① [日]林春胜，林信笃.华夷变态（上卷）[M].东京：东洋文库，1958.
② 张寿镛，宋文蔚等.皇朝掌故汇编[M].台北：文海出版社，1964.
③ 任鸿章.棹铜与清代前期的中日贸易[C]//中日关系史论丛（第1辑）.沈阳：辽宁人民出版社，1982.

康熙五十四年（1715），由于日本实行"正德新令"，限制到日清船的数量和铜的出口，办铜商人多完不成指标，累年积欠。同时，中国国内铜产量有了较大幅度的增长，对日铜依赖性减少，清廷决定对办铜商人加以整顿，以"清厘积欠"。乾隆三年（1738）停止派船一年。但同时决定另招自携资本之新商，给予信牌出洋采铜。当时有新商杨裕和等应招前往，这类商人被称为额商[1]。

乾隆八年（1743），清户部因"官商范毓馪有承办运米运盐及销售参票未完成各项银一百一十四万余两……令其办铜完补"，每年办铜130万斤。官商、额商两局办铜由此开始。据记载，乾隆十四年（1749），清廷定"采办洋铜，每年额定十五船，除官商范清注铜船系领帑办铜外，民商自办者共十二艘船，应请即以见办十二人为额商，每年发十二船，置货出洋，约需自备铜本二十八万八千余两，办铜一百五十万斤"[2]，这就是所谓的办铜商人十三家。

行商即洋行商人，也是清代前期官商的一种。清廷为了管理海外贸易，除了设立粤海关、闽海关、浙海关和江海关四海关外，一个重要措施就是在各对外贸易港口设立洋行，由洋行商人具体经营管理口岸海外贸易。

康熙二十四年（1685），当粤海关成立时，外国商船来中国贸易，按照清廷的规定，外国商人不得与中国商人发生任何直接的买卖关系。于是，清廷在康熙二十五年（1686）始设洋货行，主持番船贸易，这就是著名的广东十三行的起源[3]。由于它是封建朝廷指定从事海外贸易的机构，故行商也被称为"官商"。除广东十三行外，著名的洋行还有厦门洋行和宁波商总。

行商在海外贸易中，无论对于外国来华商人或是国内海外贸易商人来说，都起着重要的中介及管理作用。归纳起来，行商负有以下主要职责：包销外商运来的所有商品；代缴关税和各种规银；代替外商购买各种出口物资；对外国

---

[1] 魏能涛. 明清时期中日长崎商船贸易[J]. 中国史研究, 1986（2）.
[2] 张寿镛, 宋文蔚等. 皇朝掌故汇编[M]. 台北：文海出版社, 1964.
[3] 彭泽益. 清代广东洋行制度的起源[J]. 历史研究, 1957（1）.

商人的一切行动负监督之责；代替朝廷向外国商人传达政令，办理一切交涉事宜；为外商在华活动做担保；为国内出洋商人做担保；为封建朝廷采办部分贡品。宁波商总负有稽查、监督海外贸易商的任务[①]。

行商凭借着自身的实力及封建王朝给予的特权，攫取了巨大的商业利益，成为与盐商和洋铜商齐名的天下三大最富者之一[②]。如著名行商伍浩官，据他自己的统计，道光十四年（1834）财产总值为2600万银元。其财产包括稻田、房产、店铺、钱庄，此外在武夷山还拥有茶山[③]。清初屈大均有诗描述："洋船争出是官商，十字门开向二洋。五丝八丝广缎好，钱银堆满十三行。"[④]

民间海外贸易商人是清代前期从事海外贸易的主体。从明代中后期开始，由于人口的增长，沿海地区，地狭人稠，特别是闽、粤沿海，"襟山带海，田不足耕，非市舶无以助衣食"[⑤]，人民以海为生，纷纷下海贸易。清初实行的迁海和海禁政策则切断了他们的活路，造成"弃膏腴而为荒土，捐楼阁而就茅檐，赤子苍头，啼饥在道，玉容粉面，丐食沿街"[⑥]的凄惨场面。因此不少人不惜冒死犯禁，从事走私贸易。

海禁时期，到日本进行走私贸易的商人最多。据统计，在1662—1672年由中国沿海一带走私到长崎贸易的商船平均每年14艘，在1673—1684年平均每年6艘[⑦]。海禁时期，常有沿海居民为了求生存冒死出海，这一点连康熙也不得不承认："向虽严海禁，其私自贸易者，何尝断绝？"[⑧]在清廷严厉的海禁政策下，从事走私的风险很大，货源也严重不足。在这种状况下，清初海外贸易不

---

① 邱旺土. 清代前期海外贸易商的构成[J]. 中国社会经济史研究，2007（4）.
② 金安清. 东倭考[M]. 影印古籍本.
③ [美]威廉·C. 亨特. 广东"番鬼"录[M]. 冯树铁译. 广州：广东人民出版社，1993.
④ 屈大均. 广东新语[M]. 中华书局，1985.
⑤ 陈子龙，徐孚远，宋徵璧. 明经世文编[M]. 北京：中华书局，1962.
⑥ 邓端本. 广州港史[M]. 北京：海洋出版社，1986.
⑦ 李金明，廖大珂. 中国古代海外贸易史[M]. 南宁：广西人民出版社，1995.
⑧ 台湾银行经济研究室. 清高宗实录[M]. 台北：台湾银行经济研究室，1963.

可能有多大发展的余地。

康熙二十二年（1683），清廷统一台湾后，为了稳定沿海地区的封建秩序，使"小民"得到"安养"，康熙二十三年九月，朝廷下谕："向令开海贸易，谓于闽粤边海民生有益。若此二省民用充阜，财货流通，各省俱有裨益。且出海贸易，非贫民所能，富商大贾，懋迁有无，薄征其税，不致累民，可充闽粤兵饷，以免腹里省分转输协济之劳。腹里省分钱粮有余，小民又获安养，故令开海贸易。"①开海政策的实行，海外贸易商人的合法身份得到了承认，积极性空前高涨，从而掀起清初的海外贸易高潮，时人称"洋禁大开，富家巨室争造货船，游手惰民竞充贩客"②。当时，广东的情况是："粤东之海，东起潮州，西尽廉，南尽琼崖，凡分三路，在在均有出海门户，自海禁既开，帆樯鳞集，瞻星戴斗。"③福建、浙江等省的沿海口岸，也出现繁荣的景象。如"浙江向严海禁，自康熙二十三年，台湾既入版图，海氛尽殄，乃差巡海大人弛各处海禁，通市贸易"④。从此，"江海风情，梯航云集，从未有如斯之盛者也"⑤。当时从事海上贸易的商船及商人数量十分巨大，如广东澄海县每岁来往船只"不下千百计"⑥；厦门港从事海运业的"舵水人等"则超过万人⑦。乾隆三十三年（1768），两江总督高晋在其《巡查海口商船各事宜》的奏本中提到，当时沿海"各省船不下数千"⑧。

商业以逐利为目的。清代前期，由于社会经济的发展和人口压力以及巨大获利的吸引，社会各阶层积极地以各种形式，或公开或走私参与到海外贸易

---

① 清圣祖实录[M]. 北京：中华书局，1985.
② 吴震方. 岭南杂记[M]. 上海：商务印书馆，1936.
③ 梁廷楠. 粤海关志·口岸一[M]. 台北：成文出版社，1968.
④ 许龙波. 清前期的海洋政策与江南社会经济发展[J]. 齐齐哈尔大学学报（哲学社会科学版），2015（7）.
⑤ 嵇曾筠. 乾隆浙江通志[M]. 上海：商务印书馆，1936.
⑥ 李书吉. 澄海县志[M]. 嘉庆二十年（1815）刻本.
⑦ 周凯. 厦门志[M]. 台北：大通书局，1984.
⑧ [英]斯当东. 英使谒见乾隆纪实[M]. 叶笃义，译. 上海：上海书店出版社，1997.

中，在海禁时期，有拥兵自重、割据一方的藩商，有冒死走私的老百姓。海禁开放后，除了大量的民间商人外，还出现了一支数量可观的官僚商人队伍，有为筹军饷而出海的官商，有为封建政府统治服务的洋铜商和行商等。此外，在此期间，海外华侨商人也在海外贸易中发挥了很大的作用。正是这些形形色色海外贸易商人的活动，在推动国内经济发展的同时，也极大地促进了中外物质文化的交流。

3.10.3 海外贸易政策

清代前期的海外贸易，只有顺治十二年（1655）至康熙二十二年（1683）实行了比较严格的海禁，康熙五十六年（1717）至雍正五年（1727）实行了部分地区的海禁。

清代对外经济贸易的海禁政策，由开放转向封闭的转折点是雍正三年（1725）朝廷颁布禁教谕令，驱逐在华传教士。随后，清廷于乾隆九年（1744）为管理澳门民夷事务而出台了《管理澳夷章程》。此章程成为清廷首项成文的海禁政策，标志着清朝开始迈向了闭关锁国的道路。鉴于《管理澳夷章程》的实施效果不佳及由其产生的恶劣影响，清廷又先后出台了适用范围更为广泛、禁制更为严格的政策。之后，为了禁止外国船只在浙江进行贸易，朝廷在提高关税无效的情况下明令禁绝夷船赴浙，仅留广州收泊贸易。英国东印度公司对此表示不满，致使朝廷在一口通商的基础上出台了《防范外夷规条》[①]。作为清朝管理外夷的首个正式章程，《防范外夷规条》完善了清朝廷的一口通商制度，也标志着清朝廷闭关锁国的对外经济贸易海禁政策最终形成。

清廷的闭关锁国政策，从根本上来说，是自给自足的封建经济的产物。当时经济相对比较发达的清朝，一方面不需要购买他国货物，另一方面也不需

---

① 斯维廉. 论清朝闭关锁国政策的根源[D]. 北京语言文化大学硕士学位论文，2000.

要出售货物给他国。清朝曾以此炫耀于外国统治者,也使外国人意识到清廷绝对不重视对外经济贸易,可以随意限制对外经济贸易。如果从动机上来分析的话,清廷推行闭关锁国政策更主要的是为了维护其成熟的封建自然经济。为此,清廷对内也推行了"重农抑商"政策,从内外两个方面扼杀资本主义的萌芽于摇篮之中[①]。

限制通商口岸是清朝的主要对外经济贸易政策。清代初期,郑成功在东南沿海领导抗清武装进行抗清运动。为了断绝反清力量的粮食供给和物资供应,清朝廷实施"海禁",下令"片板不准下海"。这种临时措施与明代实施的"海禁"类似,但不能与后来的"闭关锁国"海禁政策相提并论。平定台湾之后,清朝廷就取消了"海禁",允许商船进行对外经济贸易,并指定广州等四个港口城市为对外经济贸易通商口岸。乾隆二十二年(1757),因担忧民洋相处滋生事端,朝廷关闭了其他三个口岸,仅留广州一个通商口岸。据史料记载,当时清朝主要的出口商品是多产于长江下游的茶叶、丝绸以及瓷器等。这些出口商品经过长途运输至南方通商口岸广州,使成本大大增加。这是清朝统治者根本不考虑对外经济贸易效益而出台的硬性规定。

实行垄断对外经济贸易的洋行制度是清朝对外经济贸易海禁政策的重要内容之一。在鸦片战争以前的"闭关锁国"政策条件下,清朝的对外经济贸易是垄断性的,具体而言就是,不允许外国商人进出中国的市场,不允许外国商人将其出口的商品自行在中国的市场上公开出售,不允许外国商人从中国的市场直接购买中国的商品,外国商人的一切交易活动必须由称为"广东十三行"的"洋行"来完成,不仅限制和阻碍了对外经济贸易的正常发展,而且洋行居中盘剥,极大地影响了外国商人来华进行经济贸易。

限制商品出口也是清朝的对外经济贸易海禁政策的重要内容之一。清代物产丰富,地大物博,可以出口的产品众多,但是清朝统治者没有将通商看作

---

① 李文斌. 从"闭关锁国"窥见清代对外经济贸易的海禁政策[J]. 兰台世界,2014(6).

一个经济问题,没有将商品出口作为创汇的手段,更没有认识到对外经济贸易对国民经济可能产生的巨大作用,而仅仅将通商作为"天朝上国"对外夷的一种恩赐。因此,在出口商品的品种和数量上,清廷进行严格的控制,实行有限的出口配额制和严格的贸易禁运制。为了禁止粮食和铁器出口,清廷规定,凡中国出洋商船,每艘只准装载铁锅一口,以作炊具之用;每人只准携带铁斧一把,以作劈柴之用。对于航行日期,也进行了荒唐的规定,每人每天只准携带口粮一升,外加余粮一升。对准许出口商品的数量,也进行严格的限制,如规定茶叶每年限量50万担,大黄每年限量1000担等。这些规定妨碍了国家正常的对外经济贸易,也不利于农业和手工业的发展[①]。

限制商人活动也是当时对外贸易政策的重要内容之一。为了限制对外经济贸易,清廷规定禁止建造五百石载重以上的双桅船只,凡违者以发边充军论处。对中国商人经商定居东南亚,朝廷十分歧视。同时对在华外商的防范也十分严格,如规定,禁止外国商人在广州过冬,禁止外国商人私雇中国人当差,禁止外国妇女进广州城,禁止外国商人传递信息,禁止外国商人在非指定商馆外居住等。这些约束与限制对经常性的对外经济贸易活动必然造成不良的影响。

但是在清代前期海外贸易中大部分基本上是开放的。同时,清廷推行海禁政策的初衷并不是指向海外商人来华,而是着眼于切断郑成功抗清势力同内地的联系。"海贼郑成功窜伏海隅,至今尚未剿灭,必有奸人暗通线索,贪图厚利,贸易往来,资以粮物。若不立法严禁,海氛何由廓清?"[②]实行海禁,是统治者从巩固刚刚建立的满洲贵族封建政权的政治角度出发的,而非针对中外贸易。况且,即使在禁海期间,朝廷也没有拒绝与外国的贸易往来。"凡商船照旧东洋贸易外,其南洋、吕宋等处,不准商船前往贸易。……其外国夹板船

---

① 李文斌.从"闭关锁国"窥见清代对外经济贸易的海禁政策[J].兰台世界,2014(6).
② 顺治实录[M].北京:中华书局,1985.

照旧准来贸易。"①广东的对外贸易通过澳门依然继续进行，澳门—里亚—里斯本、澳门—长崎、澳门—马尼拉—墨西哥三条国际航线照常通航贸易。仅以清初实行过短暂的海禁就认定它实行闭关政策，有失公允。

康熙二十二年（1683），台湾收复，三藩之乱平息，国内战争基本结束，清廷实现了全国统一。和平稳定的社会环境为废除海禁创造了条件："先因海寇，故海禁不开为是，今海氛廓清，更何所待？"②康熙顺时应民，于康熙二十三年（1684）正式停止海禁："今海内一统，寰宇宁谧，满汉人民相同一体，令出洋贸易，以彰富庶之治，得旨开海贸易。"③并于第二年"于粤东之澳门，福建之漳州，浙江之宁波府，江南之云台山"分别设粤海关、闽海关、浙海关、江海关，管理对外贸易。海关的设立，即成为中国对外经济贸易的窗口，并作为正式的国家机关，履行贯彻执行朝廷颁布的各项对外贸易联系规章的职责。

显然，不能武断地以海禁的解冻、海关的设立，就认定清前期实行的是开放政策。但是禁海令的解除，给对外贸易的发展创造了一个相对宽松的内部环境，大陆人民出海贸易合法化，这既有利于沿海商民的生计解决，也有助于沿海地区手工业、商业的发展。"自通洋弛禁，夷夏梯航，云屯雾集，鱼盐蜃甲之利，上裕课而下裕民"，"服贾者以贩海为利薮，视汪洋巨浸为衽席，北至宁波、天津、锦州，南至粤夷，对渡台湾，一岁往来数次，外至吕宋、苏禄、噶喇吧，冬去夏回，一年一次……舵水人等借此为活者以万计"④。海关的设立，允许外国商船在通商四口停泊、互市，为清朝前期的对外贸易搭建了一座广阔的平台，中国的对外经济也进入了一个开海设关管理贸易的新时期。提及清代前期的海外贸易政策，就不能不提到公行制度和清廷颁布的一系列的管理

---

① 清圣祖实录[M]. 北京：中华书局，1985.
② 张廷玉等. 清朝文献通考[M]. 杭州：浙江古籍出版社，2000.
③ 张廷玉等. 清朝文献通考[M]. 杭州：浙江古籍出版社，2000.
④ 周凯. 厦门志·风俗记·俗尚. [M]. 福州：鹭江出版社，1996.

外国商人的章程。

行商，即朝廷特许的专门经营海外贸易的商人，亦称"洋商"，在广东俗称"十三行"。康熙五十九年（1720），为避免洋行商人之间互相竞争，康熙皇帝将洋行组成为"公行"，以垄断外商来华贸易。公行制度就构成了清代前期海贸政策的重要组成部分，也是清廷对海外贸易严格管理的重要环节之一。其具体的职能主要包括：承销外国商人的进口货，并为之代购出口货；划定进出口货物的价格；"承保税饷"，代外商缴纳海关税；照管并监督外商的居住生活及其他行为；经办朝廷一切具体对外商的联系事宜，如朝廷的命令、公文由公行转达，而外商的意见、禀帖亦由公行转递。由此可见，公行实际上是以封建政权对外贸易代理人的角色出现的，它既是中外商人的联系媒介，又是朝廷与外商的联系媒介。公行履行着海贸垄断和对外涉交的双重职能。

与公行制度相适应，为了有效地规范来华外商的相关事宜，清廷相继颁布了一系列的管理章程。乾隆二十四年（1759），两广总督李侍尧提出《防范外事规条》五条得以颁布执行。这五条是：一、"永行禁止"外国人在广州过冬，如"间有因事住冬"者，也只能"在澳门居住"；二、外商到广州后，须住于行商指定的商馆，并由行商"管束稽查"；三、禁止中国商人向外国商人借贷，禁止外国商人雇用汉人；四、严禁外国商人与中国人"传递信息"；五、对外国商人到广州停泊时，"酌拨营员弹压稽查"。嘉庆十四年（1809），清廷又颁布了《民夷交易章程》，明确规定："外夷兵船应停泊外洋，以肃边防"，"嗣后各国货船到时，无论所带护货兵船大小，概不许擅入十字门及虎门各海口，如敢违例擅进，经守口员弁报明，即行驱逐"[①]。道光十一年（1831）和十五年（1835），又先后制定了《防范夷人章程》和《防范夷人章程八条》。这些章程规定："夷商进口后，泊船处所应照旧派拨弁兵稽查，其住居行场馆内，即令行商约束，以免滋事"；禁止"夷人私带番妇住

---

① 梁廷楠. 粤海关志[M]. 台北：成文出版社，1968.

馆,及在省乘坐肩舆";责成关口巡查弁兵严加禁止"夷人偷运枪炮到省";"夷船引水、买办,应由澳门同知发给牌照,不准私雇";"严拿""贩卖鸦片人船究办"等①。

从表面上看,清廷制定的各项规章制度无疑是严厉的,有些条文甚至过于苛刻。这似乎预示着清廷要断绝与外国商人的一切活动,要以严厉的限制措施令外商知难而退。但实际上这些规章制度,其内容和目的都没有超出"限制"与"防范"的界限,也不是要从根本上断绝对外通商往来。更重要的是,朝廷对外国商人所采取的这种严厉的限制政策,并非针对他们到广州贸易,而是针对他们随着贸易活动而带来的对中国越来越嚣张的非法活动和侵略行径。这一点,就连一些不带偏见的欧洲人也有所认识:"外国商人自己的残暴行为应视为他们被享以闭门羹的主要原因。贪婪、不法、讲暴力,这样一些品质,乃是中国人对外国人的初次相识中所估量的主要特征。"②18世纪末来华的马嘎尔尼使团也直言不讳地承认:"迄今为止,在广州发生的英国人的不正当行为,这事必须承认,是不利到一种程度——英国人可能因此而被认为是欧洲人中间最恶劣的人。"③面对外国势力的不法行为而采取种种限制加以规范,这是任何主权国家为了维护国家、民族的利益而进行的合理自卫。无法设想,会有哪一个主权国家可以允许外来势力在自己的国土上胡作非为、为所欲为而熟视无睹。

为维护本国安全和贸易秩序而制定的有关外国商人的诸多规定,往往都带有限制性。"即使是在西方,严格管制对外贸易也是正常现象,所谓完全的'自由贸易'是不存在的。"④中国当局当时对海外贸易所建立的一整套管理制度,并没有超出一个主权国家的权利和范围,这种制度与欧洲各国在改革以

---

① 梁廷楠. 粤海关志[M]. 台北:成文出版社,1968.
② 姚贤镐. 中国近代对外贸易史资料(第1册)[M]. 北京:中华书局,1962.
③ [英]爱尼斯·安德逊. 英国人眼中的大清王朝[M]. 费振东,译. 北京:群言出版社,2002.
④ [英]格林堡. 鸦片战争前中英通商史[M]. 康成,译. 北京:商务印书馆,1964.

前实行的也并无二致。

"国家之设关，所以通商而非累商，所以便民而非累民。"①因此，为了吸引和鼓励外商来华，清朝前期的关税政策也较多的是从惠民和有利于开拓对外贸易的角度制定的。早在开海设关之初，清廷颁布《开海征税则例》就明确规定："福建广东新设关差，止将出入船载贸易货物征收，其海口内桥津地方贸易船车等物停其抽分。"②康熙二十三年（1684）规定，洋船原额税减去"十之二"③。康熙二十四年又规定，外国贡船所带货物，停其收税，贡船回国，带去货物，免其收税④。康熙三十七年"著减广东海关额税银三万二百八十五两"⑤。康熙三十八年减免英商船"原定税收之四分三，以招揽贸易"⑥。康熙四十七年，暹罗国贡使来华，"听其随便贸易，并免征税，以示柔远之意"⑦。凡此种种，雍正、乾隆、道光各朝也都奉行了减免关税、招揽外商的政策。由此可见，对于中西间正常的贸易往来，清朝统治者是持十分开明和开放态度的。

从清朝前期海外贸易的实际状况来看，清前期的海外贸易非但没有因为一口通商、公行制度以及一系列规范管理外商的章程制度的实施有所下降，反而在贸易港口和贸易国别上都有扩增，商船只数与贸易流量都大幅增长。以到达粤海关进行贸易的外国商船为例，从乾隆十四年（1749）到道光十八年（1838），外国到粤海关口岸贸易的商船一直呈大幅度增长之势，总计达5266艘，平均每年为59艘⑧。粤海关在80年间的贸易总值一直不断增长，比乾隆

---

① 梁廷楠. 粤海关志·训典[M]. 台北：成文出版社，1968.
② 张廷玉等. 清朝文献通考[M]. 杭州：浙江古籍出版社，2000.
③ 清圣祖实录[M]. 北京：中华书局，1985.
④ 梁廷楠. 粤海关志·税则一[M]. 台北：成文出版社，1968.
⑤ 张廷玉等. 清朝文献通考[M]. 杭州：浙江古籍出版社，2000.
⑥ 马士. 东印度公司对华贸易编年史[M]. 广州：中山大学出版社，1991.
⑦ 张廷玉等. 清朝文献通考[M]. 杭州：浙江古籍出版社，2000.
⑧ 梁廷楠. 粤海关志·市舶[M]. 台北：成文出版社，1968.

二十二年以前四口通商贸易总值增长了10倍以上。究其原因，是当时中国相对宽松的贸易环境促进了粤海关海外贸易的发展。

当然也要看到，与同时代的西欧国家大力鼓励海外贸易相比，清前期的海外贸易政策的确表现得积极程度不够，带有一定的消极性、封建垄断性。但这不等于说当时的海外贸易政策本质上是闭关政策。闭关性与否在于当局是否从一般意义上否定海外贸易的合法性，而不是有没有限制和束缚。开海设关，这是清廷在政策上对海外贸易合法性的认可；一口通商，这是决策者从国家、民族和自身安全利益方面在对外政策上做出的局部调整；公行制度和规范外商章程，是一个主权国家为维护国家安全和贸易秩序的对内职能。这些都说明当时的海外贸易是具备法律效应的[1]。这一时期的中外经济交往，"是和暴力掠夺、海盗行为、绑架奴隶、征服殖民地直接结合在一起的"[2]。这也决定了朝廷在海外政策上必须对来华外商进行严格管理。但是，严格管理不等于闭关自守，开海贸易也不意味着放任自流。基于这内外两方面的原因，清廷执行的是一种带有封建垄断性的、建立在严格管理基础上的对外开放政策。

3.11 人口分布与迁移

3.11.1 人口分布

清朝极盛时期的土地面积已超过1330平方公里，但人口分布却极不平衡，其中约占97%以上的人口集中在长城以南、甘肃兰州以东地区，也就是当时所说的内地18省。在这些内地省中，如果把直隶、山东、山西、河南划归华北区，陕西、甘肃为西北区，江苏、浙江、福建、广东划归东南沿海区，安徽、江西、湖南、湖北为长江中游区，四川、云南、贵州以及广西为西南地区，

---

[1] 李想，杨维波. 清朝前期海外贸易政策的"非闭关性"[J]. 粤海风，2008.
[2] [德]马克思，恩格斯. 马克思恩格斯全集（第25卷）[M]. 北京：人民出版社，1974.

各以嘉庆二十五年（1820）人口数为基准，各地区的人口分布很不均衡（见表3-4）。①

从表3-4可以看出，人口密度最高的是东南沿海区，土地面积仅占12.11%为最小、人口所占比重却高达26.90%，人口密度最高，为169人/平方公里。其次是长江中游区和华北区，西北区和西南区的人口密度则分别为32.90人/平方公里和21.8人/平方公里，远在平均值以下。这与当时各地的经济水平大体上是一致的，经济发展水平越高人口密度越高，反映了人口与经济的关系。至于还有占2/3国土面积的西北新疆、青海、西南的西藏，北方的内蒙古和关外的东北地区，平均更是在1人/平方公里以下。边疆地区的人口稀少与那里的自然条件比较恶劣有关，但其中不乏土地肥美、水源充足，适合于农业、牧业，发展经济的好地方，如内蒙古的呼伦贝尔草原、新疆的伊犁河流域，以及西藏的山南地区等，存在着很大的经济开发潜力。

表3-4　人口分布

地区	人口		土地面积		人口密度人/平方公里
	人口数/人	人口比重/%	面积/平方公里	所占比重/%	
华北区	85092760	24.94	579130	12.92	146.93
西北区	23076197	6.76	701400	15.64	32.90
东南沿海区	91771742	26.90	543000	12.11	169.00
长江中游区	96597971	28.30	614000	13.70	157.22
西南区	44618840	13.10	2045500	45.62	21.81
合计	341575510	100.00	4483430	100.00	76.09

资料来源：方行，经君健，魏金玉. 中国经济通史——清（上）[M]. 北京：经济日报出版社，2007.

---

① 方行，经君健，魏金玉. 中国经济通史——清（上）[M]. 北京：经济日报出版社，2007.

在内地诸省中，东南沿海区的人口最密集，经济发展水平最高，这是总体而言的，其内部有高有低，并不平衡。就以人口密度最高的浙江（302.9人/平方公里）和江苏（267.4人/平方公里）为例。全国每平方公里人口密度超过500人以上的11个府、直隶州中，有8个在这两个省，其中苏州府为1073.21人，嘉兴府为719.26人；松江府为626.57人，绍兴府为579.55人，太仓直隶州为537.04人，宁波府为523.26人；镇江府为522.54人，杭州府为506.32人。但也同时存在着每平方公里在100人以下的府州，江苏淮安府为88.04人，浙江处州府为76.67人。同样在其他地区也有人口密度很高的府州，四川全省的人口密度仅为每平方公里19.27人，而成都府却高达507人；广东省平均人口密度为每平方公里103.15人，而广州府则有306.84人。上述府州人口密度之所以比全省高出许多，原因在于它们都是土肥水足的鱼米之乡，或是水陆交汇、交通便利的工商业发达地区，在自然条件方面比省内其他地方要优越得多。[①]

在南方各省中，山区的人口密度一直很低，以湖南、湖北为例，直到康熙五十年（1711），鄂西北的襄阳府每平方公里仅为4.7人，其他如郧阳府的人口密度为1.2人，宜昌府为0.3人，大大低于各平原府州。在湖南，辰州府3.8人，沅州府2.8人，也都偏低，而永顺府直到乾隆四十九年（1784）也只有14.7人[②]。江西的赣州府、南安府，从明代以来，就不断有外省流民进入，在乾隆四十七年（1782），人口密度仍然不高，分别为每平方公里89.07人和79.36人[③]。

清代的人口，绝大部分分布在农村。随着经济的发展，旧城市的扩大和新城镇的兴起，城镇人口也在增加。美国学者G.威廉·施坚雅（G.William Skinner）在其《中华帝国晚期的城市》中，曾对清后期的城镇人口进行过研究。根据他的统计，除新疆、青海、西藏和台湾、关东东北地区外，道光二十三年（1843）共有城镇1779个，人口2072万人，约占总人口40500万人中

---

① 方行，经君健，魏金玉. 中国经济通史——清（上）[M]. 北京：经济日报出版社，2007.
② 龚胜生. 清代两湖农业地理[M]. 武汉：华中师范大学出版社，1996.
③ 曹树基. 明清时期的流民和赣南山区的开发[J]. 中国农史，1985（4）.

的5.1%，估计鸦片战争前夕的情况也大体如此①。但有些中国学者认为施坚雅的统计稍微偏低。许檀在《明清时期山东的城镇与城镇人口》中以山东为例，认为乾隆至道光年间，该省城镇人口已达140万—180万人，以全省人口3000万人计算，约占4.7%—6.0%，高于施坚雅对华北城市化率4.2%的估算②。即使如此，在1840年前夕，全国的城镇人口超不过全国人口数的6%，人口城市化比例还是很低的。

就人口的分布而言，清代自乾隆中期以后，尽管人口增长速度加快，人口数量大幅度上升，在不少地方出现人多地少的矛盾，但人口分布的不平衡性在相当程度上为缓解矛盾提供了可能。清代中期以后的人口移动，很多都是这种情况的反映③。

3.11.2 人口迁移

清朝几次大规模的人口迁移是从相对落后的北方迁往富裕的江南地区。清朝人口迁移的总趋势是从中原、江南等人口稠密区向人口稀疏的边疆、山区、海岛迁移，主要是迁移到东北、四川、新疆、甘肃、青海、云南、贵州等地区。

向东北迁移是清朝初期主要的人口迁移模式。清朝时的东北地区，不仅包括现在的辽宁、吉林、黑龙江三省，还包括内蒙古东部地区，是满族的发源地。在清军入关前，满族人为了壮大自己的实力，曾多次出兵关内，掳掠大批汉人出关，前后达100余万人。当清朝在北京建立中央王朝后，东北的满族人几乎完全迁入关内，许多降清的汉人也随之入关，导致清初东北人口向关内的大规模迁移，使原本地广人稀的状况更为严重。

为了补充东北的人口，清朝统治者不断颁发诏旨，鼓励关内的汉人向东北地区移民垦荒。前往东北的移民主要是来自山东、直隶、山西、河南等省的

---

① [美]施坚雅. 中华帝国晚期的城市[M]. 北京：中华书局，2000.
② 许檀. 明清时期山东的城镇与城镇人口//清史论丛. 沈阳：辽宁古籍出版社，1996.
③ 方行，经君健，魏金玉. 中国经济通史——清（上）[M]. 北京：经济日报出版社，2007.

贫苦农民，其中，山东因人地矛盾最为紧张，又距离东北较近，可从陆、海两路迁往东北，因而移民最多。除鼓励移民垦荒外，清廷还把东北作为流放犯人的场所，在顺治十八年（1653）至康熙六年（1667），清廷将一些罪犯遣戍辽阳、吉林、齐齐哈尔等地区，这种做法也使东北人口有所增加[1]。

从顺治元年到康熙年间，清廷对在东北垦荒的移民如满人、汉人都给予资助。康熙十八年（1679）十二月命令："奉天所属，东自抚顺起，西至宁远州老军屯，南自盖平县搁石起，北至开原县，除马厂羊草等甸地外，实丈出五百四十八万四千一百五十万垧，分定旗地四百六十万五千三百八十垧，民地八十七万八千七百七十五垧。新满洲迁来，若拨种豆地，每垧给豆种一金斗，拨种黏米高粱地，每垧给各种六升。"[2]据统计，从顺治十五年（1658）至康熙十年（1671），盛京地区共新增人丁22746口[3]。康熙四十八年（1709）在东北地区的山东人"多至五十余万"[4]。因此，清初东北移民的增加速度较快。

乾隆年间，对移民的限制加紧，乾隆认为，东北地区是清朝的"龙兴之地"，必须保证满洲人的特权，因此在乾隆五年发出上谕："盛京为满洲根本之地，所关甚重。今彼处聚集民人甚多，悉将地亩占种……与其徒令伊等占种，孰若令旗人耕种乎，即旗人不行耕种，将地亩空闲，以被操兵围猎，亦无不可。奉天地方为满洲根本，所关实属紧要，理合肃清，不容群黎杂处，使地方利益，悉归旗人。"[5]清朝廷三令五申，严禁关内人民迁往东北。但是，由于关内人口压力越来越大，而东北地区地域广袤、人烟稀少、农耕条件好，因而在本地无法谋生的情况下，许多贫苦农民便铤而走险，不断流往关外，对于到东北地区垦荒的移民，朝廷虽屡禁而不止，有时只好听之任之。乾隆

---

[1] 李雨潼. 唐朝至清朝东北地区人口迁移[J]. 人口学刊，2004（2）.
[2] 清圣祖实录[M]. 北京：中华书局，1985.
[3] 张廷玉等. 清朝文献通考[M]. 杭州：浙江古籍出版社，2000.
[4] [日]稻叶岩吉. 东北开发史（影印本）[M]. 杨成能，史训迁译. 北平：辛未编译社，1935.
[5] 清高宗实录[M]. 北京：华文书局，1949.

八年（1743）直隶遭旱灾，乾隆九年和五十七年山东遭旱灾，流民纷纷涌出关外，清廷"行文密谕边口官牟等，如有贫民出口者，门上不必阻拦，即刻放出"[1]。这样，向东北地区的移民日益增多。郭松义于1935年做了如下统计（见表3-5）。从乾隆三十六年至嘉庆二十五年的49年中，人口增加了3倍，在增长的人口中，大多数为移民。

表3-5 东北地区人口增长状况

纪年	公元年份	盛京地区（人）	吉林地区（人）	黑龙江地区（人）	总计（人）
乾隆三十六年	1771	754965	56637	35284	811579
乾隆四十六年	1781	7790833	35284	36408	951318
嘉庆二十五年	1820	1757248	82579	167616	2491438

资料来源：郭松义. 清代的人口增长和人口流迁//中国社会科学院历史研究所清史研究室. 清史论丛（第5辑）[M]. 北京：中国广播电视出版社，2015.

向四川迁移是清朝初期主要的另一个人口迁移模式。清朝初年，四川由于受战争影响人口锐减，但四川素有"天府之国"之称，土壤肥沃、水资源充沛，适宜于农业发展，因此吸引了大量的移民。迁入四川地区的人口主要来自湖南、湖北、广东、福建、江西等地，即历史上有名的"湖广填四川"。对于向四川移民，朝廷是积极鼓励的。康熙二十九年（1690）"定入籍四川例"明文规定："四川省民少而荒地多，嗣后流寓之民情愿在川省垦荒居住者，即准其子弟入籍考试，如中式之后回原籍并往别省居住者，永行禁止。"[2]即在移民迁入四川后，不得再随意迁出。湖南、湖北到四川的移民很多。从乾隆八年（1743）到十三年（1748），包括广东在内的湖南人户，"由黔赴川就食者共

---

[1] 清高宗实录[M]. 北京：华文书局，1949.
[2] 张廷玉等. 清朝文献通考[M]. 杭州：浙江古籍出版社，2000.

二十四万三千余"①。

　　移民的大量涌入，加上人口的自然增长，四川人口的数量增长很快，到乾隆中期，平原地区已经出现人口过剩的迹象，"昔之蜀，土地为忧；今之蜀，人满为患"②。从乾隆十四年（1749）至嘉庆二十四年（1819）的70年间，四川的人口从250余万增长到2560余万，增长924%，至道光三十年（1850），四川人口超过江苏，跃居全国首位③。此后，四川人口的一部分向陕南的汉中、兴安等府县迁移，更多的人口则向四川周边的山区迁移。

　　福建、浙江、安徽、江西、湖南等省的山区也是重要的移民迁入区，迁移进入山区的贫苦人民被称为"棚民"。张廷玉在《请定安辑棚民之法疏》中说："查浙江、江西地方有棚民者，因浙东之衢州等府，与江右之广信等府界连福建，赣州等府界连广东。其间失业之徒，沿缘依附，十百成群，种麻为生计，其始无屋可依，遂依崖傍麓，缚茅为棚以居，人咸目之为棚民。"④棚民在明代就有，清代由于人口增长迅速，棚民的数量和分布的地域都比明代大为增加，以至于不少地方的山区"流民日聚，棚厂满山相望"⑤。清代实行改土归流后，过去一些少数民族聚居的山区，流民大量涌入。湘西永顺府，原本是土家族、苗族等少数民族聚居之地，为当地土司管辖，"土司流改，同于内地，故相率来永置产，分住城乡村市"⑥。

　　到清朝中期，中国商品经济有了较大发展，城市里娱乐业、手工业、运输业、商业十分繁荣，规模较前代都有扩大，仅南京城就有织机3万多台。在沿江、沿海、沿运河的水陆交通要冲，还出现了许多新兴城市，这些城市为广大贫苦农民提供了大量就业机会。因此，大量的流动人口涌入城市，以谋生

---

① 清高宗实录[M]. 北京：华文书局，1949.
② 张奉书. 新都县志[M]. 道光二十四年（1844）刻本.
③ 阎守诚. 中国人口史[M]. 台北：文津出版社，1997.
④ 罗振玉. 皇清奏议[M]. 上海：上海古籍出版社，1996.
⑤ 转引自袁城，蔡莉. 清朝的人口迁移及其社会经济影响[J]. 满族研究，2009（3）.
⑥ 张天如. 永川府志[M]. 乾隆二十八年（1763）刻本.

路。如北京"辇毂之下，聚数十万游食之徒，昼则接踵摩肩，夜不知投归何所"①；山东济宁是水陆交通要地，因而各地"转徙之民，傤处浮寓，流土杂居"②；湖北汉口历来有"九省通衢"之称，"户口二十万，五方杂处，百艺俱全，人类不一"③。到康乾盛世后期，由于社会经济形势开始逆转，人口压力巨大，城市对流动人口的吸纳能力已十分有限，因而人口向城市迁移的步伐才减慢下来。

在清代的移民活动中，还有一种情况是不能不提的，这就是外出从事商贩活动。清朝中叶，社会经济恢复后，商业逐渐发展起来。在人多地少，无力养活自己的情况下，将家属留在原籍后，部分当地人开始外出营商谋生。譬如人口众多，土地少且贫瘠的徽州和山西汾州、平阳等府县，涌现出了当时著名的徽商和晋商④。这些经商者的足迹遍布全国各地，广东商人前往粤西，两湖、江西等客商流向滇、黔、四川等地，闽浙商人或进入广东，或下海贸易。

人口的相对过剩是清代人口迁移的主要动因。人口迁移一般是由人多地少的内地向地广人稀的边疆、山区、海岛迁移，结果促使人口与土地的比例趋于合理，从而使人口相对过剩的现象得到缓解，对经济的发展是有利的。此外，清初社会秩序稳定、经济恢复发展，促进了经济发展，也有利于人口的增长。清前期自康熙二十年（1681）三藩叛乱平定后，直到嘉庆元年（1796）为止，内地都没有发生大规模的社会动乱，这为经济发展和人口增长提供了一个和平稳定的社会政治环境。康熙朝时，采取一系列恢复经济的措施，如在内地和边疆大规模推行垦田措施、兴修水利等，社会经济得到了恢复，并在随后的雍正和乾隆朝，社会经济继续发展，出现了"康乾盛世"局面⑤。

---

① 胡德琳. 济宁直隶州志[M]. 乾隆五十年（1785）刻本.
② 罗振玉. 皇清奏议[M]. 上海：上海古籍出版社，1996.
③ 宾静. 中国清朝中期的人口迁移[J]. 西北人口，2007（2）.
④ 贺长龄. 皇朝经世文编[M]. 台北：文海出版社有限公司，1972.
⑤ 徐金秀，虞婷. 清朝人口迁移对其社会经济发展的影响[J]. 管理观察，2008（23）.

清代人口迁移有很大一部分是从人口稠密的汉族地区迁往少数民族地区，这样必然会促进汉族和各少数民族之间的人口融洽。大量汉族人民迁入边疆、山区、海岛，与当地的少数民族互通婚姻，广泛交流。汉族人民给他们带来了先进的生产工具和耕作方法，少数民族人民也帮助汉族人民了解当地的风土人情、自然环境，共同的生活和劳动，把我国各族人民更加紧密地联系在一起。同时，清廷在人口迁入越来越多的新垦区，不断编排保甲，设置府、厅、州、县，建立各级政权，加强了这些地区与中央的联系，从而更有力地保证了国家在政治上的统一[①]。

区域经济发展不平衡推动人口迁移是历史发展过程中经常现象，只要社会经济活动中存在着非均衡状态，人口迁移就必然发生。清朝，尤其清中期，城市商业发展起来，城市为广大迁移者提供了就业机会，这就吸引了广大农民尤其失地农民迁移到城市来。这些迁移人口又促进了当地经济的繁荣，进一步拉大了区域经济的不平衡。然而，人口迁移又会造成新的人口再分布，又会使随之趋于相对平衡的区域经济产生新的不平衡，反过来又推动新的人口迁移的发生[②]。在人口迁移的过程中，内地先进的农业、手工业等生产技术传播到原本比较落后的边疆、山区和海岛，使这些地区的生产力水平大幅提高，经济得到较快发展，缩小了这些地区和内地经济发展的差距。

3.12 人口的从业结构

清代的人口有94%左右居住在农村，而主要从事农业的人口，据估测可占到总人口的90%。当然这是指汉族和以农耕为主的民族。另外一些少数民族以从事畜牧业为主，但他们的人口规模不大，最多只有几百万人。而剩余的10%是非农业人口，这些非农业人口中，大致可分为工匠手工业者、盐灶人丁、矿

[①] 袁城，蔡莉. 清朝的人口迁移及其社会经济影响[J]. 满族研究，2009（3）.
[②] 徐金秀，虞婷. 清朝人口迁移对其社会经济发展的影响[J]. 管理观察，2008（23）.

工、船民、渔民、船工、商人以及游民和下层求食者。

在非农业人口中，工匠手工业者占有相当的分量。他们有的居住在城镇，设作坊经营，有的受雇于人。如苏州染坊的踹布工匠，就多达2万余人，纸坊做工人2800余人。江西景德镇烧窑的碓房、坯工、彩绘各工，有数万计，福建厦门是海运港口，"船工大盛"，只是造船的工人，就不下万人。陕西泾阳县，"藉泾水以熟皮张，故皮行甲于他邑"，聚集在这里的皮工，"不下万人"[1]。这样的工匠，几乎每个工商业城镇或多或少地存在。散布于乡间农村的手艺人，多从事与人们日常生活关系密切的劳作，如打制修理农具器物的铁匠、修房建墓的石匠，以及铜匠、银匠、木工、雕工、油漆工、砖瓦匠等。这些人有些人工农兼做，农闲时为人劳作。

盐灶人丁的人数也很庞大。灶丁本是官给卤地煎盐，岁收课盐的专门户籍，后来虽有变化，但多数灶丁仍需依借煎盐为生。据咸丰初有人提到，仅淮南20场，就有专以煎盐为生的灶丁数十万。山东19场清初原额灶丁5万多，后来扩大滋生，到清中叶应不低于10万人。四川井盐业的犍为、富顺等井，"每厂之人以数十万计，即沿边之大宁、开县等厂众，亦以万计"[2]。全国各地算下来，各场各池的盐丁、佣工，应以数百万计。

矿工在非农业人口中也占有相当的比重。清廷对矿业政策时松时紧，但国用、民用之需，加上商人靠此贸易，所以只要是可能，便不会停止开采。以矿业最发达的云南省为例，"开矿极盛时，大厂率七八万人，小厂亦万人，合计通省厂丁，无虑数百十万"。

此说虽然有些夸张，但可以看到当时矿丁数量确实不少。清代矿业的最大问题是聚散不定，这既有矿脉穷尽的问题，但更重要的是受朝廷禁矿思想的干扰。从矿工情况而言，主体是贫苦农民，队伍亦不稳定，但几十万矿工是不成问题的。

---

[1] 卢坤. 秦疆治略[M]. 台北：成文出版社影印本，1970.
[2] 严如熤. 三省边防备览[M]. 清道光十年来鹿堂刻本.

第3章 清朝前期的经济与人口发展

船民、渔民、船工也是不可忽视的队伍。据樊百川估算，在鸦片战争前夕，中国沿海船只其载重能力在50—500吨的约有1万只[1]。至于一般细桅小帆，只在近边航运、捕鱼船只，则有可能1万条。稍大的闽广艚船，除需配备舵工、亚班、大僚、头碇、司杉板船、总铺等人员外，另有"水手二十余人或十余名"[2]。江苏沙船平均每船亦需船工20—30人[3]。若采取保守数字，平均每船舵工、水手15人计算，万船便有15万人，加上近海小商船，至少应有20万人[4]。

内河船只，当比海船更多，水网交织的太湖周围地区，"其船只之多，大小不下数十万艘"[5]。据康熙中官员奏报，苏州浒墅关来往商船"日以千计"为数[6]，一月之内，仅商船一项，就多达3万艘次[7]。乾隆时，每年在山东临清停靠过闸的商船也在5000—10000艘[8]，在广州的珠江江面上，各船齐汇，加上穿梭于码头与外洋海船之间的驳船、小艇，在水面编织成一片船的世界，其中以船为业的蛋民船，便多达84000只[9]。粗略估计，除漕船等各种官船不计，载重在200—300石以上、经常能做中长途航行的民船就不下十来万艘，若每船平均配备船工7人计，便是70万人。另外还有55万—60万艘200石以下的小型船，以及其中1/3为商货船，每船配备3人，也有船工55万—60万人[10]。

商人的人数较难估算。但从有关记载来看，也不算少，如安徽歙县"农之

---

[1] 樊百川. 中国轮船航运业的兴起[M]. 北京：中国社会科学出版社，2007.
[2] 黄叔敬. 台海使槎录[M]. 上海：中华书局，1936.
[3] 吕舜祥. 沙船贸易的发展与上海商业的繁荣[J]. 社会科学，1981（4）.
[4] 方行，经君健，魏金玉. 中国经济通史——清（上）[M]. 北京：经济日报出版社，2007.
[5] 梁廷枏. 粤海关志[M]. 广州：广东人民出版社，1984.
[6] 凌寿祺. 浒墅关志[M]道光七年刻本影印.
[7] 郭松义. 清前期内河航船考略[J]. 清史论丛[M]. 1894.
[8] 郭松义. 清前期内河航船考略[J]. 清史论丛[M]. 1894.
[9] 姚贤镐. 中国近代对外贸易史资料（第1册）[M]. 北京：中华书局，1962.
[10] 郭松义. 清前期内河航船考略[J]. 清史论丛[M]. 1894.

三，贾七焉"①。山东黄县，"商十之五"②。江西泰和县，"半为农，半为商"③。繁盛的汉口镇，更有"九分商贾一分民"④的说法。由此看来，清代商业已成为人们在生活中不可缺少的组成部分。一般说来，从一些地方志记载来看，商户数量往往超过工匠手工艺者。若以此为据，把开行设铺的坐贾和小商小贩加在一起，可能突破百万大关。

说到清代的游民、闲人，指的是没有固定的生计，也不耕地，靠打零工或做苦力来维持生计的人，他们每天在码头、驿站等地从事一些简单的体力劳动，生活困苦。他们是这个社会不安定的因素，由于地少人多的矛盾日益突出，大批农民被挤出土地，于是越来越多的人变成了闲人和游民。由于资料的不完备，要确切地估算这些底层求食者是相当困难的，但类似记载几乎到处可见，由此推断，其数量也不会很少。

3.13 人口政策和人口发展

清代初期，清朝统治者从维护统治地位增加税收等目的出发采取鼓励人口增殖的政策，规定对一产多子的妇女，无论满汉民人，均给予奖励。对年高多寿的老人予以表彰，对70岁以上的老人许以一丁侍养，免该丁杂派，并奖给绢绵米粮，对百岁寿民妇，"各给银建坊如例"。从这些规定可以看出，清初统治者还没有感觉到人口迅速增殖的压力。直到乾隆中期，清廷还认为各省尚有未垦之土，各处均有愿耕之民，笃信"以今之民，耕今之地，使得尽力焉，则储蓄有备，水旱无虑"⑤。认为人丁增殖，标志其臣民兴旺赋课增加，标志其财富殷盛。由于清朝采取了鼓励人口增殖的政策，因此，伴随着封建经济的繁

---

① 歙县文物局. 歙县志[M]. 歙县文物局，出版时间不详.
② 中国人民政治协商会议山东省龙口市委员会. 黄县志[M]. 北京：中国文史出版社，2012.
③ 尹继美. 黄县志[M]. 同治十年刻本.
④ 徐明庭. 汉口竹枝词[M]. 武汉：湖北人民出版社，1999.
⑤ 鄂尔泰，张廷玉等. 授时通考[M]. 清乾隆七年（1742）武英殿刻本.

荣，清代人口也得到了迅速的发展。

清初，为了政治稳定，从顺治到康熙、雍正年间，实行了一些有利于发展农业生产和减轻人民负担的政策。明末农民起义，沉重地打击了土地兼并势力，不少农民得到了土地，自耕农增多。小生产农业经济要求人口大量增殖，商品经济的发展，农业的发展也都有利于人口增殖。另外，商业的发展和繁荣，城市的扩大以及手工业、矿冶业的发展，表明社会生产领域的进一步开拓，为增加人口提供了有利条件，促进了人口的自然增长。由于具备了这些客观条件，加上朝廷的积极鼓励，清代前期人口的发展一直是直线上升的。

清朝初年，由于人口统计标准不同，并且人口与税收挂钩，存在着人口隐匿现象，人口数据并不准确。例如，根据官方资料，顺治八年（1651）人口仅为1448万，计量单位是"丁"。从顺治八年至雍正十二年（1734），《清实录》中的人口统计数据一直是以"丁"为单位。康熙五十一年（1712）起由于宣布以康熙五十年册报数字24,621,324为准，自后"滋生人丁，永不加赋"，故自康熙五十二年（1713）起人口数字又可分为两柱，"人丁户口"和"盛世滋生人丁"。清代男子年16岁以上成丁，60岁准予豁免应征差徭，但实际上这里的"丁"数并不是当时中国人口中16—60岁男性人口的统计数字，而完全是一种抽象的纳税单位，这是何炳棣提出的重要见解，已经被以后的研究进一步证明。就"丁"的统计而言，有等则统计法、户丁统计法、朋丁统计法、田丁统计法和粮丁统计法等多种方法。等则统计法是指根据该地清查出的人丁所实有的土田财产的多寡，将人丁分成三等九则，各种丁口均折成的下下丁数，汇总后作为本地区的丁口数上报；户丁统计法是指以纳粮户为统计对象，一户一丁；田丁统计法是指以田地为编审对象，按田计丁，以一定数量的税田折算"丁"；粮丁统计法即把一定数量的税粮（田赋）折算成一"丁"；朋丁统计法是把实际的数丁折合成一"丁"。所以"人丁户口"并不是对实际丁男人口的统计。

乾隆六年（1741）以后的"民数"统计，按《清实录》的用语，是"会计天下民数，各省通共大小男妇若干名口"，从原则上说，已属于人口统计的范围。清中叶自乾隆六年（1741）到咸丰元年（1851）的111年间，是清代有比较完全意义上的人口统计的时期。对这段时间的人口数据争论不大。根据官方的统计数据，中国人口由乾隆六年（1741）的14341万人增加到乾隆五十九年（1794）的31328万人，这53年平均年增长率为1.485%。就是说在整个乾隆年间中国人口保持1.5%左右的年增长率，以乾隆时期的平均年增长率1.485%往回推算清朝初年的人口数量，结果如表3-6所示。

表3-6 清朝初期人口

纪年	年份	人口/万人	纪年	年份	人口/万人
顺治元年	1644	3432	康熙三十九年	1700	7876
顺治八年	1651	3861	康熙四十四年	1705	8435
顺治十七年	1660	4345	康熙四十九年	1710	9080
康熙四年	1665	4677	康熙五十四年	1715	9775
康熙九年	1670	5035	康熙五十九年	1720	10523
康熙十四年	1675	5420	雍正三年	1725	11328
康熙十九年	1680	5835	雍正八年	1730	12194
康熙二十四年	1685	6281	雍正十三年	1735	13127
康熙二十九年	1690	6761	乾隆五年	1740	14131
康熙三十四年	1695	7279	乾隆六年	1741	14341

资料来源：易富贤. 就清朝初年人口数量与葛剑雄先生商榷[J]. 社会科学论坛，2010（1）.

由此，顺治八年（1651）人口不是1448万人，而是3861万人，漏报了62.5%；康熙二十四年（1685）人口不是2360万人，而是6281万人，漏报了62.4%。康熙元年（1662）人口为4475万人。这是因为雍正十二年（1734）以前的《清实录》中的人口统计数据一直是以"丁"为单位。清代官方对"丁"

定义是16—60岁的男子，因此"丁"的比例约占全部人口的1/3。根据"丁"来统计人口，等于是漏报了60%以上的人口，但这种误差属于系统误差。

经过"摊丁入亩"的改革，人口统计又发生了巨大变化。乾隆五年（1740），清廷决定在第二年编审全国人口，对于这次人口普查，朝廷做了充分的准备，并制订了编审户口的方法，规定各地方官吏应切实普查申报人口，还陆续处罚了一批办事不力的官员。在这次普查的基础上，朝廷规定各地方"于每岁仲冬……将该省户口总数与谷数，一并造报"。然后由户部"汇奏各省民数谷数清册"。在该清册中，开始有了"大小男妇"项目，单位为"口"，这个统计对象较以前更接近了全部人口的概念，改变了过去只统计人丁数的做法，从而使全国人口统计数字的真实性大为提高。不仅如此，在该清册中，还标明了人口比上年增长的实数。这样，编审后的全国人口数，在乾隆六年第一次在史册记录上突破了一亿大关。

根据《清实录》记载的人口数据，可以看出清代初期人口发展呈现出稳步增长的态势，到了乾嘉时期出现了迅猛膨胀的势头，其人口增长率达到了中国历史最高纪录。根据清代人口年平均增长率的不同，可以把清代前期人口发展进程划分为三个阶段。

第一阶段是清初经济恢复发展时期，从顺治八年（1651）开始到乾隆六年（1741）90年的时间。这一阶段是清初经济恢复发展时期，人口也伴随着经济的恢复发展而大幅度回升。根据《清实录》记载，顺治八年有人丁19,633,326；康熙二十年（1681）有人丁17,235,360；康熙三十年有人丁20,363,560；康熙五十年有人丁24,621,360；雍正十二年有人丁27,355,462。依据上列数字可以推算出顺治八年到康熙五十年60年间，人丁增长率为132%；年平均增长率为1.38%。康熙五十一年（1712）到雍正十二年（1734）的22年间，人丁增长率为15.67%，年平均增长率为0.69%。由此可见，这两个不同时期人口年增长率刚好相差一倍。这主要是因为清初经过多年的战乱之后，人口增长带有恢复的性质，所以较快。然而经过半个多世纪的恢复发展，人口的增殖也在大幅度回升之后进入稳步增长时期。因此，清初人口增长率是在特殊的历史条件下产生的，不具有代表性，而康熙五十一年（1712）以后的人口增长率则可以作为测算其他时期人丁的依据[①]。

第二阶段是在乾隆、嘉庆时期，这一时期是清代人口膨胀、急剧增长的时期。乾隆初年（1736）人口已有迅猛增长的势头，随后人口增长的速度又继续加快。根据《清实录》记载的人口数据，乾隆六年（1741）编审后的全国人口是143,411,559人，乾隆二十九年达到205,591,017人，乾隆五十六年又翻了一番，达到304,354,110人，到了嘉庆十六年（1811）全国人口已上升到358,610,030人。从乾隆六年到嘉庆十六年的70年间，清代人口增长了187%，年平均增长率达到1.17%。这种人口增长速度，不仅是清代人口增长的最高纪录，而且是中国封建社会人口增长速度的极限[②]。

第三阶段是在嘉庆中期以后，由于经济出现了下降的趋势，生产停滞，人民生活贫困化，再加上阶级矛盾激化，社会动荡等原因，清代人口增长的势头开始减弱，出现了下降与回升的波动局面。尽管这一时期人口自然增长率在明显下降，但是由于人口基数比较大，总的趋向人口绝对数仍在上升，到道光十四年（1834），全国总人口达到401008574人，比1811年增长了11.8%，年平均增长率为0.51%。

显而易见，在清代前期的人口发展史上虽然也几经变动，但从总体上来看，人口的数量一直是上升的。尤其是乾隆以后到道光朝的100年间，人口从1亿多增长到4亿多，翻了两番，是相当迅速的。像这样长期的连续高增长率，一个世纪的人口增长以几番的倍数超越了数千年的人口积累，呈指数爆炸式的增长趋势，在中国封建社会里是史无前例的。至此，中国已是世界上无可争辩的人口大国，雄居世界第一。

从国际比较来看，清朝前期也是世界上人口增长最快的国家之一。据英

[①] 刘春山.试论清代的人口政策与人口发展[J].驻马店师专学报（社科版），1990（1）.
[②] 刘春山.试论清代的人口政策与人口发展[J].驻马店师专学报（社科版），1990（1）.

国经济学家安格斯·麦迪森估计,在1700—1820年,中国人口从1.38亿增至3.81亿,年均人口增长率为0.41%,在世界主要国家中仅次于英国和美国(见表3-7)。

表3-7 世界主要国家的人口增长(1700—1820)

国家	人口/千人 1700	人口/千人 1820	人口年均增长率/% 1700—1820	国内生产总值/百万1990年国际元 1700	国内生产总值/百万1990年国际元 1820	国内生产总值占世界经济总量的比重/% 1700	国内生产总值占世界经济总量的比重/% 1820
中国	138000	381000	0.41	82800	228600	22.3	32.9
印度	165000	175000	0.05	90750	111417	24.4	16.0
俄国	26550	54765	0.37	16222	37710	4.4	5.4
美国	1000	9981	0.50	527	12548	0.1	1.8
日本	27000	31000	0.22	15390	20739	4.1	3.0
德国	15000	24905	0.23	13410	26349	3.6	3.8
英国	8565	21226	0.53	10709	36232	2.9	5.2
意大利	13300	20176	0.20	14630	22535	3.9	3.2
法国	21471	31246	0.23	21180	38434	5.7	5.5
西班牙	8770	12201	0.18	7893	12975	2.2	1.9
墨西哥	4500	6857	—0.04	2558	5000	0.7	0.7

资料来源:〔英〕安格斯·麦迪森. 世界经济千年史[M]. 伍晓鹰等,译. 北京:北京大学出版社,2003;〔英〕B. R. 米切尔. 帕尔格雷夫世界历史统计·欧洲卷(1750—1993)[M]. 帕尔格雷夫世界历史统计·美洲卷(1750—1993)[M]. 帕尔格雷夫世界历史统计·亚洲、非洲和大洋洲卷(1750—1993)[M]. 北京:经济科学出版社,2002.

这一时期,清朝的人口增长快速的主要原因是和经济发展密切相关的。从经济发展的水平来看，18世纪初期到19世纪20年代，中国经济在世界上始终处于显著地位。据麦迪森提供的统计数据，1700年中国的国内生产总值在世界经济中所占比重高达22.3%，1820年进一步增至32.9%，经济总量居世界第一位。人口增长的稳定性在一定程度上也加快了经济发展的速度。

第4章 清朝后期的经济与人口增长

4.1 农业

清朝后期的农业生产发展进程开始迟滞，农业总产量一直处于低水平停滞的状态，特别是鸦片战争以后到太平天国运动的爆发使原来的天下粮仓——江南地区成为战场。因此这一时期粮食总产量下降。之后，粮食总产量逐步恢复到19世纪50年代初的水平，并在19世纪末超过了太平天国运动之前的粮食生产水平（见表4-1）。

表4-1 清朝后期的农业产量与人口

纪年	公元年份	粮食总产量/亿斤	粮食单产/斤/亩	人口/千人	人均产量/斤
道光二十年	1840	2521.60	217.3	418880	602
道光三十年	1850	2546.80	217.3	436299	584
咸丰十年	1860	2388.40	206.6	417967	571
同治九年	1870	2383.60	204.7	357736	666
光绪六年	1880	2486.80	209.9	367023	678
光绪十六年	1890	2590.00	215.1	380636	680
光绪二十六年	1900	2674.20	218.9	—	—

资料来源：吴承明. 中国近代农业生产力的考察[J]. 中国经济史研究，1989（2）；杜恂诚. 中国近代经济史概论[M]. 上海：上海财经大学出版社，2011.

这一时期，农业生产发展缓慢主要表现在耕畜锐减、土地退化以及农业生产能力下降等三个方面。

在传统农业社会中，耕畜是农民种田、运输等的主要动力，直接影响和制约着农业生产的正常进行和发展。晚清时期，农民因为灾后缺乏耕畜而导致大量土地荒废的现象屡见不鲜。光绪初年（1875），直隶天津附近一带大旱，"民不聊生，无力畜牛，俱各变卖。现在得雨，无牛可耕，以致播种之地仅十分之三也"[①]。同样的情形也出现在受灾严重的山西省，巡抚曾国荃接连奏报："山右此次大祲，民间牛马或因无力喂养，宰杀充饥；或因转运过劳，瘦羸倒毙，牲畜几无遗类。南路平、蒲、绛、解，受灾最惨，牛马尤缺。转瞬春耕播种，不惟贫农无力买牛，即中次之户亦苦有钱无市。"[②] "晋省连遭大饥，民力牲畜为之一空，垦荒难以兴办。……现在各属得雨，自应赶速补种晚秋，冀收桑榆之效，惟以牛只短少，荒地多未耕犁。"[③] 由于灾荒引发的耕畜锐减，使得灾区的农业生产恢复变得难以为继。没有了大型耕畜作为动力，农人的生活更加艰辛，农作物产量无法保证，灾荒的余害继续蔓延。

土地出现退化一般是指土地质量的下降，主要包括水土流失、土壤沙化、土壤盐碱化和土壤肥力贫瘠化等。生态环境的恶化，以及自然灾害的频繁发生，都会成为土地退化的重要诱因。清代后期每每大水过后，被淹土地的土质一般会受到一定程度的破坏。大量碱性化合物的分解，以及土壤中氮、磷、钾等养分的流失，导致了水退之后地面上往往留有一层白色沉淀物质，难以除去。并且，洪水中含沙量大，尤其是大河的决口、改道，所过地面多变为沙碛，农作物很难正常生长。直隶平泉州曾是繁盛之区，"自同治年间，山水成灾；光绪九年，水灾尤甚。平泉地面，本是出粮之所，连遭两次大水，将一带

---

① 王建革.近代华北的农业生态与社会变迁——兼论黄宗智"过密化"理论的不成立[J].中国农史，1999（1）.
② 曾国荃.曾忠襄公奏议[M].北京：文海出版社，1969.
③ 曾国荃.曾忠襄公奏议[M].北京：文海出版社，1969.

膏腴之田，均被冲坏。其水退后，遍地是碎石巨沙，已是不堪种作。十一、二年，又遭水歉，虽有零星地亩，亦与石田无异"①。又如，湖南湘阴县在"乾嘉盛时，濒湖开垦无虚土，山木蔚然成林，地无遗利。其后水潦岁作，田卒污莱，所在童山硗确，物产日啬，将非人事之推移然哉。军兴以来，嚣然务于战功，而地利益微矣。"②水涝灾害的频发对农田土地造成的危害可见一斑。

晚清年间生态环境的退化以及各种自然灾害的肆虐，使得广大地区的农业生产能力迅速下降。广东省遂溪县原为稻米丰产之乡，出口较多，但是，"迨道光二十年以来，水利不修，民间产米渐少，出口渐稀。降至近年，米船绝无出口"③。

江南的太湖地区自宋、元以来就广泛种植棉花，明至清中期发展十分迅速，棉业在这一地区根基深厚。以江苏松江府为例，"我郡东乡以棉花为恒产。嘉道前，每亩得收一二百斤，每斤值售钱七八十文，棉花一稔，足资一岁用，虽无蚕桑之利，温饱有余"④。后来，由于自然灾害的打击，以及因战乱袭扰造成的生态环境破坏等因素，棉花的生产能力大不如前，"及迩年收数日薄，售日贱，以致生计渐蹙，户口萧条。目前饥馑未臻，匮乏已经若是"⑤。这基本反映了整个太湖地区的棉业生产情形。

此外，晚清时期农业生产能力的降低还表现在粮食的大量进口上。此时的中国，已经被迫融入世界资本主义体系，本土粮食产量的递减，必然导致外国米粮的大量输入，国家的粮食安全岌岌可危。光绪二十六年（1900），黄河大水成灾，烟台商埠米粮进口数量急剧上升，"至进口之米，则以黄河水溢，年

---

① 徐润. 徐愚斋自叙年谱[M]. 南昌：江西人民出版社，2012.
② 郭嵩焘. 湘阴县图志[M]. 清光绪六年（1880）刻本.
③ 徐赓陛. 不慊斋漫存[M]. 清同治十三年（1874）刻本.
④ 刘启振，王思明. 自然灾害影响之下的晚清中国农业[J]. 河北师范大学学报（哲学社会科学版），2016（3）.
⑤ 刘启振，王思明. 自然灾害影响之下的晚清中国农业[J]. 河北师范大学学报（哲学社会科学版），2016（3）.

成歉收，自十一万八千英担增销至七十四万三千余英担"[1]。短短四年之内，进口竟然增幅高达530%。

表4-2 晚清时期中国历年大米进口量

年份	数量/担	年份	数量/担	年份	数量/担	年份	数量/担
1867	713494	1876	576279	1885	316999	1894	6440718
1868	349167	1877	1050901	1886	518448	1895	10096448
1869	346573	1878	297567	1887	1944251	1896	9414568
1870	141298	1879	248939	1888	7132212	1897	2103702
1871	248394	1880	30433	1889	4270879	1898	4645360
1872	658749	1881	197877	1890	7574257	1899	7365217
1873	1156052	1882	233149	1891	4684675	1900	6207226
1874	6293	1883	253210	1892	3948202	1901	4411609
1875	84612	1884	151952	1893	9474562	1902	9730654

资料来源：杨端六. 六十五年来中国国际贸易统计[M]. 广州：中央研究院社会科学研究所，1931；李文治. 中国近代农业史资料（第一辑，1840—1911）[M]. 北京：生活·读书·新知三联书店，1957.

表4-3 晚清时期中国历年面粉进口额

年份	金额/两	年份	金额/两	年份	金额/两	年份	金额/两
1887	567214	1891	704849	1895	1465895	1899	3189497
1888	570536	1892	670905	1896	1505653	1900	3329868
1889	612289	1893	772430	1897	1221567	1901	4726962
1890	775548	1894	1088780	1898	1774712	1902	3844319

资料来源：杨端六. 六十五年来中国国际贸易统计[M]. 广州：中央研究院社会科学研究所，1931；李文治. 中国近代农业史资料（第一辑，1840—1911）[M]. 北京：生活·读书·新知三联书店，1957.

---

[1] 刘启振，王思明. 自然灾害影响之下的晚清中国农业[J]. 河北师范大学学报（哲学社会科学版），2016（3）.

表4-2、表4-3是晚清时期中国从外国进口的大米、面粉历年数据统计。可以看出，1867—1900年，除去1874年、1875年、1880年等个别年份外，大米的输入大致是表现为上升趋势的。并且，大米的进口数量与每年自然灾害的严重程度基本呈现正相关关系。如1876—1879年、1888年之后的大灾之年，其大米进口数量较之他年是十分巨大的。尤其是1895年超过了1000万担。

对于此时期面粉的进口情况，仅有1887—1902年的数据。尽管在1887—1902年没有具体的数量，但是从相应金额来看，1887—1893年面粉的进口金额比较均匀，都在66万两左右，没有超过100万两的年份。但是，从1894年以后，情况就完全不同了，年年都超过了100万两，尤其是1899—1902年均超过了300万两。

从国家这个宏观的层面看，灾荒频仍确实导致了米粮的大量进口，这也印证了晚清时期中国整体的土地生产能力是表现为下降趋势的。其实，就国内的局部地区来看，省际的粮食输入也是经常出现的。灾荒多发省份大都去年景较好的省份大批购买口粮，以解燃眉之急。国内无法解决粮荒的时候，又必然会转向国外[①]。

一般而言，自然灾害的发生与生态环境的变迁多会引发农业种植条件的改变。农民往往会根据实际情况安排生产。农业环境条件改变了，种植结构势必会做出相应的调整或者优化。

直隶营田由来已久，元、明时期就已经开始。在干旱的华北地区种植水田，水利自然是第一要务。以直隶玉田县为例，该县"至营田水利，则自前明万历十三年，徐贞明奉命于鸦鸿桥夹河五十余里，以及青庄坞、后湖、三里屯、大泉、小泉，皆曾治为稻田"[②]。清朝雍正年间，畿辅营田又掀起一个高

[①] 刘启振，王思明. 自然灾害影响之下的晚清中国农业[J]. 河北师范大学学报（哲学社会科学版），2016（3）.

[②] 刘启振，王思明. 自然灾害影响之下的晚清中国农业[J]. 河北师范大学学报（哲学社会科学版），2016（3）.

潮，但是后来这个地区的水田大多衰败了，纷纷改种旱地作物或者莲藕等经济作物，也有撂荒的现象出现。至光绪前期，"今惟知荣辉之源即合流之暖泉、孟家泉、洪桥左右数村，旧有稻田约百余顷，强半为雍正间怡贤亲王营治。年久失修，或以沙淤闸毁，改种旱禾；或以土性不宜种稻，遂改禾改藕；种稻者不过十存一二"①。

在自然灾害的威胁之下，南方水乡调整种植结构的做法也很普遍。湖南省衡山县"近水诸农，其田常苦水潦，十种而九不收，往往有弃农而渔者，亦有且农且渔者，以渔之所获补农之不足，生计弥苦"②。近代以来，安徽怀宁县由于常年遭受洪水的袭扰，大量良田被泥沙覆盖，原来种植的蔬菜、大豆等作物已不能正常生长，只得改种适宜沙地的落花生。同样也在怀宁县，"清道光以前，总铺、十里铺、黄荻坂等处，宜早晚二季，每刈早稻种晚稻，正大暑节土膏发育之时，农人争天时，一刻千金，率晨刈昼犁而夜种之，农家之忙无过于此，土人谓之插乌秧，家人不足给事，皆于外乡雇老农并力及时以事晚稻焉"③。由于土壤退化严重，土地生产力走低，只得改早晚二季稻为一季稻。"近年地质大异，每种晚稻，所入犹不足偿耕耨之费，是以皆易早晚二季为中迟一季"④。

人们对生态环境的肆意破坏又大大加重了自然灾害发生的频度、广度和深度，加之此时"小冰期"⑤也已经进入尾声，异常气候加剧，这造成晚清时期在短短的72载内几乎年年称灾，岁岁告荒。中国农业竞争力真正开始落后于西

---

① 李昌时等. 玉田县志[M]. 清光绪十年（1884）刻本.
② 文岳英等. 衡山县志[M]. 光绪元年（1875）刻本.
③ 吕君丽，陈恩虎，过慈明. 明清时期皖江流域人口的盈缩与土地的开发利用[J]. 安徽农业大学学报（社会科学版），2018. 27（3）.
④ 舒景蘅等. 怀宁县志[M]. 民国四年（1915）铅印本.
⑤ 大约从15世纪开始至20世纪初期为止，全球气候进入一个寒冷时期，通称为"小冰期"，在中国也称为"明清小冰期"。小冰期时的温度降水变化表现出区域特征和时空差异，对当时社会文明的发展、农业经济、民族迁徙、王朝的更替等都带来严重的影响。

方世界主要发生在19世纪中期[①]，这应该说绝非巧合，各级各类自然灾害的频繁发生进而导致农业环境的急剧恶化，无疑成为这一历史进程的重要推手。自然灾害的频发，对晚清农业的发展产生了巨大而深远的影响。它们严重破坏了农业生产和农民的生活状况，使得农业经济濒于缓慢发展的循环。

4.2 工业

鸦片战争前，中国只有传统的手工业生产。鸦片战争后，以英国为首的西方列强最先在我国强行设置工厂进行机器生产。同治年间，清廷为加强国防、改进军事装备，开始创办军事工业，随后又创办民用工业。先军事工业后民用工业的发展顺序，反映了创办者的政治、军事需要和时代特点。与此同时，民间兴办的机器工业也开始陆续出现。从此，中国机器工业开始了缓慢的发展历程。

鸦片战争后，西方列强开始在我国创办便于对华经济掠夺和多方面控制所需要的船舶修造和加工工业。与此同时，还开办了一些小规模的轻工业。

船舶修造业最先出现的是由英国人约翰·柯拜（John Couper）于道光二十五年（1845）在广州黄埔设置的柯拜船坞，专事船舶修理。其后，西方列强相继在上海、厦门、香港、福州等沿海口岸地区建立船舶修理厂或修造厂，到光绪二十年（1894）有名可稽的厂累计达39个，大多为英国资本家所经营。其中，规模较大的有香港黄埔船坞公司、祥生船厂和椰松船厂。香港黄埔船坞公司由英商怡和洋行与大英轮船公司、德忌利士轮船公司合伙筹资24万元，于同治二年（1863）创办于香港。创办伊始即收买了柯拜船坞公司。其后，该公司不断扩充实力，增殖资本。在激烈的竞争中，它先后吞并了阿白丁船坞、何伯船坞、於仁船坞公司、桑兹船台和环球船坞公司，到光绪初年已垄断了香

---

① 邓拓. 中国救荒史[M]. 北京：北京出版社，1998.

港、九龙、黄埔地区的船坞修造业。光绪二十年，其资本已达156.25万元。

祥生船厂由英商和记洋行经理G.M.包义德（G.M.Boyd）于同治元年（1862）创办于上海浦东。后在英国人P.Y.格兰特（P.Y.Grant）等人经营下，迅速发展为拥有大型船坞和机器厂的大型企业，并于光绪十七年（1891）改组为股份有限公司，资本达80万两。该厂不仅修理各种船舶，而且制造多种小型货轮、汽船、拖船，有时甚至为清政府承造浮江炮艇、水雷艇等军用船只。仅据《捷报》零星记载，自光绪五年至光绪二十年（1879—1894）已造各色船只40艘。自光绪十七年至二十年（1891—1894年），年纯利与资本的百分比达17.5%—17.9%[1]。

耶松船厂由英商S.C.佛南（S.C.Farnham）于同治四年（1865）创办于上海虹口。它长期租用浦东的两个船坞，下设若干分厂，能修理各种船舶并能制造汽船、客货船、拖船、小炮船等。光绪十八年（1892）改组为有限公司，资本为75万两。其第一年度纯利与资本的百分比为13.5%，第二年即升至21%[2]。这些企业，便利了英国对华经济掠夺和垄断航运业，同时又在数十年间垄断了我国的轮船修造业，攫取了高额利润，排斥、压抑了我国船舶修造业的兴起与发展。

在19世纪后半叶，外资在华企业中占有重要地位。其中，以掠取原料而经营的加工工业为主，以推销商品而经营的加工工业较少。其主要加工工业是砖茶制造业。砖茶是俄国从中国攫取的重要商品。早在汉口开埠后，俄国商人即在同治二年（1863）投资设立"顺丰砖茶厂"。最初用手工制造，10年后陆续使用机器生产。其后，机器制茶厂陆续开办，到光绪中期以后，汉口已有"阜昌""新泰"等若干大型砖茶工厂。汉口砖茶出口量到光绪二十一年（1895）达35.4454万担，主要输往俄国。此外，俄国还在福州、九江等茶叶出口地相继设立几个规模较小的分厂，如九江新泰砖茶厂、九江顺丰砖茶厂和福州的若

---

[1] 孙毓棠.中国近代工业史资料（第1辑上册）[M].北京：北京科学出版社，1957.
[2] 孙毓棠.中国近代工业史资料（第1辑上册）[M].北京：北京科学出版社，1957.

干工厂等,从而基本垄断了这些地区砖茶生产。其间,虽偶有英商等开办砖茶厂,但均无力取代俄商地位。俄国在华砖茶业由于采取机器生产,产品成本低,又享有子口税,致使我国旧式砖茶制造业每况愈下。

这一时期,外国资本的机器缫丝业有所发展。生丝是列强掠购的主要商品,出口量逐年增加。为使中国发展机器缫丝业,增加产量,以便运销欧美从事丝织,英商怡和洋行于咸丰十一年(1861)在上海创办了第一家机器缫丝厂①。其后,光绪四年(1878)美商"旗昌丝厂"试办成功,大型机器缫丝厂"怡和""公平""纶昌""信昌""瑞纶""乾康"等相继在上海开办。其间,旗昌丝厂于光绪十七年(1891)归法商接办,改名"宝昌丝厂";"乾康丝厂"成立不久即售予华商,因此,到光绪二十年(1894)上海共有外国丝厂7家,估计资产达530万元②。光绪三年(1877),德商在烟台也设立缫丝局,采用机器生产。

此外,外国资本的企业主要包括制糖、制革、轧花、打包等行业。制糖业方面,先后有英商怡和洋行于光绪元年(1875)在香港设立的中华火车糖局和太古洋行于光绪九年(1883)在香港设立的"太古糖房"。中华火车糖局还于光绪四年(1878)在汕头设立分厂。这些企业从华南和南洋掠取原料,采用机器生产,产品运销欧美并部分返销中国市场。

制革业方面,英商于光绪二年(1876)始在汉口开办压革厂,用机器压缩皮革,减少了运费,便利了出口。光绪元年仅出口皮革5319担,光绪三年即增达5万担。光绪七年英商还曾在上海设立熟皮公司进行生产,但不久毁于火。

这一时期,为出口加工蛋品、樟脑、茶叶、油料、毛绒等企业和为便于推销商品所设立的加工工业也间或出现。如,德商瑞记洋行于光绪十九年(1893)在上海浦东修建有三个火油池,可储煤油2500吨,并附设油箱制造厂,以便销售。此后,汕头、厦门、九龙等地继有火油池及油箱制造厂出现。

---

① 孙毓棠. 中国近代工业史资料(第1辑上册)[M]. 北京:北京科学出版社,1957.
② 孙毓棠. 中国近代工业史资料(第1辑上册)[M]. 北京:北京科学出版社,1957.

又如，为了推销鸦片，还在香港、厦门等地设立鸦片制造厂等。

与此同时，小型轻工业也迅速发展起来，这些轻工企业大部分集中在上海。从道光二十年到同治末年，首先有一批食品加工、化学工业和印刷业问世，其中包括面包制造、面粉加工、制药、酿酒、汽水、制酸及金银熔炼、砖瓦及锯木和印刷诸多种类。老德记药房、江苏药水厂、点石斋石印局等，后来都发展成规模较大的企业。

光绪六年（1880）前后，外商曾在上海形成一个投资热潮，相继有制冰、火柴、肥皂、造纸、玻璃制造、铁器制造、家具制造等企业出现。火柴制造业中的"燧昌自来火局"、造纸业中的"华章造纸厂"、木材加工业中的"祥泰本行"等规模较大。自光绪朝中后期，外资企业再次大幅度增加。其中，以生产多种饮料著称的"泌药水厂"、制药业中的"屈臣氏药房"、生产啤酒的"福利公司酒厂"，以及"美国烟草公司""上海水泥公司"等，在当时都颇具规模。这些企业的产品不仅供销上海，而且销往我国各口岸、城镇，并深入广大农村地区。

外国资本还先后在汉口、牛庄、厦门、福州、广州等地兴办过制冰、铁锅制造、豆饼加工、金银提炼等工业，并多次强烈表现出在我国投资棉纺织业和采矿业的企图。到甲午战争之前，外资在华投资的轻工业种类日渐增多，并呈现逐渐扩大的趋势。

到甲午战争前夕，外国资本在我国开办的企业达191个，其中船舶修造和各种加工工业占到总数的60%[1]，大多分布在以上海为中心的东南沿海口岸和长江流域的汉口。外资企业投资总额估计约达2800万元[2]，利润在10%—24%，雇用工人约达3.4万人，占当时我国工人总数的34.6%—37%[3]。

应当指出，外资在华设厂是没有任何法律或条约依据的侵犯我国主权的行

---

[1] 汪敬虞.十九世纪外资对中国工矿企业的侵略活动[J].经济研究，1965（12）.
[2] 孙毓棠.中国近代工业史资料（第1辑上册）[M].北京：北京科学出版社，1957.
[3] 孙毓棠.中国近代工业史资料（第1辑上册）[M].北京：北京科学出版社，1957.

为。愚昧、软弱的清政府初则放任、迁就，继则在民族工业初步发展之际试图阻抑外资在华设厂，但这种阻抑除少数成功外，大多失败，列强仍蛮横设厂，我行我素，并进而图谋攫取在我国设厂的法律权利。

外资企业依靠其种种特权和先进的技术设备，攫取丰厚利润，阻碍与压抑我国民族工业的兴起与发展。但在它的企业中却产生了我国最早的产业工人。它依靠机器生产迅速提高生产率和成品质量、获取高额利润、改善人们生活的现实，又在相当大程度上激发了中国人民学习西方、投资近代工业的愿望和热情。

同治初年（1862），清政府开始主持创办军事工业；同治末年（1874）倡导兴办民用工业，与此同时，民间机器工业也陆续出现。此后二三十年间，我国机器工业逐渐发展，至甲午战争前已初具规模。

嘉庆、道光之际，中国制造军器、火药、战船的技术已大大落后于欧美资本主义国家。鸦片战争爆发后，领导抵抗英国侵略的开明官员林则徐等人已明确提出"师夷之长技以制夷"的思想，并在爱国官绅、知识分子支持下试造新式船炮，进行了可贵的实践。不幸，由于战争的失败，腐朽的封建统治集团奢靡苟安，中断了它的发展。

咸丰末年（1861），清廷遭受英法联军重创，乃至出现京师沦陷，皇帝出逃的惨剧。为加强封建国家机器，提高国防实力，清王朝中一部分正视现实的官员，倡导仿制西方船炮以自强，开始着手创办军事工业。同年，两江总督曾国藩在安庆创办安庆内军械所，用手工制造洋枪洋炮及子弹、火药。没有雇用外国人，只是招募了一批有志于近代科技的知识分子，探讨西方科技，研究新式船炮并制成一艘小轮船。不久，即派容闳赴美国购办机器，准备建立近代军事工业。同治元年（1862），江苏巡抚李鸿章委派英国人韩里德·马格里（Halliday Macartney）在松江城外创办上海洋炮局，用手工仿制炮弹、火药。不久，形成由马格里和刘佐禹、韩殿甲、丁日昌分别主持的三个洋炮局。同治二年，马格里主持的洋炮局迁往苏州，改为"苏州洋炮局"。马格里协助李鸿章从遣退的"阿思本舰队"上购回一批制造军火的机器设备,使炮局开始机器生产,仿制长炸炮、短炸炮和炮弹、枪弹。

安庆内军械所和上海洋炮局规模小、设备简陋,除马格里主持的炮局曾采用一些机器外,其余仍为手工生产,生产能力有限。如安庆内军械所仿制的轮船"行驶迟钝,不甚得法"[①],"新制之坐劈上炮,不甚合式"[②]。尽管如此,但这却是中国经营近代军事工业的开端,体现了由手工业生产向机器大生产的过渡。

同治三年,湘军攻陷太平天国首都天京,清朝统治暂时趋于稳定。为了发展军事工业,清廷投入更多的人力、物力,引进机器设备、招揽技术人才,近代军事工业于是迅速兴起。

此后江南制造总局、金陵制造局、福州船政局、天津机器局等相继成立。同治四年夏,由海关道丁日昌出面以6万两白银买下设在上海虹口的美商旗记铁厂及铜、铁、木料,再将丁日昌、韩殿甲主持的两个洋炮局和容闳买回的机器设备归并一处,成立江南制造总局。局址初设虹口,同治六年迁至城南高昌庙,随着购、造机器增多,先后建成机器厂、木工厂、铸铜铁厂、轮船厂、锅炉厂、枪厂、炮厂、黑色火药厂、枪子厂、炮弹厂、水雷厂、炼钢厂、栗色火药厂、无烟火药厂及广方言馆、翻译馆、操炮学堂等10余个附属机构。这些机构和设备,使江南制造局成为能汲取西方科技知识、培养科技人才,具有综合生产能力的新式军工企业。从工人人数的规模来看,除了江南制造局外,金陵制造局、福州船政局、天津机器局以及湖北枪炮厂的工人人数都达到千人以上,而其他的军事企业的工人多在300人以下。从它们生产的主要产品看,福州船政局是专业造船的,金陵制造局和湖北枪炮厂则专注于枪炮弹药,金陵制造局的产品更广,当然产品种类最多的还是规模最大的江南制造总局[③]。

---

① 曾国藩. 曾文正公全集[M]. 北京:中国书店出版社,2011.
② 曾国藩. 曾文正公手书日记[M]. 南京:凤凰出版社,2010.
③ 杜恂诚. 中国近代经济史概论[M]. 上海:上海财经大学出版社,2011.

同治四年，李鸿章将苏州洋炮局迁至南京扩建，但规模不大。初期，仍由马格里主持。马格里并非内行，且专横跋扈。光绪元年（1875），他主持制造的大炮在大沽炮台连续爆炸，他却对事故百般抵赖，遂被撤职。此后，金陵机器局一直由中国人主持，不再任用洋人担任监督。金陵机器局建立后，逐渐增添机器，并于光绪五年（1879）合并了乌龙山机器局，下设机器厂3座、翻砂厂、熟铁厂、木作厂各2座和火箭分局、枪子机器厂及铁汽锤厂、拉铜机器厂等机构，主要生产过山炮、后膛炮等多种口径大炮、炮弹、前后膛各种抬枪、枪子、水雷及炮车和其他军用品。

同治五年，左宗棠创办福州船政局。他调任陕甘总督后，由沈葆桢接办。该厂机器设备购自法国，先后建成铁厂、水缸厂、轮机厂、合拢厂、铸铁厂、铜厂、储材厂、钟表厂、打铁厂、转锯厂、木模厂、砖窑、铁肋厂、鱼雷厂等[①]。此外，还建有船坞、学堂、绘事院和艺圃，培养轮船制造和驾驶人员及技术工人，并向欧洲派遣留学生。初期，聘法国人普罗斯佩·玛丽·日意格（Prosper Marie Giquel）、德克碑（Paul Alexandre Neveue d'Aigwebelle）为正副监督，及多名法国技师进行技术指导。同治七年（1868）初，开始兴造轮船。同治八年，第一号轮船"万年青"号下水。其后到同治十三年在日意格任职期间，共造船15艘，均为木质轮船。光绪元年，按约遣退洋人，开始自行设计制造兵舰，至光绪二十年（1894）共造成轮船18艘。

同治六年（1867），三口通商大臣崇厚创办天津军火机器总局，同治九年改称天津机器局。该局经历年扩充，逐渐建成铸铁厂、熟铁厂、锯木厂、机器房、碾药厂、洋枪厂、枪子厂、电气水雷局、火药库、栗色火药厂和炼钢厂等机构，成为北方最大的军火工厂。津局分东、西两局。西局在城南海光寺，规模较小；东局在城东8里大直沽东北，规模较大。以上诸机构分隶于两局。其中，东局以制造火药、洋枪、洋炮、各类子弹、炮弹和水雷为主，并附设有水

---

① 孙毓棠.中国近代工业史资料（第1辑上册）[M].北京：科学出版社，1957.

师学堂、水雷学堂和电报学堂。西局则以制造军用器具和开花子弹为主，也制造炮车器具、电机、电引及挖河船等。

这些军事工厂规模较大，作为中国第一批近代工业，主要是由国家投资兴建的军事工业或与军事相关的工业，普遍采用国外先进的技术，设备比较齐全，是中国近代工业创建时期的大型工厂。但是工厂的管理采取的是在市场没有发育情况下的封建管理模式。经费由政府无偿调拨给指定的军事单位，企业的发展与它的经营情况无关。军用工业是非商品生产企业，与社会经济发展的联系不甚密切，但它促进了19世纪70年代民用工业的兴起。19世纪80年代后期，张之洞试图在汉口附近建立重工业中心，他在那里开掘了铁矿和煤矿，兴建了炼钢炉和钢厂，还创建了湖北枪炮厂。

由于清政府财政状况的恶化和军事工业的局限性，洋务派官员看到只发展军事工业很难达到自强的目的，必须发展民用工业、实行先富而后强的战略。于是，自19世纪70年代中叶起，开始采用"官办""官商合办""官督商办"等方式创办民用工业。这些企业涉及采矿、冶炼、交通运输、纺织等行业，其中包括第一家轮船公司——轮船招商局（1872年开业），1880年动工的关内外铁路，1878年投产的第一家现代煤矿——基隆煤矿，1893年建成的第一家炼铁厂——汉阳铁厂，1890年开工的第一家近代棉纺织厂——上海机器织布局，1880年成立的第一家电报局——天津电报总局，以及后来的开平煤矿、漠河金矿、湖北织布局和纺纱官局等。但是由于外国商品的竞争和封建官僚过多的压制和干预，这些企业大多经营很差，经济效益不佳[1]。

中国的民营工业也出现在19世纪70年代，主要投资人有商人、地主和官僚，还有少数华侨。创办机器工业的则多出身于手工业作坊主和店主。大部分民营企业的规模都很小，不仅远远小于外资在中国的企业，而且也比官办军事工业的工厂小得多。这些民营工业的设备简陋，技术水平都很低下。1872—1894年民

---

[1] 王珏. 世界经济通史——经济现代化进程（中卷）[M]. 北京：高等教育出版社，2005.

营工厂总共达160多家，但不少中途夭折了；还有采矿业20家。民营工业主要集中在纺织、面粉、造纸、火柴、印刷、船舶修造和机器制造、采矿等部门。

缫丝业是近代资本主义工业中的一个最重要部门，广东的缫丝业发展最为迅速，到19世纪90年代初期，广东的蒸汽缫丝厂已经发展到56家，大型工厂的雇工达到800多人。1882年上海出现了第一家机器缫丝厂。由于受到外国缫丝厂的竞争，上海的缫丝工业发展并不顺利。1887年宁波出现机器轧花厂为出口棉花服务，1895年宁波出现纱厂。1894年和1895年上海也建立了3家纱厂。19世纪70年代以后，佛山、天津、上海、重庆相继出现了一些火柴厂。1866—1890年上海共开办了12家机器工厂，但是规模很小。有的机器厂的业务是修理外商船只，有的生产缫丝机[①]。

甲午战争后，中国民营工业开始迅速发展，这些资本主义工业绝大部分仍旧是轻工业，其中又以棉纺织业为主。随着棉纺织业的顺利发展，一个规模庞大的机械纺纱制造业稳步建立起来，到1900年，中国已经拥有57万支纱锭[②]。机器工厂发展较为迅速。此外，火柴、卷烟、水泥、矿冶等业也取得了一定程度的发展。

从同治末年（1861）起，清政府由单纯求"强"发展到"富""强"并重，乃至提出"必先富而后能强"的口号[③]，在兴办军事工业的同时，开始倡导兴办民用工业。为便于控制，它大体采用官办、官督商办、官商合办三种方式。官办，即企业投资与管理均由封建官府负责；官督商办，由商人投资，往往开办初期要垫借部分官款，由政府委派官员监督管理。官商合办，则由官、商各出一部分资本，经营管理权往往由官方操纵。这三种方式对某一企业不是固定不变的，往往因某种原因由一种方式变为另一种方式，但官督商办在甲午

---

① 高德步，王珏. 世界经济史（第三版）[M]. 北京：中国人民大学出版社，2011；宋则行，樊亢. 世界经济史（中卷）[M]. 北京：经济科学出版社，1998.
② [英]M.M.波斯坦，H.J.哈巴库克. 剑桥欧洲经济史（第六卷）[M]. 北京：经济科学出版社，2002.
③ 李鸿章. 李文忠公全书[M]. 清光绪三十四年（1909）刻本.

战前一直是主导方式。

从同治末年开始的20年间，清政府倡导建立的近代民用工业主要分煤矿、金属矿两类。

机器采煤业是为适应军事工业和轮船、炮舰对燃料的大量需求，抵制洋煤入口而产生的。从光绪元年（1875）李鸿章筹办直隶磁州煤铁矿开始，到光绪二十年（1894）止，共兴办大小煤矿8座。其中官办的6座，分别是直隶磁州煤矿（1875）、湖北广济兴国煤矿（1875）、台湾基隆煤矿（1876）、山东淄川煤矿（1887）、湖北大冶王三石煤矿（1891）和湖北江夏马鞍山煤矿（1891）。官督商办的2座，为直隶开平煤矿（1878）和北京西山煤矿（1884）[1]。其中官办的基隆煤矿和官督商办的开平煤矿筹建较顺利，设备较完善。开平煤矿最为引人注目，开平煤矿由李鸿章指派唐廷枢筹建于光绪二年（1876），官督商办，招商集股，初期募集银20万两，后逐步增多。聘英国矿师，购置机器、建立矿井、炼焦炉、洗煤机、煤气厂以及运煤的铁路、河道等设施，于光绪七年（1881）开始出煤。初期，日产煤约300吨，其后日渐增多，光绪十二年（1886）已达日产800—900吨。光绪十八年（1892），张翼继唐廷枢为总办，生产能力仍持续上升，光绪二十一年（1894）日产量则高达1000—1500吨。这些是近代煤矿业中最成功的企业。其他煤矿，除直隶磁州煤矿未能正式开办和湖北广济兴国煤矿开采失败后改归商办外[2]，其他均得以正式开采。其后，虽有不少煤矿生产不佳，但大多数均查明了矿藏，开凿了矿井，并不同程度地使用机器开采，从而为发展近代煤炭生产奠定了基础。

自同治末年以来，社会对各种金属需求日益增加。清廷遂与地方绅商投资开采金属矿藏。从光绪七年（1881）起至光绪二十年（1894），先后开办金属矿达8座。其中官办的有热河土糟子遍山线铅矿、山东淄川铅矿和湖北大冶铁矿等3座，其余的是官督商办的，分别是热河平泉铜矿、安徽池州铜矿、贵

---

[1] 孙毓棠．中国近代工业史资料（第1辑上册）[M]．北京：北京科学出版社，1957．
[2] 孙毓棠．中国近代工业史资料（第1辑上册）[M]．北京：北京科学出版社，1957．

州青溪铁矿、云南铜矿和黑龙江漠河金矿。所开矿种包括金、铜、铁、铅。这些金属矿中，仅云南铜矿、青溪铁矿、漠河金矿和大冶铁矿资本较多，规模较大。然而，前两矿生产并不理想。云南铜矿至甲午战争前仍未恢复到道光年间土法开采时的产量，青溪铁矿曾为冶炼钢铁提供了原料，但不久即停产。较为成功的只有漠河金矿和大冶铁矿。前者出产金砂日多，陆续归还了所借官款，而且盈利；后者为汉阳铁厂提供了原料。其余诸矿，一般规模较小，采用机器不多，发展极为缓慢，有的甚至中途夭折。

钢铁是工业、国防、交通诸方面须臾不可离的重要材料。但是，鸦片战争以来中国只有依赖进口。为改变被动局面，随着铁矿的开采，清廷开始筹办钢铁企业。光绪十二年（1886），贵州巡抚潘霨靠其胞弟潘露在青溪开采铁矿基础上建成官督商办的青溪铁厂。该厂坐落于镇远青溪小江口，拥有贝色麻钢炉2座，炼熟铁炉8座[1]。光绪十六年（1890）正式投产，用西法冶炼，一昼夜出生铁约25吨[2]，成为我国第一座近代钢铁企业。不幸的是，因潘露在投产当年病故，铁厂承办无人而停产。其后，江南制造局和天津机器局曾分别设置炼钢厂，但产量有限。较大规模的是张之洞创办于湖北的汉阳铁厂。

光绪十九年（1893）张之洞创办于湖北的汉阳铁厂，包括炼铁厂、机器厂、铸铁厂、炼贝色麻钢厂、炼熟铁厂、炼西门士钢厂、造钢轨厂、造铁货厂及大冶铁矿、马鞍山煤矿等在内的主要设施基本竣工，光绪二十年正式投产。"生铁熟铁两炉全开，每日可出生铁一百余吨。其贝色麻钢厂、西门士钢厂、熟铁厂三厂并炼，每日可出精钢、熟铁共一百吨，每年可出精钢、熟铁三万吨。"[3]但因经费缺乏、煤炭供应困难，不能全部开工，并于第二年招商承办。尽管如此，汉阳铁厂仍是甲午战前中国成功创办的第一座大型钢铁联合企业，它与其他钢铁厂共同为我国钢铁工业的发展奠定了基础。

---

[1] 孙毓棠. 中国近代工业史资料（第1辑上册）[M]. 北京：北京科学出版社，1957.
[2] 孙毓棠. 中国近代工业史资料（第1辑上册）[M]. 北京：北京科学出版社，1957.
[3] 孙毓棠. 中国近代工业史资料（第1辑上册）[M]. 北京：科学出版社，1957.

在纺织业方面，从光绪五年至光绪二十年（1879—1894）为抵制洋货、开发利源而设的企业主要有6个。其中，官办2个，即左宗棠于光绪五年设立的兰州织呢局、张之洞于光绪十五年在湖北设立的织布官局；官督商办1个，即李鸿章于光绪五年奏设的上海机器制布局；官商合办3个，即张之洞于光绪二十年奏设的湖北纺纱局、湖北缫丝局和唐松岩于光绪十七年在上海创办的"新华纺织新局"。这些企业的生产范围包括制呢、纺纱、缫丝、织布诸门类。这些企业的开办，部分抵制了洋纱、洋布的进口，开辟了利源，为发展纺织工业积累了经验，培养了技术力量。特别是大量雇用女工，为社会开了新风。

几乎与清廷兴办民用工业的同时，中国一部分商人、地主和官员开始投资机器工业。他们资本有限，主要投资资金少、见效快的轻纺工业，也有一些是从原来的手工业工场、作坊采用机器生产转化而来，只有少数人对重工业做了试探性投资。这些企业一般规模较小，资本大都在10万元以下，有的只有几千元，这是近代中国民营企业的发端[1]。

早期的民营工业企业主要有机器修造业、缫丝业、粮油加工业、火柴业等。最早采用机器生产的是上海洪盛米号，于同治二年（1863）始用机器碾米。不过，它还不是专门的碾米厂，只是米店的一部分。正规的机器生产企业则是广东南海县陈启源于同治十二年（1873）创办的缫丝厂，以蒸汽机为动力，使用机器缫丝，雇用女工六七百人。两年后南海又出现4家机器缫丝厂。其后，机器生产在诸多行业逐步推广，出现了一批颇具规模的企业。

自陈启源在广东南海县创办继昌隆缫丝厂以来，由于机器缫丝"出丝精美，行销于欧美，价值之高，倍于从前"[2]，很快在当地得到推广。在上海，机器缫丝业同样发展很快。光绪七年（1881），浙江丝商黄佐卿在上海建立公和永缫丝厂，开办时有丝车100部，后来发展到858部[3]。其后，又有坤记丝

---

[1] 杜恂诚. 中国近代经济史概论[M]. 上海：上海财经大学出版社，2011.
[2] 孙毓棠. 中国近代工业史资料（第1辑上册）[M]. 北京：科学出版社，1957.
[3] 杜恂诚. 中国近代经济史概论[M]. 上海：上海财经大学出版社，2011.

厂、裕慎丝厂、延昌丝厂、正和丝厂、纶华丝厂和源昌丝厂等在上海相继开业。每厂有二三百部丝车，雇用工人五六百人至千余人不等。这些工厂的出现，使上海地区成为中国机器缫丝业的又一中心。此后，机器缫丝业又相继在江苏、浙江等地得到发展。

机器轧花业最早出现于宁波，由严信原创办于光绪十二年（1886），称通久源轧花厂。该厂以5万两白银为资本，购置日本所产轧花机40台，聘用日本技师，利用当地原料和工人进行生产，获利颇丰。以后，相继两次增添设备，提高生产能力。光绪十七年可产皮棉3万担，光绪十九年已达6万多担[1]。光绪十三年，唐松岩在上海创办轧花纺纱新局，有纱锭7000枚，布机50台。不久，上海接连开办了棉利公司（1891）、源记公司（1891）和礼和永（1893）等机器轧花业，分别拥有40—120台轧花机。轧花企业的开办，为发展棉纺织业提供了条件。

粮油加工工业产生于人口较多的大城市。光绪四年（1878），朱其昂在天津首创贻来牟机器磨坊，用机器磨面，所产"面色纯白，与用牛磨者迥不相同"，"每年获利六七千两"[2]。其后，相继有汕头豆饼厂、上海裕泰恒火轮面局、源昌碾米厂、福州机器面粉厂、北京机器磨坊、汕头长发油房等出现。这些企业，虽然规模不大，供应市场有限，但却开始用机器磨面、碾米、榨油，明显提高了粮油加工水平。

19世纪70年代以后，在广东、天津、上海、重庆、福州、慈溪、太原等地相继出现了火柴厂。其中，天津自来火公司、上海燮昌火柴公司、重庆森昌泰火柴厂规模较大，各佣工数百人。例如，上海燮昌火柴公司有资本5万两，日产火柴30—50箱；森昌泰火柴厂也有资本5万两，年产量可达6.3万箱[3]。它们的火柴行销内地，价格较进口火柴便宜，在一定程度上抵制了火柴进口。

---

[1] 孙毓棠.中国近代工业史资料（第1辑上册）[M].北京：科学出版社，1957.
[2] 孙毓棠.中国近代工业史资料（第1辑上册）[M].北京：科学出版社，1957.
[3] 孙毓棠.中国近代工业史资料（第1辑上册）[M].北京：北京科学出版社，1957.

造纸与印刷出版业也有所发展,机器造纸业创办于广州和上海。早在光绪八年(1882),广州已有造纸公司出现。光绪十五年,商人钟星溪在广州盐步水藤乡创办宏远堂机器造纸公司,资本15万两,设备齐全,日产纸62担,光绪三十二年改为官商合办。光绪十七年,李鸿章等在上海杨树浦创建伦章造纸厂,资本30万两,月产纸40万斤。

石印、铅印技术传入中国后,中国绅商自同治十二年(1873)开始在汉口、上海、广州、杭州、苏州、宁波、北京等地相继创办了十几家刊行报纸和书籍的机器印刷企业。在报刊印刷方面,艾小梅在汉口于同治十二年创办的"昭文新报馆"为最早;继起者有容闳于次年创办于上海的《汇报》、邝其照于光绪十二年创办于广州的《广报》等。在书籍印刷方面,主要有徐鸿复、徐润在上海创办的同文书局、李盛铎在上海创办的蜚英馆石印局以及北京的撷华书局等。这些印刷工业,主要采用石印技术,一般雇工100—200人,影印了大量古版书籍,对保存古籍和文化交流起了重要作用。

此外,木材加工、机器制茶、制糖、制冰、制玻璃、制药、制煤砖等行业,都有规模较小的企业在以上海为中心的沿海城市和台湾地区出现。与此同时,我国绅商自办的城市公用事业也开始起步。光绪十六年(1890),旧金山华侨黄秉常在广州创设广州电灯公司。该公司有两台100马力发动机和两架发电机,可供1500盏灯用电,使广州城40条街上店铺和公共场所开始用电灯替代了煤油灯。广州、汉口、沙市、南京、扬州等地,一些商人开始筹设自来水公司以改善城市用水。

在重工业方面,民间资本薄弱,投资不多,仅在上海、广州、汉口出现了一些船舶修造厂和机器修理厂。此外,有一些小型煤矿和金属矿。

光绪初年(1875),开始出现一批民间资本经营的小型煤矿,主要有安徽池州煤矿和贵池煤矿、湖北荆门煤矿、山东峄县煤矿、广西富川县贺县煤矿、直隶临城煤矿、江苏徐州利国驿煤铁矿、奉天金州骆马山煤矿等。这些煤矿大部分是在原来土法开采基础上创办的。其中,池州、利国驿煤矿具有中等规模,各有资本10万两左右,机器设备稍多,其余各矿资本一般为二三万两,设备因陋就简,或仅在个别工序上使用机器。

民间资本投资金属矿稍晚于采煤业。从光绪八年(1882)前后开始,十余年间共创办了十余座矿,适应着社会对金、银、铜、铁、铅等金属日益增长的需要。但是,由于民间资本不足,设备简陋,大部分矿山只使用少量机器,规模一般不大。

表4-4 中国设立的厂矿资本额及其指数(1895—1900年)

年度	资本/千元	指数/1895=100	年度	资本/千元	指数/1895=100
1895	3307	100.0	1898	4387	132.6
1896	4343	131.3	1899	1901	57.8
1897	5776	174.7	1900	3304	100.0

资料来源:汪敬虞. 中国近代工业史资料(第2辑,下册)[M]. 北京:科学出版社,1957.

甲午战争以后,中国整个资本主义工业发展情况可以从表4-4的统计中看到一个大致轮廓。1895—1898年是甲午战争后设厂运动的第一个高潮。这一高潮是1895年以后在新式企业利润的刺激以及社会舆论要求"设厂自救"的鼓励下出现的。1898年以后由于外资和外货的竞争,设厂出现低落现象,1900年建厂活动又有所回升。由此可见,清朝末期的资本主义工业的发展是波浪式的,但总的趋势是向前发展的。

另据美国保罗·肯尼迪(Paul Kennedy)提供的数据,1830年中国制造业产量在世界制造业总量中所占份额为29.8%(见表4-5),低于整个欧洲,到1860年减至19.7%,到1900年进一步减至6.2%。工业化水平已经大大低于西方发达国家。

表4-5 世界制造业产量的相对份额（1830—1900年）　　单位：%

份额　年度 国名	1830	1860	1880	1900
中国	29.8	19.7	12.5	6.2
印度	17.6	8.6	2.8	1.7
整个欧洲	21.3	29.7	30.3	34.3
英国	9.5	9.9	12.9	8.5
法国	5.2	7.9	7.8	6.8
德国	3.5	4.9	6.5	8.2
意大利	2.3	2.5	2.5	2.5
俄国	5.6	7.0	7.6	8.8
日本	2.8	2.6	2.4	2.4
美国	2.4	7.2	14.7	20.6

注：世界制造业总量为100。
资料来源：［美］保罗·肯尼迪. 大国的兴衰[M]. 北京：国际文化出版公司，2006.

19世纪以后，中国的人口增长速度明显下降，影响了经济发展。从工业发展水平来看，到1860年，中国制造业在世界中的地位已落在英国之后，1880年又被美国超过，到1900年，中国制造业产量在世界制造业总量中所占份额仅为6.2%，已沦为世界第六位。按人口计算的工业化水平来看，中国的工业化水平在1830年仅相当于英国的24.0%，1880年只为4.5%。

4.3 商业

4.3.1 商业思想

鸦片战争以后，西方列强侵入中国，中国的门户洞开，外国商品大量涌入，西方的侵略不仅冲击了中国的传统经济结构，最重要的是改变了中国人的价值观念。中国部分先知先觉的人士提出重商的观念，批评"重本抑末"的传统思想。

曾国藩在洋务活动中就产生了"商鞅以耕战,泰西以商战"[①]的想法。曾国藩较之同时代的人思想是开化的,但其重商观点是零星的、不系统的。系统的重商思想可在郑观应、王韬、陈炽等早期改良派人的著作中见到。郑观应指出:"古有四民,商居其末……不知商贾虽为四民之殿,实握四民之纲。士有商则行其学,而学益精;农有商则通其植,而植益盛;工有商则售期作,而作益勤。商足以富国,岂可视为末位?"[②]郑观应的重商思想是全新的,他将商人的地位放在四民之首,这在历史上是绝无仅有的。郑观应进一步阐述商业在国民中的重要性,他在《盛世危言·商务》中指出:"商务者,国之元气也,通商者,舒畅其血脉也。"[③]认为"商贾具生财之大道,而握四民之纲领","外洋以商立国……彼不患我之练兵讲武,特患我之夺其利权,凡致力于商务者,在所必争"。并分析了世界政治经济的形势,指出处此"国势已形岌岌"的局面,必须摒弃陈旧的"崇本抑末之旧说",切实认识到"商之义大矣",要"大力振兴商务"[④]。

曾经出使英、法、意、比四国的薛福成提出商握四民之纲的观点:"夫商为中国四民之殿,而西人则恃商为创国造家、开物成务之命脉,迭著神奇之效,何也?盖有商则士可行其所学而学益精,农可通其所植而植益盛,工可售其所作而作益勤。是握四民之纲者,商也。"并进一步提出工体商用说:"泰西风俗,以工商立国,大较恃工为体,恃商为用,则工实尚居商之先。"[⑤]光绪二十二年(1896),陈炽在其《续富国策》的《创立商部说》中说英国"挟其坚船利炮,遂以纵横四海"是全恃"商之力"。

王韬可称得上是中国早期启蒙思想家,他在香港办的《循环日报》对中

---

① 曾国藩.曾文正公全集·书札[M].长沙:岳麓书社,1994.
② 郑观应.郑观应集(上)[M].上海:上海人民出版社,1982.
③ 郑观应.郑观应集(上)[M].上海:上海人民出版社,1982.
④ 郑观应.郑观应集(上)[M].上海:上海人民出版社,1982.
⑤ 薛福成.薛福成选集[M].上海:上海人民出版社.1987.

国思想界形成巨大冲击。但王韬在1862年以前的商业观念仍是封建传统观念，他主张重农桑而抑末作。1862年以后，主要是在游历欧洲以后，他的思想和商业观念发生巨变，王韬思想由传统的"抑商"变为"重商"。他对死抱着"重农抑商"信条的顽固守旧分子进行抨击，认为顽固派之"重农"，实际上是只知道"丈田征赋，催科取租，纵悍吏以殃民，为民之虎狼而已"[①]。王韬认为，"泰西诸国以通商为国本"，"英之国计民生全恃乎商，而其利悉出自航海"[②]，指出资本主义国家是靠通商富国的。面对这种世界大势，中国只能与之相适应，不能因噎废食。

他们改变了工商为末的旧有看法，认为欧洲国家敢于侵扰大清主要源于他们商业的发达、财力的富足。这个时候只有充分把握局势，抓住有利的因素，大力发展商业，鼓励本国商人与欧洲商人争利，才能在与西方国家的交往中争得更多的权益，逐渐地变被动为主动。如果反其道而行，不思改变，仍旧对商业大力抵制，必然国将不国，尧舜禹汤再世也难以挽救。在这些处于江湖之远的知识分子的宣传下，一些身居庙堂的高级官员也终于开始放下架子，正眼看待往昔的"犬羊蛮夷"，并达成了"商战为本，兵战为末"的共识。

康有为则更进一步，在《上清帝第二书》中，第一次向皇帝明确提出把"以商立国"作为经济改革的目标，以改变中国几千年"以农立国"的国策，从而发展商品经济。他站在时代的高度指出，"凡一统之世，以农立国""并争之世，以商立国"，以商立国是历史发展的必然。他借鉴中国和世界的经验提出，"古之灭国之兵，今之灭国之商""中国之受弊，盖在此"，"以商立国"是中国救亡图存的良策，并提出了一系列的新措施[③]。

随着重商和商战思想的传播和发展，越来越多的知识分子和开明官僚开始投入行商救国的洪流中去。他们或者上书朝廷，制定良策，以策应商战之实

---

① 王韬.弢园文录外编[M].上海：上海书店出版社，2002.
② 王韬.弢园文录外编[M].上海：上海书店出版社，2002.
③ 梁莹.试论中国近代商业思想的演进[J].文物鉴定与鉴赏，2018（5）.

施；或者舆论支持，抨击害商之人事；更有众多开办实业，亲自下海与西人争利者。

湖广总督张之洞是商战实施的重要支持者之一。他于光绪二十一年（1895）复向朝廷上奏的《吁请修备储折》，其中有九条御侮图强之法，而最重要的一点就是"速讲商务"。他进一步发展了郑观应的观点，认为"中国上下之势大隔，士大夫于商务尤不考究，但有征商之策，而少护商之法"，指出"护商之要，不外合众商之力以厚其本，合全国之力以济其穷"，并提出新的举措①。这道奏折言辞不多，但内涵丰富，立意举措皆有别往昔之惯常，把商人从"凡民有四，一曰士，二曰农，三曰工，四曰商，论民之行，以士为尊，农工商为卑，论民之业，以农为本，工商为末"的陈词滥调中解救了出来，并给予了崭新的地位。

重商思想是封建经济向资本主义经济过渡的必经之途，也是资本主义利益和国家政权相结合的必然产物，它应该也必须形成国家和商业实践的良好的互动。从历史条件上看，中国清朝很多商业思想认识的根源和西方重商主义是基本相同的，然而清朝的大一统局面和封建势力的顽固性不允许中国以商兴国，所以它在遭到强大的阻隔力量以后没有成为解决中国社会形态的强有力武器，中国资产阶级最终也没能领导中国人民走向民主富强的道路②。

4.3.2 商业

鸦片战争后，由于外国资本主义的侵入，引起中国社会经济的急剧变化，产生了新式商业逐渐成熟的土壤。

首先在流通领域主要表现在市场的扩大，商业中心的逐渐形成。《南京条约》签订后，上海成为首批对外开放的口岸之一。进入咸丰年间（1851—1861），上海已取代广州成为对外贸易的中心。同治四年至光绪二十年

---

① 张之洞. 张之洞全集（第二册）[M]. 石家庄：河北人民出版社，1998.
② 梁莹. 试论中国近代商业思想的演进[J]. 文物鉴定与鉴赏，2018（5）.

（1865—1894），上海直接对外贸易货值量一般都占全国对外贸易货值总量的50%左右，最高年份超过60%。上海逐渐成为全国的商业中心。到甲午战争前，又有一批城市被辟为商埠，这些商埠遍及沿海、沿江、边地和内陆各地，中国口岸结构发生了显著变化。在全部口岸中，上海成为进出口货物集散的中枢，其他各埠则成为进出口货物吐纳的纽带，初步形成了一个以上海为中心，以各商埠为环节，向全国辐射的商品流通网。

其次，商品种类和流通数量的增加。在商业中心逐渐形成过程中，进入中国市场的外货，传统进口的棉花下降，棉纺织品大增。除传统工业品外，新增加的"进口杂货"全是工业品，而且品种繁多。投入市场的国货种类也有扩大。鸦片战争前，在市场上流通的主要是粮食、棉花等7种商品，以家庭手工业和农产品为主。鸦片战争后，投入市场的主要是棉布、棉纱、粮食、棉花、烟叶、花生、黄豆等20种商品，以原料和经济作物为主，这反映出鸦片战争后自给自足自然经济的逐步解体和国内市场对世界资本主义市场的依赖性。

鸦片战争后，随着大量外货输入和国货输出，兴起了经营进口货物的新式商业，旧式商业也因之向新式商业转化，私人资本主义商业逐渐滋生起来。上海开埠后，兴起了一批经营进出口货物的商业。先是外商洋行通过买办，利用京广杂货店推销外货，时称华洋杂货店，是近代百货业之始。因为棉布进口增加迅速，跃居进口货之首，从道光三十年（1850）起，出现专销进口棉布的第一家洋布店，到咸丰八年（1858）增到15家，并且建立振华堂洋布公所。同治元年（1862），曾从事舢舨业的小贩叶澄衷开设志顺记五金号，成为上海第一家五金店，后发展成新式五金行业。到甲午战争后五金店多达57家。此外，还有西药、颜料、呢绒业等。除上海外，其他首批开放的口岸也都有私人资本主义商业的兴起，如广州开设洋货店户的道光二十三年（1843）达200家以上，厦门在开埠后不到一年，就有不少人开设行店，专同外商做买卖，福州仅与怡和洋行有购销关系的茶行就有11家。

新兴商业不同于前资本主义商业。如上海旧式土布店，购销双方的对象多是农民和手工业者，这时的商业资本在交换的两极间起中介作用。新式洋布店则不同，它们购买外国棉纺织厂生产的商品，并主要销向中国的城市消费者，这样，商业资本已经同外国产业资本发生密切的联系。再如上海五金商店，交换的一极是进口外国机制五金材料的洋行，另一极是工矿交通企业。商业资本也部分地服务于外国产业资本。当然，这些资本主义的近代商业仍保存着浓厚的前资本主义性质，处于自身发展的初期转化过程中。

鸦片战争以后，有不少中国商人在外国在华企业中搭股。这种现象普遍存在于贸易中心和其他通商口岸的大小型企业，而且占很大比重，不少外资企业的华股占40%，琼记洋行、旗昌轮船公司和上海自来水公司的华股在50%以上，怡和丝厂的华股甚至超过80%。华商在外资企业的搭股资本累计在5600万元以上。中法战争后，华商的搭股活动达到狂热程度，在已查明的47个搭股华商大股东中，最多的是洋行买办，共28人，占59.6%；其次是丝、茶、洋布等行业的商人14人，占29.8%；其余5人是官绅，占10.8%。这些股东涉及外资各行业。

商人资本支配生产的范围也有扩大。鸦片战争前，包买商和手工工场主要稀疏地存在于井盐、丝织、造纸、制茶等行业中。鸦片战争后，这些行业中的大作坊和手工工场大都继续存在，生产各有增长。到中法战争前后，随着通商口岸的增开、市场的扩大和手工业商品的发展，手工产品出口有增长趋势，商人进一步支配这些出口商品的生产，除成为包买商之外，也有投资于作坊和手工工场的。如广州、上海、福州等地，不少茶商投资经营土庄茶栈，设厂进行加工制作。

鸦片战争后就有商人投资近代企业。光绪二十年（1894）以前，中国出现的100多个近代企业，大都有商人投资。这些商人中，有封建社会原有的商人，如盐商、钱庄老板等，他们把原有的商业资本和高利贷资本转化为产业资本，还有鸦片战争后新兴的商人，主要是经营纱布、煤油、五金等进口货及贩卖鸦片的商人。

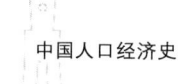

尽管这种联系程度和发展都是微弱的、缓慢的，但是它从侧面反映了进入近代后，中国商品经济有了某种程度的发展。与此同时，商业行会的重建也是引人注目的。同治三年至光绪二十年（1864—1894）中国10省24个城市有107个商业行会，其中新行会超过50%。行会的组织形式也日趋普遍，分帮分业越来越细，107个行会中，包括67种行业的商帮，几乎囊括了当时国内商业的主要行业。这些行会还加强内部管理，以巩固其垄断地位。

随着中国社会的半殖民地半封建化进一步加深，商业行会的地位和作用发生了相应变化。首先，官府利用行会包办税捐和管理城市商人，商业行会为寻求封建统治的保护，日益成为维护封建势力的工具，但是封建官府的苛重厘捐，以及收税胥吏的额外勒索，又导致行会的不满和反抗，行会势力和封建统治势力之间，又存在矛盾和斗争。其次，为推销进口货物和收购出口国货，洋行商人和中国行会商人又有千丝万缕的联系，互相依赖，但是为了垄断和控制市场，争夺利润，行会商人和洋行商人之间又有深刻的矛盾。在中国资本主义新式工业兴起过程中，行会势力也曾对它进行了种种阻挠，产生不利影响。因此，商业行会处于同封建主义、外国资本主义和本国资本主义既联系又有矛盾的地位，反映出社会变化引起商业活动的一系列变化，同时商业的近代化发展更要求冲破内外阻力，寻找适应自己的新的、先进的组织形式[1]。

4.4　对外贸易和外资

4.4.1　对外贸易

鸦片战争前中国是一个独立自主的封建君主制国家，外国人到中国来从事贸易活动必须受中国政府的管制，由于清政府长期实施的是重农抑商的政策，因此中国没有大规模的产品可以用以出售，且材料等严格受到政府管控，不可

---

[1] 洪葭管.中国金融史[M].成都：西南财经大学出版社，1993.

能大规模销售，因此对外贸易量很少。

第一次鸦片战争后，中国对外贸易出现了井喷式的增长，外贸中心也从广州转移到了上海。近代与中国最早开展贸易的国家是英国，英国是当时世界上最为发达的工业国家，英国商人将英国制造的工业品输送到中国，希望能够获得巨额利润，但是英国商品在落后的中国市场上遭遇到前所未有的冷遇，让不少英国商人损失惨重。而中国出产的茶叶、生丝等则在海外市场供不应求，甚至价格暴涨。中国向英国出口额的增长，导致中英贸易中中国处于出超地位。英国不得不以大量的白银支付，估计每年在1.5亿元以上[①]。因此，英国商人不得不通过走私鸦片来弥补其经济上的损失，据估计1855年仅上海一地走私鸦片价值达900多万两，为正常贸易的2.3倍。为了扭转在贸易上的不利局面，英国发动了第二次鸦片战争。战后，中国开始失去贸易自主权，被迫新开了一批口岸，外贸与海关被外国人控制，外国商人可以自由出入中国内地，鸦片贸易合法化，中国的对外贸易迅速由出超变为入超。

同治四年（1865）中国第一次出现了入超，随后，除了同治十一年到光绪二年（1872—1876）曾经一度出现小量出超之外，就一直是入超，而且逐渐加快（见表4-6）。这是因为进口贸易增加得很快，而出口贸易也有所增加，但增长缓慢。

表4-6 海关对外贸易　　　　　　　　　　　　　　单位：千海关两

纪年	公元年份	洋货进口净值	国货出口总值	出超或入超
同治三年	1864	46210	48654	+2444
同治五年	1866	67174	50596	-16578
同治七年	1868	63282	61826	-1456
同治九年	1870	63693	55295	-8398

---

① 洪葭管.近代上海金融市场[M].上海：上海人民出版社，1989.

续表

纪年	公元年份	洋货进口净值	国货出口总值	出超或入超
同治十一年	1872	67317	75288	+7797
同治十三年	1874	64361	66713	+2352
光绪二年	1876	70270	80851	+10581
光绪四年	1878	70894	67172	-3672
光绪六年	1880	79294	77884	-1409
光绪八年	1882	77715	67337	-10378
光绪十年	1884	72761	67148	-5613
光绪十二年	1886	87479	77207	-10273
光绪十四年	1888	124783	92401	-32381
光绪十六年	1890	127093	87144	-39949
光绪十八年	1892	135101	102584	-32518
光绪二十年	1894	162102	128105	-33998
光绪二十二年	1896	202590	131081	-71498
光绪二十四年	1898	209579	159037	-50542
光绪二十六年	1900	211070	158997	-52073

资料来源：杨端六，侯厚培等. 六十五年来中国国际贸易统计[M]. 北平：国立北平图书馆，1931.

从进口贸易来看，在第二次鸦片战争前，进口货物的数量增长不大，在进口货物中，鸦片输入占很大比重。19世纪60年代到70年代以后，进口货物的数量激增，特别是机器和棉纺织品增加迅速，洋纱、洋布输入增加的速度很快，在整个中国进口贸易中的地位逐步提高。道光二十二年（1842），在中国输入的物品总值中，鸦片居第一位，占55.2%，其次是棉花和棉制品，分别占20%和8.4%。到光绪十三年（1887），棉制品已经以35.7%的优势压倒鸦片（28.8%）而跃居进口贸易的第一位。

在进口的棉织品中，棉纱增长的速度又远远超过棉布。同治十一年

（1872）棉纱进口量为5万担，到光绪十六年（1890）增为108.2万担。同期，棉布进口量从1224.1万匹增加到1556.1万匹。输入棉布最多的是光绪十四年（1888），共计1866.4万匹，为同治十一年的152.5%。[①]

在甲午战争以前，向中国输入棉织品的国家主要是英国、印度和美国。在棉纱方面，在19世纪70年代以前，中国的市场为英国所独占。但是，从80年代起，中国各通商口岸的销量，便以印度纱为主了。印度距中国较近，运销成本较低，中印两国都是用银国，汇兑皆用银计算，比较稳定，同时中国对棉纱的需要主要是16—24支粗纱，因此，从80年代起，输入中国的棉纱便以印度粗纱为主，而细纱则以英国为主[②]。

在棉布方面，英国输入中国总值最多。美国货总值虽然较小，但增加的速度很快，尤其是粗布。因为中国市场上对棉布的需要也和棉纱一样，大都以粗货为主，所以从19世纪80年代起，美国布占据了优势，而细布和杂类布英国仍占优势。

除棉纺织品之外，呢绒在19世纪80年代以前的进口中占的比重较大。同治六年（1867）呢绒占全部出口的10.7%，到光绪三年（1877）还占全部进口的6.6%，在全部进口产品中位列鸦片、棉纺织品之后居第三位，但到了光绪十三年（1887）只占到全部进口的5.3%，光绪二十年（1894）更进一步下降为进口总值的2.2%。

随着西方国家石油勘探业的兴起及化学工业的发展，在19世纪七八十年代，煤油、安尼林染料等产品开始进口，这两项产品在光绪十三年（1887）时占中国进口总值的2.1%，到光绪二十年（1894），这两项产品已占全国进口总值的5.6%。其中煤油进口增加迅速（见表4-7）。

[①] 严中平. 中国棉纺织史稿[M]. 北京：科学出版社，1955.
[②] 孙健. 中国经济通史（中卷，1840年—1949年）[M]. 北京：中国人民大学出版社，2000.

表4-7　19世纪后半期中国进口商品的构成　　　　单位：%

产品	1867	1877	1887	1894
鸦片	46.1	41.3	27.3	20.6
棉纺织品	21.1	25.7	36.2	32.1
呢绒	10.7	6.6	5.3	2.2
五金	2.4	5.9	5.7	4.6
棉花	7.4	2.0	1.4	0.3
糖	1.2	2.2	1.2	5.9
米	1.6	2.2	2.7	6.0
海产品	2.0	2.6	3.7	3.2
煤油	—	—	1.3	4.9
安尼林染料	—	—	0.8	0.7
机器	—	—	0.4	0.7
火柴	0.1	0.4	0.7	1.0
煤	1.6	1.5	1.8	2.0
其他	5.8	9.6	11.5	15.8

资料来源：上海社会科学院经济研究所，上海市国际贸易学会学术委员会. 上海对外贸易（上册）[M]. 上海：上海社会科学院出版社，1989.

需要指出的是，鸦片进口在全国总进口中的比重至1894年已降至20.6%，这表明中国从国外进口的商品量有极大的增长，鸦片进口占的比重相对下降。据海关的统计，1867年全国进口值6245.9万海关两，而1894年全国进口值16210.3海关两。在1870年以前进口鸦片价格每担平均500海关两左右，因此1867年中国进口鸦片约5.75万担，而1894年时进口鸦片价格每担平均528海关两，1894年进口鸦片6.3万担。因而，从进口鸦片的绝对量来看，1894年仍然比1867年多[1]。

从表4-7中可以看出，进口棉纺织品占进口比重有大幅度上升，考虑到这

---

[1] 《中国经济发展史》编写组. 中国经济发展史（第三卷，1840—1949）[M]. 上海：上海财经大学出版社，2016.

期间中国进口总量有很大幅度的上升,而且棉纺织品的价格有明显的下降,因此中国进口棉纺织品的数量增加是巨大的。支持棉纺织品对华输出大幅增加的一个重要因素是国外棉纺织业劳动生产率的提高。以当时向中国出口棉纺织品的主要国家英国为例,如果以它1829—1831年生产洋布的劳动生产率为100,则1859—1861年就提高了708,1880—1882进一步提高到948[①]。从英国到中国的航线因苏伊士运河的开通而大大缩短,蒸汽轮船的发明又比帆船提高了速率与运输效率,运费明显下降,电报的发明使商务通信有了极大的便利,这一切都使运往中国的洋布价格大幅下降。以一般的本色布为例,1867年每匹布价值2.12海关两,到1867年以后其价格就经常在每匹1.19海关两以下的水平上波动,价格下跌一半左右[②]。

在进口商品中,除了大宗的鸦片、棉制品、棉花外,还有煤油、糖类、粮食、铁和钢,以及其他的装饰品和奢侈品。可见,外国对中国输出的商品,不仅数量大,而且品种是很多的。

从出口贸易来看,中国主要的出口商品是农产品,其中以生丝、茶叶为大宗。在整个19世纪后半期,生丝、茶叶两项占到出口总值的50%—80%。从19世纪后半期中国出口商品分类比例从表4-8中可以看出。由于越往后出口物资的种类越多,还由于在国际上受到竞争,出口丝、茶的绝对值虽然有较大的增加,但是在出口总值的比重有所下降,尤其是茶叶。由于英国在所属印度和锡兰培植了茶园,在英国市场上,印度和锡兰的茶叶便打破了中国茶独占的局面。印度和锡兰的茶叶产量增长很快,到1889年便以12239.9万磅超过了中国输入英国9250万磅的数量。到1894年,印度和锡兰的茶叶产量增加到18663.2万磅,而中国输入英国茶叶下降到5437.2万磅。这样,中国茶叶在国外最大的市

[①] 上海社会科学院经济研究所,上海市国际贸易学会学术委员会编. 上海对外贸易(上册)[M]. 上海:上海社会科学院出版社,1989.
[②] 《中国经济发展史》编写组. 中国经济发展史(第三卷,1840—1949)[M]. 上海:上海财经大学出版社,2016.

场被印度和锡兰抢占了[①]。

表4-8 19世纪后半期中国出口商品的构成

种类		出口商品所占的比重/%			
		1873	1883	1887	1893
工业产品	丝织品	3.14	6.67	4.30	7.53
	砖茶	1.35	2.14	1.20	2.49
	糖	2.34	5.42	0.80	1.99
	其他	2.14	4.00	1.60	8.44
	合计	8.97	18.23	7.90	20.45
农副产品	茶叶	49.33	43.70	58.43	23.71
	生丝	36.48	24.88	28.28	22.11
	废丝	0.59	2.29	0.20	2.50
	棉花	0.30	0.34	0.79	5.29
	草帽辫	0.24	2.09	0.05	2.08
	其他	3.30	6.41	2.93	14.86
	合计	90.24	79.71	90.68	70.55
其他合计		0.79	2.06	1.42	9.00
总计		100.00	100.00	100.00	100.00

资料来源：姚贤镐. 中国近代对外贸易史资料（第2册）[M]. 北京：中华书局，1962.

生丝的出口较好，绝对数量仍然有所增长，但在国际市场上的销售额明显下降，在欧洲市场上有意大利和日本生丝的竞争，在美国市场上有日本丝的竞争，19世纪70年代后期，欧洲市场上所需蚕丝中，意大利丝占37%，中国丝只占36%。1869年日本出口生丝7260担，到1894年增加到54840担，增7倍。而中国丝只增长1倍。中国生丝出口下降的主要原因是，外国采用饲养新品种优良蚕种，加上利用新式机器缫丝质量好、产量高、成本低。而中国仍是饲养传统

---

① 彭泽益. 中国近代手工业史资料（第二卷）[M]. 北京：生活·读书·新知三联书店，1957.

蚕种，又用土法缫丝，质次成本高，无法竞争，使中国在对外贸易中逐渐失去优势[①]。

出口的货物中，除了生丝、茶叶以外，还有棉花、豆类和糖类等，其中棉花和豆类增长很快。如1871—1873年输出的棉花为8486公担，豆类为57506公担，到1891—1893年，棉花增为290417公担，豆类则增为760522公担[②]。这种增加是由于资本主义国家的工业，特别是日本的棉纺织业和化学工业的发展对中国棉花和豆类的需要量大量提高所引起的。

在外国商品输入量激增的同时，中外贸易的商品结构也发生了变化。同治十年至十二年（1871—1873）中国丝茶两项占出口总值的87.2%，光绪十七年至十九年（1891—1893）降到51.5%，其他农产品和手工业品则由12.8%上升到48.5%，其中主要是棉纱和棉布、豆类、草席、花生、皮毛等物品。出口货物种类的新改变是由于世界工业发展对这些原料的需求，中国越来越成为资本主义国家的原料供应地。出口商品的价格也由外商操纵，直接影响中国进出口贸易的平衡。中国对外贸易被纳入世界资本主义市场。为了商品输出的需要，鸦片战争后外资洋行迅速增加。道光二十年（1840）还不足40家，同治十一年（1872）就达343家，光绪八年（1882）增加到440家，光绪十九年已达580家。外资洋行在同治末年后，从经营进出口贸易又扩展到航运、金融、码头、货栈、保险、工业企业方面的投资，尤其凭借其在中国夺取的沿海、沿江航行特权，纷纷建立轮船公司，加强商品倾销力量，进一步强化对中国进出口贸易的控制地位，并且直接或通过买办向华商贷款购货，将华商置于自己的附庸地位。外国洋行在中国进出口贸易中的作用，是鸦片战争以后中国对外贸易上的一个重大变化。

辛亥革命前夜，中国进出口贸易的大门已全部自由敞开，虽然进出口贸易额年年有增长，而中国的入超数也随之增长。其主要原因是当时的中国是一

---

① 汪华林. 鸦片战争后对外贸易与近代银行的兴起与发展[J]. 兰台世界，2013（30）.
② 彭泽益. 中国近代手工业史资料（第二卷）[M]. 北京：生活·读书·新知三联书店，1957.

个落后的农业国家，其所出口的都是一些初级农产品，尤其是茶叶和生丝一直是中国垄断产品，中国在出口上占据着巨大的优势，而在1886年之后，英国殖民者为了打破中国的垄断地位，在印度、锡兰等地开辟了大量的茶叶种植地，使用机器种植加工，又免除出口税，其价格仅仅是中国茶叶的一半。此外，日本出产的绿茶在美国市场上开始热销，中国茶叶的海外市场就此萎缩①。以19世纪90年代为例，英国的茶叶消费中印度茶已占41%，中国茶降至59%。1876年美国从中国进口茶叶1700万磅，而从日本进口的达到2450万磅。此外，中国茶叶在质量上和生产成本上都无法与这些国家的产品竞争，因此逐渐失去海外市场。

  综合进口、出口贸易来看，在19世纪80年代以前，中国消费外国棉织品一直不多。生丝、茶叶两项出口货，任何一种都足以抵偿外国输入的棉织品有余。但是，到了80年代，棉织品输入激增，已经超过生丝的出口值。90年代又超过了茶叶的出口值，继而又超过生丝和茶叶两项出口的总值②。这种外国棉织品输入的大量增加以及压倒中国生丝、茶叶出口总值的形势，充分说明中国对外贸易上的不利状况。这说明，在第二次鸦片战争以后，中国的门户进一步被打开了，西方资本主义国家在中国开辟了自己的市场，中国已成了资本主义世界市场的一部分。这是外国资本主义经济势力侵入中国和中国经济半殖民化开始的一个方面③。

4.4.2 外资

  晚清时期，利用外资有直接投资和间接投资两种形式。直接投资主要表现为外资企业和中外合办企业，间接投资则是借用外资即实业性外债。其中，利用外国间接投资即举借外债，不仅是甲午战争前清政府利用外资的唯一形式，

---

① 汪华林. 鸦片战争后对外贸易与近代银行的兴起与发展[J]. 兰台世界, 2013（30）.
② 严中平. 中国棉纺织史稿[M]. 北京：科学出版社, 1955.
③ 孙健. 中国经济通史（中卷, 1840年—1949年）[M]. 北京：中国人民大学出版社, 2000.

而且是晚清利用外资的主要形式;中外合办企业是利用外资的次要形式,外资企业则只是利用外资中偶尔采用的形式。

外国间接投资即借用外资,始终是晚清利用外资的主要形式,这是因为在那些利用外资的倡导者和执行者看来,"借洋债"是"阳为借债之名,阴收借债之效,用洋人为本,谋华民之生,取日增之利,偿岁减之息"[1],即用洋人的钱,办中国的事,而且这种方式"由我自主",不会丧失主权,因此是最好的利用外资的形式。

晚清时期举借外债的活动从19世纪60年代就已开始,但多为军事性外债。作为利用外资的实业性外债活动,则开始于19世纪70年代。晚清第一笔借用外资是在光绪三年(1877),轮船招商局在归并旗昌轮船公司中以欠款付息方式而形成的对旗昌公司的100万两债务,它"事实上构成轮船招商局的第一笔外债"[2],同时也揭开了晚清利用外资的序幕。据统计,整个晚清时期共举借实业性外债85笔,包括铁路借款、河工借款、矿业借款、轮船招商局借款等,总额约3.75亿两[3],其中又以铁路借款和矿业借款占绝大部分。

鸦片战争前后,有关西方国家铁路的信息已经传入中国。19世纪70年代,随着边防危机的日益严重,一些颇有远见的洋务官吏已开始提议修筑铁路,但由于顽固派的反对,更由于清政府无力筹集修筑铁路所需的巨额经费而遭到否决。19世纪80年代以后,更多的洋务派从经济、军事、国际形势等各个方面论述修筑铁路的必要性,同时借鉴一些西方国家借债筑路的成功经验,提出了"借债以开铁路"的主张,其中具有代表性的是刘铭传于光绪六年(1880)呈奏的《请筹造铁路折》。他认为:"铁路之利于漕务、赈务、商务、厘捐、行旅者,不可殚述,而于用兵一道尤为急不可缓之图","如有铁路,收费足以养兵,则厘卡可以酌裁,并无洋票通行之病,裕国便民,无逾于此",并主张

---

[1] 马建忠. 适可斋记言·铁道论[M]. 北京:中华书局,1960.
[2] 许毅. 清代外债与洋务运动[M]. 北京:经济科学出版社,2002.
[3] 许毅. 清代外债史论[M]. 北京:中国财政经济出版社,1996.

"今欲乘时主办，莫如议借洋债"①。在与清廷内部的保守派进行了长期激烈争论后，洋务派的"借债筑路"的主张到光绪十五年（1889）基本上得到了清政府的支持。

甲午战争前，洋务派为修建铁路而举借的外债次数不多，共5次，金额也不大，共约156万两，修筑铁路约400公里。甲午战争后，战争的失败进一步刺激了人们"借洋债""办实业"以求"自强"的意识。同时，清政府于光绪二十一年（1895）十二月发布上谕，明确宣布"铁路为通商惠工要务，朝廷定议，必欲举行"②，并将"借债筑路"定为一项基本国策，从此，晚清的铁路借用外资活动蓬勃发展。

据统计，整个晚清时期举借铁路外债共37笔，总额约3.18亿余两，约占晚清实业性外债总额3.75亿两的85%，占整个清代外债的25%③。由此可见，晚清时期铁路借外债次数之多、款额之大。这一时期，中国境内共修筑主要铁路31条，合计9656公里，其中借款修筑的铁路17条，总长5436公里，占全部修建铁路的56%④，初步形成了一个贯通全国的铁路运输网络，而一些主干铁路，如卢汉铁路（借比利时铁路公司3300余万两）、粤汉铁路（借美合兴公司996万两）、关内外铁路（借中英公司1600多万两）等无不是利用外资修成的。

矿业借款是晚清实业外债中又一重要部分。洋务运动时期，随着工业的发展，能源和原料问题日益突出，洋务派开始认识到"船炮机器之用，非铁不成，非煤不济"。于是为了满足军用、民用企业及铁路建设对煤铁的巨大需求，从19世纪80年代起，洋务派掀起了矿业建设的高潮。但矿业兴起不久，许多厂矿就因资金短缺而被迫停产或关闭，政府财政也无力投入，于是不得不举借外债以维持。

---

① 中国史学会. 中国近代史资料丛刊——洋务运动（六）[M]. 上海：上海人民出版社，2000.
② 宓汝成. 中国近代铁路史资料（一）[Z]. 北京：中华书局，1963.
③ 许毅. 清代外债史论[M]. 北京：中国财政经济出版社，1996.
④ 许毅. 清代外债与洋务运动[M]. 北京：经济科学出版社，2002.

甲午战争后，清廷于光绪二十四年（1898）颁布《矿路公共章程》，明确支持矿业借款。据统计，晚清主要矿业借款26笔，总额约3500余万两，约占实业借款的9%。其中，借款次数最多的是汉冶萍公司，共借款10次，约1200万两，占总额的37%；其次是萍乡煤矿，借款5次，约417万两，约占总额12%；汉阳铁厂居第三位，共借4次，约328万两，占总额约9%，其他借款6次，约1473万多两，约占总额的42%[①]。

这些外资对矿业的扩大再生产起到了重要作用，如汉阳铁厂三次借款都是为了扩充铁厂机器设备；萍乡煤矿借款也多是为扩充煤矿设备机件、改善运煤条件等；汉冶萍公司这一时期的借款也是在公司发展过程中为改善设备、扩大生产规模而借。可以说，如果不借用外资，就不会有汉冶萍公司这个中国第一家并一度为亚洲最大的集煤炭矿石、钢铁于一身的大型煤铁联营企业的产生和发展，更不会有当时中国煤矿事业高潮的兴起[②]。

外国直接投资是晚清利用外资的又一形式，它主要表现为外商独资企业和中外合办企业，其中以中外合办企业为主。外商独资企业和以华商附股为表现形式的中外合办企业，早在鸦片战争前后就在中国大地上出现，其活动部门主要集中在航运、船舶修造、出口加工等行业，并开始向电报、铁路等行业扩张。甲午战争前，外国直接投资约1.09亿美元[③]。但是，由于没有条约依据，而且这一时期朝野上下出于"胁制"洋人不易和保卫利权的意图，对外国直接投资多持反对态度。如马建忠认为，外商直接投资办厂是"剥我工商"之举，而"招洋股"与外商合办企业则企业最终会被洋人控制。所以，甲午战争前在华的外国资本都不能算是清政府主动利用的外资，而只能是外国资本的入侵。

第二次鸦片战争后，外资企业迅速发展。据海关关册记载，同治十一年

---

① 许毅. 清代外债史论[M]. 北京：中国财政经济出版社，1996.
② 石涛. 外资与晚清工业化[J]. 内蒙古社会科学（汉文版），2003（5）.
③ 许涤新，吴承明. 中国资本主义发展史（二）[M]. 北京：人民出版社，1990.

（1872），有外商343家，外侨3673人；光绪八年（1882），有外商440家，外侨4894人；光绪十八年（1892），有外商579家，外侨9945人。另据香港刊物记载，1865年全国只有外资企业78家，到1893年年底已经增至580家。这些由英国、德国、日本、法国、美国、俄国、意大利等国设立的580家企业规模小，主要以对华贸易为中心而进行的商业投资，其中英国企业就占六成以上[①]。

甲午战争后，《马关条约》的签订使外资企业在中国通商口岸取得了合法地位；1898年，《矿路公共章程》的颁布又使中外合办企业取得合法地位，从此以后，外资企业和中外合办企业迅速发展起来。光绪二十四年八月，清政府又颁布"广开口岸"的上谕，宣布自开商埠，这一措施更刺激了外国直接投资的发展。晚清利用外资在甲午战争前还是十分谨慎的，对偿还能力也有充分考虑，如李鸿章在铁路借款中提出的三大原则之一就是"由国家指定日后所收铁路之利，陆续分还"借款，以防洋人控制，否则，"不如是则勿借"[②]。因此，这一时期清政府借款数额不大，并且按期归还，效果良好。但是甲午战争后，尤其是晚清末期，清政府借用外资走上了不顾偿还能力、盲目滥借的歧途，许多官员主张大借外债，一些企业如汉冶萍公司，不顾自己的承受能力，大借日债而不能自拔，最终为日本所控制。

4.5 不平等条约与对外开放

道光二十二年（1842）八月二十九日，清政府被迫签订了中国历史上第一个不平等条约——《南京条约》。随后，中美《望厦条约》和中法《黄埔条约》签订，许多欧洲小国也都纷纷要求和清政府订约，清政府一概应允。第二次鸦片战争后，中国与英国、法国、美国和俄国分别订立了《天津条约》，与

[①] 杜恂诚.中国近代经济史概论[M].上海：上海财经大学出版社，2011.
[②] 许毅.清代外债与洋务运动[M].北京：经济科学出版社，2002.

英国、法国和俄国分别订立了《北京条约》。不平等条约的内容非常广泛,除了割地赔款外,更重要的是西方列强由此获得了在中国所要获得的许多政治和经济特权。

《南京条约》共13款,其中比较重要的有:(1)永远割让香港岛;(2)向英国赔偿鸦片烟价、商欠、军费共二千一百万银元;(3)五口通商,开放广州、福州、厦门、宁波、上海五处为通商口岸,允许英人居住并设派领事;(4)协定关税,英商应纳进出口货税、饷费,中国海关无权自主;(5)取消行商制度,准许英商在华自由贸易等。此外,也规定双方官吏平等往来、释放对方军民以及英国撤军等事宜。

在中英《南京条约》签订后,美国和法国十分垂涎英国的既得利益,也纷纷跟踪而来。美国本来是一个仅次于英国的鸦片贩子,在英国侵华活动中,它不但给英国偷运商品,而且派加尼率领东印度洋舰队来中国给英国助威,并乘机胁迫广州当局强索25万美元左右的赔款。英国侵华得逞后,美国立即派专使顾盛到澳门,要求清政府订立条约,并派舰队到中国海面示威。清政府在美国侵略者的威逼之下,于道光二十四年(1844)七月在澳门的望厦村签订了中美《望厦条约》。

中美《望厦条约》共34条款,这是中美第一个不平等条约,并附有海关税则。其主要内容为美国在通商、外交等方面,享有与英国同等的权利。也就是说,英国通过鸦片战争获得的特殊权益,除割地、赔款外,美国全部获得,而且在许多方面危害中国更严重。除了增加16项以上的有利条款外,更进一步明确了协定关税原则,扩大领事裁判权的范围,肯定所谓"利益均沾"的最惠国待遇和条约的固定年限,并创立洋货转口免税制度等。如条约规定:"倘中国日后欲将税则变更,须与合众国领事等官议允",这样中国的关税主权就完全落到合众国领事等官掌握之中,中国的关税主权完全丧失了。此为《南京条约》规定"协定关税"范围的进一步扩大,严重地损害了中国的经济利益。

继美国之后,法国也乘机向清政府施加压力,于道光二十四年十月强迫清政府签订了中法《黄埔条约》。《黄埔条约》和《南京条约》、《望厦条约》同样，除了规定法国享有特权外，又规定："倘有中国人将法兰西礼拜堂、坟地触犯毁坏，地方官照例严拘重惩。"这就强加给清政府保护教堂的条约义务。根据这项条款，法国又要求取消雍正元年（1723）颁布的天主教禁令，道光二十四年十二月清政府宣布弛禁天主教。这样，外国列强在中国取得了传教的特权，从此西方的传教士就和商品、鸦片源源不断进入中国[①]。

除了英国、美国和法国外，葡萄牙、比利时、瑞典、荷兰、西班牙等国也都纷纷要求和清政府订约，清政府一概应允，于是都获得英国、美国和法国享有的特权。

晚清时期，西方列强发动五次大的侵略战争，发动战争的目的之一，就是要迫使清政府签订不平等的条约，使经济更加开放。1840—1842年英国发动的鸦片战争，迫使清政府不仅允许英国恢复对华贸易（原来因不配合禁烟而被清政府断绝贸易），除了原有广州一口岸外，又开放厦门、福州、宁波、上海等四个通商口岸，取消了公行制度，占领了香港，英国等列强还获得了通商口岸上的传教开放、领事裁判权、议定关税、片面最惠国待遇、通商口岸之间的自由通航等特权[②]。

1856—1860年，由于不满足已有的经济开放，英、法联军又发动了第二次鸦片战争，迫使清政府进一步开放商埠，沿海沿江有广州、汕头、琼州、福州、厦门、台湾、宁波、上海、烟台、天津、营口、镇江、汉口、九江14埠，陆路上为俄国开辟的有伊犁、塔尔巴哈台、喀什噶尔、库伦、张家口等5埠。外国人在这些商埠不仅租地盖房，还自成一特殊居留区。这些外国人居留区，因有领事裁判权的保护，都成为中国法权不能行使的特殊区域，后来又发展为租界[③]。西方列强还取得"持照"到通商口岸外的各地经商、旅游、传教的许

---

① 孙健. 中国经济通史（中卷，1840年—1949年）[M]. 北京：中国人民大学出版社，2000.
② 高德步. 中国经济简史[M]. 北京：首都经济贸易大学出版社，2013.
③ 郑剑顺. 晚清对外开放的历史回顾及启示[J]. 中国社会经济史研究，2004（1）.

可，取得互派公使、外国公使驻京的许可，取得子口税、船钞的优惠，取得"帮办税务"的特权等，中国的商品市场至此已基本上向外国开放。

1883—1885年，法国侵略者发动中法战争，逼迫清政府开放广西、云南边境通商，取得进出口税更为优惠的权益，进口税减1/5，出口税减1/3。

1894—1895年，日本侵略者挑起侵华的中日战争，迫使清政府割让台湾，增开杭州、苏州、沙市、重庆四个通商口岸，取得在各通商口岸投资设厂权和税收优惠，中国开放了金融、资本市场。

1900—1901年，英国、法国、俄国、美国、日本、德国、意大利、奥地利八国联军联合发动侵华战争，清政府被迫允许外国军队在京津一带驻扎，并付出巨额赔款四亿五千万两，以关税、盐税、常关税作抵押。这实际上是一次帝国主义列强以武力强迫清政府保证对他们的继续经济开放并保护、扩张他们的在华利益。

这一时期，在外国武力胁迫下，开放程度逐步扩大。从开放通商口岸开始，由5口增至16口再扩展到总计30多口。通商口岸分布由沿海扩展到长江流域和西南、西北内陆边境。允许外国人经商、旅游范围从通商口岸扩展全国各地。外国轮船航运从通商口岸之间的航运扩展到内江内河航运。从开放通商到开放外国投资办厂，从引进机器、技术、人才到引进资金，从开放商品市场到开放人力市场、资本市场、文化市场，从租地发展到租港口，从经济开放发展到军事开放等[①]。

对外开放是强国富民之路，是任何国家都必须选择的道路。晚清面对这一重大课题没有正确对待，走上了被动、艰难、屈辱的路程，使对外开放与丧失主权并存共生，影响了对外开放的声誉和成效。对外开放使晚清的经济逐步近代化，政治近代化也见端倪。如第二次鸦片战争后，洋务官员们实行对外开放政策，开始"师夷"，引进机器、技术、人才，兴办工厂、近代企业，办学

---

① 郑剑顺. 晚清对外开放的历史回顾及启示[J]. 中国社会经济史研究，2004（1）.

堂，派留学，通外情，开展对外交流等，从讲求军政到讲求商政，迈开了经济、军事、教育、思想观念等近代化的脚步。甲午战争后，维新派在对外开放上有更多的认识，如主张学习"西政"，进行变法，引进亚当·斯密经济学理论，提倡行"自由商政"，强调对外开放的必要性、重要性。这种认识促进了晚清的对外开放[①]。

4.6 银行业的产生

鸦片战争后中国的对外贸易进入了一个空前发展的阶段。中国出产的茶叶、生丝等在西方市场中成为炙手可热的商品，出口量比鸦片战争前猛增了数倍，外国资本家每年要携带大量的白银到中国购买茶叶和生丝，长途运输过程中所要承担的风险以及成本都是可想而知的。因此外国资本家对银行的需求越来越大，外国银行在中国的发展进入了一个前所未有的高速期。

在中西贸易活动中，出现了一种可以在印度加尔各答兑现的汇票，西方商人可以用这种汇票在中国市场上购买茶叶和生丝，而汇兑业务则由"洋行"经理。1845年以后，在印度的英国银行家将业务拓展到中国，在广州等地开设银行分支机构。中国近代史上最早出现的外国银行是丽如银行，其总部设在印度，原名为西印度银行。此后，陆续有印度英国银行在中国境内开设分行，例如汇隆银行、阿加剌银行、亚细亚银行、有利银行以及麦加利银行等，这些银行都将机构设立在广州和上海等当时中国最大的贸易城市中。

19世纪60年代中国的棉花成为西方市场的又一个宠儿，外国银行从棉花押汇业务中获得了巨大的利益，因此外国银行在中国的发展进入了一个新的高潮，对外贸易的中心也从广州转移到上海。此后宁波、福州、九江、汉口等地先后出现了外国银行的分支机构。不过英国人独占中国金融领域的局面很快被

---

① 郑剑顺.晚清对外开放的历史回顾及启示[J].中国社会经济史研究，2004（1）.

西方其他国家的银行家所打破。

这一时期，中国已经有类似于银行的金融业存在，银行的基本业务就是存款、放款、汇兑以及货币兑换和发行等，这些业务中国的传统金融机构如钱铺、钱庄、银号、账局、票号等都在经营。清朝钱庄设立渐多，而钱铺仍是包括钱庄的通名。银号由明朝的银铺发展而来，业务和钱庄差不多。清朝北方还有账局，乾隆元年（1736）已有关于账局的记载，是经营存放款的机构。票号产生于道光初年（1821），由兼营汇兑的商铺发展而成，虽以汇兑为主业，也兼营存放款等业务。这些机构从业务性质来看可以说是中国式的银行。这些金融机构还可以发行自己的兑换券（银票、钱票等），从而提高了创造信用的能力。它们同外商银行的区别不是在业务上，而是在资本结构和经营管理模式上[①]。

中国传统的金融机构同西方银行相比，主要的不足是每家金融机构的资本比较少，这是因为采取独资或合伙的办法，不像股份制企业能集中巨额资本。店主所负的责任是无限的，不像股份有限公司的责任只以所定股本数为限。中国钱庄的放款以信用放款为主，不像银行以抵押放款为主，放款的风险性小。凡此种种，都说明中国的传统金融业要学习西方金融制度的优点，但在西方银行进入中国以后的相当长的时期内，中国传统的金融机构都安于原来的模式，而无主动另设银行的要求。清末票号内部已有人建议票号跟上形势，将票号改组为银行，但被各总号所拒绝，充分说明改变经营模式的不易[②]。

清末最早提出兴办银行主张的是洪仁玕，太平天国九年（1859）洪仁玕在《资政新篇》中首先提出"兴银行"的主张。以后又有诸如陈炽、郑观应、盛宣怀、梁启超等多人着重从"银行以兴商务"、振兴经济的角度呼吁兴办

---

① 叶世昌. 清末本国银行业的产生和发展[C]//中国钱币学会. 中国钱币论文集（第6辑）. [出版者不详], 2016.

② 叶世昌. 清末本国银行业的产生和发展[C]//中国钱币学会. 中国钱币论文集（第6辑）. [出版者不详], 2016.

银行。

同治四年（1865），最早的华商保险行上海义和公司保险行设立[1]。同治十年，在上海等地招股的华商保安公司在香港开业[2]。上海轮船招商局开办后，于光绪元年（1875）筹设保险招商局，上海设总局，在镇江、九江、汉口、宁波、天津、烟台、营口、广州、福州、香港、厦门、汕头等地设分局。光绪二年和四年，又先后集股设立仁和保险公司与济和水火险公司。

光绪十一年（1885），清廷发生了关于设立国家银行的争论。先是怡和洋行商董克锡格和密克二人上书醇亲王奕𫍯和直隶总督李鸿章，建议创办股份制的国家银行，并拟定《（股份）有限国家银行章程》10条。其要点为：本银为关平1000万两，分10万股。在北京和上海设总局，各省设分局。总分各局由国家简派京、外大员二三人为督办，由督办将众股友公保中、外可任总办者3—7人为总办，坐局料理。督办可以派用总办，并随时查阅账目、盘兑存银。一切账目请公证人查勘签字，六个月刊发一次。银行股票刊印华英合璧字样，可随时买卖。明降谕旨恩准该银行权利四条：国家借款及购买军火、机器等件，出洋大臣廉俸，皆归银行办理汇兑；关税皆交银行收存，三个月内认息3厘，三个月外认息5厘，遇有发款由银行汇拨；准银行开写银票，随时可兑现银，各省关交帑纳税可以银票上兑；以上三条在50年内由银行独占利益。银行尽报效之忱四条：派员监查银行代国家经办一切款项及进出各账；国家遇有要需，银行情愿承借，以银300万两为止，年息7厘；国家一切出纳银款，银行必竭力效劳，费用比照别家至贱之价，或更为从减；将来国家改用金银各钱时，银行必格外赞助，以广流行。请降谕旨恩准银行招集有限股份，并派创立之员详筹妥善条规，按照英国银行规例办理，并另派专员监查其事[3]。

---

[1] 上海新报. 新开保险行, 同治四年（1865-05-13）.
[2] 上海新报. 华商保安公司条规, 同治十年（1871-07-14）.
[3] 第一历史档案馆藏, 单03-9528-054, 光绪十一年八月克锡格、密克呈。又见《谨拟有限国家银行章程恭呈宪览》，《申报》光绪十一年十二月二十三日，未说明是何人所拟，章程后还附有禀李鸿章文。

李鸿章赞成英国人克锡格等设立国家银行的建议，为此面奏慈禧太后。光绪十一年（1885）八月二十三日奉慈禧懿旨："据李鸿章面奏开设官银号以裨国计等语，着户部会同李鸿章妥议具奏，并命醇亲王奕谭一并与议。"[①]于是清廷进入了是否设立国家银行的讨论。李鸿章和奕谭是主张办的一方，满汉户部尚书觉尔察·额勒和布和阎敬铭是反对的一方，双方进行了激烈的争辩。户部反对的根本理由就是可能被洋商操纵，对国家不利。为了使户部能同意办银行，李鸿章和奕谭对克锡格等的方案做了不少修改。但户部仍寸步不让，而慈禧也倒向了户部一边。九月二十日再发懿旨："前据李鸿章面奏，开设官银号以裨国计等语，原为通筹经费起见。惟此事创办非易，中华与外洋情形迥不相同，若经理不得其宜，深恐流弊滋多，着毋庸议。"[②]办国家银行事遂作罢。直至光绪二十三年（1897），中国才产生了第一家自办银行，这时已经距外商在中国设立银行半个世纪多了。

光绪二十二年九月，盛宣怀上奏《条陈自强大计折》主张兴办银行，并积极拟定银行章程。光绪二十三年在洋务派官员的积极推动下，中国第一家新式银行——中国通商银行正式成立，设总行于上海，招商500万两和商借户部库银100万两以私营名义开设。同年在北京、天津、汉口、广州、汕头、烟台、镇江等地设立分行，后又在各省设立分行。中国通商银行的组织形式和规章制度均模仿在华设立的汇丰银行。该行用人办事，"以汇丰为准"，不但内部制度一仿汇丰银行的办法，而且延聘英人A. M. 美德伦（A. M. Maitland）为总行洋大班，上海钱业领袖陈笙郊为华大班，业务大权由洋大班掌握[③]。并聘请洋员，甚至连总行的账册、簿据也全部用英文记载[④]。中国通商银行成立之初除经营存、放款业务外，清政府还授予发行纸币的特权。次年该行发

---

① 清实录馆. 清德宗实录[M]. 北京：中华书局，1987.
② 清实录馆. 清德宗实录[M]. 北京：中华书局，1987.
③ 刘云祥. 金城银行——中国近代民营银行的个案研究[M]. 北京：中国社会科学出版社，2006.
④ 中国社会科学院近代史研究所中华民国史组. 中国第一家银行[M]. 北京：中国社会科学出版社，1982.

行1—100元面额不等的纸币235万元和1—100面额的银两票50万两。实际上是一家由官僚控制下的具有资本主义性质的银行。尽管如此，中国通商银行毕竟是第一家中国人自己出资创办的银行，在中国银行业发展史上具有里程碑的意义。

4.7 财政

清朝"中央政府的财政制度是相当程度地浮在表面上的"[1]。清朝是中国历史上少有的实行"轻徭薄赋"的朝代，它在长时间里实行低税率政策。甚至在正常时期，官僚政治的组织虽然在形式上是高度集中的，仍不能深入到中国的社会中去。中央政府通常将其经济作用只限于要求分享一部分生产中比较固定的经济所得，以及保持国内安定和防御外患以确保下一年的再生产。在整个清朝时期，土地税不具有扩张性，它自1711年实行"滋生人丁，永不加赋"的政策后就再也不能随人口的增长而增加了。各省上缴中央的份额只有在新垦地纳入税册时才会有所提高，而各省却很少把土地税增加的情况上报中央，这直接影响了清廷的财政收入。晚清政府也没能改变原有的税收制度，继续维持着低税率[2]。

鸦片战争前，在清朝的财政收入结构中，田赋一直是支柱性的财源。在晚清时期，田赋虽然还是很重要的收入来源，但它的支配性地位已被关税和厘金所取代。咸丰四年（1854）以后成立的外国人管理的海关正式规定向对外贸易征收关税，并把收入上缴给中央政府而不归各省掌握。光绪二十年（1894）的关税比同治三年（1864）增长了近2倍，在收入结构中的比重由1/7上升到1/4[3]。然而严重的是，海关税不具有扩张性，在缺损的主权下被列强规定在一

---

[1] 费正清. 剑桥中国晚清史[M]. 北京：中国社会科学出版社，1985.
[2] 刘佳. 浅谈晚清财政[J]. 法治与社会，2007（6）.
[3] 严中平. 中国近代经济史（1840—1894）[M]. 北京：人民出版社，1989.

个很低的税率上。"第二种新税制则相反，它几乎完全脱离了北京的控制。这就是厘金税，它原来是各省官员为了筹集镇压太平军而设立的。作为向通过运河的粮食征收的内地过境税，咸丰三年（1853）首先在江苏省开征。在有些情况下，不但在运输沿线征收，而且还在出发地作为生产税或者在目的地作为营业税征收。税率悬殊，从货价的1%到10%不等，而最普遍的税率是每个厘卡收2%。在各省每年向户部上报的商品厘金税中，中央政府只能处理约20%，其余的实际都由各省掌握。未上报的数量不详的税收当然也归地方留用。"[1]而田赋管理的分散性使政府失去了对田赋管理的控制权，结果使田赋在财税制度中不能起到关键性作用，不能随经济发展而使政府收入增多。在这种不利的条件和不当的政策下，政府缺乏对税收制度予以创新以拓宽财源的能力。

从清廷的财政收入来看，在鸦片战争后10年内大体上保持在4000两上下，地丁盐课、关税仍是收入的主要构成[2]。咸丰、同治年间达到5000万—6000万两[3]。光绪时期，清政府财政收入飞速增长，光绪十二年（1886）之后的10年中，岁入一直在8000万两以上[4]。此时期收入结构也有了很大的变化，传统的田赋、盐课、关税在收入中的比重下降，厘金和海关税成为收入的重要组成部分，以光绪十三年为例，厘金和海关税合计已占到岁入的42.8%[5]。

从道光二十年（1840）开始，清政府的财政盈余年年递减，最低时只有大约36万两。然而，即使这么一点盈余，也都交于户部充了兵饷。实际上，政府的财政已经十分空虚。太平军起义期间，清政府国库已经收不抵支。"1852—1863年国库平均收入仅900多万两，相当于道光前期常年的70.4%，但实银收入仅有48万两，此后不断减少，平均每年不过十几万两，大约只抵得上两个中等

---

[1] 费正清. 剑桥中国晚清史[M]. 北京：中国社会科学出版社，1985.
[2] 陈锋. 清代财政政策与货币政策研究[M]. 武汉：武汉大学出版社，2008.
[3] 申学峰. 清代财政收入规模与结构变化述论[J]. 北京社会科学，2002（1）.
[4] 申学峰. 清代财政收入规模与结构变化述论[J]. 北京社会科学，2002（1）.
[5] 陈锋. 清代财政政策与货币政策研究[M]. 武汉：武汉大学出版社，2008.

县的田赋收入。"①与晚清以前的年国库存银的比较可以发现，"1853—1861年的平均年存银约相当于1821—1834年间的1/15，约相当于1777年的1/45。但此时的数字只是记账数而非实银数。据同治四年（1865）的户部报告，战时每年的库存实银在1853—1857年只有平均11万两，1858—1864年每年平均只有6万多两。国库既如此，各省库也都不免'竭蹶不遑'、'司库荡然'，如贵州在60年代藩库存银多年间只有80余两。"②

甲午战争开始后，清朝年年处在入不敷出之中，这一时期，晚清政府已经面临着高额赤字的巨大压力，而且亏空数额还不断增大。这也是清代后期中国财政的又一个新特点。

随着甲午战争的爆发，清财政支出更加扩大，随之财政赤字也不断增大。有人估计，甲午战争结束之初，财政赤字已不下1500万两③。光绪二十五年（1899）据户部奏称："近年大费三，曰军饷、曰洋务、曰息债。息债岁约需两千余万，洋务亦约需两千余万，军饷约三千余万，此三项已七千余万矣。此外，国用常经、京饷、旗兵饷需及内务府经费；又各直省地方经费，亦几二千万。收入约八千万，短少一千数百万两。"这说明甲午战后，清财政愈加困竭④。

由此看出清政府调动国家与社会资源的能力极其有限。财政是一国政府实现其各项职能的重要手段，财政资源的有限性必然导致政府效能的有限性。晚清时期，政府的投资能力显得明显不足，它没有也无力把资金投于经济发展所需要的社会基础设施的建设。晚清政府有过很多次大规模的借款，但借款的主要用途是在军费的开支上，直接用于经济发展和实业建设的数目很少。仅以1877—1890年为例，"晚清政府共有25次借款，其中用于军事目的的有13次，

---

① 彭泽益.十九世纪后半期的中国财政与经济[M].北京：人民出版社，1983.
② 彭泽益.十九世纪后半期的中国财政与经济[M].北京：人民出版社，1983.
③ 彭泽益.十九世纪后半期的中国财政与经济[M].北京：人民出版社，1983.
④ 王仙花.清代后期中国财政的特点[J].山西财经大学学报，1987（2）.

占总款额的71.84%，而用于实业的借款才5次，仅占总款额的8.97%。"①洋务派曾掀起了中国早期的现代化浪潮，但李鸿章等人的努力显然面临着缺乏资金和经营技术这类巨大的困难。在政府应该投资的基础设施中，铁路建设没有也没能受到重视，使中国到光绪二十一年（1895）还只有195英里的铁路线。政府不能保证对公共品的投入制约了经济的发展。

清政府的效能低下还表现在太平天国战争前后发展起来的厘金制。在19世纪，财税机构从最初依靠土地税转变为依靠商品税和关税，但这些税种不是处于中央政府的控制和管理之下，而是受省级督抚的控制，经济权力发生了由中央向地方的倾斜，主动权也就从中央政府转移到地方。这给地方政府大规模地、不合理地、不固定地强制征收厘金提供了条件。厘金制类似欧洲重商主义之前的各地贸易关卡，对国内流通的货物在每个地方关卡收1%—10%的厘金。由于对跨省跨区贸易重复收税，这种税收制使交易费用极高，对分工的发展起着严重的阻碍作用。②

晚清政府财政所陷入的困境在很大程度上导致了自身主权的逐步丧失，同时，主权的逐步丧失又是清政府财源枯竭的一个重要原因，二者互为因果，使清政府陷入了难以自拔的恶性循环之中。这里仅以晚清政府大量举借外债为例。光绪二十二年（1896）以后，晚清政府的财政已经是收不抵支，赤字不断上升。大借外债主要是为了筹措军费和之后的偿还赔款。清代外债在甲午战争前，仅"怡和借款"一项，计11.5万镑；自同治初年（1862）至光绪十三年（1887）止，前后共借5718.9万两。至光绪二十五年（1899）清政府的外债与赔款两项，各笔债款负额如表4-9所示。到光绪二十七年（1901），这7笔外债每年本息偿付额达2490余万两，成为政府常年的财政负担。③

---

① 严中平. 中国近代经济史（1840—1894）[M]. 北京：人民出版社，1989.
② 刘佳. 浅谈晚清财政[J]. 法治与社会，2007（6）.
③ 刘佳. 浅谈晚清财政[J]. 法治与社会，2007（6）.

表4-9　晚清的外债或赔款

纪年	发行年度	外汇或赔款名称	年利/厘	款额/磅	现负额/磅
光绪十二年	1886	怡和借款	7	115000	48000
光绪二十一年	1895	汇丰借款	7	1635000	817500
光绪二十二年	1896	汇丰借款	6	3000000	1200000
光绪二十二年	1896	俄法金款	4	12819100	12427476
光绪二十二年	1896	怡和金款	6	1000000	466700
光绪二十二年	1896	瑞记金款	6	1000000	466700
光绪二十三年	1897	英德金款	5	16000000	13342625
光绪二十五年	1899	续英德金款	4.5	16000000	14584000

资料来源：费鸿萍．试论晚清财政[J]．云南财贸学院学报，1999（1）．

晚清政府财政实力的窘迫使其推进近代化进程步履维艰，中央政府调控能力衰微，无力建设强大的近代国防，国家主权日益沦丧，不合理的财税制度给各级官员的腐化提供了便利的条件，财政权的分散阻碍了近代民族国家观念的形成等。反过来，这些因素又进一步加剧了政府财政的困难，加速了清朝灭亡的步伐。

4.8　税收制度

1840年鸦片战争后，中国逐步沦为半殖民地半封建的国家。在西方列强的影响下，在国家财政危机和统治危机的压力下，清代后期，清政府对税收制度做出了较大幅度的调整，以关税自主权为主要内容的税收自主权丧失了完整性。关税自主权的丧失，是近代中国主权不完整的一个重要方面，它表现在国定税则权的丧失和海关总税务司长长期由外国人担任。

鸦片战争前，清朝的关税是国定税则，对征收海关税一向有自定的税则条例，如康熙五年（1666）的《关税条例》；康熙二十三年（1684）的《福建、广东海关征税则例》；康熙二十八年（1689）制定的江苏、浙江、福建、广东四省海关征税条例，规定外商必须遵章纳税。鸦片战争后，按照《南京条约》关于中国的关税政策由中英两国"议定则例"和《望厦条约》关于"倘中国日后欲将税则变更，须与合众国领事等官议允"的规定，中国的关税由独立的国定税则变成了半殖民地性质的协定税则[①]。由于西方列强以大炮作后盾，"协定"实际上多由西方列强决定。

外国人控制中国海关税务司始于咸丰三年（1853）。这一年，上海设立了由外国人组成的税务司，负责管理上海海关。第二次鸦片战争后，西方列强把上海海关一整套半殖民地海关制度扩大到全国其他海关，还任命英国人李泰国为海关总税务司司长，后罗伯特·赫德继任。从此，中国海关管理权长期被外国人控制。

另外，到清代后期，帝国主义强迫清政府承认的巨额战争赔款，因清政府不能在短期内清偿而转为外债，以税收充当偿还其"本息"的担保物，结果不仅海关税、常关税和盐税做了担保物，而且允许债权银行到海关去收税。这样，充任外债抵押的税收几乎完全受到了外国"债权人"的控制，不仅加深了关税自主权的丧失程度，而且损害了其他税收自主权的完整性，进一步加深了中国主权的丧失和半殖民地化的程度。

清代后期，由于清政府统治日益不稳，中央权力分散，权威下降，地方势力上升，赋税管理权也随之下移。所有地丁、关盐等赋税的征收均由各省经办，按规定数额解缴中央，然在分担赔款、自辟财源的情况下，地方享有很大的自主权，地方可以任意赋课于民，对赋税调度自如，收多收少，中央不得干涉[②]。

晚清时期，田赋收入依然是传统的财政收入的主要来源之一。如同治十三年（1874），清廷财政总收入6000余万两白银，其中地丁实征银为2000余万

---

① 李建明. 清代后期税收制度的特征[J]. 船山学刊，2003（1）.
② 李建明. 清代后期税收制度的特征[J]. 船山学刊，2003（1）.

两，约占总收入的1/3[①]。名目繁多的田赋附加，使清廷的田赋收入因此而大增。清代后期的田赋制度变化主要表现为负担的增加、漕粮折色及浮收和勒折的加重。加征附加捐，其名目各地不一，有的叫"捐输"，有的叫"按粮津贴"或"按粮捐输"，即按田赋纳粮多少，强制捐助。咸丰四年（1854），四川规定每亩田赋银一两，随其加征银一两，称为"按粮津贴"，当时是临时加派，但是久而久之，成了常课，并推广到其他省份。全国各地在原定田赋基础上加征了倍数不等的附加。

一是改变田赋计征办法。太平天国定都天京以后，漕运水道阻塞，漕粮无法北运，清代后期政府遂对原征本色的有漕各省开始实行漕粮折色，即以原缴漕粮一石按固定比价，用银两代替实物折纳。由于当时白银大量外流，各省票钞不行，造成银贵钱贱，农民缴纳漕粮折色要比以前缴纳本色增加数倍负担。例如，江苏在19世纪50年代时米价每石约值钱二千文，而每石漕粮折银纳钱却达八千、十千至十八千文不等[②]。

二是加重浮收和勒折。浮收和勒折原是官吏借缴纳税银出现以损耗为名加征的捐税，从19世纪50年代起其征收数额相当大。例如，同治二年（1863），李鸿章上奏"苏松太浮赋，上溯之则比元多至三倍，比宋多至七倍……"[③]

清代后期盐税制度的变化主要表现为盐厘的征收和盐课税率的提高。盐厘是厘金的一大类别。清代盐厘一般分入境税、出境税、落地税和过境税四种。入境税是指甲区之盐输入乙区即由乙区抽厘；出境税是指甲区之盐输入乙区即由甲区抽厘；落地税是指境内抽厘即各区在本行盐地区内所抽之厘；过境税是指甲区之盐运往乙区经过丙区由丙区直接征收之厘。[④]盐厘开征后，加上原来的盐课与前期早已实行的"加价"，一物数征，致使商民交困。据载："及咸

---

① 北京经济学院财政教研室编. 中国近代税制概述[M]. 北京：北京经济学院出版社，1988.
② 清实录[M]. 北京：中华书局，2008.
③ 王延熙. 皇朝道咸同光奏议[M]. 上海：上海久敬斋，1902.
④ 中国财政史编写组. 中国财政史[M]. 北京：中国财政经济出版社，1987.

丰军兴，复创盐厘……于是盐税所入与田赋国税相埒。"①因盐厘收入较大，所以盐厘收入不入厘金项目，而合于盐税之中。

清代后期盐税收入激增，除了盐课与盐厘合并计算之外，还有盐课税率的提高与收入直接有关。清初盐课税率并不过高，太平天国起义后，清廷为了筹集军费，不断将盐课税率提高，此项税率，"咸同以后，税率猝增，最少者为山东之二文半至四文，十文以上者，约居全国十分之三，甚至有二十余文者，所加之数，殆由三倍以至十余倍矣"②。盐税的改革给清廷带来巨大税收。据载，光绪十八年（1892），盐课盐厘两项合计是1365万两③。可见清朝后期，单以盐税而论，作为国家的财政收入确实不少。

当税乃清初所创，是向当铺课的营业税。清代后期的当税，在光绪十一年（1885）前，基本上根据清代前期的标准征收，即每座当铺年纳税银不过十两，正税外有许多附加；之后，成倍增加。光绪十一年开始，湖北的当铺每家年捐银百两，遇闰年增加八两。光绪十四年（1888），应河工之需，令各省当铺缴银百两，冲抵以后20年的当税。光绪二十年（1894），为海防而命各当铺在正税外捐银200两。光绪二十三年（1897），户部规定每座当铺年纳税银50两。④

这一时期，清廷除了加重田赋、盐税和当税等旧税外，还开征厘金、新海关税、土药税、渔船捐和烟酒税等新税。

创办于太平天国革命时期的厘金，是晚清征税范围最广、苛扰最重、影响最深的新税种。

厘金是太平天国起义以后清廷新创设的一种商业税，原为值百抽一，故叫厘金。咸丰三年（1853）由帮办江北军务雷以諴试行于扬州，半年后奏报清廷

---

① 赵尔巽等. 清史稿[M]. 北京：中华书局，1998.
② 胡钧. 中国财政史[M]. 上海：商务印书馆，1920.
③ 中国财政史编写组. 中国财政史[M]. 北京：中国财政经济出版社，1987.
④ 李建明. 清代后期税收制度的特征[J]. 船山学刊，2003（1）.

后推行于全国。其税率在实行之初为"一厘钱"（1%），故名"厘金"。但实际税率高于此。光绪年间，多数省份的税率增至5%以上。厘金种类很多，各省征收厘金的种类也不一致，情况比较复杂，大致有下列划分：按课税品种不同，可分为百货厘、盐厘、洋药厘和土药厘；按课税地点不同，可分出产地厘金、通过地厘金和销售地厘金。厘金主要由各地方官府设立的局、卡按各省所定税率征税。另外，可由私人承包征收一定地区的厘金，并按承包额向厘金局缴纳，多收部分归承包人所得。厘金自开征以来，收入迅速增加。据不完全统计，咸丰三年厘金收为9000两[①]。厘金是清代后期各地军饷的主要来源和国家财政收入的重要支柱。在江西和安徽，厘金占军饷的50%；在贵州和云南，厘金为军饷的三大来源之一。所以厘金制度能由一个地方的筹饷办法渐变为全国性的筹饷办法，由一个临时税种变为正式税种。

晚清赋税结构的变化，影响最大、最深的是海关关税地位的突显。它同厘金、田赋、盐税一起构成晚清的四大财政支柱。鸦片战争前，海关税收因受闭关锁国政策的影响收入很少，因此当时的关税也主要指国内常关税。按照康熙二十八年（1689）颁行的海关征收则例，清代前期征收的海关税主要有货税和船钞两大项，货税依货物的质量从量计征，或折成从价计征货物的进出口正税，进口税率是4%，出口税率为1.2%。鸦片战争后，伴随着对外贸易的发展，关税特别是海关税收入剧增，并成为赋税收入中的主要部分之一。乾隆十八年（1753）时，合计江、浙、闽、粤四海关的收定额仅99万余两白银；同治十年（1871），海关收入增至1121万多两；光绪二十一年（1895）已增为2138万多两[②]。晚清的海关税，除输出税、输入税和船钞外，还增设了子口税、复进口税、机制品出厂税、鸦片厘金等税种，其中子口税、复进口税和洋药税厘三种税种，都是侵略者通过不平等条约强迫设立的新税种。

《南京条约》规定："今议定英国货物在某港按例纳税后，即由中国商人

[①] 孙翊刚. 简明中国财政史[M]. 北京：中国财政经济出版社，1988.
[②] 赵仁平. 近代中国赋税结构变化与近代化[J]. 云南民族学院学报（哲学社会科学版），1999（5）.

遍运天下，而路所经过税关不得加重税例。"《天津条约》又规定："英商已在内地买货，欲运赴口下载，或在口有洋货欲进售内地；倘愿一次纳税，免各子口征收纷繁，则准照行。"也就是外国商品进入内地或外商从内地收购土货出口，除在口岸海关（母口）纳一次5%的关税外，在内地经过的第一关（子口）缴纳2.5%的内地关税后，就可以自由运往中国各地。这2.5%的内地关税叫"子口税"[①]。外国商人享有只纳一次子口税的特权，大大便利了外国商品在中国的倾销和西方列强对中国资源的掠夺。

复进口税又称"沿岸贸易税"，是出口货物纳完输出税后转到另一口岸内销时缴的国内关税，税率是2.5%。它始于咸丰十一年（1861），依《长江及各口通商征税章程》之"土货出口，纳出口税""土货在此关纳税复转彼关，只征复进口税""复转他口纳半税"而设立。它的实行，对外商在中国境内贩运土货给以特别有利的条件。因为他们只需在土货运到口岸时缴纳复进口税，沿途就不再纳厘金[②]。复进口税的课征，使华商在与洋商的竞争中，处于更加不利地位。

洋药税厘是指海关在鸦片进口时所课的正税和厘金。第一次鸦片战争后，英国为使在中国更大规模的鸦片倾销"合法化"，主张清政府对鸦片课税，但遭到中国拒绝，英国就在《天津条约》中以洋药的别名混入进口商品之列，故称"洋药税"。税率为每百斤纳银三十两。若离开口岸销售，得另纳厘金八十两。光绪十年（1884）规定：华商运鸦片必须持有行票，否则不得运鸦片，每票限十斤，每斤捐银二钱，经过关卡，另纳税厘；行店要有坐票，不论资本多少每年捐二十两，每年换票一次，无票不能买卖[③]。

该时期的输入税和船钞虽非新税种，但税率都大幅度降低了。根据《虎门条约》的约定，四十八种进口货的输入税是从价征5%，进口的洋米、麦、五

[①] 中国财政史编写组. 中国财政史[M]. 北京：中国财政经济出版社，1987.
[②] 中国财政史编写组. 中国财政史[M]. 北京：中国财政经济出版社，1987.
[③] 李建明. 清代后期税收制度的特征[J]. 船山学刊，2003（1）.

谷则免税。就棉花而言，道光二十三年（1843）前的输入税率是24.19%，在道光二十三年则降为5.56%，比原有税率减少77.02%[①]。光绪二十八年（1902），重议税率后，输入税改从价计税为从量计税，税率仍为5%，但实际税率仅为3.7%左右，而且，清政府被迫准允在边境偏远地区的海关征收远低于5%的输入税。降幅最大的是船钞。道光二十三年协定的船钞分两级，150吨以上的每吨收税银五钱，以下的收税银一钱。咸丰八年（1858）《天津条约》又把150吨以上的船的吨税降至税银四钱。

清代后期税收制度的变化主要是西方列强的入侵引发的。正因如此，一方面清代后期税收制度的半殖民地性质非常明显，其主要表现是封建割据，地方税收管理权增大，中央管理权限缩小；丧失了税收管理的独立自主权。海关受西方列强的控制。中央税收管理机构仍为户部，其下设十司分掌各税。盐税另设盐政院管理。关税设海关总税务司管理。地方各省主管税务的官员为藩，也称布政司，设厘金局专管征收厘金，各府县及各口岸分设局卡。另一方面，又使清代后期的税收制度具有了近代资本主义税收征管制度的一些特点，这为中国税收制度的近代化奠定了一定基础[②]。

4.9 洋务运动与早期资本主义

1840年鸦片战争之后，在西方资本主义的冲击下，中国开始了由官方进行的洋务运动，首先在轮船运输、棉纺织等产业部门产生了由清政府投资创办的企业，主要分官办、官商合办和官督商办三种类型。正如马克斯·韦伯（Max Weber）所指出的，近代资本主义的发展关键在于棉纺织业和煤炭工业。近代中国资本主义发展在一定程度上也可以用韦伯的理论来解释，首先发展的是煤铁等重工业和纺织业，但其发展的原因包含着对于当时政治、经济现实的回

---

① 孙翊刚，李渭清. 中国财政史参考资料[M]. 北京：中央广播电视大学出版社，1984.
② 李建明. 清代后期税收制度的特征[J]. 船山学刊，2003（1）.

应，具有时代的特殊性。

中国的产业资本开始于洋务运动，表现在它所创办的军事工业和民用工业在转移社会风气、积累经营管理经验、锻炼和培养近代生产技术人才等方面，客观上为民族资本的产生、发展开辟了道路。就总体情况而言，在1840—1900年，官办企业由清政府官方所办，官商合办企业由政府和商人共同出资，官督商办企业的资金来源主要由商人出资，但仍旧为政府所支配。在1890年之前，这三类企业占全部资本投资额的主要部分，但在1890年之后，商办企业在数量和投资额上都开始呈现出显著的增长。到1899年，清政府不再增设官督商办企业，表4—10中显示了1858—1900年的这种变动趋势[①]。

表4-10 清朝历年设立的民用工矿企业经营性质分类

年份	官办 家数	官办 资本额（千元）	官商合办 家数	官商合办 资本额（千元）	官督商办 家数	官督商办 资本额（千元）	商办 家数	商办 资本额（千元）
1858	—	—	—	—	—	—	1	114
1874	—	—	—	—	1	114	1	10
1875	1	182	—	—	1	196	2	216
1876	1	280	—	—	1	186	—	—
1877	2	620	—	—	—	—	—	—
1878	—	—	—	—	1	1120	1	70
1879	—	—	—	—	—	—	4	134
1880	—	—	—	—	2	80	—	—
1881	1	336	—	—	—	—	2	35
1882	—	—	—	—	6	2086	5	629
1883	—	—	—	—	4	970	3	206

---

① 杜恂诚. 中国近代经济史概论[M]. 上海：上海财经大学出版社，2011.

续表

年份	官办 家数	官办 资本额（千元）	官商合办 家数	官商合办 资本额（千元）	官督商办 家数	官督商办 资本额（千元）	商办 家数	商办 资本额（千元）
1884	—	—	—	—	—	—	4	561
1885	—	—	—	—	2	434	1	30
1886	2	450	—	—	—	—	7	766
1887	1	671	1	140	1	396	6	666
1888	1	497	—	—	—	—	10	780
1889	2	7273	1	1062	—	—	8	459
1890	—	—	—	—	2	1469	9	763
1891	—	—	1	699	—	—	8	623
1892	1	1456	—	—	—	—	10	1644
1893	2	968	—	—	—	—	13	11052087
1894	1	200	—	—	2	3640	12	3571
1895	1	419	—	—	—	—	29	1802
1896	4	1788	1	198	—	—	17	4170
1897	5	611	1	69	2	908	17	5684
1898	2	217	—	—	1	69	28	4169
1899	—	—	—	—	—	—	28	
1900	—	—	—	—	—	—		

资料来源：杜恂诚. 民族资本主义与旧中国政府（1840—1937）[M]. 上海：上海社会科学院出版社，1991.

近代中国的产业资本在发展初期主要分为两种类型，其一是竞争型，比如纺织、采矿和轮运企业等，基本属于重工业领域，主要由清政府创办，规模较大，对于外国资本具有一定的竞争力，其市场主要为国内市场。其二是依附型，主要领域为轻工业如缫丝、榨油以及小型的机器工业，主要是私人所办，以国外市场或外国在华企业为依托。清政府从洋务运动开始重视竞争型企业。如李鸿章所说："迭奏请开煤铁各矿，试办招商轮船，皆为内地开拓生计起见，盖既不能禁洋货之不来，又不能禁华民之不用。英国呢布运至中国，每岁售银三千余万，又铜铁铅锡售银数百万，于中国女红匠作之利，妨夺不少。曷若亦设机器自为制造，轮船、铁路自为转运。但使货物精华与彼相埒，彼物来自重洋，势不能与内地自产者比较，我利日兴，则彼利自薄，不独有益厘饷也。各省诸山，多产五金及丹砂、水银、煤之处，中国数千年未尝大开，偶开之又不得其器与法，而常忧国用匮竭，此何异家有宝库封锢不启而坐愁饥寒。""窃以为……择其利厚者次第开挖。一切仿西法行之。或由官筹借资本，或劝远近富商凑股合立公司，开得若干，酌提一二分归官……无庸向外洋购运，榷其余利，并可养船、练兵，此军国之大利也。"[1]这反映了当时清政府的发展战略，即依靠国家的力量不能禁止洋货流通，那么就用西方的办法办纺织、矿务等民用工业，以分其利，而办近代工业的目的也是扩充政府的力量，"有益厘饷"，"养船练兵"。显而易见，清政府最为重视的自然是重工业领域以及棉纺织业，因此这一时期棉纺织业等发展较快，而对于参与清政府未加控制的其他竞争性的制造业，如面粉、火柴等私人投资者参与的投资领域，一般规模很小[2]。

从古老的作坊手工业到采用近代机器大生产的轻、重工业的出现，是中国历史上的一件大事，在生产工具的变革中，洋务运动具有开创历史纪录的一面，它在旧中国近代化过程中起着重要作用，是中国近代化的开端。在办洋务的封建官僚们主持下，中国开始有了一批使用新式机器、雇用大量工人、大体上是按照西方的机器工厂的组织形式来进行生产、已带有若干资本主义性质的近代企业。中国近代资本主义的产生和发展，走的是一条特殊的道路，它不是封建社会资本主义萌芽发展的结果，而是一部分官僚地主和商人投资于近代工

---

[1] 李鸿章. 李文忠公全集[M]. 清光绪三十四年（1908年）金陵刻本.
[2] 杜恂诚. 民族资本主义与旧中国政府（1840—1937）[M]. 上海：上海社会科学院出版社，1991.

业的产物。因为洋务派本身是当时封建统治集团中的当权派和实力派，他们首先创办近代企业，提供近代生产方式，事实上大大减少了封建传统势力的阻碍，替后起的民族资本起着开路作用[1]。

洋务派兴办的近代企业，一开始规模就较大，由于事属创举，毫无基础，因而在经营管理方面，不得不经过一段时间的摸索，也走了不少弯路。如曾国藩开始把仿造西洋船炮看得很简单，认为外洋器物"购成之后，访募覃思之士，智巧之匠，始而演习，继而试造，不过一二年，火轮船必为中外官民通行之物"[2]。对建立近代工业体系的过程及条件缺乏基本常识，这说明洋务派官僚也由于缺乏对近代工业的经营管理经验，他们在以后的逐步摸索中接受了一些教训，积累了一些经验，改进了企业的经营管理。如对近代企业必须排除封建衙门习气按照买卖常规问题，原任招商局总办的唐廷枢，后来在筹办开平煤矿制定招商章程时，便竭力加以强调。李鸿章在对这一章程的批示中，也认为"摒除官场习气，悉照买卖常规，最为扼要"[3]。开平煤矿在早期官僚资本企业中之所以办得较有成绩，经营管理的改善，这不能不说是原因之一。洋务派在近代企业管理方面所获得的经验和教训，对稍后发生的民族资本来说无疑是有益的。

洋务运动在锻炼和培养近代生产技术人才方面的作用更为显著。洋务运动所兴办的同文馆、广方言馆等学习机构所培养出来的学生，以及派赴外洋留学的学生，其中虽培养出不少"洋奴"和典型的官僚军阀，但同时培养了一批中国最早的科技人才。如著名的铁道工程专家詹天佑，便是洋务派派赴美国留学的第一批学生中的一个。著名思想家兼翻译家严复，是福州船政局附设学堂的学生，并由该局派赴英国留学。福州船政局附设学堂和北洋海军设立的天津水师学堂培养了一批精于造船造机和航海驾驶的人才，是中国造船工业和航运工

---

[1] 赵寅芬.洋务运动与我国早期民族资本主义[J].浙江师大学报（社会科学版），1999（2）.
[2] 曾国藩.曾文正公全集[M].北京：中国书店出版社，2011.
[3] 孙毓棠.中国近代工业史资料（第一辑）[Z].北京：中华书局，1962.

业最早的一批技术骨干。在洋务派所办的近代工矿等企业中，还锻炼出一批精通近代科技的工程人员，有的还成为最早向中国全面介绍西方自然科学知识的杰出学者。如精通数学的华蘅芳、精通化学物理的徐寿等人，一开始便参与洋务运动中近代军事工业的生产技术活动。在洋务运动所办军用、民用工矿企业的近4000名近代生产工人中，还锻炼和培养了一大批掌握近代机器生产的技术工人，成为中国无产阶级中早期的技术力量。上述洋务运动在锻炼和培养近代生产技术人才，传播近代生产技术知识方面所起的作用毫无疑问替稍后产生的民族资本主义准备了一定的条件。

洋务运动是中国近代资本主义的起点，在中国近代资本主义的发展史上起着先驱的作用。从民用工业的经营方式来看，主要有官办、官督商办、官商合办三种形式，除个别情况外，一般都是进行商品生产的近代企业，产品主要是面向国内市场销售，经营目的是获取利润，而官督商办是洋务派创办企业最主要、最基本的形式，它是在官方缺乏财力和管理经验、商人有一定的经营管理经验和一定数量的资金但无投资场所情况下发生的。19世纪60至70年代资本主义经济势力虽已侵入中国，但还没有获得在中国自由设立工厂的权力，清朝虽然已经财力困竭，但还能筹措一些款项来办新式工业。不少下台官僚、地主、封建商人和买办商人手中拥有相当数量的货币财富，在封建经济趋于破落的情况下，受着外国资本主义侵略的刺激，并看到外国资本主义发展的先例，他们有意于投资新式企业。19世纪70至80年代初，出现了兴办近代企业的第一次高潮，是中国早期民族资本发展的关键时期[1]。

洋务运动对民族资本的发生、发展，曾经起过一定的扶持和保护作用。尽管受其目的限制，并没有能够在理论上和实际行动上加以全面的提倡和有力的扶持，但洋务派对民族资本的发生、发展所抱态度比起力主压抑、控制民族资本的封建顽固派要开明得多。19世纪70年代初，洋务派提出"寓强于富"的口

---

[1] 赵寅芬. 洋务运动与我国早期民族资本主义[J]. 浙江师大学报（社会科学版），1999（2）.

号，兴办民用工业，鼓励私人投资近代企业，并加以种种保护，如资本的招收和支援、原材料的采购和供应、成品的运销、税利的减免、厂矿的保护和工人的管理等方面。在当时中国特殊的社会环境下，没有官府势力的支持，企业往往办不起来，如1875—1894年的全部33家近代采矿业中，纯官办的9家，23家都挂着"官督商办"的招牌，或多或少地同官府保持着联系，只有一家属于纯商办。当时的"官督商办"或"官商合办"方式，已成为洋务派同私人资本之间相互利用、相互结合的一种方式，也是在中国当时的社会条件下，资本主义初期发生阶段所必经的过程，对民族资本的发生和发展开始是有利的。有些由私人筹办的近代企业，更直接向李鸿章、左宗棠等洋务派头子请求支持。如上海机器织布局筹办之时，直接要求李鸿章出面号召。华侨商人黄秉常所创办的广州电灯公司，也曾获张之洞的鼓励和保护。胡思燮、胡碧澂父子创办的利国驿煤铁矿，也曾获左宗棠极力支持。这些说明了洋务派在实际行动中，当早期民族资本的发生、发展适合于他们的利益和要求时，确实起过一定的扶持和保护作用，洋务运动与早期民族资本之间的关系是十分密切的[①]。

综上所述，洋务运动所从事的创办近代企业等活动，既在客观上从各方面替民族资本打开了道路，洋务派对早期民族资本所创办的规模较大的近代企业，又直接或间接予以一定的扶持和保护，早期民族资产阶级代表人物同洋务运动关系又是那样密切。因此洋务运动对早期资本主义的发生和发展确实起到了促进的作用[②]。这一时期，新式商人依旧是把从商品流通领域积累的资金转向本国产业部门，并且常常依托于国家权力之下。而大型的制造业和采矿业，需要大量的资本，也只能从清政府那里得到支持。中国资本主义发展的初期目的，主要是增强国家力量，而不是出于商业盈利，因此国家权力在资本主义发展领域取得了主导地位[③]。

[①] 赵寅芬. 洋务运动与我国早期民族资本主义[J]. 浙江师大学报（社会科学版），1999（2）.
[②] 赵寅芬. 洋务运动与我国早期民族资本主义[J]. 浙江师大学报（社会科学版），1999（2）.
[③] 杜恂诚. 中国近代经济史概论[M]. 上海：上海财经大学出版社，2011.

4.10 人口增长与经济发展

清代从乾隆时期以后人口增长迅速,到了后期的人口起伏很大,图4-1表明,道光后期(1840—1850)人口是处于显著增长状态的,增长了1741.9万人,平均人口增长率达到4.76‰,到咸丰元年(1851)更达到4.3892亿人的最高峰。在随之而来的咸丰、同治二朝,清军与太平天国、捻军、回民起义诸战争,持续了二十多年,使得人口稠密的江南地区遭受了巨大的冲击,大量人口死亡,或流离失所,比如浙江、江苏、安徽在太平天国战争中,损耗了一半以上的人口,造成人口大规模下降,由此造成人口的大波动。因此,《东华录》中官方人口统计数字自咸丰二年(1852)起比上一年下降约1亿人,降为3.34亿人。

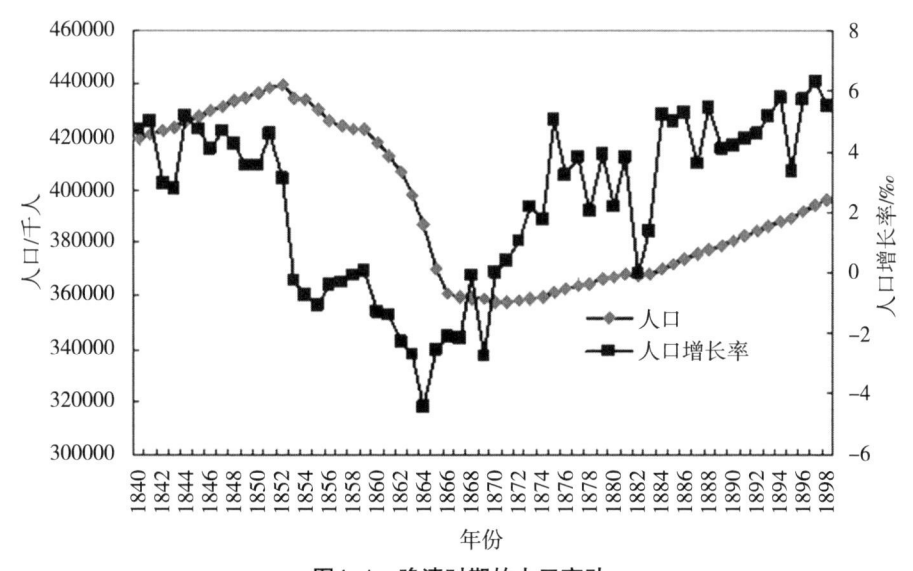

图4-1 晚清时期的人口变动

资料来源:杜恂诚.中国近代经济史概论[M].上海:上海财经大学出版社,2011.

进入光绪前期(1875—1884)人口呈现稳定的状态,基本上徘徊在3.5亿—3.7亿。光绪十年(1884)以后,人口又开始呈现增长的态势,到光绪二十四

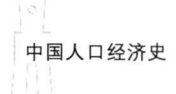

年又增长到3.9643亿人（见表4-11）。人口稠密的江南地区也恢复到原有的人口规模，人口密度也越来越大，江苏是293人/平方公里，浙江是207人/平方公里。

表4-11 清代晚期人口规模

纪年	公元年份	人口/千人	人口增长率/‰	期间	人口纯增长数/千人	年均人口增长率/‰
道光二十年	1840	418880	4.76	1841—1845	8732	4.14
道光二十五年	1845	427612	4.73	1846—1850	8687	4.09
道光三十年	1850	436299	3.57	1851—1855	-5938	-0.27
咸丰五年	1855	430361	-0.01	1856—1860	-12394	-0.58
咸丰十年	1860	417967	-0.04	1861—1865	-48164	-2.30
同治四年	1865	369803	-0.04	1866—1870	-12067	-0.07
同治九年	1870	357736	-0.01	1871—1875	3764	2.10
光绪元年	1875	361500	5.05	1876—1880	5523	3.04
光绪六年	1880	367023	2.20	1881—1885	5119	3.08
光绪十一年	1885	372142	5.01	1886—1890	8494	4.52
光绪十六年	1890	380636	4.20	1891—1895	8935	4.65
光绪二十一年	1895	389571	3.32	1896—1898	6861	5.84
光绪二十四年	1898	396432	5.49	1841—1898	-22448	-0.09

资料来源：杜恂诚. 中国近代经济史概论[M]. 上海：上海财经大学出版社，2011.

从国际比较来看，19世纪前期，中国作为世界人口最多的国家之一，人口增长缓慢，这主要是由于西方发达国家的入侵以及农民失去土地和手工业衰落等原因，使中国长期保持高出生、高死亡的状态。据英国经济学家安格斯·麦迪森的估计，在1820—1870年，中国人口从3.81亿人减少到3.58亿人，年均人口增长率为-0.12%，1870年以后到第一次世界大战前的1913年间人口有所增

第4章 清朝后期的经济与人口增长

长，年均人口增长率达到0.47%，但这一时期与世界上主要国家比较（见表4-12），人口年均增长率的速度是很低的，仅高于印度和法国。

表4-12 世界主要国家的人口增长（1820—1913年）

国家	人口/千人			人口年均增长率/%	
	1820	1870	1913	1820—1870	1870—1913
中国	381000	358000	437000	−0.12	0.47
印度	175000	203000	303700	0.32	0.43
俄罗斯	54765	88672	156192	0.97	1.33
美国	9981	40241	97606	2.83	2.08
日本	31000	34437	51672	0.21	0.95
德国	24905	39231	65058	0.91	1.18
英国	21226	31393	45649	0.79	0.87
意大利	20176	27888	37248	0.65	0.68
法国	31246	38440	41463	0.42	0.18
西班牙	12201	16021	20263	0.57	0.52
墨西哥	6857	9129	14970	0.67	1.13

资料来源：[英]安格斯·麦迪森. 世界经济千年史[M]. 伍晓鹰等, 译. 北京：北京大学出版社, 2003；[英]B. R. 米切尔. 帕尔格雷夫世界历史统计·欧洲卷（1750—1993）[M]. 帕尔格雷夫世界历史统计·美洲卷（1750—1993）[M]. 帕尔格雷夫世界历史统计·亚洲、非洲和大洋洲卷（1750—1993）[M]. 北京：经济科学出版社, 2002；[日]日本总务省统计局. 日本统计年鉴（2000年版）[M]. 东京：日本统计协会, 2001.

从经济发展的水平来看，18世纪初期到19世纪，中国经济在世界上始终处于显著地位。据麦迪森提供的统计数据，1820年中国的国内生产总值在世界经济中所占比重高达32.9%，经济总量居世界第一位，到1870年大幅度下降，其所占比重为17.2%，尽管如此，中国经济规模仍处于世界领先地位（见表4-13）。

表4-13　世界主要国家的经济规模（1820—1913年）

国家	国内生产总值/百万1990年国际元			国内生产总值占世界经济总量的比重/%		
	1820	1870	1913	1820	1870	1913
中国	228600	189740	241344	32.9	17.2	8.9
印度	111417	134882	204241	16.0	12.2	7.6
美国	12548	98374	517383	1.8	8.9	19.1
俄罗斯	37710	83646	232351	5.4	7.6	8.6
英国	36232	100179	224618	5.2	9.1	8.3
德国	26349	71429	237332	3.8	6.5	8.8
法国	38434	72100	144489	5.5	6.5	5.3
意大利	22535	41848	95487	3.2	3.8	3.5
日本	20739	25393	71653	3.0	2.3	2.6
西班牙	12975	22295	45686	1.9	2.0	1.7
荷兰	4288	9952	24955	0.6	0.9	0.9
墨西哥	5000	6214	25921	0.7	0.6	1.0
比利时	4529	13746	32347	0.7	1.2	1.2

资料来源：［英］安格斯·麦迪森. 世界经济千年史[M]. 伍晓鹰等, 译. 北京：北京大学出版社, 2003.

从人均实际国内生产总值来看，1820年，中国只相当于当时经济最发达国家英国的37.8%，美国的42.7%。随后中国的经济发展水平继续呈现下降的趋势，到1870年，中国的人均实际国民生产总值仅为英国的17.6%，美国的20.0%，印度的91.0%。到清朝末期，中国的人口增长依然缓慢，由于经常出现流行病、荒年以及连年的国内战争，使人口增长出现波动，人口增长的不稳定性在一定程度上影响了经济发展的速度。

第5章 清末新政时期的经济与人口状况

5.1 经济改革

5.1.1 经济行政部门的设立

清末新政[①]时期，清朝推行的新政，就其经济方面的内容而言，主要是设立经济行政部门和制定经济法规，其目的在于奖励工商、振兴实业，以促进经济发展。

这一时期，基于对振兴工商业重要性的认识，清政府在传统的六部之外，于1903年9月设立了商部，作为主管全国工商业实业事务的最高机构。商部下设宝惠、平均、通艺、会计四个司，分别管理商业、农务、路矿和财税等方面的事务。商部初立，清廷便指出它的中心职责为："如何提倡工艺，鼓舞商情一切事宜。"[②]因此，它最初就成为汇总工商改革措施的中心，对各地要员提

---

① 清末新政又称庚子新政、庚子后新政，是清朝末年的一场经济和政治体制改革运动，也是中国现代化的重大事件之一。光绪二十六年（1900）庚子事变爆发，慈禧太后率光绪皇帝等百位皇亲在忠臣随扈下出官避祸西安。回銮之后，接受八国联军提出的《辛丑条约》，此举对中国打击甚大，因此朝廷保守派主动进行变法。光绪二十七年（1901），在慈禧太后的默许下，清廷进行改革，改革内容多与光绪二十四年（1898）的戊戌变法近似，但比戊戌变法更广更深，还涉及废除千年仕官之道的科举制度。清廷力图在军事、官制、法律、商业、教育和社会方面进行一系列系统性改革。由于改革政策的"支离、拖沓"和一些官员的"敷衍"，没有取得太大进展，但"新政"在一定程度上推动了中国社会的现代化，也为辛亥革命的酝酿准备了条件。

② 清实录[M]. 北京：中华书局，1987.

出的工商发展策略进行考察，将结果上奏，请旨施行，并监督施行的具体情况。随着工商改革进程的深入，特别是商会的普遍设立，商部的职能范围不断扩大。以后又在各省派设商务议员，接收商部和地方督抚的双重领导，实际上相当于商部的派出官员。

1906年9月，清政府将工部并入商部，改为农工商部，"成为掌管全国农工商政和农工商各项公司、局、厂等事的最高行政机关"[①]，将商部的职能进行重新划定。农工商部的职能变为管理全国的农工商政暨水产、河务、森林、河防、水利以及商标专利、权衡度量等各项事宜，并综合管理各直省农工商政、河道各官及农工商各项公司、学堂、局厂。农工商部内设农务司、工务司、商务司、庶务司。另设各项馆局所学堂作为其附属机构，如商标局、商报馆、京师实业学堂、京师艺徒学堂以及户部银行、京师劝工陈列所、公司注册局、工艺局等机构。农工商部成立后，其活动体现出将农业与工商并行管理的特点，表明清政府对工商业在国家经济中重要地位的正式承认，这无疑使中国工商业的发展进入了一个新阶段。

清末促进、保护工商业经济发展的地方管理机构的设立要早于中央专职机构，那就是戊戌维新时期设立的商务局、农工商局。但此时设立的商务局、农工商总局隶属于各省督抚，只有设在京师的农工商总局可随时具奏。清末新政实施后，商务局、农工商总局一方面在数目上增加，各省不断上奏获准成立商务局或农工商总局；另一方面它发展工商业的职能得到强化，并且开始部分摆脱地方督抚大员的束缚。商部设立后，各省商务局或农工商总局的总办，均由商部加札委任为商部商务议员。遇有公事，商务议员可直接呈报商部。同时，商务局、农工商总局内部有了专职分工，这样中央与地方就形成了一个比较完整的工商发展管理系统[②]。不过，由于清末中央政府权威的衰落，中央和地方存在着权力之争，虽然商部等行政机构已设立，但其制定的政策并不能保证得

---

① 清实录[M]. 北京：中华书局，1987.
② 温艳，王洪涛. 清末新政工商制度改革在现代化进程中的历史地位[J]. 学术论坛，2007（9）.

到有效的贯彻和执行，各地督抚往往各行其是，在发展工商业方面缺乏统一规划。

农工商部设立后，在地方上设立了劝业道。这一地方官的设置，使中央与地方在经济管理上的联系进一步加强。1908年6月，农工商部拟订直省劝业道职掌任用简章十四条，"俾创办之初有所遵守"[①]。1910年5月，清廷谕令各省添设劝业道，以振兴工商业。劝业道与农工商部有直接隶属关系，不受地方督抚大员的控制，直接向农工商部汇报当地工商业发展情况并接受农工商部的指示。到1910年，除山西、江苏、甘肃、新疆、黑龙江外，其余18省均已设置劝业道。

这些机构都是为了管理和保护工商而设置的专门机构，各种机构分工不同，各司其职，并且形成了由中央到地方垂直式的工商管理系统，这就改变了工商业过去左依右附、无足轻重的从属地位，使工商政策的决策与推行有固定的职能机构掌管，从组织上为现代工商业的发展提供了保证。

5.1.2 经济法规的制定

清政府虽然从1901年起开始推行"奖励实业"的新政，但它的实际步骤是从1903年设立商部和拟定经济法规，并特别提出要率先拟出商律以尽快颁布实施开始的。据不完全统计，1902—1911年，清政府先后制定和颁发的各类经济法规多达62项[②]。

清末新政的经济改革主要制定工商综合类法规，以《商人通例》（《商律》的卷首部分）和《公司律》《商标注册试办章程》《破产律》较为重要。1904年1月，《商人通例》和《公司律》获准颁行。《商人通例》共有9条，比较具体地规定了商人的身份、权利与经商规则。《公司律》是中国第一个公司法规，对公司的分类，创办呈报方法，股东的职责，董事、查账人的条件，董

---

① 清实录[M]. 北京：中华书局，1987.
② 徐建生，徐卫国. 清末民初经济政策研究[M]. 桂林：广西师范大学出版社，2001.

事、股东会议的召开，账目的结算，章程的修订，公司的停闭、惩罚等，做了详细而明确的规定，不仅对商办公司的创设具有指导作用，而且注意了对股东权利和商办公司的保护。作为设立公司的基本准则，《公司律》规定：公司组织形式分为合资公司、合资有限公司、股份公司、股份有限公司四种；公司的创办承办办法主要是按规定呈报商部注册，"凡现已设立与后设立之公司及局厂、行号、店铺等均可向商部注册，以享一体保护之利益"，实际上承认了商办企业的法律地位，给予商办与官办公司同等的法律地位。显然，它旨在保障商人作为股东的合法权利。

同年，商部还颁行《商标注册试办章程》和《公司注册试办章程》。前者是中国第一部商标法，共有18条，主要规定了商标的制作、注册、专用年限、转手、注销、维护、注册费用等，旨在保护商标专利，防止冒用他人商标的侵权行为[①]。后者规定："无论现已设立与嗣后设立之公司局厂行号铺店，一经注册，即可享受一体保护之利益"，并指明由商部设立注册局，专办公司注册事宜[②]。

1906年，清政府商部奏定颁行的《破产律》是中国历史上第一部破产法，主要就商人破产后，有关呈报、清资、核账、分产、偿限、销案等事项做了明确规定，特别注意保护因亏折、意外事故而破产商人的利益。该法分为呈报破产、选举董事、债主会议、清算账目、处分财产、有心倒骗、清偿展限、呈请销案、附则等，并指明了呈报破产的条件。《破产律》对投资者的财产处理，按照不同方法做了区分：凡有限公司破产，按《公司律》相关规定处理，以公司现有之财产抵押，不能另向投资人追补，"如系无限或内在股东担负无限责任者，将公司变偿，尚有不足之数，由董事会同总司理人算明每股应摊还债额若干，登报布告各股东知悉。若股东将所认股份应摊之债数还清，董事应掣予收照，报由商会通知地方官立案，即与该股东无涉"。这在一定程度上保护

---

① 商标注册暂拟章程[J]. 商务印书馆. 东方杂志（第1卷），1904（5）.
② 商部奏定公司注册试办章程[J]. 商务印书馆. 东方杂志（第1卷），1904（5）.

了投资者的利益①。《破产律》的颁行从法律上界定了投资者责任和风险的边界，完善了对工商业者正当利益的保护。

这些由中央制定的法规章程，起到了保障工商改革各种具体措施顺利落实的作用。商部是贯彻这些工商法规的关键部门。在商部的核准监督下，各团体、组织成立时，都必须出具详细的章程，这些章程的每一细节都由商部按所定法规进行核对。

清政府除了制定综合性经济法规外，还制定了有关行业管理的法规，涉及农林、矿业、交通运输业、商务、财政、金融业、经济社团等方面，这是清末产业政策的重要组成部分。

在矿业方面，冶金类的法规有1902年3月的《筹办矿务章程》，对开办矿业给予税收上的优惠。章程规定："凡开办所需机器材料等件，除运自外洋照章归海关收税外，内地厘金概不重征。如内地采买材料，经过关卡，查明实系运往开矿处所，准给执照，免厘放行。"这一优惠为中外商人提供了方便。1904年3月，商部颁行《矿务暂行章程》，对请领开矿执照、华洋股所占比重以及税收做了说明，规定："集股开矿，总宜以华股占多为主，倘华股不敷，必须附搭洋股，则以不逾华股之数为限。"②1907年，农工商部会同外务部审订更为详尽的《大清国矿务正章》。该章程从总要、管理、矿产分类、地权、以地作股、请领执照、矿租、外人合股等多方面对有关事宜做了规定。值得重视的是，该章程对外商掠夺中国矿产开采权做了更多的限制，"如无华人合股，断不准他国矿商独开一矿"，外商"概不准收买矿地"③。

在铁路方面的法规主要有1903年颁行的《重订铁路简明章程》，对商办铁路持鼓励态度。章程规定，华商集股修建铁路，凡符合定章者"地方官均应一体保护，惟不得干预公司办事之权"。外商附股以不逾华股之数为限，华商兴

---

① 破产律[J]. 商务印书馆. 东方杂志（第3卷），1906（7）.
② "中央研究院"近代史研究所. 矿务档（第1册）[M]. 台北：中研院近代史研究所，1950.
③ 大清国矿务正章[J]. 商务印书馆. 东方杂志（第4卷），1907（6）.

办铁路则给予鼓励。章程规定，华人请办铁路，如系独立资本至50万两以上，查明路工实有成效者，由商部专折请旨给予优奖。其招集华股50万两以上者，路工告竣，即按照商部奏定的十二等奖励章程核办[1]。

在金融方面，1904年颁布的《试办银行章程》，仿照西方银行成例，对有关认股、设立分行、股东权限、发行纸币等均做了规定和说明。1908年，度支部又厘定《大清银行则例》，规定大清银行改设为股份有限公司，股票限本国人购买，不得转售外国人。度支部还制定了《银行通行则例》，规定银号、票号、钱庄及各省所开之官银号、官钱局等经营金银划汇贸易者，皆为普通银行，一体遵守该则例[2]。1910年，度支部又就货币问题颁布《奏定币制则例》。

在经济社团方面，清政府为了官商一气共振工商业，曾提倡组织工商社团，以利用民间力量自我管理与维护工商业的发展。这些社团主要有商会、工会、中国铁路公会等。1904年，由上海商业会议改组的上海商务总会正式成立，这是我国第一家商会。1906年，北京在商业公所基础上设立了京师商务总会。到1911年，全国已有大小商会达835家，遍及除蒙藏地区外各省区和海外华侨集聚地[3]，并很快形成以省区为范围的组织联盟。1907年，全国华商商会联合会筹备处设立后，又进一步向全国性的联合组织迈进。

1910年，农工商部拟定了《工会简明章程》，通令各地成立工会。工会由有一定威望的工业资本家、专家、技术人才组成。该会以"研究工学、改良工艺、倡导工业、拓增实际上之进步"[4]为宗旨。其任务有以下四个方面：调查研究原料、产品情况；在工业界内行使调解与维持之责；实力提倡有裨工业事项；集资并举办新产品生产。工会完成上述任务，对工学的研究、工艺的改良、工业的发展将起到促进作用。

---

[1] 商部重订铁路章程[J]. 商务印书馆. 东方杂志（第1卷），1904（3）.
[2] 杜恂诚. 中国近代经济史概论[M]. 上海：上海财经大学出版社，2011.
[3] 刘克祥. 清代全史（10）[M]. 沈阳：辽宁人民出版社，1993.
[4] 大清宣统新法令[M]. 上海：商务印书馆，1911.

1909年，中国铁路公会成立。该会以"联合全国官办商办各路、研究联络，考求得失，择善从长为宗旨"①，以各路总会办、总协理、华总工程司为会员，是中国铁路业的组织。中国铁路公会的成立，有利于全国铁路的接轨连线与运行。

新政时期，清政府制定颁布了许多章程条例，不仅有效地保护了商人的经济利益，而且大大提高了商人的政治地位。如《奖励华商公司章程》中规定："现在朝廷重视商政，亟宜破除成见，使官商不分轸域，合力讲求，庶可广开风气。"力求破除官商隔绝之陋习，改变耻商之旧见，鼓励官员从商。又如"商人得有臣部顾问及议员职衔者，均无庸在臣部岁差"，而是专心致力于实业。"惟遇有关系商务利弊，应行建白之事，准其随时具函径达臣部。""商人既得有臣部奖励职衔，自应优加礼貌，如有以事商务，谒见督抚司道等官，自四等顾问官以上，均按京卿仪注，头等议员以下，均按部员仪注，行庭见礼。"②

为了鼓励本国商民投资于近代产业，清政府还制定了若干奖励章程。从1903年起，清政府先后颁布的旨在奖赏商人的章程有《奖励华商公司章程》《奖给商勋章程》《援照军功例颁赏商业奖牌章程》《华商办理实业爵赏章程》等。1907年又颁行《改定奖励华商公司章程》。在五年之内，两次颁行奖励章程，并且大大降低了授奖标准，扩大了授奖范围，吸引了更多的人争相投资近代企业。在长期重农抑商的社会传统中，给实业家、商人以奖励，表明了政府重视"商政"，有助于改变社会风气，刺激民间投资。

1906年颁行的《奖给商勋章程》则侧重于奖励发明创造，它将奖励的等级分为五等，主要根据发明创造的等级决定。最高奖励为一等商勋加二品顶戴，奖给"制造轮船，能与外洋新式轮船相埒者，能造火车汽机及造铁路长桥在数十丈以上者，能出新法造生电机及电机器者"；末等奖为五等商勋加六品顶

---

① 李侃等. 中国近代史[M]. 北京：中华书局，1994.
② 汪敬虞. 中国近代工业史资料（2）[M]. 北京：科学出版社，1957.

戴，奖给"仿造西式工艺各项日用必需之物，畅销中国，著有成效者"[①]。

1907年又颁布的《爵赏章程及奖牌章程》，极大地鼓励了创造发明。张謇、祝大椿、刘世珩、黄思永、庞元济等办实业有成效者都得到了清政府的奖赏。这种奖励政策具有重要意义，它承认了工商事业的重要性，为工商业的发展提供了更为宽松的环境，激励了工商业的投资。

清末新政时期所制定与颁行的各种经济法规，其基本精神就是确定工商业者的法律地位，保护工商业者的法律地位，保护投资者的利益，规范、引导和促进相关行业的发展，以达到振兴工商业的目的[②]。这一时期工商改革是清政府发动的近代中国规模最大的一次经济改革，它为工商经济创造了开放的发展环境，使工商经济在清末十年中得到了显著的发展。这些经济改革措施不仅在当时产生了重要作用和影响，而且成为中国经济进一步发展的基础，在中国经济史上具有深远的影响。

5.2 对外开放和利用外资

清末新政时期，清政府意识到，要想在列强林立的近代国际社会中生存下去，就必须对传统封闭的国家体制进行全面变革，不仅要推行以经济变革为主的洋务运动中已开始的近代化进程，而且还要在政治上实行某些变法新政。基于这种认识，清廷进行了一系列的改革变法，在经济上大力推行通商惠工政策，鼓励引进国外先进工艺技术设备，进一步扩大对外开放，推行利用外资政策。清政府除了进一步推行"举借外债""举办中外合资企业"等利用外资的政策和方针之外，还主动提出"自开商埠"的对外开放政策。这种"开埠"政策作为清末新政的一大内容，为清末利用外资活动的发展，尤其是为引进外国直接投资，招徕外人经商办厂开创了更为开放的投资环境。从借外债来利用外

---

① 陈真. 中国近代工业史资料（第三辑）[M]. 北京：生活·读书·新知三联书店，1961.
② 杜恂诚. 中国近代经济史概论[M]. 上海：上海财经大学出版社，2011.

资，到招洋股以举办合资企业，再到这时开商埠引进外商直接投资工商业，不能不说是清末利用外资政策的不断深化和发展，也表明清末外资利用活动的扩展和深入。

为什么清末新政时期会出现更加开放的局面呢？从国际上看，外国资本主义进入垄断阶段后，从政治、经济、军事各方面加紧对中国进行更进一步的侵略。20世纪初叶，在瓜分中国因义和团反帝活动而受阻的情况下，各国列强通过《辛丑条约》进一步要求清政府敞开大门，为其对华的经济侵略提供更大的便利。如《辛丑条约》第十一款规定："大清国国家允定将通商行船条约内诸国视为应行商改之处及有关通商各地事宜均行议商，以期妥善简易。"从表面看来，这一条文不过是40年前《中英通商章程》的补充，只是规定了有关通商及其行船等某些事宜，而实际上它是以后清廷与英国、日本、美国、德国、葡萄牙等国续订通商行船条约的依据，完全体现了列强全面加强对华经济侵略的意图。在1902年清廷同英国签订的第一个《续订通商行船条约》中，清廷屈于外来压力规定：中国政府承认外人购买中国公司股票和华人购买外国公司股票，以利于外人投资；增开长沙、万县、安庆、江门、惠州等商埠，以利于外国商业资本入埠，从速改定矿务章程，以便外人投资于矿业；等等。这一"续约"成为后来清廷与其他各国所订"续约"的蓝本。由此可见，自《辛丑条约》签订之后，清政府半主权地位进一步动摇，在与外国列强的对外关系中几乎成了"洋人朝廷"，在同外人打交道中越来越难以进行讨价还价，最终只能按照外人的一些要求来制定对外开放政策[①]。

从国内来看，清政府迫于内外交困的形势，也试图通过推行更加开放的对外政策来争取外交上的主动，与其听命于外人实行被迫的开放，失去更多利益和权利，倒不如自行实行主动的开放，以保更多的利益和权利。"自开商埠"便是基于这一动机的开放举措。"改定矿务章程"，以适应外人投资矿业的迫

---

① 方小芬，曹均伟. 论清末新政期间的对外开放和利用外资[J]. 上海社会科学院学术季刊，1995（2）．

切要求；做出"华洋人合办"或"洋人承办"矿务"均无不可"的规定；颁行《大清矿务正章》，取消华洋合股各半的限定等。这些开放政策措施的产生表明清政府从自身的利益考虑，也不得不采取应变政策来进行改革开放，以达到恢复帝国力量的目的。

与此同时，甲午战争后兴起的"实业救国"运动进入20世纪后仍方兴未艾地开展着。国内重商主义的勃兴，促使清政府在清末新政期间进行一系列的经济变革。这场经济变革首先以1903年设立商部为始端，推行了一系列有利于中国近代化进程的振兴工商实业的政策举措，如颁发《商会简明章程》《奖给商勋章程》《破产律》等奖商保商法规等。这一经济变革最明显的成果便是推动了工商实业的发展。当时朝野上下，振兴实业蔚然成风，要求"挽回利权"和自办路权实业的呼声日益高涨。以1904年粤汉铁路为肇始，清政府开始与外国进行收回路权的交涉；同时在"权自我操，利不外溢"的前提下，又开展了关于挽回矿权的交涉。振兴实业和"挽回利权"的热潮，也要求清政府扩大对外开放，调整利用外资的政策。

在"自办实业"的口号下，清政府制定了鼓励和引进侨资的政策，对侨资中"有成效者"，由商部呈"专折请旨给予奖励"[1]。特别是1903年侨资张煜南被批准承办潮汕铁路为开端，出现了引进侨资自办铁路的热潮。

自开商埠作为清末对外开放的一大政策措施，不仅促进了外商纷纷前往开埠城市经商投资，使传统的旧式城市引进了外国商业资本，与世界市场发生联系，而且还刺激了这些开放城市资本主义的发展，加快了近代化的步伐。为了引进和利用外资，兴办实业，清政府为外商进入商埠制定了一系列法规章程。如山东当局为济南开埠专门制定了《济南自开商埠章程》。其中规定：准许有约各国在商埠设立领事，外商往来租地设栈贸易在商埠区内，商埠以外不准洋商租房开业；济东泰武临道监督商埠事宜，并增设商埠总局专理其事；暂不设

---

[1] 陈毅，陈宗番.轨政纪要初编[M].邮传部图书通译局铅印本，清光绪三十三年（1907）.

关收税，以鼓励中外投资；邮政、电政、电话等项不许外人经办等[①]。这些规定体现了清政府在自主自立的条件下欢迎外资进入自开商埠的主动举措。

清政府自开商埠就是为了鼓励中外商人前往投资，既规定了诸如免税、低税等优惠政策，同时也规定了外商投资必须在商埠之内及必须在限定的行业范围之内等制约性条件。这都说明"自开商埠"旨在对外开放，引进外资，兴办实业，其主动权并非在外人，而在于清廷当局。

自开商埠为清末引进外资，特别是引进外国的商业资本提供了有利的环境，并大大推动了开埠城市的资本主义因素的发展。以济南为例，可从中看到自开商埠引进外资的积极作用。济南是自设商埠最早的内陆省会城市。开埠前，它是一个传统商业尚称发达的旧式城市。城市内典当、杂货、绸布、鞋帽、中药、京货、书籍、糕点、水果、茶叶、首饰、汇兑、钱庄等构成了旧式商行，分别由来自山西、陕西、河南等地方商帮开设。自从开埠后，外国商业资本涌入济南市场，冲击了济南传统的商业结构。如德国于1905年前后在济南设立了德华、礼和、哈利、瑞记、善全、义利、顺和、太隆等洋行和德华银行；日本设立了日华、东亚、中华、华和诸公司或分公司；英国则设亚细亚煤油公司等。这些外国投资企业分别经销机器、五金、木材、军火、煤油、石油、烟草、棉花、砂糖、火柴、纸品、麻油、大豆、猪毛、羊毛、麻、麻籽油、草辫、生丝、药材、香料、煤炭等物资。由此，这一传统的旧式城市与国际商业资本和世界市场直接沟通，标志着济南向近代化城市的转变。开埠后，济南从辐射力很小的传统区域性商业中心迅速变成华北地区主要的贸易市场，商品流量骤增，中外贸易繁兴[②]。

在外国商业资本进入商埠后，一些不适应近代经济环境的传统商业趋于萎缩，老字号"倒闭时有所闻"；而一些民族商业资本很快适应了现代商业的潮

---

① 丁日初. 近代中国（第2辑）[M]. 上海：上海社会科学院出版社，1991.
② 方小芬，曹均伟. 论清末新政期间的对外开放和利用外资[J]. 上海社会科学院学术季刊，1995（2）.

流，得到了新的发展。此后，章丘商帮中的孟氏家族及时调整经营方向和资本流向，使家族各支裔如强恕堂、其恕堂、三恕堂、容恕堂等形成了以济南为中心，遍布北京、上海、天津、青岛、烟台、汉口、苏州、哈尔滨、保定等大小城市，拥有近百处字号的庞大商业资本体系。在济南商界由章丘商帮经营者已十属七八，有左右济南之能力，成为中国北方最大的民族商业资本集团。

开埠后最显著的变化是，在外国资本入埠的刺激下，民族机器工业从无到有、从小到大地发展起来。开埠前，济南仅有的机器工业企业是一家官办的军用企业——山东机器局，而且地处济南城北远郊；而较大规模的商办工场也只有一家榨油厂。随着新政期间的通商开埠，济南城内"大规模之工场，骤增至四五十家"[①]。官绅商各界把投资兴趣转移到近代工业方面，改变了资本的流向。于是，出现了众多的商办和官商合办的近代化机器工业企业，如官商合办的蚕桑总局缫丝厂、冻源造纸厂、印刷厂、济南电灯公司等，商办的小清河轮船公司、大公石印厂、生产肥料的济农公司、大经公司、永阜草辫公司、济合机器制造公司、中安烟草公司、石料公司、济南机器制砖公司、兴顺福粮油厂、金启泰铁工厂、致敬水泥厂、普济草绳公司等。

清末新政期间，清政府还进一步推行"多借洋债"的政策，大举借用实业性外债，在此期间48笔实业性外债中，铁路借款达20笔，汉冶萍公司借款（包括其前身汉阳铁厂和萍乡煤矿的借款）也达18笔，二者相加竟占这一时期实业性外债总笔数的9%左右。在《辛丑条约》后至辛亥革命前，举借外资共2.7亿余（银）两，其中铁路多达2.5亿余两，占此时期所借外资总额的92%。至于这一时期的汉冶萍公司借款，高达160余万（银）两，是此期间210余万（银）两工矿借款的76%。因此，"铁路借款"和"汉冶萍借款"是这一时期借用外资的主要内容。

从这一阶段的铁路债款来看，清政府一方面举借新债偿还旧债，另一方面

---

① 龚骏．中国新工业发展史大纲[M]．上海：商务印书馆，1933．

在"挽回利权"运动的推动下，举借洋债以赎回业已建成的铁路。甚至，清政府还把举借外债建筑铁路当作调整各国在华争夺经济命脉权益的手段，试图利用铁路借款的关系，达到"以夷制夷"，从而均衡各国侵略势力的目的。但这种均势不断地被打破，清王朝往往处于被动的境地，致使大量的路权落入外人之手。如英国先后取得沪宁、广九、津浦等数条铁路的借款权，将这些铁路的沿途地区划分为自己的势力范围。又如1902—1903年利用借款建筑正太铁路和汴洛铁路，一度将侵略势力深入到山西、河南等地区。不仅如此，外国银行和垄断集团在签订铁路合同时总是还取得许多其他特权，如采购机件物料的优先权和免征税厘的优惠权；借款所建的各铁路还必须雇用外籍工程人员、会计人员和管理人员，使外人直接参与各路的经营管理，等等。路权的丧失引起国内广泛的抗议，虽然清政府力图挽救危局，也做出"挽回路权"的举动，并举借外债赎回京汉、粤汉铁路等路权，但是"挽回路权"的群众运动最终成为辛亥革命的导火线，加速了清王朝的覆灭[①]。

从汉冶萍借款来看，自1902年日本大仓组对汉阳铁厂的首次借款起，日本兴业银行、三井洋行和横滨正金银行等，不断地进行贷款，到辛亥革命前夕，计达1700余万日元。特别以1903年日本兴业银行300万日元借款为序幕，日本获得参加和监督汉冶萍公司的经营管理的特权，每年掠夺价格远比成本低的巨量铁矿产品，为日后日本"独吞汉冶萍公司"埋下了祸根。

同洋务运动时期和甲午战后头几年里清政府借用的外资相比，这一时期不仅举借实业性外债的次数大大增加，而且每次举借的债额也大为增多。但是，在此期间所借款额大多受到借款人或中介人的盘剥，因此，通常实收债额不超过90%，其折扣成为作为债权者的外国银行或洋行的垄断利润。

除此之外，这一时期清政府所借的外债中，也有些是为了救济金融危机的。1908年汉口三怡钱庄因欠下汇丰银行买办的大宗款项，被迫倒闭。它的债

---

① 方小芬，曹均伟. 论清末新政期间的对外开放和利用外资[J]. 上海社会科学院学术季刊，1995（2）.

务是由汉口商会和湖广总督担保偿还的，后来这笔债务名义上就成了湖广总督所欠的地方政府外债，史称"湖广借款"，共计洋例银50万两。1910年上海"橡皮股票风潮"后，正元、谦余、兆康三家钱庄和源丰润、义善源等票号先后倒闭，这些庄号所欠外国银行的债款，也成为清政府举借的外债，史称"维持上海市面借款"和"维持江南市面借款"，共计规平银650万两。

甲午以后，清政府在各省普遍设立官银钱局，滥发钞票，为了挽救由此而引起的财政危机，向在华银行举借的外债也时有发生。如1911年湖广铁路借款风潮发生时，粤路公司曾发动拒用广东官银钱局所发钞票，两广总督也一再向横滨正金、汇丰、汇理、德华等银行借款，充当纸币兑现的准备金。另外，有的地方发行国内公债，如直隶公债、湖北省公债、安徽省公债等大部分是向外国银行或洋行贷借的。因此，这些名义上的国内公债实际上也是举借的外债。[①]

5.3 农业政策与改革

19世纪末20世纪初，随着振兴实业口号的提出，人们逐渐认识和接受农业的重要性，并认为将先进的科学技术应用于农业生产是振兴农业的有效手段。这种认识上的转变使农业的重要性开始受到重视。光绪二十三年（1897）张謇在《请兴农会奏》中对农工商之间的关系重新进行界定，认为在农工商三者中，农业是基础，是工商业发展的前提和保证。他说："立国之本不在兵也，在乎工与农，而农为尤要。盖农不生则工无所作，不作则商无所鬻，相应之势，理有固然。"[②]而且鉴于科学技术在农业生产中的作用，张謇对农业生产的强调已不再局限于传统意义上的对农业的整顿，而认为使用先进的科学技术对农业进行改造，将是中国农业的根本出路。他指出："近日上海设立农务

---

① 方小芬，曹均伟. 论清末新政期间的对外开放和利用外资[J]. 上海社会科学院学术季刊，1995（2）.
② 张謇. 张季子九录·实业录[M]. 上海：中华书局，1931.

会，传译东西洋农报农书，未始非中国农业大兴之兆。"他要求光绪皇帝在各省"专派一人，主持其事，设立学堂，讲求土宜物性"[1]。张謇的这种态度从一个侧面折射出人们观念上的转变，农业在经济发展中的关键地位以及科学技术在农业生产中的作用逐渐被人们所理解和接受。光绪二十二年（1896）上海就成立了农学会，宗旨是研究农艺，并在次年创办了《农学报》，宣传、推广农业知识。戊戌变法时光绪皇帝亦下诏，要求各地以新知识、新方法为手段，发展农业生产。

如果说19世纪末还只是少数有识之士认识到农业的重要性，那么经历了庚子之役的重创，社会各界对振兴农业基本上达成了共识。具体到农业方面，就是要求肇建专司农务的行政机构，推进中国农事生产的进展。光绪二十七年（1901）9月，两江总督刘坤一、湖广总督张之洞联名上奏朝廷说：近年以来工商业均有所发展，"惟农事最疲，有退无进……今日欲图本富，首在修农政"[2]。此种考虑之下，他们要求在京城专门设立"督农课桑之事"的农政大臣，并"立衙门，颁印信，作额缺，不宜令他官兼之，以昭示国家敦本重农之意"[3]。光绪二十八年（1902）晋抚岑春煊奏称："农工为商务之本，而商之懋迁，全赖农之物产、工之制造。欧美、日本以商战立国，而于农业、工艺精益求精，经营董劝不遗余力"[4]，故中国应向这些国家学习。直隶总督袁世凯则指出："尤注意务农，专部统之。"[5]臣僚的上奏，财政之短绌，使清廷中枢在价值观念上也发生了转向，意识到"农工商业为富强之根本"。因而，光绪二十八年谕令特派大臣"专办商务"，且责成各地督抚"及时振兴"农工要务。同年十月，奉命外出欧美日本考察商务的载振归国，向清廷提出设立商部，以官权加强对全国农工商各业的统一擘画。

---

[1] 张謇. 张季子九录·实业录[M]. 上海：中华书局，1931.
[2] 朱寿朋. 光绪朝东华录（第4册）[M]. 北京：中华书局，1958.
[3] 沈桐生. 光绪政要[M]. 扬州：江苏广陵古籍刻印社，1991.
[4] 廖一中，罗其容. 袁世凯奏议（中册）[M]. 天津：天津古籍出版社，1985.
[5] 廖一中，罗其容. 袁世凯奏议（中册）[M]. 天津：天津古籍出版社，1985.

光绪二十七年（1901）由张之洞主稿、绅商参与拟稿润色、刘坤一领衔，并成为清末改革纲领性文件的《江楚会奏变法三折》，对农业的重要性给予了充分的肯定。《江楚会奏变法三折》明确指出："中国以农立国……富民足国之道，以多出土货为要义，无农以为之本，则工无所施，商无所运，今日欲图本富，首在修农改。"张之洞等认为，中国是一个农业大国，气候条件也适合农业发展，应将农业放在首位，并提出了几项措施：其一，发展农业教育，培养农业人才。"欲修农改，必先兴农学"。其二，推广农业生产技术，鼓励官绅率先试办，以开化社会风气。"各省先将农学诸书广为译刻，分发通省州县，由省城农务总局将农务书所载各法，本省所宜何物，择要指出，令州县体察本地情形，劝谕绅董，依法试种，年终按照饬办门目，填注一册，土俗何种相宜，何法已能仿行，何项收成最旺，禀上司，刊布周知，有效者奖，捏报者黜。"并从财政上为生产技术的推广使用创造条件。其三，建立农业领导机构，发挥国家政权在经济建设中的功能。"在京专设一农改大臣，掌考求督农课桑之事，宜立衙门，颁印信，作额缺，不宜令他官兼之，以昭示国家敦本重农之意。"[1]在各省省城设立农务总局，府州县设立劝农局。其四，鼓励垦荒，发展近代大农场。

光绪二十九年（1903）六月，南洋华侨张振勋上书称：现时政府财力竭蹶，国库空虚，其能凑集巨资，承办一切者，唯仰赖于商；农、工、路、矿诸政必须归并商部一部，否则事权不一，亦非商战之利。在诸多因素的催化下，同年九月，清廷降旨在中央初设专门性的产业行政机构——商部，地位仅次于外务部而列其他各部之首。商部内分设保惠、平均、通艺、会计四司，分别负责农、工、矿、交通、财政等事宜。其中"平均司"为专门执掌与农业相关的如"开垦、农务、蚕桑、山林、水利、树艺、畜牧一切生植之事"的"农政机关"[2]。至此，清廷有了以筹划发展农业为旨归的统一领导机构，从而为农业

---

[1] 沈桐生. 光绪政要[M]. 扬州：江苏广陵古籍刻印社，1991.
[2] 杜亚泉. 十年以来中国政治通览·实业篇[J]. 东方杂志，第9卷第7号，1912.

改良的制度化铺平了道路。同时，商部将农业纳入其管辖范围，并对其职责做专门化、具体化的界定，显示出农业问题得到政府前所未有的重视，而且也表明国人的农业生产开始走出自然经济的藩篱而面向市场，要求农业为商品的生产、流通服务①。

事实上，商部问世之后，也正是"以该部章程中有管理农务之条"为由，力图在政府近代农业经济计划中充当支配者的角色。为此，商部调整农业政策，积极从事整顿全国各地及各项农事。如在光绪二十九年（1903）十一月，奏请政府"振兴农务"，提出"清地亩，辨土宜，兴水利，广畜牧，设立农务学堂、农事试验场"等项具体措施，并"通饬各省举办"，以发展近代新型农业。②

20世纪初期，清政府设立商部的同时，加强了省级农政专门机构的创设。光绪二十八年（1902）袁世凯在保定首设负责本属农业改良的直隶农务局；光绪三十一年（1905）川督锡良在成都设立川省农政总局，"以挈全省农政之纲"，局内分设农田、蚕桑、树艺及畜牧四部门，各县设农务局，"以稽考本属农事"，各乡遍设公社，层递形成了"总局倡之，各属率之，公社董之，民间则效而实行之"的农务系统③。这样，中央有了专门管理、指导农业的机构，各省州县设了农务局、劝农局，初步汇成上下相依、指臂相连的近代垂直式的农政系统。

清末新政期间，清廷以"命令和法律"形式，先后制定和颁布了许多"兴农"措施，为农业提供服务，概括起来主要集中在如下几个方面。

在变革学制的基础上，创办各级农务专门学堂，提倡农学教育，培育人才。近代农业与传统农业的一个最大区别就在于生产中对科学技术及某些非传统的生产要素的应用。与之相应，人才的需求及培养也就成为此时农业变革中

---

① 赵泉民. 论清末农业政策的近代化趋向[J]. 文史哲, 2003（4）.
② 杜亚泉. 十年以来中国政治通览·实业篇[J]. 东方杂志, 第9卷第7号, 1912.
③ 四川农政总局. 四川农政总局章程、农政通行章程[J]. 四川官报（第28册），1905.

的关键，再加之中西方经济方面的差距，使清政府感悟到"实业教育为今日之急务"。对农业人才的培养和强调是这时期农业改革的一个重要特色。故从光绪二十九年（1903）起，陆续制定、颁布了一系列关于发展农业教育的政策和规章，兴办农业学堂由此也就成为新政中的一项"既定国策"。从其构思看，它不仅侧重对高层次人才的培养，也注重使一般民众掌握粗浅知识。随后不久，清廷又颁布了《奏定初等农工商业学堂章程》《奏定中等农工商业学堂章程》《奏定高等农工商业学堂章程》，详细厘定了三类农业学堂的开设办法，对科目及课程的安排也做了较为全面的规划。如各专业都设置了全面合理且与农务关系密切、操作性强的课程，以高等农业学堂的农业专业为例，所设课程包括农学、园艺学、化学及农艺化学、植物病理学、昆虫学、土壤学、肥料学、农业理财学等21门[①]。政府教育方针的转向及相关教育政策的推动，促使了清末农学教育的高涨。据统计，到宣统元年（1909），全国计有高等农业学堂5所、中等31所、初等75所，累计达111所，在校人数为6028人。后经1909—1911年的办学高潮，农业学堂的数量和规模有所扩大，至宣统二年（1910），全国共有各类农业学校263所，在校人数达15379人[②]。各级农业学堂皆以"教授农业上所必需之知识、应有之技能，用中国之成法，参东西洋之新理，使学者实能从事农业为宗旨"[③]。由此可见，农学教育的兴起，农业人才的培育和教育内容的专门化、实业化，为中国传统"无学之农"向近代"有学之农"的过渡准备了最初步的人力资源。

农事试验场的设立。品种的引进和改良，土壤的调查和检测等都须首先进行试验，然后逐渐推广使用，农事试验场的设立应运而生。光绪二十八年（1902）直隶和湖北率先设立了农事试验场[④]。因为它不仅可以降低生产成

---

① 舒新城. 中国近代教育史资料（中册）[M]. 北京：人民出版社，1981.
② 王笛. 清末民初我国农业教育的兴起与发展[J]. 中国农史，1987（1）.
③ 农工商部统计处. 光绪三十四年第二次农工商部统计表·农政[R]. 1910.
④ 吴春梅. 清末新政时期的农业改革[J]. 中国农史，1999（3）.

本，提高资本收益率，而且还可以将仅满足于使用价值生产的经验农业改造成规模化经营的知识农业。为改进落后的农业生产技术，光绪二十九年（1903）商部在《通饬各省振兴农务》中要求各地"办土宜""兴试验场"[①]。在政府的重视和支持下，农业试验机构开始在各地纷纷设立。1902—1906年，保定、武昌、济南、福州、沈阳等地相继开办了省属的农事试验场。光绪三十二年（1906）四月，农工商部为"借示农业模范"，以达"广开风气，振兴实业之基础"，成立了农工商部农事试验场，内分农林、蚕桑、动物、博物、畜牧、会计、书记、庶务八科，选购并进行谷麦、蚕桑、蔬菜、果品、花卉等作物品种的试验与改良，标志着全国性农事试验机构的产生[②]。此后，福建、四川、黑龙江、吉林、新疆等地也开办了省级的农事试验场。到宣统三年（1911），全国规模较大的农事试验场已达20余处[③]。值得注意的是，当时各类农业科学试验机构作为服务于生产的"公共物品"，往往是与地方农业学堂联动，开办各种农务培训班，或者派员下乡演讲、辅导新式耕种技术；同时还进行农产品的改良试验，引进良种及西方新型农具，出版农书和报刊，设立农产品陈列所等，将科学试验与教育活动有机地融为一体，结果不但增加了农事活动中的科学因素和科技含量，改变了农民在征服自然过程中的盲目、被动状态，而且还有力地促进了农学新知的传播。农事试验场的大量涌现，显露出中国农业在外来商品冲击下所面临的前所未有的危机的同时，也裸露出了背后支撑中国农业生产的"农学体系"的转化，即由传统的以整体观察、外部描述与经验积累为特征的"经验农学"开始向近代的以个体观察、内部剖析和科学实验为特征的"实验农学"过渡[④]。

采用先进的检测手段对土壤成分、性质进行鉴别的工作也在各地先后展

---

① 朱寿朋. 光绪朝东华录（第5册）[M]. 北京：中华书局，1958.
② 李文治. 中国近代农业史资料（第一辑，1840—1911）[M]. 北京：生活·读书·新知三联书店，1957.
③ 王笛. 清末民初我国农业教育的兴起与发展[J]. 中国农史，1987（1）.
④ 赵泉民. 论清末农业政策的近代化趋向[J]. 文史哲，2003（4）.

开。尽管自先秦以来就一直重视对土性的辨别，但在近代科学知识传播以前，由于受历代科学水平的限制，土性辨别还只是浅层次的经验科学知识，难以进一步发展上升为理性科学知识。随着近代科学技术的发展，采用先进的化验方法对土性进行辨别成为可能。当时人认为，土性辨别的滞后是影响农业进一步发展的重要因素："今中国农务受病之原，在乎不明土性，不辨土质，任何籽种，不适土宜，安有蕃滋之理。故曰提倡新法，当以考验土宜为入手第一要著。"《江楚会奏变法三折》也提出了辨土性的要求，并得到其后成立的商部的赞同。从当时情况看，土性辨别主要包括三方面的内容，一是考验土性，二是考验土质，三是考验土面。辨别土性的工作首先在各地农事试验场进行。

品种改良是这时期农业改革的主要内容之一。从当时情况看，搜集、引进和培育良种及其栽培试验，主要有两方面的目的，一是提高产量，二是为工业的发展提供优质原料，以便工业品在与洋货竞争中占据有利地位。以棉花为例，西方各国尤其是美国种植的棉花由于棉种优良、种植得法，中国棉在与洋棉的竞争中越来越处于不利的地位。光绪三十年（1904）中国出口棉花24,811,595两，到光绪三十一年就降至12,029,236两[1]。中国棉花质量的低劣不仅影响了棉花的出口，也影响了棉纺织品与洋货的竞争。鉴于棉纺织品在国计民生中的重要地位，社会各界逐渐认识到引进、改良棉种的必要。光绪三十二年农工商部开始着手考察美国的棉种及其种植方法。光绪三十四年清政府根据农工商部的奏清，颁布谕旨指出："中国棉花质性较逊于外国，种棉尤不讲求，南北各省间有数处所产较胜，而种植仍多卤莽，是必须博求外国佳种，采取培养良法，料美工精，自能广行各省，保全利权。"[2]要求各地积极做好引进、培育良种的工作。

为更好地推动品种的引进与改良，光绪三十二年（1906）十月农工商部还成立了劝工陈列所，将各地的农产品陈列其中，以便比较、采择。在宣统二

---

[1] 振兴华. 货议[J]. 商务印书馆. 东方杂志，1928（4）.
[2] 朱寿朋. 光绪朝东华录[M]. 北京：中华书局，1960.

年（1910）开办的有大部分省份以及美国、日本等国参加的南洋劝业会上，在首先开设的教育、工艺、器械、卫生、武备、农业六馆中，农业馆即是其中之一，可见社会各界对品种改良的重视[1]。

在良种引进方面，美国棉种的引进较为成功。自1908年清政府以行政命令的方式要求试验种美棉后，各地开始引进美棉，并在一些省份，如山东、陕西取得了初步成功。据载，陕西引进新棉种后，产量比以前大为提高[2]。

设立农会，以促进农业发展。创设农会之议和人们对于农会制度的需求，早在维新时期就已萌生，然而当时主要是一些士大夫、知识分子研究农学的带民间性质的学术活动团体，政府并未认识到其对农业发展的重要性，因此也就不可能满足人们对这种制度的需求。商部成立后，清廷逐渐意识到欲使农业进化，非设农会则难以奏效，农务总会设立诚不可缓，因为欲开通智识，改良种植，联合社会，必视此为权舆。思想观念的转变为制度的供给铺平了路基。光绪三十二年（1906），农工商部在奏定职掌事宜时，第四条即提出在各省组设农会组织。而后，清政府颁布了专为整顿农务而设的《农务会试办章程》和《农会简明章程》二十三条，详细界定了农会的宗旨、组织、会员条件及任务，从而为农会组织的设立提供了制度上的保障。并要求"各省应于省城地方设立农务总会，于府厅州县酌设分会，其余乡镇村落市集等处并应次第酌设分所"，"总会地方应设农业学堂一所，农业试验场一区，造就人才分任地方农务以挈各分会分所之纲领"[3]。政府对农会社团合法性的赋予，目的显然是希望农会组织成为新生产要素在农村地区浸润展延的一个有力工具。这样，在政府政策的激励下，农会组织开始公开地在各地迅速推行，至清末民初已遍布全国县以上的各个地区。直隶在宣统三年（1911）前"总会奏准设立者

---

[1] 吴春梅. 清末新政时期的农业改革[J]. 中国农史, 1999（3）.
[2] 陶昌善. 全国农会联合会第一次纪事[M]. 台北：文海出版社, 1913.
[3] 大清光绪新法令（第16册）[M]. 上海：商务印书馆, 1909.

十五处，分会一百三十六处"①。就连地居偏僻的四川省，宣统二年（1910）时"农会基本普及，计有农务总会一处，农务分会114处，农务公所711处，计826处"②。农事试验场的设立为土壤、品种和栽培等试验提供了有利条件，从而有利于嘉谷新种及新方法的推广使用。诸多总会、分会和分所构成一个复杂的上下相系的农会组织系统，其作为一种"非行政辅助管理手段"，自然对政府农业政策法规的施行起到了重要的作用。宣统二年农工商部又颁行了《全国农务联合会章程草案》，拟在沪筹设全国农务联合会，作为"联络全国农业机关，调查全国农业状况，规划、劝导全国农业改良与进行"的总机构③，以"互换智识"，更好地诱导农业走向近代化。

新的耕作器械也开始被引进。山东农事试验场从美国购买20余种，从日本购买10余种，奉天农事试验场从日本和欧美亦购买了新式农具如洋犁、刈麦器、刈草器、干草切割器等。化学肥料亦开始使用，据海关统计，到宣统三年（1911）进口化肥达761,519担④。

新政时期，清政府在没有改变先前土地占有方式的前提下，实行了开放禁垦区和奖励垦荒政策。光绪二十八至三十年间（1902—1904），清廷相继宣布对东南盐场荡地、奉天牧场、吉林围场、黑龙江荒地等处放垦。然而对于放垦后如何开发却未有明确的计划。光绪三十二年（1906）年底，清政府在颁发的上谕中指出：中国地大物博，只以农林要政未能切实讲求，弃利于地，未免可惜，要求各直省督抚通饬各属详查所管地方官民各荒并气候土宜，限一年内无论远近绘图造册悉数报部，由农工商部详定妥章奏明办理，务使国无旷土，野无游民，以厚风俗而固邦基。随后，农工商部便通令要求各地方官遵旨筹办农林事情。光绪三十三年，复饬各省查报荒地。与此同时，为解决垦荒过程中

---

① 刘锦藻. 清朝续文献通考[M]. 上海：商务印书馆，1937.
② 王笛. 跨出封闭的世界——长江上游区域社会研究[M]. 北京：中华书局，1993.
③ 陆玉成. 文件[J]. 东方杂志（第7卷第8号），1910.
④ 郑庆平，岳琛. 中国近代农业经济史概论[M]. 北京：中国人民大学出版社，1987.

的资金问题及激起世人特别是商人创办实业之冲动,农工商部实行了奖励措施,如在开办劝工陈列所时明确规定:凡送到自制物品,由本所考验优劣,如系独出心裁,创制新法,足以提倡土货抵制洋货者,给予奖励[①]。宣统元年(1909)四月,农工商部订定《推广农林简明章程》二十二条,并奏准清廷得以实施。该简章规定了垦荒与发展农业的具体办法。督令各地先从查荒入手,由各该地方官就所属境内履勘清查官荒若干,民荒若干,大段片荒若干,畸零散荒若干,旧熟荒若干,毗熟夹荒若干,分别予以开发。至于大片面积的荒地荒山可由绅商集股设立公司,准其指定区域承领官荒,收买民荒,由地方官填给印照准令开办。而且对于垦荒卓有成效者,应从优奖励,或缮给匾额,或给予功牌奖札,或酌予虚衔顶戴,或按照异常、寻常劳绩咨部汇案奏奖。同时为提高地方官员对发展农业的重视程度,章程亦将农林事宜列入参考成果,"每年将所管境内荒地总数暨筹办开垦事件、商民领垦事件,规模若何,成绩若何,年终编列表说,汇报该管上司咨部,由部分别优劣等差,每届三年,其切实办理者择优奏奖,敷衍塞责或并无报告者,指名严参"[②]。

政府政令的督促与奖劝,以及对公司制度的认可,为地方垦务的进行及发展路径提供了政策性导向。故而,许多省份对开荒垦殖都较为重视,制定了具体的放垦招垦章程,鼓励垦荒。如广西巡抚林绍年针对该省人力稀少、资金短缺、水利失修等实情,提出"广西垦荒以招商为宗旨,不论本省邻省之官绅商民,凡能设立公司鸠集股本雇募耕佣前来领垦者,均准承办;其业其人,皆归入商界一律看待"[③]。除此之外,四川、吉林、江苏、安徽等省也都制定了本省垦荒的详细措施。这些优惠政策及章程的实施,使得清末垦荒取得了明显成效。以黑龙江为例,光绪三十年(1904)前的40余年间放垦面积总计

---

① 大清光绪新法令(第16册)[M].上海:商务印书馆,1909.
② 大清宣统新法令(第4册)[M].上海:商务印书馆,1910.
③ 李文治.中国近代农业史资料(第一辑,1840—1911)[M].北京:生活·读书·新知三联书店,1957.

为1,248,742垧；而在此后短短的6年中，放垦面积达到6,975,996垧[①]。可见政府制度激励的作用之大。

放垦面积增大及政府奖励农垦公司政策的推行，最终带来农业经营方式的重大变革，即农业垦殖公司的萌发与壮大。近代中国农垦公司产生于19世纪末的维新运动时期，但当时农垦公司的数量极少，规模也甚小。新政期间，政府的鼓励垦荒政策为农垦公司的建立提供了土地资源这一先决条件，加之各级官府对私人集股开设垦殖公司的扶持与奖掖，故从光绪二十七年（1901）起，规模较大的农垦公司、大型农场则层现迭出，除少数边远地区外，绝大多数省份都有所开办。据不完全统计，到1912年止，全国范围内的农垦公司已有171家，资本总额6,351,672元。另据汪敬虞的分析，当时公司的实际数字"可能还要大大超过"此数额[②]。由此可见，制度激励下农务垦殖公司的进展之速。这些集资商办的农垦公司，规模大小不一，资本额多在10万元以上，最高的多达100万元，最少的也有不足千元的。

这些农务垦殖公司经营方式多种多样：有公司统一雇工生产的；有公司在统一垦殖计划下将土地以"招佃条约"的形式租给佃农或包工头进行生产的，同时公司在作物品种的选择、生产及农事改革等方面有着决定或指导作用；还有将垦熟土地出售的。尽管如此，其已明显有别于传统的小农耕作或租佃经营，或多或少地带有资本主义性质或大农经营的色彩。而且更为重要的是，其生产取向是"外向型"的，即以市场需要、获取盈利为目的，接纳与引进了新式农业机械，生产过程中采用西方先进的生产技术，这也就与小而全、讲究自给自足且"世代使用同一生产要素"的传统农家生产迥然不同，是近代以来自然经济解体的一个继续，代表着晚清乃至近代中国农业发展的新趋向[③]。

---

① 李文治. 中国近代农业史资料（第一辑，1840—1911）[M]. 北京：生活·读书·新知三联书店，1957.
② 汪敬虞. 中国资本主义的发展和不发展[M]. 北京：中国财政经济出版社，2002.
③ 赵泉民. 论清末农业政策的近代化趋向[J]. 文史哲，2003（4）.

清末新政期间，清统治者所制定的各项农业政策，显示了政府在政策制定的目标和视野上发生了根本性的转变。这一转折，一方面标志着国家干预经济方式的改变；另一方面预示着国家在组织和发挥农业生产方面职能的进化，是国家对农业近代化管理的开端，符合时代之需要，因而成为中国农业经济走向近代化及农业经济制度近代化的重要一步。特别是在此过程中尝试借助法制、经济及行政等手段建立国家对农业经济的宏观管理体制，在开启农业发展的制度化先河的同时，也为后来政府的农业经济制度建设提供了可资参考的蓝本。

5.4 工业

清末新政时期，中国的资本主义工业获得了较快发展，新创设的企业资本家众多，资本额也比以前有大幅度增长，民族资本首先从投资装置较少、见效较快的轻工业入手，尤其是以棉纺织业、缫丝业、面粉业、卷烟业为主要对象，其他各工业如针织业、榨油业、造纸业、制革业、水泥业、制瓷业、玻璃业等也均有不同程度的发展。轻工业的发展导致对能源、机器、运输的需求不断增加，从而又推动了机器和船舶修造业、矿冶业、水电业等重工业的发展[1]。

棉纺织业是清末工业发展中最明显、最有代表性的一个行业。在早期棉布机器生产体系中，以其最为重要的生产基地而言，主要是江苏、浙江、湖南、华北地区、四川及东北地区[2]。应该承认在机器纺织业形成的年代，江苏与上海等地的步伐大体一致，按江苏的记载，"光绪二十年以前，沪上未有纱厂，苏地盘门外，苏纶纱厂，亦未兴筑，织布纺纱，手车所纺。其后纱厂逐渐开设，机器渐推渐广"[3]。苏北通州、海安等地生产的土布，称为"通布"。关于"通布"的生产情况，在光绪三十年（1904）前，"通州一地，强半以手

---

[1] 杜恂诚. 中国近代经济史概论[M]. 上海：上海财经大学出版社，2011.
[2] 刘淼. 晚清棉纺织业贸易与生产体系转型的地域分布[J]. 中国社会经济史研究，2003（4）.
[3] 曹允源等. 吴县志[M]. 1933年排印本.

工织布为生活，贩运东三省行销"。而在光绪三十年间"近以日本机布在东畅行，通布交易尽为所夺"。日本棉布畅销的原因，在于"日布式样略仿通布，价值则较通布为廉"①。又据光绪三十四年《农工商部咨各督抚饬属行销土布略》所载江苏海门商务分会总理刘燮钧所说："通海土布向销东三省，每岁约销十万余件。近年洋布盛行，洋纱充斥，以致土布减销。"而在当时的农工商部的官员看来，"臣谨按：光绪初年，海关进出口表颇足相敌，其后洋货进口岁岁加增。考其大宗，则布纱实占多数，棉一而已。其博人所好也，华纱出自手工，洋纱出自机器，织成布匹，略判粗细，以此遂为所夺，不独通海一隅也。"②

在广东，汕头原是华南地区土布的主要生产地之一。自光绪时起，也因"本土所出之布，以坚实价贱为主，不尚匀细，故印度棉纱进口驾于英国日本之上"③。在广东，"日本棉纱初来之时，货细价廉，人尽乐用，上三年进口五千七百四十二担。嗣后价值日昂，而销路渐减，至是年（1901）进口仅有三百二十担之数"④。广东兴宁地方也是出产土布的地区之一。"兴宁为本埠棉纱商业一大销路。传说此项生理，陆续有歇闭者。""夫棉纱用以织土布，向日该埠工艺兴旺，土布为出口大宗。自日本法兰绒等类流入中华以来，人多喜用，土布自形不佳。"⑤

在湖南，当时洋纱在湖南地区的销售，导致当地的棉布生产取代传统的土布。在光绪二十九年（1903），"查岳、常、澧等处织布之户，近来全系参用洋纱，所出之布，据云轻细有余，而厚暖则不足。目下欲求一匹真土纱都布，几如披沙拣金"。湖南岳州等地的土布，称为"土纱都布"，其制造的方法及品质，当与江苏的土布有直接的关系。据时人所述："岳州、澧州及常德等

---

① 上海通商海关造册处译.通商各关华洋贸易总册[M].清光绪宣统间铅印本.
② 刘锦藻.清朝续文献通考[M].上海：商务印书馆，1912.
③ 上海通商海关造册处译.通商各关华洋贸易总册[M].清光绪宣统间铅印本.
④ 上海通商海关造册处译.通商各关华洋贸易总册[M].清光绪宣统间铅印本.
⑤ 上海通商海关造册处译.通商各关华洋贸易总册[M].清光绪宣统间铅印本.

县最重要以及最令人感兴趣的制造品,也许就是通常称为南京布的棉布。"恐因与江苏的土布有相同的地方,所以华南地区的土布"大多数行销内地,经过岳州海关的只有一小部分"。而在洋布的生产中,因"织得又结实又匀细,所以最为畅销"。其往外地的销量"据一九〇八年粗略的估计,岳州以往年产量二万匹,常德地区为六十万匹"①。

而在中国北方地区,洋纱进口对当地土布生产及市场销售,想必产生重大影响。如在"直隶河间、顺德、正定、保定各属,并京东乐亭、宝坻等县,向产棉花,既多且佳。近年民间织布,其线大都买自东洋,亦系因无纺织机器,以致有此漏卮"。这里所说的"乐亭"等地,不仅以盛产棉花著称于世,也"是以棉布著名的,这种布过去是用土产棉纱织的。但是由于进口的洋纱又便宜又好,因此便放弃了纺制土纱"②。

在甲午战争后的几年中,中国棉纺织业曾出现过一次投资高潮,但不久便趋于平息。光绪三十一年(1905)在回收利权运动和抵制洋货运动中,国人的实业救国思想更加高涨,政府的惠商政策有所完善,洋纱输入额大幅度减少,于是商办棉纺织工业开始了新一轮的发展高潮。光绪三十一年到光绪三十六年(1905—1910)出现了投资纱厂的热潮,新设华商纱厂10家,投资总额为662.1万元③。光绪二十八年(1902)全国华商纱厂只有纱绽312,810枚,至1912年已达到499,348枚,在此11年内,纺机增加了约60%④。

经过这一时期的发展,到辛亥革命前夕,华资纱厂在家数、纱锭数、资本额等方面都比外国在华纱厂占优势。据统计,截至宣统三年(1911),全国开工的中外纱厂共计30家,有纱锭748,892枚,其中华资纱厂22家。1913年,华资

---

① 刘森. 晚清棉纺织业贸易与生产体系转型的地域分布[J]. 中国社会经济史研究, 2003(4).
② 刘森. 晚清棉纺织业贸易与生产体系转型的地域分布[J]. 中国社会经济史研究, 2003(4).
③ 杜恂诚. 民族资本主义与旧中国政府(1840—1937)[M]. 上海:上海社会科学院出版社, 1991.
④ 严中平. 中国棉纺织史稿[M]. 北京:科学出版社, 1955.

纱厂实收资本额14,234,431元，占全国中外纱厂资本总额的57.41%[①]。

值得注意的是，这一时期华商棉纺织厂的投资者多为官僚士绅，他们与清政府有着千丝万缕的联系。如张謇创办大生纱厂具有代表性。大生纱厂是清末创办的私营棉纺织企业。光绪二十一年（1895），张謇在"设厂自救"的浪潮中开始筹办，次年开始购地建厂。拟招商股60万两，一年之久只招得三四万两。光绪二十四年，张謇通过刘坤一将湖北官纱局存沪未用的纱机20,400台领回，作价25万两，作为官股，"按年取息，不问盈亏"。光绪二十五年正式建成投产[②]，厂址在江南通州（今江苏省南通市）。厂区周围是产棉区，原料价廉。工人工资较低，正、杂各税也较轻。当地发达的土法织布业，为棉纱提供了市场。经营顺利，利润优厚。光绪二十九年（1903）增纱锭4.08万枚，又以盈余添购2.6万纱锭开设大生二厂，光绪三十三年投产[③]。

在大生纱厂经营成功后的10年间，张謇又相继在纱厂周边集资办起了垦牧、磨面、榨油、冶铁、制盐、造纸、蚕桑染织、交通运输等一系列附属企业，如作为辅助产业的通海垦牧公司、复兴面粉厂、大达内河轮船公司、资生铁厂、大达外江轮船公司，以及作为相关产业的广生油厂、同仁泰盐业公司、大隆皂厂、阜生蚕桑公司、大生第二纺织厂、大昌纸厂等。

甲午战争前，机器缫丝业是民族资本最大的工业。光绪二十五年（1899）上半年，浙江省历史上最早的一批近代机器缫丝厂在绍兴诞生。这批丝厂包括：会稽县的开永源丝厂、山阴县的公豫源丝厂、萧山县的合义和丝厂和另外两家佚名丝厂。其中有确切史料可证且为时最早的当属会稽开永源丝厂，其厂址设在曹娥镇白米堰，即今绍兴市上虞中塘乡。资金由会稽县九人参照西方股份公司办法募集，又商请政府"司库拨银存放生息"，两项总计白银1万两、

[①] 中国近代经济史丛书编委会. 中国近代经济史研究资料（6）[M]. 上海：上海社会科学院出版社，1987.
[②] 章开沅. 开拓者的足迹——张謇传稿[M]. 北京：中华书局，1986.
[③] 辽宁省档案馆. 大生纱厂——清末创办的私营棉纺织企业[J]. 兰台世界，2015（7）.

银元1.5万元；主要设备为当时国际通用的铁制六绪直缫车，共208台；茧子从附近各县收购，劳力也就近招募；每日生产厂丝100斤，"获利颇丰"。另一家稍后的合义和丝厂，设在萧山转坝头，由绅商陈钧、楼景晖等合资24万两白银创办，设备亦为铁质六绪直缫车208台[①]。

20世纪初时，蚕桑业以顺德为中心，向四周扩展，东莞一些缙绅在石龙设立"晋善堂"，用以提倡桑蚕，并请善于养蚕者为师教导乡人，顺德、南海还成为全省最大的蚕茧贸易中心。大规模地种桑养蚕，发达的蚕茧贸易，为南海、顺德的机器缫丝业提供了充足的原料，使机器缫丝业在珠江三角洲地区迅速发展成为可能。这时，缫丝业仍位列中国最重要的若干近代工业之中。在光绪二十八年至宣统二年间（1902—1910），各省新设机器缫丝厂共56家，新增丝车15,646部[②]。这些丝厂主要集中在广东和上海两地，绝大部分都是华商私人经营的企业。

广东是丝厂设立最多的地区，宣统二年（1910）共有丝厂109家，丝车42,100部。但广东丝厂一般资本额较少，组织形式落后，机器设备陈旧，生产能力较低。而且广东绝大部分丝厂是租厂经营的，其投机性较强，不少丝厂10年间数易其主[③]。这些都限制了其发展。20世纪初，上海的缫丝业发展较快，丝厂由光绪二十七年（1901）的23家增加到宣统三年（1911）的46家，同期缫丝车由7,380部增加到13,062部，也有大幅度增长[④]。

在机械缫丝业崛起的同时，织造业也日渐繁荣，并形成地域特色。光绪六年（1880）绍兴有传统木机（腰机）1600余台，至19世纪末，增至2000余台。机户集中且有产品特色的是华舍、下方桥和府城三地。

华舍一带，包括张溇、亭后、渔后、后马、西庄、蜀阜、江墅、小赭、安

---

① 孙可为. 浙江最早的机械缫丝厂和清末绍兴蚕织业[J]. 丝绸，1999（4）.
② 徐新吾. 中国近代缫丝工业史[M]. 上海：上海人民出版社，1990.
③ 徐新吾. 中国近代缫丝工业史[M]. 上海：上海人民出版社，1990.
④ 徐新吾. 中国近代缫丝工业史[M]. 上海：上海人民出版社，1990.

昌、板桥、宾舍等，光绪二十一年（1895）有机户586家，织机880台，至清末一度达1059家，织机2650台。此外还有"丝行"、"练坊"、"绸庄"及"绸主人"。丝行，主要经销蚕丝原料，从散户中收购生丝，经过集中分档整理、加工，再销售给织户或外销。练坊，是对生坯绸或生丝进行练染加工，使其软化并着色。绸庄，以经销成品绸缎为主，多从散户中收购，经零售或批量外运销出。绸主人，则为捐客，即今之中介人。外地人到华舍收购绸缎，人地生疏，门径不熟，绸主人便给予引进、介绍或代办，收取一定的佣金。华舍一带的织户以产"生货"为主，品种有素大绸、花大绸、纺绸等。其中纺绸以板桥一地所产最为有名[①]。

下方桥一带，包括马鞍、山头、山南、必浦、阳家弄等地，清代前期即出现专织"栏杆"的机户，后陆续发展到制织其他绸缎。光绪二十一年（1895）有机户为238户，织机248台。光绪二十九年（1903）产生当地第一家丝织厂"瑞云祥"，以后又陆续出现"元泰韩"绸厂（1904）、"吴顺兴"绸厂（1910）等。产品以"熟货"为主，主要品种有宁绸、贡缎等。宁绸为平纹组织，平挺柔韧，多作春秋外套，原产南京，故名。贡缎为缎纹组织，绸面光滑闪亮，有花缎、素缎之分，多为北方富家所用，风沙沾衣，掸之即去[②]。

绍兴府治所在地城区是全府丝织业三大集中地之一。较早出现的是"章恒泰绉纱庄"，业主章友隆，原在杭州太平桥经营，自太平天国后从杭州迁至绍兴北后街，前店后纺，自产自销。其后在府学弄、南街、和畅堂、辛弄、柴场弄等地都有机户产生，共10余家，织机20余台。产品以绉类织物为主，有绉纱、官纱等。其中"雪青官纱"质地稀疏轻薄，着之凉爽宜人，深得南方人青睐，杭州及绍兴均有"宋春源"绸庄专以经销，在广东一带极有影响[③]。

面粉工业在这一时期也有较快发展。特别是光绪三十年（1904）以后，受

---

① 孙可为. 浙江最早的机械缫丝厂和清末绍兴蚕织业[J]. 丝绸, 1999（4）.
② 孙可为. 浙江最早的机械缫丝厂和清末绍兴蚕织业[J]. 丝绸, 1999（4）.
③ 孙可为. 浙江最早的机械缫丝厂和清末绍兴蚕织业[J]. 丝绸, 1999（4）.

日俄战争的影响，面粉畅销，促使华商积极投资面粉工业，不仅前设之厂增加资本，扩大规模，新设之厂也接踵而起。据统计，光绪二十六年以前设立的华商面粉厂只有11家，其中有据可查的8家面粉厂创办的投资额共有118.4万元，而在光绪二十八年到宣统三年（1902—1911）的10年间，新设华商面粉厂共53家，创办投资额共786.6万元，大大超过前一时期。在这些新设的面粉厂中，只有一家属于官办企业，其余均为商办[①]。从地域分布来看，华商面粉厂主要集中在上海、江苏与沿海其他几个地方。

卷烟业是新兴的工业部门。华商投资创办卷烟厂始于光绪二十四年（1898）的天津北华制造烟草公司和宜昌茂大卷烟制造所。前者资本14万元，是卷烟行业中的一流大厂。光绪二十八年（1902），在北洋重臣兼直隶总督袁世凯的协调下，北洋农务局与北京市加工工艺商局协同项目投资政商联办的北洋烟草有限责任公司，刚开始生产制造"龙球""双龙宇宙""宇宙"牌卷烟。自此，天津市、北京市、上海市、烟台、汉口依次开设了三十多家民族资产的卷烟厂。光绪三十年（1904），美国逼迫清廷续签《限禁来美华工保护寓美华人条约》，遭到了明显的抵制，爆发了全国性反美爱国运动，"不吸美国烟"变成那时候大家的呼吁，也因而推动了民族卷烟工业生产的盛行。光绪三十一年（1905），旅日侨民简照南集资款10万港元创立了广东省贝德烟草企业，第二年生产制造"白鹤""飞马""双喜"等牌子的卷烟。因为卷烟生产技术不精，且遭受美国、英国烟企业商品的市场竞争与倾轧，该企业于光绪三十四年迫不得已清除竞拍。从同年起，华商各厂连年倒闭，上海的6家卷烟厂仅剩一家名为德隆的小厂，其余相继停业，其他各地的卷烟厂也无不受到影响[②]。

机器制造业在洋务运动时期就已经产生，但一般规模小，资本少，技术水平低。甲午战争后，轻纺织工业的发展以及因进口机器增加带来的对机器零件

[①] 杜恂诚. 民族资本主义与旧中国政府（1840—1937）[M]. 上海：上海社会科学院出版社，1991.
[②] 刘克祥. 清代全史[M]. 沈阳：辽宁人民出版社，1995.

修理、装配和部分配件生产的业务需求，促成了机器工业的迅速发展。清末新政时期，机器制造业不仅工厂数量大幅度增加，而且规模扩大、技术提高，出现了创办资本额较多的大厂。光绪二十七年到宣统三年，新设立的机器和船舶修造厂，仅资本万元以上的就有20家，创办资本总额达266.1万元[1]。其中创办资本在40万元以上、规模较大的机器厂有5家。光绪二十八年（1902）朱志尧创办的求新制造机器轮船厂是上海规模最大的民营机器厂。该厂创办资本70万元，以制造轮船为主，并承造各种机器轮船与修配各式零件，产品涉及浅水轮船、火油引擎、铁路工程等[2]。这类大中型机器厂的数量尽管不多，但却代表着中国民族机器工业未来的发展方向。

清末时期，矿冶业也得到了发展。在炼钢方面，江南制造局于光绪十六年（1890）筹设炼钢厂。设炼钢厂的出发点，就在于造炮所需钢料、造枪所需钢管，一向需从外国购买，价钱较贵，且若海路因故不畅，必致停工待料。于是向英国购买了炼钢及卷枪筒的机器、炉座各一副，办起了炼钢厂。最初日出钢10吨、枪管100支，后来从英国又购进15吨酸性炼钢炉一副，于是每天可炼钢约20吨。钢材质量经化验不亚于洋钢，所含铁质、炭质、锰质、矽质等均达标准。钢材品种计有元钢、方钢、扁钢、包角钢、钢皮、船用钢板、枪筒钢、炮筒钢等。原料生铁矿石，初购自国外，后从湖南湘乡采购一部分。还有一部分原料是搜集的废钢。炼钢过程基本都是采用机器：先将原料入炉熔之，铸成5吨—10吨钢坯；钢坯入炉中锻后，乃以水压钢机锤压。此压机每平方寸压力为3000吨，为当时中国最大者。江南制造局炼出本国第一炉钢水，具有重要意义。

晚清汉阳铁厂声势最大，是亚洲第一家集开矿、采煤、炼铁为一体的大型近代化钢铁联合企业。该厂也是张之洞一手搞起来的。光绪十九年（1893）铁厂建成，次年运行投产，该厂包括以下所属分厂：炼生铁厂、炼贝色麻钢厂、

---

[1] 杜恂诚.民族资本主义与旧中国政府（1840—1937）[M].上海：上海社会科学院出版社，1991.
[2] 上海市工商局等.上海民族机器工业[M].北京：中华书局，1979.

炼熟铁厂、炼西门士钢厂、造钢轨厂、造铁货厂，是为6个大分厂；还有机器厂、铸铁厂、打铁厂、鱼片钩针厂、打铜厂、翻砂厂、木模厂、锅炉厂，是为8个小分厂。熔炉情况为：化生铁炉2座，炼钢炉4座。厂内还有洗煤机、炼焦炭炉。铁厂还辖大冶铁矿和马鞍山煤矿。汉阳铁厂的设备全都购自国外。其熔铁大炉、炼熟铁炉、炼钢炉及制铁轨机等，均在英国订购。投产约一年，生产铁5660吨、贝色麻钢料940吨、马丁钢料450吨、钢条板1700吨。已达到世界级的技术水平。

汉阳铁厂尽管规模很大，但由于张之洞科技知识缺乏，办事急于求成，导致产品销售不畅。当时西方炼钢炉有两种，一是贝色麻钢炉（转炉），二是西门子马丁炉（平炉）。前者用酸性耐火材料，不能除原料生铁的磷质；后者以碱性耐火材料为炉衬，除磷质能力较强。本来大冶铁矿含磷量就高，故选择炼钢炉应加以考虑。向英国厂方订购时，对方即提出先验铁矿、煤焦质地，再行配炉，但张之洞根本不允："以中国之大，何所不有，岂必先觅煤、铁而后购机炉？但照英国所用者购买一份可耳。"于是，英方即配以贝色麻炼钢炉和小马丁炼钢炉各一座。结果，贝色麻炼钢炉所炼之钢含磷多，易脆裂，尤不适于造钢轨。小马丁炼钢炉所炼之钢含磷量符合要求，但产量过少。发展科技，又不懂科技，此失误直至光绪二十八年（1902）才得到解决。光绪三十四年（1908），合汉阳铁厂、大冶铁矿、萍乡煤矿的汉冶萍煤铁厂矿公司成立。

还有许多其他炼钢、炼铁厂，如贵州青溪铁厂，福州船政局、天津机器局、轮船招商局等大企业也都附设炼钢、炼铁厂。它们与江南制造局炼钢厂、汉阳铁厂一起，在晚清引进西法冶铁炼钢方面，起到了重要作用。

5.5 交通运输业

资本主义工矿业企业的迅速增长，促进了交通运输业的发展，主要是轮船航运业和商办铁路均有一定的发展。

甲午战争以前，除了同治十一年（1872）成立的官督商办的轮船招商局外，私人资本的轮船航运业受到压制，还没有什么规模可言。到了20世纪初期，随着外资在华航运业的进一步扩大和清政府实业政策的转变，对华商开设轮船公司的禁令也逐步解除，促进了商办轮船的兴起。据不完全统计，在1901—1910年间，新设规模较大的轮船公司29家，资本总额1029.1万元；平均每年有2.9家公司成立[①]。这些轮船公司中，有些规模较大，具有一定经济实力，发展势头较好。如光绪三十一年（1905），由张本政创立于烟台的政记轮船公司，创办资本4万银元，由张本政独资经营，在烟台市顺泰街、滋大路、后海崖等处购房210间，在烟台市顺泰街与广东街连接处建办公楼，建成一处占地1500余平方米、中西合璧的二层楼房。开始时仅有轮船一艘，吨位1000吨，定期往返于丹东、烟台和大连之间。随着业务的拓展，增添了几艘轮船，吨位均在1000吨至2000吨之间，还增加了航班，并在丹东、大连和龙口设立了分公司。到宣统三年（1911），已拥有8艘轮船，资本增至8万银元[②]，同时租千吨级日本轮船多艘，获利甚丰，不断扩大规模。买办虞恰卿于宣统元年（1909）创办的宁绍商轮公司，创办资本100万元，开始以两艘千吨级轮船航行于上海、宁波之间，得到宁波商民支持，很快招股扩资，添购鸿安公司的两艘轮船，开辟上海至汉口新航线。

除了轮船公司外，还有数目众多的小火轮公司。这些公司船的规模小、资本少，多是百吨以下的浅水轮船，各家资本多则数万元，少的不足万元，往往购备一艘或两艘小火轮就成立公司。有的公司自己没有船，仅靠租船行驶。据统计资料显示，到宣统三年，商办小火轮公司多达561家，资本797.6万元，拥有小火轮978艘，总吨位28,274吨；平均每家公司有小火轮1.7艘，吨位50.4吨[③]。

---

① 许涤新，吴承明. 中国资本主义发展史[M]. 北京：人民出版社，2003.
② 山东省史志办. 烟台政记轮船公司的创立. 2017-09-19.
③ 樊百川. 中国轮船航运业的兴起[M]. 成都：四川人民出版社，1985.

这一时期，轮船招商局的发展甚微。光绪二十六年（1900），招商局共有大轮船29艘，总吨位4.4万吨，到宣统三年（1911），轮船数量仍为29艘，总吨位为4.9万吨，略有增加，航运能力增长不大。其原因一是外国航运竞争势力强大，二是清政府的苛捐勒索的加重。轮船招商局作为官督商办企业，对于政府给予的贷款、特权和其他照顾，必须有所"报效"。1895—1911年，招商局实际账面盈余数仅为规银65.06万两，而在1900—1911年，招商局对清政府"报效"就高达规银55.16万两①。对清政府的"报效"成为招商局不能承受之重。

20世纪初年，中国兴起了一股创办民营铁路的热潮。这一热潮完全是抵制外国侵占路权，收回路权的产物，这一运动最先是从收回粤汉铁路权开始的。光绪二十六年，张之洞与美商合兴公司签订粤汉铁路借款合同，不久合兴公司2/3的股权售与比利时财团，并由两国分修该路，美国修南段，比利时修北段。光绪三十年（1904），湖南绅商以合兴公司违约联名要求督办铁路大臣盛宣怀废约，"务期收回主权"。清廷被迫与美国交涉，于光绪三十一年与美国签订《收回粤汉铁路美国合兴公司售让合同》，将粤汉铁路收回自办。收回粤汉铁路的斗争推动了全国其他地区的路权收回运动。

清政府开放路权和全国收回路权运动的蓬勃开展，促使各地民营铁路公司的相继兴起。光绪二十九年（1903）《铁路简明章程》公布后，受到广大爱国绅商欢迎。他们以挽回"利权"相激励，自光绪二十九年至三十三年（1903—1907），先后有四川、湖南、江西、云南、安徽、山西、浙江、江苏、福建、湖北、广东、广西、陕西、河南、黑龙江等15省设立公司，纷纷招募商股，雇工聘匠，察勘线路，兴起一股全国性的收回路权、商办铁路热潮。

最早申请商办铁路并获得清廷批准的是侨商张煜南。他于光绪二十九年（1903）获准创办公司，筹办潮汕铁路。该路于光绪三十二年建成，全长39公里。光绪三十年，广东新宁绅商陈宜禧等要求承办新宁铁路获准，至1913年筑

---

① 许涤新，吴承明. 中国资本主义发展史[M]. 北京：人民出版社，2003.

成。光绪三十一年清廷赎回粤汉铁路后,准粤、湘、鄂三省共同承担。其中,广东自光绪三十二年开始兴建,到宣统三年(1911)由广州至黎洞106公里建成通车。在湖南,宣统元年(1909)开始动工,至宣统三年株洲至长沙段建成通车[①]。湖北则在张之洞主持下,粤汉、川汉两路兼筹,开始筹集资金及勘察路线。与此同时,四川也大规模设公司,筹资兴办川汉铁路,至宣统元年(1909)共集股达1175.9万余两[②]。此外,江西从光绪三十年(1904)始筹划九江至南昌铁路,于宣统元年(1909)修成九江至德安50多公里[③]。福建从光绪三十三年六月动工兴建漳厦铁路,宣统二年(1910)建成嵩屿至江东桥段28公里。山西同蒲铁路公司至宣统三年修筑成15里轨道[④]。黑龙江于宣统元年修成由齐齐哈尔至昂昂溪45里的齐昂铁路[⑤]。

商办铁路最有成效的是浙江和江苏。光绪三十一年(1905)两省绅商提出废除清廷与英国于光绪二十四年(1898)签而未办的《苏杭甬铁路草约》。经反复交涉,清廷废除该草约,将铁路归两省自办,并将线路改为以上海为起点,成为沪杭甬铁路。浙江省到宣统元年集股达925万余元,江苏省到宣统三年集股达409万多元。浙江省于光绪三十二年(1906)开工,至宣统元年建成杭州经嘉兴至枫泾线;江苏省于光绪三十三年(1907)开工,至次年十月建成上海至枫泾线(嘉兴属境)。至此,上海经嘉兴至杭州线于光绪三十四年(1908)完全开通。此外,浙江省还于光绪三十三年修通江干至拱宸桥线;在收回路权、商办铁路时期,清廷兴办了京张铁路。商办铁路的兴起,激发了广大爱国官绅的热情,显示了民族资产阶级力量的壮大,在很大程度上抵制了列强攫取我国路权的野心。然而,由于民族资本不足,在全国范围内,商办铁路成效并不乐观,大多省区或集股有限难以开办,或仍限于筹议之中,徘徊不

① 江沛. 中国近代铁路史资料[M]. 南京:凤凰出版社,2015.
② 江沛. 中国近代铁路史资料[M]. 南京:凤凰出版社,2015.
③ 江沛. 中国近代铁路史资料[M]. 南京:凤凰出版社,2015.
④ 江沛. 中国近代铁路史资料[M]. 南京:凤凰出版社,2015.
⑤ 江沛. 中国近代铁路史资料[M]. 南京:凤凰出版社,2015.

前，成效不大。

光绪二十七年到宣统三年（1901—1911），中国新铁路总计约8200公里，其中外商直接建筑的计3700余公里，占45.1%；外资通过向清朝政府提供贷款而间接建筑的计3300公里，占40.3%；中国人自己建筑的，包括京张铁路在内约1200公里，只占14.6%而已[①]。

清廷当时正在筹划铁路干线国有政策，以实现国家控制干线，遂乘机于宣统三年四月十一日（1911年5月9日）颁布上谕，宣布铁路干线收归国有，继而于四月二十二日（5月20日）与四国银行签订两湖地区内粤汉铁路及湖北境内川汉铁路借款合同，借款600万镑以缓和财政困难，同时派员南下接收铁路。这一举措严重伤害了该路所在省份民众权益，立即引起全国人民反对，纷纷掀起保路运动，并以此为导火线，引发了辛亥革命，最终导致清朝统治的覆灭。

5.6 商业与商会

5.6.1 商业

清末新政时期，新式工矿业、交通运输业的发展促进了商业的发展。许多地区的商品种类增多，商品结构也发生了变化。国内商业形成了外资商业、本国资本投资的新式商业和旧式商业并存的局面。

洋行是外资在华商业投资的主体。一些外国洋行在进行出口贸易的同时，还开设商店，进行批发和零售的商业活动。同时，一些外国制造商也直接在中国设立产品推销机构，推销其产品。

19世纪末20世纪初，在华洋行数量急剧增加。例如，在甲午战争前的1893年，全国日商洋行银行仅有42家，到1919年已增加到4878家，26年间增加了

---

① 宓汝成. 中国近代铁路史资料[M]. 北京：中华书局，1963.

115倍[①]。这些洋行开设支店或货庄，从事中国国内的商业活动，这首先表现为外国商业资本涌入、洋行林立、洋货充斥市场。外商洋行主要有：德国的义利、太隆、礼和、谦信、哈利、瑞记、禅臣等十余家[②]；英国的亚细亚煤油公司；日本的日华公司东南公司书药局、京亚分公司分局、三好堂、华和公司、中华公司等[③]。洋行经销的主要商品有煤油、烟草、棉布、石油、砂糖、洋火、纸、麻袋、木材、日用品等。除了倾销商品外，还大量采购工业原料及农产品、手工业品，如小麦、棉花、落花生、花生油、大豆小豆油、生牛、牛皮、牛骨、猪毛、羊毛、麻、大麻籽油、草辫、水果、丝、靛等等。除洋行大宗经销外，华商也开办了许多小型洋货铺、西药房，推销洋货。

外国洋行和制造厂商在中国从事批发或零售业务，是他们在其本国所从事的商业活动的延伸和扩大，采用了当时西方先进的商业经营方式和组织形式，如百货公司、定期拍卖市场等。因此，这是一种与当时中国传统商业的不同的资本主义商业[④]。

资本主义新式商业，是指中国的民族资本商业，新式商业中在经营方式上基本采用了资本主义商业的一套资本组织方式或不同程度上采取了股份有限公司的形式，通过发行股票，把分散的或者单个资本结合成巨额的股份有限资本。在新式商业中，资本家先是买办以独立商人的身份自立商号，为洋行代销、包销进口洋货，代购、包购出口土货；继而其他中国商人也纷纷设立购销进出口商品的商业字号、行栈。这些推销进口洋货、收购出口土货的商业机构，与传统商业机构相比，其经营内容和服务对象都发生了重大变化，成为与资本主义生产方式相联系的新型商业机构。

在经营洋货的过程中，随着业务的不断扩大，推销活动进一步专业化，出

---

① 中国近代经济史丛书编委会. 中国近代经济史研究资料（6）[M]. 上海：上海社会科学院出版社，1987.
② 济南市志编纂委员会. 济南市志资料（第三辑）[M]. 1982.
③ 济南市社会科学研究所. 济南简史[M]. 济南：齐鲁书社，1986.
④ 杜恂诚. 中国近代经济史概论[M]. 上海：上海财经大学出版社，2011.

现了专销某洋货的商号，这在洋布、洋纱等的销售上表现最为明显。棉布业是一个比较典型的新式商业行业。洋布由于价廉质优，逐步取代土布而成为商业市场上的重要货物。一些商人为利润所吸引，纷纷经销洋布。上海作为全国贸易中心，洋布进口额经常占全国的40%—50%；1894年前，上海棉布商不到100家，1900年增至130—140家，1913年再增为二三百家[①]。

1894年以前，进口商品一般是由香港或上海的买办商人扩散的，到了20世纪初，越来越多的内地商人到上海开设分号，向洋行批发洽购。在棉布业中，外埠各大城市的大批发号或大型零售商店在上海设立的派出机构（申庄），就属于这种情形。这些常年坐镇上海的采办人员，经常向上海的大批发商采购棉布，运至各城市销售[②]。棉布从上海向各地扩散主要通过这些申庄，1905年仅汉口在上海设立的申庄就有20家之多[③]。天津、汉口、北京以及其他通商口岸和城市，也都出现了类似的专业分工和新的商业行业。

在20世纪初期，更加典型的资本主义商业机构百货公司也开始兴起。早期经营百货公司的多为一些华侨企业家，他们在国外较早地接触了这一新式的商业经营模式。1900年，澳大利亚华侨马应彪在香港创立了中国第一家华资百货商店先施百货公司，初期资本2.5万港元，从悉尼华侨中集资。为了吸引客户，马应彪决定打破中国只用男店员销售货品的传统，大胆启用女营业员，从第二个月公司扭亏为盈。1912年又在广州设先施分公司，资本为40万港元。1913年，澳大利亚华侨郭乐、郭泉开始在上海筹建上海永安百货公司，1918年9月正式开业，以营环球百货为主，兼营旅馆、酒楼、茶室、舞厅、游乐场、银业部等业务。在先施、永安等大型百货公司的影响下，一些城市商业市场相继采取了新型经营方式，出现了新式商场。这些新式商业企业，绝大部分是股份公司。19世纪末20世纪初，上海和其他通商口岸已经形成百货、西药、五金等一

---

① 许涤新，吴承明. 中国资本主义发展史[M]. 北京：人民出版社，2003.
② 王方中. 中国近代经济史稿[M]. 北京：北京出版社，1982.
③ 汪静虞. 中国近代经济史（1895—1927）[M]. 北京：人民出版社，2000.

系列新的商业行业,并逐步向内地扩散。

在新式商业中,资本家在职工中发展股东,优先增加工资,并且多分花红。新式商业还具有保护民族工商业利权的效果:1905年创办的林木培植会,宣布"不许外国人购票";1907年周庆冕等集资创设济合机器公司,主要制造各种机器和五金用品,"以开通风气,抵制洋货";唐世鸿开办中安烟草有限公司,也宣称"挽利权"[①]。

商业的繁荣由通商口岸不断向内地辐射,导致内地同全国性市场发生联系的区域商业中心的形成。散布于各地的中小城市则成为介于通商口岸与内地农村城镇之间的商品交换的中转站。内地大小商业中心的形成及其相互之间的贯通,逐渐形成了从沿海通商口岸到广大内陆的全国性商业流通网络[②]。

20世纪初,资本主义新式商业虽然已经产生,并有所发展,但相对于全国商业流通而言,其范围仍是有限的。国内市场商品流通的主体仍然是内地城镇与农村的传统商业。这是因为新式商业渠道流通的商品主要是进口洋货、出口土货和国内工业品与工业原料,地区发展也很不平衡,主要限于通商口岸和大中城市。因此,它没有也不可能完全取代全国城乡的传统商业。在广大内地特别是农村地区,基本上还处于自然经济、半自然经济状态,商品流通主要是村落、乡镇间传统手工业产品及农副产品的交换,具有补充自然经济的性质[③]。

实际上,传统商业不仅依然存在,而且在不断发展。由于产品商品化程度的提高,农民家庭手工业的解体和农业内部分工的扩大,传统的农村集市贸易得到快速发展,一些地区的集市数量的增加,使进入集市贸易的商品种类及数量增多,在农村居民的生产与生活中起着越来越重要的作用。同时,在经济发展极不平衡的中国,新式商业网很难深入广阔的农村腹地,进口洋货和国内

---

① 徐华东. 济南开埠与地方经济[M]. 济南:黄河出版社,2004.
② 徐华东. 济南开埠与地方经济[M]. 济南:黄河出版社,2004.
③ 杜恂诚. 中国近代经济史概论[M]. 上海:上海财经大学出版社,2011.

工业品由沿海通商都市流向内地必须借助传统的商业网，而农产品、出口土货和工业原料等最终到达大城市或出口离境之前，在农村地区也基本上是沿着传统渠道以传统方式流通的。因此，农村集镇的传统商业同以往相比，已经更多地受到通商口岸的影响，开始发生变化。交易的产品已不限于本地农业与手工业产品，还有城市和国外的工业品；参加商品交换和商业贸易也不限于当地生产者、消费者和商贩，不少城市商人、洋行买办乃至外国商人也都加入交易行列。这种传统商业已不完全属于封建生产方式内部的商业流通，而是或多或少同资本主义生产方式相联系，并且广泛地受制于国内中心市场甚至国际市场的变动[①]。

5.6.2 商会

清代新政时期成立的商会，是政府和工商业界彼此需求的必然结合物。一方面，工商业者虽对"官督商办"深恶痛绝，但仍希望"有善良之政府，实行保护产业之政策"。戊戌变法时期康有为作为新兴工商业者的代言人，也曾奏请光绪帝谕令创设商会。但由于"百日维新"很快失败，商会最终没能应运而出。进入20世纪之后，成立商会的呼声越来越强烈。另一方面，清朝统治者开始意识到发展工商实业的重要作用，试图以振兴实业方式挽救国库一空如洗的危机。在此之前，清政府虽然设置了商务局管理工商事务，但规定只任用候补官吏，一般商董根本没有进入商务局议事的资格，更不能起到联络工商的作用，不但广大工商业者很有怨言，统治集团内部也有人指出政府不能与工商界联络信息。

这样，成立商会以沟通官商关系成为大势所趋。1903年，清政府设立商部作为管理农工商实业的最高权力机构，并对劝办商会也给予了高度重视，很快谕允颁行《商会简明章程》。从此以后，创办商会由下层民间人士的呼吁，变

[①] 杜恂诚. 中国近代经济史概论[M]. 上海：上海财经大学出版社，2011.

为官商共同倡办。1905年济南正式成立"山东济南商务总会",订定的会章宣布"以联络商情,启导商智,保护商业为宗旨"。商会的出现,突破了封建行会囿于同业的界限,成为该地区工商业者的组织。其成员主要为商人,这意味着济南民族资产阶级开始有了自己的政治组织。在1905年的抵制美货运动中,济南商会积极联络广大工商业者拒绝进销美货,发展民族经济,其坚决果敢的行动赢得了当时国内舆论界的交口称赞。

从1904年首创的京师商务总会开始,到1911年已有50余处创立了商务总会,880余地设立了商务分会,此外还有为数更多的商务分所。商人及公所、会馆(商业性质)凡有与官府交涉事项,一般都经由商会出面代言。官府颁发有关工商实业的政策法令和贯彻具体事务,大多要经过商会转发给各行商人来执行。商会与中央政府商部、农工商部的联系更加密切,商人如果遇到冤屈而地方官府保护不力的时候,就可以通过商会禀报商部、农工商部来解决。商人直接与中央政府部门建立如此密切的联系,这在过去是没有过的。

除了联系官商,商会还肩负着保护工商业者利益的使命。商会诞生后,工商资产者有了自己统一的组织,立即改变了过去官商交往时以个人或行帮形象出现的状况。与行业分明、互相排斥的传统行会明显不同,商会对会员没有籍贯和行业的限制,是联结工商各种行业的中枢。商会的成立,改变了工商资产者互不联系的孤立状态,将各业分散的资产者凝聚成为相对统一的整体。从全国范围看,各省的商务总会虽互不统属,尚未建立全国性的商会联合会,但在比较重要的社会活动中遥相呼应,密切配合。它以"登高一呼,众商皆应"的态势,使全国的工商业者通过商会这一轴心建立起相互紧密联系的广泛网络,使工商业者有了初步发展成为一支独立社会力量的可能。商会经清廷钦允成立,由商部颁发印记,享有合法的社会地位。这样,工商业者从此可以通过商会以社团"法人"的新姿态出现。

商会成立后民商阶层力量凝聚,冲击了官强商弱的传统格局。在与地方官府衙门打交道时,民商不再唯唯诺诺。1908年,由工、商二部合并而成的农工商部明确发文指出：商会不受一般地方衙门的统辖控制，地方官对商会没有"直接管理之权"，只有"提倡保护之责"，并规定总会致督抚之下的各级衙署的公文用"移"和"照会"格式。而按清朝定例，只有平级衙门之间行文时才用这类字眼。这意味着商会的社会地位得到提高，能够与某些地方衙门相抗衡。甚至，清末许多商会设立审理商务案件的裁判董事和裁判所，受理商事诉讼。商会努力维护商人利益，从而在一定程度上消除了工商业者畏怯官府的心理，使其增强了投资兴办实业的信心和热情。

清政府为消除官商隔阂而鼓励成立商会，但不久后就开始担心商会危及自己的统治。因此，清政府对商会的活动和权限进行了多方面限制，禁止商会过问政治、外交等国家大事，力图将商会约束在其所设置的条条框框之内。而商人之所以组织商会，一方面是为了"联商情，开商智"，另一方面则正是为了"扩商权"。他们期望通过商会进一步扩大政治权力和社会影响，更有效地维护自己的经济利益。于是，围绕着商会及其影响力，不可避免地形成了官商矛盾。

5.7 银行与金融业

甲午战争前，外资已在中国通商口岸设立了多家银行和分支机构，但中国仍然没有自己的新式银行。光绪二十三年（1897）五月，督办铁路事务大臣盛宣怀筹办的中国第一家华资新式银行——中国通商银行在上海正式成立。20世纪初，中国大清、交通两银行的创办，成为又一引人注目的事件。大清银行，原名户部银行，是光绪二十九年（1903）清政府户部奏准创办的国家银行。光绪三十年二月颁布户部银行试办章程32条，为官商合办有限公司，资本为库平银400万两，官商各半，但实际仅由户都筹拨资本200万两。开办时仅设总办、副办职。五月十四日清廷奏准开办"户部试办银行"，八月正式命名为户部银行。该行是中国有史以来的第一家国家银行。此时，国人对创办银行的义务与责任均较以前有了明显的进步,特别是对具有中央银行性质的国家银行,清廷已具有明确的意识。因此,创立银行之目的,一是推行银币,发行纸币,以整齐币制;二是借以联系民间金融业,以发挥它们辅助财政的作用。其责任在于"昭示大信",在于"整齐币制,划定价值",并"就各国银行章程采择其紧要诸端,参以中国情形,酌拟试办章程"。这当中包含有建立信用责任、经济责任和法律责任三方面的内容,已明显具有中央银行的主体责任意识[1]。

光绪三十二年(1906)户部银行添设帮办,三十三年三月裁总办、副办、帮办,改设正副监督、会办[2]。同年年底止,各省官办的钱局银号相继成立,再加上各省商营银行的相继创办,亟须有统一的管理。于是,清政府于光绪三十四年二月和七月先后颁布了《银行通行则例》和《度支部银行注册章程》两个金融法规,这是中国近代金融史上最早的金融法。光绪三十四年二月,清政府将户部银行改名大清银行,归度支部辖,重新厘定《大清银行则例》计24条,规定大清银行资本为1000万两,分10万股,官商各半,仍为官商合办有限公司。大清银行设正副监督、会办。宣统三年(1911)又添设帮办,均由政府委任。大清银行的日常业务由股东会选举之理事负责,定员4人,当事则负检查监视之责。总行另设总办事务处,下设稽查、书信、印刷、物料四科,其印刷科专掌钞票、票据、账簿之印刷及钞票之发行事宜。同时总行又设经理、协理职,专管北京行营业事务,对北京以外之业务无权过问。大清银行职官之设置,表面上管事人多,层层把关,实际上给银行业务开展和经营管理带来诸多不便,造成事权不一、调度不灵,流弊甚大。这种浮滥的组织设置,冗员成堆,增加了银行经费开支,反映了清政府晚期政治上的腐败。大清银行除设有北京总行外,还在全国设有分行21个、分号(即支行)35个[3]。

---

[1] 王红曼.晚清银行业的社会责任[J].中国金融,2016(20).
[2] 周锡銮.中华银行史[M].郑州:河南人民出版社,2018.
[3] 于彤.略论中国晚清金融业[J].历史教学,1990(3).

大清银行作为清政府的国家银行，享有代理国库、发行钞票、代政府发行公债等特权，但更为重要的是有为政府筹垫款项的义务，这对于清政府摆脱当时财政上的困境，有着重要的意义。因此，清政府为了控制和监督大清银行，派出监理官和考察员各两名，并在《大清银行则例》第十五条中，首次确立了监理官制度，规定"监理大清银行一切事务。监理官应随时检查大清银行之票据、现金及一切账簿，监理官得出席于股东总会及其他一切会议，陈述意见，但不得加入议决数。度支部视为应行查核时，可随时派员会同监理官查核大清银行一切事务"。这是中国有银行监理官之始，虽然该制度已无法挽救彻底腐败的清政府，但为中国近代银行监管体制的形成奠定了基础。

大清银行设立之后，因感金融人才匮乏，总监督张允言决定自己培养人才，设立大清银行学堂。张允言亲撰《大清银行学堂章程》，于光绪三十四年由同益印书局出版。同年七月大清银行学堂正式创立。该校简易科学制一年半，另试用期两个月。毕业后，择优秀生分赴英国、美国学习统计、簿记、银行货币学等课程，学费由银行负担，毕业后归国在银行实习两年，义务工作五年。毕业生除交通银行采用数人外，一律分派至大清银行总分各行任用。这是我国自行创办的第一所金融专科学校，培养出中国第一批金融专用人才。[1]

大清银行内部的状况，同清政府一样腐败，行内挪用、贪污成风，挥霍、浪费无度，到1911年年底止，三年多时间里，亏空款项竟达2000余万两，超过其资本总额一倍以上。1912年南京临时政府成立前夕，大清银行被迫停业，并于1912年4月开始清理。北洋政府还专门设立了大清银行清理总处，隶财政部领导。同年9月，北洋政府规定该行500万两官股，备抵官欠，其余商股商存1000余万两，先定由大清银行清理款项下拨还。但清理不仅没有清出多少收入，反而为设立之众多清理机关增加了开支，最后不得不由中国银行垫还，然

---

[1] 王红曼. 晚清银行业的社会责任[J]. 中国金融，2016 (20).

后由政府指款归还中国银行。大清银行之清理工作一直到北洋政府垮台时，都没有结束①。

与大清银行并驾齐驱的是交通银行，光绪三十三年（1907）由清政府邮传部尚书陈璧等奏办，同为国家银行，附呈《交通银行章程》38条。章程规定：交通银行纯用商业银行性质，由邮传部附股设立，官股四成，商股六成，一切均照奏定《商律》办理。轮、路、电、邮各局所存储、汇兑、揭借等事由该行担任，但商办各局听任其便。总行设在北京。先备资本500万两，分为5万股，每股库平银100两。邮传部认购2万股，其余3万股官绅商民均准购买。待贸易扩充后，再陆续扩招5万股。邮传部可以选派总理、协理。所集官商股本常年官息6厘，余利除公积、花红外，按入股迟早均分。又在附片中奏请以署邮传部右参议、四川建昌道李经楚为总理，以调部差遣山西候补道、曾在四川创办浚川源银行著有成效的周克昌为协理②。4天后，又奏派邮传部铁路总局局长梁士诒为交通银行帮理。交通银行总行于光绪三十四年二月初二日（1908年3月4日）开业。六月，因商股认股踊跃，超额一倍有余，李经楚呈文邮传部，要求将交通银行股本扩充，将官商股比例改为部三商七。邮传部同意扩股为10万股，但仍按原定官商股比例，于六月十九日（7月17日）上奏，奉旨依议③。

交通银行创办目的在于筹款归还比利时借款以赎回京汉铁路路权。清光绪三十四年五月，邮传部委托收回电报商股，截至八月止，计收回商股22000股，经付股款本息共596万元，电报事业至此乃归国有。十二月为邮传部经付比公司（比利时在华承办电车铁路公司）京汉路筑路借款本息及经手费等，合22.740余万法郎，再加上芦保段三年官息二成，合计银元24万余元，京汉铁路

---

① 于彤. 略论中国晚清金融业[J]. 历史教学，1990（3）.
② 中国第一历史档案馆藏，录副奏片，档号03—5492—051。
③ 交通银行总行，中国第二历史档案馆. 交通银行史料（第1卷上册）[M]. 北京：中国金融出版社，1995.

至此收归国有[①]。

交通银行是官商合办的有限公司,权力实际上掌握在邮传部手中,具有发行收赎京汉铁路公债、分理国家金库、办理外债借款、办理国外汇兑、辅助统一币制等国家银行的某些职能,并不是普通的商业银行,实为清政府中央银行之助手。交通银行于光绪三十四年(1908)六月由邮传部奏准招募。开办时实收资本仅75万两。宣统二年(1910)四月,按规定商股第一期资本300万两收齐,而官股迟至宣统三年年底清政府即将垮台前始由铁路总局的英国借款中拨出158万两,余数42万两还是1912年11月由北洋政府交通部拨足的[②]。

交通银行是清政府的第二个国家银行,规定轮、路、邮、电的款项归其经理,恩准有代理国库、发行钞票、代政府募集公债之特权,因此,备受清政府之保护。宣统元年(1909),清政府为了赎回京汉铁路,把募集公债的事宜交给交通银行经办,并成立了以李经楚、梁士诒为首的专门组织机构负责具体办理。这次赎路公债总额1000万元,结果仅售出30余万元,其余额经梁士诒活动,全由英商敦菲赛尔公司和日本正金银行所承购,其结果把内债变成了新的外债[③]。

交通银行为国家银行,其分支机构同大清银行一样遍布全国各省区,截至宣统三年(1911)年底止,其分行已有23个,营业状况亦佳。宣统元年其各项存款总额已达库平银1348万余两,宣统二年增加至2370余万两,宣统三年由于辛亥革命爆发,其业务多受影响,但存款总额仍达库平银1323万余两之多。再从放款情况看,宣统元年该行各项放款总额为1711万两,宣统二年增加到2842万余两,宣统三年虽然存款大幅度减少,而放款仍达到1798万余两之多。交通银行在短短的3年(1909—1911)中,共获利达库平银190余万两之巨,其中仅宣统二年一年即获利多达69万两。

[①] 王红曼. 晚清银行业的社会责任[J]. 中国金融,2016(20).
[②] 于彤. 略论中国晚清金融业[J]. 历史教学,1990(3).
[③] 于彤. 略论中国晚清金融业[J]. 历史教学,1990(3).

中国真正意义上的商业银行是商人私人开设的。光绪三十二年（1906）周廷弼、尹寿人分别创办的信成银行和信义银行是最早的两家。信成银行资本110万元，总行设上海，分行设于京、津、宁、无锡等地，业务分商业往来和储蓄部分，辛亥后歇业。信义银行总行设于镇江，但只经营了三年多，就因银行券发行过多于光绪三十五年（1909）发生挤兑而关闭。光绪三十三年设立的浙江兴业银行和光绪三十四年设立的四明银行是清末两家最重要的商业银行。浙江兴业银行是浙江全省铁路有限公司为解决铁路股款的保管与利用而创办的，是产业资本的分离部分；资本100万元，分1万股，其中浙省铁路公司持股44.53%，商人持股28.94%，光绪三十六年吸存款300万元，营运资金400万元，主要代营浙省铁路款、对钱庄的资金短期拆放。辛亥革命后，该行成为纯私营银行。四明银行的创办人是李云书，资本150万元，先收半数开业，该行主要向宁波帮的商业、钱庄、航运业收放款[①]。

晚清时期，除了大清银行及交通银行等国家银行外，各省均设有自己的地方金融机构，名义上为官办，实际上多系官商合办，甚至官督商办。这些省级的金融机构的名目多为官银钱局、官银号，其中甘肃、广西、四川、贵州、陕西、直隶、浙江等省的官银号，早在辛亥革命以前即改为银行（如直隶、广西、浙江等省）或官钱局。这些地方的所谓"官办"银钱行号，都经理省金库，为各省督抚操纵下的垫款机关，受到各省督抚之严密控制和监督，其职员亦多为其亲信或亲友等。这些官银钱行号的资本一般不大，最少的仅数万两，而广东官银钱局则根本无资本，仅凭发行钞票（计达1000余万）以为周转。所以，这些地方"官办"的钱局、银号、银行的业务多数不景气，而又每每以发行银两票、钱票、银元票，维持其业务之进行[②]。

宣统三年（1911）武昌起义后，义军所至，官银钱行号相继停业，其发行之钞票多成为不兑换券，广大商民受累匪浅，而义军为了解决其军政开支，又

---

① 冯郦君. 清末民初（1895—1927年）的中国商业银行[J]. 国际金融研究, 1994（1）.
② 于彤. 略论中国晚清金融业[J]. 历史教学, 1990（3）.

复发军用钞票，使1912年前后的金融更加紊乱。更为严重的是，晚清时期，除天津造币厂外，各省几乎都有自己的造币厂，如济南、安庆、江宁、淮阴、苏州、杭州、南昌、成都、重庆、武汉、长沙、广州、开封、昆明、桂林、张家口、口北、奉天等地都设有造币厂或铜元局，从事银元及铜元等硬币之鼓铸。

晚清时期中国的银行（包括官钱局、官银号）的业务，主要以存款、放款、汇兑、发行钞票等项为主。当时的存款业务有往来存款、暂记存款、定期存款几种，前面两种存款一般不予存户利息，有的银行为了吸收游资、扩大存款，亦给存户有限之利息，周息不过一二元，定期存款之利率以存期长短为衡，不足一年者一般在5厘以下，一年期的可达6厘以上。应当说，这在当时来讲存款的利息是相当高的了。清政府早在光绪三十一年（1905）十月，即有保护商民存款和维护商民利益之诏，这在当时风气未开、社会动荡不定的历史条件下，对银行吸收存款还是起到一定的积极作用的[1]。

当时银行办理放款业务，有押款、借款、拆款、往来欠款、暂记欠款五种办法。押款即后来的抵押放款，借款即后来的信用借款，拆款是一种期限极短的借款，有当日借当日还者，长者也不过三五日，一般为钱业之间常用的一种通融性质的借款，息率之高低可随时变更，有时一日数变，又可视人之关系，甚至免息。往来欠款是一种银行业间或与商民之间一种透支借款中出现的欠款形式的放款，如一个商号在银行预存1万元，后来该商号因进货，向该行借款2万元，这多借之1万元即为往来欠款。暂记欠款因为商民可以无条件无限制地向银行借款，以致流弊很大，所以宣统元年（1909）以后清政府度支部下令停止大清银行的此项业务，各地公私银行也都仿行。据1914年大清银行清理总处报告，大清银行有关该项欠款达10余万两，后来都成为呆账，无法催收[2]。

宣统三年（1911）六月，大清银行正监督叶景葵为大清银行制定的营业

---

[1] 于彤. 略论中国晚清金融业[J]. 历史教学，1990（3）.
[2] 于彤. 略论中国晚清金融业[J]. 历史教学，1990（3）.

方针：凡普通银行能办的事，本大清行竭力缩小其范围；凡属中央银行应办之事，本行应次第扩张其计划；凡商业外之个人及小商业，本行绝不与之作往来账，亦绝不与之作定期或不定期借款交易；本行之借放款项，专以便于售卖及价值确实之动产或有价证券为凭；本银行所发钞票，必审察市面之情形，贮相当之准备金，并拟定各省统一流通之法。

当时中国各行局号所发行之钞票有银两票、银元票、制钱票即钱票三种，各地银行发行之钞票并不是无限制地可以流通的，即大清银行、交通银行各分行发行之钞票亦是有限制的，当时的钞票上都盖有发行行所在地地名，意思是仅限在此地区内流通行用，这是中国地名券钞票的开始，此制一直到1935年国民政府实施法币政策时才结束。

宣统二年（1910），清政府针对当时金融紊乱的状况，曾有币制改革之举。为了筹备进行币制改革的资金，清政府不惜举借外债。清政府首先从整顿全国铸币机关起步，当时全国的造币厂、铜元局经过整顿裁并之后，仅保留天津、奉天、武昌、成都、昆明、南京等八个造币厂及重庆、苏州两个铜元局，结果各省督抚大员明裁暗留。1911年辛亥革命中各省纷纷响应，这些被裁造币厂又名正言顺地复业，为1912年以后的北洋政府在金融币制上之紊乱留下了隐患[1]。

晚清时期中国新式银行业的兴起，以及钱庄等旧式金融机关的资本主义化，标志着中国近代金融史的开始。尽管在这个进程中还存在浓厚的封建色彩，但在相当大的程度上是不可避免的。尤其是在这个过程中，积累了经验，培养了人才，对中国社会的近代化和经济发展，不同程度地起了促进作用。因此，它在中国近现代金融史上具有举足轻重的地位，意义是重大的，对于后来的中国金融体系的形成和发展具有较深刻的影响。

---

[1] 于彤. 略论中国晚清金融业[J]. 历史教学，1990（3）.

5.8 人口状况

清政府于光绪二十七年（1901）曾公布了一个官方人口统计数字。据《光绪朝东华录》载：是年民数为426,447,325人。这一统计中，有些省是当年册报的人口，有些省是旧有人口数据的照抄或略作修正，但它作为全国人口统计数已肯定无疑。同样可以肯定的是，这一人口统计数并没有建立在人口清查的基础之上。因此，它只表示清朝官方对全国人口的估计或认识。官方的这一数字，已很接近1851年的人口记录。这表明清朝官方相信：1900年前后，中国人口已基本恢复到太平天国战争前的水平。根据1953年第一次全国人口普查资料推算，1900年前后全国人口约为4.43亿人。这一立足于可靠统计基础上的回溯估算表明：1901年公布的中国人口总数，还是大致可信的。

清末新政时期，面对不断增长的全国人口，光绪三十三年（1907）九月，清政府宪政编查馆"奏准在京各部、院均设立统计处，各省设立调查局"。民政部于1908年设立统计处，并制定了"六年调查户口计划"：第一年颁布调查户口章程；第二年调查各省户数；第三年汇总各省户数，制定《户籍法》；第四年调查各省人口数；第五年汇总各省人数，颁布《户籍法》；第六年实行《户籍法》[①]。民政部为此拟定了统计表式，计部表76张、省表72张，令各省遵照执行。这次调查拟分查户、查口两步，各地方当局奉命调查各地人口的性别、年龄，并分别调查成人与学龄儿童人数。由于政治形势的变化，这项工作被压缩在4年内完成。宣统二年（1910），各省先后进行了户数的调查（有的同时调查了口数）。宣统三年，各省又陆续进行了口数的调查。同年，辛亥革命爆发，打断了这次人口调查的进程。此后直到清王朝覆灭，仍有一些省份未上报口数调查的结果。清朝末期的这次全国规模的人口调查，是中国近代意义上人口普查的雏形。

---

① 闻钧天. 中国保甲制度[M]. 上海：商务印书馆，1936.

1912年，由当时的民国政府内务部将各省在宣统三年（1911）上报民政部的报告加以收集，汇总公布。此次户口调查的主要结果见表5-1。据《清史稿·地理志》载，是年全国各地区上报人口总计62,699,185户，341,423,897口，这一统计是明显偏低的。而在《清史稿·食货志》中，该项统计又变为69,246,374户，239,594,668口。户数略有增加，口数则更为偏低。20世纪30年代初，人口学家王士达、陈长蘅曾先后根据原统计册籍对这次调查结果重新加以整理，户数上升为7000万户，口数则上升为37,000万左右。

表5-1 1909—1910年清末户口调查统计资料汇总

地区	户数/户	口数/人	户均人数/人	性别比	学童数占男性比/%	壮丁数占男性比/%
直隶	5721623	29505773	5.16	119.8	15.74	34.21
江苏	5385427	26165638	4.86	111.3	16.12	48.25
安徽	3141184	16229052	5.17	123.1	17.64	47.31
山东	5380277	31047430	5.77	117.3	12.99	30.81
山西	2001776	10149469	5.07	135.5	11.57	37.26
河南	4661566	26894945	5.77	111.5	15.67	33.47
陕西	1605342	8071792	5.03	120.0	15.78	35.82
甘肃	908040	4699494	5.1	109.8	11.94	37.75
福建	2379139	12534842	5.27	128.9	—	40.92
浙江	3891277	17997858	4.63	118.5	14.72	43.66
江西	3439843	17625685	4.89	125.6	11.74	36.66
湖北	4938625	23941688	4.85	—	—	—
湖南	4288164	21712203	5.06	127.3	12.05	34.60
四川	9190377	52859128	5.75	130.1	18.89	35.83
广东	5052418	28058658	5.55	—	—	—

续表

地区	户数/户	口数/人	户均人数/人	性别比	学童数占男性比/%	壮丁数占男性比/%
广西	1381572	7239437	5.24	—	—	—
云南	1549381	7174884	4.62	114.1	17.59	35.41
贵州	1771533	8503054	4.80	119.9	18.61	42.87
奉天	1650513	10696004	6.48	117.6	19.77	23.93
吉林	739461	5393744	7.20	132.0	18.51	37.02
黑龙江	245957	1858792	7.56	120.8	20.17	30.95
新疆	465880	2149654	4.61	—	—	—
川滇边务	48874	226287	4.63	—	—	—
蒙古	231494	1057899	4.57	—	—	—
青海	67355	311520	4.63	—	—	—
西藏	293244	1357722	4.63	—	—	—
全国	70430432	372563555	5.29	—	—	—

资料来源：实业部中国经济年鉴编纂委员会. 中国经济年鉴（1934年版）[M]. 上海：商务印书馆，1934.

王士达对民政部的这次人口普查评价很高，认为"它在近代中国人口的数量问题上占有重要位置"[1]。就调查方法而论，民政部户口调查是承上启下的：一方面结束了相沿已久的保甲制度下的户口编查，同时又给后来的各次户口调查开辟了新的路径。因此，尽管这次户口调查有一些缺点，但仍可算是一次真正的人口调查，具有一定的历史意义。因为它毕竟在清末数十年的动乱之后，第一次大规模地调查了全国的人口。其中的户数调查，由于先期采取了派员调查制，资料全，可信度较高，时点的统一性也较好，对了解清末新政时期中国人口分布状况及人口发展变化的趋势，具有相当重要的价值。

---

[1] 王士达. 民政部户口调查及各家估计[J]. 社会科学杂志，1933（1）.

参考文献

一、中文文献

[1]［英］安格斯·麦迪森. 世界经济千年史[M]. 伍晓鹰等，译. 北京：北京大学出版社，2003.

[2]［英］爱尼斯·安德逊. 英国人眼中的大清王朝[M]. 费振东，译. 北京：群言出版社，2002.

[3] 艾衲居士. 豆棚闲话[M]. 上海：上海古籍出版社，1983.

[4] 鲍海燕. 经营地主对明代后期社会经济形态的影响[J]. 内蒙古大学学报，2011（3）.

[5]"钟王"称号易主[N]. 北京晚报，1989-09-10.

[6] 北平隆福寺街文殿阁书社. 大元马政记[M]. 北平：北平文殿阁书庄，1937.

[7] 包诺敏. 元代畜牧业经济思想的探析[J]. 中国集体经济，2016（27）.

[8] 包世臣. 安吴四种[M]. 清同治十一年（1872）包诚刻本.

[9] 包世臣. 齐民四术[M]//包世臣全集. 合肥：黄山书社，1997.

[10] 包世臣. 说储上篇后序[M]//包世臣全集. 合肥：黄山书社，1993.

[11] 毕沅. 续资治通鉴[M]. 北京：中华书局，1999.

[12] 孛兰肹. 元一统志[M]. 北京：中华书局，1966.

［13］曹风详．论明代族田[J]．社会科学战线，1997（2）．

［14］曹隆恭．近代小麦良种选育[J]．中国农史，1988（2）．

［15］曹梦鹤．嘉靖太平县志[M]．合肥：黄山书社，2008．

［16］曹溶．学海类编[M]．扬州：广陵书社，2007．

［17］陈邦贤．中国医学史[M]．北京：商务印书馆，1954．

［18］陈长蘅．中国人口问题之统计分析[M]．南京：正中书局，1944．

［19］陈大震．大德南海志·物产[M]．广州：广东人民出版社，1991．

［20］陈大震，吕桂孙．大德南海志[M]．广州：广州地方志编纂委员会，2008．

［21］陈锋．清代财政政策与货币政策研究[M]．武汉：武汉大学出版社，2008．

［22］陈高华，史为民．中国经济通史·元代经济卷[M]．北京：光明日报出版社，2007．

［23］陈高华，张帆，刘晓，党宝海．元典章[M]．天津：天津古籍出版社，2011．

［24］陈夔龙．梦蕉亭杂记[M]．北京：中华书局，2007．

［25］陈旅．安雅堂集·东斋记[M]．四库馆，1868．

［26］陈连营．清代河南农村商业交流状况[J]．史学月刊，1993（6）．

［27］陈霆．正德新市镇志[M]．上海：上海书店出版社，1992．

［28］陈诗启．明代的工匠制度[J]．历史研究，1955（6）．

［29］陈锳等．乾隆海澄县志[M]．清乾隆二十七年（1762）刊本．

［30］陈毅，陈宗番．轨政纪要初编[M]．邮传部图书通译局铅印本，清光绪三十三年（1907）．

［31］陈威，喻时修，顾清．正德松江府志[M]．上海：上海书店出版社，1990．

［32］陈威，顾清．松江府志[M]．古籍网整理本．

［33］陈效．弘治兴化府志[M]．清同治十年（1871）刻本．

［34］陈喜忠．中国元代经济史[M]．北京：人民出版社，1994．

［35］陈昭闻等．中国近代经济简史[M]．上海：上海人民出版社，1983．

［36］陈真等．中国近代工业史资料（第二辑）[Z]．北京：生活·读书·新知·三联书店，1958．

［37］陈真．中国近代工业史资料（第三辑）[Z]．北京：生活·读书·新知三联书店，1961．

［38］陈真，姚洛．中国近代工业史资料（第一辑）[Z]．北京：生活·读书·新知三联书店，1957．

［39］陈真，姚洛．中国近代工业史资料（第四辑）[Z]．北京：生活·读书·新知三联书店，1957．

［40］陈争平，兰日旭．中国近现代经济史教程[M]．北京：清华大学出版社，2009．

［41］陈振汉等．清实录经济史资料·农业编（第二分册）[Z]．北京：北京大学出版社，1989．

［42］陈子龙等．明经世文编[M]．北京：中华书局，1962．

［43］程霖．中国近代银行制度建设思想研究[M]．上海：上海财经大学出版社，1999．

［44］程新晓．简论清代的畜牧技术[J]．河南师范大学学报（哲学社会科学版），2015（6）．

［45］程恩泽．程侍郎遗集初编[M]．上海：商务印书馆，1935．

［46］程昌．窦山公家议校注[M]．北京：全国图书馆文献缩微中心，2001．

［47］程钜夫．雪楼集[M]．台北：商务印书馆，1986．

［48］成都市地方志编纂委员会．同治成都县志[M]．成都：成都时代出版社，2007．

［49］崇彝．道咸以来朝野杂记[M]．北京：北京古籍出版社，1982．

［50］初尚龄. 吉金所见录[M]. 北京：北京出版社，2000.

［51］［日］大庭脩. 日清贸易概观[J]. 李秀石，译. 社会科学辑刊，1980（1）.

［52］［英］道森. 出使蒙古记[M]. 吕浦，译. 北京：中国社会科学出版社，1983.

［53］戴表元. 剡源文集[M]. 四库馆，1868.

［54］戴枚，董沛. 鄞县志[M]. 清光绪三年（1877）刻本.

［55］邓玉娜. 清代河南的城镇化发展[J]. 中国经济史研究，2005（3）.

［56］杜恂诚. 中国近代经济史概论[M]. 上海：上海财经大学出版社，2011.

［57］鄂尔泰，张廷玉等. 大清世宗宪皇帝实录[M]. 清乾隆间内府刻本.

［58］鄂尔泰，张廷玉等. 授时通考[M]. 清乾隆七年（1742）武英殿刻本.

［59］范金民. 明清江南商业的发展[M]. 南京：南京大学出版社，1998.

［60］范金民，金文. 江南丝绸史研究[M]. 北京：农业出版社，1993.

［61］范濂. 云间据目抄[M]. 上海：申报馆，1928.

［62］范文澜，蔡美彪. 中国通史[M]. 北京：人民出版社，1995.

［63］富察敦崇. 燕京岁时记[M]. 北京：北京出版社，1961.

［64］方回. 桐江续集[M]. 四库馆，1868.

［65］方龄贵. 通制条格校注[M]. 北京：中华书局，2001.

［66］方行. 清代租佃制度述略[J]. 中国经济史研究，2006（4）.

［67］方小芬，曹均伟. 论清末新政期间的对外开放和利用外资[J]. 上海社会科学院学术季刊，1995（2）.

［68］冯郦君. 清末民初（1895—1927年）的中国商业银行[J]. 国际金融研究，1994（1）.

［69］费正清. 剑桥中国晚清史[M]. 北京：中国社会科学出版社，1985.

［70］樊百川．中国轮船航运业的兴起[M]．成都：四川人民出版社，1985．

［71］宓汝成．中国近代铁路史资料（一）[Z]．北京：中华书局，1963．

［72］［德］傅海波，［英］崔瑞德．剑桥辽西夏金元史[M]．史卫民，马晓光，刘晓等，译．北京：中国社会科学出版社，1998．

［73］福建省例[M]．清乾隆五十九年（1794）刻本．

［74］傅璇琮．五代史书汇编[M]．杭州：杭州出版社，2004．

［75］傅衣凌．明清封建土地所有制论纲[M]．上海：上海人民出版社，1992．

［76］付新河．明代道路交通运输钩沉[J]．兰台世界，2013（6）．

［77］郭成伟．大元通制条格[M]．北京：法律出版社，2000．

［78］郭德宏．中国近现代农民土地问题研究[M]．青岛：青岛出版社，1993．

［79］郭怀西．新刻注释马牛驼经大全集[M]．北京：农业出版社，1985．

［80］郭朋．明清佛教[M]．福州：福建人民出版社，1982．

［81］郭松年．大理行纪[M]．北京：中华书局，1985．

［82］郭松年．云南志略[M]．昆明：云南民族出版社，1986．

［83］郭松义．清代北方旱作区的粮食生产[J]．中国经济史研究，1995（2）．

［84］郭嵩焘．湘阴县图志[M]．清光绪六年（1880）刻本．

［85］郭廷弼，宋徵舆．康熙松江府志[M]．上海：上海古籍出版社，2011．

［86］郭廷弼，周建鼎，包尔赓．松江府志[M]．清康熙二年（1663）刻本．

［87］郭文韬，曹隆恭．中国近代农业科技史[M]．北京：中国农业科技出版社，1989．

[88] 顾炎武. 日知录[M]. 兰州：甘肃民族出版社，1997.

[89] 顾炎武. 日知录集释[M]. 上海：上海古籍出版社，2006.

[90] 顾炎武. 天下郡国利病书[M]. 上海：上海古籍出版社，2012.

[91] 顾炎武. 肇域志[M]. 上海：上海古籍出版社，2012.

[92] 顾祖禹. 读史方舆纪要[M]. 北京：中华书局，2005.

[93] 谷泰. 博物要览[M]. 北京：中华书局，1985.

[94] 贡师泰. 玩斋集[M]. 长春：吉林出版集团，2005.

[95] 归庄. 归庄集[M]. 上海：上海古籍出版社，2010.

[96] 归有光. 震川集[M]. 清康熙二十一年（1682）刻本.

[97] 高德步. 中国经济简史[M]. 北京：首都经济贸易大学出版社，2013.

[98] 高德步. 世界经济通史（上卷）[M]. 北京：高等教育出版社，2005.

[99] 高恩广，胡辅华. 马首农言注释[M]. 北京：农业出版社，1991.

[100] 高景岳，严学熙. 近代无锡蚕丝业资料选辑[M]. 南京：江苏古籍出版社，1987.

[101] 高凯军，夏明明. 发现永乐大钟[M]. 北京：中华书局，2006.

[102] 高攀. 大明律例集解附例[M]. 台北：学生书局，1986.

[103] 高翔. 明朝赋税徭役制度变迁及张居正推行一条鞭的历史背景和影响[J]. 江苏商论，2012（12）.

[104] 高锡龄. 湖州府志·物产[M]. 台北：成文出版社有限公司，1983.

[105] 广东省社会经济研究会. 明清广东社会经济研究[M]. 广州：广东人民出版社，1987.

[106] 龚自珍. 龚自珍全集[M]. 上海：上海古籍出版社，1999.

[107] [英] 格林堡. 鸦片战争前中英通商史[M]. 康成，译. 北京：商务印书馆，1964.

[108] 耿占军. 元代人口迁徙和流动浅议[J]. 唐都学刊，1994（2）.

[109] 郝经. 陵川集[M]. 四库馆，1868.

［110］哈斯朝鲁．元代蒙古人所经营的主要产业[J]．锡林郭勒职业学院学报，2011（1）．

［111］何炳棣．1368—1953年中国人口研究[M]．葛剑雄，译．上海：上海古籍出版社，1989．

［112］何士晋．工部厂库须知[M]．明万历间刻本．

［113］何天明．北方草原——中国古代草原文化的集成区[J]．内蒙古社会科学（汉文版），2006（2）．

［114］何宇．浅析明朝货币制度的发展演变[J]．黑龙江史志，2014（23）．

［115］何兆泉．元朝浙江农业发展试探[J]．湖州师范学院学报，2006（3）．

［116］贺长龄．皇朝经世文编[M]．台北：文海出版社有限公司，1972．

［117］贺长龄．清经世文编[M]．北京：中华书局，1992．

［118］贺熙龄．道光浮梁县志[M]．南京：江苏古籍出版社，1996．

［119］黄汴．天下水陆路程[M]．太原：山西人民出版社，1992．

［120］黄溍．金华黄先生文集[M]//四部丛刊初编．上海：商务印书馆，1929．

［121］黄可润．无极县志[M]．清乾隆二十二年（1747）刻本．

［122］黄沛，宋谦，江廷球．嘉庆定边县志·田赋志[M]．清嘉庆二十五年（1820）刻本．

［123］黄启臣．清代前期海外贸易的发展[J]．历史研究，1986（4）．

［124］黄士珣．北隅掌录[M]．台北：广文书局，1970．

［125］黄时鉴．通制条格[M]．上海：上海古籍出版社，1986．

［126］黄天华．中国财政史纲[M]．上海：上海财经大学，1999．

［127］黄仲昭．八闽通志[M]．福州：福建人民出版社，2006．

［128］黄仲昭．弘治八闽通志[M]．明弘治四年（1492）刻本．

［129］洪葭管．近代上海金融市场[M]．上海：上海人民出版社，1989．

[130] 洪葭管. 中国金融通史（第三卷）[M]. 北京：中国金融出版社，2008.

[131] 洪葭管. 中国金融史[M]. 成都：西南财经大学出版社，2001.

[132] 洪迈. 容斋随笔[M]. 沈阳：辽宁古籍出版社，1996.

[133] 胡焕庸等. 世界人口地理[M]. 上海：华东师范大学出版社，1982.

[134] 胡乔木. 中国大百科全书——中国历史[M]. 北京：中国大百科全书出版社，2003.

[135] 胡汝砺. 嘉靖宁夏新志[M]. 银川：宁夏人民出版社，1985.

[136] 胡助. 纯白斋类稿[M]. 四库馆，1868.

[137] 胡震亨. 天启海盐县图经·食货·土田[M]. 杭州：浙江古籍出版社，2009.

[138] 忽思慧. 饮膳正要[M]. 上海：上海古籍出版社，1990.

[139] 韩大成. 明代交通运输散论[J]. 中国人民大学学报，1988（2）.

[140] 韩浚. 万历嘉定县志[M]. 济南：齐鲁书社，1997版影印本.

[141] 韩儒林. 元朝史（上册）[M]. 北京：人民出版社，1986.

[142] 寒枫. 明代瓷器：瑰丽文化之奇葩[J]. 神州，2012（04）.

[143] 江沛. 中国近代铁路史资料[M]. 南京：凤凰出版社，2015.

[144] 姜长英. 中国航空史[M]. 北京：清华大学出版社，2000.

[145] 姜宏业. 中国地方银行史[Z]. 长沙：湖南出版社，1991.

[146] 蒋良骐. 东华录[M]. 北京：中华书局，1980.

[147] 嵇曾筠. 乾隆浙江通志[M]. 上海：商务印书馆，1936.

[148] 嵇曾筠，李卫等修；沈翼机，傅王露等纂. 浙江通志[M]. 上海：上海古籍出版社，1991.

[149] 嵇璜，刘墉. 清朝通典[M]. 上海：商务印书馆，1925.

[150] 嵇璜，刘墉. 续通志[M]. 北京：中华书局，1995.

[151] 交通银行总行，中国第二历史档案馆. 交通银行史料（第1卷上

册）[M]．北京：中国金融出版社，1995．

［152］金安清．东倭考[M]．影印古籍本．

［153］金镇．康熙扬州府志[M]．清康熙十四年（1675）刻本．

［154］纪昀等．四库全书[M]．北京：中华书局，1987．

［155］季如迅．中国手工业简史[M]．北京：当代中国出版社，1998．

［156］贾敬颜．五代宋金元人边疆行纪十三种疏证稿[M]．北京：中华书局，2004．

［157］孔齐．至正直记[M]．上海：上海古籍出版社，2014．

［158］昆冈．光绪大清会典事例[M]．清光绪二十五年（1899）重修本．

［159］昆冈，李鸿章等．钦定大清会典事例[M]．清光绪二十五年（1899）石印本．

［160］［波斯］拉施特．史集[M]．北京：商务印书馆，1986．

［161］廉敏．明代历史理论研究[M]．北京：中国社会科学出版社，2012．

［162］梁方仲．梁方仲经济史论文集[C]．北京：中华书局，1989．

［163］梁方仲．中国历代户口、田地、田赋统计[M]．上海：上海人民出版社，1950．

［164］梁凌霄，魏楠，李文文．试论元朝商业繁荣的原因[J]．陇东学院学报，2014（2）．

［165］梁廷楠．粤海关志[M]．台北：成文出版社，1968．

［166］梁言．试论明代货币发行和通货膨胀的关系[J]．社会与法制，2008（10）．

［167］梁莹．试论中国近代商业思想的演进[J]．文物鉴定与鉴赏，2018（5）．

［168］辽宁省档案馆．大生纱厂——清末创办的私营棉纺织企业[J]．兰台世界，2015（7）．

［169］路遇，滕泽之．中国人口通史[M]．济南：山东人民出版社，2000．

[170] 陆陇其. 三鱼堂外集[M]. 台北：商务印书馆，1986.

[171] 陆心源. 吴兴金石记[M]. 清光绪十六年（1890）刻本.

[172] 陆容. 菽园杂记[M]. 北京：中华书局，1985.

[173] 陆文圭. 墙东类稿[M]. 台北：商务印书馆，1986年影印本.

[174] 罗杰义. 试论明代商业与资本主义萌芽[J]. 云南财经学院学报，1995（10）.

[175] 罗浚. 宝庆四明志[M]. 清咸丰四年（1854）刻本.

[176] 罗许休，徐大佑. 万历景州志[M]. 明隆庆六年（1572）万历崇祯间补版印本.

[177] 罗振玉，张小也，苏亦工等. 皇清奏议[M]. 南京：凤凰出版社，2018.

[178] 龙汝霖. 高平县志[M]. 清同治六年（1867）刻本.

[179] 龙文彬. 明会要[M]. 北京：中华书局，1956.

[180] 李伯重. 宋末至明初江南农业技术的变化[J]. 中国农史，1998（1）.

[181] 李春芳. 海刚峰居官公案[M]. 哈尔滨：北方文艺出版社，2020.

[182] 李长傅. 中国殖民史[M]. 上海：商务印书馆，1937.

[183] 李昌时等. 玉田县志[M]. 清光绪十年（1884）刻本.

[184] 李东阳. 万历大明会典[M]. 扬州：广陵书社，2007.

[185] 李格非. 洛阳名园记[M]. 长沙：湖南美术出版社，2000.

[186] 李干. 元代社会经济史稿[M]. 武汉：湖北人民出版社，1985.

[187] 李翰. 元代社会经济史[M]. 武汉：湖北人民出版社，1985.

[188] 李侃等. 中国近代史[M]. 北京：中华书局，1994.

[189] 李华欧. 试论清代中原地区的商业发展[J]. 商业经济研究，2015（12）.

[190] 李鸿章. 李文忠公全集[M]. 清光绪三十四年（1908）金陵刻本.

［191］李金明，廖大珂．中国古代海外贸易史[M]．南宁：广西人民出版社，1995．

［192］李建明．清代后期税收制度的特征[J]．船山学刊，2003（1）．

［193］李吉甫．元和郡县图志[M]．北京：中华书局，1983．

［194］李梦熊修，顾震宇纂．万历沧州志·田赋志[M]．明万历三十八年（1610）刻本．

［195］李群．清代畜牧管理机构考[J]．中国农史，1998（3）．

［196］李书吉．澄海县志[M]．清嘉庆二十年（1815）刻本．

［197］李述武．巩县志[M]．清乾隆五十四年（1789）刻本．

［198］李时珍．本草纲目[M]．北京：人民卫生出版社，2005．

［199］李调元．全五代诗[M]．成都：巴蜀书社，1992．

［200］李莎．元代的赋税体系和减免政策[J]．湖北第二师范学院学报，2008（5）．

［201］李洵．明史·食货志校注[M]．北京：中华书局，1982．

［202］李洵，赵德贵，周毓方．八旗通志[M]．长春：吉林文史出版社，2002．

［203］李文治．中国近代农业史资料（第一辑，1840—1911）[M]．北京：生活·读书·新知三联书店，1957．

［204］李文治，魏金玉，经君健．明清时代的农业资本主义萌芽问题[M]．北京：中国社会科学出版社，1983．

［205］李文斌．从"闭关锁国"窥见清代对外经济贸易的海禁政策[J]．兰台世界，2014（6）．

［206］李文烜，罗伟修，朱润芳，麦瑞芳．光绪清远县志[M]．清光绪六年（1880）刻本．

［207］李想，杨维波．清朝前期海外贸易政策的"非闭关性"[J]．粤海风，2008（1）．

［208］李渔. 李渔全集[M]. 杭州：浙江古籍出版社，1991.

［209］李昭祥. 龙江船厂志[M]. 南京：江苏古籍出版社，1999.

［210］李兆洛. 凤台县志·食货[M]. 清嘉庆十六年（1811）刻本.

［211］李治安. 元世祖忽必烈草原领地考[J]. 史学集刊，2005（4）.

［212］刘伯缙，陈善. 杭州府志[M]. 北京：中华书局，2005.

［213］刘春山. 试论清代的人口政策与人口发展[J]. 驻马店师专学报（社科版），1990（1）.

［214］刘国良. 中国工业史（近代卷）[M]. 南京：江苏科学技术出版社，1992.

［215］刘佳. 浅谈晚清财政[J]. 法治与社会，2007（6）.

［216］刘鉴唐. 鸦片战争前四十年间鸦片输入与白银外流数字的考察[J]. 南开史学，1984（1）.

［217］刘锦藻. 清朝续文献通考[M]. 上海：商务印书馆，1937.

［218］刘克祥. 1895—1927年通商口岸附近和铁路沿线地区的农产品商品化[C]//中国社会科学院经济研究所学术委员会. 中国社会科学院经济研究所集刊（第11辑）. 北京：中国社会科学出版社，2019.

［219］刘克祥. 清代全史（10）[M]. 沈阳：辽宁人民出版社，1993.

［220］刘莉亚，陈鹏. 元代私营手工业初探[J]. 河北师范大学学报（哲学社会科学版），2003（5）.

［221］刘海年. 皇明诏令[M]. 北京：科学出版社，1994.

［222］刘淼. 晚清棉纺织业贸易与生产体系转型的地域分布[J]. 中国社会经济史研究，2003（4）.

［223］刘明逵，唐玉良. 中国近代工人阶级和工人运动（第14册）[M]. 北京：中共中央党校出版社，2002.

［224］刘启振，王思明. 自然灾害影响之下的晚清中国农业[J]. 河北师范大学学报（哲学社会科学版），2016（3）.

参考文献

［225］刘献廷．广阳杂记[M]．北京：中华书局，1957．

［226］刘敏中．中庵集·阳氏崔氏先茔之记[M]．台北：商务印书馆影印本，1986．

［227］刘诜．桂隐诗集[M]．台北：商务印书馆，1969．

［228］刘惟谦等．大明律[M]．明洪武三十年（1397）刻本．

［229］刘文波．宋元时期泉州社会经济变迁与海外贸易[J]．泉州师范学院学报（社会科学版），2010（5）．

［230］刘雪婷．清朝对外贸易的重要港口——厦门港[J]．文物鉴定与鉴赏，2019（2）．

［231］刘埙．水云村泯稿·呈州转申廉访分司救荒状[M]．北京：中华书局，1989．

［232］刘彦波．论清代前期赋役制度的变革与里甲制度的衰落[J]．长江大学学报（社会科学版），2005（5）．

［233］刘云祥．金城银行——中国近代民营银行的个案研究[M]．北京：中国社会科学出版社，2006．

［234］刘墉等．皇朝通志[M]．清光绪二十八年（1902）刻本．

［235］刘政．元代商业繁荣及其原因[J]．南京林业大学学报（人文社会科学版），2010（3）．

［236］林金树．万历帝[M]．长春：吉林文史出版社，1996．

［237］林金枝．近代华侨投资国内企业概论[M]．厦门：厦门大学出版社，1988．

［238］林京榕，陈真．浅谈清朝的土地制度[J]．福建论坛（文史哲版），1995（3）．

［239］林希元．林次崖先生文集[M]．厦门：厦门大学出版社，2015．

［240］凌焘．西江视臬纪事[M]．清乾隆八年（1743）剑山书屋刻本．

［241］卢坤．秦疆治略[M]．清木活字印本．

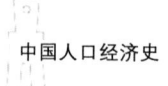

［242］廖一中，罗其容．袁世凯奏议（中册）[M]．天津：天津古籍出版社，1985．

［243］廖腾煃．休宁县志[M]．清康熙三十二年（1693）刻本．

［244］吕君丽，陈恩虎，过慈明．明清时期皖江流域人口的盈缩与土地的开发利用[J]．安徽农业大学学报（社会科学版），2018．27（3）．

［245］吕坚．谈康熙时期与西欧的贸易[J]．历史档案，1981（4）．

［246］吕坤．呻吟语[M]．北京：华夏出版社，2007．

［247］［英］M. M. 波斯坦，H. J. 哈巴库克．剑桥欧洲经济史（第六卷）[M]．王春法等，译．北京：经济科学出版社，2002．

［248］马建忠．适可斋记言·铁道论[M]．北京：中华书局，1960．

［249］马齐，朱轼纂．圣祖仁皇帝实录[M]．北京：中华书局，1985．

［250］马士．东印度公司对华贸易编年史[M]．广州：中山大学出版社，1991．

［251］马祖常．石田文集[M]．长春：吉林出版集团，2005．

［252］孟元老．东京梦华录[M]．北京：中华书局，1982．

［253］孟麟．泉布统志[M]．志古堂，1833．

［254］庙学典礼[M]．杭州：浙江古籍出版社，1992．

［255］闵宗殿．关于清代农业自然灾害的一些统计[J]．古今农业，2001（1）．

［256］闵宗殿．试论清代农业的成就[J]．中国农史，2005（1）．

［257］闵宗殿．中国农业通史（明清卷）[M]．北京：中国农业出版社，2016．

［258］［日］木宫泰彦．中日交通史（下册）[M]．陈捷，译．上海：商务印书馆，1935．

［259］内蒙古文物工作队．元代集宁路遗址清理记[J]．文物，1961（9）．

［260］农工商部统计处．光绪三十四年第二次农工商部统计表·农政[R]．

1910.

［261］平阳府志编委会. 平阳府志[M]. 太原：山西古籍出版社，2004.

［262］潘清. 元代江淮农业发展述论[J]. 徐州师范大学学报（哲学社会科学版），2012（6）.

［263］彭泽益. 清代广东洋行制度的起源[J]. 历史研究，1957（1）.

［264］彭泽益. 十九世纪后半期的中国财政与经济[M]. 北京：人民出版社，1983.

［265］彭泽益. 中国近代手工业史资料（第一卷）[M]. 北京：中华书局，1962.

［266］彭泽益. 中国近代手工业史资料（第二卷）[M]. 北京：生活·读书·新知三联书店，1957.

［367］彭泽益. 中国近代手工业史资料（第三卷）[M]. 北京：生活·读书·新知三联书店，1957.

［268］彭云鹤. "摊丁入亩"前的赋役制度[J]. 首都师范大学学报，1986（4）.

［269］祁彪佳. 莆阳谳牍[M]. 北京：中国社会科学出版社，2005.

［270］祁隽藻. 马首农言[M]. 寿阳：寿阳县志编纂委员会翻印，1981.

［271］祁韵士. 万里行程记[M]. 北京：中央民族学院图书馆油印版，1983.

［272］齐涛. 中国古代经济史[M]. 济南：山东大学出版社，2011.

［273］清高宗实录[M]. 北平：华文书局，1949.

［274］清会典事例[M]. 北京：中华书局，2003.

［275］清圣祖实录[M]. 北京：中华书局，1985.

［276］清实录[M]. 北京：中华书局，1986.

［277］丘浚. 大学衍义补[M]. 北京：京华出版社，1999.

［278］邱旺土. 清代前期海外贸易商的构成[J]. 中国社会经济史研究，

2007（4）.

［279］邱树森，王颋. 元代户口问题刍议[C]//元史研究会. 元史论丛（第二辑）. 北京：中华书局，1983.

［280］钱伯城等. 全明文·敕问文学之士[M]. 上海：上海古籍出版社，1992.

［281］钱肇然. 续外冈志[M]. 上海：上海古籍出版社影印本，1990.

［282］钱泳. 履园丛话[M]. 北京：中华书局，1979.

［283］千家驹. 东印度公司的解散与鸦片战争[J]. 清华学报（第37卷，9-10）.

［284］权衡. 庚申外史[M]. 北京：民族出版社，2005.

［285］屈大均. 广东新语[M]. 北京：中华书局，1985.

［286］屈大均. 屈大均全集[M]. 北京：人民文学出版社，1996.

［287］秦镛. 崇祯清江县志[M]. 明崇祯十五年（1642）刊本.

［288］清实录馆. 清德宗实录[M]. 北京：中华书局，1987.

［289］齐海鹏. 中国近代财政管理体制的历史变迁[J]. 财政史研究（第七辑），2010（6）.

［290］全祖望. 鲒埼亭集外编[M]. 清乾隆四十一年（1776）刻本.

［291］任鸿章. 棹铜与清代前期的中日贸易[C]//中日关系史论丛（第1辑）. 沈阳：辽宁人民出版社，1982.

［292］任瑞雪. 近代中央银行网点布局研究（1928—1937年）[J]. 淮南师范学院学报，2016（1）.

［293］沈榜. 宛署杂记[M]. 北京：北京出版社，2012.

［294］沈度. 圣君初政记[M]. 北京：中华书局，1991.

［295］沈括. 熙宁使虏图抄[M]. 吉林：吉林文史出版社，1995.

［296］沈梦麟. 花溪集[M]. 上海：上海书店出版社，1994.

［297］沈桐生. 光绪政要[M]. 扬州：江苏广陵古籍刻印社，1991.

［298］沈祖炜．近代中国企业：制度和发展[M]．上海：上海社会科学院出版社，1999．

［299］沈祖炜．1895—1927年中国国内市场商品流通规模的扩大[C]//近代中国（第4辑）．1994．

［300］山东省地方志编纂办公室．山东史志资料（第1辑）[M]．济南：山东人民出版社，1992．

［301］山东省史志办．烟台政记轮船公司的创立．2017-09-19．

［302］隋树森．全元散曲[M]．北京：中华书局，1964．

［303］宋濂．元史[M]．北京：中华书局，1976．

［304］宋则行，樊亢．世界经济史（中卷）[M]．北京：经济科学出版社，1998．

［305］申时行等．明会典[M]．北京：中华书局，1989．

［306］申学峰．清代财政收入规模与结构变化述论[J]．北京社会科学，2002（1）．

［307］四川省畜牧兽医研究所．活兽慈舟校注[M]．成都：四川人民出版社，1980．

［308］史学通．元代的植棉与纺织及其历史地位[J]．文史哲，1983（1）．

［309］苏天爵．滋溪文稿[M]．北京：中华书局，1976．

［310］苏天爵．元朝名臣事略[M]．北京：中华书局，1996．

［311］苏天爵．元文类[M]．上海：上海古籍出版社，1993．

［312］商务印书馆编译所．大清宣统新法令（第4册）[M]．上海：商务印书馆，1910．

［313］商务印书馆编译所．大清光绪新法令（第16册）[M]．上海：商务印书馆，1909．

［314］商务印书馆．大清国矿务正章[J]．东方杂志（第4卷），1907（6）．

［315］上海社会科学院经济研究所，上海市丝绸进出口公司．中国近代

缫丝工业史[M]. 上海：上海人民出版社，1990.

［316］上海市粮食局等. 中国近代面粉工业史[M]. 北京：中华书局，1987.

［317］上海机电一局等. 上海民族机器工业（上册）[M]. 北京：中华书局，1979.

［318］上海通商海关造册处. 通商各关华洋贸易总册[M]. 清光绪宣统间铅印本.

［319］上海新报. 华商保安公司条规，同治十年（1871-07-14）.

［320］上海新报. 新开保险行，同治四年（1865-05-13）.

［321］石涛. 外资与晚清工业化[J]. 内蒙古社会科学（汉文版），2003（5）.

［322］舒新城. 中国近代教育史资料（中册）[M]. 北京：人民出版社，1981.

［323］顺治实录[M]. 北京：中华书局，1985.

［324］孙承泽. 春明梦余录[M]. 北京：北京古籍出版社，1992.

［325］孙承泽. 天府广记[M]. 北京：北京古籍出版社，1982.

［326］孙春跃. 清代货币制度演变及演变中若干问题的研究[D]. 山西财经大学硕士学位论文，2014.

［327］孙健. 中国经济史——近代部分（1840—1949年）[M]. 北京：中国人民大学出版社，1989.

［328］孙健. 中国经济通史（中卷，1840年—1949年）[M]. 北京：中国人民大学出版社，2000.

［329］孙可为. 浙江最早的机械缫丝厂和清末绍兴蚕织业[J]. 丝绸，1999（4）.

［330］孙文学，齐海鹏. 中国财政史[M]. 大连：东北财经大学出版社，2008.

参考文献　　475

［331］孙翊刚，李渭清．中国财政史参考资料[M]．北京：中央广播电视大学出版社，1984．

［332］孙玉琴，申学锋．中国对外开放史（第二卷）[M]．北京：对外经济贸易大学出版社，2012．

［333］孙毓堂．中国近代工业史资料（第1辑）[Z]．北京：科学出版社，1994．

［334］［英］斯当东．英使谒见乾隆纪实[M]．叶笃义，译．上海：上海书店出版社，1997．

［335］斯维廉．论清朝闭关锁国政策的根源[D]．北京语言文化大学硕士学位论文，2000．

［336］田冰．试论明代商人社会地位的变化[J]．河南商业高等专科学校学报，2000（6）．

［337］田冰．论明代农业生产发展的特色[J]．郑州航空工业管理学院学报（社会科学版），2004（6）．

［338］田培栋．明代人口变动的考察[J]．首都师范大学学报（社会科学版），1996（5）．

［339］田培栋．明代社会经济史研究[M]．北京：北京燕山出版社，2008．

［340］田汝成．西湖游览志余[M]．杭州：浙江人民出版社，1980．

［341］田汝成．田叔禾小集[M]．济南：齐鲁书社，1997．

［342］田艺衡．留青日札[M]．上海：上海古籍出版社，1992．

［343］"中央研究院"历史语言研究所．明神宗万历实录[M]．台北："中央研究院"校勘本，1962．

［344］台湾银行经济研究室．清高宗实录[M]．台北：台湾银行经济研究室，1963．

［345］台湾银行经济研究室．清世祖实录[M]．台北：台湾银行经济研究室，1963．

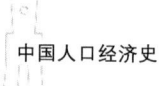

［346］陶煦．租核[M]．清光绪二十一年（1895）活字本．

［347］陶宗仪．南村辍耕录[M]．沈阳：辽宁教育出版社，1998．

［348］谈迁．海昌外志[M]．北京：方志出版社，2009．

［349］谈迁．国榷[M]．北京：中华书局，1958．

［350］谈迁．枣林杂俎[M]．北京：中华书局，2006．

［351］屠寄．蒙兀儿史记·哥歹汗记[M]．北京：中国书店，1984．

［352］魏华仙．试析明朝对外贸易的特点[J]．内蒙古教育学院学报，2000（1）．

［353］魏建猷．中国近代货币[M]．合肥：黄山书社，1986．

［354］魏能涛．明清时期中日长崎商船贸易[J]．中国史研究，1986（2）．

［355］魏禧．魏叔子文集[M]．北京：中华书局，2003．

［356］魏源．元史新编·谭澄传[M]．北京：国家图书馆出版社，2014．

［357］吴春梅．清末新政时期的农业改革[J]．中国农史，1999（3）．

［358］吴承明．中国资本主义的发展史（第2卷）[M]．北京：中国社会科学出版社，2003．

［359］吴承明．中国资本主义的发展述略[M]．北京：中国社会科学出版社，1985．

［360］吴承明．我国半殖民地半封建国内市场[J]．历史研究，1984（2）．

［361］吴岗．旧中国通货膨胀史料[M]．上海：上海人民出版社，1958．

［362］吴景平．从胶澳被占到科尔访华——中德关系1861—1992[M]．福州：福建人民出版社，1993．

［363］吴树声．沂水桑麻话[J]．山东史志丛刊，1991（4）．

［364］吴宏岐．元代北方地区农作物的地域分布[J]．中国历史地理论丛，1988（4）．

［365］吴量恺．明代中后期"农民非农化"的倾向与社会结构的变异[J]．中国农史，1994（1）．

［366］吴松弟. 中国人口史（第3卷）[M]. 上海：复旦大学出版社，2000.

［367］吴申元. 中国人口思想史稿[M]. 北京：中国社会科学出版社，1986.

［368］吴兴南. 福建早期海上交通的开辟与海洋文明的滥觞[C]//李埏教授九十华诞纪念文集. 昆明：云南大学出版社，2003.

［369］吴俨. 吴文肃摘稿[M]. 文渊阁四库全书.

［370］吴震方. 岭南杂记[M]. 上海：商务印书馆，1936.

［371］温艳，王洪涛. 清末新政工商制度改革在现代化进程中的历史地位[J]. 学术论坛，2007（9）.

［372］文岳英等. 衡山县志[M]. 清光绪元年（1875）刻本.

［373］黄时鉴点校. 通制条格[M]. 杭州：浙江古籍出版社，1986.

［374］王鏊. 姑苏志[M]. 北京：商务印书馆，2013.

［375］王鏊等. 正德姑苏志[M]. 上海：上海书店出版社影印本，1990.

［376］王昶. 金石萃编[M]. 西安：陕西人民美术出版社，1990.

［377］王笛. 清末民初我国农业教育的兴起与发展[J]. 中国农史，1987（1）.

［378］王方中. 中国经济通史（第九卷）[M]. 长沙：湖南人民出版社，2002.

［379］王方中. 中国近代经济史稿（1840—1927年）[M]. 北京：北京出版社，1982.

［380］王革平. 清朝货币制度的弊端及其与现代货币制度的不同[J]. 黑龙江史志，2012（19）.

［381］王光蕴. 万历温州府志[M]. 济南：齐鲁书社，1996.

［382］王建革. 近代华北的农业生态与社会变迁——兼论黄宗智"过密化"理论的不成立[J]. 中国农史，1999（1）.

［383］王结. 文忠集[M]. 四库馆，1868.

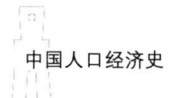

［384］王红曼．清末金融立法与金融发展[J]．历史教学（高校版），2008（4）．

［385］王红曼．晚清银行业的社会责任[J]．中国金融，2016（20）．

［386］王焕如．吴县志[M]．明崇祯十五年（1642）刻本．

［387］王恽．秋涧先生大全集[M]．上海：上海书店出版社，1989．

［388］王庆云．石渠余纪[M]．杭州：浙江古籍出版社，1985．

［389］王魁喜等．近代东北史[M]．哈尔滨：黑龙江人民出版社，1984．

［390］王丽杰．论明清时期的河南市镇[J]．和田师范专科学报（汉文综合版），2005（6）．

［391］王世贞．弇山堂别集[M]．北京：中华书局，1985．

［392］王韬．弢园文录外编[M]．上海：上海书店出版社，2002．

［393］王先谦，朱寿朋．东华续录[M]．上海：上海古籍出版社，2007．

［394］王闿运，汪敦灏等．同治桂阳直隶州志[M]．长沙：岳麓书社，2011．

［395］王来喜．试论成吉思汗重商思想[J]．内蒙古师范大学学报（哲学社会科学汉文版），2000（3）．

［396］王路．论蒙古族从渔猎经济向畜牧业经济的过渡[J]．内蒙古社会科学（经济社会版），1987（2）．

［397］王钦．分宜县志[M]．清道光二年（1822）刻本．

［398］王希玲．浅谈元朝的斡脱钱[J]．大庆师范学院学报，2008（1）．

［399］王仙花．清朝后期中国财政的特点[J]．山西财经大学学报，1987（02）．

［400］王先明．论近代"士农工商"结构的错动[J]．河北学刊，1991（1）．

［401］王先谦，朱寿朋．东华续录[M]．上海：上海古籍出版社，2007．

［402］王毓铨．莱芜集[M]．北京：中华书局，1983．

[403] 王毓铨. 中国经济通史：明代经济卷[M]. 北京：经济日报出版社，2007.

[404] 王育民. 元代人口考实[J]. 历史研究，1992（5）.

[405] 王育民. 中国人口史[M]. 南京：江苏人民出版社，1995.

[406] 王育民. 中国历史地理概论[M]. 北京：人民教育出版社，1988.

[407] 王阳明. 阳明全书[M]. 四部丛刊影印明隆庆本.

[408] 王延熙. 皇朝道咸同光奏议[M]. 上海：上海久敬斋，1902.

[409] 王珏. 世界经济通史——经济现代化进程（中卷）[M]. 北京：高等教育出版社，2005.

[410] 王祯. 农书[M]. 长沙：湖南科学技术出版社，2014.

[411] 王直. 抑庵文后集·送刘知县赴任序[M]. 上海：上海古籍出版社，1991.

[412] 王瓒. 弘治温州府志[M]. 上海：上海社会科学院出版社，2006.

[413] 王之春. 国朝柔远记[M]. 清光绪十七年（1891）刻本.

[414] 汪大渊. 岛夷志略[M]. 北京：商务印书馆，2003.

[415] 汪华林. 鸦片战争后对外贸易与近代银行的兴起与发展[J]. 兰台世界，2013（30）.

[416] 汪辉祖. 病榻梦痕录[M]. 清道光三十年（1850）龚裕刻本.

[417] 汪静虞. 中国近代经济史（1895—1927）[M]. 北京：人民出版社，2000.

[418] 汪敬虞. 中国近代工业史资料（2）[M]. 北京：科学出版社，1957.

[419] 汪敬虞. 十九世纪外资对中国工矿企业的侵略活动[J]. 经济研究，1965（12）.

[420] 汪兴和. 元代大都的商业经济[J]. 江苏商论，2004（2）.

[421] 文彦博. 文潞公文集·御批绥州边事[M]. 学识斋，1868.

[422] 翁礼华. 外贸顺差：明代货币从纸币变为银本位制[J]. 经济研究

参考，2012（4）.

［423］席书. 漕船志[M]. 明弘治十四年（1501）刻本.

［424］席裕福. 皇朝政典类纂[M]. 台北：文海出版社有限公司，1982.

［425］夏如冰. 清末及北洋政府时期的农业法规[J]. 古今农业，2004（3）.

［426］夏燮. 明通鉴[M]. 北京：中华书局，1959.

［427］仙游县志[M]. 清乾隆三十六年（1771）刻本.

［428］谢开来等. 广元县志稿[M]. 南京，上海，成都：江苏古籍出版社，上海书店出版社，巴蜀书社，1990.

［429］徐赓陛. 不慊斋漫存[M]. 清同治十三年（1874）刻本.

［430］徐建青. 清代前期的酿酒业[J]. 清史研究，1994（3）.

［431］徐建青. 清前期的民间造船业[J]. 中国经济史研究，1992（4）.

［432］徐建青. 清前期手工业的发展水平与特点[J]. 中国经济史研究，1998（1）.

［433］徐建生，徐卫国. 清末民初经济政策研究[M]. 桂林：广西师范大学出版社，2001.

［434］徐润. 徐愚斋自叙年谱[M]. 南昌：江西人民出版社，2012.

［435］徐硕. 至元嘉禾志[M]. 北京：中华书局，1990.

［436］徐雪筠等. 上海近代社会经济发展概况（1882—1931）[M]. 上海：上海社会科学院出版社，1985.

［437］徐新吾. 中国近代缫丝工业史[M]. 上海：上海人民出版社，1990.

［438］许道夫. 中国近代农业生产及贸易统计资料[M]. 上海：上海人民出版社，1983.

［439］许涤新，吴承明. 中国资本主义发展史（第1卷）[M]. 北京：人民出版社，2003.

［440］许涤新，吴承明. 中国资本主义发展史（第2卷）[M]. 北京：人民出版社，2003.

［441］许涤新，吴承明. 中国资本主义发展史（第3卷）[M]. 北京：人民出版社，2003.

［442］许涤新，吴承明. 中国资本主义的萌芽[M]. 北京：人民出版社，1985.

［443］许肯岩. 山右石刻丛编[M]. 续修四库全书本.

［444］许龙波. 清前期的海洋政策与江南社会经济发展[J]. 齐齐哈尔大学学报（哲学社会科学版），2015（7）.

［445］许仕廉. 民族主义下的人口问题[J]. 东方杂志，1926，23（16）.

［446］许檀. 清代河南朱仙镇的商业——以山陕会馆碑刻资料为中心的考察[J]. 史学月刊，2005（6）.

［447］许毅. 清代外债史论[M]. 北京：中国财政经济出版社，1996.

［448］许毅. 清代外债与洋务运动[M]. 北京：经济科学出版社，2002.

［449］薛尚质. 常熟水论[M]. 上海：商务印书馆，1936.

［450］熊梦祥. 析津志辑佚[M]. 上海：北京古籍出版社，1983.

［451］谢肃. 密庵稿[M]. 明洪武三十一年（1398）刘翼南刻本.

［452］谢湜. 明末清初江南的"异乡甲"——嘉定、常熟垦荒碑研究[C/OL]. （2015-11-13）[2020-4-6]http://crlhd.xmu.edu.cn/92/fc/c11763a234236/page.psp.

［453］谢天祯. 论元代农业生产的发展[J]. 内蒙古社会科学，1983（6）.

［454］谢绪等. 永乐大典[M]. 北京：中华书局，1986.

［455］李修生. 全元文[M]. 南京：江苏古籍出版社，1999.

［456］杨伯达. 清代玻璃概述[J]. 故宫博物院院刊，1983（4）.

［457］杨旦修. 嘉靖嘉定县志[M]. 明嘉靖二十六年（1547）刻本.

［458］杨大金. 近代中国实业通志[M]. 南京：钟山书局，1933.

［459］杨循吉. 嘉靖吴邑志[M]. 古籍网整理本.

［460］杨东霞. 中国近代保险立法移植研究[M]. 北京：法律出版社，

2009.

［461］杨光震．清末到1931年东北大豆生产发展的基本趋势[C]//东北三省中国经济史学会．中国经济史论文集（下）[M]．[出版者不详]，1982．

［462］杨宏道．大武经校注[M]．北京：农业出版社，1984．

［463］杨宏道．养耕集校注[M]．北京：农业出版社，1960．

［464］杨继红．浅析元代中期财政危机的原因[J]．兰州教育学院学报，2009（2）．

［465］杨屾．豳风广义[M]．北京：农业出版社，1962．

［466］杨家俊．简论宋代的外商政策[J]．重庆广播电视大学学报，2004（1）．

［467］杨军琴．元代商人社会地位的变化[J]．齐齐哈尔师范高等专科学校学报，2008（1）．

［468］杨镰．全元诗[M]．北京：中华书局，2013．

［469］杨士奇，黄维等．历代名臣奏议[M]．北京：商务印书馆，2013．

［470］杨士奇．历代名臣奏议[M]．上海：上海古籍出版社，2012．

［471］杨铭续，伍睿祥．綦江县志[M]．清同治二年（1863）刻本．

［472］杨培新．旧中国的通货膨胀[M]．北京：人民出版社，1985．

［473］杨禹等．山居新话[M]．上海：上海古籍出版社，2012．

［474］杨余练．试论康熙从"开禁"到"海禁"的政策演变［N］．光明日报，1981-01-13．

［475］杨正泰．明代驿站考[M]．上海：上海古籍出版社，2006．

［476］姚薇元．鸦片战争史实考——魏源《道光洋艘征抚记》考订[M]．北京：人民出版社，1984．

［477］姚崧龄．张公权先生年谱初稿[M]．台北：传记文学出版社，1982．

［478］姚贤镐．中国近代对外贸易史资料（第1册）[M]．北京：中华书局，1962．

［479］姚贤镐. 中国近代对外贸易史资料（第3册）[M]. 北京：中华书局，1962.

［480］姚燧. 姚燧集[M]. 北京：人民文学出版社，2011.

［481］元好问. 元遗山诗集笺注[M]. 北京：人民文学出版社，1958.

［482］袁华. 耕学斋诗集[M]. 四库全书，1736.

［483］袁桷. 清容居士集[M]. 文渊阁四库本.

［484］阮元. 揅经室四集[M]. 北京：中华书局，1993.

［485］颜鹏飞等. 中国保险史志（1805—1949）[M]. 上海：上海社会科学院出版社，1989.

［486］尹继善. 江南通志[M]. 台北：商务印书馆，1986.

［487］殷振川. 试论元代"农商并重"政策及其影响[J]. 经济研究导刊，2013（4）.

［488］阎立新. 略论清前期赋役制度的逐步完善[J]. 黑龙江民族丛刊（季刊），1998（2）.

［489］严从简. 殊域周咨录[M]. 北京：中华书局，1993.

［490］严中平等. 中国近代经济史统计资料选辑[M]. 北京：科学出版社，1955.

［491］严中平. 中国近代经济史（1840—1894）[M]. 北京：人民出版社，1989.

［492］严中平. 中国棉纺织史稿[M]. 北京：科学出版社，1955.

［493］伊桑阿等. 大清会典[M]. 康熙二十九年（1690）内府刻本.

［494］叶梦珠. 阅世篇[M]. 北京：中华书局，2007.

［495］叶世昌，潘连贵. 中国古近代金融史[M]. 上海：复旦大学出版社，2001.

［496］叶世昌. 清末本国银行业的产生和发展[C]//中国钱币学会. 中国钱币论文集（第6辑）. [出版者不详]，2016.

［497］叶子奇. 草木子[M]. 上海：上海古籍出版社，2012.

［498］于留纪. 元代的对外贸易[J]. 史学月刊，1987（6）.

［499］于钦. 齐乘校释[M]. 北京：中华书局，2012.

［500］于少海. 明代重农抑商政策的演变[J]. 东华理工学院学报（社会科学版），2004（1）.

［501］于肜. 略论中国晚清金融业[J]. 历史教学，1990（3）.

［502］余捷琼. 1700—1937年中国银货输出入的一个估计[M]. 北京：商务印书馆，1940.

［503］余阙. 青阳先生文集·梯云庄记[M]. 北京：国家图书馆出版社，2010.

［504］余士奇，谢存仁. 祁门志[M]. 明万历二十八年（1600）钞本.

［505］俞希鲁. 至顺镇江志[M]. 南京：凤凰出版社，1999.

［506］喻常森. 元代海外贸易发展的积极作用与局限性[J]. 海交史研究，1994（2）.

［507］乐史. 太平寰宇记[M]. 上海：上海古籍出版社，1987.

［508］臧晋叔. 元曲选[M]. 北京：中华书局，1979.

［509］肇东县博物馆. 黑龙江肇东县八里城清理简报[J]. 考古，1960（2）.

［510］瞿镛. 铁琴铜剑楼藏书目录[M]. 上海：上海古籍出版社，2000.

［511］中国财政史编写组. 中国财政史[M]. 北京：中国财政经济出版社，1987.

［512］中国第一历史档案馆. 康熙起居注[M]. 北京：中华书局，1984.

［513］中国第一历史档案馆. 清代地租剥削形态[M]. 北京：中华书局，1982.

［514］中国近代经济史丛书编委会. 中国近代经济史研究资料[M]. 上海：上海社会科学院出版社，1984.

［515］中国近代经济史丛书编委会. 中国近代经济史研究资料（5）[M].

上海：上海社会科学院出版社，1986.

［516］中国近代经济史丛书编委会．中国近代经济史研究资料（6）[M]．上海：上海社会科学院出版社，1987.

［517］中国科学院地理科学与资源研究所，中国第一历史档案馆．清代奏折汇编——农业·环境[Z]．北京：商务印书馆，2005.

［518］中国人民大学清史研究所．康雍乾时期城乡人民反抗斗争资料[M]．北京：中华书局，1979.

［519］中国人民大学经济系．中国近代农业经济史[M]．北京：中国人民大学出版社，1980.

［520］中国社会科学院历史研究所清史研究室．清史论丛[M]．北京：中华书局，2011.

［521］中国史学会．中国近代史资料丛刊——洋务运动（六）[M]．上海：上海人民出版社，2000.

［522］中国钱币学会．中国钱币论文集[M]．北京：中国金融出版社，1985.

［523］中国银行行史编辑委员会．中国银行史[M]．北京：中国金融出版社，1995.

［524］赵仁平．近代中国赋税结构变化与近代化[J]．云南民族学院学报（哲学社会科学版），1999（5）．

［525］赵尔巽等．清史稿[M]．北京：中华书局，1998.

［526］赵珙．蒙鞑备录[M]．呼和浩特：内蒙古人民出版社，2012.

［527］赵宏恩．江南通志[M]．清乾隆元年（1736）刻本．

［528］赵吉士．徽州府志[M]．合肥：黄山书社，2010.

［529］赵济．中国自然地理（第3版）[M]．北京：高等教育出版社，2015.

［530］赵泉民．论清末农业政策的近代化趋向[J]．文史哲，2003（4）．

［531］赵屹．浅析明代官营手工业管理机制[J]．南京艺术学院学报，2010

(3).

[532] 赵昕修, 苏渊. 康熙嘉定县志[M]. 清康熙十二年（1673）刻本.

[533] 赵文林. 中国人口史[M]. 北京：人民出版社，1988.

[534] 赵文林, 谢淑君. 中国人口史[M]. 北京：人民日报出版社，1988.

[535] 赵寅芬. 洋务运动与我国早期民族资本主义[J]. 浙江师大学报（社会科学版），1999（2）.

[536] 张博. 不应被忽略的渔业发展期——论元代渔业发展的条件与表现[J]. 农业考古，2017（4）.

[537] 张采. 崇祯太仓州志[M]. 清康熙十七年（1678）补刻本.

[538] 张呈琮. 中国人口发展史[M]. 北京：中国人口出版社，1998.

[539] 张大纯. 姑熟采风类记[M]. 清康熙四十九年（1710）深柳读书堂刻.

[540] 张鸿钊. 古矿录[M]. 北京：地质出版社，1954.

[541] 张后铨. 招商局史（近代部分）[M]. 北京：人民交通出版社，1988.

[542] 张瀚. 松窗梦语[M]. 上海：上海古籍出版社，1986.

[543] 张居正. 张文忠公全集[M]. 上海：商务印书馆，1935.

[544] 张謇. 张季子九录·实业录[M]. 上海：中华书局，1931.

[545] 张嘉璈. 中国铁路建设[M]. 上海：商务印书馆，1946.

[546] 张履祥. 杨园先生全集[M]. 北京：中华书局，2002.

[547] 张铭伟. 明朝商人社会地位的变化[J]. 华章，2012（28）.

[548] 张民服, 路大成. 试析明代的人口分布[J]. 中州学刊，2017（3）.

[549] 张寿镛, 宋文蔚等. 皇朝掌故汇编[M]. 台北：文海出版社，1964.

[550] 张天护. 清代法国对华贸易问题之研究[J]. 外交月报，1938（6）.

[551] 张世南. 游宦纪闻[M]. 北京：中华书局，1981.

[552] 张廷玉等. 清朝文献通考[M]. 杭州：浙江古籍出版社，2000.

［553］张廷玉等. 明史[M]. 北京：中华书局，1974.

［554］张燮. 东西洋考[M]. 北京：中华书局，2000.

［555］张园真. 乌青文献·物产[M]. 清康熙二十七年（1688）刻本.

［556］张彦韬. 承上启下的明代赋税制度改革得失[J]. 兰台世界，2015（24）.

［557］张兆裕. 明代人口政策如何因时而变[J]. 人民论坛，2017（15）.

［558］张正明，张舒. 晋商兴衰史[M]. 太原：山西经济出版社，2010.

［559］张焯. 明实录[M]. 北京：北京燕山出版社，2008.

［560］张扬. 庆丰司与清代官营牧牛业述论[C]//中国《活兽慈舟》学术研讨会论文集. [出版者不详]，2013.

［561］张宗法. 三农纪校释[M]. 北京：农业出版社，1987.

［562］张之洞. 张之洞全集（第二册）[M]. 石家庄：河北人民出版社，1998.

［563］章开沅. 开拓者的足迹——张謇传稿[M]. 北京：中华书局，1986.

［564］章有义. 中国近代农业史资料（第3辑）[M]. 北京：生活·读书·新知三联书店，1957.

［565］章有义. 中国近代农业史资料：第2辑[M]. 北京：生活·读书·新知三联书店，1957.

［566］章钺，沈嘉树. 大清律例增修统纂集成[M]. 清光绪元年（1875）刻本.

［567］曾国藩. 曾文正公手书日记[M]. 南京：凤凰出版社，2010.

［568］曾国藩. 曾文正公全集[M]. 北京：中国书店出版社，2011.

［569］曾国藩. 曾文正公全集·书札[M]. 长沙：岳麓书社，1994.

［570］曾国荃. 曾忠襄公奏议[M]. 台北：文海出版社，1969.

［571］曾国荃等. 光绪湖南通志[M]. 上海：上海古籍出版社，1995.

［572］朱伯康，施正康. 中国经济史（下卷）[M]. 上海：复旦大学出版

社，2003．

［573］朱长文．吴郡图经续记[M]．上海：上海古籍出版社，1987．

［574］朱国祯．皇明大政记[M]．明崇祯刻本．

［575］朱国桢．涌幢小品[M]．上海：上海古籍出版社，2012．

［576］朱建．古今治平略·国朝田赋[M]．明崇祯十一年（1638）刻本．

［577］朱寿朋．光绪朝东华录[M]．北京：中华书局，1960．

［578］朱元璋．大明律[M]．明洪武三十年（1397）刻本．

［579］朱元璋．御制大诰续编[M]．上海：上海古籍出版社，1995．

［580］朱彝尊．日下旧闻[M]．北京：国家图书馆出版社，2017．

［581］朱玉婷，徐峰．18世纪中国农业生产的发展[J]．农业考古，2013（4）．

［582］朱玉湘．山东近代经济史述丛[M]．济南：山东大学出版社，1990．

［583］郑福田．永乐大典[M]．呼和浩特：远方出版社，2006．

［584］郑剑顺．晚清对外开放的历史回顾及启示[J]．中国社会经济史研究，2004（1）．

［585］郑廉．豫变纪略[M]．杭州：浙江古籍出版社，1984．

［586］郑庆平，岳琛．中国近代农业经济史概论[M]．北京：中国人民大学出版社，1987．

［587］郑学檬等．简明中国经济通史[M]．哈尔滨：黑龙江人民出版社，1984．

［588］郑晓．今言[M]．北京：中华书局，1984．

［589］郑友揆等．旧中国的资源委员会——史实与评价[M]．上海：上海社会科学院出版社，1991．

［590］郑珍．樗茧谱[M]．贵阳：贵州人民出版社，1994．

［591］郑钟祥，张瀛．常昭合志稿[M]．南京：江苏古籍出版社，1991．

［592］"中央研究院"近代研究所．矿务档（第1册）[M]．台北：中研

院近代史研究所，1950.

［593］"中央研究院"历史语言研究所. 明太祖实录[M]. 北京：中华书局，1962.

［594］"中央研究院"历史语言研究所. 明宪宗实录[M]. 北京：中华书局，1962.

［595］"中央研究院"历史语言研究所. 明宣宗实录[M]. 北京：中华书局，1962.

［596］"中央研究院"历史语言研究所. 明英宗实录[M]. 北京：中华书局，1962.

［597］周凯. 道光厦门志[M]. 清道光十九年（1839）刻本.

［598］周凯. 厦门志[M]. 福州：鹭江出版社重印本，1996.

［599］周绍稷. 万历郧阳府志[M]. 明万历六年（1578）刻本.

［600］周锡銮. 中华银行史[M]. 郑州：河南人民出版社，2018.

［601］周一士. 中国公路史[M]. 台北：文海出版社，1957.

［602］周勇. 重庆通史（第三卷，近代史，下）[M]. 重庆：重庆出版社，2003.

［603］周震荣. 乾隆永清县志[M]. 清乾隆四十四年（1779）刻本.

［604］邹介正. 相牛心境要览今释[M]. 北京：农业出版社，1981.

二、外文文献

［1］Duara, Prasenjit. State Involution: A Study of Local Finances in North China, 1911–1935[J]. Comparative Studies in Society and History, 1987, 29（1）.

［2］Fairbank, John K., and Albert Feuerwerker, eds. The Cambridge History of China. Vol.13, Republican China, 1912–1949, Part2[M]. Cambridge: Cambridge University Press, 1986.

[3] Feuerwerker, Albert. Economic Trends in the Republic of China, 1912–1949[Z]. Ann Arbor: University of Michigan Center for Chinese Studies, 1977.

[4] Wright, Tim. Coal Mining in China's Economy and Society, 1895–1937[M]. Cambridge: Cambridge University Press, 1984.

[5] Young, Arbur N. China's Wartime Finance and Inflation, 1937–1945[M]. Cambridge: Harvard University Press, 1965.